Nuestros Paisanos
los Indios

Carlos Martínez Sarasola

NUESTROS PAISANOS LOS INDIOS

*Vida, historia y destino
de las comunidades indígenas
en la Argentina*

emecé

Emecé Editores S.A.
Alsina 2062 - Buenos Aires, Argentina
editorial@emece.com.ar
www.emece.com.ar

© *Emecé Editores S.A., 1992*

Diseño de tapa: *Eduardo Ruiz,*
sobre una foto del cacique Pincén con su familia.
Fotografía de Antonio Pozzo, 1878. Archivo General de La Nación.
Fotocromía de tapa: *Moon Patrol S.R.L.*
7ª impresión: 2.000 ejemplares
Impreso en Talleres Gráficos Leograf S.R.L.,
Rucci 408, Valentín Alsina, septiembre de 2000

IMPRESO EN LA ARGENTINA / PRINTED IN ARGENTINA
Queda hecho el depósito que previene la ley 11.723
I.S.B.N.: 950-04-1153-0
27.104

A mi hijo Lucas
con la esperanza de que crezca
en una Argentina sin intolerancia y sin violencia.

A mis compatriotas indios
por una Argentina con justicia.

PRÓLOGO

A lo largo del tiempo, se han escrito diversas síntesis sobre los pueblos autóctonos de nuestro país; su número no está en relación con la importancia del tema ni corre parejo con los nuevos conocimientos que las investigaciones actuales han aportado sobre el pasado de los primeros dueños de lo que es hoy el territorio de nuestra patria.

Esas síntesis de las primeras décadas del siglo fueron resúmenes elementales del conocimiento etno-arqueológico de las diferentes épocas, tales los trabajos de Outes y Bruch, o de L. M. Torres y A. Serrano. Estaban destinados básicamente a los maestros de escuelas primarias.

A partir de entonces, han aparecido otras obras, síntesis cada vez más amplias y analíticas, cada una de las cuales refleja la etapa del conocimiento en la que fue escrita además de la especialidad de su autor o autores.

En algunos casos el énfasis fincaba en la etnografía. En otros, la mayor importancia se centró en los conocimientos arqueológicos. Algunos han tratado de equilibrar ambas disciplinas comenzando por describir las poblaciones desaparecidas desde las etapas más remotas y culminando con la descripción de los pueblos encontrados por los españoles, cuya reseña se halla en las crónicas. En estas últimas se agregaba el conocimiento aportado por los etnógrafos contemporáneos o los antropólogos sociales.

Pero, hasta ahora, carecíamos de una obra de síntesis que tomara como punto de partida los diversos momentos y las diversas descripciones –presentes o pasadas– de las culturas aborígenes, las proyectara a la realidad de la historia inmediata o actual, y señalara la gravitación que los grupos indígenas tuvieron en la génesis original de nuestro pueblo y de nuestra Nación.

Es cierto que existen muchos artículos que tratan sobre este último punto, pero nos faltaba una obra de carácter general que calase con profundidad en tan importante tema. Este libro de Carlos R. Martínez Sarasola intenta llenar este espacio, haciendo conocer al especialista o al lego, sobre un amplio telón de fondo, cómo y cuáles fueron las diversas etnias que habitaron en el pasado nuestro suelo, qué trato recibieron y de qué manera contribuyeron a forjar los orígenes de la nacionalidad y de nuestra formación; cómo esos grupos humanos actuaron en nuestra dinámica histórica, jugando por lo general un rol más importante y heroico del que el reconocimiento posterior estuvo dispuesto a otorgarles y, que a menudo se les niega.

Esta perspectiva es por demás importante a fin de esclarecer una realidad histórica a menudo olvidada si no distorsionada, porque se pone en claro la ética o los principios con que el invasor o el habitante colonial manejó su comportamiento frente al vencido. No se trata aquí de reavivar viejas polémicas –en este sentido el libro de Martínez Sarasola está muy lejos del dogmatismo y de las posiciones extremas–, se trata sólo de escribir objetivamente la historia y de esclarecer hechos que han sido pasados por alto o deliberadamente ocultados. Se trata también de hacer prevalecer principios elementales que la valoración parcial, debida a la perspectiva unilateral o interesada de una de las partes –la del triunfador o del usufructuario en el tiempo– impuso como norma incuestionable y absoluto patrón de medida.

No se trata de volver a la antinomia, que debe evidentemente superarse, de hispanismo versus indigenismo, sino de mostrar cómo una de las partes –la vencida– fue juzgada peyorativamente por la autojustificación del vencedor; cómo recibió la diatriba de un juicio adverso; cómo se olvidó aplicarle los elementales derechos que debían corresponderle como seres humanos.

No se trata tampoco de ensalzar a unos y de denigrar a los otros, como sucede en las posiciones extremas; se trata de buscar el juicio ecuánime de la historia en el que se analicen las virtudes y defectos de cada bando en un medido equilibrio, posición que no ha sido la que ha prevalecido hasta ahora. Predominan los enfoques que escriben en nombre de la "civilización" y desde el ángulo del vencedor, olvidando o ignorando algunos puntos claves de lo que el concepto denota, justificando en el mejor de los casos cualquier acción paternalista o decididamente racista, o en los peores casos, de superioridad cultural. Bajo ninguna justificación histórica puede aceptarse que al ser humano se lo denomine "pieza", es decir como una cosa utilizable o descartable sin más.

Sin embargo, ésta es la calificación que encontramos en muchas de las crónicas de la primera época, como la del trágico pasaje de la cordillera por las huestes de Almagro en 1536, en el primer viaje a nuestro Noroeste y a Chile. El simple enunciado "se me murieron tantas piezas" desecha la condición de seres humanos de quienes con infinitos sufrimientos hicieron posible esa expedición, soportando el mayor peso que la misma demandaba. El término vuelve a repetirse en la conquista de los Valles Calchaquíes, y perdura en las síntesis históricas del siglo XVIII; su secuela llega hasta nuestros días con pocas variantes con todo su doloroso contenido, y se hace carne, oculto bajo el disfraz de un pretendido cientificismo. Tal como ocurrió con los vencidos araucanos después de la "guerra del desierto"; gran parte de ellos pasaron a ser peones de estancia o, desintegradas sus familias, se los diseminó en Buenos Aires, destinados al servicio doméstico.

Un pequeño número fue incorporado al Museo de La Plata; sirvieron como informantes en la división etnografía, mientras, paralelamente, desempeñaban las tareas más humildes de limpieza de las salas. Muertos, sus vísceras y esqueletos pasaron a engrosar las colecciones de la división antropología. Todos ellos tenían en orden un nombre que los identificaba y los unía al grupo pertinente, cuya tradición cultural seguían. En las estanterías y en los catálogos de las colecciones sólo eran un número, una simple "pieza de museo". Lo más desgraciado de esta historia es que no se trata de una actitud que busca el justificativo de "la época". Hace pocos años, en 1989, cuando los descendientes y la tribu del cacique Inacayal solicitaron a las autoridades del Museo de La Plata la devolución de sus restos para rendirle homenaje y darle definitiva sepultura en el apartado valle patagónico que lo albergó en vida, y vio su transcurrir como cualquier otro ser humano, hubo investigadores y profesores de esa casa de estudios que se opusieron en nombre de la "ciencia", porque el Museo no podía sentar el precedente de desprenderse de "piezas" de sus colecciones. Se pusieron de manifiesto entonces, parecidos conceptos e idéntico lenguaje al del siglo XVI, con plena vigencia de oscuros resabios medievales.

Esto nos habla de cuánto necesitamos de obras como la presente, donde el análisis objetivo hace comparables los términos, y nos muestra facetas desconocidas de una realidad a la que a menudo se evita o se trata deliberadamente de ocultar. Es un deber elemental de justicia juzgar al hombre autóctono dentro del marco de los derechos que como ser humano de carne y hueso y miembro de la especie humana le correspondieron en el pasado y le corresponden en el presente.

Una vez más, se trata de restablecer los derechos de los postergados, cuyas jerarquías esenciales son tan válidas como las de los opuestos. Se trata también de aplicar la misma justicia, cuyo patrón de medida estableció el vencedor en el primer momento de su triunfo, que luego fue validado por quienes usufructuaron sus logros.

No sería difícil que la inferioridad implícita en el tratamiento dado al indígena y usado en la valoración de su cultura, no fuera más que una manifestación parcial de una modalidad de más amplios alcances y significados, una expresión de nuestra cultura: el desprecio a ciertos sectores de inmigrantes; el tratamiento a algunos credos políticos y grupos religiosos y a las manifestaciones peyorativas de unas regiones sobre otras, como las de la capital a ciertas provincias. Modalidades nuestras que es necesario superar a todo trance si queremos llegar a constituir la nación que todos esperamos; Martínez Sarasola lo expresa claramente: "Cuando advirtamos que el diálogo solidario entre todas las formas de vida que nutren la Nación es la posibilidad de consolidar una comunidad más armónica y justa; cuando nos demos cuenta de que esa empresa compartida nos hará más libres y más fieles a nosotros mismos, entonces, sólo entonces, habremos recuperado realmente nuestra verdadera cultura".

Es posible que entonces hayamos creado la cultura que necesitamos, cultura que configura un modelo donde la convivencia acepte y armonice los juicios disímiles o las ideas encontradas y no seamos el país de "todos contra todos", sino por el contrario, el país de todos para todos.

Con respecto al caso específico del indio no se trata de reivindicar un pasado o de conocerlo asépticamente a fondo, se trata de encarar los problemas de postergación y olvido que llevan centurias. La voz de los mismos indígenas se levanta contra la permanente injusticia de años, frente a las leyes, frente a la marginación económica y social. Esta voz se ha expresado ya en todo el continente: es el hombre autóctono que clama por defender sus derechos elementales, cansado de un paternalismo que lo ha llevado a la destrucción de su identidad y de su cultura, y a la sujeción económica más baja.

Se trata de darles a "nuestros paisanos los indios" el lugar que como ciudadanos les corresponde en el presente y de valorar el aporte que dieron a la nación en el pasado. Se trata de reivindicar el valor de sus culturas desaparecidas, en el mismo plano de todas las demás culturas de la Tierra, utilizando para ello el mismo patrón objetivo de valoración que empleamos para justipreciar cualquier otra cultura producida por el hombre en cualquier rincón del planeta y en cualquier época.

Martínez Sarasola expresa esta revalorización en lo histórico inmediato, con concisión y claridad: "En la Argentina, si bien el componente indígena no tiene la misma incidencia cuantitativa que en otros países americanos, constituye de todas maneras un sector bien definido de la cultura del pueblo. A lo largo de nuestra historia él ha participado en múltiples y decisivos momentos como el del mestizaje biocultural y sus consecuencias en la conformación de las distintas regiones, así como también en hechos que fueron dando forma al país: las invasiones inglesas, el ejército de los Andes, la Independencia y la otra cara de la moneda: la lucha con el Estado naciente por la defensa de los territorios propios, el genocidio, la confinación, el sometimiento y la miseria"; "salvo excepciones –que siempre coinciden con los interregnos democráticos– los indígenas no fueron considerados compatriotas, aberración que hoy, con grandes esfuerzos, está comenzando a ser superada".

Pero el libro no es sólo la revalorización del pasado o una enumeración de etnias. Más allá de estos temas, el autor formula una serie de propuestas básicas que pueden o que deben ser utilizadas en el futuro con las comunidades indias. Recogiendo el clamor continental de estos pueblos, el autor propone que los derechos que legítimamente corresponden a los indígenas sean defendidos por ellos mismos y no con el paternalismo habitual de concilios políticos y legales en los que a menudo el indio no está representado. Deben ser los propios protagonistas y destinatarios los que participen activamente de cualquier proyecto en el que estén involucrados. El autor enuncia y analiza los organismos oficiales e indígenas existentes y sugiere medidas de participación, en una problemática que les ha estado vedada desde siempre.

Carlos Martínez Sarasola cursó estudios en la Facultad de Ciencias Jurídicas, Políticas y Sociales en la Universidad del Salvador y se graduó en

Ciencias Antropológicas en la Facultad de Filosofía y Letras en la Universidad Nacional de Buenos Aires, en la que ejerció la docencia universitaria. Como estudioso del pasado y del presente, extendió su horizonte intelectual viajando por todas las regiones del país y amplios ámbitos del Nuevo Mundo. Tiene pues, sólidas bases para fundar la obra que aquí se presenta. Pero la amplia visión en el conocimiento de las etnias indígenas no se circunscribe sólo al "conocer", sino que trascendiéndolo llega a la esfera en que el sentimiento se une a la actividad intelectual, comprendiendo y sintiendo una problemática en su dimensión total: el hombre autóctono no es un ser desconocido, una mera presencia supérstite del pasado, una curiosidad preservada por el tiempo. Es una historia y una realidad viviente de carne y hueso, es nuestro "paisano", nuestro hermano en la humanidad, y en la tierra que debemos compartir.

ALBERTO REX GONZÁLEZ.

Diciembre de 1990.

"... y sino andaremos en pelota
como nuestros paisanos los indios:
seamos libres, y lo demás no importa nada".

JOSÉ DE SAN MARTÍN
27 de julio de 1819.

INTRODUCCIÓN

EN TORNO DE
NUESTRA IDENTIDAD

Existe una serie de mitos "históricos" ("Argentina es un país sin identidad"; "somos europeos"; o más simplemente: "no se sabe qué somos" y así hasta el infinito) que conviven con nosotros formando parte de nuestras dudas y nuestros temores. Sin embargo, la propia historia a través de hechos cruciales se encarga de hacer aflorar la verdad subyacente, subterránea de lo que significa la Argentina como identidad étnico-cultural.

Pareciera que se necesitara de esos acontecimientos para que los argentinos como comunidad y cultura nos encontráramos con nosotros mismos, a través de una identidad que se revela en momentos de crisis o de fiesta. Es como si esos momentos pertenecieran a un tiempo y un espacio sagrados que poco a poco se fueran diluyendo en un tiempo y un espacio profanos, los de todos los días. Tenemos dificultades para incorporar y hacer permanecer en la cotidianeidad los resultados de esta revelación.

En esa búsqueda de nuestro verdadero perfil cultural muchas veces olvidamos parte de nuestras raíces. Siempre tenemos presente sucesos como *la gran inmigración*, o sea el aluvión de europeos que llegó al país entre mediados del siglo pasado y fines de la década del 20. Pero existe una fuerte tendencia a olvidar que esos inmigrantes constituyen *la segunda matriz cultural*.

La *primera* se desplegó mucho antes, siglos antes, cuando se encontraron los españoles de la Conquista con las comunidades indígenas de nuestro actual territorio, dando origen a ese primer nudo de nuestra cultura, esa *primera mestización* que fue *la matriz original hispano-indígena*.

En el siglo XVI los indígenas se enfrentaron en esta parte del mundo al conquistador español. Muchos de ellos transformaron su cultura en una cultura de resistencia, permaneciendo libres en sus territorios durante siglos, pero muchos otros ingresaron de lleno en la otra posibilidad de la época: el mestizaje, que unió las dos vertientes étnico-culturales. Esa

15

unión es *la primera matriz cultural* del pueblo argentino y en general es ocultada cuando no negada.

Incluso al final de aquel período se desarrolló la presencia del componente africano que tuvo una incidencia importante hasta fines del siglo pasado para desaparecer luego aunque no para siempre, como lo demuestra el resurgimiento actual de expresiones de su cultura.

Lo real es que hasta 1869 vivían en la Argentina 1.736.000 habitantes, criollos, mestizos, negros e indígenas, provenientes todos de la matriz originaria, las comunidades autóctonas y el elemento afro. Entre 1857 y 1926, período de la gran inmigración, entran al país un total de poco más de 5.700.000 extranjeros, pero permanecen en forma definitiva alrededor de 3.000.000. Hacia 1914, los inmigrantes representaban un 30% aproximadamente del total de la población que en ese momento ascendía a casi 8.000.000 de habitantes. Pero la cuestión –que podríamos enriquecer con cifras más actuales– no tiene solamente una faz cuantitativa.

Luego de un momento inicial de natural separativismo en el que las dos matrices, la original hispano-indígena y la segunda fruto de la inmigración, se encuentran frente a frente, comienza lo que podríamos llamar *la segunda gran mestización*, esta vez de vastos alcances culturales, producto de procesos tales como la fusión de los criollos con los inmigrantes, la mutua adaptación, la "argentinización" de todos, las sucesivas generaciones que comienzan a echar raíces en este suelo –con sus valores e intereses desde el país– y que tratan de superar el desgarro que provocan las raíces de los abuelos abandonadas en alguna aldea de Europa.

Los distintos fenómenos políticos, sociales y económicos van transformando a la Argentina en una *cultura en movimiento*: las migraciones internas de las décadas del 40 y el 50 promueven la interrelación constante de los diversos núcleos poblacionales del interior (de ascendencia indígena o hispano-indígena) con los de las grandes ciudades (criollos, extranjeros –mayoritariamente de origen español e italiano– y descendientes de ellos) generándose una dinámica interna, a la que debe sumarse la inmigración de los países limítrofes –factor de arraigo al continente de la población argentina– la persistencia de las formas de vida tradicionales abrigadas en comunidades aborígenes convertidas ahora en minorías étnicas, y los núcleos "cerrados" de colonias extranjeras en distintos puntos del país (los turcos en el noroeste, los galeses en el sur, los alemanes y polacos de Misiones, los ingleses en Santa Fe, los recientemente ingresados del sudeste asiático).

Todo este segundo gran proceso de mestización, que no necesariamente implica la constitución de un tipo étnico definido, es más bien la aproximación paulatina a una conciencia masiva de pertenencia a una comunidad que es la Argentina y la adhesión a sus peculiaridades.

Esa conciencia crece con fenómenos tales como los movimientos políticos de masas, el desarrollo de los medios de comunicación que acerca las regiones entre sí, la ciudad de Buenos Aires como ámbito de reunión de los distintos componentes poblacionales del país, que pierde su carácter de urbe europeizante, y la fusión social en todos los órdenes.

Pero no es menos cierto que esa conciencia crece en medio de dramáticas ambigüedades y contradicciones que son una de las claves de nuestra problemática cultural. Es en este marco global en donde se insertan las comunidades indígenas como parte de la cultura argentina.

En América Latina y en nuestro país, las comunidades indígenas se constituyen en componentes importantes de los pueblos, ya que han sido históricamente un factor relevante en los procesos de conformación étnico-cultural de los mismos.

Aunque es cierto que desde el punto de vista cuantitativo dicha realidad es distinta según el país de que se trate, existe una base común en todos ellos que es la matriz original hispano-indígena. En consecuencia, al dimensionar el valor de las comunidades aborígenes comprenderemos una de las vertientes en la conformación cultural de cada nación.

Asimismo, es importante tener en cuenta que esas culturas originarias atravesaron procesos que de alguna u otra manera tuvieron que ver con el devenir global de la sociedad nacional y en ese sentido se relacionaron siempre con los otros sectores de la comunidad.

En la Argentina, si bien el componente indígena no tiene la misma incidencia cuantitativa que en otros países americanos, constituye de todas maneras un sector bien definido de la cultura del pueblo. A lo largo de nuestra historia él ha participado en múltiples y decisivos momentos como el del mestizaje biocultural y sus consecuencias en la conformación de las distintas regiones, así como también en hechos que fueron dando forma al país: las invasiones inglesas, el ejército de los Andes, la Independencia y la otra cara de la moneda: la lucha con el Estado naciente por la defensa de los territorios propios, el genocidio, la confinación, el sometimiento y la miseria.

En nuestros días, las comunidades indígenas argentinas y su cosmovisión, que es única por estar fuertemente vinculada con la tradición originaria de América, son parte integrante de nuestra cultura y en cuanto tal deben ser recuperadas, valoradas y respetadas.

La "cuestión indígena" fue siempre harto debatida en nuestro país. Cíclicamente fue centro de interés e innumerables discusiones. Como si fuera menester debatir la idea de dignificar de una buena vez la vida de un sector crónicamente postergado de la sociedad argentina.

Es que esto último no siempre se ha entendido así. La misma historia evidencia el desmoronamiento paulatino de nuestra población aborigen, ya sea por acción directa (las campañas militares) o por omisión (la no elaboración y ejecución de políticas, que permitieron la "desaparición natural" de estas comunidades).

Salvo excepciones –que siempre coinciden con los interregnos democráticos– los indígenas no fueron considerados compatriotas, aberración que hoy, con grandes esfuerzos, está comenzando a ser superada.

La situación actual indica que en la Argentina viven cerca de medio millón de indígenas, la mayoría de ellos en condiciones de extrema marginalidad, en lugares que para el resto de los argentinos serían algo así como el fin del mundo. Devorados por enfermedades de todo tipo que son una bofetada a nuestra sociedad en los umbrales del siglo XXI, alejados de las más elementales posibilidades de desarrollo, superan el desamparo por propia iniciativa (a través de organizaciones comunitarias y/o asociaciones a nivel nacional) y el apoyo de instituciones del Estado o privadas. En general existen propuestas aisladas, con mayor o menor grado de eficacia, valiosas todas, pero sin coordinación entre sí.

Creo que es necesario ir pensando en una tarea común que haga converger las distintas experiencias en un proyecto de alcances nacionales que reúna y contenga en forma definitiva a las comunidades indígenas concebidas como parte indisoluble de la cultura argentina, sin paternalismos de ninguna clase.

Ante la "cuestión indígena" varias han sido las corrientes que se han manifestado a lo largo de la historia argentina:

–*la anti-indígena*: niega la realidad de las comunidades, la importancia de su cultura y especialmente su dignidad como hombres. Esta concepción llevó en la práctica a la destrucción total o parcial de muchos grupos étnicos, instrumentada a partir de genocidios (supresión física) y etnocidios (vaciamiento cultural).

–*la pro-indígena a ultranza*: es el otro extremo de la posición anterior. Distorsiona la problemática aborigen a partir de soluciones excesivamente sectoriales, acentuando en lo que divide, porque hace hincapié en las especificidades culturales de los grupos aborígenes que son ciertas, pero deja de lado todos aquellos elementos que son importantes lazos de unión con la comunidad nacional.

–*la indigenista*: ejercida por los Estados nacionales de América Latina, que bajo el pretexto de "integrar" las poblaciones autóctonas a la sociedad nacional, las ha ido llevando a un progresivo estado de aculturación.

Frente a estas alternativas, surge cada vez con mayor nitidez la perspectiva de la *participación igualitaria*, que concibe al indígena y su comunidad como parte de la sociedad nacional, entendiéndolo como un argentino más, portador de una tradición cultural específica que es menester, primero, preservar y, segundo, reactualizar en su protagonismo histórico.

Se trata de entender a las comunidades indígenas en el contexto amplio de la cultura argentina. Entender la forma de vida indígena como parte integrante de la forma de vida nacional, que no podrá desarrollarse y crecer a través del accionar aislado de sus distintos sectores sino por medio de la tarea coordinada y cotidiana de todos. Esto se logra a través de una participación plenificante, caracterizada por la comprensión y el respeto mutuos, teniendo en cuenta que el otro, con sus peculiaridades, está alimentando mi propio modo de habitar esta parte del mundo, admitiendo que esta cultura es nuestra y como tal única e irrepetible y "cargando con todo el miedo que arribar a esta conclusión pueda despertar en nosotros: el miedo a ser nosotros mismos".

La frase entre comillas no es mía. Pertenece a un investigador infatigable de nuestra cultura que se llamó Rodolfo Kusch. Él decía que el problema argentino era reconocerse y asumirse con características propias y que en muchos casos estaba motivado por el miedo a aceptarnos.[1] Ese miedo implica, por ejemplo, reconocer nuestra parte americana, con todo lo que la vieja sangre trae consigo. Que los argentinos aceptemos esta definición de nosotros mismos será un gran paso adelante que conlleva aceptar las diferencias, aceptar la ambigüedad que provoca ser una síntesis de Europa y América, aceptar el hecho de ser una comunidad "nueva" y no "trasplantada" como algunos nos describen,[2] aceptar que nuestra historia es la demostración de una lucha trabajosa por consolidar un pueblo con fisonomía propia y finalmente aceptar las dificultades que aferradas en el interior de cada uno obstaculizan nuestro crecimiento.

Ésa es nuestra tan buscada identidad: la conciencia de la heterogeneidad. La conciencia de lo multiétnico y lo pluricultural que caracteriza a nuestra forma de vida como totalidad.

En ese hallazgo estará la fortaleza cultural de los argentinos. Ese hallazgo será la posibilidad de reconocernos tal como somos, como cuando en una mañana cualquiera nos quedamos por un instante mirándonos la cara en el espejo.

Y ése será el instante en que aceptemos, valoremos y estemos más o menos satisfechos de ser el indígena, el criollo, el inmigrante, el porteño, el del interior, el sureño, el del norte, el vallisto, el isleño, el chaqueño, el mestizo y tantos otros…

Será el momento en que nos demos cuenta que así como otros argentinos pueden aprender de nosotros, también nosotros podemos aprender de los demás. De los paisanos guaraníes, por ejemplo; de nuestros chiriguanos de Salta, más exactamente. Ellos creen en la existencia de una "Tierra sin Mal", una tierra justa y sin dolor. Durante generaciones enteras, durante siglos, la buscaron por todo el continente. Y así llegaron a nuestro territorio. Así se instalaron y se quedaron. El mito guaraní, vivo en la tradición, se confunde hoy con el objetivo de toda la comunidad argentina, que busca su tierra sin mal, que sabe que está bajo sus pies, en el propio suelo mancillado.

A través de sus mitos, nuestros hermanos chiriguanos nos ofrecen una enseñanza que cada uno puede recoger a su estilo. Cuando advirtamos que el diálogo solidario entre todas las formas de vida que nutren la Nación es la posibilidad de consolidar una comunidad más armónica y justa; cuando nos demos cuenta de que esa empresa compartida nos hará más libres y más fieles a nosotros mismos, entonces, sólo entonces, habremos recuperado realmente nuestra verdadera cultura.

Este libro, que aspira a sumarse a esa tarea colectiva, bucea en la identidad de los argentinos. Es cierto que lo hace desde un lugar y una óptica particulares, como lo son el abordar los problemas de las comunidades indígenas, en un intento por echar algo de luz sobre el conjunto.

He elegido este camino para que podamos entender un poco mejor nuestro modo de ser como pueblo. Es el camino de las luchas y los desvelos de las culturas indígenas argentinas en la historia de la conformación nacional. Es, por tanto, un camino saturado de violencia, de sangre y de crueldades infinitas; y por eso mismo no debemos olvidarlo.

Los indígenas, con las espaldas castigadas por todo ese bagaje de atrocidades que se descargaron sobre ellos, han sido y son parte activa de la historia argentina.

He querido rescatar su forma de vida desde el origen, su protagonismo y sus vivencias actuales, para contribuir a que ellos tengan un lugar en la memoria colectiva y en la vida de todos los días, junto al resto de sus compatriotas.

PRIMERA PARTE

LAS CULTURAS ORIGINARIAS

CAPÍTULO I

LOS ANTIGUOS

Hace unos 30.000 años, cruzando desde Asia por el estrecho de Bering en ese entonces congelado, la planta de un hombre se hundió en el suelo americano por vez primera.

Detrás de él se encolumnaron las bandas de cazadores que persiguiendo a sus presas ingresaban sin saberlo en una nueva tierra y en otra historia.

Más tarde, en un prolongado proceso de poblamiento, las sucesivas oleadas de grupos humanos —cada vez más compactos— fueron penetrando a través del tiempo nuevos territorios siempre vacíos de hombres, los ocuparon y los llenaron de vida y cultura.

La aventura del poblamiento de América había comenzado, y el hombre, con su innata curiosidad y acosado por su cotidiana necesidad de alimento, continuó internándose en el nuevo continente más y más, en esa tierra elegida, que miles de años después "descubriría para la historia" otro hombre más famoso que estos desconocidos.

Así, los antepasados de las comunidades originarias llegaron hasta el territorio argentino en una fecha próxima a los 12.000 años y ocuparon prácticamente todas las regiones. En el Extremo Sur, se han encontrado vestigios de alrededor de 6.000 años de antigüedad, de por lo menos dos culturas de rudimentarios y aislados cazadores, ancestros de los yámana-alakaluf, contemporáneos de los conquistadores españoles.

En la Patagonia se ha registrado que su fecha más antigua de ocupación fue hace 11.000 años, a través del estudio de algunos de los sitios sobre los cuales se fueron produciendo a su vez nuevos asentamientos, hasta aparecer los indicadores de una cultura cada vez más similar a la tehuelche (hace aproximadamente unos 4.000 años).

En el caso de la Montaña, podemos ubicar el poblamiento más antiguo en una fecha próxima a los 8.000 años (cultura Ayampitín y gruta de Inti Huasi en las Sierras Centrales), por ejemplo, con grupos de cazadores que probablemente participaron de una vasta tradición sudamericana, según hallazgos muy semejantes en otros países como Perú. [1]

Ese estadio cazador, que se desplegó con fuerza por las zonas montañosas, constituyó un substrátum sobre el cual nuevas oleadas humanas se fueron superponiendo, algunas de ellas portadoras de la agricultura y el sedentarismo.

En cuanto al Nordeste, es posible que haya comenzado a ser ocupado hace más de 7.000 años por los primeros núcleos humanos que utilizaron para ello las gigantescas vías acuáticas como medios de comunicación naturales.

Nuevos hallazgos arqueológicos probablemente modifiquen estas fechas, incluso llevándolas más atrás en el tiempo. De todas maneras, hoy podemos asegurar que por lo menos hace 12.000 años los primeros hombres ocuparon el actual territorio argentino, dando lugar a desarrollos culturales locales que finalizaron en el panorama que encontraron los conquistadores españoles en el siglo XVI.

Ese cuadro humano de nítidos perfiles no era en consecuencia un producto espontáneo: más de diez mil años de larga historia, trabajosamente transitada, constituyeron las raíces de nuestras culturas originarias, cuyos artífices aún hoy son llamados respetuosamente por muchos de sus descendientes "los antiguos".

LA ENTRADA. EL ORIGEN DEL HOMBRE AMERICANO

No existe todavía mucha certeza acerca de cómo se pobló América, aunque sí contamos con algunos datos. Sabemos por ejemplo, que el hombre llegó a nuestro continente muy tardíamente con respecto a su evolución, teniendo en cuenta que los primeros humanos aparecen en África hace unos tres millones de años (Johanson, 1982). Desde este punto de vista el hombre en América es un fenómeno nuevo. [2]

Sabemos también que los distintos contingentes ingresaron al continente desde Asia en su gran mayoría por el estrecho de Bering, por ese entonces congelado, que hizo las veces de un gigantesco puente natural. Y sabemos también que ese paso, Bering, para algunos investigadores probablemente no haya sido el único.

Paul Rivet, que desarrolló sus estudios entre 1943 y 1966, nos habla de dos vías fundamentales: el estrecho de Bering, a través del cual habrían penetrado mongoles y esquimales, y el océano Pacífico, por el cual habrían arribado australoides y malayo-polinesios.[3]

Georges Montandon (1933) sugirió también la vía transpacífica, explicando que malayo-polinesios transportaron a australoides en calidad de esclavos, utilizando como punto intermedio la isla de Pascua.

Mendes Correa (1925) fue aún más allá y nos dice que australo-tasmanoides se trasladaron a través de la Antártida y penetraron por el sur de nuestro continente, luego de navegar entre los archipiélagos del Pacífico sur con la posibilidad de un clima más benigno por aquellos tiempos. La hipótesis de Mendes Correa, a la que le falta hasta el momento el sustento de la evidencia arqueológica, es sugestiva.

1. "BERINGIA".
El área en blanco (congelada), tal como debió ser hace unos 20.000 años,
en el momento de su máxima extensión.

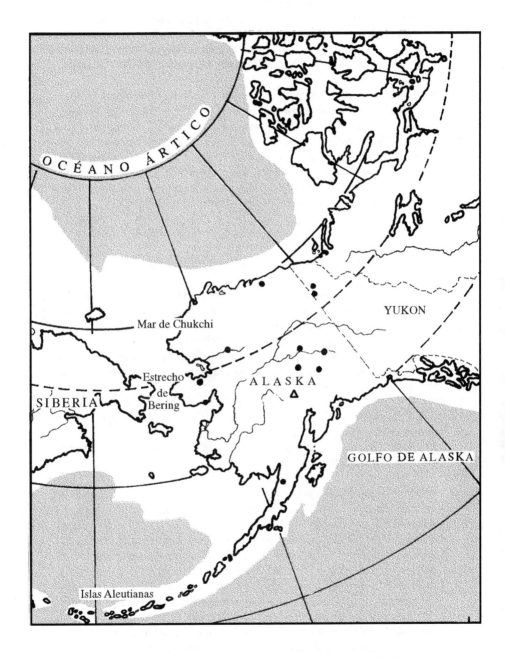

Tomado de Brian M. Fagan, *El Gran Viaje*, Madrid, Ed. Edaf, 1988.

Si bien Thor Heyerdhal (1947) no plantea la llegada del hombre a través del Pacífico, demostró la factibilidad de la navegación en aquellos tiempos remotos, con la famosa balsa "Kon Tiki", creyendo que aborígenes americanos llegaron a la Polinesia.

Recientes estudios, sin embargo, estiman que el presunto poblamiento por vía Pacífico es poco concebible, debido a las distancias enormes, las condiciones climáticas extremas y las evidencias de una colonización de la Polinesia en zonas como Nueva Zelanda, Hawai y la isla de Pascua, hacia los 3.500 años.

Para Brian Fagan (1988) por ejemplo, el estrecho de Bering era la única ruta "lógica" para llegar hasta América. Y así parece, ya que si nos guiamos por nuestros conocimientos actuales, "Beringia", puente de unión entre América y Siberia, parece haber sido casi la excluyente vía de poblamiento de nuestro continente, cuando en algún momento que podría situarse entre los 30.000 y los 35.000 años, grupos de cazadores asentados en el nordeste extremo de Asia decidieron ir todavía más allá, hacia el este, antes de que el mar separara las tierras para siempre (mapa 1).

LA LLEGADA.
POBLAMIENTO DEL ACTUAL TERRITORIO ARGENTINO

Con el correr del tiempo, los distintos contingentes de rudimentarios cazadores y recolectores fueron desplazándose a través de la geografía americana y llegaron a nuestro actual territorio. Y aquí, si tratamos de introducirnos en esa alucinante llegada, de descubrir quiénes fueron sus actores, por dónde lo hicieron, cómo lo hicieron, nos encontramos con una zona todavía oscura en cuanto a nuestros conocimientos, pues éstas son preguntas muy difíciles de responder.

Es cierto que contamos con estudios cada vez más profundos, pero la totalidad del proceso todavía se nos escapa. Es cierto también que existen algunas evidencias que nos hacen pensar en unos primeros grupos de cazadores que se expandieron por vastas zonas de Sudamérica, incluyendo nuestro actual territorio:

"A partir de 12.000 años se cuenta con claras pruebas de la ocupación humana de casi todos los ambientes más importantes en América del Sur. Inmediatamente después de la retirada de los glaciares los grupos cazadores recolectores tempranos ya ocupaban el extremo sudamericano e incluso llegaban hasta Tierra del Fuego. Durante este período la caza del guanaco y del caballo americano parecen haber sido la base de la dieta, por lo menos durante algunas épocas del año; la tecnología lítica se diversificó, apareciendo una mayor capacidad en la reducción bifacial. Las puntas "cola de pescado" provenientes de los sitios del extremo sur y de la región pampeana indican la estandarización de estos instrumentos y sugieren su eficacia para las actividades de caza". [4]

Los primeros habitantes de esta parte del mundo llegaron a una naturaleza distinta de la de hoy, persiguiendo animales que ya no existen. Esos grupos ingresaron hacia el final del período Pleistoceno, llamado también de las glaciaciones, cuando debido al descenso de las temperaturas en todo el planeta se produjo el avance de grandes masas de hielo sobre la tierra firme.

Cronológicamente se ubica el inicio del Pleistoceno hace unos dos millones de años y su finalización hace unos diez mil años, cuando condiciones más benignas dieron origen al nuevo período, en el que hoy transcurrimos, llamado Holoceno o Reciente.

Es en ese instante también en que la fauna "prehistórica" se extingue, calculándose que en América ello sucedió entre los 12.000 y 8.000 años antes del presente. Se destacan entre ellos los grandes animales originarios de América del Sur y nuestro actual territorio tales como los perezosos terrestres (megaterio, milodón y glosoterio), los gliptodontes, el toxodonte y otros provenientes de América del Norte como el caballo americano, los mastodontes y el tigre "dientes de sable".

Es muy probable que los bruscos cambios ecológicos hayan contribuido a la desaparición de estos animales aunque no debe descartarse la hipótesis de una "presión de caza" por parte de los primeros pobladores que coadyuvó a esa extinción (Politis, 1989).

Lo cierto es que los "cazadores del frío" persiguieron a partir de entonces a otras especies —aún vivientes— tales como zorros, pumas, venados, ciervos y guanacos, especialmente estos últimos, presas de persistente presencia en el desarrollo cultural posterior.

A pesar de las enormes dificultades generadas por la escasez de recursos para afrontar la lucha por la existencia, los cazadores recolectores de ese pasado remoto fueron adaptándose a los diferentes medios buscando en la movilidad constante los mejores hábitat para la subsistencia y una mejor posibilidad de vida. Seguramente una investigación que lleve al estudio de los ecosistemas del final del Pleistoceno, la aparición de nuevos yacimientos y el desarrollo de las distintas teorías sobre adaptación y cambio cultural (Ardila Calderón y Politis, 1989) será un camino para echar luz sobre la cuestión del poblamiento del actual territorio argentino, una aventura vivida pero que aún no ha sido escrita.

EL ARRAIGO A LA TIERRA. DESARROLLOS REGIONALES

Llegados a esta parte del mundo hace más de 10.000 años, los distintos grupos de cazadores fueron asentándose en todos los ámbitos y comenzaron a desarrollar una vida nueva.

¿Cómo fueron esas culturas? ¿Cómo evolucionaron hasta llegar al estado en que se encontraron con los conquistadores españoles muchos siglos más tarde?

Es muy difícil reconstruir ese cuadro; primero, porque faltan en muchas zonas de nuestro país estudios arqueológicos; segundo, porque innumerables yacimientos han sido saqueados, perdiéndose para siempre la posibilidad de rescatar sus patrimonios culturales;[5] tercero, porque el proceso de la conquista española destruyó muchos de los testimonios de las comunidades originarias, limitando la labor de sus propios cronistas y los investigadores posteriores.

De todas maneras y a pesar de estos problemas, las investigaciones realizadas hasta el presente permiten seguir en parte la evolución cultural en las distintas regiones (véase regionalización del capítulo II, págs. 41 a 44).

Evolución cultural en la Montaña

Encontramos los más antiguos indicios de la presencia del hombre en esta región en los sitios de Ayampitín en Córdoba e Inti Huasi en San Luis (Sierras Centrales), este último con una datación cercana a los 8.000 años. Eran cazadores, portadores del propulsor, instrumento anterior al arco, con tosco herramental en piedra.

Parecería que en la provincia de Catamarca (Noroeste) se registra un sitio todavía más antiguo en Ampajango (del cual lamentablemente no tenemos aún datación); industrias semejantes halladas en Perú sugieren una antigüedad próxima a los 20.000 años.

Es probable que este estadio cazador haya subsistido durante miles de años —tal vez unos 5.000— casi sin cambios, hasta la plena aparición de la agricultura.

Descubrimientos más recientes como el de Huachichocana (Aguerre, 1975) y el de Inca Cueva (Aschero, 1980), ambos en la provincia de Jujuy, retrotraen la antigüedad, con dataciones estimadas de 9.200 a 600 años antes del presente, detectándose inclusive el manejo temprano de cultivos.

En cuanto a la Puna puede decirse que por lo menos hace 6.000 años existían grupos de cazadores asentados a la vera de las lagunas que, en nuestros días y por los sucesivos cambios ecológicos, han dado paso a los salares.

No sabemos a ciencia cierta si los antiguos cazadores y recolectores evolucionaron hacia la agricultura o si la aparición de esta práctica que transformó la vida comunitaria se debió a la llegada a la región de la Montaña de nuevas corrientes de poblamiento.

Las últimas propuestas de la arqueología argentina (A. R. González, 1977 y 1979; Lorandi y Ottonello, 1987) nos acercan más a la idea de un período de agricultura incipiente, es decir al desarrollo gradual de esta práctica, semejante a lo ocurrido en otras áreas del continente, como Perú y América Central.

Los arqueólogos y prehistoriadores coinciden en establecer una periodización para esta región que sintetizamos a través de Alberto Rex González (cuadro 1). A los efectos de esta parte de nuestro trabajo nos interesan los tres primeros períodos, el temprano, el medio y el tardío, teniendo en cuenta que algunos autores nos hablan de período formativo en lugar de temprano y de desarrollos regionales en vez de tardío (Nuñez Regueiro, 1974 y 1988; Raffino, 1988).

1. EVOLUCIÓN CULTURAL
EN LA REGIÓN DE LA MONTAÑA
según Alberto Rex González, 1976

Período	Fechas aproximadas (en años)
Temprano	Del 2.500 a.C. al 650 d.C.
Medio	Del 650 d.C. al 850 d.C.
Tardío	Del 850 d.C. al 1.480 d.C.
Incaico	Del 1.480 d.C. al 1.550 d.C. irrupción de los conquistadores
Hispano-Indígena	1.550 d.C. posconquista con culturas indígenas aún no diluidas
Colonial	Culturas indígenas incorporadas al sistema colonial

según Alberto Rex González, 1977/1979

Período	Fechas aproximadas (en años)
Cazadores y recolecectores con presencia de agricultura incipiente	Del 1.000 a.C. al 500 a.C.
Temprano o formativo	Del 500 a.C. al 650 d.C.
Medio	Del 650 d.C. al 850 d.C.
Tardío o Culturas regionales	Del 850 d.C. al 1.480 d.C.
Imperial Inca	Del 1.480 d.C. al 1.550 d.C.

En el *período temprano*, la cultura más antigua que es posible registrar en la zona de los Valles Calchaquíes es la de Tafí en la actual provincia de Tucumán, con una fecha cercana a los 2.500 años. La cerámica era muy tosca, y son característicos los menhires con representaciones felínicas, además de las pipas de piedra y cerámica.

La reconstrucción arqueológica permite suponer la existencia de una organización social sustentada en familias extensas así como también la probabilidad de que el lugar de origen se encuentre en algún punto de Bolivia.

La cultura de la Candelaria ubicada en el este y sur de Salta y el norte de Tucumán se caracterizó por la presencia de urnas para párvulos y adultos, de colores rojo y negro.

Otra cultura importante del período fue la Ciénaga, distribuida en Catamarca, La Rioja, San Juan y parte de la Puna, con una antigüedad estimada en 1.600 años.

Se ha detectado la presencia de obras de irrigación para el cultivo predilecto: el maíz; también sabemos de la práctica cotidiana del pastoreo de llamas; se encontraron pipas para fumar y cementerios de párvulos en urnas, algunos con la presencia de casi dos centenares de ellas, indicadores tal vez de la práctica de sacrificios humanos.

Contemporánea de la Ciénaga se desarrolla la cultura de Condorhuasi, tal vez la más saqueada por los buscadores de tesoros arqueológicos; portadora de una original cerámica de formas globulares; fueron también artesanos en piedra y pastores de llamas.

Alberto Rex González (1976) cree en el posible vínculo de los hombres de Condorhuasi con las comunidades del lago Titicaca.

Completa este panorama cultural el sitio de El Alamito, en la actual provincia de Catamarca, con un patrón de asentamiento distintivo, consistente en grupos de viviendas en abanico alrededor de un patio.

En cuanto a la Puna, pueden identificarse también en Catamarca las culturas de Tebenquiche y Laguna Blanca, entre cuyos vestigios principales se cuentan los cementerios, campos de cultivo, habitaciones y cerámica con semejanzas a Ciénaga, Condorhuasi y Candelaria. Se calcula la antigüedad de estas culturas en unos 1.500 años con una duración estimada hasta el 650 de nuestra era.

El *período medio* es el momento de máximo florecimiento regional con un exponente excluyente: la cultura de la Aguada, con origen en Catamarca se extiende por San Juan y La Rioja, calculándose su ubicación temporal hacia los años 650 a 800.

Los portadores de la cultura de la Aguada fueron grandes cultivadores de maíz y ceramistas de diseños complejos, siendo características las figuras antropomorfas y los felinos; se destaca también la presencia del "sacrificador", un personaje con un hacha en una mano y la cabeza del sacrificado en la otra.

Asociado a esta expansión artística aparece el culto del cráneo-trofeo, lo cual parece sugerir la práctica de sacrificios humanos. Fueron grandes artesanos del metal, especialmente del bronce, con el que confeccionaban pectorales y hachas ceremoniales.

Los muertos eran enterrados en posición genopectoral es decir fetal pero con la cabeza dirigida hacia arriba. Se registra la presencia de cráneos aislados.

Los distintos yacimientos arqueológicos indican la presencia de una organización social desarrollada con estamentos sociales diferenciados como guerreros y artesanos.

La costumbre de diseñar al felino en las cerámicas o trabajos de bronce, convertida en una verdadera "obsesión" al decir de muchos autores, no es exclusiva de esta cultura: se la encuentra en Colombia (San Agustín); Perú (Chavín y Recuay) y Bolivia (Tiahuanaco).

Es probable que debamos rastrear el origen de esta cultura en Condorhuasi y Ciénaga, con un punto inicial todavía más remoto en Tiahuanaco, con elementos comunes como los cráneo-trofeo, los personajes del sacrificador, el de los dos cetros y el disfrazado con una máscara felínica.

Como muchas otras culturas la Aguada parece desaparecer casi de golpe, sin causas todavía claras.

En la zona de la Puna aparecen dos culturas principales que podríamos incluir en este período: La Isla y El Alfarcito; en San Juan la cultura de Calingasta y en Santiago del Estero la de Llatja Mauca y Sunchituyoc.

En cuanto al *período tardío* se caracteriza por la presencia de una urbanización evidente, es decir concentraciones demográficas importantes, con diseños de calles y con lugares dedicados al culto, a los cultivos y a la recreación.

Los portadores de las culturas de este período, constituyeron además, el *substratum* de lo que encontraron los españoles cuando llegaron al Noroeste —las comunidades diaguitas—, manifestado a través de las tres fases de una misma cultura: Sanagasta, Belén y Santa María.

Los hombres de Sanagasta, Aimogasta o Angualasto se desparramaron por La Rioja y San Juan cultivando el suelo, recolectando los frutos de la tierra y almacenando los excedentes en silos. Fueron criadores de llamas y utilizaron tabletas y tubos ("complejo del rapé") para alucinógenos, probablemente con destino a las complejas ceremonias que realizaban.

Los entierros más frecuentes eran los de párvulos en urnas (práctica que había desaparecido en el período medio) y los de adultos en tierra. No se destacaron como ceramistas y practicaron el culto a los cráneo-trofeo. Las comunidades Sanagasta han sido tal vez el origen de los capayanes, núcleo sur de los diaguitas.

La cultura Belén tuvo su epicentro en Catamarca y también en La Rioja. Como sus hermanos de Sanagasta fueron agricultores de grandes extensiones en andenes. A diferencia de aquellos, la cerámica tuvo mayor importancia destacándose las urnas para párvulos y las urnas para adultos. Son notables también algunas piezas de metal como discos, cuyo uso haya sido quizás para escudos defensivos.

En esta cultura es dable apreciar la existencia de distintas fases en las viviendas: primero, grandes casas comunales, como para tres o cuatro familias; luego, las habitaciones aisladas; y finalmente, habitaciones aisladas, agrupadas en sitios estratégicos. Es probable que los grupos de la cultura Belén constituyan la base del núcleo principal de los diaguitas.

En cuanto a la cultura Santa María se asienta hacia el año 1.000 en Tucumán, Salta y Catamarca, desplegando en toda su magnificencia los distintos aspectos de las formas de vida del Noroeste; fueron agricultores intensivos, con grandes obras de irrigación incluyendo represas, andenes de cultivo en cantidades considerables, emplazamiento de ciudades en sitios estratégicos.

2. CERÁMICA PREHISPÁNICA

Período Temprano

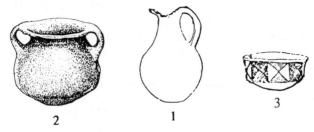

1. y 3. Cerámica Candelaria, tomado de Ottonello y Lorandi, 1987, reproducido por S. Ryden, 1934.
2. Cerámica de uso común de los Omaguacas, Ciénaga Grande (Jujuy), según Salas, tomado de S. Canals Frau, 1953.

Período Medio

1. Urna tronchada Belén   2. Urna Belén
Ambos dibujos tomados de C. Bruch, 1913, según Ottonello y Lorandi, 1987.

Período Tardío

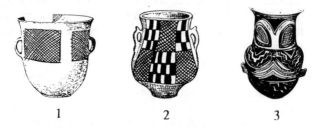

1. Vaso de pasta roja con dibujos en negro, procedente de ajuares fúnebres de Casabindo, tomado de E. von Rosen, 1924, según Ottonello y Lorandi, 1987.
2. Cerámica pintada de la Quebrada de Humahuaca (Museo Etnográfico de Buenos Aires), tomado de S. Canals Frau, 1953.
3. Urna santamariana de los Calchaquíes. Procede de Amaicha (Tucumán), (Museo Etnográfico de Buenos Aires), tomado de S. Canals Frau, 1953.

Excelentes alfareros, elaboraron urnas famosas hoy en el mundo entero: el estilo santamariano admitió diversas variedades regionales, pero en conjunto, está en el centro de toda la cerámica prehispánica, que es la más bella, la más consumida (cuadro 2).

La metalurgia alcanzó notables niveles de desarrollo, especialmente en escudos y hachas ceremoniales. Tuvieron un intenso comercio con la Puna de acuerdo con la presencia de elementos diagnósticos tales como flautas de pan y tabletas de alucinógenos entre otros. Estuvo presente también aquí el sacrificio de niños.

En la zona de la Puna cabe mencionar a la cultura de Pozuelos, en la actual provincia de Jujuy, con una ubicación temporal próxima al año 1.000. Persisten en esta cultura los elementos líticos, probablemente debido a la necesidad de un instrumental apto para el ambiente riguroso en que se desarrollaban. Fueron también comerciantes para lo cual se valieron de los numerosos rebaños de lanares con los que contaban.

Una cultura similar en la misma provincia, es la de Yavi.

En cuanto a la quebrada de Humahuaca, deben ser consignadas las culturas de Hornillos y Tilcara con raíces en El Alfarcito, ya mencionada, para el período medio. La metalurgia es aquí menos frecuente y los trabajos en piedra son también pobres. Se destaca en cambio una fuerte presencia de otros elementos comunes tales como las tabletas de alucinógenos y los cráneo-trofeo (otra vez la influencia de Tiahuanaco) y la costumbre de enterrar a los párvulos en urnas, proveniente de la zona de Valles y Quebradas.

Con respecto a las Sierras Centrales, sabemos hoy que ellas han estado habitadas desde hace unos 8.000 años pudiéndose extender esa fecha tal vez en un futuro no muy lejano, en virtud de las investigaciones que podrían realizarse.

Hacia el año 500 hacen su aparición poblaciones agroalfareras, base de los comechingones y sanavirones que los conquistadores hispánicos encontraron en el siglo XVI.

Los sitios principales son Dique de los Molinos y Villa Rumipal, con la presencia de casas-pozo y obras de regadío para los cultivos de maíz.

Los portadores de estas culturas fueron también cazadores y recolectores en un grado importante, prueba evidente de que "las sierras centrales conservaron el patrimonio cultural de área andina meridional pero sumamente empobrecido en sus elementos básicos".[6]

Casi no existió la metalurgia y se registra el entierro de los difuntos en los pisos de las habitaciones, típico de los cultivadores tempranos (mapa 2).

Evolución cultural en la Llanura

Para las regiones Pampa y Patagonia, encontramos que la industria[7] de Tandil es la más antigua hallada en la provincia de Buenos Aires, con una fecha estimada, en un principio, en 6.000 años.[8]

De esta industria parece derivar la de Blanca Grande en la costa atlántica y cuencas de los ríos Salado, Atuel y Colorado, con artefactos en piedra muy

2. EVOLUCIÓN CULTURAL EN LA MONTAÑA, PREVIA AL SIGLO XVI

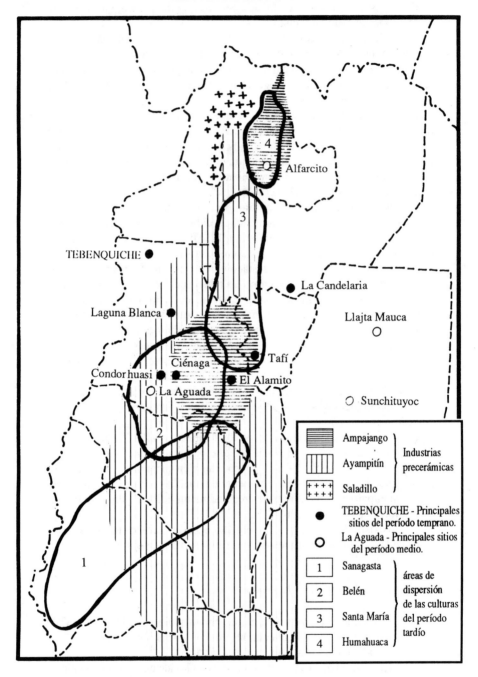

Fuente: A. Sanguinetti de Bórmida, 1965 y A. R. González, 1976.

rudimentarios; posteriormente la de Bolívar, en la misma área de dispersión que la anterior, con elementos más pequeños y la aparición de la cerámica.

En cuanto a Patagonia, nos encontramos con la industria o cultura Neuquense, en las márgenes del río Neuquén, con toscos instrumentos de piedra, cuyos portadores han sido con toda seguridad recolectores con una antigüedad estimada en 10.000 años.

La cultura Ríogalleguense continúa a la anterior con similares características y posteriormente se registra la llegada de los cazadores a Santa Cruz hace aproximadamente unos 8.000 años, a través de los elementos diagnósticos encontrados en las industrias Toldense y Casapedrense: puntas de flecha, mayor especialización en los artefactos y aparición del arte rupestre.[9]

A partir del año 7.000 hacen su aparición un conjunto de "industrias derivadas" provenientes quizá de la mezcla de nuevos aportes culturales con los ya existentes en la región; entre los principales podemos mencionar las de Ingeniero Jacobacci y Golfo San Matías (Río Negro); Golfo San Jorge (Chubut) y Cañadón de las Manos Pintadas (Chubut).

Ahora bien, lo que podríamos definir como "antecedente arqueológico" de los tehuelches es por un lado la industria Patagoniense, desparramada por Santa Cruz, Chubut, y Río Negro, con una antigüedad de 5.000 años y la Norpatagónica (algo así como la fase norte de la anterior), ubicada en Buenos Aires, la Pampa y Río Negro hace unos 4.000 años.

En ambas industrias se registran la aparición de puntas de proyectil con pedúnculo para atar al astil; cuchillos y raspadores entre otros elementos característicos de los cazadores (mapa 3, pág. 36).

Respecto de la subregión del Chaco, contamos con poquísimos datos. Sabemos que el poblamiento se produjo a partir del año 5.000 cuando las aguas que inundaban ese territorio comenzaron a desaparecer.

El cuadro de evolución cultural presentó similares características a lo acontecido con las comunidades de Pampa y Patagonia, especialmente a partir de los antecesores de los grupos guaikurúes que en su proceso histórico tuvieron semejanzas notables con sus hermanos del sur.

Evolución cultural en el Litoral y la Mesopotamia

Por razones similares a lo que ocurre con el Chaco —muy escasa investigación arqueológica y pobreza de las fuentes— la evolución cultural en esta región nos es sumamente desconocida.

La mayor parte de la información con que contamos nos remite a las comunidades que encontraron los conquistadores en el siglo XVI. Uno de los datos más concretos que tenemos es la existencia en Misiones de la cultura Alto Paraná con una antigüedad estimada en 6.000 años, que sugiere la presencia de cultivadores tempranos en la región y caracterizada entre otros elementos por "hachas de mano", probablemente destinadas a la extracción de raíces. Restos semejantes se han hallado en culturas de agricultores rudimentarios del sur del Brasil, zona de contacto con nuestro Litoral y Mesopotamia.

3. PRINCIPALES INDUSTRIAS
DE LA LLANURA Y EL LITORAL, PREVIAS AL SIGLO XVI

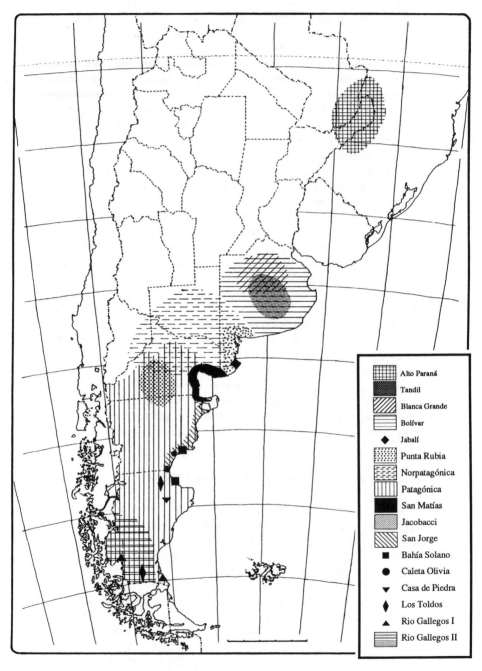

▦	Alto Paraná
◼	Tandil
▨	Blanca Grande
▤	Bolívar
◆	Jabalí
▨	Punta Rubia
▨	Norpatagónica
▥	Patagónica
◼	San Matías
▨	Jacobacci
▨	San Jorge
■	Bahía Solano
●	Caleta Olivia
▼	Casa de Piedra
◆	Los Toldos
▲	Río Gallegos I
▤	Río Gallegos II

Tomado de A. Sanguinetti de Bórmida, 1965.

Evolución cultural en el Extremo Sur.
Canales Fueguinos

La zona de Tierra del Fuego tuvo un poblamiento más tardío que el resto de Patagonia porque permaneció cubierta por los hielos durante más tiempo.

Las investigaciones que se han llevado a cabo (incluyendo la expedición arqueológica francesa del Museo del Hombre) permiten suponer que los primeros hombres llegaron al lugar hace unos 6.000 años.

De acuerdo también con las investigaciones de Junius Bird, es posible determinar la presencia de por lo menos dos culturas antecesoras de los históricos yámana-alakaluf.

Encontramos en primer lugar la cultura de la Casa-pozo, caracterizada por las viviendas circulares semienterradas, la recolección de moluscos, la caza de mamíferos marinos en contadas excepciones, y los "concheros" alrededor de las viviendas; esta cultura fue la base de los yámanas del sector argentino.

En época más tardía se aprecia la incorporación de puntas de proyectil, señal del inicio sistematizado de la caza de mamíferos marinos y de especies continentales.

Otra cultura, la del Cuchillo de Concha, fue la que dio origen a los alakaluf del lado chileno.

Ambas culturas utilizaron como elementos esenciales el bote y los arpones para sus excursiones marinas, práctica que continuaron más adelante en el tiempo, cuando los grupos familiares yámana-alakaluf desarrollaron en el mar, sobre frágiles botes, gran parte de su vida cotidiana.

En fecha más reciente, a partir de 1975, se destacan las investigaciones realizadas por equipos conducidos por Luis Abel Orquera, Ernesto Piana, Arturo Sala y Alicia Tapia, a orillas del canal de Beagle.

Hasta el momento se registra como sitio más antiguo, el denominado Túnel I, lugar donde alguien "encendió fuego y consumió parte de un lobo marino" hace unos 7.000 años (Orquera y Piana, 1990).

A partir de ese hallazgo se sucedieron otros en que se registran ocupaciones permanentes de pobladores cazadores de lobos marinos, guanacos y recolectores de moluscos.

Similares características presenta el sitio Lancha Packewaia a un kilómetro de Túnel, con una antigüedad establecida en el orden de 4.000 años.

Otro sitio importante es Shamakush, con una antigüedad equiparable a las ocupaciones finales de Túnel y Lancha Packewaia y con una cultura sustentada en la caza del guanaco en mucho mayor grado que la del lobo marino.

HACIA LAS COMUNIDADES "HISTÓRICAS"

Las distintas comunidades fueron desplegando sus formas de vida hasta alcanzar el cuadro cultural que hallaron los españoles en el siglo XVI.

En un proceso evolutivo lento y complejo, los hombres que poblaron nuestro territorio atravesaron innumerables contingencias en un lapso que abarcó alrededor de diez mil años.

Los cambios ecológicos, especialmente el retiro de los hielos y la extinción de los grandes animales fueron factores que condicionaron la transformación cultural de los diversos grupos humanos.

Por otra parte, tanto el retiro de los hielos como la extinción de los grandes animales no fue simultáneo en todos los lugares, lo que ayuda a explicar también las distintas características evolutivas.

En el transcurso de esos 10.000 años o más, los "antiguos" ingresaron al territorio argentino y lo poblaron, pasando en muchos casos de cazadores y recolectores nómades a agricultores sedentarios, o bien perfeccionando sus tradicionales patrones culturales; soportaron profundos cambios ecológicos, incluyendo la desaparición de su caza habitual, adecuándose a los nuevos paisajes y circunstancias.

En algunas regiones incorporaron la cerámica, desarrollaron notablemente la metalurgia y el arte en general, y fueron conformando organizaciones sociales cada vez más numerosas y complejas, con cosmovisiones más elaboradas.

Comenzaron a intensificar las relaciones de intercambio entre los distintos grupos y fundamentalmente a consolidar sus respectivas identidades culturales, como comunidades autónomas, con territorio, organización y objetivos propios.

Con los elementos que hoy tenemos, podemos intentar reconstruir gráficamente ese proceso que desembocó en el panorama del siglo XVI, fruto no de un surgimiento espontáneo sino de un camino arduamente transitado por los antepasados que un día ingresaron a lo que hoy es la Argentina, hasta entonces vacía (cuadro 3).

3. CRONOLOGÍA DE LAS CULTURAS ORIGINARIAS DEL ACTUAL TERRITORIO ARGENTINO

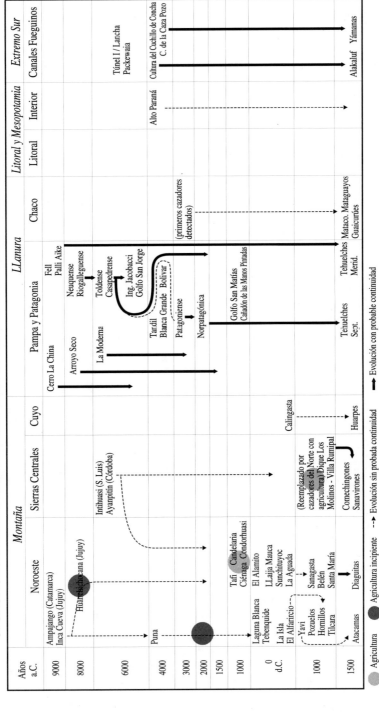

CAPÍTULO II

LAS COMUNIDADES QUE OCUPABAN NUESTRO TERRITORIO EN EL SIGLO XVI

El territorio argentino se integra físicamente a la porción sur del continente americano por contar con dos regiones que son clave en este último: la Montaña y la Llanura. Asimismo nuestro país cuenta con otros paisajes "transicionales" que son el Litoral Mesopotámico y el Extremo Sur (véase mapa 4, pág 42).

En esas regiones básicas, las comunidades originarias desplegaron su vida. El marco que les imponía la naturaleza las condicionaba pero también les posibilitaba diversos desarrollos.

ENCUADRE GEOGRÁFICO: LAS REGIONES CULTURALES

La Montaña: Es una vasta región del país dentro de la cual se incluye el tradicionalmente llamado Noroeste y las Sierras Centrales. El Noroeste tiene por límites a Bolivia por el norte, la Pampa al sur, el Chaco al este y Chile al oeste.[1]

Dentro de este sector claramente delimitado se encuentran a su vez la Puna en la parte occidental, zona árida, carente de vegetación y agua, con abundancia de salares, con temperaturas extremas y alturas de 4.000 metros.

La otra parte importante está constituida por los Valles y Quebradas, que concentra las quebradas de Humahuaca y del Toro y los famosos Valles Calchaquíes, también denominados Zona Diaguita. Esta última se extiende por el sudoeste de Salta y Catamarca, oeste de Tucumán y La Rioja, y norte de San Juan. Es una zona geográficamente homogénea, constituida por sistemas orográficos independientes entre sí.

Todo el Noroeste posibilitó el asentamiento de numerosísimas comunidades, especialmente en los Valles y Quebradas, verdaderos oasis de la montaña.

4. LAS REGIONES CULTURALES
según el esquema trazado para este estudio

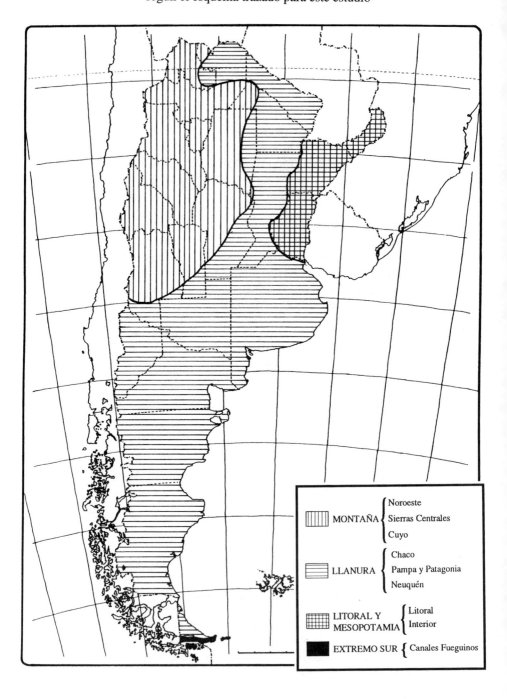

MONTAÑA
{
Noroeste
Sierras Centrales
Cuyo
}

LLANURA
{
Chaco
Pampa y Patagonia
Neuquén
}

LITORAL Y MESOPOTAMIA
{
Litoral
Interior
}

EXTREMO SUR
{
Canales Fueguinos
}

En cuanto a las Sierras Centrales, ellas son una región de transición y se extienden por Córdoba y San Luis.

La Llanura: Extensísima región de nuestro territorio integrada por dos subregiones específicas: Pampa-Patagonia y Chaco.

El complejo Pampa-Patagonia abarca desde los Andes hasta el Atlántico y desde el sur de Córdoba y San Luis hasta el fin del continente. La Pampa tiene un área total de 600.000 km^2 y abarca las actuales provincias de Buenos Aires, sur de Santa Fe, Córdoba, San Luis, parte de Mendoza y La Pampa.

En cuanto a la Patagonia, es la parte que se extiende al sur del río Colorado hasta la zona magallánica. A diferencia de La Pampa, lugar de exquisitas praderas, la Patagonia es una desolada estepa en su mayor parte, con clima árido y vientos de singular violencia.

El Chaco es una vasta llanura con porciones boscosas que se extiende desde los últimos desprendimientos del planalto brasileño por el norte; por el este, los ríos Paraná y Paraguay, por el sur el río Salado y por el oeste los primeros contrafuertes andinos.

Generalmente se lo divide en tres zonas: el Chaco Boreal (al norte del río Pilcomayo, fuera del territorio argentino); el Chaco Central (entre el Pilcomayo y el Bermejo) y el Chaco Austral (entre el Salado y el Bermejo). Esta zona permaneció anegada hasta el año 7.000 a.C. por lo cual su poblamiento se produce a partir de esa fecha.

El Litoral Mesopotámico: El eje hidrográfico Paraná-Paraguay configura un ámbito particular que produjo adaptaciones ecológicas muy especiales en las comunidades que ocuparon su zona de influencia. Incluso si tenemos en cuenta la variedad paisajística dentro de una homogeneidad básica: la parte norte es la selva tropical, que constituye el último eslabón de la fantástica Amazonia. Al sur de ella encontramos un complejo palustre formado por lagunas, esteros, cañadas y ríos: los esteros del Iberá. Debajo de ellos se extiende una región pródiga en ondulaciones, las cuchillas entrerrianas y por fin, mezclándose con los bordes pampeanos y penetrando el océano, el delta del Paraná.

El Extremo Sur: Es la región integrada por Tierra del Fuego (la isla mayor del archipiélago austral) y las islas menores del confín del continente.

La zona se puede dividir en dos porciones: una norte y otra sur, cuyo límite corre por la línea que une de oeste a este, la bahía del Almirantazgo y el lago Fagnano. La porción norte es una vasta llanura que ecológicamente constituye una prolongación de la Patagonia. La porción sur, por el contrario, es montañosa y con bosques, lo cual indica una prolongación del sector occidental de la Patagonia.

Desde el punto de vista geográfico, el Extremo Sur se presenta como una continuación del hábitat patagónico. Sin embargo prefiero mencionarlo como una región cultural específica por dos razones: la primera por su particular ubicación en el contexto argentino y continental (posición de confín —*finis terrae*— y arrinconamiento); la segunda por sus pobladores originarios, que dieron peculiares características a la región.

El Extremo Sur fue en tiempos prehispánicos una unidad cultural que se extendía largamente por el territorio de la nación hermana. En ese entonces no existían los límites que nos desunieron durante tantos años.

Restaría finalmente ubicar una zona particular como es *Cuyo*. Existen discrepancias entre los diversos autores ya que algunos lo consideran como parte de lo que aquí llamamos la montaña y otros como la llanura. Por sus características generales y especialmente por las comunidades en ella asentadas preferimos plantearlo como una región de transición en conexión con las otras dos regiones básicas: la montaña y la llanura.

La Argentina presentaba así un espacio riquísimo en posibilidades para la adaptación de las comunidades que aquí llegaran. Existieron mejores y peores condiciones, pero la variedad inmensa de suelos, climas, vegetaciones y relieves fue la regla.

Y las comunidades originarias vivieron en vinculación profunda con sus territorios en una relación de ida y vuelta hombre-paisaje que alimentó constantemente una antropodinamia geocultural singular. A ella nos referimos en las próximas páginas.

PRINCIPALES SISTEMATIZACIONES

La historia de la antropología en la Argentina ha registrado infinidad de sistematizaciones de las comunidades indígenas en el momento de la llegada de los españoles. Es imposible mencionar y describir cada una de ellas, pero para tener una idea de cómo fue evolucionando el pensamiento de los investigadores hemos seleccionado cuatro como punto de partida, dado que a nuestro juicio son las más representativas:

–*Félix Outes-Carlos Bruch (1910)*: profesores de la Universidad de Buenos Aires y de la Universidad Nacional de La Plata.
–*Historia de la Nación Argentina (1939)*: En el volumen I de la colección dirigida por Ricardo Levene, se efectúa una compilación a cargo de los siguientes especialistas: Joaquín Frenguelli; Milcíades Alejo Vignati; José Imbelloni; Eduardo Casanova; Fernando Márquez Miranda; Francisco de Aparicio; Enrique Palavecino; Antonio Serrano; Emilio y Duncan Wagner. Prácticamente todos fueron los antropólogos más importantes del país hasta 1940 y algo después.
–*Salvador Canals Frau (1953)*: otro prestigioso investigador de origen catalán.
–*Alberto Rex González-José A. Pérez (1976)*: González es doctor en Medicina y Arqueología, profesor en varias universidades del país, Estados Unidos, Alemania y otros países. Pérez es licenciado en Historia y miembro del CONICET.

4. CULTURAS ORIGINARIAS DEL ACTUAL TERRITORIO ARGENTINO EN EL SIGLO XVI
Principales sistematizaciones

OUTES-BRUCH (1910)

Regiones	Culturas
Montañas del Noroeste	Diaguitas (inc Omaguacas Tonocotés Sanavirones Comechingones
Selvas Chaquenses	Mataco-Mataguayos Chorotes Guaikurúes Chiriguanos
Litoral de los grandes ríos	Guaraníes Chaná-Beguaes Timbúes Charrúas Caingang
Llanuras	Querandíes Puelches Araucanos
Patagonia	Patagones
Archipiélagos Magallánicos	Onas Yámanas

HISTORIA DE LA NACIÓN ARGENTINA (1939)

Regiones	Culturas
Noroeste (Humahuaca Altiplano andino Pcia. de los Diaguitas Llanuras de Santiago del Estero Sur de Córdoba)	Omaguacas Diaguitas Atacameños Comechingones
Chaco	Matacos Sanavirones Guaikurúes Chiriguanos Lule-Vilelas
Río de la Plata (Paraná y trib. Uruguay y trib.)	Guaraníes Chaná-Charrúas Guaikurúes Querandíes
Pampa (Cuyo/Llanura)	Pehuenches Pampas Araucanos
Patagonia (Patagonia/ Tierra del Fuego)	Patagones Onas Yámanas Alakaluf

CANALS FRAU (1953)

Regiones	Culturas
Montaña (sic. pueblos andinos y andinizados)	Montañeses primitivos Huarpes Olongastas Comechingones Lule-Vilelas Tonocotés Sanavirones Cacanos o Diaguitas Calchaquíes Capayanes Omaguacas Apatamas
Llanuras (sic. pueblos de las)	Canoeros-Magallánicos Chonik o Patagones del Sur Pehuelche-Guenaken o Patagones del Norte Pampas (c/querandíes) Charrías Grupo del Litoral Caingang Guaikurúes Matacos Guaraníes

GONZÁLEZ-PÉREZ (1976)

Regiones	Culturas
Noroeste (Puna Valles y Quebradas Sas. Subandinas Sgo. del Estero)	Diaguitas Omaguacas Lule-Vilelas
Sierras Centrales	Sanavirones Comechingones
Chaco	Chiriguano-Chané Lule-Vilelas Mataco-Mataguayos Guaikurúes
Litoral y Mesopotamia	Guaraníes Chaná-Timbúes Charrías Caingang Querandíes Guaikurúes
Pampa y Patagonia	Tehuelches o Patagones Chonecas o Patagones del Sur Onas Huarpes Pehuenches Yámanas-Alakaluf

En estas cuatro sistematizaciones por autor, tenemos prácticamente cubierto el presente siglo en cuanto a la temática que nos ocupa. Para un mejor ordenamiento y claridad hemos elaborado un cuadro de ellas donde se registran las regiones y las culturas (cuadro 4, pág. 45). Este cuadro nos permite obtener una primera visión de conjunto y al mismo tiempo comparar las diferentes perspectivas. Una secuencia cartográfica (véase Anexo I, mapas 5, 6, 7 y 8) nos muestra las diferentes sistematizaciones.

NUESTRA SISTEMATIZACIÓN

Sobre la base del análisis de las fuentes históricas, los estudios arqueológicos y etnográficos y la comparación analítica de las perspectivas de los diferentes autores, pasamos a exponer nuestra propia sistematización de las culturas indígenas argentinas en el siglo XVI, en el cuadro 5, que más allá de sus minuciosos detalles apunta a hacer operativo un estudio de por sí complejo.

5. CULTURAS ORIGINARIAS DEL ACTUAL TERRITORIO ARGENTINO EN EL SIGLO XVI
Sistematización del autor

Regiones	Subregiones	Culturas
Montaña	Noroeste	Atacamas Diaguitas Omaguacas (Lule-Vilelas) Tonocotés
	Sierras Centrales	Comechingones Sanavirones
	Cuyo	Huarpes
Llanura	Pampa y Patagonia	Tehuelches
	Neuquén	Pehuenches
	Chaco	Guaikurúes Mataco-Mataguayos Chiriguanos Chané Lule-Vilelas
Litoral y Mesopotamia	Litoral	Guaraníes Chaná-Timbúes
	Interior	Caingang Charrúas
Extremo Sur	Canales Fueguinos	Yámanas Alakaluf

También volcamos en el mapa 11 de pág. 90 la ubicación de las comunidades indígenas en ese momento histórico, advirtiendo que cuadros y mapas nos ayudan a focalizar la atención, a centrarnos en una cuestión relevante en una instancia especial del análisis que estamos realizando. Pero nada más. Ni los mapas ni los cuadros, con toda la ayuda que significan, pueden expresar la inagotable realidad humana que en ese entonces se estaba dando. Esta realidad estaba caracterizada por profundos intercambios y dinámicas en pleno desarrollo, que iban mucho más allá de nuestras actuales fronteras como país.

En consecuencia cuando se consultan los cuadros y los mapas deberíamos hacerlo con una precaución constante, considerando que debajo de su aparente rigidez existía una realidad que era todo lo contrario: vital, movediza, viva.

LAS CULTURAS ORIGINARIAS*

LA MONTAÑA

El Noroeste

Los diaguitas

La generalidad de los autores coincide en definir como diaguitas a las comunidades que ocuparon el corazón del Noroeste, es decir los Valles y Quebradas. La confusión acerca de la denominación radica en que las primeras crónicas adjudicaron el gentilicio de "calchaquíes" a los habitantes de la región del mismo nombre y por extensión a las restantes comunidades del área. En realidad los "calchaquíes" eran diaguitas, cultura que estaba integrada por un conjunto de parcialidades como los pulares, luracataos, chicoanas, tolombones, yocaviles, quilmes, tafís, hualfines, etcétera.

Pero todas estaban aglutinadas alrededor de un elemento común: su lengua. Todas las fuentes coinciden en que la lengua cacá o cacán otorgaba

---

* Como definición de "cultura" para la descripción de los pueblos indígenas y como regla general, utilizamos la que elaboramos con un equipo de antropólogos en 1975 (Eugenio Carutti, Mariano J. Garreta, Daniel A. López, Ricardo Santillán Güemes, Gabriela Palmeiro y quien esto escribe) que entiende por tal "una forma integral de vida creada histórica y socialmente por una comunidad a partir de la resolución de las relaciones esenciales que mantiene con la naturaleza, consigo misma como comunidad, con otras comunidades y con lo sobrenatural para dar continuidad a la totalidad de su existencia" (Facultad de Humanidades de la Universidad Nacional de Salta, 1975). Dicha definición es citada con posterioridad en varios trabajos, destacándose las fichas de la cátedra de Antropología Cultural (INAP, 1977); Consejo de Investigaciones de la Universidad Nacional de Salta (1981); Santillán Güemes (1981 y 1985); y *Diccionario de Ciencias Sociales y Políticas*, supervisado por Torcuato S. Di Tella (1989).

unidad a estos pueblos (Canals Frau nos habla de "cacanos" y no de diaguitas), por encima de las variantes dialectales.[2]

Pero no sólo la lengua daba homogeneidad a las comunidades. Factores como la organización social y económica, la cosmovisión y aun los aspectos raciales, definen a una cultura diaguita única por encima de las variantes locales.

En el panorama indígena del actual territorio argentino esa cultura fue la que alcanzó mayor complejidad en todos los aspectos, a tal punto que redundó inclusive en una importantísima densidad de población.

Se calcula que la población total del Noroeste era por entonces de alrededor de 200.000 habitantes (cerca del 75% del total).

Era una cultura de agricultores sedentarios, poseedores de irrigación artificial, por medio de canales y con andenes de cultivo para sus productos principales: maíz, zapallo y porotos.

Fueron criadores de llamas como sus hermanos de la zona andina, utilizaron a los animales como proveedores de lana para sus tejidos y también como carga.

La recolección fue otra de sus actividades, especialmente de la algarroba y el chañar, que almacenaban en grandes cantidades; en mucha menor medida practicaron la caza.

Relaciones en el seno de la comunidad: Tenían fuertes jefaturas, probablemente hereditarias, que llegaban a desplegar su autoridad sobre varias comunidades (algo semejante a los cacicazgos generales). La familia monogámica era el núcleo vital de la comunidad, destacándose la práctica de la poliginia entre los caciques.

En algunos casos parecería que la organización comunitaria también se asentaba en la familia extensa. Probablemente la unión de varias de ellas generaba una nueva estructura de macrofamilias, la que a su vez posibilitaría el adecuado trabajo en las aldeas agrícolas, que por sus necesidades (construcción de sitios defensivos, obras de irrigación, el propio trabajo en los andenes de cultivo) desbordaría la capacidad de la familia y la familia extensa.

Relaciones con lo sobrenatural: Como cultura andina, participaban al igual que en otros de sus aspectos de las características del área: eran adoradores del Sol, el trueno y el relámpago.

Celebraban rituales propiciatorios de la fertilidad de los campos y tenían una funebria elaborada, expresión de un culto a los muertos como tránsito crucial en el ciclo de vida de la cultura.

El alma se convertía en estrella, viaje para el cual al difunto se lo enterraba con alimentos y bebidas.

Son famosos los cementerios de "párvulos en urnas", alejados de las habitaciones, en las que sepultaban a los adultos. Es posible que los cuerpos de los niños indiquen sacrificios propiciatorios de la lluvia.

La cerámica presenta muchos diseños de animales sagrados: ñandúes (anunciador de las lluvias), batracios y serpientes, estas últimas también asociadas al agua que cae del cielo.[3]

La lluvia era decisiva para estas comunidades de agricultores y a ella dedicaban sacrificios en sus lugares construidos a tal efecto, denominados *zupca*, que estaban a cargo de los chamanes.

Los diaguitas participaban del culto a la Madre Tierra o Pachamama al igual que en Perú o Bolivia. Ella es la dueña de la tierra; se le ruega por la fertilidad de los campos, el buen viaje del peregrino, el buen parto de las mujeres y la felicidad en todas las empresas.

Se le ofrecían sacrificios de sangre y la ofrenda del primer trago, el primer bocado y el primer fruto de la recolección.

En el mito andino, muchas veces la Pachamama está acompañada de Pachacamac (dios del cielo) también llamado Viracocha (en la sierra) y por sus hijos, el Sol y la Luna, héroes civilizadores. Viracocha presenta algunas semejanzas con ciertos personajes del Noroeste, portadores de símbolos astrales.

El arte diaguita, dirigido muchas veces a lo religioso, es el más acabado de nuestras culturas indígenas. No sólo en cerámica sino también en metalurgia.

Relaciones con otras comunidades: Contra lo que podría suponerse, la cultura diaguita fue guerrera; hecho demostrado incluso a la llegada de los españoles, cuando les opuso una feroz resistencia, quizá la más fuerte.

Existen hoy como testimonio gran cantidad de recintos que han sido utilizados como fortalezas, por lo general acompañados de poblados.

El instrumental bélico era muy variado y la guerra contra el español asumió las características de un fenómeno integral en el que participó la comunidad entera.

Pero la guerra no fue la única actividad que puso en contacto a las distintas comunidades sino también el comercio que en esta región alcanzó una gran importancia.

Hay un hecho fundamental en la historia de la América prehispánica que marcó a nuestro Noroeste y muy especialmente a la región diaguita: la expansión y penetración incaica.

Se calcula que los incas ingresaron al actual territorio argentino hacia 1480, coincidiendo con el reinado del inca Tupac Yupanqui (hijo de Pachacutec) durante cuya administración el Imperio alcanzó su máxima expansión.

Utilizaron para su penetración las vías naturales que fueron transformando en caminos de acceso, comunicando al Cuzco con Bolivia, nuestro Noroeste y Chile, desparramando a su paso las tradicionales estructuras de asentamiento: los "tambos" y "pucarás".

Es muy probable que el mecanismo utilizado por los incas para la dominación del Noroeste haya sido la introducción de su propia lengua, el quichua, tarea paulatina que fue abruptamente interrumpida por el arribo de los españoles al Cuzco. Es por esa razón que nunca llegó a suplantar al cacán o al omaguaca (la otra lengua original de la región), aunque había comenzado a difundirse.

Otros indicadores como las edificaciones, las rutas de acceso y la alfarería nos señalan la efectiva presencia incaica en el Noroeste en los siglos

XV y XVI. Sin embargo es difícil determinar el grado de relación existente con los diaguitas. Es posible que esa relación se haya concretado también a partir de las poblaciones de "mitimaes", que eran comunidades desarraigadas por la fuerza y trasladadas como cabeceras de conquista y colonización a otras áreas. Cuando llegaron los españoles, los indígenas "chichas" de Bolivia estaban comenzando a ser trasladados hacia Humahuaca.

A manera de síntesis, podríamos destacar algunos puntos:

– El "mapa" del Noroeste en el siglo XVI se presenta como un sistema tentacular, homogéneo y comunicante con un eje que son los Valles y Quebradas.

– Esa estructura peculiar constituía un óptimo lugar de asentamiento y permitía el desarrollo de las potencialidades de la cultura, posibilitando además la adecuada puesta en práctica de tres elementos clave de la vida cotidiana: subsistencia, defensa y comunicación.[4]

– A la fecha de la conquista española, la cultura diaguita presentaba una unidad que era consecuencia de un largo proceso de desarrollo cultural y con influencias de varias regiones del continente.

– La influencia ostensible es la de la zona andina. La cultura diaguita perteneció a lo que llamaríamos "cultura de la Montaña", de larga tradición en Sudamérica, aun antes de la penetración incaica en el Noroeste. Y cuando decimos Montaña no nos referimos sólo al Perú o Bolivia sino a toda la cadena andina de América del Sur.

– Otra corriente de influencia quizás haya llegado desde la selva tropical del centro de Sudamérica, desde Amazonia (estilo cerámico "Candelaria" en Santiago del Estero).

– En todo caso, estas influencias no hacen más que corroborar un estado de intensa dinámica cultural en la región, sumada a las propias características de la cultura allí asentada.

Los omaguacas

Omaguacas o humahuacas es el nombre con que casi todos los autores sin excepción denominan a las comunidades que ubicadas en la actual quebrada de Humahuaca conformaron una unidad cultural con características propias, a pesar de sus semejanzas con las parcialidades diaguitas. Los omaguacas eran comunidades agricultoras que poseían también irrigación artificial y andenes de cultivo. Los frutos de la recolección eran almacenados; también fueron pastores y en menor medida cazadores. Al igual que entre los diaguitas el sistema de edificación incluía a la comunidad propiamente dicha y al recinto fortificado enclavado en un lugar estratégico, por lo general una elevación.

Las industrias principales eran la alfarería aunque sin igualar la perfección de la diaguita, la metalurgia y los tejidos.

Relaciones en el seno de la comunidad: Existen muy pocos datos, pero lo que más se sabe es acerca de la guerra que también en esta cultura desempeñaba un rol preponderante. Las diferentes parcialidades estaban a cargo de un cacique y todas ellas a su vez respondían al cacique general de los omaguacas.

Relaciones con lo sobrenatural: También en este aspecto es difícil la reconstrucción. La funebria nos da algunos indicadores, fundamentalmente a través de un culto a los muertos sumamente elaborado. El hallazgo de deformaciones craneanas puede señalar la posibilidad de un culto de los cráneos, asociado a la existencia de cráneos-trofeo. Entre los omaguacas la deformación ritual era una costumbre importante, practicándose la de tipo tabular-oblicuo, es decir colocando maderas que presionaban los huesos frontal y occipital.

Relaciones con otras comunidades: La Quebrada era un corredor de tránsito. Una gigantesca vía de comunicación natural que sirvió como territorio de encuentro de distintas zonas convergentes en ella.

La guerra y el comercio aparecen nuevamente como los vehículos de comunicación con las otras comunidades.

El intercambio fue intenso. Es sabido que la coca, sumamente valorada (acompañaba al muerto en su viaje final), era traída desde Bolivia. Se han encontrado valvas de moluscos traídas probablemente de la costa del Pacífico como objetos de trueque así como también artesanías diaguitas de distintas procedencias.

La expansión incaica hizo a los omaguacas entrar en temprano contacto con las avanzadas imperiales del Cuzco.

A la llegada de los españoles, en la Quebrada aparte de la población original estaban algunos núcleos poblacionales de "mitimaes", parcialidades de los "chichas" de Bolivia tales como los churumatas, paypayas, y otros, que sirvieron como barrera de contención de las belicosas comunidades guaraníes que ya se desprendían desde el Chaco: los chiriguanos. A su vez, y como ya vimos, esos grupos chichas sirvieron como vía de penetración incaica al ser portadores de la lengua quichua.

Los atacamas

La cultura atacama estaba constituida por un conjunto de comunidades instaladas en el extremo noroeste de la Argentina y extendiéndose a la región chilena del mismo nombre: la Puna, que ocupaba el oeste de Jujuy, Salta y el noroeste de Catamarca.

El conjunto cultural de la Puna, precisado como una verdadera unidad, fue lo que Bennet definió como *Puna complex*, con características adaptativas interesantes en un medio decididamente hostil.

Los atacamas fueron cultivadores de maíz, papa y porotos; construyeron andenes de gran extensión y es poco probable que hayan tenido canales de irrigación.

Conservaban su alimento en grandes cantidades y como reflejo de un sistema adaptativo muy elaborado quedan vestigios en el variado instrumental: hachas (para la extracción de sal), palos cavadores, cucharas, ollas, azadones, etcétera. Como sus hermanos de la región, también fueron pastores y en menor medida cazadores.

El patrón de asentamiento repite el modelo de diaguitas y omaguacas: por un lado, el poblado (aunque en este caso con escasas viviendas) y por el otro, el sitio defensivo.

Característica de la cultura atacama era la deformación craneana con fines aparentemente estéticos e inclusive las deformaciones dentarias. (Boman atestigua en un niño de siete años dos incisivos limados en vida.)

Las industrias destacadas son la alfarería (muy tosca), la metalurgia (escasa), la piedra (muy utilizada), la madera y el hueso.

Relaciones en el seno de la comunidad: Prácticamente nada sabemos acerca de la organización interna de la comunidad. Sólo que es muy probable que la familia haya constituido el núcleo básico sobre la cual estaba la parcialidad, que a su vez quedaba a cargo de un cacique, en un esquema organizativo semejante al del resto de las culturas del Noroeste.

Relaciones con lo sobrenatural: En algunos poblados se han encontrado construcciones de dimensiones mucho mayores que las habitaciones, probablemente templos.

Son interesantes los hallazgos del Pucará de Rinconada, en donde fueron encontrados menhires de hasta dos metros de altura, y pequeños ídolos antropomorfos de piedra (¿amuletos?).

Es importante consignar asimismo el descubrimiento de tabletas para la absorción de alucinógenos, decoradas con figuras antropomorfas. Además de haber sido utilizada como elemento de ayuda en la adaptación del hombre a ese territorio inhóspito, es casi seguro que la práctica de la absorción de alucinógenos estuviera vinculada con rituales de origen religioso.

La droga utilizada, el cebil o piptadenia, es de un uso muy difundido en nuestro continente, desde el Caribe hasta el noroeste, en donde además de los atacamas la tenían incorporada los comechingones y los lules.

Los usos que se daban a esta droga eran múltiples, pero siempre encuadrados dentro de lo sagrado: los trances, las curas chamánicas, las ceremonias colectivas. En otras oportunidades y según las culturas, se la empleaba antes de las guerras para aumentar la capacidad combativa. Variedades de esta droga se conocen también entre los guaraníes y los matacos.

Como siempre, la funebria aporta elementos para la comprensión más acabada de la cultura. Los atacamas enterraban a sus muertos en grutas naturales que eran completadas con "pircado". El difunto era depositado con todas sus pertenencias (inclusive las tabletas de cebil).

Se practicaban seguramente sacrificios humanos. El ejemplo más claro al respecto es el hallazgo de Salinas Grandes en 1903. Se trata de un niño de alrededor de siete años, lujosamente vestido con adornos de oro y bronce. La muerte se produjo por estrangulamiento y la cuerda se encontró arrollada al pescuezo.

Relaciones con otras comunidades: La Puna, al igual que la quebrada de Humahuaca, fue un área de intenso tránsito producto del comercio pero al igual que en las dos culturas vistas precedentemente, la guerra fue el lazo de contacto con otros pueblos, si bien no alcanzó el desarrollo observado entre diaguitas y omaguacas.

Los atacamas, poseedores de numerosos rebaños de llamas, transportaban sal con fines de intercambio en las regiones aledañas. Recíprocamente, este producto era cambiado por cerámicas del área diaguita y peruana así como también por nuestras ya conocidas valvas de moluscos del Pacífico a través de la Puna chilena. Indudablemente mantuvieron el contacto más cercano con los omaguacas. Soportaron además la penetración incaica y en su territorio fueron alojadas parcialidades "chichas" del área boliviana.

Los lule-vilelas

En realidad la cultura lule-vilela tuvo su hábitat original en la zona del Chaco. Sin embargo, a la llegada de los españoles parcialidades importantes ocupaban vastas regiones del Noroeste, gran parte del oeste de Salta y norte de Tucumán y también el noroeste de Santiago del Estero. Es por ello que los incluimos en esta región cultural.

Se habla de lule-vilelas en razón de haber constituido una unidad mayor, una familia lingüística. Encontramos el lugar de origen en la zona occidental del Chaco, al sur de los mataco-mataguayos y al oeste de los temibles guaikurúes. Es probable que en la migración hacia el oeste y hacia el sur hayan participado exclusivamente los lules, permaneciendo en el territorio original sólo los vilela, que tardíamente se enfrentaron con el español (hacia el 1672).

Alberto Rex González, al tratar el tema del proceso dinámico anterior a la conquista en esta región de transición entre el Chaco y la Montaña, habla de "influencias orientales tardías en el Noroeste" y explica:

"en diversos momentos, grupos indígenas procedentes del Chaco o de las florestas tropicales invadieron los valles andinos y el pie de la montaña, hostigando o destruyendo a las tribus sedentarias preexistentes y asentándose sobre sus vencidos. Este proceso fue cumplido por distintos pueblos, los guaraníes entre ellos. En el momento de la Conquista fueron los lules quienes, desde Jujuy a Santiago del Estero, se encontraban en un proceso cultural cuyos primeros antecedentes aparecen claramente hacia la cuarta centuria de la era cristiana, pero que quizás hubiera comenzado antes".[5]

Según el rastreo arqueológico, parecería que estas "invasiones" de los lules son evidentes a partir del año 900 y ya hacia el final del siglo xv la presencia en el borde de la montaña se hace estable. Inclusive parece ser que estas migraciones tienen que ver con la penetración incaica por el noroeste en donde los lules habrían actuado como freno a la expansión de las huestes del Cuzco. Pero también me inclino a pensar que esta conmoción geocultural haya tenido otra causa, radicada en el mismo Chaco: la presencia de las comunidades guaikurúes que igualmente se encontraban en ese entonces en plena actividad expansiva. De tal modo, los lules estarían virtualmente encerrados en su hábitat, por lo cual buscaron una vía de escape hacia territorios menos conflictivos. Pero ésta es una hipótesis.

En su proceso migratorio progresivo hacia el oeste los lules ejercían presión en el momento de la Conquista sobre la cultura tonocoté de Santiago del Estero; este hecho confundió a los cronistas que tomaron a ambas culturas como una sola, a la que denominaron *xurí* (avestruz), gentilicio con que los conquistadores llamaron a los lules.

Conformaban los lule-vilelas una cultura de cazadores y recolectores nómadas. Sin embargo, el padre del Techo nos habla de dos clases de lules: unos nómadas, cazadores de jabalíes y recolectores de algarroba y miel en el interior del Chaco y otros sedentarios y agricultores en la parte de la Montaña e incluso en el curso superior del Bermejo. Es indudable que en la época de la Conquista el sector en expansión de esta cultura había incorporado la agricultura como parte básica de su subsistencia diaria. Es por esta diferenciación y tomando en cuenta las influencias ejercidas por la región de la Montaña que algunos autores hablan de los lule-vilelas como de una cultura "andinizada".[6]

Relaciones en el seno de la comunidad y con lo sobrenatural: Son escasas las informaciones al respecto. La guerra desempeñaba un papel importante. Sabemos que eran guerreros feroces (algunas crónicas hablan de prácticas antropofágicas) que iban al combate pintados imitando al jaguar.

Utilizaron el cebil para predecir el destino de la comunidad y para las rogativas que en general se limitaban al pedido de lluvias al ser supremo.

Relaciones con otras comunidades: Por el panorama étnico esbozado en esta cultura vemos que los lule-vilelas estuvieron en íntima relación con sus hermanos de la llanura chaqueña, especialmente con los mataco-mataguayos y los guaikurúes. Al mismo tiempo se relacionaron con los sedentarios y agricultores tonocotés por el oeste ya en el límite con la Montaña.

Por ser una cultura que ocupó una zona de clara transición, los lule-vilelas desplegaban una forma de vida no integrada e inclusive diferente según las parcialidades en un espectro que variaba de la agricultura a la caza y la recolección como modos de subsistencia primordiales. Es importante que consignemos la opinión de Imbelloni para quien la cultura lule-vilela representa "la irradiación hacia el Chaco de corrientes procedentes de las Altas Civilizaciones de los Andes..." por el hecho de que dichas comunidades presentan un cuadro de agricultores tardíos en la región.

Lo cierto es que esta cultura, típicamente chaqueña, abandonó en parte su territorio y migró por razones aún del todo no conocidas hasta la región de la Montaña. El contacto con las culturas de esa región provocó seguramente la incorporación de la técnica de la agricultura en algunos sectores de las parcialidades que se superpuso así a un substrátum original cazador-recolector.

La cultura tonocoté estuvo asentada en la parte centro-occidental de la actual provincia de Santiago del Estero, en una región llana al pie de la montaña, en la zona atravesada por los ríos Salado y Dulce. Geográficamente es una zona encajonada entre el Chaco occidental, la montaña y las Sierras Centrales de Córdoba y San Luis por el sur. Pero desde el punto de vista cultural, estuvo íntimamente ligada a la región de la Montaña.

El panorama étnico-cultural de esta zona fue objeto durante varios años de arduos debates entre los especialistas, particularmente a partir de los hallazgos de los hermanos Emilio y Duncan Wagner y de la publicación de su libro, *La civilización chaco-santiagueña y sus correlaciones con las del viejo y nuevo Mundo* en 1934.

Hoy, sin estar del todo dilucidada la cuestión, por lo menos contamos con una serie de elementos que nos permiten intentar una reconstrucción aproximada de esta cultura.

Como ya vimos, a la llegada de los conquistadores españoles esta cultura estaba siendo presionada por los lules. Ambas etnias fueron denominadas "juríes" por las primeras crónicas. Lo cierto es que a esa fecha, la región presentaba un cuadro altamente complejo y dinámico al que se sumaba la fuerte presencia diaguita como un tercer componente.

Acerca del origen de los tonocotés, en una reunión especial de la Sociedad Argentina de Antropología en 1939, se llegó a la conclusión de que los portadores de la "enigmática" cultura santiagueña eran de "origen Amazónico Andinizado o a la inversa". Sin quedar todavía claro el problema de la procedencia de estas comunidades al menos se definía su ligazón cultural con las culturas de la Montaña. Además se concluyó que "a mediados del siglo XVI dos pueblos distintos coexisten en la región santiagueña. Al primero de ellos vieron los conquistadores hispanos asentado en las márgenes de los grandes ríos. Era agricultor y sedentario. El otro, de economía recolectora, asolaba y destruía al país. El elemento sedentario por su nivel de cultura pudo ser portador de la cultura chaco-santiagueña".[7]

El asentamiento a la vera de los ríos es de por sí un elemento diagnóstico para el supuesto origen amazónico de la cultura tonocoté. Agricultores de maíz, zapallo y porotos, se dedicaron con menor intensidad a la caza, pesca y recolección.

Aprovechaban el río de diversas formas y especialmente una bastante original por la cual se había construido una hoya de enormes dimensiones en que se cultivaba luego de que el río se secara. La hoya en época de crecida estaba anegada.

Característico de esta cultura es el emplazamiento de las viviendas en túmulos o "mounds", la mayoría de ellos artificiales. A su vez, las viviendas estaban cercadas en su conjunto por una empalizada seguramente con fines defensivos. La empalizada es otro rasgo diagnóstico de las culturas de la Selva sudamericana.

Las principales industrias eran el hilado, el tejido y la alfarería.

Relaciones en el seno de la comunidad y con lo sobrenatural: Las informaciones con que contamos acerca de la organización comunitaria son escasísimas. En cuanto a lo sobrenatural sabemos que tenían en su cosmovisión a un ser supremo al que le ofrecían rogativas para los cultivos.

Relaciones con otras comunidades: Es casi seguro que los tonocotés han estado en contacto amistoso con los diaguitas, no así con los lules, por quienes eran hostigados. Es posible que por esa razón se construyeran las aldeas con empalizadas como así también que el armamento sofisticado (puntas de flecha envenenadas) no fuera exclusivamente para la caza.

Es indudable que en el conjunto de la cultura existen una cantidad de elementos provenientes del área amazónica. Hasta aquí llegamos en nuestra interpretación de los datos y en la reconstrucción de la vida comunitaria. Más arriesgado es sostener lo que Canals Frau asevera cuando decididamente atribuye a los tonocotés origen arawak.

Y para terminar esta descripción quiero referirme brevemente a un tema ya mencionado pero que nuevamente aparece en esta zona: la expansión incaica y la penetración de la lengua quichua.

En general todos los investigadores coinciden en adjudicar a la penetración incaica en nuestro territorio consecuencias importantes para la vida de las comunidades del Noroeste. Sin embargo, lo que no se ha determinado aún fehacientemente es la forma de esa penetración. Muchos elementos de juicio nos permiten suponer empero que una de las formas fue la introducción de la lengua como elemento de dominación.[8] Inclusive es también posible que la lengua se introdujera entre los caciques, chamanes y otros notables de la comunidad para posteriormente pasar al resto de ella.

Es indudable que los conquistadores y los misioneros utilizaron el quichua como "lengua franca" en el Noroeste con el objetivo de unificar la realidad lingüística regional y ver facilitados sus proyectos. Esto nos induce a pensar no sólo que el quichua era una de las lenguas de mayor expansión en Sudamérica sino que había penetrado en muchas regiones en las cuales estaba en vías de consolidación a la llegada de los españoles.

Valiéndose de estas argumentaciones, Emilio Christensen lanza la hipótesis de que en la época de la conquista existía en la actual Santiago del Estero "una comunidad sedentaria —distinta de sus convecinas— que en la época del arribo de los conquistadores españoles, daba los primeros pasos por el camino de la civilización; esa comunidad dependía del Cuzco y hablaba su idioma".[9] La mesopotamia santiagueña fue para este autor, el hábitat de esta comunidad de mitimaes desde la cual se habría iniciado un proceso de quichuización sobre las culturas vecinas.

Nosotros insistimos en el origen local de la cultura tonocoté, pero en todo caso hipótesis como la mencionada contribuyen a enriquecer un panorama que una vez más se nos aparece como esencialmente dinámico.[10]

El Noroeste, corazón de la región de la Montaña, bulle así en profundas relaciones interculturales, penetraciones bélicas o expansiones, ofreciendo en el siglo XVI una riquísima antropodinamia producto de los magníficos desarrollos que estaban alcanzando sus comunidades (mapa 9).

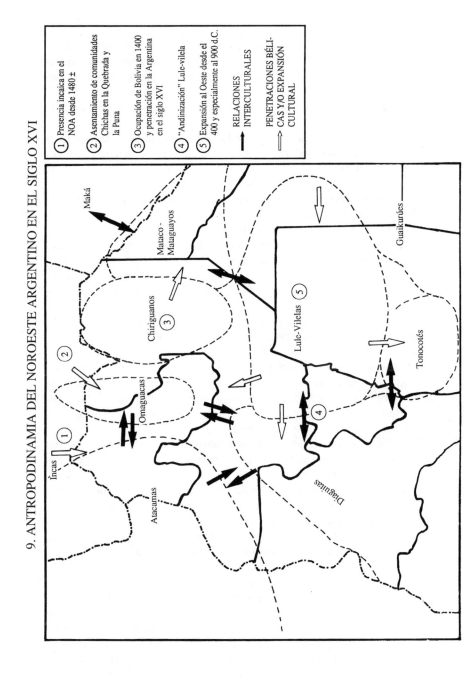

9. ANTROPODINAMIA DEL NOROESTE ARGENTINO EN EL SIGLO XVI

Las Sierras Centrales

Los comechingones

Las Sierras Centrales constituyen un peculiar ámbito geocultural, limitado hacia el norte y el nordeste por el Chaco; hacia el noroeste por la llamada Área Andina Meridional (dice Alberto Rex González que esta zona de las Sierras Centrales "es importante porque aquí encontramos los últimos núcleos de horticultores andinos") y hacia el sur por las llanuras de la Pampa.

Sabemos que las Sierras Centrales estuvieron habitadas desde hace unos 8.000 años y también podemos afirmar que tanto los comechingones como sus hermanos zonales, los sanavirones se fueron configurando como una cultura definida desde el año 500 a.C.

Los comechingones son la etnia correspondiente a las sierras del oeste de la provincia de Córdoba y estaban organizados en dos parcialidades: los henia al norte y los camiare al sur.

Los primeros cronistas nos hablan de "barbudos como nosotros" o también de "la provincia de los comechingones, que es la gente barbuda..." Parecería que el atributo de la barba llamó la atención de los españoles, peculiaridad que pasó a través del tiempo como uno de los rasgos identificatorios de estas comunidades.

Los comechingones eran agricultores de maíz, porotos y zapallos. Utilizaban el regadío artificial sobre campos de cultivo de gran extensión que también impresionó a los conquistadores.

Practicaban la conservación del cereal en silos subterráneos. Aunque sin el grado de desarrollo alcanzado por las comunidades diaguitas, la vida agrícola de esta cultura ofrecía un patrón similar a la cultura del Área Andina Meridional. Fueron pastores, practicando la crianza de llamas y en menor medida cazadores y recolectores.

En lo que se refiere a las principales industrias, la cerámica no tuvo un gran desarrollo: sí, en cambio, el tejido, la piedra y el hueso. La metalurgia es casi inexistente.

Relaciones en el seno de la comunidad: La familia extensa era el núcleo de la comunidad y un conjunto de ellas constituía una parcialidad a cargo de un cacique con jerarquía y posiblemente hereditario. Las parcialidades tenían territorios propios delimitados y parecería que ello provocaba constantes fricciones entre los grupos por violación de los límites.

Relaciones con lo sobrenatural: Las deidades principales son el Sol y la Luna, creadores de todo lo conocido, generadores de luz, alimento y protección. Hacían la guerra por lo general de noche "para que la Luna estuviera con ellos". Expertos combatientes, tenían un elaborado ritual propiciatorio de la buena fortuna en la guerra. Las ceremonias eran presididas por los chamanes que utilizaban el cebil como apoyatura mágica. Los enterratorios son en los pisos de las viviendas ante lo cual A. R. González comenta que "parece ser la costumbre más antigua de los cultivadores, puesto que perdura en el centro del noroeste en épocas tempranas, como en el caso de El Alamito y hasta poco antes de la Conquista en Humahuaca".

Relaciones con otras comunidades: Sabemos poco acerca del comercio. Los yacimientos arqueológicos parecen indicar un gran aislamiento, porque al contrario de lo que hemos visto en otras zonas no se encuentran vestigios de la presencia de otras culturas.

Tuvieron por el contrario relaciones belicosas con los sanavirones, de cultura similar que habían comenzado a expandirse sobre ellos.

Los incas sin embargo no pudieron penetrar en sus territorios. Aunque no sabemos con certeza las causas, es posible que entre otras figure la capacidad guerrera de esta cultura, que quedó ampliamente demostrada posteriormente frente al conquistador español.

La "maquinaria bélica" estaba sumamente elaborada, marchaban al combate en forma de escuadrones con flechadores, portadores de fuego y veneno. Es posible que hayan construido sitios defensivos semejantes a los Pucará y que las empalizadas hayan tenido por fin la protección de la comunidad.

Eran frecuentes las alianzas de parcialidades en caso de enemigo común. La cultura comechingón es uno de los últimos desprendimientos de las influencias de las comunidades de la Montaña. Como vimos, muchos de los aspectos hacen que tengamos que vincularla con los pueblos andinos. Pero además existen otros elementos diferentes. Dado el papel jugado por sus hermanos los sanavirones, es posible que éstos hayan actuado como vehículos de penetración cultural, introduciendo entre los comechingones una serie de características propias por asimilación de elementos y por creación de otros, que los conformaron como una entidad étnico-cultural original que incorporó, aparte de sus propios patrones, aquellos provenientes de la Montaña y en menor medida los del Chaco y la selva amazónica.

Los sanavirones

Ocupaban también parte de las Sierras Centrales, en el norte de Córdoba. Al norte estaban los tonocotés y al este los guaikurúes del Chaco; por el oeste comenzaban a desplazarse sobre los comechingones.

Se asentaban sobre una gran extensión en el bajo río Dulce, incluyendo toda la zona de la laguna de Mar Chiquita.

Al igual que los comechingones fueron agricultores especialmente de maíz, que cultivaban en vastas extensiones. Practicaron asimismo la recolección, la caza, la pesca y el pastoreo de llamas.

Las viviendas eran de gran tamaño (¿albergue de varias familias?) y a semejanza de los comechingones rodeaban un grupo de ellas con una empalizada de troncos. Ambos elementos, "casas comunales" y empalizadas nos remiten a influencias de las culturas de la Selva.

En cuanto a las industrias poco se sabe, aunque eran alfareros e inclusive decoraban y pintaban sus cerámicas, que eran parecidas a las elaboradas por los tonocotés.

Relaciones en el seno de la comunidad, con lo sobrenatural y con otras comunidades: Prácticamente es imposible reconstruir estos aspectos por falta de informaciones. Por las características de las viviendas puede inferirse la existencia de la familia extensa como unidad mínima de la comunidad, y que socialmente un conjunto de estas familias constituían una parcialidad.

Es posible que la presencia de empalizadas se debiera a las luchas fratricidas por venganzas de sangre o cuestiones de límites (otra vez, esta particularidad de la lucha intestina nos lleva a pensar en influencias de la selva tropical).

De la cosmovisión nada sabemos, sólo que quizás hayan recibido aportes de tonocotés y comechingones.

En cuanto a la relación con otras comunidades lo que sí es seguro es que a la llegada de los españoles estas comunidades de fuerte contenido guerrero estaban presionando el hábitat comechingón en un intento por desalojarlos.

Indudablemente existen una serie de peculiaridades que hacen aparecer a esta cultura con importantes influencias de la selva tropical, posiblemente de antepasados que a través de la región del litoral cruzaron el sur del Chaco y se asentaron en el territorio sanavirón. Sin embargo, por la escasez de datos no estamos en condiciones de asegurar esta hipótesis. Mucho más sencillo es en cambio demostrar la influencia de la región de la Montaña, de la cual participaron por una forma de vida sedentaria, agrícola, y alrededor de la cual giró la organización comunitaria.[11]

Cuyo

Los huarpes

La cultura huarpe, original del territorio cuyano, ocupaba en el siglo XVI la zona limitada al norte por el valle del río San Juan (algunos autores como Canals Frau señalan el límite más al norte: desde la cuenca del río Zanjón-Jáchal en el centro de la actual provincia de San Juan); al sur la cuenca del río Diamante en la provincia de Mendoza; al oeste la cordillera de los Andes y al este el valle de Conlara. En total, ocupaban las actuales provincias de San Juan, San Luis y Mendoza.

La región huarpe es sumamente interesante desde el punto de vista cultural ya que por un lado es el límite meridional de la expansión de los pueblos agricultores de la actual Argentina en tiempos prehispánicos y por el otro, representa un hábitat transicional con las culturas de Pampa y Patagonia. A su vez, es posible que a esta región hayan llegado influencias de los araucanos desde el actual territorio chileno.

La cultura huarpe estaba integrada por dos parcialidades que a su vez eran portadoras de sus respectivos dialectos: allentiac y milcayac.

Según A. Metraux,[12] los primeros, los huarpes allentiac, habitaban las lagunas de Guanacache, la provincia de San Juan y la de San Luis, mientras que los segundos estaban asentados al sur de Guanacache hasta el río Diamante en toda la provincia de Mendoza.

Existían diferencias internas en la cultura: los huarpes del oeste eran agricultores sedentarios y como producto básico cultivaban el maíz y la quínoa. Poseían acequias en los terrenos cultivados y fueron ceramistas. Practicaron la recolección (algarroba) y la caza en menor medida.

Por el contrario, los huarpes del este eran cazadores de liebres, ñandúes, guanacos y vizcachas. Algunas crónicas nos hablan de la existencia de perros adiestrados para colaborar en la caza. Utilizaban para estas actividades el arco y la flecha y las boleadoras. El sistema más común de caza llamó la atención de los conquistadores e inclusive era muy semejante al de los querandíes:

"Del instante en que ellos sorprendían uno (un venado) se le aproximaban, lo perseguían a pie, a medio trote y no lo perdían jamás de vista. No lo dejaban detenerse ni a comer hasta que, al cabo de uno o dos días, el animal se fatigaba y se rendía: van ellos entonces a atraparlo y, cargados con su presa, retornan a la casa donde celebraban una fiesta con su familia."[13]

Pero más aún: existe un tercer sector con características propias, debido al particular hábitat en el que se asentaban: las lagunas de Guanacache, en el límite entre las actuales provincias de San Juan, San Luis y Mendoza. Allí existían vastas zonas inundadas que condicionaron un tipo de vida singular de las comunidades, llamadas tradicionalmente "huarpes lagueneros" o "huarpes de Guanacache".

En este hábitat las comunidades huarpes se adaptaron a base de la caza y la pesca. Realizaban esta última actividad con un tipo de balsa que es lo más antiguo de que se tenga conocimiento como embarcación. Su construcción es elemental: la unión de tallos de juncos atados con fibras vegetales.

En esas lagunas también se practicaba la caza de patos.

En conjunto, como vemos, había una relación con la naturaleza diversa según las regiones y las comunidades, practicándose todos los tipos de economía para la subsistencia: agricultura, caza, pesca y recolección.

Es por esta razón que los patrones de asentamiento presentaban diferencias. Allí donde se cultivaba en la parte de la montaña, las viviendas eran fijas y de pircas: en Guanacache eran semisubterráneas; en el este nos encontramos con el "toldo" que es prácticamente el modelo tehuelche.

"Sus casas son portátiles y están hechas de pieles de guanaco cosidas unas con otras. Están tendidas sobre estacas clavadas en el suelo, haciendo unas las veces de techo, mientras que las otras constituyen las paredes. Cuando la caza escaseaba cargaban sus casas después de haber enrollado las pieles. De un punto se trasladaban a otro y volvían a levantar su pueblo".[14]

Además de la cerámica los huarpes trabajaron en cestería (especialmente en Guanacache).

Relaciones en el seno de la comunidad: Cada parcialidad estaba a cargo de un cacique, aspecto que en la zona del este de los huarpes cazadores debe haber sido más laxo.

Existían una serie de prácticas muy difundidas como el levirato (la viuda y los hijos pasan a depender del hermano menor del fallecido) y el sororato (el hombre al casarse lo hace también con las hermanas de la mujer). Eran comunes los ritos de iniciación, con semejanzas en algunos casos a los yámana-alakaluf.

Relaciones con lo sobrenatural: Por lo menos entre los huarpes allentiac se sabe de la existencia de un ser supremo con su opuesto maligno.

En cuanto al ritual fúnebre algunas crónicas mencionan ceremonias colectivas.

Relaciones con otras comunidades: Las comunidades huarpes parecen haber conformado alguna cultura pacífica, hecho comprobado por la rápida incorporación al sistema impuesto por el conquistador español.

A la población original de origen cazador llegaron las influencias de la cultura diaguita con la cual estuvo vinculada (no olvidemos que los huarpes septentrionales estaban asentados en territorio diaguita) y de la cual seguramente incorporó la agricultura y prácticas subsidiarias.

Relacionado con este patrón agricultor está la posible conexión con las comunidades de araucanos del otro lado de la cordillera, pueblos de pastores y agricultores sedentarios, parte de los cuales comenzaban a migrar hacia territorio argentino por corredores del Neuquén.

Más tardíamente, la expansión y la penetración incaica en el noroeste debe haber alcanzado el territorio cuyano y la región huarpe. Según las crónicas y vestigios arqueológicos parece ser que en el valle de Uspallata fue trasladada una población de mitimaes, con el objetivo acostumbrado: constituirse en cabecera de desembarco del ulterior dominio de la región a través de la quichuización.

Finalmente, los componentes meridionales de los huarpes han de haber estado en contacto con parcialidades tehuelches septentrionales.

Algunas conclusiones acerca de las culturas de la Montaña en el siglo XVI

Esbozado así el panorama cultural de la región de la Montaña hasta el siglo XVI pasamos a exponer algunas conclusiones generales:

a) La región de la Montaña se presenta como la de mayor complejidad desde el punto de vista cultural en todos sus aspectos, sustentada en las siguientes características:

–comunidades de agricultores y pastores sedentarios, completada con recolección y caza.

–sólida organización social y fuertes jefaturas.

–las mayores concentraciones demográficas (centros urbanos de hasta diez mil personas).

–ocupación de hábitat estratégicos para la subsistencia, defensa y comunicación.

b) La región de la Montaña es la zona por excelencia de la agricultura con su límite norte en la Puna y el sur en Cuyo y las Sierras Centrales. Son excepción a esta regla las comunidades guaraníes del Litoral y del Chaco, que se presentan como "ínsulas culturales" dentro de sus propios contextos, diferentes al que estamos analizando.

c) A su vez, la actividad de la agricultura y su dispersión nos lleva a considerar dos datos fundamentales:

–la influencia que sobre esta región ejerció el Área Andina Meridional especialmente a través de la expansión incaica.

–Las variedades regionales, vinculadas al decir de Rafino a los "hábitat de potencial ecológico" diferente. En otras palabras, la Puna, Valles y Quebradas, las Sierras Centrales, Cuyo, etcétera, presentaron al hombre diversas posibilidades de adaptación que condicionaron su vida y la utilización de los recursos.

Pero además de estas explicaciones, no puede dejar de considerarse que la agricultura para estas comunidades no era una actividad económica, sino un ritual. Un ritual que estaba directamente ligado a la concepción del universo y que se expresaba a través del intento constante por organizar lo desorganizado, transformando el caos en cosmos (el orden y la armonía).

Por medio de la tarea agrícola el hombre de la Montaña incorpora la tierra a sí mismo, domesticándola o integrándola a su vida. Por eso también existe aún hoy la "Madre Tierra", dadora de la vida, y la agricultura, como actividad vital, que se desarrolla en su seno, generándose entonces una relación sagrada entre el hombre y esa actividad.

d) La relación con otras comunidades y la influencia de la región de la Montaña sobre otras áreas a la llegada de los conquistadores. Esto llevó a constituir diferentes formas de vida que alcanzaron su punto de mayor esplendor en la zona de Valles y Quebradas. En las áreas periféricas la actividad agrícola está integrada a una fuerte tradición cazadora-recolectora.

Es importante tener en cuenta que a medida que va desapareciendo el paisaje de la montaña para internarnos en la llanura al sur o al este, los rasgos culturales originales se van desdibujando y se presenta un panorama que empieza a mostrar relaciones con esa otra gran región cultural, hasta aparecer con todo su vigor las culturas originarias de esos nuevos hábitat.

LA LLANURA

Pampa y Patagonia

Los tehuelches

Pampa y Patagonia presentan un cuadro cultural complejo y desde los primeros cronistas hasta nuestros días se han venido realizando una serie de clasificaciones de sus diferentes comunidades.

Entre las principales razones por las cuales ese panorama aparece confuso puede mencionarse:

–extinción prematura de algunos grupos, como los querandíes.

–conocimiento fragmentario al tomar contacto sólo con algunas parcialidades.

–la penetración araucana que transformó la realidad cultural.

–las opiniones contrapuestas de los especialistas y estudiosos en general.

Después de haber efectuado un análisis lo más cuidadoso posible sobre las fuentes y sobre los distintos autores me inclino a compartir la denominación dada por Escalada (1949) que es la de "complejo tehuelche" a la que sumamos los aportes de Rodolfo Casamiquela (1967/1969). La perspectiva de ambos investigadores a mi entender, no sólo esclarece el arduo panorama etnográfico de la región en estudio sino que es una brillante síntesis de los componentes del llamado "complejo" que queda constituido de la siguiente manera.[15]

–Tehuelches septentrionales (guenaken)   ⎤
–Tehuelches meridionales (penken y aoniken) ⎦ continentales

–Onas (selknam y haus): Tierra del Fuego.

Ahora bien, esta clasificación implica terminar aunque no definitivamente, con la serie de denominaciones que fueron utilizadas por cronistas y especialistas:

–Patagones (todos los tehuelches o tehuelches meridionales).

–Pampas (tehuelches septentrionales).

–Chonekas o chónik (equivalentes a patagones).

–Puelches (parcialidad de los tehuelches septentrionales).

–Taluhet, diuihet y chechehet (según Falkner; parcialidades puelches).

–Querandíes (comunidades del litoral del río de la Plata y parte de la provincia de Buenos Aires, aunque con estos grupos como veremos existen algunas dudas).

Para decirlo en otras palabras: las comunidades que desde el siglo XVI específicamente, pero aun mucho antes y hasta la disolución cultural posterior por obra de la penetración araucana desde Chile, que en el siglo XVIII ocupaban los territorios limitados al norte por el sur de Santa Fe, Córdoba, San Luis y Mendoza; al oeste por la cordillera de los Andes; al sur abarcando todo el territorio de Tierra del Fuego y al este por el océano Atlántico, conformaban una unidad cultural mayor y fueron denominadas por los araucanos como tehuelches. (Chehuelches: *cheuel*, bravo; *che*: gente... la gente brava).

A su vez, cada componente presentaba diferencias respecto a los demás, pero participaban en conjunto de una forma de vida común por lo cual se acepta la especificación de "complejo" para definirla, teniendo en cuenta además la existencia de una lengua común a pesar de las variantes dialectales.

Casamiquela establece un cuadro general de la cultura tehuelche, a base de estudios personales sobre el terreno, las fuentes etnohistóricas, la toponimia, la onomástica y las genealogías, al que titula "Cazadores Patagónicos Sudamericanos", incluyendo en él también al grupo septentrional (chaqueño-litoral-oriental). Para nuestro autor, el grupo tehuelche es el que llama "meridional" (fuego-patagónico-pampeano) y es el que se detalla en el cuadro 6.

6. CAZADORES PATAGÓNICOS SUDAMERICANOS
Grupo Meridional: Tehuelches

Clasificación etnológica y geográfica primaria	Clasificación etnológica secundaria	Clasificación geográfica relativa	Clasificación geográfica absoluta	Clasificación etnológica terciaria
Grupo Meridional (fuego-patagónico-pampeano) Tehuelches	Tehuelches Septentrionales	Boreales	Pam-pampeanos	Pampas S. Str + Querandíes
		Australes	Norpatagónicos	Guenaken/ Chewacheken
	Tehuelches Meridionales (Patagones S. Str.)	Boreales	Mesopatagónicos	Penken
		Australes	Surpatagónicos	Aoniken
	Onas	Boreales	Norfueguinos	Shilknam
		Australes	Surfueguinos	Haus

Fuente: Rodolfo Casamiquela, 1969.

Es interesante apuntar asimismo que Casamiquela también se basa en la existencia de los diecisiete rasgos diagnósticos de Lothrop para determinar la unidad cultural de los tehuelches.[16]

En cuanto a los límites internos de esa cultura, en el siglo XVI eran aproximadamente los siguientes:

El primero es entre los tehuelches septentrionales y los meridionales señalado por la cuenca del río Chubut aunque por supuesto esto no es absoluto. No olvidemos que estamos considerando a grupos nómadas en permanente desplazamiento. Se han constatado rutas de migración de ambos sectores hacia uno y otro lado. Los tehuelches septentrionales efectuaban sus desplazamientos en invierno hacia el litoral atlántico buscando no sólo el clima más benigno sino persiguiendo las manadas de ñandúes y guanacos que también se dirigían en esa dirección. Los tehuelches meridionales por su parte, se desplazaban hacia el noroeste y aún hacia el nordeste (en el primer caso para comerciar con grupos araucanos).

El segundo límite es entre las parcialidades de los tehuelches meridionales. Los penken (norteños) estarían ubicados entre el río Chubut y el Santa Cruz y los aoniken (sureños) entre el río Santa Cruz y el estrecho de Magallanes (mapa 10).

a) Tehuelches septentrionales y meridionales:

Constituyen una cultura nómada sustentada en la caza y la recolección. Las presas principales eran el guanaco y el ñandú y otras menores, como la liebre y el zorro. Los sistemas de caza eran bastante rudimentarios: por persecución del animal hasta agotarlo. Otras veces se usaban "señuelos" como disfraces de plumas de avestruz o se utilizaban pequeños guanacos para atraer a las manadas. La permanente persecución de los animales obligaba a movilizar las aldeas que de esta manera se convertían en virtuales "paraderos".

Conocían la desecación de la carne, es decir, su conservación a través del secado al sol y su salado.

Los animales no sólo proveían alimento sino vestimenta y vivienda. La primera era el típico "manto patagón", confeccionado con varias pieles de guanaco o zorro con el pelo hacia adentro, mientras que la vivienda era el típico "paravientos" o "toldo" consistente en una serie de estacas sobre las cuales se colocaban las pieles.

Relaciones en el seno de la comunidad: La unidad mínima era la familia y la familia extensa, un grupo de ellos constituía la banda, que era la organización social máxima. Por lo general no excedía del centenar de individuos. A cargo de cada banda estaba un cacique de relativa autoridad que por lo general decidía la organización de las cacerías y la dirección de las marchas.

Relaciones con lo sobrenatural: En ambos grupos existe la creencia en un ser supremo: Tukutzual entre los septentrionales y Kooch entre los meridionales.

Entre los primeros está la figura de Elal, héroe civilizador que según la tradición condenó a la primera generación de hombres a ser peces por haber violado un tabú sexual. Esto provocó la abstención de comer a sus propios antepasados a través de la autoprohibición de la pesca.

Los tesmóforos o héroes civilizadores están omnipresentes en las culturas cazadoras, tal como ocurre con los tehuelches.[17]

La funebria tehuelche muestra la práctica de enterrar al difunto en la cima de las colinas (meridionales) o cavernas y grutas (septentrionales) recubriéndolo con piedras ("chenque").

Relaciones con otras comunidades: Las comunidades tehuelches tuvieron intensa relación entre sí ya sea por comercio o guerra. Esta última se daba por lo general ante la violación de los territorios de caza o venganzas.

10. PANORAMA ETNOLÓGICO
DE PAMPA Y PATAGONIA EN LOS SIGLOS XV Y XVI
según Rodolfo Casamiquela, 1969.

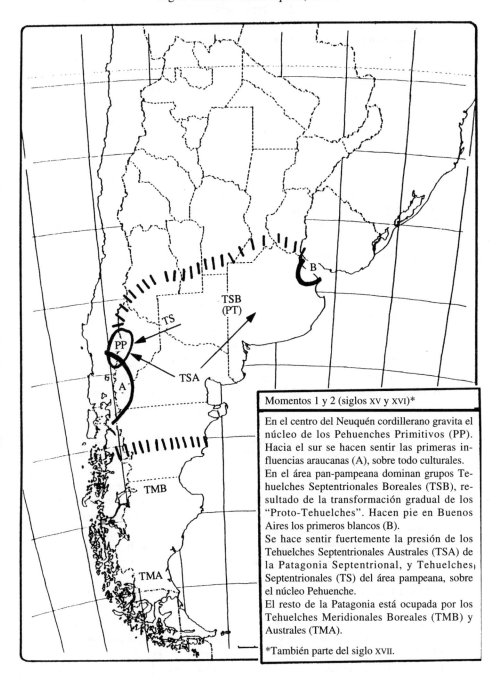

Momentos 1 y 2 (siglos XV y XVI)*

En el centro del Neuquén cordillerano gravita el núcleo de los Pehuenches Primitivos (PP). Hacia el sur se hacen sentir las primeras influencias araucanas (A), sobre todo culturales.

En el área pan-pampeana dominan grupos Tehuelches Septentrionales Boreales (TSB), resultado de la transformación gradual de los "Proto-Tehuelches". Hacen pie en Buenos Aires los primeros blancos (B).

Se hace sentir fuertemente la presión de los Tehuelches Septentrionales Australes (TSA) de la Patagonia Septentrional, y Tehuelches Septentrionales (TS) del área pampeana, sobre el núcleo Pehuenche.

El resto de la Patagonia está ocupada por los Tehuelches Meridionales Boreales (TMB) y Australes (TMA).

*También parte del siglo XVII.

En el momento de la llegada de los españoles, la principal movilidad se daba en el sector de los tehuelches septentrionales, es decir desde el río Chubut hacia el norte. En toda esta área se producían desplazamientos continuos de los diversos grupos especialmente hacia el norte, por parte de los tehuelches septentrionales australes que también se dirigían hacia los asentamientos pehuenches en el actual Neuquén.

Por ese entonces las avanzadas araucanas a modo de "cuña" hacen pie del lado argentino también en Neuquén y es fundamentalmente con ese desprendimiento que tehuelches y araucanos comienzan a entrar en una relación que será cada vez más fluida, hecho que a la postre resultaría fatal, como ya veremos.

Mientras tanto los tehuelches meridionales permanecen estáticos en su hábitat, proceso que se invierte a partir del siglo XVII.

No quiero avanzar en el análisis del componente ona de los tehuelches sin mencionar aunque más no sea en forma breve a los *querandíes*.

Casamiquela considera que pertenecen al grupo de los ancestros de los tehuelches septentrionales y en la época de la Conquista, a una "porción boreal" de ese componente.

Algo semejante sostiene Canals Frau al presentar a los querandíes como el sector oriental de las pampas (para nosotros un componente guenaken).

Los querandíes eran, desde el punto de vista cultural, un sector, el más septentrional de la cultura tehuelche porque compartían con las comunidades del interior de la llanura una forma de vida cazadora, una organización similar, una cosmovisión y seguramente una misma lengua.

Sin embargo, existieron algunos grupos o subgrupos que presentaron ciertas características propias, especialmente aquellos que estuvieron próximos a las costas del Río de la Plata. Esas características peculiares que consignamos a continuación, los acercan a su vez a sus otros hermanos de la llanura: los guaikurúes.

–La denominación "querandí", que en lengua guaraní significa "gente con grasa", les fue dada por las comunidades del Litoral, probablemente por su afición a la grasa del guanaco.

–La práctica de la pesca (inexistente entre los tehuelches) que llevaban a cabo en canoas. Asociada a esa actividad, encontramos la conservación de la harina de pescado. La pesca y su herramienta la canoa es común entre los abipones, parcialidad guaikurú.

–La utilización de los cráneos de los enemigos para beber en ellos al igual que sucedía entre los tobas y mocovíes, también parcialidades guaikurúes.

–El sacrificio de los cautivos con motivo de la muerte de un jefe, práctica común entre los mbayá.

Estos datos indicarían una vinculación más estrecha de los querandíes con las culturas del Chaco e incluso el hábitat en el que desplegaban su vida los hace aparecer como "etnia intermediaria" en la cultura mayor de la Llanura, algo así como un nexo entre los tehuelches y los guaikurúes; sin dejar de lado la posible incorporación de los guaraníes del litoral en ese verdadero ámbito transicional.

La rápida extinción de los querandíes impidió la comprensión acabada de los mismos, lo que nos lleva a carecer hoy de un cúmulo de información que poseemos en cambio para otras culturas.

De todas maneras algo nos ha llegado hasta nuestros días, incluso, la atrayente posibilidad de que hayan participado en el cambio ecológico de la Pampa.[18]

b) Onas:

Este grupo constituye el tercer componente del complejo tehuelche, ubicado en el territorio de la Tierra del Fuego, con excepción del Extremo Sur, hábitat de los yámana-alakaluf.

Estaba integrado por dos parcialidades: los selknam (u onas) en casi toda la isla y los haus (o maneken) en la península Mitre.

En un ambiente ecológico similar a los cazadores de Patagonia, los onas compartieron una misma forma de vida, sustentada en la caza del guanaco y secundariamente aves como patos, cisnes, etcétera. Fueron también recolectores de raíces y frutas silvestres.

A pesar de las condiciones de su hábitat, los onas no tuvieron medios de transporte acuático y prácticamente no explotaron los recursos marinos. Constituían pequeñas bandas nómadas en continuo desplazamiento.

Relaciones en el seno de la comunidad: Al igual que entre los tehuelches continentales la unidad mínima era la familia extensa y el conjunto de ellas hacían la banda. A su cargo no había jefes, salvo en períodos de guerra; más bien la autoridad recaía en ancianos y chamanes.

Los onas tenían complejamente dividido el territorio en sectores de caza para cada una de las bandas, lo que provocaba constantes enfrentamientos por la violación de los límites.

Los ritos de iniciación ona han sido estudiados especialmente por Gusinde,[19] que nos habla de la incorporación de los adolescentes varones a la comunidad adulta y su participación en el "kloketen" o sociedad secreta de hombres, destinada a sembrar el terror entre las mujeres.

El matrimonio era exogámico y por lo general monogámico, aunque se practicaba el levirato y el sororato.

Relaciones con lo sobrenatural: La concepción del universo ona reconoce a un ser supremo, Temaukel, creador del cielo y de la tierra, dador de la vida y de la muerte. También entre ellos al igual que entre los tehuelches meridionales habría una superposición con un héroe civilizador, Kénos, que en tiempos inmemoriales habría formado el cielo y la tierra y era portador de la ley moral.

Esta concepción se complementa con un conjunto de "demonios de la naturaleza" que por lo general actúan sobre las mujeres, acechándolas. La muerte de un miembro de la comunidad es vivida como tabú. Su nombre no vuelve a mencionarse y sus pertenencias son destruidas.

Relaciones con otras comunidades: Por su situación continental particular, asentados en un territorio aislado, los onas no tuvieron prácticamente contacto con otras comunidades, especialmente los tehuelches meridionales. Por esa razón, entre otras, y a pesar de que esta cultura es típicamente tehuelche, mantiene con ella una diferencia fundamental: la no incorporación del caballo —apropiado de los conquistadores españoles— en el siglo XVII, que separó virtualmente a los onas desde el punto de vista cultural, de sus hermanos del continente. Porque todas las transformaciones que acaecieron a partir de aquel singular acontecimiento en el seno de las culturas de la llanura no se dieron jamás entre los onas, que persistieron entonces en su forma de vida tradicional.

Mantuvieron sí escasas relaciones con la cultura yámana-alakaluf en el Extremo Sur y ellas son visibles a través de los ritos de iniciación y ciertas manifestaciones de la organización comunitaria.

Neuquén

Los pehuenches

La cultura pehuenche, si bien no ocupó exactamente el territorio de la Llanura, estuvo emparentada a ella (salvo en el siglo XVI) desde una perspectiva siempre cultural, por lo que la incluimos en aquella gran región, con la observación de insertarla en una "subregión" particular, delimitada por la actual provincia de Neuquén, aproximadamente.

Canals Frau suma a los pehuenches los que él llama puelches de Cuyo o puelches algarroberos (para diferenciarlos de sus puelche-guenaken, nuestros guenaken) y los engloba bajo el rótulo de "montañeses primitivos". Serrano, por su parte, unifica a ambos grupos como pehuenches, posición que hacemos nuestra.

Pehuenche fue el gentilicio que les dieron los araucanos, cuyo significado es "gente de los pinares" (*pehuén:* pino; *che:* gente), porque estaban asentados en medio de los pinares neuquinos: las araucarias.

Esta cultura estaba constituida por un gran número de parcialidades que racialmente parecían conformar una población distinta a la tehuelche y la araucana, más semejante a los huarpes.

Quizá los araucanos no solamente denominaron así a los pehuenches por las características del lugar que habitaban sino porque el pehuén, el piñón de la araucaria, era su alimento básico, al que no sólo recolectaban en grandes cantidades sino que también almacenaban en silos subterráneos.

Algunas crónicas señalan que solían guardar dichos piñones durante tres y cuatro años. Las comunidades del sur de Mendoza también recolectaban la algarroba, otorgando así a la cultura un perfil claramente recolector y secundariamente cazador. Inclusive con un nomadismo relativo dado que cambiaban de asentamiento pocas veces al año.

Relaciones en el seno de la comunidad y con lo sobrenatural: Poseían la típica organización en bandas que reunían a un grupo de familias; no existían jefaturas al menos con autoridad; tenían territorios de recolección y caza debidamente delimitados y adoraban a un ser supremo que moraba más allá del mar (océano Pacífico).

Relaciones con otras comunidades: Los pehuenches vieron rodeado su hábitat por culturas diferentes que le dieron una gran dinámica a la subregión.

En los siglos XV y XVI desde la Patagonia comienzan a sentir la presencia tehuelche septentrional que en continuo desplazamiento alcanza el territorio pehuenche. Por el norte, aparentemente mantenían amistosas relaciones con los huarpes. Hacia el sur de Neuquén, se hacen sentir las primeras influencias araucanas.

Todas estas culturas ejercieron sobre el frágil pueblo pehuenche una constante presión que concluyó con la preeminencia tehuelche primero y con la asimilación final a los araucanos después.

Pero los pehuenches del momento de la Conquista española son una cultura original, diferente. Estas características llevan a pensar a Casamiquela que es posible además de una especificidad de los pehuenches, su ligazón cultural con los huarpes, y la de ambos grupos con las del tipo yámana-alakaluf del Extremo Sur:

"Los pehuenches del siglo XVI, económicamente dependientes de la recolección del piñón (y otros frutos) y los huarpes laguneros, con presuntas "casas-pozos", sugieren fuertemente un emparentamiento cultural con entidades del tipo yámana-alakaluf. En el sur de Mendoza parece gravitar fuertemente un sustrato de esta clase." [20]

Sea como fuere y sin dejar de considerar esta posibilidad, lo que una vez más nos sugiere el movimiento y dinámica de las culturas originarias, no creemos aún estar en condiciones de formular una aseveración de este tipo por varias razones: primero, por los datos insuficientes para reconstruir a la cultura pehuenche y aun la huarpe, a lo que se agrega la rápida pérdida de la identidad cultural al entrar en contacto con otras etnias. (La cultura pehuenche del siglo XVI es muy distinta a la del siglo XVII en adelante); segundo, porque poseemos datos vinculados con la economía, pero carecemos de información exhaustiva acerca de la organización social y sobrenatural; ellos completarían un panorama más acertado y permitirían una comparación más correcta entre distintas culturas; tercero, por el hábitat muy diferente; si nos detenemos en los sitios pehuenches, observamos que están presionados en todo su perímetro; por otra parte son una zona de tránsito utilizada por los primeros araucanos; por el norte tienen una relación fluida con los huarpes; por el contrario, la región yámana-alakaluf se caracteriza por la falta de relación con otras comunidades, el aislamiento y el arrinconamiento, así como también por ser una zona decididamente inhóspita.

De todas maneras, y más allá de estas observaciones, no creemos que esté de más rescatar la idea de un presunto sustrato del tipo yámana, por encima de emparentamientos culturales contemporáneos, que en todo caso, insistimos, a nosotros se nos hace muy difícil demostrar.

Chaco

La subregión chaqueña, componente boreal de la Llanura, presentaba a la llegada de los españoles un rico panorama cultural con un conjunto de comunidades originarias del área (culturas del Chaco, tradicionalmente denominadas "chaquenses típicos"); otras provenientes de la selva tropical sudamericana (culturas de la Selva, también llamadas amazónicas) y finalmente por el sudeste y en contacto con los diaguitas, las culturas andinizadas, por recibir precisamente las influencias de la región de la Montaña.

Cada uno de esos conjuntos culturales aglutinaron a su vez varias etnias que le dieron al Chaco una poderosa fuente de energía que se irradió hacia adentro y hacia afuera. El cuadro 7 sintetiza el panorama que estamos describiendo, y que pasamos a particularizar:

7. CULTURAS DEL CHACO

Clasificación Étnica General	Tronco Lingüístico	Etnias
Culturas del Chaco	Mbayá-Guaikurú	Tobas { Pilagá / Aquilot Mocovíes Abipones
	Mataco-Mataguayo	Matacos Mataguayos Chorotes Chulupíes
Culturas de la Selva	Tupí-Guaraní	Chiriguanos
	Arawak	Chanés
Culturas del Chaco Andinizadas	Lule-Vilela	Lule-Vilelas

Los guaikurúes

Es esta la denominación general con que se engloba a tobas, mocovíes y abipones, probablemente por obra de los conquistadores españoles, tal como se desprende de una cita de Fray Francisco Morillo: "A todos los de estas naciones llamamos los españoles guaikurúes no porque haya nación guaikurú sino porque esta voz guaikurú significa inhumanidad o fiereza".

Otros autores piensan que españoles y portugueses llamaron guaikurúes a todas aquellas parcialidades del Chaco que habían incorporado el caballo, en un proceso similar al tehuelche.

Existen más opiniones: aquella que sindica a los guaraníes como los autores del gentilicïo guaikurúes que sería algo así como "viles traidores"; o bien aquella otra que incluye a los guaikurúes como etnia del conjunto mbayá.

Lo cierto es que se toma el apelativo para todo el grupo lingüístico integrado por las comunidades ya mencionadas (tobas, mocovíes y abipones), que ocupaban vastas zonas del Chaco, prácticamente todo el Central y el Austral en el territorio delimitado al norte por el río Pilcomayo; al sur por el Salado; al este por el eje Paraná-Paraguay y por el meridiano de 62° al oeste, aproximadamente.

En la actual provincia de Formosa (Chaco Central), habitaron los tobas junto a los pilagá; abipones y mocovíes se asentaron en el Chaco Austral, aunque con la incorporación posterior del caballo esos límites originales fueron desbordados.

La llanura chaqueña fue un paraíso para los cazadores guaikurúes (no olvidemos que la voz *chacu* en quichua significa: "territorio de caza"), que encontraron en pecaríes, venados, tapires y ñandúes la fuente básica de su subsistencia.

Se recolectaba de todo, especialmente frutos de algarrobo, el chañar, el mistol, el molle, raíces diversas, estando la tarea a cargo de la mujer. Los mocovíes comían langosta y la miel era un producto por el que tenían especial predilección.

Las técnicas de caza eran semejantes a las practicadas por los tehuelches septentrionales (incendio de praderas; señuelos) y la pesca, otra actividad fundamental de subsistencia se llevaba a cabo en la época de crecida de los ríos mediante arcos y flechas o redes "tijera".

Los guaikurúes también conocieron la conservación del alimento, a través del ahumado del pescado.

Todos ellos eran esencialmente cazadores y recolectores, pero entre aquellas comunidades más en contacto con los tupí-guaraníes del sur del Brasil y del otro lado del río Paraguay, comenzaba a practicarse una horticultura incipiente.

Cierto tipo de tejeduría parece ser original del Chaco y ocupa un lugar preponderante en las artesanías comunitarias.

Relaciones en el seno de la comunidad: La organización social se basa en la banda compuesta (conjunto de familias extensas) dirigida por un cacique hereditario cuyo poder estaba controlado por un "consejo de ancianos".

La familia era monogámica pero existía poligamia entre los jefes. Es importante tener en cuenta que las jefaturas eran mucho más rígidas en aquellos grupos cercanos a los guaraníes que en el resto. En estas comunidades, asentadas a las orillas del río Paraguay (enfrente estaban los tupí) se practicaba inclusive el cautiverio de los enemigos. Al igual que entre los tehuelches poseían territorios de caza (también de pesca) reconocidos.

Relaciones con lo sobrenatural: La concepción del universo reposa en la creencia de un ser supremo, creador del mundo y en un desarrollado complejo animalístico y de héroes culturales. Ese primer complejo estaba presidido por la noción de "los dueños de los animales", vinculados a su vez con la regulación del espacio, de la caza y pesca, con la iniciación y la práctica chamánicas.

Con posterioridad, sobre todo este contexto sobrenatural originario se dio una superposición de concepciones andinas y selváticas, muy en especial en lo referente a la idea del tiempo, el cual comenzó a ser vivido desde entonces como períodos que finalizaban apocalípticamente.

Las prácticas funerarias ligadas a la típica cosmovisión cazadora, presentan peculiaridades como el entierro secundario de los huesos, que eran así objeto de cuidadosos rituales.

Relaciones con otras comunidades: Las comunidades guaikurúes tuvieron intensa relación con todos los grupos de la región, especialmente con los mataco-mataguayos y con las culturas de la periferia como las diseminadas en el sur de la selva amazónica y las del litoral mesopotámico.

Esta red de relaciones se ejercía fundamentalmente a través de la guerra, actividad vital de los guaikurúes, lo que a su vez implicaba la existencia de cautivos que en tiempos pre-ecuestres eran asimilados al grupo.

Con posterioridad a la llegada de los españoles, en el transcurso del siglo XVII, esta cultura incorporó el caballo, que produjo a semejanza de los tehuelches, hondas transformaciones, participando ambos grupos de una misma tradición. Inclusive en el Chaco sucede con los mataco-mataguayos lo que con los onas entre los tehuelches: su permanencia como "cultura pedestre".

Los mataco-mataguayos

Es la familia lingüística integrada por los grupos matacos, mataguayos, chorotes y chulupíes que ocupaban parte del Chaco Austral y Central.

Son comunidades de cazadores, recolectores y pescadores, esta última actividad practicada en la época de crecida de los ríos con singular intensidad, al igual que ocurría con la búsqueda de la miel.

Una industria ancestral es el tejido mediante la fibra de caraguatá, con lo cual fabricaban bolsas para la recolección (la tradición persiste hoy y alimenta las modas femeninas de los grandes centros urbanos: las "yicas").

Relaciones en el seno de la comunidad: Pequeñas parcialidades integradas por un número no muy grande de familias, constituían las distintas comunidades, a cuyo frente estaba un cacique de autoridad relativa. Al parecer la familia nuclear era la base de la comunidad y a su vez era monogámica, aunque entre los jefes era común la poliginia. Cada parcialidad tenía su territorio de caza y la propiedad del mismo era colectiva.

Relaciones con lo sobrenatural: La idea de un ser supremo preside la concepción del universo aunque no hay mayor información con respecto a cultos hacia él. Existen en cambio una serie de espíritus encargados de gobernar la naturaleza y sus actividades como la lluvia, el crecimiento de los frutos, etcétera. El héroe civilizador de los matacos, Tokwaj, les dio los elementos para la pesca.

Un lugar preponderante en la cosmovisión ocupa el chamán, que al igual que en otras culturas accede a esa función a través de la transmisión hereditaria, la revelación o el aprendizaje. El chamán, verdadero puente entre la comunidad y lo sobrenatural, es también el custodio de los mitos que explican el misterio de los hombres y del mundo además de aplicar esos conocimientos para la curación de enfermedades.[21]

La funebria entre los mataco-mataguayos nos muestra también el entierro secundario de los huesos.

Relaciones con otras comunidades: El hábitat mataco-mataguayo en el noroeste del Chaco parece encontrar su explicación en la presión ejercida por los guaikurúes, en actitud de constante acoso. Incluso deben haber tenido dificultades con los chiriguanos, guerreros sumamente belicosos.

En el siglo XVI deben de haber ocupado parte del sector Chaco-occidental habitado por los lule-vilelas, quienes posteriormente, como vimos, se expandieron hacia el sudoeste.

Se relacionaron también con las comunidades de la otra banda del río Pilcomayo, especialmente los maká.

Esta cultura parece no haber tenido mayor belicosidad y esto de algún modo lo tenemos que vincular con la no incorporación del caballo. Al contrario de los guaikurúes, los mataco-mataguayos no se transformaron en pueblos ecuestres. Se conocen muy pocas acciones guerreras por parte de estas comunidades. Quizá la más importante fue en el siglo XVII, cuando avanzaron sobre las fronteras de Salta y Jujuy con fines no pacíficos. La respuesta fue el envío de una expedición punitiva que concluyó con la incorporación de los supuestamente rebeldes al trabajo impuesto.

Los chiriguanos

La familia lingüística tupí-guaraní, junto a la arawak y la carib, constituyen lo que denominamos culturas de la Selva y que para otros autores son los "agricultores amazónicos" o los "horticultores de aldea". En tiempos prehispánicos, alcanzaron una formidable expansión partiendo desde sus centros de dispersión ubicados en la actual Guayanas (arawak y carib) y el Amazonas inferior (tupí-guaraní). Se dirigieron hacia el norte del continente poblando las islas del mar Caribe y llegando incluso hasta la península de Florida y también hacia el sur, alcanzando el territorio argentino.

Los arawak y los tupí-guaraníes fueron los de mayor capacidad expansiva. Estos últimos, a través del componente guaraní, ocuparon el sur del Brasil, Paraguay, Bolivia y Argentina.

Los chiriguanos, a su vez, son un sector de los guaraníes que se extendieron por los tres últimos países mencionados. El mismo gentilicio —que lo utilizamos porque es el que ha pasado con mayor vigor hasta nuestros días— fue, según las crónicas, dado por los incas a esa cultura que en el este de Bolivia les impidió penetrar en la selva. Era una denominación despectiva para una comunidad que odiaban y ante la cual fueron casi sorprendentemente, impotentes. (Según las distintas interpretaciones el vocablo chiriguanos significaría "estiércol frío".)

Es difícil establecer si los llamados chiriguanos ocupaban en el siglo XVI el sector del Chaco-salteño coincidente con el actual hábitat.

Pensamos que sí, por su ubicación comprobada en Bolivia por lo menos un siglo antes de la Conquista y por los relatos que nos informan de la relación con los matacos del Chaco Central.

La llegada a Bolivia de los primeros núcleos de guaraníes chiriguanos se produjo alrededor del siglo XV y fue la culminación de un proceso expansivo iniciado en Amazonia por los tupí-guaraníes debido a razones aún del todo no precisadas, entre las cuales podrían mencionarse las siguientes:
–la búsqueda de nuevas tierras para cultivo.
–la presión de parcialidades más poderosas.
–la búsqueda mesiánica de la "Tierra sin Mal".

Sea como fuere y más allá de probables razones sobre las que volveremos al tratar a los guaraníes del Litoral, lo cierto es que los chiriguanos, aunque en un hábitat reducido, a la llegada de los españoles ya habían penetrado en el actual territorio argentino.

Eran agricultores sedentarios, a base de mandioca, zapallos, batatas y maíz. La técnica del cultivo era la típica "milpa" amazónica, es decir el talado de árboles, el corte de la maleza, el incendio y el posterior cultivo sobre el terreno quemado. La tarea era compartida entre hombres y mujeres, quedando a cargo de los primeros el talado y de las segundas el sembrado, cuidado y cosechado. Lo producido por las cosechas era almacenado en graneros construidos sobre pilotes.

La caza y la pesca eran actividades secundarias de subsistencia. Las viviendas, de planta circular con techos cónicos, eran comunales: albergaban hasta cerca de cien individuos. Un conjunto de viviendas constituían una aldea que por lo general se ubicaba a la vera de un río.

Como todo pueblo agricultor los chiriguanos tuvieron alfarería, que mostraba la influencia andina en sus formas.

Relaciones en el seno de la comunidad: La familia extensa era el núcleo de la comunidad que como ya vimos tenía su expresión física en la aldea. Cada aldea estaba a cargo de un jefe de gran poder, con autoridad no cuestionada. Estas jefaturas eran hereditarias y tenían como misión la organización y preservación de la comunidad.

A este cacique de la parcialidad se lo denomina también cacique local (*mrubicha*) y tenía como lugartenientes a los *igüira iya*; sus hechiceros benignos (*ipayé*) y los capitanes de guerra (*queremba*).

El único momento en que estos caciques locales veían superada su autoridad era en caso de guerra. En esa situación, todos los caciques pasaban a depender del cacique regional (*tubicha rubica*, "el más grande entre los grandes"), jefe absoluto que a su vez lo era de la aldea más importante.

Relaciones con lo sobrenatural: Como en todas las comunidades indígenas, la cultura chiriguana mantiene con la naturaleza una relación sacralizada. El espacio está cargado de significación, pletórico de espíritus, dueños de los animales y plantas. Pueden mencionarse en este contexto los

76

rituales propiciatorios de la lluvia para la buena cosecha y el comienzo de la siembra.

En la concepción del universo predomina la búsqueda de un equilibrio cósmico que se manifiesta permanentemente entre el bien y el mal. El bien es *"tumpaeté vae"*, el ser supremo, el dios verdadero; el mal es *"aguará tumpa"*, su contrario complementario que en la tierra está representado por el zorro. El chiriguano rinde culto a ambos principios porque respeta el equilibrio entre el caos (la destrucción, el hambre, la maleza, la arbitrariedad) y el cosmos (la luz, la abundancia, el maíz, la justicia).

Un personaje muy importante es el chamán, invocador de los buenos espíritus y curador por excelencia.

Una práctica clásica entre los chiriguanos y en general entre las comunidades tupí-guaraníes (como por ejemplo los tupínambá de la costa brasileña) fue la antropofagia ritual que se realizaba exclusivamente con los prisioneros de guerra y ceremonia de la cual participaba toda la aldea.

La antropofagia, muy difundida y ligada a prácticas relacionadas con la toma de la potencia del enemigo ha tenido muy buenas descripciones, siendo además uno de los hechos que más impresionaron a los cronistas que exageraron la realidad al definir a estos pueblos como "comedores de carne humana".

Relaciones con otras comunidades: Los chiriguanos se relacionaron con las demás culturas casi exclusivamente a través de la guerra, teniendo que haber acosado a los mataco-mataguayos del Chaco Central y aun el Boreal. Pero lo más importante en este aspecto ha sido sin dudas la contención del imperio incaico en la actual Bolivia.

Una relación muy particular, finalmente, tuvieron con los chané, grupo perteneciente al tronco lingüístico arawak y que le precedió en su migración por el continente, llegando al actual territorio boliviano con antelación. En algún momento del siglo XV al XVI sin embargo, los chiriguanos sometieron por completo a los chané, los que al decir de la generalidad de los autores sufrieron un proceso de "guaranitización". No faltan las crónicas que indican que ese dominio se sustentó en una sistemática antropofagia que prácticamente devastó a los chané como etnia.

Los chané

La cultura chané pertenece a la familia lingüística arawak, que como ya vimos, junto con sus hermanos de la Selva, los tupí-guaraníes, se desplazaron por toda Sudamérica y las islas del mar Caribe.

Se asentaron así en el este del Perú (los campa); en el Alto Xingú; en Bolivia Oriental (los mojo y los baure); en la zona oriental del río Guaporé y en el centro del Mato Grosso (los paressi).

Hacia el sur los arawak se expandieron hasta el Alto Paraguay (los guaná) llegando hasta el Chaco centro occidental, ya en territorio argentino, punto final de su expansión.

La gran familia arawak es la que más territorio ocupó aunque no haya sido en forma compacta.

Además es una cultura que reúne en su seno una gran diversidad que va desde grupos semisedentarios pequeños hasta aldeas con una notable concentración demográfica.

En general todos los grupos arawak presentaban una clara estratificación interna; el culto a deidades reconocidas por varias aldeas y el especial desarrollo de la actividad religiosa o militar.

Suponemos que los chané tenían un patrón de vida semejante a las culturas de la Selva; por la unidad de origen de la que participaban, aunque no hay mayores datos. No sabemos bien de dónde provenían por lo cual es difícil comprobar si los patrones tradicionales eran muy respetados o en cambio se veían inficionados por otras influencias incluyendo las ecológicas.

De todas maneras, la rápida derrota sufrida a manos de los chiriguanos y su nueva condición de pueblo sometido, nos sugiere una organización débil e incluso una escasa población en el núcleo chané.

Fueron reducidos a esclavos y obligados a cultivar los sembradíos de sus amos. Sin embargo, a pesar de semejante derrota, el "alma arawak" debe haber sido muy fuerte como para haberse mantenido como una entidad propia a través de los siglos: a pesar del escasísimo número, la comunidad de Tuyunti en la provincia de Salta, es la descendiente actual de aquel orgulloso núcleo chané que tempranamente fuera desbordado por el ímpetu que también venía de la selva amazónica.

Algunas conclusiones acerca de las culturas de la Llanura en el siglo XVI

a) Las culturas de la Llanura ocuparon un vastísimo hábitat con dos subregiones fundamentales: Pampa/Patagonia y el Chaco. Conformaron una forma de vida común, basada en comunidades nómadas de cazadores-recolectores y pescadores con una concepción del mundo basada en la existencia de un ser supremo (a veces asociado a un héroe cultural); un gran número de espíritus de la naturaleza con la consiguiente sacralización de la misma y una compleja red de relatos míticos asumidos como historia vivida;

b) En ambas subregiones, por lo menos dos culturas (las más importantes desde el punto de vista demográfico) presentan a la llegada de los españoles una forma de vida semejante y luego, con la irrupción del *horse-complex* tuvieron un proceso cultural posterior que siguió casi idénticas etapas. Estas culturas son los tehuelches septentrionales y meridionales y los guaikurúes (Pampa y Patagonia y el Chaco respectivamente);

c) Por el contrario, las otras comunidades de la región, en un proceso histórico-cultural sin explicación clara todavía, no incorporaron el complejo ecuestre, persistiendo en su tradicional forma de vida: son los onas en Tierra del Fuego y los mataco-mataguayos en el Chaco;

d) En la Llanura en el siglo XVI se produjo un proceso dinámico por los continuos desplazamientos de las comunidades originarias y por la llegada de comunidades provenientes de otras regiones del continente que dieron nueva vitalidad al área y en algunos casos cambiarían totalmente el panorama cultural. Son los chiriguanos y chané en el Chaco y los araucanos en Pampa y Patagonia. Ese proceso genera el conectar entre sí e integrar de alguna manera a las distintas regiones culturales del continente.

En el caso del Chaco los chiriguanos y chané fueron portadores de la agricultura, práctica desconocida en el área. Incluso la concepción del mundo era irradiada desde esos núcleos hacia los pobladores originarios del Chaco, que hicieron suyos algunos principios como la idea del tiempo y sus fracturas apocalípticas;

e) Como en el caso de la región de la Montaña, la Llanura también está ligada a zonas internas dentro del territorio nacional. Así, la cultura lulevilela es la transición hacia la montaña desde su hábitat original: el Chaco. Las culturas del Chaco también están en íntima relación con el litoral mesopotámico;

f) Un elemento final: en el caso de Pampa y Patagonia existía una etnia que por sus características definimos como "componente transicional" entre las culturas de la Llanura: Pampa/Patagonia y Chaco, si bien la ubicamos como perteneciente al grupo de los tehuelches septentrionales: los querandíes, que aunque prematuramente desaparecidos, demuestran con sus patrones de vida sincréticos la plasticidad de un proceso que aceptaba e incorporaba la interrelación permanente entre las distintas comunidades.

EL LITORAL Y LA MESOPOTAMIA

El Litoral

Los guaraníes

La expansión tupí-guaraní, como vimos, llegó hasta nuestro territorio a través de su componente guaraní, que en el Chaco occidental fueron los chiriguanos. Pero esa expansión llegó más al sur todavía: al litoral de la Mesopotamia, con comunidades provenientes de la selva amazónica que bajaron por las grandes vías naturales de los ríos Paraná y Paraguay, ocupando las zonas aledañas.

Como etnias pertenecientes a una cultura mayor, los guaraníes del Litoral se parecían a sus hermanos de Amazonia y por lo tanto a los chiriguanos. Pero el hábitat particular, la relación con otras comunidades y posteriormente el papel jugado por Asunción en la era colonial, llevó a estos pueblos a cumplir un rol que evidentemente tuvo como basamento una organización integral de la vida comunitaria muy particular.

El carácter de comunidades agricultoras y sedentarias en medio de culturas cazadoras y muy aguerridas, coadyuvó a fomentar la situación preponderante a que hacemos referencia.

En el siglo XVI existían varios asentamientos guaraníes, pero el más importante era el del norte de la provincia de Corrientes y el litoral de la de Misiones. Un segundo enclave estaba ubicado en las islas que forma el Paraná hacia su desembocadura. Un tercer enclave parece haber estado en las islas del delta del Paraná aunque de menor importancia.

Como vimos, en lo esencial eran una cultura semejante a las de la selva amazónica por lo que basaban la subsistencia en la agricultura. Fueron, a excepción de los grupos chaná-timbú, las únicas comunidades agricultoras del Litoral y Mesopotamia. Cultivaron especialmente la mandioca, la batata y el maíz; menor importancia tenían productos tales como el zapallo, los porotos, el maní y el mate. Los grupos del delta no deben de haber cultivado la mandioca que es el producto principalísimo de las culturas de la Selva, por el clima más frío.

La técnica del cultivo era la "milpa" o "roza" ya descripta. Cada parcela cultivada duraba de dos a tres años (algunos autores hablan de cinco años) y era en ese momento en que las aldeas se desmontaban e iniciaban la búsqueda de nuevas tierras que reemplazaran a las agotadas.

Caza, pesca y recolección eran actividades secundarias, en la medida en que el excedente agrícola era almacenado.

Sin embargo, muchas crónicas nos hablan de la importancia que tenía la pesca en estas comunidades, cosa lógica si nos atenemos a la ubicación de los asentamientos, por lo general en las riberas. Es común encontrar en esos relatos frases como esta: "siempre mataban pescado" y otras similares.

Los guaraníes, continuando la tradición fueron hábiles canoeros. Viajaban en sus canoas a través de los cursos fluviales además de utilizarlas para hacer la guerra.

La vivienda era la gran casa comunal en la que se alojaban varias familias extensas (la "maloca").

La alfarería de los guaraníes del Litoral es peculiar: del tipo "imbricada", con decoración hecha con la punta de los dedos; también utilizaron la pintura para decorar. Es común además la existencia de la gran tinaja utilizada como urna funeraria para adultos.

Relaciones en el seno de la comunidad y con lo sobrenatural: La familia extensa constituía la unidad social básica aunque la expresión comunitaria era el conjunto de familias, cuyo patrón de asentamiento era a su vez la aldea. La aldea era la comunidad expresada.

Un rasgo característico de Amazonia es la empalizada que protege a estas aldeas. Aquí también fue utilizada esa técnica defensiva.

La institución del cacicazgo era la réplica de la que tenían los chiriguanos, diferenciando el cacique local del general. Estos jefes recibían obediencia absoluta y el conjunto de la comunidad estaba obligada a trabajar las tierras para él y siguiendo una costumbre ancestral, edificarle la vivienda.

Parecería que la familia fue polígama aunque en general ello dependía de cada hombre.

En cuanto a lo sobrenatural, participan en líneas generales de las concepciones explicadas en los chiriguanos y de la noción de la "Tierra sin Mal".

80

Esta idea, omnipresente en la cosmovisión guaraní, es posible que haya llevado a estas comunidades de las costas del Paraná a migrar en esa dirección desde el corazón de Amazonia.

La "Tierra sin Mal" es un paraíso al cual el héroe civilizador (asociado con el ser supremo) se retiró luego de haber creado el mundo y traído a los hombres los conocimientos esenciales para su supervivencia. Es allí adonde después de ciertas pruebas llegan los muertos privilegiados, los chamanes y guerreros. Pero este paraíso se abre también a los vivos que hayan tenido el valor y la constancia de observar las normas de vida de los antepasados y que guiados por el poder privilegiado del chamán hayan descubierto el camino hacia él.

La "Tierra sin Mal" no es sólo un lugar de felicidad sino el único refugio que quedará a los hombres cuando llegue el fin del mundo.

Otro elemento en común es que la búsqueda de la "Tierra sin Mal" provoca una migración masiva guiada por un chamán, asumido como mesías. Eliade, en un magnífico trabajo sobre el tema, piensa que la búsqueda colectiva del paraíso durante más de cuatro siglos puede clasificarse entre los fenómenos religiosos más importantes de América, al que caracteriza a través de un conjunto de factores que otorgan a este hecho sagrado una fisonomía única.[22]

Muchas veces se sostiene que el "mesianismo" y especialmente este mesianismo es la consecuencia de una crisis interna en la cultura, debida al choque con los conquistadores y en consecuencia una vía de escape ante la alternativa trágica de la desaparición comunitaria.

Sin embargo, la idea de la "Tierra sin Mal" existe desde tiempos prehispánicos y más allá de que la llegada de los conquistadores haya incentivado algunos procesos, este que estamos analizando en realidad había comenzado muchos años antes.

No puedo afirmar que la "Tierra sin Mal" haya sido la causa excluyente de las migraciones. Seguramente hay otras (véase pág. 76). Pero la energía de esa idea encierra una concepción del mundo que, basada en la victoria, la gloria y la justicia sin dudas preside la vida guaraní. De ahí el valor de esta noción en el desarrollo cultural de este pueblo.[23]

Otra idea siempre presente en la concepción del mundo guaraní es la dualidad. Además de los dos principios del bien y del mal ya mencionados, en la tradición comunitaria juegan un papel muy importante los mellizos o gemelos, complejo ciclo mítico en el que se describe la unión del ser supremo con la primera mujer; el nacimiento de dos hermanos, que luego de dar muerte a los jaguares que habían devorado a su madre, se transforman en la Luna y el Sol.

Relaciones con otras comunidades: Está casi comprobado que las poblaciones guaraníes de nuestro litoral llegaron en una época relativamente tardía, poco tiempo antes de la llegada de los españoles.

Descendiendo por los grandes ríos desplazaron inicialmente a las comunidades originarias de Misiones y Corrientes, los caingang.

Posteriormente y siguiendo el curso del Paraná arribaron a la zona del delta en donde entraron en contacto con los querandíes del litoral del río de la Plata.

Desde los ríos, como vimos, también hicieron la guerra a las comunidades de la costa de las cuales tomaban prisioneros para la práctica de la antropofagia ritual.

Es difícil determinar el grado de relación con las culturas guaikurúes. Por lo que sabemos, éstas se cuidaban bien de no penetrar su territorio e incluso las cercanías de las riberas eran los sitios mejor defendidos.

Sobre esta área y sobre estas comunidades, España operaría posteriormente utilizando ambos elementos como cabecera de la colonización en esta parte del continente, teniendo como centro estratégico a Asunción. Desde el punto de vista geocultural la subregión era óptima y no fue desaprovechada por el impulso conquistador.

Los chaná-timbú

Las primeras crónicas acerca del litoral mesopotámico paranaense nos hablan, además de los querandíes y los guaraníes, de un conjunto de comunidades con características diferentes. En realidad, constituyeron parcialidades de una cultura mayor, que no pasó hasta nosotros con una denominación única.

Llamamos chaná-timbú al conjunto de parcialidades ubicadas a ambas márgenes del Paraná en territorios de las actuales provincias de Buenos Aires, Santa Fe, Entre Ríos y Corrientes y que en el siglo XVI presentaban una forma de vida similar.

Las diversas crónicas nos hablan de comunidades tales como mepenes; mocoretás; calchines; quiloazas; corondas; timbúes; carcaráes; chaná o chanáes; mbeguaes; chaná-timbúes; chaná-mbeguaes.

Hemos elegido la denominación chaná-timbú por ser la más mencionada en las crónicas y porque además como parcialidad, parecerían representar con mayor claridad la forma de vida del conjunto. Ésta es también la denominación utilizada por Alberto R. González.

Este grupo cultural tuvo tres lugares principales de asentamiento, que de norte a sur eran:

–Corrientes: mepenes y mocoretás.

–Santa Fe y Entre Ríos: timbúes y carcaráes (desembocadura del Carcarañá); corondas, quiloazas y calchines.

–Buenos Aires, Santa Fe y Entre Ríos: chanaes, mbeguaes, chaná-timbúes y chaná-mbeguaes.

El modo de subsistencia básico era la pesca, actividad que practicaban en grandes canoas monóxilas de hasta veinte metros de longitud. Como los querandíes, conservaban el pescado, secándolo al sol y ahumándolo.

También eran actividades importantes la caza y la recolección, especialmente de miel.

Asimismo puede afirmarse que entre ciertos grupos de esta cultura, especialmente los timbúes y carcaráes, comenzaba a darse una agricultura incipiente basada en maíz y zapallos.

En el siglo XVI la influencia de las aldeas guaraníes ubicadas en inmediaciones de los territorios chaná-timbú comenzaba a hacerse sentir. Muchas crónicas nos informan que los conquistadores se sirvieron de los cultivos de esas comunidades para su abastecimiento.

La vestimenta clásica era el manto de pieles (en este caso de nutria) tal como en las comunidades de la Llanura, tehuelches y guaikurúes.

Las viviendas eran chozas rectangulares y entre algunos grupos, por influencias probablemente de la selva, alcanzaban grandes dimensiones. Eran alfareros y en esa industria son comunes los platos grandes que según A. R. González podrían indicar "la existencia de una economía basada en el cultivo de la mandioca, lo que de comprobarse tendría gran importancia". Aunque nuestro autor no lo menciona la confirmación de esa hipótesis emparentaría aún más al grupo chaná-timbú con las culturas de la Selva.

Relaciones en el seno de la comunidad y con lo sobrenatural: Estaban organizados en aldeas ubicadas a la vera de los ríos, con principio de semisedentarismo en aquellos grupos que practicaban la agricultura en forma incipiente.

Cada parcialidad estaba al mando de un cacique y algunas informaciones indican la presunta existencia de cacicazgos generales.

Es prácticamente desconocida la concepción del mundo de estas comunidades a no ser por la presencia importante de los chamanes y el entierro secundario; también la costumbre de cortarse la falange de los dedos de las manos a la muerte de un pariente, como símbolo del dolor por la pérdida (tradición en ciertas culturas cazadoras).

Relaciones con otras comunidades: Los chaná-timbú presentan un panorama relativamente complejo por el particular hábitat (de tránsito permanente) y las influencias provenientes de diversas regiones, además de las diferenciaciones culturales en el seno de los mismos grupos.

En cuanto al hábitat, permitió una comunicación fluida y al mismo tiempo posibilitó la penetración de los guaraníes. Los chaná-timbú sufrieron el impacto de las culturas de la Selva en expansión, a través del sostenimiento de periódicos enfrentamientos o bien la incorporación de nuevos patrones culturales como la aldea, la agricultura o la alfarería.

Canals Frau, además de tomar en cuenta la irradiación guaraní, menciona la influencia arawak, incluso estimando la posibilidad de que pequeñísimos núcleos de esa cultura se hayan asentado en algunas zonas del litoral (la decoración zoomorfa de algunas cerámicas).

Más allá de esta probabilidad (muy lejos estamos de poder comprobarlo) la relación estrecha con comunidades de la selva es un hecho demostrado, al menos en su versión guaraní. Pero podemos ir más allá en las relaciones: la existencia de diversos objetos de metal en estas comunidades indicaría algún tipo de relación con el Noroeste, a través del río Salado de Santiago del Estero, presuntamente, como canal de comunicación. Por último, el sector sur de los chaná-timbú estuvo en contacto con los querandíes.

El Interior

Los caingang

Ocupaban en el siglo XVI el interior de la Mesopotamia, en las actuales provincias de Misiones y Corrientes.

Desde el punto de vista cultural constituyeron los representantes meridionales de un conjunto étnico mayor del litoral atlántico entre el Estado de Bahía y Río Grande do Sul. Esa zona, parte externa del planalto brasileño, conformaba una típica área de arrinconamiento, es decir aquella área que por distintas razones hacía quedar a los grupos que allí llegaran, prisioneros en su propio territorio, rodeados por otras culturas y/o imposibilitados de desplazarse a otros sitios por la realidad ecológica. (En este caso, la proximidad del océano.)

Esa zona como decíamos era la ocupada por los tapuya a quienes los tupí-guaraníes empujaron en tiempos prehispánicos. Los caingang eran la comunidad más meridional de esos tapuya, cazadores y recolectores de la costa.

Los caingang estuvieron emparentados lingüísticamente a la cultura ge, horticultores del planalto pero con el tiempo su lengua sufrió alteraciones por la presencia guaraní.[24]

Estos "hombres del bosque" (*ka*: bosque; *ingang*: hombre) eran básicamente recolectores, especialmente del fruto del pino de Misiones, también recogían larvas y frutos silvestres, además de miel y algarroba.

Toda la comunidad participaba de la tarea.

Eran actividades importantes la caza y la pesca. El rico interior del litoral permitía la obtención de una fauna inagotable: ñandúes, cuises, chanchos del monte.

En forma tardía los caingang incorporaron la agricultura que alternaron con otras prácticas económicas.

Eran una cultura nómada, sin asentamientos permanentes y la vivienda era un paravientos de vegetales trenzados, aunque algunos grupos tenían chozas con divisiones internas, habitadas cada una de ellas por una familia: un antecedente de la gran casa comunal.

Originariamente no poseían cerámica y la reemplazaban con calabazas en las cuales se almacenaba miel.

Debemos aclarar que las crónicas no mencionan específicamente con el nombre de caingang a esta cultura sino que le adjudican una serie de gentilicios que con toda seguridad han constituido parcialidades de este conjunto mayor. Entre las denominaciones más importantes caben mencionarse las siguientes: cainaroes; yaroes o yares; gualachíes; guaiquirares; cupizales; eguaros; chanaes salvajes.

Relaciones en el seno de la comunidad y con lo sobrenatural: Un aspecto fundamental en la organización interna es la división en "mitades" de carácter patrilineal, hecho que aunque no está ligado al patrón de asentamiento por tratarse de comunidades nómadas, implica de todos modos una relación muy particular con los ge que tienen como sello distintivo de la vida comunitaria esa estructura dual.

En el siglo XVI, los caingang estaban sufriendo un proceso de irradiaciones culturales desde otras regiones, lo cual de todas maneras nos dificulta la reconstrucción exacta de lo que estaba sucediendo. Por ejemplo muchas crónicas nos hablan de la existencia de "caminos interaldeanos" (en realidad senderos abiertos en plena selva) a los fines de la comunicación.

Este hecho demostraría un relativo sedentarismo aunque más no sea incipiente, producto probablemente de influencias amazónicas.

Las diferentes parcialidades estaban al mando de un cacique que en algunos casos era el chamán.

La existencia de viviendas comunales, semejante a la "maloca" guaraní nos demuestra la importancia de la familia extensa. A su vez, tres o cuatro de estas viviendas conformaron en época ya tardía la aldea semisedentaria como unidad social mayor.

Los chamanes utilizaban la yerba mate para comunicarse con la divinidad y conocer sus designios; sabemos además de la importancia de los "dueños de los animales" a los que se veneraba y temía.

Una característica importante es la presencia de cementerios, ubicados en las cercanías de la aldea. En algunas comunidades se practicaba la cremación.

Relaciones con otras comunidades: Como hemos visto, la zona caingang estuvo expuesta a variados influjos provenientes en su mayoría de la selva y planalto brasileño, a través de las culturas guaraní y ge respectivamente.

El asentamiento de los guaraníes en las riberas del Paraná los debe de haber empujado hacia su hábitat definitivo. También en forma tardía, la expansión de los charrúas desde el Este debe de haber contribuido a este proceso de acoso territorial.

Los charrúas

Esta cultura estaba integrada por un conjunto de parcialidades de las cuales dos de ellas eran las más importantes: los guenoas o guenoanes y los bohanes, además del grupo charrúa propiamente dicho. El resto, eran parcialidades menores.

El hábitat era principalmente el actual territorio uruguayo, pero grupos dispersos ocuparon en tiempos prehispánicos la provincia de Entre Ríos (los minuanes) y algunos sectores extienden dicha ocupación hasta el sur de Corrientes.

Tuvieron una lengua original con variantes dialectales.

Constituían en conjunto una cultura de cazadores y recolectores nómadas con una forma de vida muy semejante a la de las comunidades de Pampa, Patagonia y Chaco. En gran parte participaban de la tradición cultural de la Llanura, pero por cuestiones de ubicación geográfica, interrelación y características propias hemos preferido incluirlos en la región del Litoral y Mesopotamia.

Los animales cazados eran ñandúes, venados y toda clase de roedores. Las técnicas de caza eran semejantes a las utilizadas por los tehuelches:

persecución de animales hasta rendirlos por agotamiento. Recolectaban además toda clase de frutos silvestres.

Ciertas parcialidades extendieron sus actividades de subsistencia practicando la pesca, indicador que los distancia de la cultura tehuelche al igual que sucedía con los querandíes. En efecto, las comunidades del litoral del río de la Plata y las asentadas en las riberas del río Uruguay practicaron intensamente la pesca, para lo cual contaron con grandes canoas similares a las de los chaná-timbú. Por el carácter de comunidades nómadas la vivienda era sumamente precaria, consistente en el típico paravientos con paredes de ramas. El vestido los acerca nuevamente a los tehuelches: el manto usado con la piel hacia adentro.

Relaciones en el seno de la comunidad: Un conjunto de toldos conformaba la unidad social mínima a cargo de un cacique. La familia era monogámica aunque no se desconocía la poligamia. La unión de las diferentes bandas sólo ocurría en caso de guerra para lo cual se organizaba el consejo de caciques.

Relaciones con lo sobrenatural: La concepción del mundo estaba presidida por la creencia en un ser supremo; ligado a él se encuentra "el espíritu guardián" de cada hombre a quien se invoca en momentos de peligro.

El chamanismo estaba muy desarrollado y parece ser que existían representantes del bien y sus opuestos, los del mal. Los primeros, responsables de las curas mágicas, los segundos con la capacidad de enfurecer a la naturaleza desatando tormentas y desbordando los ríos. Como vemos, ocurre aquí algo similar a la estructura guaraní de la dualidad chamánica "ipayémbaecuá".

Existía un culto muy elaborado a los muertos con entierro secundario de los huesos. Una práctica similar a los querandíes era la conservación del cráneo del enemigo como trofeo de guerra.

Relaciones con otras comunidades: Por el norte de su hábitat han entrado en contacto con parcialidades guaraníes provenientes de la selva y aún con los caingang de Misiones y Corrientes. Por el oeste se relacionaron con los chaná-timbú del Litoral y por el sudoeste con los querandíes.

El territorio inicial fue ampliado considerablemente a partir del siglo XVII con la incorporación del caballo en un proceso parecido al operado en la Llanura, aunque menor en tiempo, dado el rápido sometimiento en que cayeron estas comunidades.

Algunas conclusiones acerca de las culturas del Litoral y la Mesopotamia en el siglo XVI

a) La región es peculiar, lo que le permitió entrar en fluida comunicación con otras áreas del continente a través de sus vías naturales (los ríos). Esas áreas fueron la selva tropical, la llanura de Pampa/Patagonia y la del actual territorio uruguayo;

b) Esas características condicionaron la vida de las poblaciones originarias, los caingang y los chaná-timbú a lo que se agregó la penetración guaraní que con su sólida organización tiñeron culturalmente la región;

c) Este proceso se vio enriquecido por la presencia de comunidades charrúas que en dirección este-oeste penetraron profundamente en el interior mesopotámico;

d) Sobre la base cultural guaraní (agricultores "intrusivos" en una región de cazadores) y las características favorables del área especialmente en cuanto al factor comunicación, la Conquista y Colonización encontraron en el Litoral un espacio ideal para la consolidación de un enclave que sería decisivo en la historia posterior y que tuvo como centro neurálgico a la ciudad de Asunción.

EL EXTREMO SUR

Canales Fueguinos

Los yámana-alakaluf

En realidad esta denominación hace referencia a la existencia de dos culturas diferentes, pero dadas sus similitudes más que estrechas, el hábitat común y una historia similar, las consideramos como una entidad única.

Ocupaban la parte sur de Tierra del Fuego e islas magallánicas. Los yámanas en el actual sector argentino y los alakaluf en el sector chileno, en plena Patagonia occidental.

Su hábitat constituye la continuación de Patagonia, pero presenta una ubicación altamente desfavorable para la vida humana ya que la costa queda alejada de toda posibilidad de contacto cultural en razón de las inmensas extensiones oceánicas que la rodean.

Las culturas que llegaron allí fueron empujadas y luego arrinconadas en ese lugar extremo, verdadero *finis terrae*, el confín del continente, en donde a pesar de todo pudieron desarrollar por siglos una forma de vida propia.

La vida de estas culturas dependía del océano y sus recursos. Fueron pueblos canoeros, por lo que algunos autores los denominan como "los canoeros magallánicos".

Eran cazadores y pescadores de los productos del océano: cazaban mamíferos marinos (focas y ballenas; estas últimas eran abatidas cuando se acercaban a la costa agotadas o enfermas). Se internaban en el mar con sus canoas fabricadas de corteza de haya obtenida de los bosques de las islas y en ellas viajaba toda la familia que participaba de la búsqueda del alimento. El instrumental se reducía a arpones de hueso y lanzas de pesca.

Si el mar era para estas comunidades la vida (incluso pasaban la mitad de su tiempo en él) la tierra ofrecía también su interés por las posibilidades para la recolección: mejillones, cangrejos, raíces y hongos.

Relaciones en el seno de la comunidad: La base de la comunidad es la familia generalmente monogámica. Por encima de ella está el grupo, de carácter nómada, integrado por individuos con lazos de consanguinidad. La población yámana-alakaluf fue escasa, con núcleos dispersos en constante desplazamiento, aunque según algunos autores (Krickeberg), han tenido territorios de caza y pesca delimitados.

Las jefaturas no existían; tenían alguna influencia los ancianos y los chamanes. Los núcleos dispersos de asentamiento temporario estaban integrados por chozas ubicadas por lo general sobre los mismos canales.

Relaciones con lo sobrenatural: Existe un ser supremo (Watauinewa, "el ancianísimo") dueño de todo lo existente, dador de alimentos, de justicia, de vida y de muerte. Es un ser activo que participa en la vida comunitaria. En otra dimensión está el mundo de los espíritus y las almas de los grandes chamanes muertos.

Entre los alakaluf no es necesaria una vocación especial para acceder al rango de chamán, casi todos los ancianos lo son; distinto sucede entre los yámanas que reciben esa misión por revelación. Es probable que este complejo chamánico relativamente elaborado haya recibido influencias de los onas.

Los ritos de iniciación vinculados con los principios religiosos tenían suma importancia en esta cultura, al igual que las ceremonias llevadas a cabo por la sociedad secreta de varones (la "kina") que se relaciona con rituales similares de los onas (el "kloketen" que ya mencionamos).

Relaciones con otras comunidades: La incomunicación fue una de las características de esta cultura. En épocas tardías los chono (grupo de origen chileno) accedieron a la agricultura incipiente seguramente vía los araucanos; los yámanas por su parte deben de haber tenido alguna vinculación con los onas. Pero salvo esas relaciones, la cultura yámana-alakaluf vivió aislada e incomunicada, incluso entre los distintos grupos que la conformaban. Sólo en circunstancias muy especiales (como la caza de la ballena) la solidaridad de los diferentes grupos se ponía de manifiesto.

Si tuviéramos que sintetizar los principales aspectos diagnósticos de esta cultura señalaríamos:

–la vida integral condicionada por el mar.

–la organización social laxa y territorialmente dispersa.

–lo religioso-iniciático como factor aglutinante en determinadas circunstancias y etapas del ciclo vital del individuo (la pubertad).

–la escasísima relación con otras comunidades, aislamiento.

Este conjunto de factores distancian a esta cultura de las restantes que en el siglo XVI poblaban nuestro territorio. Ella representa a su vez una de las corrientes más antiguas del poblamiento de América, y su llegada a Tierra del Fuego se debió probablemente al arrinconamiento provocado por otras corrientes que presionaron sobre ellos.

Sin embargo, los últimos estudios realizados por Luis Abel Orquera y Ernesto Piana, sostienen, contra lo generalmente aceptado, que en estos canoeros "no hubo arcaísmo cultural sino adaptación definida a condiciones regionales, que incluyó tempranas modificaciones en el instrumental y en la forma de vida. Mal pudo haber arrinconamiento, cuando la adopción de la nueva tecnología y de la nueva forma de vida dio acceso a enorme cantidad de recursos cuya concentración y renovabilidad permiten densidades de población humanas muy superiores a las que caracterizan a los cazadores terrestres; pese a todas las dificultades que tienen esta clase de cálculos, se debe recordar que en el siglo XIX la cantidad de canoeros magallánicos-fueguinos doblaba a la de los pobladores de toda la Patagonia continental, pese a que éstos ocupaban un área quince veces más extensa".[25]

Orquera y Piana nos hablan de una excelente adaptación ecológica de estas comunidades, basada seguramente en la selectividad de la caza de los lobos marinos (A. Schiavini) que permitió que esta población animal se mantuviera a través del tiempo y sostuviera a su vez la dieta alimentaria de los yámanas.[26]

La cultura yámana-alakaluf cierra el panorama cultural del actual territorio argentino en el siglo XVI. Pero antes de pasar al último punto de este capítulo, referido a la vinculación de ese panorama con el resto de América, nos parece atinado hacer algunas referencias con respecto a la demografía prehispánica, datos que a la distancia, nos sirven no sólo para dimensionar la realidad de aquel entonces sino para efectuar las comparaciones que esa información nos pueda sugerir (véase mapa 11, pág. 90).

LA POBLACIÓN

Desde ya que es sumamente difícil determinar las densidades de población para cada una de las regiones que hemos analizado.

La obtención de esos datos depende de la investigación arqueológica, del estudio etnohistórico incluyendo la lectura e interpretación de las fuentes y finalmente la comparación de nuestro territorio con otras áreas del continente.

El tema ha llevado a producir diversos estudios con sus correspondientes cifras. No es este el lugar para discutir esas posiciones, pero después de una síntesis de ellas (o al menos de las principales), podemos afirmar que la población indígena alcanzaba en el actual territorio argentino en el siglo XVI un total aproximado entre los 300.000 y algo más de medio millón de individuos.

Steward (1948) tiene un estudio bastante completo sobre el tema, que hace llegar la población indígena a la cifra cercana a los 170.000 habitantes; Difrieri (1958) estima esa población en 343.000 habitantes, mientras que Rosemblat (1945) fija la cantidad en 300.000.

Como dato ilustrativo, es interesante tomar en cuenta que para esa época, la población total de América se estima en alrededor de trece a quince millones de habitantes con concentraciones demográficas notablemente superiores en la región de la Montaña.

Aunque las cifras aquí volcadas no sean del todo exactas, lo que sí está comprobado es que el mismo fenómeno que se da en el continente se repite en nuestro territorio: la mayor densidad de población en la región de la

11. CULTURAS ORIGINARIAS
DEL ACTUAL TERRITORIO ARGENTINO EN EL SIGLO XVI
Sistematización del autor

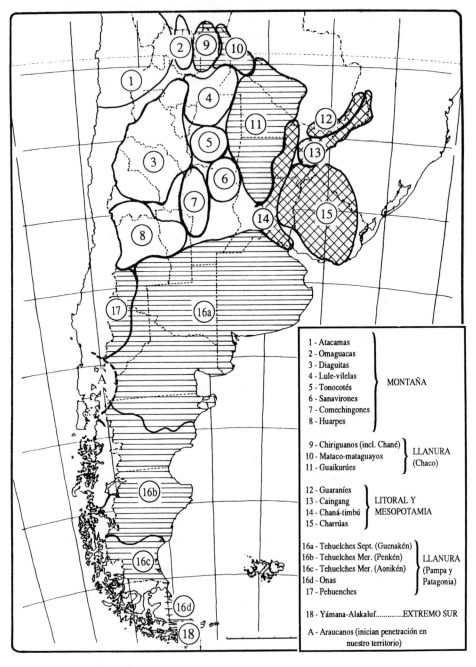

1 - Atacamas
2 - Omaguacas
3 - Diaguitas
4 - Lule-vilelas
5 - Tonocotés   } MONTAÑA
6 - Sanavirones
7 - Comechingones
8 - Huarpes

9 - Chiriguanos (incl. Chané)
10 - Mataco-mataguayos   } LLANURA
11 - Guaikurúes   (Chaco)

12 - Guaraníes
13 - Caingang   LITORAL Y
14 - Chaná-timbú   } MESOPOTAMIA
15 - Charrúas

16a - Tehuelches Sept. (Guenakén)
16b - Tehuelches Mer. (Penkén)   LLANURA
16c - Tehuelches Mer. (Aonikén)   } (Pampa y
16d - Onas   Patagonia)
17 - Pehuenches

18 - Yámana-Alakaluf.............EXTREMO SUR

A - Araucanos (inician penetración en
    nuestro territorio)

Montaña (Noroeste, Sierras Centrales y Cuyo), zona por excelencia de la agricultura.

Se calcula que esa región albergaba a un total cercano a los 200.000 habitantes, mientras que el resto de las regiones (Litoral y Mesopotamia, la Llanura y el Extremo Sur, en ese orden) estaban ocupadas por aproximadamente 100.000 individuos.

Es importante acotar finalmente que Pampa y Patagonia presentaban en el siglo XVI una característica que señala una tendencia hoy todavía negativa para los argentinos: el ser una de las zonas con más bajo índice demográfico del continente.

LAS CULTURAS ORIGINARIAS DE NUESTRO TERRITORIO Y SU RELACIÓN CON EL RESTO DEL CONTINENTE

En el momento de la llegada de los españoles, América Central y América del Sur presentaban un panorama altamente dinámico con un conjunto de culturas en pleno desarrollo. Podemos englobar operativamente esas culturas en la siguiente tipología:
–Culturas de la Montaña
–Culturas de la Selva
–Culturas de la Llanura
–Culturas del Mar Caribe
–Culturas de zonas extremas o aisladas

Culturas de la Montaña: Ocuparon los Andes septentrionales, centrales y meridionales y la meseta mexicana. Poseyeron una dinámica cultural que se extendió a lo largo de una franja (la Montaña) y particularmente en un sentido (norte-sur). Una región caracterizada por una profunda identidad cultural y adonde descollaron la organización social económica, la cosmovisión y el arte. Las principales culturas fueron los aztecas y mayas (América Central); los chibchas o muiscas (Andes septentrionales); los incas (Andes centrales) y las culturas mencionadas para el actual territorio argentino en la montaña, especialmente los diaguitas.

Culturas de la Selva: Fueron las de mayor dispersión en tiempos inmediatamente anteriores a la Conquista; horticultores sedentarios portadores de una compleja visión del mundo; migrantes y guerreros. Básicamente fueron los arawak, los tupí-guaraní y los carib, con algunas comunidades o subculturas diferenciadas como los mojo, baure, paressi, y arawak antillanos.

Culturas de la Llanura: Desplegadas por las vastas extensiones de Pampa/Patagonia, Chaco y la llanura uruguaya, inveterados cazadores que participaron de una forma de vida básicamente común: los tehuelches, los mbayá-guaikurúes y los charrúas.

Culturas del Mar Caribe: La expansión de las culturas de la Selva hacia el mar Caribe llevó a la conformación de una nueva cultura, peculiar, en una tarea de siglos. Mantuvieron la misma tradición pero pusieron el énfasis en lo militar y lo religioso. Entre sí tuvieron contacto permanente a través del comercio interisleño (los primeros conquistadores, aun desde sus navíos, se deslumbraron y aterrorizaron cuando vieron las enormes canoas de transporte) y quizás hayan llegado a Mesoamérica. Fueron desprendimientos de los arawak y los carib.

Culturas de zonas extremas o aisladas: Son los grupos humanos arrinconados en zonas inhóspitas o aisladas. Con una vida de subsistencia y de escasa relación con otras comunidades y aun entre sí, conformando núcleos familiares dispersos. Las principales culturas son las siguientes: tapuya (costas del Brasil); uro-chipaya (altiplano andino); yámana-alakaluf (litoral Pacífico y extremo sur del continente) y comunidades con enclaves aislados en la selva sudamericana.

Esta sintética tipología cultural de nuestra América hasta el siglo XVI, nos aproxima entonces a las vinculaciones con nuestro actual territorio.

Las culturas de la Montaña influenciaron notoriamente a nuestro Noroeste incluso con la tardía penetración incaica que buscó homogeneizar definitivamente la región. Estas irradiaciones a su vez provocaron transiciones culturales de distinto orden, como el caso de los lules, oriundos del Chaco.

Podemos decir que "nuestra Montaña" estuvo profundamente imbricada en "la Montaña" sudamericana, participando de una tradición ancestral que ligó, por encima de los desarrollos locales indiscutibles a las distintas comunidades agricultoras entre sí.

Las culturas de la Selva, con origen en Amazonia, llegaron a nuestro territorio y los desarrollos posteriores regionales continuaron en gran medida con los patrones ancestrales. Chiriguanos, chanés y guaraníes del litoral crecieron aquí preservando una memoria que seguía viviendo en otras áreas del continente.

Las culturas de la Llanura también participaron de una tradición que trascendió nuestras fronteras actuales, a través de los mbayá del Chaco Boreal y los charrúas del Uruguay.

Incluso nuestras comunidades aisladas y confinadas como los yámana-alakaluf pertenecen a una forma de vida que es común a otras etnias del continente.

Nuestras culturas no estaban solas, ni despegadas del resto del continente. Pertenecían, desde sus propias identidades, a un trasfondo común que se desplegaba desde hacía cientos de años por la tierra americana. En síntesis, podemos concluir:

• primero: que el territorio argentino en el siglo XVI estaba ocupado por un conjunto de culturas que si bien eran originales y con una forma de vida propia, estaban vinculadas a la historia cultural de Sudamérica.

• segundo: que el panorama cultural en ese momento histórico lejos de ser estático era dinámico y lo que es más estaba en un estadio de desarrollo de imprevisibles logros.

• tercero: como conclusión de estas vinculaciones a que hemos hecho referencia podemos reflexionar sobre la posibilidad de determinar grandes identidades culturales en la América prehispánica.

EL FIN DE LOS TIEMPOS

Llegado el siglo XVI nuestras culturas originarias ya habían aprendido mucho. En algunos casos conformaban comunidades sedentarias ejemplares que vivían en armonía con su entorno, cultivando la madre tierra, sostenidas por una compleja organización social que aglutinaba a miles de individuos.

En otros casos, bajo el cielo abierto de la llanura infinita, bandas de cazadores y recolectores recorrían sin cesar los caminos en la búsqueda del alimento cotidiano.

Nuestros indígenas cultivaron intensamente la tierra y recolectaron sus frutos. Cazaron en las selvas, montes y estepas; pescaron en los ríos. Unas veces realizaron todas las actividades al mismo tiempo; otras, sólo algunas de ellas.

Casi todos comerciaron entre sí, entablándose en algunas regiones una incipiente unidad a partir del encuentro cotidiano en el espacio de todos, el espacio del intercambio y la reciprocidad. En otros lugares, el encuentro no fue pacífico sino bélico, a través de la guerra cruel que en muchas ocasiones constituía un ideal de vida.

Todos invocaron a sus dioses, a los espíritus de la naturaleza, a los dueños de los animales, a sus chamanes. Pidieron consejo a los ancianos y siguieron a sus caciques. Honraron a los muertos. Enseñaron a sus hijos los secretos de la comunidad. Jugaron. Amaron. Odiaron. Fueron en algunos casos solidarios y dignos; en otros, mezquinos o sanguinarios.

Fueron hombres que vivieron una vida plena.

Nuestras culturas originarias vivieron afanosamente. Con cada salida del Sol, la vida comunitaria volvía a ser posible y el destino colectivo era un proyecto por el cual valía la pena ser un hombre de este lugar del mundo.

Pero un día el Sol se detuvo. Y todos quedaron inmóviles. En algunas regiones los vieron; en otras, más adentro del continente, los presintieron: habían llegado otros hombres, de otras tierras, desde muy lejos. Habían venido hasta ellos. Eran extraños y traían artefactos desconocidos. Algunos transportaban la muerte. Otros, simbolizaban dioses; hasta traían animales jamás vistos. Hablaban otra lengua. Tenían otro color de piel. Y otra vestimenta. Y otra forma de caminar. Venían desde más allá de las aguas interminables. De otro mundo. Y continuaban viniendo.

Habían llegado hasta ellos, irremediablemente, a quedarse para siempre.

Segunda Parte

LAS CULTURAS ORIGINARIAS
EN LA CONFORMACIÓN NACIONAL

"Estaba sobre la arena casi desnudo, y cantaba y danzaba al mismo tiempo, echándose polvo sobre la cabeza (...) Mostró gran extrañeza al vernos, y levantando el dedo, quería decir, sin duda, que nos creía descendidos del cielo".

ANTONIO PIGAFETTA
Cronista de la expedición Magallanes

CAPITULO III

EL DRAMA DE LA CONQUISTA

LA IRRUPCIÓN DE LOS CONQUISTADORES

Los extraños no las tenían todas consigo. Porque también para ellos en el primer momento se produjo un encandilamiento. Desde que pisaron la nueva tierra, los conquistadores fueron acompañados por un ingrediente inseparable en sus campañas: el asombro. Asombro por todo. Por los fantásticos paisajes, por las comunidades indígenas que no entendían, por la magia que se percibía a cada instante, por el misterio.

Como dato cultural, el asombro fue mutuo. Y durante mucho tiempo, hasta que la realidad americana fue configurando su nuevo perfil, indígenas y españoles intercambiaron sus miedos, sus vacilaciones, sus alucinaciones, sus sorpresas diarias.

Pero ese período de observación recíproca llegó a su fin. Y la nueva verdad recorrió América. Culturas formadas durante siglos, ciudades enteras, templos, caminos, fortalezas, aldeas, campos de cultivo, y lo que daba vida a todo ello, los hombres, todo, absolutamente todo, fue cayendo en las nuevas manos.

Sin embargo, la interrupción del proceso de vida americano original no fue total, porque las avanzadas conquistadoras penetraron paulatinamente, y porque hasta que la Conquista no se convirtió en Colonización, las culturas originarias mantuvieron sus estructuras tradicionales.

España necesita tiempo para realizar tres pasos indispensables:

a) la ocupación, b) el poblamiento y c) la organización de los nuevos territorios. Se trata de consolidar la Conquista para abrir las puertas a la Colonización. Sin descanso,[1] España se empeña en abrir varios frentes para penetrar el continente americano por diversas líneas. Hasta el actual territorio argentino llegan distintas corrientes:

a) la del Este (luego transformada en la línea asunceña, desde 1536, colonizadora del Litoral);

b) la del Norte (desde Perú y a partir de 1550, consolida el asentamiento en el Noroeste asegurando la comunicación con los Andes Centrales); c) la del Oeste (desde Chile y colonizadora de Cuyo).

De todos modos el tiempo que España se toma para ocupar, poblar y organizar es relativamente corto respecto a nuestra historia americana.

En efecto, en sólo 60 años, estas tres corrientes de penetración consiguen asentar a los españoles en las regiones de la Montaña y el Litoral, con casi 20 pueblos a partir de los cuales comenzará a girar la nueva vida en nuestro territorio. (El cuadro 8 consigna las primeras fundaciones producidas en el siglo XVI).[2]

8. FUNDACIÓN DE CIUDADES EN NUESTRO TERRITORIO DURANTE EL SIGLO XVI

Corriente del Este (Asunción)	SANTA MARÍA DEL BUEN AIRE	1536. Pedro de Mendoza. Despoblada en 1545, su caudal humano marcha a Asunción	
	SANTA FE*	1537. Juan de Garay	
	SANTÍSIMA TRINIDAD* (en el puerto de Sta. Ma. del Buen Aire)	1580. Juan de Garay	
	CONCEPCIÓN DEL BERMEJO (o Ntra. Sra. de la Concepción)	1585. Juan Torre de Vera y Aragón. Despoblada en 1632, su caudal humano marcha a Corrientes	
	SAN JUAN DE VERA DE LAS SIETE CORRIENTES*	1587. Juan Torre de Vera y Aragón	
Corriente del Norte (Perú)	CIUDAD DEL BARCO	1550. Núñez del Prado. Trasladada en 1551 (del Barco 2) y 1552 (del Barco 3)	
	SANTIAGO DEL ESTERO DEL NUEVO MAESTRAZGO*	1553. Francisco de Aguirre	
	LONDRES (en Salta)	1558. Juan Pérez de Zurita	No prosperaron. Su caudal humano engrosó a Santiago del Estero
	CÓRDOBA (en Catamarca)	1560. Juan Pérez de Zurita	
	CAÑETE (en Tucumán)	1560. Juan Pérez de Zurita	
	SAN MIGUEL DE TUCUMÁN*	1565. Francisco de Aguirre	
	NSTRA. SRA. DE TALAVERA CÁCERES O ESTECO	1567. Diego de Pacheco	
	CÓRDOBA DE LA NUEVA ANDALUCÍA*	1573. Jerónimo Luis de Cabrera	
	SAN FELIPE DE LERMA (Salta)*	1582. Hernando de Lerma	
	TODOS LOS SANTOS DE LA NUEVA RIOJA*	1591. Juan Ramírez de Velazco	
	NUEVA MADRID DE LAS JUNTAS	1592. Juan Ramírez de Velazco	
	SAN SALVADOR DE VELAZCO (Jujuy)*	1593. Francisco de Argañaraz y Murguía	
Corriente del Oeste (Chile)	MENDOZA NUEVO VALLE DE LA RIOJA*	1561. Pedro de Castilla	
	SAN JUAN DE LA FRONTERA*	1562. Juan Jufré	
	SAN LUIS DE LOYOLA*	1594. Luis Jufré	

*Las 12 ciudades-base que perduraron y posibilitaron el afianzamiento de la Conquista

Pero desde entonces observamos un primer elemento que tendrá una continuidad distintiva a lo largo de la historia posterior: *los territorios indígenas libres.*

Los españoles penetran, ocupan y pueblan las regiones de la Montaña y el Litoral, pero no así la Llanura (Pampa, Patagonia y Chaco) y el Extremo Sur, que por distintos motivos se convierten en ámbitos inaccesibles para los afanes conquistadores.

Esas regiones quedan como propiedad de las culturas originarias, en una tarea de defensa que durará aún tres siglos más, contra los propios españoles de la Colonia, los virreyes y el Estado argentino que finalmente producirá la derrota de esos bastiones y su consiguiente incorporación a la geografía del país en formación.

Esos territorios libres transformaron a las masas indígenas albergadas en ellos en auténticas *culturas de resistencia* (véase mapa 12, pág. 100) favorecidas por el hecho de la impenetrabilidad de sus dominios. Por el contrario, en aquellos lugares en donde la acción de la Conquista se desplegó con vigor, las comunidades originarias fueron perdiendo no sólo su tierra sino su cultura, lo que no excluyó de todas maneras, que se intentara el bloqueo de la expansión española.

Los extraños no las tenían todas consigo.

En casi todos los rincones adonde hubo un indígena, hubo resistencia.

Ella cubrió con su cuota de sangre los primeros tramos de la nueva historia que empezaba a nacer.

LA RESISTENCIA INDÍGENA

La resistencia a la Conquista fue un fenómeno global en América con distintas modalidades, duración y resultados, pero como dato de una realidad cruda, punto de partida del choque entre conquistadores e indígenas.

Las Antillas fueron escenario de los primeros enfrentamientos que tuvieron como protagonistas especialmente a los carib, quienes fueron sometidos en forma definitiva en el siglo XVIII.

Las culturas de la Montaña, las más complejas del continente, prácticamente se derrumbaron ante el embate invasor. Cuando reaccionaron del primer impacto, los conquistadores ya habían hecho pie y consolidaban su avance. Los posteriores focos de rebelión fueron aplastados, después de soportar serias pérdidas. Además el aparato militar de estas sociedades, se había puesto en funcionamiento demasiado tarde,[3] más allá de situaciones particulares como por ejemplo la de los mayas, que en el momento de la conquista, refugiados en sus selvas, se encontraban en proceso de disolución cultural.

Durante muchísimo tiempo la selva fue inaccesible para el conquistador.

Cuando ella misma no alcanzaba como obstáculo, las comunidades indígenas aparecieron como un segundo vallado, doblemente peligroso. La región fue explorada desde el oeste por los españoles y desde el este por los portugueses, quienes recién a mediados del siglo XVII consiguieron domi-

12. TERRITORIOS INDÍGENAS LIBRES Y FUNDACIÓN DE CIUDADES EN EL SIGLO XVI

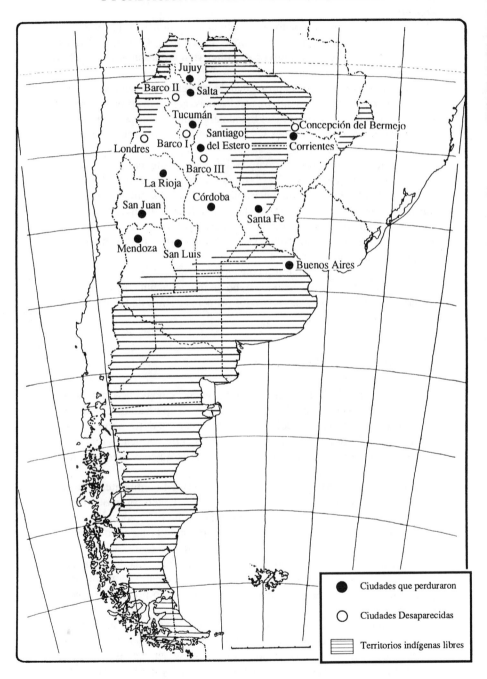

nar la desembocadura del Amazonas y zonas aledañas. El interior permaneció insondable, protegido por las comunidades originarias, y por aquellas otras que a través de la resistencia pasiva (la retirada a lugares inaccesibles) se albergaron en él.

En el actual territorio chileno la cultura araucana opuso una feroz resistencia en una guerra que probablemente fue, al decir de Darcy Ribeiro, "la más continuada y la más violenta de cuantas se trabaron en América". El mismo Pedro de Valdivia perdió su vida en el intento por dominar al pueblo araucano.

¿Qué pasaba mientras tanto en nuestro territorio con las culturas originarias? ¿Cuál fue su reacción frente al conquistador?

La región de la Montaña fue particularmente violenta para ambos bandos. De las cinco culturas que mencionamos para el sector del Noroeste: lules, tonocotés, atacamas, diaguitas y omaguacas, las dos últimas produjeron la máxima oposición a la Conquista, no sólo en el sentido defensivo sino también en el ofensivo.

Los lules fueron sometidos casi de inmediato en encomiendas aunque algunas parcialidades resistieron defensivamente migrando hacia el interior del Chaco, su hábitat original, y cumpliendo así en el término de unos siglos, un movimiento dinámico oeste-este, asentamiento, y de nuevo este-oeste.

Los tonocotés, por su parte, habitantes originales de la zona santiagueña, recibieron en forma pacífica a los españoles y fueron rápidamente encomendados.

Los atacamas siguieron una dinámica divergente al resto de las culturas del Noroeste debido a que permanecieron un poco ajenos en ese primer momento del proceso conquistador: no participaron de la resistencia, no sufrieron traslados forzados ni siquiera se fundaron reducciones religiosas en la zona. Por esta razón es que algunos autores sostienen que sobrevivieron así hasta nuestros días, con muy pocas modificaciones en "su esencia indígena" (Canals Frau). En todo caso, el ámbito ecológico aislado favoreció la preservación cultural.

Pero no todo era bonanza para los conquistadores. Esa misma región cultural mostró los más importantes levantamientos protagonizados por diaguitas y omaguacas. El sistema de encomiendas como nuevo régimen impuesto por los españoles no dio resultado en esas comunidades, que en consecuencia fueron condenadas en muchos casos a desarraigos compulsivos; en sucesivas oportunidades la resistencia indígena se transformó en una ofensiva abierta.

Los omaguacas fueron los primeros afectados por la penetración española. Al mando del cacique Viltipoco las distintas parcialidades unidas enfrentaron con todo éxito a los primeros contingentes conquistadores, y destruyeron incluso algunos enclaves estratégicos como la ciudad de Nieva (1562).

Los choques posteriores comienzan a alternarse con el régimen de encomiendas y aun con los traslados forzados, especialmente hacia la actual Bolivia. Hacia allí fueron desarraigadas algunas parcialidades atacamas.

La fundación de San Salvador de Jujuy en las postrimerías del siglo XVI afianza el poder español en la quebrada de Humahuaca logrando dominar a las comunidades del área.

Como vimos, la entrada española en el Noroeste da como resultado en un corto plazo la fundación de importantes pueblos. Incluso, algunos de ellos, como por ejemplo Córdoba del Calchaquí (1559) ubicada sobre las ruinas de Barco II, es asentada en el territorio de las parcialidades que estaban bajo el mando del cacique Juan Calchaquí, uno de los jefes de la insurrección.

Pero ya en esos primeros tiempos, entre 1561 y 1563, tres ciudades importantes como Londres, la propia Córdoba del Calchaquí y Cañete son destruidas por los diaguitas, coincidiendo con la ofensiva omaguaca en la Quebrada sobre la ciudad de Nieva.

Entre 1574 y 1580 Gonzalo de Abreu intenta por tres veces sin resultados por la resistencia indígena fundar un pueblo en el Valle de Lerma en la provincia de Salta. En 1582 Hernando de Lerma, lo consigue no sin pasar dificultades.

En este primer momento de la Conquista, los españoles, a través de la sucesiva fundación de pueblos, van desalojando a las comunidades indígenas de sus territorios, empujándolos hacia zonas periféricas. Algunos se incorporan al sistema de encomiendas impuesto por el español, pero al principio la mayoría resistirá desorganizadamente este desalojo paulatino.

Aníbal Montes[4] explica que uno de los métodos más utilizados por el español para el desalojo de los indígenas era el envío de ganado vacuno y caballar hacia los campos de cultivo diaguitas, que eran destruidos en una noche. Con esta sencilla maniobra, las comunidades indígenas se veían privadas de sus cultivos y obligadas a retirarse a nuevas tierras, mientras que las tierras originales pasaban a propiedad del conquistador.

Esta técnica, que se fue perfeccionando, llegó a surtir efecto en varias zonas adonde los indígenas tenían cultivos, campos de caza y excelentes aguadas, y los marginó a tierras estériles y abruptas, inservibles casi para la agricultura.

Esta continua provocación despertó a las culturas indígenas de la región que lucharon en un intento por recuperar sus tierras, base de sustentación del estilo de vida comunitario.

Entre los diaguitas la resistencia organizada se produce tardíamente a partir del siglo XVII (año 1630), es decir casi cien años después de la ocupación española, incluso en momentos en que el mestizaje como proceso cultural comenzaba a tener una fuerte incidencia. El sentimiento de desarraigo provocado por el nuevo régimen impuesto en las encomiendas y el intento por recuperar el pasado original deben de haber sido también los detonantes del "primer alzamiento diaguita".

Varias son las características que van a incidir en la guerra organizada que protagonizaron los diaguitas, entre ellas el factor combativo y las técnicas, que los llevaron a luchar entre los cerros, a resguardo de la temida caballería española, eludiendo el combate frontal en los valles.

Los españoles por su parte, en el momento del gran alzamiento (1630) se encontraban en condiciones de sostener un enfrentamiento prolongado ya que contaban con ciudades claves como Salta, Santiago del Estero, La Rioja y Tucumán además de muy buenas caballadas por la excelente producción ganadera.

La guerra estalló en 1630 a raíz de la muerte de un labriego y toda su familia en pleno valle Calchaquí. Las expediciones que salieron en busca de las parcialidades sublevadas no pudieron impedir que éstas destruyeran todo el ámbito del valle que desde ese entonces pasó a manos de los diaguitas al mando del cacique Chalimin.

La supremacía diaguita en la región continuó hasta 1637 en que Chalimin fue tomado prisionero y ejecutado. A partir de ese momento, los grupos rebeldes fueron encomendados en su gran mayoría. El resto mantuvo escaramuzas aisladas hasta que fueron definitivamente sometidos en 1643.

Durante siete años, los diaguitas dominaron un gran sector del Noroeste, comprendiendo partes de las provincias de Catamarca, Tucumán y Salta, con base en el valle de Hualfín en Catamarca.

El "segundo gran alzamiento" diaguita se produjo en 1655 cuando un extraño personaje español, Pedro Bohorquez (o Pedro Chamizo) haciéndose llamar Hualpa Inca y asegurando ser descendiente de los incas, instó a los diaguitas a combatir en pos de la recuperación del trono de los antepasados. Paralelamente negoció con los españoles a quienes les prometió los tesoros indígenas.

El impostor finalizó trágicamente, siendo ejecutado en 1667, pero hasta entonces, los diaguitas mantuvieron en vilo a los enclaves españoles hasta que fueron definitivamente sometidos y muchas comunidades desarraigadas para siempre, como el caso de los quilmes, cuyo traslado forzado al actual territorio de la provincia de Buenos Aires dio origen a la ciudad homónima.

Esta rebelión es un antecedente de la insurrección de Túpac Amarú[5] en el Cuzco un siglo después, que tuvo consecuencias en nuestro territorio.

Las Sierras Centrales fueron también escenario de la resistencia. Recién con la fundación de Córdoba (1573) las parcialidades de comechingones fueron sometidas al régimen de encomiendas, al igual que los sanavirones que en un primer momento dependieron jurisdiccionalmente de Santiago del Estero. Pero antes de estos hechos, las Sierras Centrales se habían convertido en una zona de difícil conquista para el español.

Es menester tener en cuenta además que en las acciones de la resistencia contra el conquistador ha operado fuertemente la tradición cultural bélica de estas comunidades, es decir la forma de vida anterior a la conquista, que llevará el espíritu guerrero a desarrollar todas sus posibilidades.

En el caso del Noroeste si bien la guerra tuvo en tiempos prehispánicos un rol preponderante no parece haber constituido un factor de tanta incidencia en la vida comunitaria. Entre los comechingones y sanavirones, en cambio, la guerra fue casi un acto cotidiano impregnado de contenidos sobrenaturales: las danzas propiciatorias presididas por el chamán; la existencia de lugares sagrados en donde encontrar el apoyo de los dioses; la protección divina de la luz lunar. Los enfrentamientos se producían por lo general por violación de territorios.

Anteriormente ya habíamos visto la expansión de los sanavirones hacia el hábitat comechingón en el momento de la llegada de los españoles.

Se efectivizaban tratados de alianza y la derrota de una aldea tenía por consecuencia inmediata el sometimiento por parte del enemigo victorioso.

La utilización del fuego fue de gran importancia, desde las flechas incendiarias hasta las antorchas, que una vez usadas en la noche para iluminar la marcha, eran arrojadas sobre las habitaciones de los pueblos enemigos.

Parece ser que los comechingones han contado con fortalezas semejantes a los pucarás del Noroeste.

La estrategia en estas comunidades era particularmente elaborada. En la guerra participaba toda la comunidad. Los hombres (sinónimo de "guerreros") presentaban combate al mando de un jefe y el método más usado era el de la sorpresa, por emboscadas, sin que esto impidiera, cuando las circunstancias lo aconsejaban, la lucha en el campo abierto. Esta táctica de combatir en escuadrones cerrados y bien organizados fue una de las causas que condujeron a su derrota a manos de los españoles (Ibarra Grasso, 1967) ya que facilitaron el accionar de la caballería y la artillería de los conquistadores, quienes les infligieron tremenda cantidad de bajas.

La guerra como dijimos antes era un fenómeno integral comunitario: los guerreros combatían y el resto de la comunidad (mujeres, niños, ancianos e impedidos) se ocupaba de la provisión del alimento y del sostenimiento del armamento.

En los enfrentamientos prehispánicos el objetivo de destruir los abastecimientos de la comunidad enemiga, como modo de imposibilitar el mantenimiento del adversario, cumplía un papel destacado. La destrucción de cultivos y almacenamientos provocaba para el bando atacante una victoria segura.

El almacenamiento de los alimentos estaba ligado también (además del sostenimiento de cada vez mayor cantidad de gente) al hecho de no quedar desprovistos en caso de una guerra prolongada.

Con este estilo de vida, violento y vigilante, el ritmo comunitario se transformaba. Todos los actos cotidianos (los cultivos, el pastoreo de animales, la fabricación de diversos utensilios) estaban en función del objetivo: la victoria sobre el enemigo.

Desde el punto de vista de las instituciones, el cacicazgo alcanzó su máxima expresión al igual que el chamanismo, utilizado para la visión del futuro.

Un papel importante cumplió el aspecto geográfico ya que usaron las serranías para defenderse en las cimas de los ataques españoles (táctica defensiva) como asimismo los desfiladeros para atacar a la caballería, encajonándola (táctica ofensiva).

Todas estas formas de hacer la guerra que se desarrollaron en tiempos prehispánicos entre las culturas de las Sierras Centrales también se llevaron a cabo contra el conquistador. Por supuesto que en época anterior nunca alcanzaron la dimensión de una guerra total o sea "una contienda de inmensas proporciones en que cada adversario reúne y utiliza todos los medios posibles contra su oponente" (Gadea, 1970), aunque sí tomaron esa modalidad cuando llegaron las avanzadas españolas.

Esa guerra total, desatada sin concesiones, produjo un rápido deterioro en la masa indígena. En los enfrentamientos intertribales se usaba el sistema ofensivo-defensivo según los casos, pero contra el español los comechingones utilizaron la guerra defensiva, ante la presencia evidente de un enemigo bélicamente superior.

Este mismo sentido de la contienda contra el conquistador los llevó a un rápido sometimiento más allá de que en los primeros encuentros los resultados fueron desastrosos para el invasor. Pero bastó que éste conociera mínimamente el terreno y pusiera en marcha su "maquinaria de guerra" para que esta primera etapa de la resistencia fuera dominada.

Las fundaciones de enclaves estratégicos como Córdoba y Santiago del Estero hicieron el resto. Los otrora dignos comechingones y sanavirones pasaron a ser reducidos al régimen de encomiendas a medida que la rebelión fue decreciendo en intensidad.

El Chaco, territorio de paso hacia el río de la Plata para los conquistadores que bajaban desde el Perú, se convirtió en un sitio inexpugnable por la presencia de los chiriguanos, ubicados en los límites con la Montaña.

Cien años antes, estas comunidades habían detenido el avance incaico, obligando a los reyes del Cuzco a desviarse en su ruta expansiva. Ahora, frente a la Conquista, sucedía exactamente lo mismo.

Los chiriguanos habían convertido a todo el territorio comprendido entre Santa Cruz de la Sierra en Bolivia y el Chaco salteño en otro bastión de las culturas originarias.

Guerreros por tradición, tenían bajo un dominio absoluto a las otras comunidades del área no guaraníes, a quienes una vez derrotadas, pasaban a tomar como esclavos.

El español intentó operar sobre estas mismas poblaciones en contra de los chiriguanos, transformándose la región en escenario de violentos combates, aunque en muchas oportunidades y a través de increíbles "intermediarios" los indígenas realizaban trueques entregando a sus esclavos y recibiendo a cambio armamento que en algunos casos y según las parcialidades llegó a ser pólvora y arcabuces en abundancia.

Este tráfico tenía por objetivo incentivar por parte de los españoles el trabajo de las minas de Potosí, con el aporte de los trabajadores esclavos.

Pero esta actitud ambivalente de los conquistadores hacia las comunidades chiriguanas era circunstancial. El deseo último era vencer a ese núcleo de guerreros que dominaban esa región estratégica e imposibilitaban los planes expansivos y una adecuada estabilización de la situación colonial.

Los chiriguanos no sólo hacían la guerra casi diariamente al español –lo cual ocasionaba pérdidas humanas y materiales en forma constante– sino que además tenían en su poder inmensos territorios aptos para el cultivo y ricos en minerales; poseían cientos de esclavos que eran ideales para el trabajo en las minas.

Estas comunidades se habían convertido en un obstáculo serio, habían rechazado con gran violencia a los primeros misioneros jesuitas y franciscanos, eran un flagelo que era necesario eliminar.

Así lo entendió el virrey Francisco de Toledo, quien a partir de 1571 llevó a cabo una serie de operaciones militares encuadradas en un plan de aniquilamiento de chiriguanos.

El plan fracasa definitivamente en 1574, con la victoria indígena que fue total y en medio de una desordenada retirada española.

Frente a esta realidad se inició un período de relativa calma para ambos bandos, que decidió a los españoles a fundar varias ciudades como estrategia tendiente a neutralizar a los rebeldes por medio de un rodeo paulatino y la interrupción de sus vías naturales de comunicación.

Mientras tanto, algo semejante sucedía con los guaikurúes del interior del Chaco. Con el arribo de los conquistadores esta cultura inició un proceso de relativo repliegue, defendiéndose en el corazón del agreste paisaje chaqueño aunque manteniendo las posiciones.

Desde un primer momento los españoles iniciaron "expediciones de castigo", que si bien no fueron profundas, provocaron un desgaste creciente entre las comunidades, como en el caso de los abipones, que obligados a la celebración de continuos tratados de paz poco a poco fueron arrastrados a un estado de confinamiento cada vez mayor.

Pero a pesar de este hostigamiento el territorio se mantuvo libre.

En realidad la penetración española era raleada y discontinua, porque además de la resistencia indígena se carecía de un plan para conquistar el Chaco; esto es ocuparlo, mantenerlo y colonizarlo.

Las expediciones de castigo de los conquistadores que se prolongaron desde 1521 hasta la desaparición del dominio español en América lograron rodear el bastión indígena a partir de la fundación de ciudades que permitieron por un lado un asedio secular y por otro defender los espacios en vías de colonización.

La certeza de los españoles de no poder ocupar el Chaco los llevó probablemente a desplegar una estrategia de rodeo para dar en el momento oportuno el asalto final que nunca pudieron llevar a cabo.[6]

En otra parte de la llanura, en la Pampa y en el sur del Litoral y Mesopotamia, las comunidades indígenas de "avanzada" por causas naturales de ubicación, los querandíes y guaraníes de las islas respectivamente, rechazaron los primeros desembarcos españoles y trataron de bloquear los intentos por remontar el Paraná.

Solís, muerto al llegar al río de la Plata en 1516, probablemente cayó en manos de los guaraníes, quienes retuvieron a uno de los primeros cautivos de que se tenga noticia en la Conquista: Francisco del Puerto, rescatado por Gaboto diez años más tarde.[7]

Estas primeras expediciones hicieron nacer el mito español de las "Sierras del Plata", originado entre las comunidades de los ríos por sus relatos y corroborado por algunos objetos encontrados. La codicia alimentada por la fiebre de hallar un paso que comunicara con el Perú, hizo lo demás.

Una de las más poderosas expediciones lanzadas por España (se habla de más de diez naves y cerca de 2.500 hombres) llegó al Río de la Plata en

1535. Un año más tarde se funda "Nuestra Señora de Santa María del Buen Aire" que desde un principio es asediada por los querandíes, que destruyen los puestos de avanzada que rodean la ciudad forzando su evacuación total.

La expedición de Mendoza termina en un fracaso estrepitoso pero algunas pertenencias quedan en esta tierra. Se destacan entre ellas alrededor de cien yeguas y caballos que se internan libres a devorar las praderas. En ellas los esperaban aún sin saberlo los guerreros tehuelches, dispuestos a una transformación integral de su cultura por la apropiación y el dominio de sus nuevos e inesperados aliados.

Durante unos años ese territorio permanece libre, hasta que Juan de Garay, con la consigna de "reabrir la puerta de la tierra" refunda Buenos Aires en 1580 trayendo para ello a setenta familias españolas y mestizas además del apoyo de familias guaraníes de Asunción. Ante el nuevo intento de los intrusos, los querandíes atacaron una vez más pero fueron rechazados con grandes pérdidas, entre ellas las del cacique Tabobá, lo que generó un gran repliegue hacia el interior de la provincia.

Hicieron una última tentativa en 1583 al tomar conocimiento de la muerte de Garay a manos de otras parcialidades querandíes en el río Paraná, pero también fueron rechazados.

La heroica estrella querandí se fue apagando. Durante veinte años sus comunidades raleadas por los continuos combates se fueron diluyendo entre los grupos tehuelches septentrionales cuando no se extinguieron lentamente hasta desaparecer.

UNA REALIDAD EN TRANSFORMACIÓN

La Conquista, iniciada a sangre y fuego, se valió de algunos mecanismos que contribuyeron a la reorganización integral de los territorios ocupados. Esos mecanismos fueron principalmente la ciudad, el trabajo impuesto y la evangelización. Simultáneamente, el encuentro cultural expresado en el mestizaje intentó el acercamiento mutuo en un proyecto de integración, difuso y descompensado, pero proyecto al fin. Analizaremos cada uno de estos elementos.

La ciudad

El reacomodamiento del espacio americano incluyó una nueva distribución de los habitantes, por la despoblación y por los continuos desplazamientos de un lugar a otro.[8]

Avanzada la Conquista los encomenderos alentaron la fundación de pueblos en lugares deshabitados, teniendo por objetivo la apropiación de tierras aledañas a las ocupadas y la obtención de mano de obra.

Los religiosos tenían una política semejante, aunque la reunión de los indígenas apuntaba en este caso a su evangelización. Se necesitaba que los indios dispersos fueran concentrados en pueblos; es así como surgieron las misiones y reducciones. El asentamiento y la organización eran una obsesión.

La incipiente colonización española exhibía un signo marcadamente urbano. Ello no podría haber sido de otra manera; de lo contrario los puñados de conquistadores habrían desaparecido tragados por la vastedad ingobernable de América.

La joven ciudad española en el continente fue el nuevo núcleo de concentración y reunión. Ella albergaba la intimidad de los conquistadores; era el centro de la activa vida rural de la periferia y por sobre todo era la usina generadora de los planes que luego, puestos en ejecución, afianzarían día tras día el proyecto colonizador.

El trabajo impuesto

Producida la consolidación del asiento urbano, el conquistador comienza a extraer las riquezas de la tierra, buscando incluso obtener de ella una serie de productos originarios de España como trigo, vino, aceite, azúcar.

El ganado y el azúcar encontraron en América condiciones óptimas para su desarrollo. Las plantaciones de caña por ejemplo se extendieron rápidamente y junto a ellas surgieron las de otros productos como el cacao.

Estos cultivos intensivos desplazaron a la población indígena que en muchos lugares comenzó a ser reemplazada por mano de obra africana en calidad de esclava.

La propiedad indígena fue así avasallada, inclusive por obra de la multiplicación descontrolada de la ganadería en algunas zonas. El ganado menor (cerdos, cabras, ovejas) se incorporó rápidamente a la economía indígena, pero el crecimiento sorprendente fue el del ganado vacuno y yeguarizo.

En algunas regiones como la llanura de Pampa, Patagonia y Chaco ese crecimiento provocó la transformación cultural de las comunidades indígenas, pero en otras el ganado mayor fue un flagelo, porque invadía los campos de cultivo.

En una segunda etapa los nuevos ocupantes desalojaron a los indígenas de los suelos más feraces y los arrinconaron en zonas periféricas, constituyéndose así dos formas de vida: la indígena, arrinconada y en franco proceso de declinación, y la colonizadora, basada en la ocupación y expansión de los territorios.

Pero allí adonde pudo, el conquistador incorporó al indígena a las nuevas actividades productivas. Y este fenómeno constituyó para el mundo indio un elemento más de convulsión.

El conquistador necesitaba de todo. Alimentos y minerales. El ansiado oro y la no menos anhelada plata. Necesitaba que le cuidaran los ganados. Necesitaba constructores. Necesitaba que le preservaran los campos de cultivo. Mientras se ocupaba de expandir el esfuerzo colonizador, necesitaba brazos que trabajaran para él y los encontraba en las comunidades originarias. Sobre ellas recaerá una pesada organización, centrada en el tributo y las encomiendas.

Por Real Cédula del 20 de junio de 1500 los indígenas americanos fueron considerados vasallos libres de la Corona de Castilla y a partir de entonces debieron pagar un tributo en dinero o en especies de acuerdo con las características de cada territorio. Debían pagarlo al Rey o bien a los encomenderos si dependieran de ellos todos los indígenas comprendidos entre los 18 y 50 años, a excepción de algunos caciques y según los casos, las mujeres. La recaudación estaba a cargo de los "visitadores" que efectuaban viajes periódicos a los pueblos y encomiendas.

La *encomienda* es quizás el sistema organizativo que más rápidamente produjo resultados para los conquistadores. Esta institución, de origen castellano, adquirió en América características propias y un notable desarrollo.

Consistía en la reunión de un conjunto de familias y aun parcialidades con sus caciques incluidos, que pasaban a depender del ahora "funcionario encomendero" (antes conquistador), que estaba obligado a la protección y la evangelización –a cargo del misionero– de los indígenas. Además, quedaba comprometido con su Rey para servir como soldado cuando éste así lo requiriese. Al vencer el plazo del contrato (cuando no era de por vida) la comunidad encomendada pasaba a manos de la Corona. Por su parte, el encomendero tenía el derecho a disfrutar de los "servicios personales" de los indígenas.

Nos dice Juan Agustín García que "el régimen de las encomiendas importaba la restauración del feudalismo y del antiguo siervo de la gleba con el nuevo nombre de mitayo"…"el encomendero se creía un señor feudal".[9]

El término *mitayo* hace referencia a otra organización peculiar, variante de la encomienda, que fue la *mita*. Esta institución fue probablemente una adecuación hispánica del sistema incaico de trabajar por turnos en las minas; pero lo que entre las culturas originarias tenía un sentido de trabajo comunitario, en los primeros tiempos de la Conquista y Colonización pasó a ser un mecanismo de sujeción individual, a través de prolongados y agotadores períodos en las minas o campos de cultivo que provocaba muertes masivas y prematuras.

Finalmente el *yanaconazgo* es un régimen aún más extremo, aplicado por lo general a indígenas aislados, dispersos, sin jefatura, que pasaban a dominio del encomendero casi en calidad de esclavos, al cual le debían absoluta obediencia. Allí, el denigrante "servicio personal" alcanzaba su máxima expresión.

Justo es consignar que todas estas variantes del trabajo impuesto desplegadas en todo el continente fueron objeto, durante la misma época, de constantes polémicas cuando no de cuestionamientos expresos, pero a pesar de ellos subsistieron como pilares de la reorganización forzada del indígena.[10]

Nuestro actual territorio y sus comunidades originarias fueron incorporados a este vasto plan que contribuyó a consolidar el asentamiento hispánico en las regiones ocupadas.

En la Montaña, el régimen fue aplicado especialmente entre lules, tonocotés, comechingones, sanavirones y huarpes; en menor medida entre

109

omaguacas y atacamas y casi no existió entre los diaguitas. Los lules, que se hallaban en proceso de expansión, fueron tomados a mitad de camino y rápidamente encomendados por vecinos de Salta y Tucumán, aunque algunas parcialidades lograron fugar hacia el interior del Chaco.

Los tonocotés recibieron pacíficamente al conquistador y las encomiendas proliferaron, con el agregado de comunidades provenientes de otras regiones.

Comechingones y sanavirones, después de la resistencia, fueron encomendados juntos en muchos casos, sumándose a esas nuevas comunidades algunas parcialidades huarpes y grupos aislados de diaguitas, trasladados desde sus lugares de origen hacia los alrededores de Santiago del Estero y Córdoba, centros de aglutinamiento.

Los huarpes sufrieron un proceso particular porque fueron encomendados en las ciudades cuyanas que ellos mismos habían ayudado a consolidar. Desde antes de la penetración hispánica en el territorio, grupos importantes servían como mitayos a los conquistadores en Santiago de Chile, después de realizar penosas travesías por la cordillera de los Andes. Esos pasajes generalmente terminaban con la radicación definitiva en el actual país trasandino, despoblándose los espacios originarios.

Finalizada la lucha contra el conquistador grupos de omaguacas comenzaron a ser encomendados alrededor de Jujuy, ciudad que "pacificó" la Quebrada y también de Charcas, población del sur de Bolivia, hacia donde marcharon los pocos atacamas que fueron arrancados de su Puna natal.

En cuanto a los diaguitas la férrea resistencia emprendida contra los españoles imposibilitó su reunión forzada. Solamente algunas parcialidades fueron encomendadas, luego de ser derrotadas militarmente y trasladadas a otros territorios como única solución posible ante tanta oposición.[11]

En el Litoral y Mesopotamia, el régimen de encomiendas tuvo incidencia entre los chaná-timbú. Algunas parcialidades fueron reunidas alrededor de Buenos Aires después de su segunda fundación en 1580, y otras de Santa Fe.

En cuanto a las otras culturas de la región, tuvieron procesos divergentes y ninguna de ellas fue sometida a encomiendas: los guaraníes, como ya veremos, conformaron una organización peculiar a partir de la evangelización jesuita; los charrúas, y los caingang, por su parte, migraron hacia el interior de sus tierras, alejándose de los conquistadores y poniéndose fuera de su radio de acción.

La Llanura permaneció como territorio libre, registrándose algunas excepciones entre grupos dispersos de tehuelches septentrionales, guaikurúes y matacos, aunque en un número ínfimo.

Finalmente, las culturas del Extremo Sur, aisladas de toda posibilidad de conquista, también continuaron libres.

Los siglos XVI y XVII constituyen la "época de oro" del trabajo impuesto al indígena; el sector de las comunidades originarias, todavía en posesión de una relativa identidad, poco a poco ingresará en el espiral de la disolución de la nueva población mestiza en gestación.

Paulatinamente, por la transformación de la realidad colonial (la creación del virreinato; la esclavitud africana como nueva mano de obra; la renovación de las actividades productivas; la desaparición y/o disolución progresiva de la masa indígena encomendada; la imposibilidad de incorporar los territorios libres), el número de indígenas sometidos al régimen de trabajo impuesto fue disminuyendo en forma notable.

Es muy difícil estimar la cantidad de indígenas encomendados en las distintas etapas, fundamentalmente porque las fuentes españolas (las crónicas) son muy poco rigurosas en la información.

Pero a modo de ejemplo, y para ofrecer la media calculada en el siglo XVII, transcribo en el cuadro 9 el empadronamiento de 1673 efectuado en las Gobernaciones de Buenos Aires y Tucumán, de acuerdo con la información consignada por distintos autores.[12]

9. RÉGIMEN DE ENCOMIENDAS: EMPADRONAMIENTO DE 1673

Ciudad	Número de encomiendas	Número de indígenas
Buenos Aires	26	354
Santa Fe	14	95
Corrientes	41	438
Córdoba	16	430
La Rioja	51	1.390
San Juan de la Ribera	14	1.117
Jujuy	9	1.515
Talavera de Madrid de Esteco	9	10
Salta	20	1.984
Santiago del Esteco	34	3.358
San Miguel de Tucumán	33	2.303
Total	267	12.994

Creo que una de las más funestas consecuencias del trabajo impuesto fue la conmoción sufrida en el mundo indígena a causa de un hecho clave: *la pérdida de la tierra*.

La tierra no es para el indio sólo una posibilidad de subsistencia o el hogar sino su apoyo existencial. La posesión de la tierra posibilita el trabajo colectivo de la comunidad; el afianzamiento de los lazos de solidaridad; la continuidad y el crecimiento de los núcleos familiares; la elección de los sitios sagrados y festivos; la definición del mundo.

El indígena necesita la tierra porque sin ella pierde su identidad social y étnica (Shavenhagen, 1969), pero la necesita porque desde ella establece su relación con el resto del mundo.

Las distintas variantes del trabajo impuesto trastocaron este delicado equilibrio entre las comunidades originarias y sus territorios, provocándoles no sólo un *desarraigo* físico (cuando se llevaban a cabo las "desnaturalizaciones" o traslados masivos o simplemente el desalojo por la presión expansiva de la Conquista) sino espiritual, haciendo desaparecer el *ethos* tradicional con su inmediata consecuencia: la *desintegración comunitaria*.[13]

La Evangelización

La famosa imagen que ha permanecido de que en América junto con la espada ingresó la cruz es rigurosamente cierta.

Los conquistadores de tierras tenían en los conquistadores de almas a sus más francos aliados, aunque en muchas ocasiones se produjeron serias contradicciones entre ambos grupos.

Muchas veces los propios misioneros denunciaron la violencia española[14] y en otros casos los conquistadores se convirtieron en sacerdotes como Mancio Sierra de Leguisamo que en su testamento de 1582 formula un fuerte alegato de recuperación de la sociedad incaica.

Asimismo, el rol desempeñado por algunas órdenes como los jesuitas, llegó a significar un poder paralelo en el seno de la Conquista, que a través de la constante fundación de pueblos indígenas organizó en forma autónoma a vastos sectores de la población original.

Sin embargo, aun este caso extremo constituye un aderezo particular de una situación de unidad subyacente: la política de España se apoyó en la fusión de lo religioso y lo social, en una sociedad donde las vinculaciones con lo sagrado estaban profundamente arraigadas en todo el pueblo.

Los Reyes Católicos, no en vano así llamados, impulsaron una política en la cual ambos poderes, la Corona y la Iglesia, marcharon juntos a una misma empresa, más allá de las diferencias propias de su especificidad organizativa.

Junto con el poderoso andamiaje conquistador llega a América la compleja administración eclesiástica decidida a realizar una masiva tarea de evangelización de "los naturales de estas tierras".

Los religiosos habían adoptado una política semejante a la del poblamiento español: la necesidad de reunir a los indígenas dispersos en pueblos. Fue así como surgieron las misiones.

A medida que el asentamiento de la ciudad se afianzaba, se iban instalando el convento, el curato, el obispado.

En el actual territorio argentino el ingreso de la Iglesia Católica es simultáneo con el de los conquistadores y ya en 1570 se crea la diócesis de Tucumán con sede en Santiago del Estero.

La creación de los Obispados se sucede rápidamente: el de La Plata, en Bolivia, (1552), el de Córdoba (1570) y el de Buenos Aires (1582).

En la Montaña, epicentro de la más enconada resistencia, la penetración evangelizadora de los franciscanos, se hace notar de inmediato fundamentalmente entre las comunidades más pacíficas como los tonocotés y los lules y entre aquellas que luego de los primeros enfrentamientos cayeron sometidas al nuevo régimen (las parcialidades ocloyas de los omaguacas por ejemplo, que dicho sea de paso fueron motivo de disputa "jurisdiccional" con los jesuitas) o las mismas parcialidades diaguitas.

Estas nuevas formas comunitarias presentan inicialmente dos características principales: primero, comienzan a diluir a la cultura indígena acelerando el impacto de la nueva forma de vida colonial, fortaleciendo los sentimientos de mansedumbre, respecto a la nueva religión y obediencia generalizada; segundo, deben desarrollarse en medio de una doble presión: la ejercida por los propios españoles encomenderos que ven desaparecer su mano de obra y la ejercida por los indígenas no sometidos que asedian continuamente los enclaves misioneros, tal el caso de las "doctrinas"[15] asentadas en el límite con el Chaco, desde donde chiriguanos y guaikurúes emprendían sus ataques.

Las fuentes trasmiten el terror provocado por estas incursiones. Después de los ataques (¿chiriguanos?) de 1647 sobre las misiones ocloyas se escribió: "hicieron grandes atrocidades, mataron setenta y dos personas, les quemaron sus viviendas; llevaron cautivos sus hijos e hijas, profanaron las Iglesias, saquearon y robaron los ornamentos sagrados, ganados y caballadas..."[16]

Lo que es real es que el Chaco fue territorio hostil también para la evangelización, lo cual tampoco contribuía a la Conquista.

Los jesuitas penetraron a partir de 1639 y su tarea fue completada por los franciscanos. Entre ambas órdenes consiguieron acercarse a los abipones no así a los tobas y mocovíes que aliados lucharon desde entonces contra las reducciones. Éstas nunca fueron poblaciones demasiado estables en el área, en la medida en que allí el dominio sobre el indígena no fue definitivo.

La cultura chiriguana también resistió a la evangelización en la primera etapa (siglo XVII) que estaba en manos de los jesuitas. Con la posterior llegada de los franciscanos la oposición no cambió; sin embargo, aun sin aceptar la reorganización comunitaria en misiones, propiciaron relaciones amistosas, que paulatinamente se convirtieron en un proceso de acomodación a los intereses religiosos, en la medida en que decrecía la energía para continuar la resistencia y comenzaba a manifestarse el marginamiento y el hambre.

El resto de la Llanura, Pampa y Patagonia, se convertiría en territorio de la evangelización más tarde, cuando la resistencia indígena se quebrara en forma definitiva en el siglo pasado.

Pero donde la nueva religión junto con las comunidades originarias crearía una situación cultural realmente singular sería en el Litoral y la Mesopotamia. Muy cerca de allí, desde hacía algunos años, la fusión de la sangre de los conquistadores con la de las mujeres guaraníes estaba produciendo una mestización que llevaría a la conformación de un nuevo pueblo. Asunción contribuía así a preparar las condiciones para una experiencia única en su género, aunque con características diferentes a la realidad originada por la llegada de las misiones jesuíticas a la región.

LA CONFIGURACIÓN CULTURAL GUARANÍ-JESUÍTICA

Uno de los capítulos realmente originales, únicos en esta parte de la historia, es la resultante cultural de la llegada de los jesuitas a la región del Litoral y la Mesopotamia y la reorganización integral de las comunidades guaraníes.

En 1607 se constituye la provincia jesuítica del Paraguay y el padre Diego de Torres, secundado por varios misioneros, acuerda con el gobernador Hernandarias la organización de expediciones de "aproximación" a las comunidades guaraníes, guaikurúes y tapes, que a su vez deberían quedar exentas (de ser convertidas) del servicio personal, condición que fue aceptada y ratificada por Real Cédula de 1611.

A partir de 1610 en que se fundó la primera "reducción", San Ignacio Guazú, se suceden una serie ininterrumpida de fundaciones de pueblos que ocupan una extensa región que comprendía los actuales territorios de nuestras provincias de Misiones, Corrientes, Santa Fe, Chaco y Formosa, el Estado de Paraná (Brasil) y los departamentos de Artigas, Salto, Paysandú, Río Negro y Tacuarembó (Uruguay); (mapa 13).

La organización guaraní-jesuítica que fue transformándose paulatinamente en una verdadera "cultura regional" nueva, estuvo sustentada en un conjunto de factores:
–peculiaridades de la integración jesuita-guaraní
–ausencia de la propiedad de la tierra en la organización comunitaria
–autonomía política respecto de la Corona y los conquistadores
–ausencia del servicio personal de los indígenas
–posesión de fuerzas militares propias
–autosuficiencia integral progresiva
Para Darcy Ribeiro, las misiones, muchas de las cuales llegaron a un grado de desarrollo sorprendente, no sólo "compusieron los primeros núcleos económicamente poderosos de la región, sino que fueron matrices de una formación sociocultural nueva –la misionera– que habría dado otra fisonomía a los pueblos rioplatenses si no hubiese sido diezmada y dispersa cuando estaba en pleno florecimiento".[17] No sé muy bien si el porvenir de esta configuración cultural hubiera sido el señalado por este autor pero estoy seguro de que la expulsión de los jesuitas en 1767-68 interrumpió un proceso singular en el cual las comunidades guaraníes tenían mucho que ver.

¿Cómo lograron los misioneros en general y los jesuitas en particular aproximarse a las culturas indígenas? ¿Cómo pudieron establecer un

13. CONFIGURACIÓN CULTURAL GUARANÍ-JESUÍTICA
Área de expansión

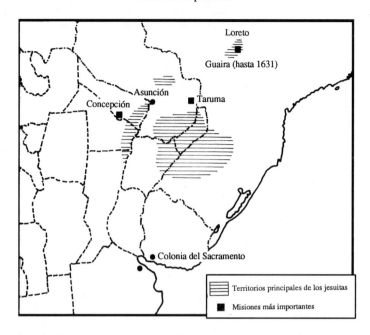

Basado en A. Supán, *Historia del descubrimiento y exploración de Latinoamérica*, de I. P. Maguidovich.

vínculo más o menos estable y proceder a la fundación de pueblos reorganizando la vida de las comunidades?

Es probable que estos hombres, que sufrieron sus grandes pérdidas en esos intentos, hayan logrado operar con éxito a partir de sus contactos con los caciques y del aprendizaje simultáneo de la lengua aborigen: la persuasión dirigida a los jefes, que posteriormente se irradiaba a toda la comunidad, sumada a la fluida comunicación a través de la palabra, fueron factores que posibilitaron el principio de la integración.

Ante la perspectiva de un cerco que se estrechaba día a día (los conquistadores por un lado y los enfrentamientos con otras comunidades por el otro) los indígenas fueron tomando la decisión de incorporarse a un nuevo tipo de vida que al menos les garantizaba una relativa autonomía y una esperanza nunca desechada: la recuperación de una libertad plena.

Los pueblos guaraní-jesuíticos estaban ubicados en el centro de enormes extensiones de tierra cultivada, que era de dos tipos: el *tupambae* (*tupa*: Dios; *mbae*: cosa perteneciente, posesión, propiedad) era la hacienda de Dios, la hacienda de los pobres. Era la tierra comunitaria cultivada por todos y de cuyos productos todos disfrutaban. Pero fundamentalmente, esa producción estaba destinada al mantenimiento de los incapacitados, de los desvalidos en general (viudas, huérfanos, enfermos), de los otros pueblos

115

que estuvieran en alguna situación de emergencia y aun de aquellos integrantes de la propia comunidad que por distintas razones no tuvieran reservas de alimentos. La producción del *tupambae* centralizada en maíz, mandioca, legumbres y algodón también sostenía a los padres.

Los rebaños de ganado vacuno (e incluso un poco de lanar que existía) y la yerba mate pertenecían a esta tierra. La otra tierra era el *abambae* (*aba*: hombre, indio; *mbae*: cosa perteneciente, posesión, propiedad) y consistía en la parcela reservada a cada indígena y su familia, para su usufructo particular.

Pero la verdaderamente importante, la que daba sentido a la organización comunitaria y que en cierto modo respetaba la tradición original era la primera, la *tupambae*.[18]

Una característica de suma importancia en esta configuración cultural fue la exclusión de los españoles en el gobierno de los pueblos, gobierno que estaba en manos de los propios indígenas, practicándose, bajo la supervisión de los padres, una organización basada en la institución del Cabildo, que en forma efectiva era casi una réplica de la administración colonial.

Este hecho se vinculaba además con la ausencia del servicio personal de los indígenas, lo cual fue siempre motivo de provocaciones cuando no de ataques directos por parte de los españoles que no se resignaban a perder sus posiciones de poder.

Estas peculiaridades le daban a las misiones y sus comunidades una autonomía política evidente respecto de la Corona y de los mismos conquistadores, autonomía que se vio fortalecida por una progresiva autosuficiencia[19] y la constitución de fuerzas propias.

Y aquí se produce un doble movimiento: la Corona española utiliza la organización indígena de esta región para contener al imperio portugués en expansión, consolidando sus fronteras; los guaraníes, por su parte, acrecientan su poder al armarse en procura de su defensa integral.

A partir desde 1620, los Países Bajos pasan a dominar parte de la costa sudamericana y bloquean la importación portuguesa de esclavos desde el África al Brasil.

Los "bandeirantes", avanzadas de los otros conquistadores del continente, dirigen entonces sus miradas hacia el interior y descubren a las comunidades guaraníes. Ávidos de hombres para esclavizar, las invaden, las saquean y obtienen rápidamente algunas victorias, robando la preciada "mercancía" que buscan. Pero la "mercancía" no era tal.

Desde 1641 comienza la contraofensiva guaraní con la victoria en el río Mboré y a partir de entonces crece el poder militar de estas comunidades, que son adiestradas por los propios españoles.

Los indígenas escalan en la jerarquía y llegan a cabos, sargentos y capitanes; obtienen munición, mosquetes y arcabuces; cada vez son más y están mejor organizados. Después de la última invasión paulista en 1676 no hay límite para la cantidad de armas de fuego en poder de los guaraníes que continúan prestando servicios al rey español.

En 1680 la Colonia de Sacramento, flamante base portuguesa sobre el Río de la Plata en el actual territorio uruguayo, es tomada por asalto por tres mil guaraníes de las misiones, que vuelven a sitiarla en 1704-1705 y en 1735-1736.

Participan en docenas de expediciones de vigilancia, recorren las fronteras cuidando las posesiones de la Corona y buscan perpetuar el espíritu comunitario original, oscurecido por una nueva vida.[20]

La cultura guaraní en esta área vivió en el cuidado de la madre tierra y la lucha renovada en medio de una organización militar inédita; vivió en la paz y la guerra; en una lluvia de nuevos oficios (herreros, tejedores, pintores, estatuarios, plateros, torneros, hasta fabricantes de instrumentos) y la práctica no olvidada de la recolección, la caza y las viejas plantaciones de mandioca; en la convivencia con los padres y el diálogo interior consigo misma; en la conversión en masa al cristianismo y el mantenimiento oculto de su cosmovisión.

La cultura guaraní en esta área vio y sintió cómo sus mujeres eran tomadas por el español allá, en el centro del "paraíso de Mahoma" y engendraban hijos nuevos, tan extraños como el extraño que un día había desembarcado, pero igualmente poblador como su padre, mientras el indígena, en las casas de la misión, protegía su reducto familiar.

La cultura guaraní en esta área luchó por mantenerse fiel a sí misma en un mundo en convulsión que cada día le deparaba algo nuevo, incluso la muerte que sobrevenía furtiva ante las epidemias que no cesaban.[21]

Por encima de los cambios introducidos y la desculturización progresiva, las misiones contribuyeron en cierto sentido a preservar esa identidad. Pero, a fines del siglo XVIII, una vez más, la historia cambiaría bruscamente de dirección.

EL ENCUENTRO CULTURAL Y EL MESTIZAJE

Junto a la resistencia y a todos los procesos que alimentan la tierra americana en transformación, ya sea la urbanización, el trabajo impuesto o la evangelización, se da en determinados lugares una aproximación no violenta entre ambos bandos, que para el español resultó fundamental para sus planes colonizadores.

Así sucedió en el Noroeste, con los tonocotés y algunas parcialidades lules; pero sin dudas el caso más especial lo constituyen los huarpes. La colonización del actual territorio cuyano comienza a producirse a instancias de esas comunidades que, en 1559, agobiadas por el continuo hostigamiento de que eran objeto por parte de los diaguitas y araucanos, envían emisarios a Chile, solicitando a los conquistadores no sólo la entrega de animales para pastoreo sino también la efectivización de asientos españoles en la región.

De ahí en más, con el decidido apoyo indígena se suceden las fundaciones de Mendoza (1561), San Juan de la Frontera (1562) y San Luis de la Punta (1596).

Otra región favorecida por el encuentro cultural fue el Litoral en donde pasados los primeros momentos del rechazo a los españoles, se genera un proceso de interrelación pacífico que tiene por foco de irradiación Asunción, que con sus padres españoles y madres guaraníes, da origen al pueblo paraguayo. Asunción, cuna del mestizaje, es la avanzada en esta parte del continente de ese otro fenómeno que acompaña a la resistencia.

De esta forma, a pesar de los enfrentamientos, a pesar del mantenimiento de territorios libres, existe una convergencia cultural que posibilita la formación paulatina del nuevo pueblo americano así como también un constante crecimiento demográfico.

El mismo Noroeste, epicentro de la más enconada resistencia, fue con el correr del tiempo y una vez consolidada la Colonización, una de las zonas privilegiadas por este proceso biocultural.

¿Cuáles son las causas del mestizaje?

Muchas, sin duda, pero hay tres que parecerían dar fuerza a esa tendencia: primero, la política poblacional española (contraria a la inglesa) que incluye al indígena; segundo, la predisposición a la integración de ciertas comunidades indígenas, y tercero, la ausencia de mujeres en la Conquista durante los primeros tiempos.[22]

En el proceso de la conquista y el mestizaje, el rol de la mujer indígena ha sido sin duda fundamental para la historia ulterior de los pueblos autóctonos. Desde la Malinche o Malintzin,[23] esposa india del conquistador de México, Hernán Cortés, en adelante, en todos aquellos lugares en que se produjo la unión entre el conquistador y la india, la mujer actúa como preservadora de la cultura originaria, ya que engendra un nuevo tipo humano e inicia una nueva forma de vida en el continente, que si bien no es exclusivamente la indígena, tampoco es la del conquistador, triunfador en la contienda bélica, pero dudoso vencedor en este otro encuentro con la mujer de esta tierra.

Muchos han querido ver en este hecho crucial para la historia de la cultura americana una traición por parte de la mujer india. Tal vez ello sea así. Sin embargo, al analizar la situación de nuestros días, y ya cumplidos quinientos años de la llegada de los españoles, la existencia real y contundente de un continente que también es indio y mestizo, aparece como un triunfo de la mujer indígena, que de alguna manera vio o intuyó que aquella unión era una vía de defensa y transmisión de su cultura. En todo caso, nos parece atinente mencionar el tema, que bien vale la pena que sea profundizado, ya que abre otra faceta de la historia americana, en la que la mujer indígena es la protagonista casi excluyente.

La matriz hispano-indígena original es la base del mestizaje y a partir de ella nacerán los nuevos tipos humanos: los criollos (hijos de los conquistadores con mujeres españolas) y los mestizos (hijos de español e indígena). A ellos se agregará posteriormente la población de origen africano que a través del comercio de esclavos inundará América. Nacerán así los mulatos (hijos de español y negro) y los zambos (hijos de negro e indígena).

La misma Conquista siguió llevándose a cabo con masas mestizas que intervinieron decididamente en la fundación de ciudades, especialmente en el Litoral y Cuyo.

Pero es indudable que el encuentro cultural en muchos casos no fue natural. La reacción de algunas comunidades indígenas frente a la supremacía militar del conquistador fue la pasividad inmediata y una posterior incorporación forzada al nuevo sistema productivo impuesto. El encuentro en esos casos no fue deseado y el mestizaje, un resultado compulsivo. El producto de esta dinámica singular fue la paulatina disolución de las cosmovisiones originales indígenas, perdidas en un reordenamiento integral de sus sociedades que no les daba tiempo a centrarse sobre sí mismas: no sólo la pérdida de sus territorios, ocupados ahora por los conquistadores, sino la introducción de un sinnúmero de nuevos objetos: la rueda, para el transporte; el arado para transformar los cultivos; las armas terribles; los nuevos alimentos (trigo, cebada, azúcar, cebolla, ajo); los nuevos animales (caballos, vacas, mulas, cerdos); todo ello sumado a la acción de la Iglesia trastocó profundamente el mundo indígena, incluso la parte de él que tenía más posibilidades de integración.

A pesar de ello y como consecuencia de una profunda interrelación (en la que sin duda los indígenas no fueron los más favorecidos) el catolicismo propagado por todos los rincones de América recibió importantes aportes de las cosmovisiones originarias, incorporando cultos particulares, que hoy viven con singular energía a través de múltiples manifestaciones de la religiosidad popular.

Este proceso incluyó el mestizaje, que se gestó desde el encuentro, pero también desde el desgarro producido por todo aquello que se consideraba irreversiblemente perdido. Ello fue parte del drama de la Conquista.

Nuestro territorio estaba atravesando una profunda transformación. Los siglos XVI, XVII y buena parte del XVIII vieron convivir disímiles procesos al mismo tiempo. La resistencia se mantuvo al lado de la incorporación compulsiva al trabajo impuesto. Las misiones religiosas reorganizaban la vida comunitaria; el mestizaje comenzaba a mostrar una nueva posibilidad cultural.

Fusiones, enfrentamientos, expoliaciones y adaptaciones configuran un cuadro en donde las zonas grises todavía son la regla. No hay límites precisos que separen absolutamente una realidad de la otra.

Fueron tiempos de reacomodamiento, y nuestros indígenas, con sacrificios de todo tipo, buscaban encontrar su lugar en el nuevo estilo de vida que se iba gestando y que había conmovido los valores tradicionales.

LOS RAMALAZOS DE LA RESISTENCIA

Tobas y matacos, insurrectos de Túpaj Amaru

En 1780, el Cuzco y sus alrededores se conmovieron con una insurrección de enormes proporciones, conducida por un hombre ya legendario en la historia americana: José Gabriel Túpaj Amaru.

Hijo del cacique Miguel Condorcanqui y descendiente por vía materna del inca del mismo nombre, este indígena con atributos de gran jefe intenta de un solo golpe recuperar el poder para su pueblo, sacándolo del sometimiento y la miseria en que permanecía desde la Conquista.

El enfrentamiento con el español y sus ejércitos fue total. Miles de hombres en cada lado combatieron y murieron durante seis meses de inusitada violencia. Túpaj aprovechó las primeras victorias para difundir sus proclamas en las que propugnaba el ideario de la rebelión: autonomía indígena, extinción de los corregidores, eliminación de mitas, obrajes y toda forma de explotación degradante, liberación de los esclavos.

Pero así como la insurrección se había hecho carne en las masas indígenas y mestizas y aun entre sectores criollos con una rapidez increíble, el sofocamiento llegó con una velocidad también llamativa.

A la derrota final de las fuerzas de los rebeldes en abril de 1781, le siguió la captura y muerte de Túpaj Amaru, sus principales jefes, su mujer y su hijo.

El tormento atroz sufrido por Túpaj, tristemente célebre, dignificó más aún su nombre y su lucha, que pasó a convertirse en un símbolo de la libertad americana.

El movimiento del Cuzco provocó un cimbronazo en el poder español. Muchos lo ubican a mitad de camino entre uno de los últimos intentos de la resistencia indígena y como antecedente por antonomasia de la emancipación de las colonias.

Sea como fuere, la insurrección tuvo vastos alcances. Continuó en Perú a través de Diego Cristóbal, medio hermano del jefe, y Andrés, su sobrino; en Bolivia los indígenas se rebelaron y asediaron La Paz durante más de tres meses, dirigidos por Julián Túpac Catari (Apasa); en Potosí las acciones estuvieron conducidas por el cacique Tomás Catari.

La fiebre de la rebelión se siguió extendiendo y sólo pudo ser controlada dos años más tarde. Pero antes, pasó por nuestro territorio, en jornadas inolvidables para la resistencia indígena.

En Buenos Aires, Córdoba, La Rioja y Tucumán se suceden las rebeliones de los milicianos, seguidas de deserciones que hicieron peligrar la seguridad de esos centros poblados.

Entre los indígenas se registran algunos alzamientos en parcialidades diaguitas, que son rápidamente neutralizados. Los tobas, confinados en Jujuy, desataron un movimiento de proporciones. Estos indígenas, reunidos desde hacía tiempo en la reducción jesuítica de San Ignacio, eran acaudillados por el mestizo José Quiroga, lenguaraz de la comunidad. Este hombre tenía un gran ascendiente entre la población indígena y aun entre la del Chaco con la que tenía contacto permanente. El movimiento, iniciado en febrero de 1781, enfurece al comandante militar de Jujuy, Gregorio Zegada:

"Los indios Tobas han esparcido la voz, por su intérprete y caudillo José Quiroga, cristiano que se ha aliado con ellos, diciendo que los pobres quieren defenderse de la tiranía del español, y que muriendo estos todos, sin reserva de criaturas de pecho, solo gobernarán los indios por disposición de su Rey-Inca, cuyo maldito nombre ha hecho perder el sentido a estos indios".[24]

Las ansias de liberación de la población indígena se propagaron a parcialidades matacas provenientes del Chaco. Durante varios meses los tobas de San Ignacio mantuvieron en jaque a los españoles, alcanzándose el clímax a fines de mayo, en que los sublevados intentaron asaltar Jujuy.

Pero el movimiento no tenía bases de sustentación sólidas; a fines de ese mismo mes, a la vera del río Bermejo, el gobernador Zegada mantuvo un violento combate con los indígenas, que se retiraron al interior del monte con grandes pérdidas.

El último esfuerzo de tobas y matacos se apagó definitivamente hacia 1785. Poco antes, la represión brutal al alzamiento, dirigida personalmente por el gobernador de Tucumán, Andrés Mestre, hacía las veces de correlato local del proceso sufrido por Túpaj Amaru y sus lugartenientes.

Los sublevados de San Ignacio fueron sometidos a juicio sumario. De los cabecillas, diecisiete fueron condenados a muerte; otros dieciséis a ser quintados y estampados a fuego en la cara con la letra "R" de rebelde. José Quiroga y su segundo Domingo Morales fueron torturados antes de morir.

En cuanto a los matacos, sufrieron una matanza de escarmiento de noventa de los suyos, incluyendo doce niños y trece mujeres. El testimonio del gobernador Mestre del 24 de abril de 1781, extractado de su informe al virrey Vértiz, nos exime de mayores comentarios:

"Estas novedades me hicieron apresurar mi salida de Salta, y habiendo llegado a esta, el 16, se me dio noticia que el comandante don Cristóbal López y el Gobernador de armas don Gregorio Zegada habían logrado avanzar a dichos matacos y a apresar el número de 65 bien armados, 12 pequeños y 12 mujeres, la vieja que traían por adivina y que los conducía a la ciudad. Pero considerando el disgusto del vecindario, las ningunas proporciones de asegurarlos y transportarlos al interior de la provincia sin un crecido costo de la real hacienda, y que en caso de traerlos era inevitable que escapándose uno y otro se volviesen a sus países y sirviesen estos de guía para conducir a los otros por estos caminos que hasta hoy los tienen ignorados, con lo que tendrían en continua alteración a esta ciudad, y finalmente que la intención de esto fue la de ayudar a los tobas a poner a la obra sus proyectos, incurriendo en la ingratitud que otras ocasiones, sin tener aprecio de la compasión que se les ha mirado siempre, manteniéndolos aún sin estar sujetos a reducción, y que su subsistencia sería sumamente perjudicial, les mandé pasar por las armas y dejarlos pendientes de los árboles en los caminos, para que sirva de terror y escarmiento a los demás".[25]

Otra vez los chiriguanos

Más al norte, en el límite con Bolivia, en esa zona libre impuesta por los chiriguanos, a la vera del río Pilcomayo, se producen los últimos intentos orgánicos de esta cultura que no se resigna al sometimiento.

Desde 1796 en adelante se llevan a cabo una serie de acciones ofensivas de las comunidades libres contra las ciudades españolas y los grupos reducidos por los religiosos.

El gobernador de Cochabamba, Francisco de Viedma, decide en 1800 iniciar operaciones con una fuerza de más de mil hombres, que prepara durante cuatro meses.

La expedición se dedica a destruir los poblados indígenas. Los resultados en general son pobres; el esfuerzo no reditúa porque si bien se destruyen los pueblos, no se encuentra a la gente, escondida en los montes; de todas maneras esta campaña es un antecedente importante de la que llevó a cabo en 1805 el gobernador de Potosí, Francisco de Paula Sanz, al mando de casi 2.000 hombres.

La política fue de tierra arrasada: entrada en los poblados e incendio y destrucción de las "piruas" de maíz (reservas de alimentos enterradas), envenenamiento del agua y cuando los encontraban, muerte a los indígenas. Pero éstos no aparecían. Empleando tácticas ofensivas-defensivas, irrumpían y se volatilizaban constantemente, golpeando a la columna expedicionaria española, que a medida que pasaban los días, iba desmoralizándose en forma pronunciada.

La reacción de algunos indígenas que antes de caer en manos de los españoles se despeñaban por los precipicios, arrastrando consigo a su familia, acrecentaba el desconcierto español.

Las noticias de una posible alianza con los grupos chané para apurar un cerco final contra la expedición de Sanz aceleró aún más la confusión. La campaña peligraba.

Después de sostener un combate de cerca de seis horas de duración contra una fuerza de más de 2.000 indígenas en pleno río Pilcomayo, y ante la versión de que una confederación de comunidades chiriguanas se preparaba para llevar a cabo el asalto final, Sanz decidió la retirada.

Frente a esta denodada resistencia final los españoles comprendieron que más allá de algunos éxitos parciales como la muerte de algunos caciques, la quema de pueblos, la destrucción de las plantaciones y reservas de maíz, la recuperación de ganado vacuno y caballar, se confirmaba la existencia de un poder indígena que no estaba resignado a perder su tierra ni su cultura.

En esta zona y en este período histórico la resistencia tuvo éxito en cierto sentido. Las comunidades chiriguanas con mucho esfuerzo preservaron su identidad a través del tiempo y hasta nuestros días. El hecho de que hoy contemos con una presencia chiriguana más que notable se debe también a esa lucha por la continuidad de su propia cultura.

EL ECLIPSE DE LOS GUARANÍES EN EL LITORAL

Hacia 1750 se produjo un incidente que preanunció la debacle final de la configuración cultural guaraní-jesuítica.

En compensación de la Colonia del Sacramento que pasaba definitivamente a poder de España, se entregaba a Portugal todo el territorio ubicado entre los ríos Uruguay e Ibicuy, correspondiente al Estado de Río Grande do Sul, en el que se encontraban siete pueblos de las Misiones: San Miguel, Santos Ángeles, San Juan Bautista, San Luis, San Borja, San Nicolás y San Lorenzo.

Éstos tenían que ser evacuados por sus habitantes, que deberían trasladarse del otro lado del río Uruguay, abandonando en manos de los portugueses "todas sus casas, iglesias y edificios y la propiedad y posesión de la tierra".

Los jesuitas alzaron de inmediato su voz, reclamando inclusive ante el Rey; pero el rechazo a esta medida se hizo total e intransigente entre los propios guaraníes, que lanzaron una verdadera guerra contra Gómez Freire, gobernador de Río de Janeiro.

La sucesión de combates conocida como *guerra guaranítica* se mantuvo durante años, obligando a que los jesuitas actuaran como freno de los restantes pueblos de indios, que pugnaban por ir en defensa de sus hermanos.

En una carta al gobernador José de Andonaegui los caciques guaraníes defienden su tierra:

"En toda verdad, ni nosotros ni nuestros padres jamás han cometido la menor falta contra el Rey. Jamás hemos hecho un daño a las colonias españolas. ¿Cómo podríamos creer por lo tanto que el mejor rey quería castigarnos a nosotros, inocentes, con el exilio? Nuestros abuelos y bisabuelos, y también todos nuestros hermanos, han combatido frecuentemente bajo las banderas del rey contra los portugueses y muchas veces contra los ejércitos de los bárbaros. Innúmeros han perdido en ellos su vida o sobre el campo de batalla a manos de los enemigos o en las múltiples conquistas de la Colonia portuguesa y nosotros, los salvados de la muerte, llevamos todavía nuestras cicatrices como monumentos de nuestra lealtad y de nuestra valentía. Siempre consideramos deber nuestro ampliar las fronteras de la monarquía española y defenderlas contra todo ataque. Nosotros no escatimamos en ello ni nuestra sangre ni nuestra vida. ¿Y ahora el monarca católico quiere recompensarnos nuestros méritos en bien de sus provincias con el más acerbo de todos los suplicios, la pérdida de nuestra patria, de nuestras insignes iglesias, nuestras casas, campos de cultivo y más bellas estancias, en fin, con el exilio? ¡Quién puede imaginarse ésto como algo increíble! Si esto es cierto, ¿qué cosa podrá considerarse aún increíble? En la Cédula que Felipe Quinto nos hizo otorgar y hacer leer públicamente desde los púlpitos en nuestras iglesias, se nos ordenó en repetidas veces que de ningún modo dejáramos acercarse a los portugueses a nuestra frontera. Y ahora se nos comunicaba de continuo ser la voluntad del rey que cediéramos a los portugueses la porción de tierra más bella y mejor, que la naturaleza, Dios y los monarcas españoles nos habían dado en propiedad y que cultivamos con tanto sudor ya por el segundo siglo. ¿A quién parecerá creíble que Fernando, el más digno hijo de este mismo Felipe, nos ordene justamente lo que su óptimo padre nos ha prohibido tantas veces? Pero si los portugueses y los españoles, como puede ocurrir fácilmente con el cambio de los tiempos y ánimos, se hubieran reconciliado tanto entre ellos y que estos se quisieran mostrar ahora obsecuentes con aquellos, que les concedan entonces algunos de los vastísimos campos que se encuentran en cantidad aún sin habitantes y sin cultivos. ¿Por qué motivo debemos entregar tan luego nosotros, nuestras localidades a los portugueses, cuyos antepasados ora han asesinado tantos cientos de miles de nosotros, ora los han arrastrado a la más terrible esclavitud en el Brasil? Realmente esto es tan increíble como insoportable. Cuando aceptamos la fe cristiana juramos nuestra lealtad a Dios y al Rey Católico y de su parte los sacerdotes y gobernadores reales nos aseguraron unísonos la merced y el amparo perenne… ¿Y ahora debemos estar obligados, sin ser culpables del menor delito y tras tantos méritos para con la nación española, a dar las espaldas a nuestra patria por orden real? Es lo más acerbo y lo más insoportable que nos podía ocurrir jamás. ¿Qué persona de buen entender no condenaría una amistad tan tornadiza y vacilante, una fe tan versátil para faltar a sus palabras?"[26]

Pero el alegato de los caciques –que por otra parte deja al desnudo las contradicciones de la política española, o en todo caso las presiones a las que se veía sometida– no hace cambiar de parecer a las autoridades.

La guerra se desencadena y los siete pueblos son escenario de una paulatina decadencia, producto de la violencia. La emigración de los guaraníes se produce poco a poco, y los fugitivos van a engrosar el caudal humano de otros pueblos ubicados en los actuales territorios argentino y uruguayo.

Años más tarde, en 1759, Carlos III, nuevo monarca, declara nulo el tratado. Un decreto real convoca a los guaraníes expulsados a regresar a sus hogares, pero ya el desastre estaba consumado.

"Consternados, hallaron sin ganados sus estancias, sus campos de cultivos cubiertos por las espinas y sus casas asoladas por las sabandijas o completamente descuidadas por las tropas de la guarnición española y o por donde quiera habitada por serpientes".[27]

En realidad los portugueses nunca llegaron a tomar posesión de los pueblos (probablemente decepcionados de que las tierras no tuvieran la potencialidad económica que buscaban), lo que hizo aún más grave la expulsión de los guaraníes, quienes se vieron así "tironeados" de un lado a otro por los intereses de las potencias europeas que repartían hombres y culturas sin reparo alguno.

Se había iniciado un camino sin retorno en la disolución de la configuración cultural guaraní-jesuítica. En 1767-68, cuando la Orden es expulsada de América la declinación se acelera.

Los jesuitas fueron reemplazados por sacerdotes de distintas órdenes, la mayoría desconocedores absolutos de la cultura y la lengua guaraní y en muchos casos opositores al estilo de vida impuesto en las Misiones. Paralelamente el gobernador Bucarelli por ordenanza del 1° de junio de 1770 designa a un grupo de administradores responsables de la "subsistencia, adelantamiento, comercio, y administración de los frutos".

La población indígena decreció en forma notable, producto de los masivos exilios voluntarios de los guaraníes que partían en busca de un nuevo arraigo que les restituyera en parte todo lo perdido. Hacia 1776 los pocos pueblos que se mantenían estaban con escasísimos recursos o en estado calamitoso. El administrador general de aquella época no oculta su desazón: "en poco tiempo, abandonada la industria y agricultura, consumieron lo que con desvelo adelantaron sus antecesores, destruyeron las estancias de ganado, se aniquilaron los yerbales de cultivo".[28]

A principios del siglo XIX, el magnífico desarrollo cultural guaraní era sólo un buen recuerdo.

CAMBIO CULTURAL EN LA LLANURA: EL "COMPLEJO ECUESTRE" Y EL COMIENZO DE LA ARAUCANIZACIÓN DE LA PAMPA

Mientras la configuración cultural guaraní-jesuítica iniciaba su desarrollo, en la llanura (Pampa, Patagonia y Chaco) se producía un proceso singular que tendría decisiva influencia en la historia posterior: los tehuelches y guaikurúes cambiaban su forma de vida. Dijimos antes (pág. 107) que la expedición de Pedro de Mendoza había dejado algunas pertenencias en esta tierra: alrededor de cien yeguas y caballos que se internaron a disfrutar de las praderas. Y se multiplicaron en forma vertiginosa. Los primeros grupos de tehuelches septentrionales que se toparon con ellos, los amansaron hasta hacerlos suyos. La unión hombre-caballo fue desde entonces una poderosa combinación que actuó como un revulsivo en el seno de la cultura.

En el período pre-ecuestre el hábitat era reducido a consecuencia de la falta de movilidad. En el período ecuestre en cambio, el territorio se expandió en forma notable y las bandas llegaron a aglutinar hasta quinientos individuos. La estructura social pasa de la banda unilineal a la banda compuesta (conjunto de bandas unilineales). Las técnicas de caza colectivas se organizan de mejor manera, perfeccionándose con cercos de fuego y rodeo de animales. La incorporación del caballo en el transcurso del siglo XVII transforma la cultura: se ocupa más territorio; la organización social se torna más compleja; la institución del cacicazgo, antes laxo y que no sobrepasaba el nivel de la banda, se va convirtiendo en algo más general, desparramando su jefatura a numerosas bandas; el poder en el el seno de la cultura pasa ahora por el grupo familiar porque el cacicazgo es hereditario y la tenencia de la tierra también recae sobre las familias. Una especial organización para la guerra a partir del uso de nuevas armas ofensivas (la lanza que reemplaza al tradicional arco y flecha) y defensivas (la armadura de cuero de caballo). Las actividades económicas empiezan a tener características depredadoras, porque las bandas se acercan a los poblados para robar el ganado que por aquella época inunda las praderas.[29]

También el rol de la mujer cambió en la cultura tehuelche. Comenzó a ocuparse más de las tareas de su grupo familiar y de la actividad de los toldos en general, liberada ahora de ser el medio de transporte de los enseres comunitarios, que pasa a estar a cargo de los caballos. Éstos, finalmente, fueron también el nuevo alimento de las bandas. Este conjunto de modificaciones culturales fue denominado *horse-complex* (complejo del caballo o complejo ecuestre) en el entendimiento de que era lo suficientemente significativo el fenómeno como para singularizarlo de este modo.

En el centro de estos cambios, el incomparable adiestramiento de los caballos indígenas permitía a los guerreros tener ventaja sobre sus enemigos y al mismo tiempo les garantizaba una adecuada defensa de la vida comunitaria.

"...El indio corría el día entero, a todo correr, con el caballo enterrándose hasta la rodilla en el guadal o la arena, cayendo y levantándose, pero sin rodar o darse vuelta jamás y esto constituía la desesperación de los soldados que lo perseguían, los que a poco andar quedaban reducidos a la impotencia, pues el caballo que no se cansaba, o rodaba o se daba vuelta, inutilizando, muchas veces, el mismo jinete; por eso decía el General Mansilla que era inútil salir en persecución del indio cuando llevaba algunas horas de ventaja, porque era como correr tras el viento. Toda la mentada estrategia de los indios consistía en la resistencia, agilidad y vigor de sus caballos y en el conocimiento perfecto del terreno para llevar a las fuerzas regulares que los perseguían a los guadales o arenales, que ellos podían pasar, mientras que aquellas quedaban empantanadas y clamando que mandaran a relevarlas".[30]

De los tres componentes de la cultura tehuelche, los septentrionales fueron los más impactados por estas transformaciones; entre los meridionales el "complejo ecuestre" no llegó a tener las mismas características que entre sus hermanos. Porque si bien existen puntos en común como la mayor movilidad, la mayor dispersión geográfica, la complejización de la sociedad a partir de la estructura en bandas compuestas, etcétera, no se dio un cambio tan sustancial en las actividades económicas. La forma "bandolera o de pillaje" como definen algunos autores no se dio entre los tehuelches meridionales. Ellos siguieron manteniendo las cacerías colectivas como actividad productiva principal, reemplazando, eso sí, la caza de guanacos y avestruces por la de caballos cimarrones que se encontraban en gran cantidad en toda la región.

No llegaron a tener una cultura organizada para la guerra producto del enfrentamiento con los conquistadores y posteriormente con los colonizadores criollos. Y esto sobre todo en el caso de los aoniken, ya que los penken, en determinados momentos se aliaron con los tehuelches septentrionales participando de su estilo de vida.

Los onas, tercer componente del complejo tehuelche jamás incorporaron el caballo, manteniendo su cultura tradicional durante mucho tiempo, recorriendo sus dominios de la isla de Tierra del Fuego a pie, como desde el principio de la historia.

El Chaco pasó por una situación semejante. Las etnias guaikurúes de sus partes Central y Austral, es decir los tobas, mocovíes y abipones incorporaron el caballo en la primera mitad del siglo XVII, lo que sumado a influencias andinas y amazónicas, que provocaron una mayor rigidez en la estructura social, hizo que la cultura se diera vuelta sobre sí misma, cambiando sus hábitos de vida.

Las tradicionales actividades de caza y recolección comenzaron a disminuir de intensidad, y la economía pasó a basarse en la apropiación de grandes rebaños de ganado vacuno y caballar –exactamente igual que entre los tehuelches. A esto se sumó el aporte de las incipientes tareas agrícolas, en manos de los cautivos.

Los guaikurúes incrementaron la guerra contra el español en sus enclaves de Santa Fe, Corrientes y Santiago del Estero, e incluso contra sus hermanos mataco-mataguayos, que al igual que los onas en el sur, en ningún momento incorporaron el caballo.

Las aldeas se fortificaron con empalizadas.

También entre ellos cambió el armamento, siendo de tipo ofensivo (la lanza) y defensivo (armaduras de cuero). Las armas de fuego se fueron incorporando de a poco y su uso se hizo corriente en el siglo XIX.

En cuanto a las relaciones internas en la cultura, se da una diferenciación marcada entre los miembros de la comunidad, variando un tanto según la etnia de que se trate. Entre los mocovíes, por ejemplo, la estratificación social y étnica se asemeja a la de los grupos mbayá del Chaco Boreal: los "nobles" (los caciques y sus mujeres, capa endógama de carácter hereditario); los guerreros (y sus familias, es decir el grueso de la comunidad) y los cautivos.

Entre los abipones no existía una diferencia tan nítida entre los nobles y los guerreros, estando las jefaturas vinculadas con las "Sociedades Secretas de Varones" y los ritos de iniciación. En cuanto a los cautivos la discriminación es total, contrariamente a lo que sucede entre los mocovíes en donde la relación es más flexible, pudiendo los cautivos acceder al grupo social inmediato superior –los guerreros– si sus méritos en combate así lo aconsejaran. Fueron comunes los cacicazgos generales que conducían un conjunto de bandas cada una de las cuales estaba a cargo de un cacique "local". Por encima de ellos y al igual que en el período pre-ecuestre despliegan su autoridad sabia los "consejos de ancianos".

El fenómeno del complejo ecuestre no fue exclusivo de estos ámbitos. Como vimos se desarrolló también entre los mbayá del Chaco Boreal, en el actual territorio del Paraguay, cultura vital y expansiva que tuvo su época de oro en el siglo XVII hasta su derrota y casi extinción hacia el 1700 a manos de las tropas portuguesas y españolas. Del mismo modo, los charrúas del actual territorio uruguayo incorporan el caballo y a partir de ese momento transforman su cultura en los aspectos que ya vimos en los otros grupos.

Buenos Aires, Santa Fe y Montevideo llegaron a experimentar la belicosidad charrúa entregada con afán a la apropiación del ganado cimarrón. Los intentos de los jesuitas por reducirlos no tuvieron éxito, pero en 1750, los pobladores y fuerzas militares de Santa Fe les infligieron una seria derrota que inició su ocaso como cultura, siendo confinados en la misión franciscana de "Concepción de Charrúas".

Tehuelches, guaikurúes, mbayás y charrúas son portadores de un cambio cultural de proporciones que afecta a vastas áreas del actual territorio argentino y zonas periféricas a partir del siglo XVII (mapa 14).

Pero volvamos a la Pampa y a sus tehuelches.

Allí se estaba produciendo un fenómeno que movilizaría aún más los patrones culturales de la región.

Por si la dinámica de los cambios fuera poca, ahora venían ellos, no tan extraños como los conquistadores, pero distintos.

A diferencia de estos, venían desde donde se ponía el Sol, desde más allá de las montañas, desde Chile.

Nuestros tehuelches sabían muy poco acerca de ellos.

Pero bueno, ahí estaban. Habían cruzado las altas cumbres, desafiándolas. Al principio llegaban en pequeños grupos, dispersos y cautelosos. Había que recibirlos. Pero ¿cómo?

Pronto conocieron su nombre: se llamaban araucanos. Pero el enigma seguía: ¿Quiénes eran? ¿Qué buscaban?

La cultura araucana, célebre por su coraje, ampliamente demostrado frente a la penetración incaica primero y a la española después, ocupaba en el siglo XVI la porción del actual territorio chileno comprendida entre el río Choapa al norte y el archipiélago de Chiloé al sur.

La integraban tres componentes principales: picunches (norte), mapuches (centro) y huilliches (sur), que presentaban una unidad lingüística y cultural.

Tipificados por algunos autores como "los horticultores y pastores del desierto sudamericano", todos los araucanos cultivaron la tierra, especialmente maíz y papa. En el norte, por la sequedad del clima, se había incorporado el sistema de riego, mientras que en las tierras boscosas se quemaban los árboles. Complementariamente se practicaba también la caza (pumas, guanacos, aves) y la pesca, especialmente en la zona de Chiloé. Se dedicaban además a la cría de llamas, de las cuales utilizaban la lana para la vestimenta.

El patrón de asentamiento era la pequeña aldea, y la vivienda (*ruca*) era de gran tamaño, rectangular y construida con maderas. Estas aldeas eran la base de la organización social araucana; cada una de ellas estaba a cargo de un cacique y un conjunto de ellas constituía una unidad mayor al mando de un *toqui*, jefe supremo.

14. EL COMPLEJO ECUESTRE
Área de dispersión aproximada

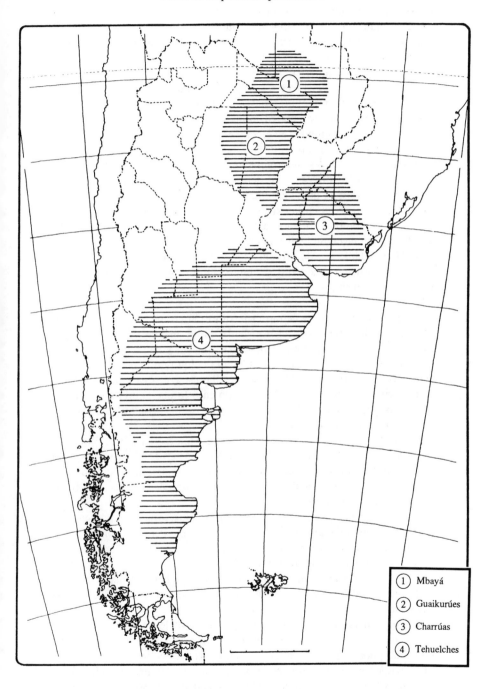

1. Mbayá
2. Guaikurúes
3. Charrúas
4. Tehuelches

La actividad bélica estaba sumamente desarrollada en el seno de la cultura cuya estructura social responde a ella: los jefes, los guerreros, el conjunto de la comunidad y los cautivos.

Eran comunes los enfrentamientos intestinos y esta práctica templó a la sociedad araucana en un fortalecimiento integral que le permitió soportar los embates de los sucesivos invasores de su territorio. Dentro de esta estructura interna la mujer se concebía como propiedad absoluta del hombre. Los caciques llegaban a tener hasta diez esposas y ellas, como la jefatura, eran heredadas por el hijo mayor o quien lo reemplazara en el cargo.

Sin embargo, esta aparente disminución femenina se contradecía con otros aspectos de la cultura; en efecto: el chamanismo, de notable desarrollo y con múltiples funciones de influencia en la comunidad (diagnóstico y cura de enfermedades, interpretación de los sueños, comunicación con las fuerzas sobrenaturales) era desempeñado fundamentalmente por mujeres, de gran prestigio, llamadas *machi*.[31]

Los araucanos creen en la existencia de un ser supremo, *Nguenechen*, el dueño de los hombres, creador de todas las cosas y dominador de las fuerzas de la naturaleza. Se le dirigían rogativas para solicitarle favores, como comida abundante y vida prolongada: es el rito conocido como *Nguillatún*, que persiste en la actualidad y cuyo sentido aproximado sería "hay un Dios, por eso existimos".

Hacia 1471 los incas penetran el territorio araucano, desalojando a los picunches y llegando hasta el río Maule, límite máximo de la expansión imperial, detenidos por la resistencia de mapuches y huilliches.

La presencia incaica si bien influyó en la cultura no lo hizo al punto de cambiarla: la agricultura, la crianza de llamas y el instrumental básico eran patrimonio original de ella. En todo caso lo que si promovieron fue una mejor preparación bélica de los araucanos, que sería utilizada en una segunda invasión: la de los españoles.

Después del intento frustrado de Diego de Almagro en 1536 se inició la verdadera conquista a cargo de Pedro de Valdivia en 1540. El jefe español por orden de Pizarro organiza en el Cuzco una poderosa expedición que lleva también caballos, gallinas, cerdos y todo tipo de semillas. El objetivo es asentarse y colonizar el territorio.

Se logró la ocupación, el asentamiento e inclusive la incorporación de indígenas sometidos al trabajo agrícola y minero. Pero los continuos levantamientos y la terrible resistencia mantenida desde los "territorios libres" hizo dificultoso el proceso de colonización.

Es que al igual que los incas, los españoles no pudieron penetrar en principio más allá del río Maule, desatando una guerra sin cuartel que duraría tres siglos.

Las consecuencias de la invasión española se hicieron sentir en el seno de la cultura araucana a través de una organización social más rígida, jefaturas más poderosas y un arte de la guerra más perfeccionado.

El territorio estaba dividido en cuatro distritos o regiones llamados *mapu* que hizo pensar a los españoles en la existencia de un "Estado" incipiente.

Las armas tradicionales eran arcos y flechas, lanzas y temibles mazas de madera pesada con trozos de piedra afilados e incrustados en uno de los extremos. Contra los españoles incorporaron armaduras, yelmos y escudos de cuero. Las aldeas se fortificaron mediante la construcción de fosos y empalizadas.

En 1550 Valdivia instaló el fuerte La Concepción a orillas del río Bío Bío quedando el centro de Chile en manos de los españoles. Gran parte de picunches y huilliches fueron sometidos, mediante el reclutamiento como mitayos en los lavaderos de oro y como criados domésticos. Los mapuches mantuvieron encendida la llama de la resistencia, logrando entre sus triunfos la muerte del propio jefe invasor.

Pero la situación era de tensión constante. El territorio había sido ocupado y mancillado por un conquistador que ya no se iría. La resistencia mantiene dignos a los mapuches que luchan por su libertad. Pero el desgaste y la perspectiva de una guerra eterna hace que algunos de ellos busquen un nuevo hogar.

Hacia el oeste era imposible porque el océano era infinito; hacia el este las enormes montañas nevadas parecían infranqueables. Sin embargo sabían por tradición que algunos de los hermanos las habían traspuesto, descendiendo hacia un lugar encantador de pinares, nieves y lagos. Y más allá la llanura, también infinita como el mar, con la diferencia de que en ella se podría vivir libremente.

Allí estaban, pisando los umbrales de la tierra tehuelche.

La penetración araucana había comenzado desde tiempos prehispánicos, aunque en forma esporádica y a partir de grupos pequeños.

A mediados del siglo XVII la "cuña intrusiva" se va haciendo más pronunciada a partir del comercio con los grupos tehuelches septentrionales.

Poco a poco, los araucanos van incorporándose cada vez más a la realidad cultural de Pampa y Patagonia, que estaba en pleno proceso de transformación pues los tehuelches comenzaban a apropiarse del caballo.

Ya en el siglo XVIII los tehuelches se organizan a base de la guerra que llevan a cabo contra los enclaves españoles de la frontera, mientras los araucanos continúan penetrando.

Sin embargo el predominio tehuelche septentrional en lo que se refiere a la autoridad y a la capacidad de conducción de las diferentes bandas por sus caciques continúa hasta fines del siglo XVIII.

Poco después, los araucanos acceden al poder de la región por dos vías:
–la extinción de los caciques tehuelches en La Pampa y Río Negro
–las victorias militares

En la zona de Chubut, los tehuelches habían resistido, pero son derrotados definitivamente en las batallas de Tellien, Languiñeo y Pietrochofel. La consecuencia de estas derrotas es el comienzo de la dilución de la cultura, acelerada por la mestización, fruto de la unión entre vencedores araucanos y cautivas tehuelches.

Más al sur, en Santa Cruz, el contacto con los araucanos es pacífico, aunque el mestizaje da como resultante el predominio de los intrusos, que en el norte se ve favorecido por el desequilibrio demográfico producto de los enfrentamientos.

Este conjunto de fenómenos por el cual la cultura araucana penetra primero lentamente y luego en forma decidida y masiva en territorio tehuelche produciendo la absorción cultural paulatina de éstos y la consiguiente supremacía propia es lo que ha sido descripto como la "araucanización de la Pampa".

Esta dinámica singular de cambio cultural que se suma en la región de la llanura a la presencia del complejo ecuestre culminará en pleno siglo XIX hacia 1830, con la llegada del gran *toqui* Callvucurá (Piedra Azul) que sellará la hegemonía definitiva de los araucanos.

Lo que había comenzado con la recepción más o menos amistosa de nuevos contingentes que venían bajando de las montañas se transformó de improviso en el avance incontenible de una cultura decidida a ocupar la llanura, tomar las mujeres y hacerse cargo de la vida de la región.

Entre españoles y araucanos, los tehuelches, intentaron la preservación cultural. Pero poco a poco fueron cediendo, imposibilitados de sostener tanta presión. De todas maneras, su presencia como cultura fue muy fuerte hasta el último momento y aún después.

En este sentido creo que es menester consignar que aunque los araucanos –por otra parte siempre en su vertiente mapuche que fue la que ingresó a nuestro territorio– fueron absorbiendo a los tehuelches hasta hacerlos prácticamente desaparecer hasta fines del siglo XIX, el proceso tuvo una característica digna de mención.

En efecto, llegados a nuestro territorio, los araucanos mantuvieron muchas de sus costumbres principales (la platería, los tejidos, los rituales) pero reemplazaron su original patrón agricultor y pastor por el de cazador, que era tehuelche. Este último hecho me parece lo suficientemente importante como para reflexionar acerca de la tan mentada araucanización.

LA FRONTERA, LÍMITE CULTURAL DE LOS TERRITORIOS LIBRES

El crecimiento de Buenos Aires exige cada vez más una campaña despejada; por otra parte, la expansión de las bandas tehuelches y araucanas desde el sur y suroeste, portadoras de un nuevo "arsenal cultural" amenaza ostensiblemente a las posiciones españolas.

A mediados del siglo XVIII comienza a intensificarse la actividad militar contra los grupos indígenas de la provincia, iniciándose una dinámica caracterizada por avances y retrocesos de ambos bandos con una franja divisoria nítida, que a partir de entonces buscaba ser mantenida por unos (los indígenas) y violenta y llevada cada vez más lejos por los otros (los españoles).

Comienza la obsesión por la frontera. Una frontera que más allá de los límites físicos divide dos mundos en pugna. La frontera, más que político-militar, es cultural.

Esa frontera se afianza con la instauración del Virreinato, pero como ya señalé, la lucha por ella se inicia unos años antes, con la creación de los primeros fortines.

La línea de fortines será hasta 1879 el símbolo más acabado de esta obsesión, que estallará en ese año. El equilibrio mantenido durante tanto tiempo llegará a su fin, con el avance de la expedición de Roca.

Pero no nos adelantemos.

En 1736 se crea el primer fortín de la provincia de Buenos Aires: Arrecifes, coincidiendo con las invasiones periódicas llevadas adelante por los tehuelches y primeros grupos de araucanos que buscaban el ganado desparramado por las praderas.

Eran tiempos duros, extremadamente difíciles. Las rudimentarias milicias, sin suficientes pertrechos y mal pagas, van abandonando paulatinamente los fortines. Las carretas con provisiones de todo tipo son hostigadas en forma permanente. Los vecinos de la campaña soportan las ofensivas indígenas que en muchos casos llegan hasta las puertas de Buenos Aires.

En 1752 se instalan los fortines de Salto, Luján y El Zanjón, sostenidos por las nuevas compañías de Blandengues.

De todos modos, la frontera es intrínsecamente inestable.

Mutuamente se intentan sin embargo los primeros tratados de paz. En 1770 el gobernador Bucarelli acuerda con un grupo de caciques araucanos un principio de paz con lamentables condiciones para esos indígenas.

"No podían pasar el límite de la frontera, y si así lo hicieran previo permiso, debían seguir·el camino de las Salinas que llegaba a Luján y en número no mayor de seis, siendo siempre custodiados por uno o dos soldados.

Debían hacerse responsables de cualquier daño que ocasionaran otros indios, aún cuando no pertenecieran a su tribu.

Serían severamente castigados si arreaban ganado extraviado fuera de la frontera.

Cuidarían que los demás indios no cometieran el delito del punto anterior, y si lo hicieran, ellos mismos debían castigarlos, incluso con la muerte.

Fijarían la fecha de entrega en la frontera de Luján de los cautivos que tenían en sus toldos, por los cuales el Gobierno pagaría una suma de dinero.

Entregarían cada dos meses como rehén al hijo de un cacique para asegurar la paz.

Por último obligarían al cacique pampa Rafael a firmar la paz y en caso de negarse éste debían matarlo y entregar su cabeza en Luján".[32]

Bucarelli, fomentando las contradicciones en el seno de las comunidades indígenas, logra vencer a algunos grupos; este tratado es fruto de ello.

Sin embargo la masa indígena no transa. Los tehuelches mantienen la oposición y se registra así uno de los enfrentamientos más serios de la época.

15. LA FRONTERA ESTE:
Avances durante el siglo XVIII, en vísperas de la fundación
del Virreinato del Río de la Plata

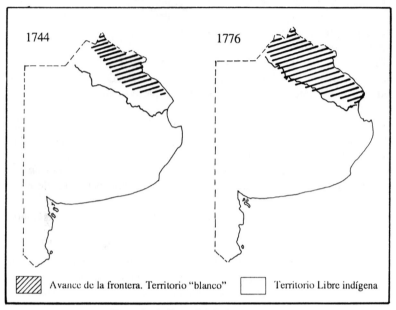

| 1744 | 1776 |

Avance de la frontera. Territorio "blanco"   Territorio Libre indígena

Tomado de Ezequiel C. Ortega, 1969.

Conducida por el sargento mayor Manuel Pinazo, una fuerza expedicionaria integrada por quinientos hombres (mitad milicianos de los fortines de Luján y Salto y mitad indígenas aliados) se lanza en busca de las avanzadas tehuelches en el sur de la provincia de Buenos Aires, cayendo sobre ellos y causándoles grandes pérdidas, recuperando cautivos y ganados.

Pero esos intentos, aún con éxitos parciales, quedan en intentos. La Llanura, dominio de las culturas tehuelche y araucana (siempre en aumento) devora como una ciénaga a los colonizadores que quieren a toda costa ocuparla. Consiguen empero algo: ir fortaleciendo la frontera que divide y que cada día necesitan extender un poco más allá.

En la época de la fundación del Virreinato, habían logrado algún avance, aunque apenas perceptible (mapa 15).

Los virreyes en acción

El tiempo transcurre para la potencia conquistadora en América y cada vez se le hace más difícil a España manejar los distintos problemas que se le van presentando.

Desde el comienzo de la Conquista, allá por el siglo XVI, el actual territorio argentino, dependía jurisdiccionalmente del Virreinato del Perú con centro en Lima; pero la creciente importancia de los centros poblados de esta parte del continente, su autonomía y las actividades por ellos desarrollados, la peligrosa presencia de Portugal en las inmediaciones, la adecuación global de la estructura organizativa de los territorios ocupados a los cambios permanentes, entre otras causas, llevan a la Corona a crear en 1776 el Virreinato del Río de la Plata.

A partir de 1782, el Virreinato se estructura en ocho intendencias y cuatro provincias, configurando una organización que perdurará más allá de la Revolución de Mayo en el siguiente siglo:

–Intendencia de Buenos Aires (provincia de Buenos Aires, parte de la región del Litoral y Mesopotamia y toda la subregión de Pampa y Patagonia)

–Intendencia de Córdoba del Tucumán (Córdoba, San Luis, Mendoza, San Juan y La Rioja)

–Intendencia de Salta del Tucumán (Salta, Jujuy, Catamarca, Tucumán y Santiago del Estero)

–Intendencia de Asunción del Paraguay (en Paraguay)

–Intendencia de Cochabamba (en Bolivia)

–Intendencia de Charcas (en Bolivia)

–Intendencia de La Paz (en Bolivia)

–Intendencia de Potosí (parte de Bolivia, Chile y nuestra subregión de La Puna)

Las cuatro provincias o gobernaciones eran:

–Moxos (en Bolivia)

–Chiquitos (parte de Bolivia, Paraguay y nuestras provincias de Salta y Formosa)

–Montevideo (todo el territorio uruguayo)

–Misiones (parte de Brasil y nuestra provincia de Misiones)

Esta estructura organizativa figura en el papel. En la práctica toda la llanura continúa como territorio libre en poder de las culturas originarias (mapa 16 pág. 136). Hacia allí comienza a dirigirse la preocupación de los sucesivos virreyes. Una vez más, el problema es la frontera.

Sucede que Pedro de Cevallos, primera cabeza del flamante Virreinato dispone el libre comercio entre las distintas jurisdicciones, régimen que se extiende a las relaciones entre ellas y España. Buenos Aires, Montevideo y Maldonado son reconocidos como puertos de comercio libre.

El tránsito comercial, cada vez más creciente, necesita vías de comunicación libres de problemas. Los indios eran "los problemas". Había que hacer algo. O negociar, o empujarlos, o eliminarlos, pero algo y pronto.

Entre otras cosas, se trata de dejar expedito el camino hacia las Salinas Grandes, fuente de abastecimiento de la sal, preciado producto para todos, incluso para los indígenas que no por nada se instalaban ya en las inmediaciones de ellas. Con los virreyes empieza lo que podríamos denominar la planificación de la guerra contra el indígena.

Pedro de Cevallos, virrey provisional que desempeñó su cargo entre 1776 y 1777, registra entre sus principales acciones la elaboración de un

16. VIRREINATO DEL RÍO DE LA PLATA Y TERRITORIOS INDÍGENAS LIBRES

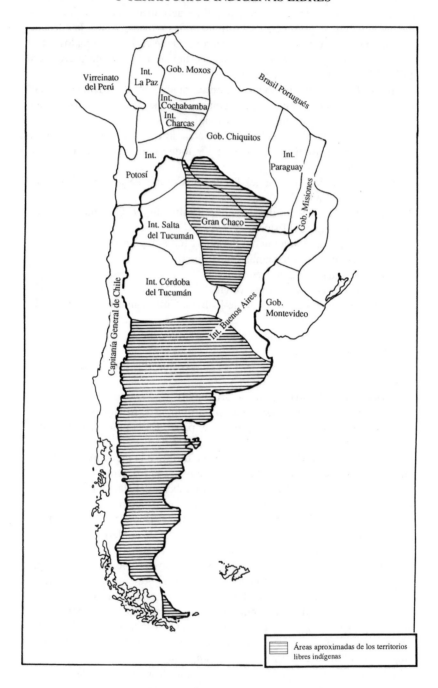

plan al que calificó como "entrada general" y que dejó en Buenos Aires para consideración de su sucesor.

El virrey pregona una expedición masiva contra las aldeas indígenas, entendiendo que es impostergable que España tome la ofensiva. Prevé para ello la movilización de vecinos de Buenos Aires, Mendoza, San Luis y aun de Chile, los que a su vez constituirían distintos cuerpos de ataque a los enclaves indígenas con rutas preestablecidas:

"Yo medito que se haga una entrada general en la vasta extensión a donde se retiran y tienen su madriguera estos bárbaros, favorecidos en la gran distancia y de la ligereza y abundante provisión de caballos de que están provistos".[33]

La ansiedad por terminar con el hostigamiento de los indígenas a los poblados y a las caravanas de carretas hizo pensar a Cevallos en una estrategia de aniquilamiento como única posibilidad de finalizar con las dificultades, al igual que su colega Toledo con los chiriguanos:

"... es muy fácil componer un cuerpo de diez o doce mil hombres, capaces de arruinar a esa canalla de indios despreciables, y abominados aún de los propios de su especie que pueblan las serranías".[34]

El plan Cevallos quedó en eso: en plan. Muy pronto se mostró como impracticable por muchas razones: porque era imposible movilizar la fuerza prevista por el virrey; porque era ilusorio pensar en una concentración de recursos de tal magnitud como requeriría una expedición de esa naturaleza; porque esa "entrada general" provocaría una consecuencia no deseada (la desprotección de los centros poblados y de la misma frontera); porque finalmente, el profundo desconocimiento por parte de los españoles del territorio indígena hundiría al "miniejército" en una trampa mortal.

El mismo Vértiz, sucesor de Cevallos, que en un principio había visto el plan con buenos ojos, lo puso a consideración de una comisión de oficiales, que lo rechazó demostrando que eran ellos, que vivían en la frontera, los que mejor conocían las ventajas de los indígenas y las limitaciones propias, lo cual en definitiva llevaría al fracaso el plan propuesto:

"... los indios forman unos cuerpos errantes sin población ni habitación determinada". "Se alimentan de yeguas y otros animales distintos de los que usamos nosotros; que no necesitan fuego para comer, ni otras provisiones para sus marchas; que residen en sierras y parajes incultos; que transitan por caminos pantanosos, estériles y áridos; que su robustez, criada a las inclemencias, resiste hasta el punto que nosotros no podemos principiar"... "tenemos por imposible el levantar de diez a doce mil hombres... sin que se dejen las artes y la agricultura expuestas a mayor miseria que el beneficio que resultase de su exacción..."

"... dado el imposible caso que caminos, aguadas, hombres inteligentes y cuanto fuese favorable estuviese de nuestra parte"... "pasásemos adelante hasta alcanzar nuestro esfuerzo, y por dicha o casualidad sorprendiésemos alguna partida de indios, ningún fruto produciría esta ejecución, porque ellos, como errantes, sin trenes ni bagajes racionales que transportar con uno o dos que se salven de este insulto sería bastante a propagar la noticia a las demás naciones y retirándose a lo más inculto de sus serranías, dejarían burladas nuestras esperanzas, sin el consuelo de poderlos solicitar por falta de conocimiento de sus extraños territorios y otros parajes, por donde tenemos noticias, caminan divididos en pequeños trozos, con la incomodidad de cargar el agua para ellos y sus animales, haciéndose imposible a nosotros emprender su seguimiento e introducirnos con un cuerpo tan crecido de tropas y bagajes en donde"…"pudiera ocasionar la ruina de nuestro ejército". [35]

El virrey Vértiz, que ocupó su cargo desde 1777 a 1784, hizo caso a sus oficiales y desechó definitivamente el plan Cevallos. Optó por una solución más realista y viable: el fortalecimiento progresivo de la frontera.

En 1781, las fronteras de las provincias de Buenos Aires y Santa Fe estaban custodiadas por una docena de fortines (Chascomús, Ranchos, Lobos, Navarro, Luján, Areco, Salto, Rojas, Pergamino, Melincué y Esquina); (mapa 17), con tropas debidamente reforzadas y conducidas por un comandante de frontera; se les fijó un Reglamento que establecía además de la disciplina interna, la política general hacia los indígenas, lo cual no sólo

17. LA FRONTERA ESTE EN 1781. PLAN VÉRTIZ

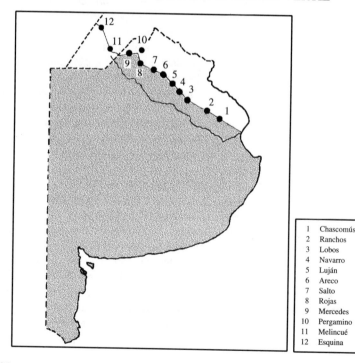

1	Chascomús
2	Ranchos
3	Lobos
4	Navarro
5	Luján
6	Areco
7	Salto
8	Rojas
9	Mercedes
10	Pergamino
11	Melincué
12	Esquina

preveía que hacer con ellos ("...y sin aguardar mi determinación los seguirá hasta escarmentarlos tratándoles como a enemigos implacables, y rebeldes...") sino cómo repartir el botín que se obtuviera de las distintas acciones emprendidas.

La estrategia de Vértiz también incluye la fundación de pueblos, promoviéndose así el embrión de una política de frontera. Y a pesar de que en sus instrucciones hacia los soldados está presente la guerra al indígena, procura, cuando se dan las condiciones, la negociación pacífica con ellos, emulando el estilo del gobernador Bucarelli.

En 1782 firma un tratado de paz con los grupos tehuelches asentados entre las sierras de la Ventana y las de Tandil, capitaneados por Lorenzo Calpilsqui, quienes a partir de entonces podrán "potrear en las campañas inmediatas sin que se les incomode ni haga perjuicios por las partidas exploradoras, y guardias de la frontera"; a cambio de ello los tehuelches se obligaban a "darnos avisos anticipados siempre que los indios Rancacheles con quienes estamos en Guerra, intenten atacar nuestras fronteras y se comprometerán desde ahora a auxiliarnos recíprocamente p.a. hazerles la guerra a esta nación, atento a que siendo contrarios de ambos partidos, sean castigados con más facilidad por n. ras superiores fuerzas, o reducidos a una paz general".[36]

Pero los rancacheles (ranqueles), grupos tehuelches septentrionales en proceso de araucanización, no eran los únicos enemigos. Había un cacique que le quitaba el sueño a Vértiz. Se llamaba Yampilco, más conocido como "Negro", que desde sus toldos ubicados en las costas del arroyo del Sauce, entre los ríos Colorado y Negro, lanzaba periódicos malones. Uno de ellos, en 1781, provocó un Consejo de Guerra para el comandante de frontera, Juan José Sardén.

Durante la gestión de Vértiz se llevan a cabo algunos intentos de penetración de la Patagonia como las expediciones de Viedma y de la Piedra (1779) que fundan las poblaciones de Carmen de Patagones, Viedma, San Julián y las llevadas a cabo por Villarino entre 1781 y 1783, quien recorrió los ríos Colorado, Negro, Limay y Collón Curá. Villarino sólo hizo reconocimientos, pero algunos de ellos aportaron datos significativos, centrados en que la zona era el tránsito de ganado robado por tehuelches y araucanos hacia las aldeas de Patagonia y Chile, comunidades que por otra parte no disimularon su hostilidad al explorador.

El virrey Loreto, que se desempeñó entre 1784 y 1789, intentó mantener un *statu quo* con las comunidades indígenas, que se concretó en un período de relativa calma salvo incidentes aislados.

Durante la gestión del virrey Melo (1795-1797) se reactiva la lucha por la frontera, congelada también en el gobierno anterior (virrey Arredondo 1789-1794) al menos como idea vigente.

Es así como en 1796, el virrey Melo encomienda al capitán Félix de Azara el reconocimiento integral de la frontera. Como resultado de ello, Azara propone continuar la tarea de consolidación a través de la fundación de ciudades y fortines, así como también la conquista de Choele Choel, centro neurálgico del movimiento indígena.

Pero ninguno de esos proyectos se concretaría. A duras penas se pudo mantener la frontera a través de arduos tratados con las parcialidades "amigas" y desgastadores enfrentamientos con el grueso de las bandas tehuelches y araucanas.

Hacia fines del siglo, el Virreinato luchaba en varios frentes a la vez: los indígenas, la amenaza de potencias extranjeras y la estructura económica en crisis; en síntesis, un cúmulo de problemas que favorecían la libertad de muchos grupos indios que desplegaban su ofensiva en los límites de Buenos Aires y su área de influencia.

La línea centro-oeste

El sur de Santa Fé, Córdoba, San Luis y Mendoza, borde norte de las avanzadas tehuelches, araucanas y pehuenches vive por aquellos años una agitación permanente. La lucha por la frontera es allí un juego interminable de alianzas y de guerras en donde los indígenas procuran no ceder terreno mientras que los españoles se esfuerzan por ocuparlo.

Durante la gestión Vértiz, Francisco de Amigorena es designado como maestro de campo de milicias y comandante de frontera y armas de Mendoza, San Juan y San Luis.

Este personaje singular condujo durante casi diez años la relación con la población indígena, empleando todas las estrategias posibles, desde la negociación lisa y llana para la paz hasta las cacerías de cabezas de los caciques de las principales bandas. Realizó importantes campañas ofensivas penetrando en reiteradas ocasiones en territorio pehuenche. En 1779 les produjo grandes bajas obligándolos a abandonar sus asentamientos y a solicitar la paz por intermedio del cacique Pichicolemilla. Se recuperaron además grandes cantidades de caballos y ganado robado.

Un año después, Amigorena realiza una segunda campaña, más violenta que la anterior, llegando hasta el corazón de los más importantes núcleos de asentamiento indígena. Los caciques rebeldes, Guentenau y Linquenquén y el capitanejo Longopag son muertos en combate junto a más de un centenar de sus hombres. Las crónicas consignan también la muerte de algunas mujeres y niños y cuando mencionan el botín material obtenido realizan la siguiente descripción: 99 caballos y yeguas; 17 vacas lecheras; 1.114 ovejas; 200 cabras; 4 cotas de mallas de acero; 58 lomillos y 131 lanzas. Fueron tomados cerca de 130 prisioneros.

Este duro golpe sufrido por los pehuenches los lleva a celebrar en 1781 un nuevo tratado de paz por el que se garantizaba el mutuo respeto de las partes a sus territorios.

Pero los tratados eran más que endebles. No respondían a la realidad cuyas reglas eran la tensión permanente y la desconfianza recíproca que no cesaba.

Los caciques Roco y Antepan, principales firmantes de la paz, acampados en las inmediaciones de Mendoza, fugaron un año más tarde hacia sus viejos territorios, siendo perseguidos sin éxito. Regresaron poco más tarde y se colocaron definitivamente bajo el "ala protectora" de Amigorena, participando con él en muchas de las expediciones contra sus hermanos. El comandante no descansaba: "En los meses de mayo y junio de 1783 hizo contra éstos (indígenas ubicados en las fronteras de San Luis y Córdoba, nota de autor) una cuarta expedición, y aunque no consiguió alcanzarlos en su retirada que hicieron al Sur les dejó claras señales del vivo deseo que tenía de castigar sus insultos, quemándoles como lo hizo todas sus tolderás que abandonaron, y todos sus pastos y Montes".[37]

Las autoridades de esta parte del Virreinato vivían de sobresalto en sobresalto. Tal fue el caso de la gestión de Vértiz, como ya lo hemos señalado; el intendente de Córdoba, marqués de Sobremonte no le iba en zaga. Él tenía bajo presión a Amigorena para someter a las comunidades indígenas. Pero el feroz comandante no necesitaba mayores empujones. Había tomado el problema como una cruzada personal y en 1784, satisfecho por los resultados de una de sus expediciones, le escribe al marqués:

"Muy señor mío y todo mi respeto.

"Mediante el auxilio del cielo y el esfuerzo de estas milicias conseguí destruir las tolderías que existían al occidente del gran río que forman los nombrados Diamante, Atuel, Tunuyán y Bebedero, después de una marcha de 24 leguas en que fue preciso vencer los grandes obstáculos que me presentó un campo tan guadaloso, lleno de pantanos y barriales que la continuación de los fuertes aguaceros pusieron en un estado fatal los especícimos y dilatados bosque por donde hice abrir huella nueva, por cuya causa se imposibilitaron y disminuyeron mucho las caballadas, las escasas noticias que tenía el campo referido particularmente desde el paso de abajo del Río Atuel, hasta el paraje Carilauquen donde estaban los indios".

"Con todo perdieron su vida 45 infieles, traje 8 indias y un indio prisionero que he repartido en casas decentes de esta ciudad hasta que V.S. me mande lo que se ha de hacer de ellos; se redimieron 3 cautivas y un cautivo cristiano de Córdoba que padecían en poder de aquellos bárbaros y retengo en mi casa hasta que V.S. determine si podrán caminar a su patria; se les quitaron mil y más caballos, mulas y yeguas, la mayor parte ovejas, 7.773 cabezas de ganado, lo más de ello con ferros (sic) de las fronteras de Córdoba".

"Para prueba de que estos indios eran de los que frecuentaban las irrupciones por los campos de Buenos Aires, remito a V.S. con el correo M. Quiros, una casaca de uniforme, una cota de malla, un rebozo de grana con 2 1/3 de varas, otro de paño azul y 4 varas y unas borlitas de cíngulo, que según declara la cautiva robaron los indios cuando mataron al Canónigo Cañas, cuyo negro subsiste entre estos indios".

"No fue poca fortuna haber conseguido esta ventaja de unos indios que ya tenían noticia de esta entrada general por Lorenzo Vargas Machuca, cristiano mendocino que vive entre ellos y hacía pocos días que había llegado de recorrer en traje de tal las fronteras de Córdoba y ciudad de la Punta según dice la cautiva y cuya prisión y de otros malvados de esta clase pienso conseguir por medio del famoso y nuestro amigo el cacique Ancan que reside en el Río Grande o en el de San Pedro".

"Aunque con arreglo a la orden de V.S. apronté bastimientos para subsistir tres meses en el campo, no fue posible por las razones expuestas que incluyo original y solo subsistió dos meses y tres días habiéndome causado el más vivo dolor, el no poder atacar por el Sud los indios de las Vívoras donde dirigía su marcha por el Norte la expedición de Córdoba por causa del insuperable caudal de aguas del referido gran Río que causó la extraordinaria creciente de todos los ríos que lo componen, hice por pasarlo, cuantas diligencias fueron practicables, prometí la libertad a los indios prisioneros si me ponían de este lado, arrojándose a los grandes bañados y lagunas que entre el bosque formó la creciente, sin ejemplar, arrojeme yo detrás de ellos con una partida, siempre por el gran camino de los indios que estaba inundado, pero después de haber caminado dos leguas en parajes a nado y no haber podido llegar al cajón principal se tuvo por inaccesible su paso y hubo de relevarme con dolor como más por extenso referiré a V.S. en el diario que remitiré en primera ocasión". "Por lo respectivo a la expedición que salió de la Punta de San Luis con orden de unirse con la que yo mandaba en la junta del Río Tunuyan con el Diamante y Atuel que no pudo verificarse por el mismo o inconveniente de la soberbia creciente, nada se de oficio aunque se dice que ya había practicado su retirada por haber sido sentida de los indios y haber disparado éstos a internarse, luego que aquel maestre de campo me participe lo que ocurrió lo pondré en noticia a V.S.".

"La oficialidad de estas milicias de mi mando se portó en todo el discurso de la campaña con aquel valor, ardimiento, intrepidez y obediencia que les es tan común, como también los soldados habiendo mostrado unos y otros su gran constancia en los trabajos en medio de hallarse sin tiendas y muchos de ellos casi sin vestidos para defenderse del rigor de la intemperie".[38]

Como consecuencia de estos movimientos ofensivos, cae el cacique ranquel Creyo o Creyú, cuya cabeza, por orden de Amigorena, es clavada como escarmiento en el fuerte San Carlos de San Luis.

A partir de este hecho se suceden algunos tratados.

Primero en 1785 el cacique Llanquetur negocia la paz; dos años más tarde los principales caciques pehuenches, Pichintur, Currilepi y Canivan acceden a participar entre otras condiciones en la lucha entablada por los españoles contra los ranqueles y la parcialidad araucana huilliche.

Sin embargo, la mayoría de las bandas tehuelches, araucanas y pehuenches continúan asediando la frontera y contra ellas se lanza en 1788 una campaña dirigida por el comandante Francisco Esquivel Aldao, que penetra en el sur de Mendoza. En el transcurso de la marcha se van uniendo caciques que habían firmado la paz de 1785 y que informan acerca de las posiciones de Llanquetur, principal jefe rebelde buscado.

Después de dos semanas de marcha, la expedición contaba con cerca de 300 indígenas fuertemente armados además del medio centenar de soldados. El ataque final a los toldos de Llanquetur produjo cerca de 200 muertos y 150 cautivos entre sus huestes, registrándose entre las bajas diez caciques y capitanejos. Se recuperaron miles de cabezas de ganado y cautivos. Pero el cacique, acampado más allá del núcleo del enfrentamiento, logró salvar su cabeza, a la que, una vez más, se había puesto precio.

Esta acción profunda contra los pehuenches es complementada en 1789 con nueva campaña de Amigorena, que logra dominar a algunas de las bandas asentadas en las inmediaciones de las lagunas de Guanacache; por su parte, en 1792, Aldao, se dirige por orden de Amigorena hacia Neuquén, en busca de los principales enclaves araucanos y logra destruir a los grupos asentados a las orillas del río Picún Leufú, matando a varios caciques.

Una vez más y como respuesta a las ofensivas españolas, se producen interregnos de paz, debidamente celebrados: en 1797 se lleva a cabo un importante parlamento con los pehuenches y en 1798 se registran dos: uno en Chillán (Chile) y otro en San Carlos (Mendoza), participando 19 caciques, 14 capitanejos y cerca de 500 indígenas.

Poco después, en 1799, Amigorena en una de sus últimas acciones (moriría casi inmediatamente) derrota al cacique ranquel Carripilum o Curripilum, uno de sus más obstinados adversarios, quien de todas maneras continuará durante mucho tiempo más dominando su región: el Mamul-Mapú o País de los Árboles.

Mientras se suceden todas estas acciones ofensivas y "diplomáticas", los españoles refuerzan constantemente la línea fronteriza. La creación de fortines se sucede sin solución de continuidad.

Durante el período comprendido entre 1780 y fines de siglo se destacan los fortines de Loreto (Santa Fe); San Carlos, San Fernando, Santa Catalina, Sauce y Las Tunas (Córdoba); Chañar y Bebedero (San Luis); San Carlos y San Rafael (Mendoza). Estas fortificaciones, gestadas principalmente por el marqués Sobremonte, sumadas a las desplegadas en la provincia de Buenos Aires, serán un cerco cada día más peligroso para las comunidades de la llanura.

En este momento peculiar son importantes también algunos *viajes de reconocimiento* realizados por grupos de españoles que no sólo buscaban a través de ellos las vías de comunicación entre las distintas partes del Virreinato y aun sus áreas aledañas como Chile, sino también la buena voluntad de los indígenas, para que no interfirieran en las travesías de las carretas atestadas de mercaderías.

Son dignas de mención las exploraciones de José Santiago del Cerro y Zamudio que intentó encontrar un camino entre Talca (en Chile) y Buenos Aires (1802) y entre Buenos Aires-Talca (1805); la de Luis de la

Cruz, quien buscó la unión entre Concepción (Chile) y Buenos Aires (1806); las de Sourryere de Souillac desde Talca a San Rafael (1805-1806) y las de Esteban Hernández desde San Rafael a San Lorenzo (San Luis) en 1806.

Los exploradores se ponían muchas veces en contacto con los caciques, tratando de obtener su alianza. Es famoso por ejemplo el parlamento sostenido entre De la Cruz y el gran jefe araucano (ranquel) Carripilum para conseguir el libre paso por territorio indígena, gestión más que delicada por la conocida intransigencia de este cacique.

Estos viajes de reconocimiento acrecentaban la información sobre los territorios libres, incomodando la normal vida comunitaria, que se veía alertada por la presencia de intrusos, a quienes se consideraba como avanzadas de un peligro latente mayor y definitivo.

El Chaco-bastión

Chaco insondable, misterioso e inexpugnable; Chaco de los arcanos; Chaco bastión.

Durante siglos se mantuvo como territorio libre, transitado y defendido por guerreros guaikurúes, ahora también ecuestres. Virtual zona de paso, ofrece la posibilidad de comunicar el Litoral con el Noroeste.

Desde la línea fronteriza los españoles intentaron aferrar a la región por alguna de sus partes; realizaron también una serie de "entradas" que fueron sistemáticamente rechazadas por las comunidades originarias. Muchas veces esta dura tenacidad se volvió como un "boomerang", provocando devastadores ataques sobre las ciudades de Asunción, Santa Fe y Corrientes, blancos predilectos de las correrías indígenas.

Las expediciones "punitivas" llevadas a cabo durante el siglo XVII no dieron resultado, y ya en 1710 las comunidades guaikurúes están confederadas y mantienen bajo presión a la frontera. La respuesta no se hace esperar: el gobernador de Tucumán Esteban de Urizar lleva a cabo una poderosa ofensiva con milicias de Jujuy, Tucumán, Salta, Santiago del Estero, Catamarca y Tarija, cerca de 2.200 hombres. Una cifra realmente importante para la época. Sin embargo, los resultados son más que magros.

Durante el siglo XVIII se organizan varias expediciones que tienen por objetivo explorar la región y de ser posible establecer contacto amistoso con los indígenas.

Cabe mencionar la que realizó Filiberto de Mena en 1764, quien tomó contacto con ocho caciques de los mocovíes, abipones, tobas, chulupíes, vilelas y mataguayos, "en una senda y paraje llamado Cangayé", que en lengua mocoví significa "tragadero de gente", sobre el río Bermejo.

En 1774, Gerónimo Matorras, gobernador de Tucumán, emprendió una nueva campaña, suscribiendo un importante tratado con Paikin, cacique principal mocoví, junto a otros como Lachirikin, Cogloikin y Alogoikin, Quetaidoi y Quiaagari.

"1° Que se les han de mantener, sin enajenar a otros, los fértiles campos en que se hallaban establecidos, con sus ríos, aguada y arboledas.

"2° Que con ningún motivo ni pretexto han de ser tratados de los españoles con el ignominioso nombre de esclavos, ellos, sus hijos ni sucesores, ni á servir en esta clase, ni ser dados á encomiendas.

"3° Que para ser instruidos en los misterios de nuestra Santa Fe Católica. La lengua española y sus hijos á leer y escribir, se los ha de dar curas doctrineros. lenguaraces y maestros.

"4° Que la nueva reducción, nombrada Santa Rosa de Lima (12), establecida en la frontera de Tucumán por el Sr. Gobernador de Gerónimo Matorras, que tienen ocupados varios indios de su parcialidad, han de tener libre facultad para pasar a ella todos lo que querían egecutarlo, proveyéndoles de crías de ganado mayores y menores, herramientas, y semillas para sus sementeras, como se egecutó con los demas que estan en ella.

"5° Que si á mas de la dicha reduccion pidieran otra, por no ser aquella suficiente para todos ellos, se les ha de dar en el parage que eligiere el Señor Gobernador.

"6° Que ademas de los vestuarios con que se veian cubierta su desnudez, ganado, caballos y demas baraterias con que habian sido obsequiados, esperaban que se continuase en adelante, hasta que ellos pudiesen adquirirlo con sus agencias.

"7° Que por cuanto se hallaba en sangrientas guerras con el cacique Benavides, en la jurisdiccion de Santiago del Estero y de la de Santa Fé de la gobernacion de Buenos Aires, se habia de interezar al Señor Gobernador, á fin de que por medio de unas paces fuesen desagraviados de los muchos perjuicios que habian recibido de dichos Abipones devolviéndoseles los caballos y yeguas que les tenían quitados.

"8° Que debajo de los antecedentes siete capítulos, esperando que les serían guardados, se entregaban gustosos por vasallos del Católico Rey Nuestro Señor de España y de las Indias; prometiendo observar sus leyes y mandatos, los de todos sus ministros y, como más inmediatos los de los Gobernadores de Buenos Aires, Paraguay y Tucuman. Que igualmente esperaban que fuesen cumplidos todos los estatutos, leyes y ordenanzas establecidas á favor de los naturales de estos ramos.

"9° Que siempre que tuviesen alguna queja ó agravio de los españoles, ó de los indios puestos en las reducciones, los representarian por medio de los respectivos protectores para ser atendidos en justicia, sin que puedan de otro modo hostilizar ni hacer guerra ofensiva ni defensiva.

"10° Que será del cargo del Señor Gobernador interponer su fuego con S. M., a fin de que sean recibidos bajo de su real patrocinio, recomendándolos también al Excmo. Señor Virrey de Lima y Real Audiencia de la Plata.

"11° Que sin embargo de habérseles negado por el Señor Gobernador armas de pistolas, lanzas y machetes que las habían pedido para defenderse de sus enemigos, quedaban ciertos de la promesa que les había hecho, de atender a su pretensión cuando hubiesen dado pruebas de su fiel vasallaje al Rey de España, con la buena amistad y buena correspondencia que profesarían con todos los españoles".[39]

La intención de Matorras era consolidar la fractura entre mocovíes y abipones. Estos últimos, conducidos por el indomable cacique José Benavídez (Niripuri) no transan; muy por el contrario mantienen en vilo a San Pedro, San Javier, San Gerónimo, Corrientes y la misma Santa Fe. Son los que encabezan a los guaikurúes en la lucha por el mantenimiento libre del territorio.

En 1780, el coronel Francisco Arias partió otra vez hacia el interior del Chaco para poner en práctica el tratado de Matorras y Paikin. En su marcha logró el sometimiento pacífico casi diario de las parcialidades de mataguayos, apoyado "desde arriba" por el cacique general Atecampibap, quien poco antes de morir había convocado a sus hombres a la paz con el español "nuestro amigo" … "porque conozco que el cristiano nos quiere bien, y su amistad nos es muy útil".

En el transcurso de su recorrida por el río Bermejo, Arias concretó la reunión de algunos tobas en las dos reducciones de Santiago de la Cangayé y San Bernardo el Vértiz. Pero estos pequeños éxitos obtenidos con esfuerzos casi sobrehumanos no reditúan para los planes del Virreinato.

La masa indígena permanece libre en el interior del Chaco. Las expediciones trabajosamente organizadas y concretadas con peores dificultades, sólo consiguen algunas veces la paz con ciertas parcialidades indígenas, lo que permite un mayor respiro a las poblaciones fronterizas, permanentemente atacadas por los guaikurúes.

La frontera con el Chaco es frágil, laxa, asediada sistemáticamente y con pocas posibilidades de avanzar más allá de los asentamientos conseguidos en la primera fase de la Conquista y Colonización. Al igual que en las fronteras este y centro-oeste, la línea de fortines es la metodología que consigue mantener la situación relativamente consolidada.

A fines del siglo XVIII una treintena de fortines rodeaba el Chaco, concentrados fundamentalmente en la provincia de Santa Fe, territorio predilecto para la actividad bélica de los guaikurúes, siempre dispuestos a expandirse un poco más.

Los virreyes no dan abasto. Los indígenas tampoco.

Los albores del siglo XIX presentan en la frontera una calma tensa. Mendoza es el centro neurálgico de un período de paz entre indígenas y colonizadores, matizado con el intercambio de regalos y bienes. El resto de la línea, desde ambos lados, vela la vida y las armas.

El Chaco está rodeado, pero las ciudades principales que lo abrazan deben ocuparse más de su propio cuidado que de las ofensivas que proyectan.

Más allá del océano, la monarquía española empieza a tambalearse. Las colonias están en vísperas de la conmoción que traerá la independencia. El Virreinato se desmorona. Buenos Aires y sus criollos están efervescentes. Pero antes habrá todavía algunas sorpresas y los guardianes de la frontera, por un momento, detendrán su batallar.

"... siendo la voluntad de esta soberana corporación el que del mismo modo se les haya y tenga a los mencionados indios de todas las Provincias Unidas por hombres perfectamente libres, y en igualdad de derechos a todos los demás ciudadanos que las pueblan..."
Del Decreto del 12 de marzo de 1813
de la Asamblea General.

"Los cristianos siempre han sido los primeros en romper la guerra presididos por hombres díscolos y ambiciosos que no podían mirarlos con indiferencia poseedores de sus terrenos y haciendas".
CACIQUE AVOUNÉ, tehuelche, 1822.

"Sólo el poder de la fuerza puede imponer a estas ordas y obligarlas a respetar nuestra propiedad y nuestros derechos"
BERNARDINO RIVADAVIA, 1826.

"... Ya vamos consiguiendo que sepan respetar y obedecer: tienen miedo, están sumisos..."
CORONEL RAMON ESTOMBA, 1826.

Capítulo IV

INMERSOS EN UNA REVOLUCIÓN

La Revolución no ocurrió exclusivamente en 1810. Después de esa fecha la ola de transformaciones siguió desparramándose sobre el territorio argentino: los últimos combates contra el español; la formalización de la independencia; los enfrentamientos intestinos en aras de las preeminencias sectoriales; el reacomodamiento de los diversos grupos sociales; los intentos de unidad. La Revolución fue su consumación y las consecuencias. Pero fundamentalmente fue el proceso de una nueva sociedad que se desprendió de su antiguo dominador y que luchó por construir su identidad propia.

El nuevo país intenta trabajosamente definir su propio perfil cultural. Es el comienzo de un derrotero dificultoso, plagado de conflictos intestinos, expresados a través de distintas tendencias ideológicas. Los intentos por reconstruir la integralidad territorial que otorgaba una estructura organizativa como el Virreinato, unificando regiones homogéneas y/o pasibles de ser reunidas o aquellas propuestas que acentuaban los localismos y las formas de vida autónomas de cada región.

Ya el siglo se había iniciado con las invasiones inglesas, que produjeron la suficiente conmoción como para despertar la conciencia de los habitantes de Buenos Aires. Junto con las luchas internas se abren entonces nuevas perspectivas sobre cómo unificar, y en este caso, la principal posibilidad se vislumbra a través del territorio.

Es también la época del enfrentamiento entre unitarios y federales, y la irrupción en la escena social de los grupos marginados como los negros y los gauchos, que pugnan por la recuperación de sus valores y tradiciones, aprovechando cierto espacio abierto después de su ya acostumbrado sometimiento.

En medio de esa convulsión política, social, económica y cultural –que por otra parte es un fenómeno global extendido al resto de Hispanoamérica–, en medio de centenares de hechos nuevos que se suceden cotidianamente y con intenso fragor, modelando la sociedad que los protagoniza, en medio de esa tormenta de cambios, nuestras comunidades indígenas navegan como saben, como pueden y como las dejan.

En este marco general, las culturas indígenas que hasta el siglo XVI habían crecido en busca de una identidad cada vez más fuerte, sufrieron desde entonces disímiles procesos que las llevaron a principios del siglo XIX a presentar la situación aproximada que se describe a continuación.

LAS CULTURAS INDÍGENAS A PRINCIPIOS DEL SIGLO XIX

Entre la llegada de los conquistadores y el derrumbe de la dominación hispánica transcurrieron casi tres siglos en que el hoy territorio argentino y sus habitantes originarios sufrieron un sinnúmero de transformaciones culturales fruto de la nueva realidad impuesta.

Las distintas regiones fueron penetradas por el conquistador causando fenómenos numerosos: luchas a muerte, fusiones en la sangre, sometimiento en el trabajo, encuentro pacífico; en todos los casos, se produjo un trastocamiento de los valores tradicionales (cuadro 10).

10. CUADRO DE SITUACIÓN DE LAS CULTURAS INDÍGENAS A PRINCIPIOS DEL SIGLO XIX

Culturas libres, continuando con sus patrones de vida tradicionales.	Tehuelches, Araucanos, Guaikurúes, Charrúas y Pehuenches (Llanura); Chiriguanos (Chaco Salteño).
Culturas libres, en proceso de arrinconamiento..	Atacamas (Montaña); Chaná-Timbúes y Caingang (Litoral); Yámana-Alakaluf (Extremo Sur).
Culturas relativamente libres, en vías de incorporación y/o sometimiento.	Mataco-Mataguayos (Chaco).
Culturas "incorporadas" y/o sometidas, base de la matriz hispano-indígena en pleno desarrollo.	Diaguitas, Omaguacas, Huarpes (Montaña); Guaraníes (Litoral).
Culturas "incorporadas" y/o sometidas, en vías de disolución o extinción.	Tonocotés, Lule-Vilelas, Comechingones y Sanavirones (Montaña).

En aquellos lugares a los que el español no llegó, la lucha denodada por la frontera provocó desde los indígenas una configuración cultural siempre dispuesta para la guerra.

A esta situación general faltaría agregar a los chané, quienes por esta época mantenían una identidad cultural relativa ya que estaban totalmente absorbidos por los chiriguanos.

En cuanto a los tehuelches, en sus vastos dominios de Pampa y Patagonia, comenzaban a presentar la virtual disolución de su cultura, ante la incontenible presencia de los araucanos, que provenientes de Chile asumirían su legado cultural, sus tierras y su lucha.

Pero a pesar de que el panorama etnológico de Pampa y Patagonia ya era confuso, de todas maneras la hegemonía tehuelche se mantenía.

En función de este cuadro de situación observamos dos claras tendencias: la primera, la de las culturas libres, que seguirán sosteniendo su identidad, incluso fortaleciéndola, constituyéndose en la posibilidad histórica de ser la expresión más auténtica de la forma de vida indígena; la segunda, la de las culturas incorporadas y/o sometidas, cuyo núcleo de la montaña y el litoral –especialmente diaguitas y guaraníes– es sin embargo la base de sustentación del mestizaje, dinámica que da origen a la matriz original hispano-indígena, que es la primera vertiente en la conformación del pueblo argentino desde el punto de vista étnico-cultural (mapa 18, pág. 152).

Esto significa que la participación de las culturas indígenas en la configuración de nuestro pueblo no es de nuestros días, aunque hoy existan un conjunto de comunidades que habitan el suelo nacional, sino que arranca desde el fondo mismo del choque-encuentro entre el español y el indio, protagonistas casi excluyentes de los primeros trescientos años de historia, que tuvo su fruto en el mestizo, síntesis nueva de esta tierra.

"… lo que hemos llamado cultura criolla, unidad cultural resultante de la suma algebraica, y como tal, irreversible, de la cultura de los conquistadores y las culturas aborígenes, producto concreto de una aculturación bilateral. Es algo nuevo, no es española, pero tampoco indígena. Es un tipo cultural. Tiene, y tuvo, existencia real".[1]

A principios del siglo XIX la población del actual territorio argentino llegaba aproximadamente a los 400.000 habitantes. La mitad de ella era mestiza y cerca de 100.000 eran *africanos, integrantes del tercer componente humano digno de mención en el período.*[2] Alrededor de 200.000 indígenas completaban este panorama étnico-cultural.

Más de medio millón de almas pugnaban por la construcción de una nueva sociedad. Es en ese momento cuando llegan ellos, los "Colorados", que no saben que los habitantes de la tierra, nuestros indígenas, los observan con actitud vigilante.

18. TERRITORIOS INDÍGENAS LIBRES Y ZONAS DE MESTIZAJE FINES DEL SIGLO XVIII

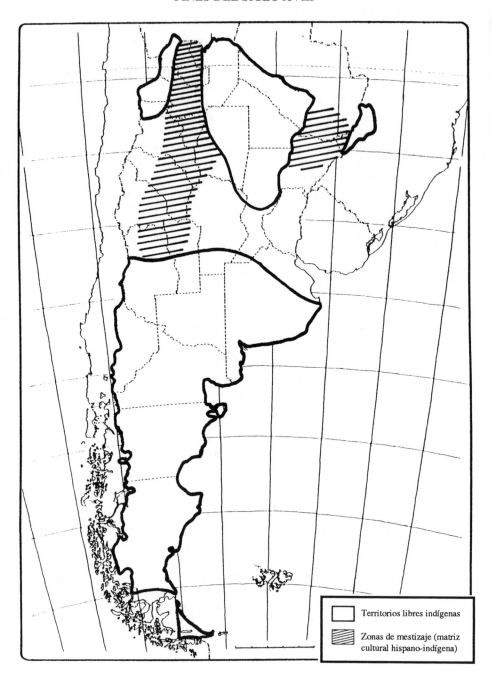

Territorios libres indígenas

Zonas de mestizaje (matriz cultural hispano-indígena)

LOS TEHUELCHES CONTRA LOS COLORADOS:
LA PARTICIPACIÓN INDÍGENA DURANTE
LAS INVASIONES INGLESAS

Aquella tarde del 25 de junio de 1806 hacía mucho frío sobre el mar. El teniente coronel Pack, al frente de 670 escoceses, integrantes del regimiento N° 71, puso pie a tierra en ese lugar que los nativos llamaban Quilmes. Lo siguieron rápidamente un batallón de infantería de marina, el destacamento de Santa Helena y tres compañías de marineros con cuatro piezas de artillería. En total, más de 1500 hombres. Inmediatamente después, el general en jefe de la fuerza expedicionaria, Guillermo Carr Beresford, se reunió con él en tierra. Decidieron hacer noche allí mismo, aunque casi no durmieron. Poco antes del amanecer ordenaron la columna. Juntos, echaron una última mirada a la corbeta que cerca de la costa había protegido el desembarco, y que ahora, bamboleante y satisfecha, parecía sonreírles. Más allá se veían los puntos lejanos de los otros navíos de la escuadra.

Por fin los ingleses emprendieron la marcha hacia Buenos Aires, sin saber que según se cuenta, grupos de tehuelches vigilaban sus movimientos y los seguían a distancia, hasta que pudieron confirmar cuáles eran sus intenciones.

Decididos los nuevos visitantes avanzaban sobre la ciudad. Sus casacas refulgían al sol.

Para los tehuelches desde ese instante fueron "los Colorados".

Las acciones se desarrollaron vertiginosamente.

En menos de cuarenta y ocho horas los ingleses tomaron Buenos Aires y durante dos meses fueron los dueños de la ciudad. Desesperadamente pidieron refuerzos a Inglaterra sabiendo que la situación de dominio era débil. La población se unió ante el invasor a quien rechazó desde un primer momento.

Finalmente Santiago de Liniers al frente de una fuerza de 2500 hombres, reconquistó la ciudad; el 12 de agosto Buenos Aires volvía a sus dueños naturales. El Cabildo, convertido en el nuevo centro del poder desde la huida del virrey Sobremonte, sesionaba continuamente. Y fue precisamente esa institución la que mantuvo desde entonces y durante todo el período de la ocupación inglesa una relación singular con las parcialidades tehuelches de la provincia de Buenos Aires, que ofrecieron su apoyo a los pobladores.

El acta del 17 de agosto informa que mientras el Cabildo estaba reunido:

"... se apersonó en la sala el indio Pampa Felipe con don Manuel Martín de la Calleja y expuso aquel por intérprete, que venía a nombre de dieciséis caciques de los pampas y cheguelches a hacer presente que estaban prontos a franquear gente, caballos y cuantos auxilios dependiesen de su arbitrio, para que este I.C. echase mano de ellos contra los colorados, cuyo nombre dio a los ingleses; que hacían aquella ingenua oferta en obsequio a los cristianos, y porque veían los apuros en que estarían; que también franquearían gente para conducir a los ingleses tierra adentro si se necesitaba; y que tendrían mucho gusto en que se los ocupase contra unos hombres tan malos como los colorados".[3]

Los cabildantes agradecieron el gesto y comunicaron al cacique que en caso de necesidad recurrirían a su ayuda.

Pocos días después Felipe regresó acompañado ahora por el cacique Catemilla, quien informó que en virtud de los hechos acaecidos con "los Colorados" y la permanente amenaza de éstos (la escuadra del almirante Popham seguía en el río aguardando los refuerzos solicitados), habían procedido a efectuar la paz con los rancueles de Salinas Grandes "bajo la obligación estos de guardar terrenos desde las Salinas hasta Mendoza, e impedir por aquella parte insulto a los cristianos; habiéndose obligado el exponente con los demás pampas a hacer lo propio con toda la costa del sur hasta Patagones".[4]

El Cabildo agradece nuevamente los ofrecimientos y antes que finalice el año recibe dos veces más a las "embajadas" indígenas.

El 22 de diciembre los caciques y cabildantes finalizan su encuentro con abrazos y el alcalde de primer voto Francisco Lezica agradece en nombre de sus compañeros, al mismo tiempo que pide a sus "fieles hermanos", los indígenas, que vigilen las costas para que el enemigo inglés no se atreva a regresar.

El 29 de diciembre llegan los caciques Epugner, Errepuento y Turuñanqüu que ofrecen además de su colaboración la de los otros caciques: Negro, Chulí, Laguini, Paylaguan, Cateremilla, Marcius, Guaycolan, Peñascal, Lorenzo y Quintuy.

En abril de 1807 el cacique Negro ofrece su colaboración junto a otros jefes que lo acompañan.

Sin embargo, pese a los ofrecimientos indígenas y a los agradecimientos de españoles y criollos, la ayuda no se concreta.

Llegados los refuerzos, los ingleses desembarcan en junio de 1807 nuevamente en Quilmes. Son ahora cerca de diez mil hombres al mando del general John Whitelocke. Pero Buenos Aires estaba preparada, con una fuerza de siete mil hombres, otra vez comandados por Liniers. Aunque en realidad fueron muchísimos más, porque la ciudad entera combatió.

Durante dos jornadas violentísimas, las columnas inglesas fueron rechazadas y finalmente derrotadas. Las calles de Buenos Aires se convirtieron en un infierno. El propio general vencido reflexionando luego sobre la furia de los defensores dijo: "Cada casa un cantón y cada ventana una boca de fuego".

Los "Colorados" evacuaron definitivamente el Río de la Plata (habían tomado Montevideo en febrero) dando fin a la aventura colonialista inglesa.

A partir de las victorias contra los ingleses sucedieron un sinnúmero de fenómenos inéditos: los recelos entre criollos y españoles, la manumisión de aproximadamente un centenar de esclavos que habían combatido contra el invasor, la consolidación de las fuerzas propias, el embrión, en fin, de una nueva conciencia.

Los grupos tehuelches estuvieron a punto de participar activamente en esa experiencia, pero ello no pudo ser posible:

"No obstante las expresiones de gratitud, abrazos y obsequios, los gobernantes desconfiaban. Desconfiaban y despreciaban a los indios. Los trataban, pero con recelo. Posiblemente el recelo era recíproco, pues de ambas partes podían señalarse improcederes. Esta desconfianza fue sin duda la causa que impidió se los convocara a la lucha contra los ingleses.

Y teniendo en cuenta un ofrecimiento concluyente; número de indios, caballos, armas; tal vez por lo mismo. Los cabildantes habrán pensado sobre las posibles consecuencias de ese aporte después de la derrota de los invasores, si ello se producía.

¿Qué hubiera sido de la ciudad, del gobierno, del pueblo, con veinte mil indios armados y cien mil caballos? Hasta la paz lograda entre pampas y ranqueles les resultaría sospechosa. ¡Y nada menos que al solo objeto de 'proteger a los cristianos'! De todas maneras, los indios concurrieron en aquella ocasión a ofrecer sus servicios, sus hombres, sus armas, para luchar contra el invasor".[5]

Destaco estas últimas palabras, que puntualizan los hechos. Las comunidades indígenas intentaron participar en la batalla contra los ingleses, más allá de que intereses, temores o distancia cultural –no sabemos exactamente– hicieran que esa participación sólo fuera una posibilidad.

Por un instante, los indígenas, los criollos y aún los negros estuvieron juntos frente al agresor extranjero. Por un instante habían estado del mismo lado, dando vida propia a esa matriz original del pueblo argentino en formación.[6]

Estos acontecimientos marcaron a los hombres de la ciudad, que ya no serían los mismos. Se hallaban en las puertas de una nueva vida. Habían pasado los umbrales de una etapa histórica que los llevaría a la Revolución de Mayo.

LA REVOLUCIÓN DE 1810 Y LA FIEBRE INDIGENISTA

Un inusitado fervor indigenista se apodera de los hombres de la Revolución y los sucesivos gobiernos.

En los primeros años de vida independiente se suceden una verdadera andanada de decretos, leyes, oficios y disposiciones legales de todo tipo, dirigidos a reparar la situación integral de las comunidades indígenas. Se procura borrar la imagen dejada por la Conquista y atraer al mismo tiempo a esas culturas a la causa revolucionaria.

Por otra parte los antecedentes de participación india (las invasiones inglesas; el "servicio militar" que cumplían algunos indígenas de la ciudad en los cuerpos de "pardos y mulatos") alimentan la idea de una comunidad de intereses con los criollos frente a la nueva situación creada.

Ya en la petición del 25 de Mayo de 1810 que llevaba más de cien firmas y por la que se constituyó el Primer Gobierno Patrio figuran dos caciques, uno de ellos José Minomulle, ex cacique gobernador de Chamballeque en Perú.

El 8 de junio la Junta convoca a los oficiales indígenas que estaban desde hacía tiempo incorporados a los cuerpos de pardos y mulatos. Una vez reunidos ante el secretario Mariano Moreno (doctorado en Chuquisaca con una tesis sobre el servicio personal de los indios)[7] escuchan la Orden del Día, que dispone su igualdad jurídica:

"La Junta no ha podido mirar con indiferencia que los naturales hayan sido incorporados al cuerpo de castas, excluyéndolos de los batallones españoles a que corresponden. Por su clase, y por expresas declaratorias de S.M., en lo sucesivo no debe haber diferencia entre el militar español y el indio: ambos son iguales y siempre debieron serlo, porque desde los principios del descubrimiento de estas Américas quisieron los Reyes Católicos que sus habitantes gozasen de los mismos privilegios que los vasallos de Castilla".[8]

De esta manera la Junta incorporó a los oficiales indígenas a los regimientos de criollos, "sin diferencia alguna y con igual opción a los ascensos". Esta disposición se extendió luego a todas las provincias.

El "Plan de Operaciones" de Mariano Moreno del 30 de agosto de 1810, documento redactado a pedido de la Junta Gubernativa, no contiene disposiciones expresas hacia los indígenas, pero éstos parecen estar incluidos en la reflexión número 18 del artículo primero que propone:

"... el Gobierno debe tratar, y hacer publicar con la mayor brevedad posible el reglamento de igualdad y libertad entre las distintas castas que tiene el Estado, en aquellos términos que las circunstancias exigen, a fin de con este paso político, excitar más los ánimos; pues a la verdad siendo por un principio innegable que todos los descendientes de una familia están adornados de unas mismas cualidades, es contra todo principio o derecho de gentes querer hacer una distinción por la variedad de colores, cuando son los efectos puramente adquiridos por la influencia de los climas; este reglamento y demás medidas son muy del caso en las actualidades presentes".[9]

Manuel Belgrano tiene a su cargo legislar para las comunidades guaraníes que pertenecían al régimen jesuita, estableciendo que sus habitantes eran libres e iguales "a los que hemos tenido la gloria de nacer en el suelo de América", al mismo tiempo que los habilitaba para todos los empleos civiles, políticos, militares y eclesiásticos. Inclusive por oficio del 6 de diciembre de 1810 acusa al Gobernador intendente del Paraguay, Bernardo de Velazco, de ser culpable de promover la división entre los guaraníes. Ese oficio fue traducido a la lengua guaraní para conocimiento de la población indígena.

La vorágine indigenista sigue. Es famosa la orden de la Junta a Juan José Castelli del 10 de enero de 1811 por la cual se dispone que cada intendencia designe representantes indígenas. El texto del oficio es el siguiente:

"No satisfechas las miras liberales de esta Junta con haber restituido a los indios los derechos que un abuso intolerable había obscurecido, ha resuelto darles un influxo activo en el Congreso para que, concurriendo por si mismos a la Constitución que ha de regirlos palpen las ventajas de su nueva situación y se disipen los resabios de la depresión en que han vivido. A este efecto ha acordado la Junta que, sin perjuicio de los diputados que deben elegirse en todas las ciudades y villas, se elija en cada Intendencia, exceptuando la de Córdoba y Salta, un representante de los indios, que, siendo de su misma calidad y nombrado por ellos mismos, concurra al Congreso con igual carácter y representación que los demás diputados. La forma de esta elección debe ofrecer graves dificultades, que solamente podrán allanarse con presencia del estado de los pueblos y actuales deseos de sus habitantes, por eso la Junta prescinde de prefixarla, confiando enteramente este punto a los conocimientos y prudencia de V.E., quien combinará los términos de la elección de un modo que se eviten errores perniciosos y entorpecimientos para la celebración del Congreso. Solamente recomienda la Junta a V.E. que la elección recaiga en los indios de acreditada probidad y mejores luces, para que no deshonren su elevado encargo ni presenten embarazos en las importantes discusiones que deben agitarse en el Congreso; haciendo al mismo tiempo que se publique en forma solemne esta resolución para que, convencidos los naturales del interés que toma el gobierno en la mejora de su suerte y recuperación íntegra de sus derechos imprescriptibles, se esfuercen por su parte a trabajar con celo y firmeza en la grande obra de la felicidad general".[10]

La Gaceta de Buenos Aires del 24 de enero de 1811 comenta esta disposición, consignando que según nuestra jurisprudencia, "el indio es ciudadano y se halla bajo la protección de las leyes..." agregando que "tan conforme a los principios de humanidad, espera la Junta recoger la dulce consolación de ver salir a los indios de su oscuro abatimiento, y que, infundidas las generaciones dividamos bajo un mismo techo los frutos de la vida civil".[11]

Poco tiempo después y conmemorando el primer aniversario de la Revolución, Castelli tributa un homenaje a los incas en Tiawanaco (Bolivia) proclamando la unión fraternal con los indígenas.

El paso siguiente es uno de los más revolucionarios acometidos por los gobiernos patrios: *la supresión del tributo*, "signo de la Conquista", símbolo del sometimiento indígena. Adelantándose a las decisiones que seguramente iba a tomar el futuro Congreso Constituyente, la Junta sanciona con fecha 1° de septiembre de 1811 el famoso decreto:

"La Junta Provisional Gubernativa de las provincias unidas del Río de la Plata, a nombre del Sr. D. Fernando VII.
"Nada se ha mirado con más horror desde los primeros momentos de la instalación del actual gobierno, como el estado miserable y abatido de la desgraciada ra-

za de los indios. Estos nuestros hermanos, que son ciertamente los hijos primogénitos de la América, eran los que más excluidos se lloraban de todos los bienes, y ventajas que tan liberalmente había franqueado a su suelo patrio la misma naturaleza: y hechos víctimas desgraciadas de la ambición, no sólo han estado sepultados en la esclavitud más ingnominiosa, sino que desde ella misma debían saciar con su sudor la codicia, y el luxo de sus opresores.

"Tan humillante suerte no podía dexar de interesar la sensibilidad de un gobierno, empeñado en cimentar la verdadera felicidad general de la patria, no por proclamaciones insignificantes, y de puras palabras, sino por la execución de los mismos principios liberales, a que ha debido su formación, y deben producir su subsistencia y felicidad.

"Penetrados de estos principios los individuos todos del gobierno, y deseosos de adoptar todas las medidas capaces de reintegrarlos en sus primitivos derechos, les declararon desde luego la igualdad que les correspondía con las demás clases del estado: se incorporaron sus cuerpos a los de los españoles americanos, que se hallaban levantados en esta capital para sostenerlos; se mandó que se hiciese lo mismo en todas las provincias reunidas al sistema, y que se les considerase tan capaces de optar todos los grados, ocupaciones, y puestos, que han hecho el patrimonio de los españoles, como cualquiera otro de sus habitantes: y que se promoviese por todos caminos su ilustración, su comercio, su libertad, para destruir y aniquilar en la mayor parte de ellos las tristes ideas, que únicamente les permitía formar la tiranía. Ellos los llamaron por último a tomar parte en el mismo gobierno supremo de la nación.

"Faltaba sin embargo el último golpe a la pesada cadena, que arrastraban en la extinción del tributo. Él se pagaba a la corona de España, como un signo de la conquista: y debiendo olvidarse día tan aciago, se les obligaba con él a recompensar como un beneficio el hecho más irritante, que pudo privarlos desgraciadamente de su libertad. Y esta sola aflictiva consideración debía oprimirlos mucho más, cuando regenerado por una feliz revolución el semblante político de la América, y libres todos sus habitantes del feroz despotismo de un gobierno corrompido, ellos solos quedaban aún rodeados de las mismas desgracias, y miserias, que hasta aquí habían hecho el asunto de nuestras quejas.

"La Junta pues ya se hubiera resuelto hace mucho tiempo a poner fin a esta pensión, y romper un eslabón ignominioso de aquella cadena, que oprimía más su corazón, que a sus amados hermanos que la arrastraban: pero su calidad de provisoria, y la religiosa observancia que había jurado de las leyes hasta el Congreso general, le había obligado a diferir, y reservar a aquella augusta Asamblea, seguramente superior a todas ellas, el acto soberano de su extinción.

"Sin embargo hoy, que se hallan reunidos en la mayor parte los diputados de las provincias, y que una porción de inevitables ocurrencias van demorando la apertura del referido Congreso general, no ha parecido conveniente suspender por más tiempo una resolución, que con otras muchas deben ser la base del edificio principal de nuestra regeneración.

"Baxo tales antecedentes, y persuadidos de que la pluralidad de las provincias representadas por ellos, les da la suficiente representación, y facultades para hacerlo; que ésta es hace mucho tiempo la voluntad expresa de toda la nación, a cuyo nombre deben sufragar en el Congreso general, y baxo la garantía especial que

Vaso antropomorfo modelado en
alfarería y pintado en técnica
negativa y color rojo.
Colección Guido Di Tella.
Cultura Condorhuasi.
En A. R. González, *Arte
Precolombino de la Argentina*.

Gran disco de bronce
decorado con cabeza
antropomorfa en relieve.
Museo de La Plata.
Procedencia Loconte,
Dep. de Belén, Catamarca.
Cultura Belén o Santa María.

Escultura en piedra de los denominados "suplicantes".
Colección Morello. Museo de La Plata. Procedencia de Catamarca.
Cultura Alamito. En A. R. González, *Arte Precolombino de la Argentina*.

Bajorrelieve sobre roca representando un camélido.
Sierra Pie de Palo, San Juan. Foto: Ana María Llamazares, 1977.

Pinturas rupestres o pictográficas atribuidas a grupos antecesores
de los comechingones. Cerro Colorado, Córdoba.
Foto: Ana María Llamazares, 1988.

Ruinas de la ciudad prehispánica de Tastil, Quebrada del Toro, Salta.
Período tardío (800 a 1.000 d.C.). Foto del autor, 1975.

Vista del cañadón del Alto Río Pinturas, tomada desde la Cueva de las Manos Pintadas, Alto Río Pinturas, Santa Cruz. Foto del autor, 1990.

Pinturas rupestres representando camélidos asociados a otras figuras (c. 7.350 a.C.). Cueva de las Manos Pintadas, Alto Río Pinturas, Santa Cruz. Foto del autor, 1990.

Figura sobre roca representando el "matuasto" o lagartija, asociada a una pisada de felino (c. 340 d. C.). Puesto Ghisalberti, Meseta del Lago Buenos Aires, Santa Cruz. Foto del autor, 1991.

Soldado del Cuerpo
de Naturales (Indios).
Anónimo, 1806.

El cacique Junchar.
Lápiz y sanguina,
José del Pozo, 1789.

INDIOS.

Familia de un cacique pampa, Carlos E. Pellegrini, 1835.
Litografía de Alberico Isola, en *Album Argentino...* Bs. As., 1845.

Familia de indios, Julio Daufresne, 1844.
Litografía coloreada, en *Usos y costumbres de Buenos Aires,* 1844.

El rapto de la cautiva, óleo sobre tela. Mauricio Rugendas, 1845.

han ofrecido, de que en la mencionada respetable asamblea se sancionará tan interesante determinación, la Junta ha resuelto:

" Lo 1°, que desde hoy en adelante para siempre queda extinguido el tributo, que pagaban los indios a la corona de España, en todo el distrito de las provincias unidas al actual gobierno del Río de la Plata, y que en adelante se le reuniesen, y confederasen baxo los sagrados principios de su inauguración.

"Lo 2°. Que para que esto tenga el más pronto debido efecto que interesa, se publique por bando en todas las capitales y pueblos cabeceras de partidos de las provincias interiores, y cese en el acto toda exacción desde aquel día: a cuyo fin se imprima inmediatamente el suficiente número de exemplares en Castellano, y Quichua y se remitan con las respectivas órdenes a las Juntas Provinciales, subdelegados, y demás justicias a quienes deba tocar. Buenos Aires y Setiembre 1° de 1811 – Domingo Mateu – Atanasio Gutiérrez – Juan Alagón – Dr. Gregorio Funes – Juan Francisco Tarragona – Dr. José García de Cossio – José Antonio Olmos – Manuel Ignacio Molina – Dr. Juan Ignacio de Gorriti – Dr. José Julián Pérez – Marcelino Poblet – José Ignacio Maradona – Francisco Antonio Ortiz de Ocampo – Dr. Juan José Passo, Secretario – Dr. Joaquín Campana, Secretario."

Publicado en la *Gaceta de Buenos Aires*, del 10 de diciembre de 1811.[12]

En los primeros días de octubre de 1811, Feliciano Chiclana, presidente del Triunvirato recibe al cacique general tehuelche Quintelau con un numeroso séquito; éste había acompañado a la expedición de Pedro García a las Salinas Grandes. En la oportunidad Chiclana pronunció un discurso en el que puso de manifiesto la unidad con los indígenas:

"El servicio más importante que este gobierno puede hacer a su país es perpetuar en él, por la dulzura de su administración, a los que se unan a sus principios. Cualquiera que sea la nación de que procedan o las diferencias de su idioma o costumbres, los considera siempre como la adquisición más preciosa. Si reconoce esta obligación respecto de todos los que pertenecen al globo que habitamos en general, cual no será la que nos impone la afinidad de sangre que tan estrechamente nos une. Sin entrar en el examen de las causas que nos han separado hasta hoy, bástenos decir que somos vástagos de un mismo tronco… Amigos, compatriotas y hermanos, unámonos para constituir una sola familia".[13]

El decreto de extinción del tributo es solemnemente sancionado por la Asamblea General del año 1813 que además procede a la abolición de la mita, la encomienda, el yanaconazgo y todo servicio personal, declarando que los indígenas son hombres libres e iguales a todos los demás ciudadanos. Esta última medida tiene profundos alcances:

"La Asamblea General sanciona el decreto expedido por la Junta Provisional Gubernativa de estas provincias en 1° de septiembre de 1811, re-

159

lativo a la extinción del tributo, y además deroga la mita, las encomiendas, y yanaconazgo y el servicio personal de los indios baxo todo respeto y sin exceptuar aún el que presta a las iglesias y sus párrocos y ministros, siendo la voluntad de esta Soberana corporación el que del mismo modo se les haya y tenga a los mencionados indios de todas las Provincias Unidas por hombres perfectamente libres, y en igualdad de derechos a todos los demás ciudadanos que las pueblan, debiendo imprimirse y publicarse este Soberano decreto en todos los pueblos de las mencionadas provincias, traduciéndose al efecto fielmente en los idioma guaraní, quechua y aymará, para la común inteligencia".[14]

Este sustantivo decreto, alimentado de la ideología de la Revolución Francesa, como todas las disposiciones de la época sancionadas en esa dirección, constituye con otros de la Asamblea, el fundamento jurídico de la igualdad ante la ley y la abolición de toda forma de esclavitud o discriminación y se convertirá posteriormente en cláusula constitucional a través de los artículos 15 y 16.

Esta política de integración hacia las culturas indígenas –fenómeno repetido en casi todo el continente– estaba dirigida fundamentalmente hacia aquellas comunidades ya incorporadas y/o sometidas, o hacia las que como las del Alto Perú todavía prestaban servicios a los españoles.

Los rebeldes tehuelches, araucanos, guaikurúes o charrúas no encajaban en los planes de los jefes revolucionarios que como Moreno, Chiclana, Monteagudo, Belgrano o Castelli estaban más volcados a la unidad con la población indígena. Las fronteras con Chaco, Pampa y Patagonia seguirían inestables y peligrosas.

De todas maneras, este "aluvión legislativo integracionista" tendría algunos correlatos prácticos. Por encima de contradicciones se intentaba llevar a cabo experiencias de mutuo acercamiento que significaba la comprensión del "otro" que era distinto, pero con el cual era posible comunicarse y entenderse.

SALINAS GRANDES, LA MÍTICA

Desde su "descubrimiento" en 1770, los virreyes organizaron expediciones anuales a este rico yacimiento, que ubicado al este de la actual provincia de La Pampa en los límites con la de Buenos Aires, permitía el abastecimiento de sal a la ciudad puerto. El lugar era riquísimo en el producto, pero también pletórico en indígenas.

Desde mucho tiempo antes, bandas de tehuelches y araucanos rodeaban las Salinas, pululando como hormigas en sus inmediaciones, gozando del mineral, adjudicándose su tenencia, e impregnando al hábitat de una potencia mítica tal, que años más tarde posibilitó que los araucanos consolidaran desde ellas su poder sobre todas las comunidades de la llanura.

"Los virreyes, que dirigían estas operaciones, tenían que solicitar de los caciques el permiso de introducirse en su territorio, ofreciéndoles algún regalo para amansarlos. Estas negociaciones, que se renovaban cada año, era una de las tareas más ingratas del gobierno de Buenos Aires, cuya autoridad desconocían y ajaban esos indómitos moradores del desierto. Pero el Cabildo, que contaba entre sus recursos el producto de la venta exclusiva de la sal, se empeñaba en que no se desistiese de esta faena, a lo que condescendía el gobierno por la oportunidad que le procuraba de observar a los indios y de explotar su territorio".[15]

Para el poder de Buenos Aires el lugar era tan peligroso como la travesía hasta él. En ciertas ocasiones, cuando la necesidad del producto se hizo crítica, los españoles no retacearon recursos: en 1778 el virrey Vértiz había enviado la más grande expedición de su época; 1.400 hombres, con 600 carretas, 12.000 bueyes y 2.600 caballos.

El gobierno revolucionario surgido de 1810 no desconoció la importancia de las Salinas y con el fin de incentivar su explotación, encomendó al coronel Pedro Andrés García la preparación de una expedición de reconocimiento.

El objetivo era otro: buscar aliados entre los indígenas que permitieran al nuevo gobierno tranquilizar la frontera y fomentar su poblamiento.

Seguramente García no imaginaba por entonces que con esa misión iniciaría un camino personal sembrado por numerosos entendimientos con las comunidades indígenas, que lo llevaría a convertirse para muchos caciques en uno de los pocos interlocutores válidos entre los "cristianos". Nacido en España en 1758, había llegado a América en 1776 con el virrey Cevallos quedándose definitivamente en estas tierras. Activo participante en la lucha contra los ingleses en 1806 y 1807, García contribuyó con los patriotas de la Revolución para defenestrar al virrey Cisneros. De ahí en adelante y por muchos años, el coronel García mantendrá innumerables tratativas con los tehuelches, araucanos y ranqueles en otras tantas campañas con la creencia de que el acercamiento cultural no sólo es beneficioso, sino, más importante aún, posible.

García, con unos 80 soldados mal armados y algo más de 300 comerciantes y peones, inició la marcha hacia Salinas Grandes el 21 de octubre de 1810. Integraban la columna 234 carretas, 3.000 bueyes y 500 caballos. Sorteando infinidad de obstáculos –deserciones, accidentes, tormentas, enfermedades, muertes– los expedicionarios completaron en dos meses la misión, regresando a la Guardia de Luján –su punto de partida– abarrotados de "fanegas" de sal.

Pero ninguno de aquellos problemas habían preocupado tanto como la presencia indígena que se hizo sentir de manera ostensible desde antes de concluir la primera semana de marcha.

No se produjo ningún enfrentamiento, es más, se concretaron algunas alianzas importantes. Pero el costo cotidiano fue el de convivir con los

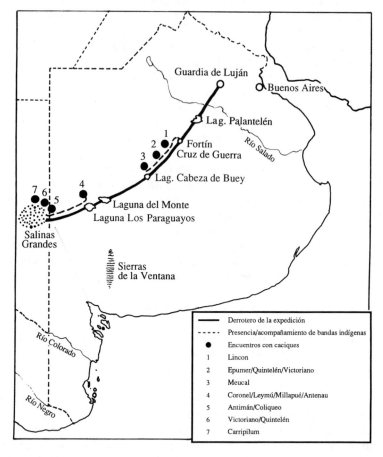

grupos indígenas que, con el pretexto del intercambio comercial vigilaron muy de cerca a los enviados del gobierno revolucionario:

"Entre tanto se aumentaba prodigiosamente el número de indios espectadores y tratantes, que ya se hallaban confundidos, peones, carretas y carreteros, con la poca tropa, siempre sobre las armas…"
"…y se continuó la vigilancia sobre las armas, por el copioso número de indios que se iba aumentando".[16]

En los veinticuatro días que duró el viaje de ida, la expedición de García fue virtualmente asediada por centenares de indígenas que acompañaron la marcha y hasta compartieron noches de libaciones, en una vigilancia mutua que tensionó a los bandos hasta límites insospechados, especialmente cuando algunos caciques en distintos momentos (por lo menos siete, mapa 19) hicieron valer sus derechos ante los emisarios del gobierno:

"Salí a recibir al cacique Lincon, que venía con los caciques Medina, Cayumilla, Aucal y Gurupuento, a quienes se les atendió, haciéndoles una salva de cuatro cañonazos que aprecian mucho"..."a todos se les obsequió con mate de azúcar, se les dio yerba, tabaco, pasas, aguardiente y galleta de pronto; y después entraron en sus parlamentos muy autorizados, manifestando que era un acto de su generosidad permitirnos el paso. Cada uno se decía principal de la tierra a vista del otro..."

"En ese día llegó un chasqui de los caciques Ranqueles o del Monte, solicitando aguardiente, yerba y tabaco; y expresó que estos y el cacique Carrupilun estaban opuestos a la expedición, y venían con ánimo de declarar la guerra, para cuyo efecto tenían como 600 hombres armados de coletos, cotas de malla y lanzas, como a distancia de dos leguas del campamento, en unos médanos altos: que la causa entre otras era el tener entendido que veníamos a hacer poblaciones en sus terrenos y a degollarlos"...

"...(Carripilun) dio principio a su razonamiento por la falta que se cometía contra su respeto y mando general de aquellas tierras, en no darle parte anticipadamente por el Virrey, del envío de esta expedición: que la laguna era suya, la tierra dominada por él, y ninguno, sin ser repulsado violentamente, podía ir allí: que repetía, que el era el Señor, el Virrey el Rey de todos los Pampas"...

"...Las ideas de Carrupilun eran, de disponer las cosas para que los indios sus confederados asaltaren en el día hoy la expedición; y al intento el se había situado en campamento con varios caciques y sus gentes, dejando a corta distancia la indiada armada, con los caciques Neuquén, Milla, Coronado y otros".[17]

A pesar de los obstáculos interpuestos fundamentalmente por los ranqueles para que la expedición de García penetrara en el territorio indígena y se abasteciera de sal, la negociación permanente con los caciques llevó a buen puerto los objetivos. Las continuas amenazas no se concretaron en hechos. La ayuda de los "indios amigos" como Victoriano, Epumer y Quintelén contribuyó a que la situación dificultosamente mantenida en equilibrio no se interrumpiera.

Después de tres días de cargar presurosos las carretas, pesada y con menos temor, la expedición emprendió el regreso. Se habían realizado importantes relevamientos topográficos y culturales; se había reconocido un territorio prácticamente virgen para el nuevo gobierno y se habían escrutado las posibilidades para un plan colonizador de largo alcance.

La marcha de García abrió el camino a las posteriores medidas del gobierno vinculadas con la exportación de carnes saladas, pero fundamentalmente introdujo en el territorio indígena una profunda cuña de penetración, sustentada en ese entonces por algunos de sus protagonistas en el diálogo, pero utilizada por otros para la guerra a las comunidades de la llanura. Pero desde y a partir de los asentamientos de Salinas Grandes, los "principales de la tierra" mantendrían su dominio sobre ella por muchos años más.

SAN MARTÍN Y LA REGIÓN DE CUYO:
OTRA VEZ LA PARTICIPACIÓN INDÍGENA

"No se felicite mi querido amigo, con anticipación, de lo que yo pueda hacer en este; no haré nada y nada me gusta aquí. No conozco los hombres ni el país, y todo está tan anarquizado, que yo se mejor que nadie lo poco o nada que puedo hacer. Ríase V. de esperanzas alegres. La patria no hará camino por este lado del Norte que no sea una guerra defensiva, y nada más; para eso bastan los valientes gauchos de Salta, con dos escuadrones buenos de veteranos. Pensar en otra cosa es echar al Pozo del Ayrón hombres y dinero. Así es que, yo no me moveré, no intentaré expedición alguna. Ya le he dicho a usted mi secreto. Un exército pequeño y bien disciplinado en Mendoza para pasar a Chile y acabar allí con los godos, apoyando un gobierno de amigos sólidos, para acabar también con los anarquistas que reinan; aliando las fuerzas, pasaremos por mar a tomar Lima; ese es el camino y no este mi amigo. Convénzase V, que hasta que no estemos sobre Lima; la guerra no acabará..."[18]

Muy poco después San Martín vio concretados sus anhelos, cuando por decreto del 10 de agosto de 1814, el Director Supremo del Río de la Plata, Gervasio Posadas, lo nombra gobernador intendente de Cuyo. Pero ya no debería formar un "exército pequeño", porque a su proyecto original de pasar a Chile, aliarse con las fuerzas locales y marchar desde allí a Lima, se le sumaba ahora un nuevo objetivo: liberar al país trasandino cuyo ejército había caído en Rancagua en octubre.

San Martín debió modificar sus planes sobre la marcha. El paso de los Andes, que originariamente era una operación más en toda su estrategia, se convirtió forzosamente en un obstáculo inmenso, que debía ser sorteado por una fuerza muy superior a la prevista.

El flamante gobernador logra que la región se centre sobre sí misma, aislándose del panorama político del resto del país, inmersa en una empresa titánica, mentalizándola para lo que hoy se conoce en estrategia como "nación en armas" es decir, "la preparación, la organización y la movilización integral de un país para la guerra".[19]

A partir de entonces y durante tres años, la región de Cuyo fue un hervidero. Paralelamente a la formación del ejército expedicionario, el gobernador se abocó a dar un nuevo impulso a las actividades de las provincias de Mendoza, San Juan y San Luis.

Alrededor de la industria de guerra en nacimiento se enriquecieron las tareas tradicionales y se crearon otras. La agricultura regional de monocultivo (vid y frutales) se intensificó y diversificó, realizándose diversas obras de riego artificial que aumentaron notablemente la producción. La minería, decadente antes de 1814, cobra nuevas fuerzas y alcanza un gran despliegue, incluyendo los trabajos de cateo. La necesidad de abastecer de vestimenta a los soldados llevó a la creación de una fábrica de paños, que tuvo a su cargo todo el ciclo industrial, desde la organización de la fuente productiva a la fabricación de las telas y la confección de los uniformes.

La movilización humana fue igualmente importante, no sólo en cuanto al reclutamiento para el ejército, sino en el compromiso que cada habitante de la región contrajo en la empresa colectiva.[20]

La misma composición de la fuerza expedicionaria nos habla de una concentración e integración total de los recursos disponibles, como que contó con el aporte de todas las clases sociales sin excepción y aun de extranjeros (emigrados chilenos e ingleses) que habitaban en Cuyo. Y las comunidades indígenas no quedaron ajenas a estos preparativos:

"Reservado. Exmo Señor. He creído del mayor interés tener un parlamento general con los indios pehuenches, con doble objeto, primero, el que si se verifica la expedición a Chile, me permitan el paso por sus tierras; y segundo, el que auxilien al ejército con ganados, caballadas y demás que esté a sus alcances, a los precios o cambios que se estipularán: al efecto se hallan reunidos en el 'Fuerte de San Carlos' el Gobernador Necuñan y demás caciques, por lo que me veo en la necesidad de ponerme hoy en marcha para aquel destino, quedando en el entretanto mandando el ejército el Señor Brigadier don Bernardo O'Higgins. Dios Guarde a VE muchos años. Cuartel General en Mendoza y setiembre 10 de 1816. Exmo Señor José de San Martín".[21]

La mayoría de las fuentes coinciden en manifestar que la intención de San Martín era lograr una buena vinculación con los caciques de la región y conseguir a través de ellos confundir al enemigo en Chile, haciéndole creer que atravesaría los Andes por los pasos del sur cuando en realidad lo haría mucho más al norte. En Santiago incluso corrió la voz de que los araucanos se habían aliado al general argentino:

"¿Proyectaría también el caudillo insurgente aliarse con los araucanos? Esta idea alarmaba en extremo a los cortesanos. El recuerdo de la intrepidez con que este pueblo bárbaro, durante siglos, había rechazado la conquista, estaba palpitante en la memoria de los españoles. Temblaba la camarilla ante la idea de que los insurgentes se aliasen con los Pehuenches y los Araucanos para su invasión, y entre los diversos planes y medidas que tuvieron mejor aceptación, una fue la de despachar a Fray Melchor Martínez entre los Araucanos a explorar su opinión".[22]

Pero aunque los indígenas del otro lado de la cordillera no entraban en los planes de San Martín, sus hermanos de este lado sí. Hacia ellos partió la comitiva, registrándose durante más de una semana un parlamento de ribetes singulares:

"Los Indios Peguenches, hombres de una talla elevada, de una musculación vigorosa, y de una fisonomía viva y expresiva, ocupan un territorio al pie de la Cordillera de los Andes de 100 a 120 leguas al Sur del Río Diamante, límites de la Provincia de Mendoza: pasan por los más valientes de este territorio, no conocen ningún género de Agricultura, y viven de frutas silvestres, y de la carne de Caballo; su vida es errante y mudan sus habitaciones (que se componen de tiendas de pieles), a proporción que encuentran pastos suficientes para alimentar sus crecidas Caballadas. Son excelentes jinetes, y viajan con una rapidez extraordinaria, llevando cada uno diez o doce Caballos por delante para mudar en proporción que se cansan, pero tan dóciles y bien enseñados, que en medio del Campo los llaman por su nombre, y sin el auxilio del lazo los toman con la mano para cambiar. Se darán algunos detalles sobre este Parlamento".

"... El día señalado para el Parlamento a las ocho de la mañana empezaron a entrar en la Explanada que está en frente del Fuerte cada Cacique por separado con sus hombres de Guerra, y las mujeres y niños a Retaguardia: los primeros con el pelo suelto, desnudos de medio cuerpo arriba, y pintados hombres y Caballos de diferentes colores, es decir, en el estado en que se ponen para pelear con sus Enemigos. Cada cacique y sus tropas debían ser precedidos (y esta es una prerrogativa que no perdonan jamás porque creen que es un honor que debe hacérseles) por una partida de Caballería de Cristianos, tirando tiros en su obsequio. Al llegar a la explanada las mujeres y niños se separan a un lado, y empiezan a escaramucear al gran galope; y otros a hacer bailar sus Caballos de un modo sorprendente: en este intermedio el Fuerte tiraba cada 6 minutos un tiro de Cañón, lo que celebraban golpeándose la boca, y dando espantosos gritos; un cuarto de hora duraba esta especie de torneo, y retirándose donde se hallaban sus mujeres, se mantenían formados, volviéndose a comenzar la misma maniobra que la anterior por otra nueva tribu".

"... El General en Jefe, el Comandante General de Frontera y el Intérprete, que lo era el padre Inalican Fraile Francisco y de nación Araucano, ocupaban el testero de la mesa. El Fraile comenzó su arenga haciéndoles presente la estrecha amistad que unía a los Indios Peguenches al General, que éste confiado en ella los había reunido en Parlamento general para obsequiarlos abundantemente con bebidas y regalos, y al mismo tiempo para suplicarles permitiesen el paso del Ejército Patriota por su Territorio, a fin de ir a atacar a los Españoles de Chile, extranjeros a la Tierra, y cuyas miras eran de echarlos de su País, y robarles sus Caballadas, Mujeres e Hijos, etc. Concluido el razonamiento del Fraile un profundo silencio de cerca de un cuarto de hora reinó en toda la Asamblea. A la verdad era bien original el cuadro que presentaba la reunión de estos Salvajes con sus cuerpos pintados y entregados a una meditación la más profunda. Él inspiraba un interés enteramente nuevo por su especie".

"... Puestos de acuerdo sobre la contestación que debían dar se dirigió al General el Cacique más anciano, y le dijo: todos los Peguenches a excepción de tres Caciques que nosotros sabremos contener, aceptamos tus propuestas: entonces cada uno de ellos en fe de su promesa abrazó al General a la excepción de los tres Caciques que no habían convenido: sin pérdida se puso en aviso por uno de ellos el resto de los Indios, comunicándoles que el Parlamento había sido aceptado; a esa noticia desensillaron y entregaron sus caballos a los Milicianos para llevarlos al pastoreo; siguió el depósito de todas sus Armas en una pieza del Fuerte, las que no se les devuelven hasta que han concluido las Fiestas del Parlamento".

"... Finalizando el depósito se dirigieron al Corral donde se los tenían preparadas las yeguas necesarias para su alimento. El espectáculo que presenta la matanza de estos animales es lo más disgustante. Tendido el animal y atado de pies y manos le hacen una pequeña incisión cerca del gaznate, cuya sangre chupan con preferencia las Mujeres y Niños, aplicando la boca a la herida; descuartizado el animal lo ponen a asar, cuya operación se reduce a muy pocos minutos. Las pieles frescas y enteras de las yeguas se conservan para echar el vino y aguardiente todo mezclado indistintamente, lo que se verifica del modo siguiente. Hacen una excavación en la tierra de dos pies de profundidad y de cuatro a cinco de circunferencia, meten la piel fresca en el agujero abierto en la tierra, y aseguran los extremos de ella con estacas pequeñas: en este pozo revestido de la piel se deposita el licor, y sentados alrededor empiezan a beber sólo los hombres: estos pozos se multiplican según el número que se necesita, pues para cada pozo sólo se sientan 16 o 18 personas alrededor. Las Mujeres por separado dan principio a beber después de puesto el sol, pero quedan cuatro o cinco de ellas en cada tribu que absolutamente se abstienen de toda bebida, a fin de cuidar de los demás. Aquí empieza una escena enteramente nueva. Que se representen dos mil personas (esto era poco más o menos el número de Indios, Indias y Muchachos que concurrieron al Parlamento) exaltados con el licor hablando y gritando al mismo tiempo, muchos de ellos peleándose, y a falta de armas, mordiéndose y tirándose de los cabellos, y se tendrá una idea aproximativa del espectáculo singular que presentaba este Cuadro".

"... El cuarto día fue destinado a los regalos; cada Cacique presentó al General un poncho obra de sus Mujeres, que algunos de ellos no carecían de mérito, sobre todo por la viveza y permanencia de sus colores; por parte del General les fueron entregados los efectos anteriormente referidos, los que apreciaron con particularidad los vestidos y sombreros, de que en el momento hicieron uso..."

"... Aunque había oído que las Indias en el momento después de parir se bañaban, no había querido dar entero acceso, mas al segundo día de la llegada de los Indios, una India parió un niño, cuya madre con el recién nacido se metieron en seguida en un Arroyo acompañada de otras mujeres..."

(Contestación a la novena pregunta): "Los Indios Peguenches son una nación enteramente diferente de los Araucanos, y separados de éstos por la gran Cordillera: su población se regula en unos 12 a 14 mil habitantes; anteriormente eran muy numerosos, más las viruelas y en el día el mal venéreo, hace en ellos horribles estragos; no se le conoce ningún género de adoración ni culto, y son reputados por bravos; ellos mantienen continuas Guerras con los otros Indios Colindantes, y no se dan

Cuartel excepto a las Mujeres y Niños. La hospitalidad la guardan religiosamente, y la venganza es la pasión que más los domina: la indolencia y pereza de los hombres llega a lo infinito, pues pasan su vida tendidos y bebiendo una especie de Chicha compuesta de frutas silvestres, en fin, el Indio Peguenche no se ocupa más que de la Guerra; sus mujeres (pues usan de la Poligamia) son las que llevan el peso del trabajo: ocupadas en el cuidado de los hijos y demás quehaceres domésticos, pastorean a más las Caballadas, y aún es de su obligación el ensillar el Caballo del Marido: el resto del tiempo lo emplean en tejer Ponchos, con lo que y alguna sal, que llevan a Mendoza, hacen un tráfico que cambian por frutas secas y licores".[23]

Un problema que surge ante este relato es saber quienes eran realmente estos indígenas con los cuales parlamentó San Martín, ya que si nos atenemos estrictamente a su descripción racial y cultural no serían otra cosa que tehuelches, más allá de que todas las fuentes coinciden en hablar de "pehuenches". Así opina Casamiquela cuando remitiéndose a los datos diagnósticos culturales dice que todo coincide: "… desde la pintura corporal y la vivienda, hasta los hábitos de vida, las armas" … "y aún las características del baño de la parturienta y de la bebida colectiva…" "El único elemento araucano del conjunto es la posesión de la tejeduría, perfectamente esperable desde el momento en que es quizás el que más rápidamente han asimilado los grupos tehuelches. En cambio, la influencia de la lengua araucana era probablemente ya marcada, aunque la referencia no dice por cierto que el intérprete, a pesar de su extracción, hablara en dicho idioma a los indígenas. Pero en cambio es araucano el nombre del cacique más anciano mencionado, Ñecuñan (presuntamente deformación y apócope de Nekulñanku, "aguilucho rápido"), si es exacta la referencia de Mitre que Vignati cita".[24]

Creo que las comunidades que parlamentaron con San Martín eran los pehuenches del sur de Mendoza, pero creo también como Casamiquela que esa zona estaba sufriendo cada vez más la ostensible penetración araucana y la perenne presión tehuelche, hechos que confirman la existencia de un hábitat transicional que desde el siglo XVII venía marcando la tendencia de una superposición tehuelche primera y araucana después sobre el territorio original pehuenche (véase mapa 10, pág. 67).

"… Partiendo de la base de que los datos de San Martín –como también subraya Vignati– han de ser exagerados en cuanto al número y la dispersión de estas 'poblaciones', es decir suponiendo mejor que ellas abarcaran de manera confusa a las restantes agrupaciones del centro del Neuquén (araucanas o araucanizadas, sin duda), hasta su transición a los Chëwach a këna, es fácil inferir que la masa tehuelche prearaucana está siendo escindida hacia esa época, a manera de cuña, por las avanzadas araucanas de allende los Andes".[25]

Esta disquisición acerca del verdadero origen de las bandas que se reunieron con San Martín no es superflua. Nos habla de una compleja realidad en la cual se superponen elementos pehuenches, tehuelches y araucanos, en un panorama cultural que confundió a los observadores. Es por otra parte un ejemplo del mosaico que se siguió formando con los grupos étnicos que integraron el proceso de "araucanización" de la pampa hasta muchos años más tarde.

Lo cierto es que en aquellos días de septiembre de 1816, San Martín convivió con las comunidades del sur de Mendoza buscando su participación activa en el proyecto del cruce de los Andes y ocupándose de identificarse con ellos, como les confirmó pocos meses después cuando una delegación indígena le devolvió la visita en el campamento del Plumerillo:

"... Reunidos allí el General y los caciques en círculo, sentados en el suelo, aquel les dijo por intermedio del lenguaraz Guajardo:

–Los he convocado para hacerles saber que los españoles van a pasar del Chile con su Ejército para matar a todos los indios y robarles sus mujeres e hijos. En vista de ello *y como yo también soy indio* voy a acabar con los godos que les han robado a Uds. las tierras de sus antepasados, y para ello pasaré los Andes con mi ejército y con esos cañones.

'El ejército maniobraba en aquel momento con gran aparato y la artillería funcionaba estrepitosamente, lo que exitó a los indios' –dice en sus memorias Manuel Olazábal, testigo presencial, que oyó esa frase significativa: 'yo también soy indio'.

–Debo pasar los Andes por el sud -agregó San Martín; pero *necesito para ello licencia de Uds. que son los dueños del país.*

No iría por el sud, pero así lo decía para engañar a Marcó, y este debilitó su frente al dividir sus tropas.

Los plenipotenciarios araucanos, fornidos y desnudos, 'con olor a potro', prorrumpieron en alaridos y aclamaciones al 'indio' San Martín, a quien abrazaban prometiéndole morir por él".[26]

La actitud de San Martín es más que interesante. Dejando de lado sus proyectos, que incluían la necesidad de recurrir a todos los medios disponibles y a toda contribución humana que fuera posible, la manera de dirigirse a la masa indígena es altamente positiva, pues intenta un acercamiento cultural por encima de las diferencias existentes. Entre otras cosas, los reconoce en más de una oportunidad –inclusive en sus comunicaciones oficiales– como los dueños de las tierras.

La experiencia realizada en Cuyo marca el clímax de un rol de San Martín que si se hubiera profundizado, tal vez habría deparado para la causa de las comunidades indígenas un derrotero con mayores posibilidades de integración efectiva. En esta línea de acción que concebía a los indígenas como compatriotas, el nombre de San Martín, si el Libertador hubiera permanecido en el país, se habría sumado a los nombres de algunos de los patriotas de la Revolución de Mayo –Castelli, Moreno, Belgrano–, al de

169

Dorrego, al del coronel García, o al de Rosas de la mayor parte de su actuación política, por mencionar tan sólo algunos.

Hechos posteriores, como la legendaria Orden General de 1819[27] o el decreto del 17 de agosto de 1821 por el cual "en adelante no se denominará a los aborígenes indios o naturales; ellos son hijos y ciudadanos del Perú, y con el nombre de peruanos deben ser conocidos",[28] no hacen más que ratificar estas líneas de acción.

Las posteriores medidas de San Martín en el Perú tienen similar contenido: supresión total del tributo que en concepto de vasallaje pagaban los indígenas al gobierno español (decreto del 27 de agosto de 1821) y abolición de las mitas, encomiendas y yanaconazgos y toda clase de servidumbre personal relacionada con los indios o naturales, advirtiendo además que "cualquier persona, bien sea eclesiástica o secular, que contravenga lo dispuesto en el artículo anterior, sufrirá pena de expatriación" (decreto del 28 de agosto de 1821).[29]

Es posible incluso que la proclama del 10 de septiembre de 1822 por la cual se convocó al Congreso Constituyente del Perú, haya contado con la inspiración del general argentino.[30]

Algunos años antes, en Tucumán, San Martín también había impulsado los principales contenidos de las proclamas de la independencia dirigidas a las comunidades indígenas del Noroeste.

LA INDEPENDENCIA DE LAS PROVINCIAS UNIDAS Y LAS PROCLAMAS EN LENGUA ABORIGEN

El espíritu indigenista de la Revolución de Mayo campeó por aquellos días de julio de 1816 en Tucumán cuando el Congreso de las "Provincias Unidas en Sud-América" declaró la "emancipación solemne del poder despótico de los reyes de España".

Manuel Belgrano, activo participante del Congreso en la sesión secreta del 6 de julio, continuando con la defensa de los indígenas iniciada en 1810, propuso una forma de gobierno en la que se tuviera en cuenta a los herederos de los incas, por la "justicia que en sí envuelve la restitución de esta Casa, tan inicuamente despojada del trono por una sangrienta revolución que se evitaría para en lo sucesivo con esta declaración y el entusiasmo general de que se poseerían los habitantes del interior con sola la noticia de un paso para ellos tan lisonjero".[31]

Estas ideas alimentaron el proyecto de estimular la simpatía de los indígenas por la causa independentista, y a instancias de algunos diputados, las actas del 9 de julio fueron traducidas a las lenguas quichua, aimará y guaraní con la correspondiente fórmula de juramento que debían prestar todos los habitantes de la nueva nación.[32]

En la sesión del 29 de julio el Congreso decidió la impresión de 3.000 ejemplares del Acta de la Independencia, 1.500 en castellano, 1.000 en quichua y 500 en aimará. Las impresiones se realizaron en Buenos Aires en dos columnas, castellano y lengua aborigen correspondiente, de acuerdo con los modelos que el propio Congreso remitió, con la recomendación de que "sin el más exacto y escrupuloso cuidado de los impresores o con la menor variación se causa un defecto muy notable a las citadas versiones".[33]

No conocemos bien cuál fue la repercusión que tuvo la famosa proclama entre las comunidades indígenas, aunque sí sabemos que se llegó a imprimir en idioma quichua y aimará. A último momento se canceló la confección de las copias correspondientes en lengua guaraní debido a la ausencia de las provincias del Litoral en las sesiones de Tucumán. En esas provincias, los guaraníes estaban librando una lucha propia y especial, casi la última.

LOS GUARANÍES EN LA LUCHA ARTIGUISTA

Entre 1811 y 1820 el actual territorio de Uruguay y parte del argentino son el teatro de operaciones de una figura excluyente: el general José Gervasio Artigas.

Ex capitán de Blandengues y fervoroso patriota de la causa revolucionaria contra los españoles, Artigas se convierte rápidamente en líder de las masas populares de la Banda Oriental, poniéndolas en pie de guerra contra el imperio español en retirada y contra el portugués, en constante y renovada expansión sobre los actuales territorios de la Argentina y el Uruguay, y contra las nacientes oligarquías porteña y montevideana, siempre atentas y diligentes con los poderosos externos en desmedro de sus propios pueblos.

Estas oligarquías vieron con horror como el "Protector de los Pueblos Libres" proponía y ejecutaba reformas sociales intolerables, colocando en estado de insurrección a toda la campaña.

Lo que había comenzado como un movimiento de adhesión a la Revolución de Mayo en Buenos Aires –Artigas declara la guerra al virrey Elío de Montevideo, y promueve el éxodo del pueblo oriental en 1811, hecho que dio lugar a la formación de su ejército– se va convirtiendo de a poco en una lucha de liberación integral en donde lo social pasa a primer plano.

Indígenas, gauchos y esclavos; los desheredados, los marginados, los sometidos, los hambrientos y los postergados son la base social del movimiento artiguista y la clave de una lucha sin cuartel durante diez durísimos años, incluso contra la misma Buenos Aires, que en cuanto advirtió el verdadero contenido y alcance del ideario artiguista, comenzó a enfrentarlo de manera cada vez más desembozada.

Ni siquiera Mariano Moreno, uno de sus más fervientes apoyos podía ya interceder por él. Hacía muy poco había muerto en alta mar, alejado de las intrigas políticas de la ciudad puerto.

Artigas llegó a tener bajo su jurisdicción al actual Uruguay –excluyendo a la ciudad de Montevideo– y a las provincias argentinas de Misiones, Corrientes, Entre Ríos, Santa Fe y Córdoba, nucleadas en la "Liga Federal" contra Buenos Aires y compartiendo los ideales federales con caudillos como López Jordán, Estanislao López y Francisco Ramírez.

Durante su gestión lanzó un "Reglamento Provisorio para el fomento de la campaña y seguridad de los hacendados" que en realidad tendía al poblamiento, la subdivisión de la tierra y la implantación de una auténtica justicia social, junto con la planificación de la riqueza ganadera para su acrecentamiento.

La ejecución del Reglamento provocó el reparto de tierras fiscales entre los "negros libres, los zambos de esta clase, los indios, los criollos pobres" y las viudas. El objetivo de Artigas era que los "más infelices sean los más privilegiados". Algunos autores hablan de la "revolución agraria artiguista".

Hechos como éste, expresión de una política dirigida a dignificar al hombre rompiendo con las estructuras de poder tradicionales, aceleraron los conflictos que el proyecto artiguista tenía con Buenos Aires y Montevideo, quienes terminaron negociando con los portugueses para aniquilar al "caudillo de los anarquistas" como lo llamaban.

Fue el mismo Pancho Ramírez –su aliado de ayer– quien se encargó de derrotarlo en su última batalla. Artigas se exilió en Paraguay, donde murió treinta años después, en el ostracismo más absoluto, negándose a volver a su patria.

La lucha artiguista fue un destello, por lo vertiginoso de su ascenso y su caída, pero caló hondo en la conciencia de los olvidados de siempre, que hicieron suya una causa sustentada en la justicia. Entre ellos, los indígenas guaraníes cumplieron un rol más que destacado, plegándose sin concesiones al proyecto del "Protector" y dominando durante cuatro años la escena política, social y cultural del nordeste argentino.

La epopeya sangrante de Andrés Guacurarí

Los aborígenes de la provincia de Misiones, descendientes de la configuración cultural guaraní-jesuítica, encuentran en la gesta artiguista razones suficientes para volver a luchar por sus derechos perdidos. Si algo les faltaba para asegurar su participación en el proyecto era la aparición de alguien que condujera la organización de sus fuerzas. Ese alguien había nacido en 1778 en el pueblito guaraní de San Borja en la margen oriental del río Uruguay y había conocido al general Artigas en el cuerpo de Blandengues. A partir de ese momento fue adoptado por Artigas y se lo conoció como Andrés Guacurarí y Artigas, o simplemente como el comandante Andresito.

Este personaje, negado por nuestra historia, es además del complemento imprescindible para los planes del "Protector", su brazo derecho. En sus campañas recorrió un camino alucinante que produjo por lo menos tres fenómenos de enorme relevancia para la conformación cultural de la región:

a) la recuperación integral de la tradición guaraní;

b) la supremacía indígena: con este hecho único en la historia argentina, las comunidades indígenas por un momento son dueñas de la situación política en igualdad de condiciones con la elite criolla y aun en desmedro de ella, ocupando por cuatro años la escena, en gran parte de la región Litoral (mapa 20);

c) la implantación de medidas de gobierno revolucionarias.[34]

20. ÁREA APROXIMADA DE INFLUENCIA DE ANDRÉS GUACURARÍ (1815-1819)

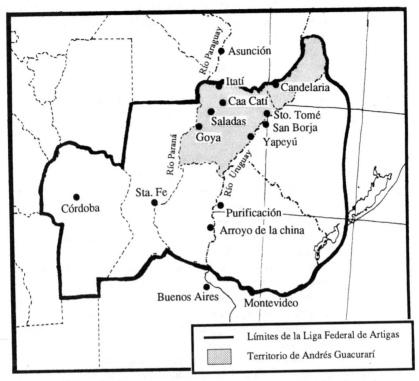

Semejantes resultados en tan corto tiempo no fueron gratis; el precio pagado en vidas humanas fue altísimo. Las fuerzas guaraníes de Guacurarí soportaron en toda la campaña múltiples presiones, las mismas que tuvo que sostener Artigas, aunque quizás con mayor grado de presión que éste, en virtud de la zona fronteriza con los portugueses y paraguayos que a Andrés Guacurarí le tocó en suerte resguardar.

En 1815 Guacurarí es designado comandante general de Misiones y emprende su primera campaña hacia Candelaria en Paraguay, tomando en el camino muchos pueblos que pasan a integrarse a las fuerzas rebeldes: Loreto, San Ignacio Miní, Corpus, entre otros, que se suman así al nuevo mapa de la supremacía guaraní en la región, alrededor del cuartel general establecido en Yapeyú.

Al año siguiente pone en marcha su viejo sueño: recuperar de manos de los portugueses las siete Misiones perdidas en 1801.

Al frente de un ejército de 2.000 hombres inicia exitosamente las operaciones y vence a los portugueses en distintos encuentros, aunque es sorprendido por un contraataque en San Borja y se ve obligado a retirarse con grandes pérdidas, calculadas en mil muertos.[35]

Guacurarí inicia una guerra de resistencia en guerrillas, sorprendiendo al enemigo que comienza su contraofensiva e invade el Litoral.

173

Los portugueses llegan hasta Yapeyú y la toman en febrero de 1817. Empeñados en el exterminio de los guaraníes, los informes oficiales del enemigo hablan de 3190 muertos indígenas además de los centenares de prisioneros y el saqueo de los poblados como resultado de la feroz campaña desatada por el general Chagas.

Pero Andrés recompone sus devastadas fuerzas, reconstruye su ejército, y ante la sorpresa del jefe portugués, lo derrota en Apóstoles el 7 de julio.

Se suceden los violentos combates con victorias y derrotas. En agosto, Chagas vence en San Carlos, produciéndole 300 muertos. En mayo de 1818, reorganizado otra vez el ejército, Guacurarí cae sobre Candelaria, recuperándola luego de que Paraguay aprovechara la invasión portuguesa para tomarla.

El poder de recuperación del general indio y sus hombres es notable y por esos días ya se encuentran en condiciones de cumplir con las órdenes de su jefe Artigas que le pide intervenir en Corrientes en apoyo del gobernador Mendez recientemente derrocado.

Andrés entra en Corrientes el 21 de agosto de 1818 y se apodera pacíficamente de la ciudad. A partir de ese momento despliega al máximo su poder, con el dominio territorial de Misiones y Corrientes, e implanta varias medidas revolucionarias como la inmediata libertad de los indígenas sometidos a servidumbre, el cierre de todos los puertos correntinos para cualquier buque que no formara parte de la "Confederación del Paraná", la organización de un respetable poder naval al mando del comandante general de Marina Pedro Campbell y finalmente, la puesta en marcha de la "Tienda del Ejército Guaraní", organización a la que debían recurrir los vecinos para comprar, en un incipiente monopolio estatal, tendiente a obtener recursos en forma no compulsiva.

Guacurarí procura con estas medidas completar el proceso organizativo iniciado años antes, cuando revitalizó las estructuras de los jesuitas, y colocó bajo la administración de los propios pueblos toda la economía de la zona. Había puesto las estancias y los yerbatales bajo la supervisión de los Cabildos, con mayoría indígena entre sus integrantes, los que eran democráticamente elegidos por Asambleas; asimismo había estimulado la agricultura y la ganadería y sentado las bases de dos fábricas, de pólvora y chuzas de hierro. Cumplimentando el reglamento promulgado por Artigas en 1815, inicia además el reparto de tierras.

Estos cambios son aceptados forzadamente por las minorías criollas correntinas, que de todas maneras no pueden admitir el choque social que les significa Andresito y su gente.

Andresito y su gente son otro mundo. Son indios. Y son indios en el poder.

No conocen actitudes provocativas o de violencia por parte de Andrés hacia esos sectores durante su corto gobierno, excepto cuando al invitar a ciertos prominentes vecinos a los bailes indígenas que había organizado recibió por contestación que "la gente blanca no tenía intenciones de ir a ver a una pandilla de indígenas bailando". Decidió entonces que los descomedidos quitaran al día siguiente las malezas de la plaza principal, "lo que constituyó un enorme insulto para aquella gente acostumbrada a ser servidos por esclavos".[36]

En otra oportunidad mandó detener alrededor de 200 niños, hijos de estancieros, en represalia por la igual cantidad de niños indígenas que habían sido reducidos a esclavitud por aquellos terratenientes y que recientemente él había liberado. Pero todo duró muy poco. Transcurrida una semana llamó a las madres de los niños, y se los restituyó sanos y salvos, no sin antes explicarles que la angustia sentida por ellas esos días no era de su patrimonio exclusivo: "Pueden llevarse ahora a sus hijos –les dijo– pero recuerden, que las madres indias también tienen corazón".[37]

El desmedido terror que hizo presa de la población de la ciudad de Corrientes al tener conocimiento de la proximidad del ejército de Andresito y del cual algunos autores se hacen eco es infundado y si existió (algunas crónicas testimonian que circulaba la voz de que los indios pasarían a degüello a la población, lo que provocó la muerte de dos vecinos "de susto") se debió en todo caso a razones bien distintas y ocultas: pocos días antes de la entrada de Andresito en Corrientes, el insurrecto contra Artigas, Vedoya, masacró a un pueblo entero (Garzas, jamás vuelto a repoblar) por negarse a combatir contra el "Protector". Lo que se temía entonces era la venganza de Andresito. Nada sucedió. Todo se desarrolló pacíficamente. El ejército guaraní entró tranquilamente en la ciudad celebrando incluso oficios religiosos.

Pero las contradicciones eran muchas y la situación, para la época, casi increíble: la masa indígena en poder de las instituciones, gobernando para todos. Corrientes sin sirvientes y sin esclavos. Las tierras en plena redistribución. Y el odio incansable de las minorías que veían azoradas la pérdida creciente de sus privilegios, a manos del "conjunto aterrador y repugnante" gobernado por el "inigualable bandido" como un historiador definió a Andresito y su gente (Mantilla, 1972).

Para fortuna de esas minorías comerciantes y terratenientes, aliadas de la ciudad puerto, el fin de Guacurarí no estaba lejos. Convocado nuevamente por Artigas, parte hacia el norte procurando contener el perpetuo avance portugués.

Por ese entonces, la conjura de intereses entre Portugal, el gobierno de Buenos Aires y Montevideo, a la que se sumaba el apoyo solapado de Inglaterra, está a punto de aplastar para siempre a José Artigas, y Andrés no podrá escapar a la encerrona.

En mayo de 1819 ocupa San Nicolás y derrota otra vez a su archienemigo el general Chagas; poco después en el río Camacuá pierde en sangrienta batalla más de 200 hombres.

El cerco se hace sentir y Andresito ordena a su gente dispersarse.

Queda solo. Quizás un presentimiento…

El 24 de junio una partida portuguesa lo sorprende y casi no lo puede creer: "Artiguinhas" está en sus manos.

Cerca de allí cae muerto Tiraparé uno de sus más fieles lugartenientes.

Otros muchos caen también prisioneros del implacable ejército portugués. Se calcula que fueron 400 y que murieron en las mazmorras de la prisión de Porto Alegre, adonde también fue confinado Andrés, condenado a trabajos forzados.

La noticia terminó por desmantelar psicológica y organizativamente a los ejércitos indígenas. Las otrora orgullosas "Fuerzas Occidentales Guaraníes Reconquistadoras" se habían quedado sin jefe y sin alma. Errantes, se dispersaron por el litoral. Cuatro mil de ellos ya no estaban. Habían entregado su vida por una causa ahora terminada.

En 1822 los sobrevivientes guaraníes se vieron obligados a firmar un pacto de obediencia, reconociendo la autoridad del nuevo gobierno correntino.

Después de su derrota en Asunción del Cambay, el general Artigas en agosto de 1820 marchaba a su exilio final en Paraguay; allí debe de haber recordado con nostalgia a su inigualable comandante indio, su hijo adoptivo.

Nadie sabe muy bien cómo ni cuándo murió Andresito.

Los últimos estudios dan cuenta de que fue en la prisión de las islas das Cobras, en el océano Atlántico, un día de 1822.

En el último momento seguramente habrá tenido en mente alguna de sus frases predilectas, tal vez aquella con que tanto gustaba encabezar sus cartas: "Por la patria y mis desvelos"... Tal vez...

Andrés Guacurarí y Artigas...

LOS GUAIKURÚES Y LA OTRA FRONTERA: EL CHACO

Después de la Revolución de Mayo de 1810, las condiciones en que se desenvolvía la vida en el Chaco no sufrieron mayores cambios, porque las ciudades y enclaves que lo rodeaban siguieron existiendo y creciendo pero sin avanzar mucho más allá. La región permaneció como territorio libre indígena sin que las cambiantes situaciones sociopolíticas influyeran en demasía.

Por el contrario, favorecido por una transformación cultural semejante a los tehuelches, los guaikurúes, ahora ecuestres, expandieron su hábitat y mantuvieron a raya a los poblados. Los caudalosos ríos no eran obstáculo para sus incursiones: los atravesaban en grandes canoas camufladas de camalotes o bien a caballo; las bandas desembarcaban en las orillas opuestas atacando por sorpresa.

Sólo los mataco-mataguayos, acampados en el interior y en contacto relativamente pacífico con la población salteña, ofrecían una alternativa de comunicación más a la medida de las pretensiones de los "blancos".

El "corregidor" Patricio Ríos

Las ciudades de Corrientes, Santa Fe, Córdoba, Santiago del Estero y Salta sufrían los mayores embates y desde ellas se elaboraban los principales planes para el asalto de la región.

El 5 de junio de 1822 se celebró el pacto de Santa Lucía entre los principales caciques abipones y el gobierno de Corrientes, que luego fue roto por mutuas hostilidades.

El mismo camino siguió poco después el gobierno de Santa Fe.

Dos años más tarde, en octubre de 1824 se firmó un nuevo acuerdo, comprometiéndose esta vez los jefes abipones a combatir hasta las últimas consecuencias a su par Patricio Ríos, quien declarado en rebeldía, se había negado a suscribir los tratados. Se decretó el libre comercio entre las comunidades abiponas y los correntinos, a través del paso del Rubio, única vía de entrada y salida para las mercaderías que podían ser de todo tipo, excepto pólvora, ganado vacuno y caballar. Por otra parte, Ríos había acudido al caudillo Estanislao López, gobernador de Santa Fe, buscando su protección.

Sin embargo, la complicada red de relaciones que se establecían no garantizaba la estabilidad. Los que hoy eran amigos, mañana podían pasar de improviso a la categoría contraria.

La situación de Ríos, que inicialmente era considerado como enemigo por Corrientes, dio un vuelco a fines de 1824 con el cambio de gobernador. El nuevo mandatario Pedro Ferré inicia negociaciones con el cacique, que incluyen intercambio de embajadores y la denominación de "Corregidor" por parte del gobierno provincial.

Estas innovaciones exasperan a los enemigos de Patricio, especialmente al abipón Lorenzo Benavídez, que junto a algunas parcialidades mocovíes le tendió una celada mortal, provocando una masacre entre hermanos que virtualmente hizo desaparecer a las bandas del cacique rebelde.

Las disidencias entre abipones y entre éstos y los mocovíes, tal vez azuzadas por los gobiernos locales favorecieron a estos últimos con la eliminación de uno de los más fuertes enemigos, más allá de las presuntas negociaciones que se habían iniciado.

Durante el gobierno de Ferré (1824-1827) la situación bélica con las comunidades indígenas decrece en intensidad. Incluso la incorporación de mano de obra aborigen a los obrajes en formación hace alentar algunas esperanzas en cuanto a la "pacificación" de la región, anhelos puestos más que en duda sin embargo por la continua rebeldía de los guaraníes de Misiones, herederos de la configuración cultural jesuítica y del recientemente desaparecido Andresito.

A partir de 1830 renace el hostigamiento indígena desde el Chaco hacia las poblaciones de frontera. Tobas y mocovíes en alianza al mando del cacique Pondari (Yliri) saquearon los obrajes e hicieron casi intransitables los ríos, por el acecho permanente de que los hacían objeto: el 1° de octubre de 1835 y al mejor estilo pirata un grupo de abipones abordó un navío en el riacho de San Jerónimo, saqueando sus bodegas.

Estanislao López y las matanzas de los mocovíes

El gobernador de Santa Fe procuraba por ese entonces una relación armónica con los guaikurúes, especialmente con los abipones que estaban más cerca de la ciudad.

Él mismo reunió a unos 500 de ellos en la localidad de San Jerónimo del Sauce facilitándoles terrenos; ese grupo pasaría a conformar posteriormente la guardia de "los lanceros del Sauce" interviniendo en numerosas campañas al servicio de López y en contra de sus hermanos.

De ese grupo surgió Domingo Pajón (a) "Chula", guerrero abipón que fue designado por el gobierno santafecino en el grado de comandante para el resguardo de la frontera norte. Desde entonces dirigió personalmente varias operaciones contra los "montarases" (sic) que así llamaban a los mocovíes, intentando mantenerlos alejados.

Otro intento de López por lograr la integración de los indígenas fue el de Santa Rosa de Calchines, asentamiento al cual se incorporaron unos 1.000 mocovíes disidentes de los montarases. Éstos no se arredraron y volvieron a incursionar sobre las inmediaciones de Santa Fe.

La respuesta fue un contraataque de los santafecinos, que en octubre de 1832 culminó con dos combates sucesivos, en los cuales perecieron gran cantidad de indígenas, entre ellos los caciques Inocencio y Mariano Maidana (a) "Bonete".

Pero los mocovíes no estaban derrotados. Muy poco después, el 13 de noviembre, organizaron un malón contra Santa Fe sembrando tal terror que hizo imposible su persecución posterior.

López comenzaba a inquietarse. En 1833 tuvo que desistir de colaborar con Rosas, quien desde Buenos Aires organizaba la famosa expedición con la participación de varias provincias. Su propia frontera estaba lo suficientemente inestable para impedírselo.

A partir de entonces López inicia una serie de campañas (mapa 21). En julio de 1833, al mando de unos 200 hombres (incluidos unos 40 abipones del Sauce) ataca por sorpresa las tolderías del cacique Lechuza en el monte de los Monigotes. El desbande fue total y los resultados nefastos: 40 muertos, 200 mujeres capturadas, 8 cautivos rescatados, caballos, ovejas y vacas perdidas.

López persiguió a los indígenas hasta el Fortín Sunchales, pero no los alcanzó. En septiembre del mismo año sorprendió los toldos del cacique Martín en San Javier, provocando un centenar de muertos y tomando 200 prisioneros además de la captura de ganado y caballos.

Envalentonado, el gobernador prosiguió el operativo de "limpieza" de la frontera. En febrero de 1834 atacó unos toldos mocovíes en Cayastá, con el resultado de 20 indígenas muertos. A los pocos días, un grupo importante se rindió, incorporándose a la población de Santa Rosa de Calchines.

Ante estos resultados López abrigaba muchas esperanzas: "Toda la campaña de la costa hasta San Gerónimo está ya libre de los bárbaros. Nuestros paisanos en libertad de ejercer su industria en este rico campo: las fronteras en aptitud de extenderse hasta los confines de nuestro vasto territorio; los salvajes resueltos a colonizarse y su suerte en nuestras manos".[38]

La persecución continuó sin pausas. En abril, cerca del monte de los Porongos, fueron muertos 28 indígenas y posteriormente los toldos del cacique Simaiquin fueron destruidos.

21. PRINCIPALES CAMPAÑAS CONTRA LOS MOCOVÍES

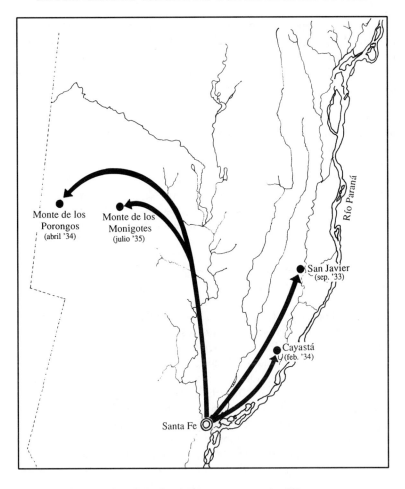

Fuente: Gráfico 21, CGE, tomo IV, pág. 510.

"...todas las operaciones que quedan descriptas han dado el feliz resultado de 51 indios de pelea muertos, 5 prisioneros, 8 cautivos cristianos rescatados y 211 de chusma tomados con que acabo de llegar a este punto. Todos los Jefes, Oficiales y tropa, los voluntarios y los indios amigos de las Colonias del Sauce, Tapera de Alcántara y Calchines, han llenado sus deberes muy satisfactoriamente: todos se han hecho dignos de la consideración de los buenos argentinos".[39]

En el invierno de 1836, López comandó personalmente su última expedición contra las bandas indígenas. Se dice que allí mismo contrajo la "tisis pulmonar" que lo llevó a la muerte en 1838.

Sublevación en El Sauce

En 1837 un grupo de abipones de la reducción del Sauce, encabezados por Juan Porteño, se alzó contra el gobierno de Santa Fe, lo que provocó la reacción del ministro Domingo Cullen a cargo del Poder Ejecutivo provincial. En represalia ordenó la ejecución de 63 indígenas, operación que se llevó a cabo en las orillas del río Colastiné, dirigida por el "Chula" Pajón.

La masacre no se completó porque la mitad de los condenados logró huir luego de presenciar la muerte de sus desgraciados compañeros. Sobre la nave quedó también el cuerpo sin vida del "Chula" ajusticiado por los prisioneros.

La venganza ritual se concretó poco después: las bandas rebeldes de abipones se abalanzaron sobre los poblados cercanos a Goya ocasionando grandes pérdidas a los correntinos. Éstos, exasperados, decidieron escarmentar a los insurrectos que se ocultaban en las islas cercanas sobre Paraná.

Fuerzas aliadas de correntinos y santafecinos llegaron hasta el escondite en febrero de 1837 en el paso de las Piedras, derrotando completamente a los indígenas y acabando con la vida del cabecilla, Juan Porteño. En escaso número algunos abipones consiguieron huir hacia el interior, en tierra firme, favorecidos por la crecida del Paraná. Los prisioneros sobrevivientes, trasladados a Santa Fe, fueron fusilados.

La desaparición de López no detuvo las matanzas.

En 1839 su hermano Juan Pablo lo reemplazó en el cargo de gobernador y destacó al coronel Andrada contra los mocovíes, quienes en el monte de los Palos Negros sufrieron la muerte de 41 guerreros y la captura de otros 80 aparte del consabido "contrarrobo" de todo el ganado.

El nuevo gobernador Pascual Echagüe no pudo controlar las constantes incursiones indígenas que procuraban responder al auge de las persecuciones. La paz con los vilelas en 1847 tampoco frenó la escalada.

Los mocovíes atacaron duramente entre 1844 y 1846 y en 1848 algunas bandas tobas que se asentaron en la laguna Brava irrumpieron al mando del cacique Amatolec. El 21 de enero, las tropas santafecinas cayeron sobre ellos aniquilándolos en una sangrienta batalla.

Los soñadores del río Bermejo

Desde el otro lado de la frontera, más concretamente en Salta, también se pergeñaban planes para el Chaco.

Algunos comerciantes de aquella ciudad pensaban que los costos de las mercaderías podrían abaratarse en sumo grado utilizando en lugar de los caminos de tierra firme, el caudaloso río Bermejo, haciendo empalme con el Paraguay y el Paraná hasta llegar a Buenos Aires. Al mismo tiempo intentaban estudiar las posibilidades económicas que ofrecía la región: la madera parecía ser un buen negocio.

En 1824 se constituyó la "Compañía para la navegación del río Bermejo", por la cual el gobierno salteño otorgó una concesión de quince años para extraer maderas del río Bermejo "en cualquier modo y forma que sea".

La patente de concesión no contemplaba a las comunidades indígenas de la zona, negando su existencia por omisión y permitiendo en consecuencia que cualquier contingencia se abatiera sobre ellas. La posibilidad de que la Compañía hiciera o deshiciera a su antojo quedaba abierta.

Pablo Sardicat, un francés con varios años de residencia en Jujuy, más conocido como Pablo Soria, fue designado agente de la Compañía, con la misión de llevar a cabo un viaje de reconocimiento por el río.

Con una nave recién construida y con una tripulación de 20 hombres, de los cuales 15 eran peones sacados de la cárcel, zarpó el 15 de junio de 1826 desde la confluencia de los ríos San Francisco y Negro, rumbo al Bermejo y a la aventura.

Soria y sus marineros llegaron a la desembocadura con el río Paraguay el 12 de agosto. Durante dos meses reconocieron la totalidad del curso del Bermejo, penetrando en el corazón del Chaco.

Los ojos del francés se deslumbraron ante la exuberancia de la zona y así lo hizo constar en un informe presentado a los accionistas, afirmando que los bosques existentes "son suficientes para proveer la mitad del mundo, de las mejores maderas de construcción, para obras de toda clase" y agregando que la región presentaba "… tierras llanas, campos y montes, con la mejor distribución, feraces y ricos, en producciones naturales, que por si solas mantienen profusamente una infinidad de hombres, sin otro trabajo que el de consumistas; abundancia de excelentes pastos, caza, pieles de nutria, venado y otros: ríos y lagunas llenas de pescado: tierras fertilizadas por la inundación: aires, aguas y temperaturas saludables; en fin, todo lo que puede hacer la prosperidad de la industria, agricultura y pastoreo".[40]

Mientras Sardicat navegaba y soñaba, las comunidades indígenas seguían atentamente su derrotero. Muchas de ellas podrían haberlo mandado a pique con sus fantasías; sin embargo y salvo excepciones, se limitaron a observarlo y en algunos casos a trabar un leve contacto.

El comisionado nos dejó interesantes testimonios sobre las comunidades vistas. Inclusive sugirió que sería importante aprovechar las contradicciones internas, fundamentalmente las belicosas. En el Chaco convivían entre sí variadas culturas: los mataco-mataguayos con su sedentarismo y agricultura incipiente, los grupos guaikurúes y su estirpe guerrera, los vilelas, con su cultura de transición.

En los primeros tramos del viaje, los mataco-mataguayos entablaron breves relaciones:

"las diversas parcialidades de matacos, que ocupan desde la Palca de Soria, a la Esquina Grande, y los Chunupís de este punto, salen al trabajo de las fronteras de Salta, Jujui i Orán de modo que esto se ha hecho necesario a los dueños de los plantíos de caña que sin ellos, no llenarían sus tareas, y necesario a los indios para comer, vestirse y beber el guarapo"… "Desde la Esquina, siguen a los chunupís, otras tribus de Matacos, los Ocoles y los Atalalas. Se agolpaban y llegaban con confianza, desde que vieron nuestras dádivas… Se apresuraban a traernos ovejas, resinas de palo santo, cueros de venado, ciervo, nutria, corzuela, plumas de avestruz, miel, cera, tejidos de lana y chaguar, indicios todos de la bondad del país; todo lo dan por tabaco y por cualquier cosa. Un cacique regaló al comisionado, entre otras cosas, unas grandes conchas de otras (sic), que no puedo averiguar de donde las había sacado".[41]

A medida que la nave se fue internando no encontró tanta amistad. Los guerreros guaikurúes, sabedores de las intenciones finales de cualquier exploración "blanca", se mostraron hostiles a los navegantes. En la Cangayé se detectó la presencia de cautivos entre grupos tobas, así como también ganado y diversos elementos provenientes de Santiago del Estero, Córdoba y Santa Fe. Seguramente, estos productos de los malones llegaban hasta las mismas entrañas del Chaco a través del intercambio con las bandas de mocovíes y abipones que bajaban con más frecuencia hasta los poblados.

El momento de mayor peligro para la expedición fue cuando durante un par de días, recibieron intermitentemente una lluvia de flechas provenientes presuntamente de los tobas que las arrojaban sin dejar que los intrusos los vieran. Al parecer intentaban detenerlos, propósito que no lograron, al ordenar Soria aligerar el barco, haciéndolo más veloz y escapando así de los invisibles enemigos.

"Si se logra guarnecer las orillas del río podríamos convertirlas en una sucesión de pueblos felices" pensó el francés eufórico, que el 2 de agosto de 1826 llegó a la desembocadura del Bermejo en el Paraguay.

Seguía en sus cavilaciones cuando de pronto advirtió que el barco había fondeado en el destacamento paraguayo de Talli. Le ordenaron bajar a tierra. Seguro de sí mismo, obedeció.

Soria observó cómo la documentación del barco, incluido el diario de viaje, era despachada de inmediato (supuso que a Asunción).

Diez días después se le entregó una carta del Supremo Doctor Francia [42] que estaba furioso y le decía "atrevido, insolente y desvergonzado: que por un acto atroz y despótico, había venido sin antecedente permiso, por un río que era suyo; y que se volviesen por donde habían venido, o que dispondría de todos; porque para abajo no habían de pasar…"[43]

La carta tembló en su mano; pensó que pocas veces había sentido que tomar una decisión fuera tan difícil; pero eligió quedarse.

Soria y sus hombres fueron condenados a prisión y confinados en una goleta durante cinco años interminables. Liberados en julio de 1831, remontaron el Paraná hasta llegar a Buenos Aires. Por entonces la Compañía del Bermejo era una aventura sepultada.

Eso era lo que esperaba hacía mucho tiempo José Arenales, un economista de Buenos Aires, que desde un principio se opuso a los proyectos de la Compañía. Arenales tenía sus propios planes, publicados en 1833 bajo el título de *Noticias históricas y descriptivas sobre el gran país del Chaco y Río Bermejo; con observaciones relativas a un plan de Navegación y Colonización que se propone.*

Para Arenales, liberar al Bermejo sería cubrir las puertas a la colonización, que haría evolucionar al país a través de "preservar las provincias circunvecinas del pillaje y agresiones de los bárbaros y la utilidad, en fin, de un orden todavía más esencial, que resultaría de civilizar y mejorar la condición política y moral de estos habitantes..." [44]

Después de descartar varias posibilidades (conquista militar; reparto de la región entre las provincias limítrofes y erección de una nueva provincia), Arenales propone como alternativa viable la fundación de una provincia administrada por una sociedad de particulares que a su vez ganara la amistad con las comunidades indígenas en el entendimiento de que ese paso sería ineludible para cualquier proyecto colonizador.

Es más, él cree que en los últimos años, muchos de los grupos chaqueños han incorporado prácticas de la "civilización" tales como la agricultura, la cría de animales o el sedentarismo, indicios de una aptitud para su cambio en la forma de vida.

Arenales va más lejos y proyecta un modelo de tratado:

"... la Que dejará libre y seguro tránsito á las comunicaciones y convois que se dirijan por tierra o por agua, prometiéndoles á ellos igual seguridad y respeto en todos sus derechos. 2a. Abstenerse de todo robo y pillaje... 3a. Que designen los límites de sus territorios, para reconocerles señores de ellos y garantirles su quieta posesión; pero entendiéndose, que el que los traspasase para hacer correrías, será reputado enemigo y sometido á la ley del vencedor. 4a. Que á las tribus que quieran formar pueblos separados y regulares, se les asistirá con lo preciso para su mantención é instrucción hasta que puedan proveer por sí mismos; y que si se agregaren á las colonias, obtendrán ventajas de mayor consideración. 5a. Que se les comprará los terrenos que quieran vender, y se les admitirá al libre comercio. 6a. Que no se les arrebatará violentamente sus hijos y mujeres; ni se les impondrá repartición ni servicios forzados, y que podrán concurrir libremente á las faenas de labranza cuando se les necesite, por sus justos salarios".[45]

Una cláusula complementaria disponía que ante determinadas situaciones, los indígenas serían los principales beneficiarios en la cesión de tierras.

Arenales no terminó preso como Soria. Pero al igual que los planes de este último sus proyectos fueron intentos fracasados, despegados de una realidad que los superaba.

Allá, en los montes chaqueños, los indígenas no sabían que se hablaba de ellos y de sus tierras como si fueran propias. Tan sólo lo presentían y cada tanto presenciaban la travesía de algún osado que buscaba en el Chaco algo, que ellos no entendían.[46] Sus territorios libres eran así cada tanto atravesados por expedicionarios buscadores de futuro, aventureros, cazadores, colonizadores esperanzados, fugitivos.

Todo ese racimo de condiciones humanas no eran otra cosa que las avanzadas esporádicas de una sociedad nacional en formación que iba lentamente consolidando su expansión.

Hasta los jirones de los ejércitos de la guerra civil terminaban paseando su desolación por aquellas tierras. [47]

Las comunidades también presenciaron la intrusión de extranjeros. En la década del 40, Bolivia organizó algunas expediciones de reconocimiento demostrando sus pretensiones sobre la región. Pero también fueron vanos sus intentos. El Chaco devorador de ilusiones y las tratativas diplomáticas del gobierno argentino se conjugaron para impedir que aquellos proyectos pasaran a mayores.

LA PERSISTENCIA DEL CONFLICTO FRONTERIZO EN LA LLANURA DE PAMPA Y PATAGONIA.

Los sinceros intentos de algunos patriotas de la Revolución que buscaban la integración con las comunidades indígenas pronto desaparecieron, ensombrecidos por la lucha en la frontera, expresión real de un conflicto interminable y de fondo: *la pelea por la tierra.*

La frontera seguirá devorando vidas, tragándose esperanzas y sueños, golpeando con dureza a los que por ella transitan de uno y otro lado.

La frontera seguirá siendo el escenario de enfrentamientos y acuerdos, en una agotadora e infinita vigilia para las comunidades libres de la llanura.

Luchas y tratados hasta 1820

Durante todo este período, el río Salado sigue siendo un vallado natural ideal que se mantiene por varios motivos, entre ellos porque las bandas tehuelches y araucanas se afirman en sus posiciones después de la sucesión de tratados firmados, y porque el grueso de las fuerzas militares están ocupadas en otras campañas, lo que debilita la línea fronteriza.

Estos años que no son utilizados mayormente en operaciones, registran una serie de planes elaborados en Buenos Aires, que busca lo de siempre: el avance de una frontera que la asfixia.

En 1814 el coronel García propugna la expansión hasta el río Colorado y luego al Neuquén; ese mismo año el coronel Carlos María de Alvear, comandante de las fuerzas militares de Buenos Aires, quiere organizar el regimiento de caballería (cerca de 1.300 hombres) en escuadrones independientes; en 1815 el brigadier Francisco Javier de Viana también procura el avance fronterizo e intenta llegar al cabo San Andrés (entre las actuales Mar del Plata y Miramar) a través del Tandil.

Ninguno de estos planes se pone en práctica. La situación política interna del naciente país obstaculiza los proyectos, los paraliza o los aborta. Pero los jefes militares no se resignan.

En 1815 el comandante de milicias de la campaña, coronel Juan Ramón Balcarce, se plantea como objetivo el fortalecimiento de la línea, pero la mayoría de las medidas propuestas no se concretan. En cambio, un año más tarde, se restablece el viejo cuerpo de Blandengues, en medio de una coyuntura política más que delicada para el poder de Buenos Aires: los caudillos Artigas (Uruguay), Estanislao López (Santa Fe) y Francisco Ramírez (Entre Ríos) operan con autonomía en la región del Litoral; la presencia española todavía es fuerte en Chile y Bolivia, aunque a su vez se ve puesta en jaque por San Martín, Güemes y Belgrano; la presión portuguesa se concreta en la invasión de Lecor en 1816 y la siempre amenazante llegada de una poderosa expedición española martillea sin cesar. Las comunidades indígenas especialmente las libres de la Llanura, son indirectamente influidas por estos procesos (mapa 22, pág. 186). Pero la situación de estancamiento, que en cierto sentido favorece a los indígenas, no se supera.

En 1819, el brigadier Cornelio Saavedra es encomendado para reorganizar las fuerzas de la frontera pero también todo queda en proyectos. El tratado suscripto ese mismo año entre Lienán, cacique de los ranqueles, y Feliciano Chiclana, emisario del gobierno, en el cual éste insta a los indígenas a no dejarse arrastrar por las montoneras que operan en la zona, no pasa de una formalidad entre ambas partes.

De todas maneras y ante más de una docena de caciques el enviado especial lee una encendida proclama del director Rondeau especialmente escrita para ellos:

"Compatriotas y amigos: Mis antecesores en el mando han deseado vivamente en todos tiempos estrechar con vosotros las mas amistosas relaciones. Componeis una bella porcion del todo nacional y los magistrados no podian ser indiferentes a vuestra suerte; pero las atenciones de la guerra, la necesidad de exterminar a nuestros comunes y antiguos tiranos y las atenciones que estos objetos demandan al Gobierno, han paralizado hasta ahora sus marchas y se han puesto de por medio entre sus intenciones y la posibilidad de practicarlas. El ojo del magistrado ha velado siempre sobre vosotros, y ahora os brindo de nuevo con la proteccion del gobierno cuya direccion está a mi cargo. Paz, union, amistad, confianza mútua, relaciones íntimas, haceros felices, estos son los votos de mi corazón; estos son mis primeros cuidados, con respecto a vosotros, y espero por vuestra parte os prestares con docilidad.

Unamosnos, amigos, estrechemos los lazos de nuestras comunicaciones y comercio, y aun de nuestras fuerzas; mirad el porvenir; ved que vais a tener parte en las glorias de vuestro suelo natal; ved que en union con nosotros sereis inexpugnables, y que burlaremos juntos los esfuerzos de los tiranos que no cesan de amargarnos. El nombre solo de españoles debe haceros temblar; pero nosotros os estenderemos una mano protectora: vuestros paisanos, vuestros amigos, solo quieren vuestro bien. El coronel D. Feliciano Antonio Chiclana, uno de los jefes de este Ejercito y que merece mi confianza, es el comisionado para que os haga proposiciones ventajosas a mi nombre: no las desprecieis. Él es el órgano del gobierno, y de

22. COYUNTURA POLÍTICA DE MEDIADOS DE LA
SEGUNDA DÉCADA DEL SIGLO XIX

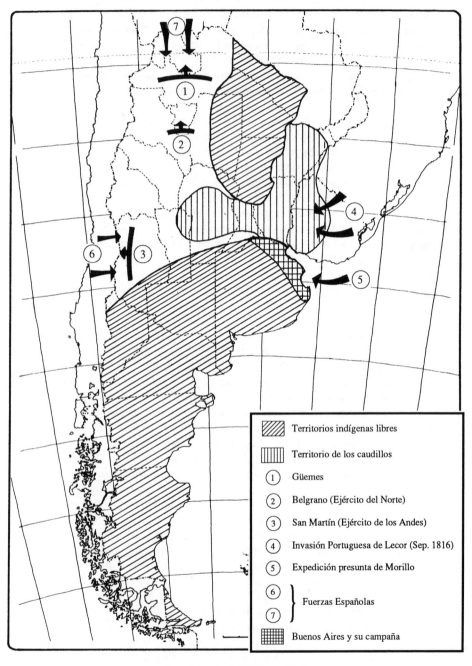

Territorios indígenas libres

Territorio de los caudillos

1 Güemes

2 Belgrano (Ejército del Norte)

3 San Martín (Ejército de los Andes)

4 Invasión Portuguesa de Lecor (Sep. 1816)

5 Expedición presunta de Morillo

6
} Fuerzas Españolas
7

Buenos Aires y su campaña

Basado en J. C. Walther, 1973.

todos los habitantes de las provincias que os aman como a hermanos y miembros de una misma familia.

El dia mas lisongero de mi vida será en el que vea cimentadas entre vosotros y estos pueblos la unión y la paz. No desmintais nuestras esperanzas, ni frustreis nuestros deseos; así os lo recomienda vuestro mejor amigo".[48]

Los jefes indígenas muestran su total apoyo a la paz y a la lucha contra los "maturrangos" pero cuando Chiclana esboza la posibilidad de un cambio en la línea de frontera el parlamento concluye.

En 1819 la obsesión por avanzar la frontera lleva al gobierno de Buenos Aires a designar una comisión especial. La integran Saavedra y los coroneles Marcos y Balcarce, quienes proponen dividir la provincia en tres regiones militares dependientes del comandante general de la campaña.

Por esta época comienzan a consolidar su posición los hacendados de la provincia, quienes en cierto sentido plantean una actitud contradictoria, porque si bien procuran conquistar nuevas tierras (de la vaquería se había pasado ya a la estancia) al mismo tiempo no quieren problemas con las comunidades indígenas con las cuales mantienen excelentes relaciones.

Francisco Ramos Mejía es uno de ellos; otro, el más importante, irrumpe con sus propias milicias –"los Colorados del Monte"– y sus amigos indios, a quienes conchaba como peones en su estancia "Los Cerrillos". Para éstos Juan Manuel de Rosas es "nuestro padre".

Nuevos atisbos integracionistas: García, Rosas y Lincon

San Martín ocupado en Cuyo y con su mente puesta en las campañas de Chile y Perú; el Ejército del Norte semidestruido y en estado de anarquía; el enfrentamiento entre Buenos Aires y el Litoral desatado nuevamente después de la ilusión del Tratado de Pilar, eran suficientes argumentos hacia 1820 para no herir más todavía el frente interno, sosteniendo con las comunidades indígenas la guerra de siempre.

Con fecha 15 de junio de 1820 el coronel García eleva un completo informe al Gobierno que es una síntesis de su pensamiento acerca del problema indígena, volcada en varios documentos desde 1811, al que encabeza con la advertencia de "lo perjudicial que será siempre abrir una guerra permanente con dichos naturales, contra quienes parece no puede haber un derecho que nos permita despojarles con una fuerza armada si no en el caso de invadirnos".[49]

García es partidario de la negociación pacífica con los indígenas. Para él resulta imposible integrar a otras culturas "a la bayoneta". Entiende además que la relación estrecha con los caciques principales es la puerta que permitiría una comunicación cada vez más fuerte con esas comunidades.

Considera que sólo con la "anuencia y consentimiento" de las bandas es posible avanzar la frontera y poblarla.

Un año después presenta un nuevo informe, esta vez como acción previa a la expedición que emprendería más tarde como comisionado del gobierno para gestionar la paz.

Luego de reseñar y criticar las principales orientaciones políticas de los conquistadores peninsulares (una vez más habla de la "política errada de los españoles en querer sujetar los indios a la bayoneta") y de los problemas surgidos de la crisis con los caudillos, García propone una nueva línea de defensa sostenida por una población estable que ocupe y consolide la frontera.

Pero por encima de todo enfatiza los perjuicios de la guerra más aún cuando ella no tiene un sentido claro y cuando los esfuerzos puestos en ejecutarla podrían haberse invertido en proyectar la paz:

"Cuando se considera de una parte los crecidos fondos que exigen las empresas, y de otra, que á las veces una sola es muy superior á la porcion de rentas públicas que suelen destinarse á ella, parece más disculpable el desaliento con que se miran por los gobiernos: y como estos fondos, en último sentido, deben salir de la fortuna de los individuos, parece también como inevitable la alternativa, ó de renunciar á la felicidad de muchas generaciones por no hacer infeliz á una sola, ó de oprimir á una sola para hacer felices á las demás. Sin embargo, es preciso confesar que el atraso muchas veces no proviene tanto de la insuficiencia de la renta pública, cuanto de la injusta preferencia que se dá en su inversión á objetos menos enlazados con el bienestar de los pueblos ó tal vez contrarios á su prosperidad.

Para demostrar esta proposicion, bastaria considerar que la guerra forma el primer objeto de los gastos públicos, y aunque ninguna inversion sea mas justa que la que se consagra á la seguridad y defensa de los pueblos, la historia acredita que para una guerra emprendida con este sublime fin, hay muchas que se empeñan con los innobles motivos de ambición y orgullo; y por consiguiente, privan de la abundancia y prosperidad, de que disfrutarian si hubiesen invertido sus fondos, en adoptar y comprar, si fuese necesario, un sistema de paz, con preferencia a malbaratarlos en proyectos de vanidad, destruccion, y nulos en sus resultados".[50]

En marzo de 1822, la segunda expedición de García, destinada a establecer las paces con "las tribus de indios al Sud", estaba lista para partir. Cerca de 250 tehuelches y 1.300 ranqueles apostados en las inmediaciones de la Sierra de la Ventana aguardaban algo inquietos y desconfiados, pero dispuestos a hablar con alguien que al menos no traicionaba la palabra empeñada como la mayoría de los que se acercaban a las tolderías.

El huinca amigo llegaba con poca escolta: veinte hombres más otros tantos "hermanos" como intérpretes (incluido el cacique Cayupilqui) y acompañantes; dos carretas, otros dos carruajes más chicos y algunos instrumentos aptos para realizar tareas demarcatorias.

Sus pasos levantaban poco polvo.

No traía una fuerza expedicionaria. Más bien parecía que salía de un sueño medio loco. Pero García avanzó resuelto, y llegado a Lobos confirmó de boca del jefe tehuelche Antiguán, que superados algunos inconvenientes, los caciques lo esperaban. Entonces se internó en el desierto.[51]

"¡Ése parece Gualiche! ¡Ese!, que tiene el huinca en la mano…"
La voz de alarma corrió entre los hermanos. El hombre blanco "trabajaba" con instrumento que creyeron el diablo. Eso sólo hizo tambalear el encuentro, que se llevó a cabo al final, después de mil escarceos.
El gran Ancalinguen rodeado por más de mil hermanos fue a toparse con el milico García. Dijo que el tratado no se hacía allí sino más adentro en la laguna y que algunos caciques desconfiaban de esa tropa tan mansa. El visitante se enojó. Dijo que éramos "sus hermanos" y que nosotros mismos le habíamos pedido muchas veces por ser "el único capaz por su opinión de entablar los tratados de paz". Dijo que estaba viejo y cansado, pero que venía porque quería terminar con la guerra. Hizo formar a sus milicianos para que los viéramos y nos convenciéramos de sus intenciones. Nos acercamos y los husmeamos bien, también para ver si había Gauliche. Al final, cansados todos, nos dormimos en el campamento de los blancos, confiados como ellos.

Al día siguiente, empezaron a llegar otras bandas.
El cacique principal Lincon irrumpió con cerca de 200 guerreros a todo galope, arrojando lanzazos y sableando al viento.
Poco después vinieron otros caciques al mando de sus hombres, distribuidos en "divisiones", totalizando nueve de ellas (cuadro 11, pág. 190).
De inmediato se produjo un parlamento entre Lincon y Avouné (el otro principal) a fin de decidir si firmaba ya los tratados o aguardaban a los ranqueles que seguían remisos.
Luego de violento debate acordaron que los huilliches y ellos lo harían ahora y que a posteriori García marchara hacia los ranqueles.
Al coronel no le pareció mal la idea.
El día 28 todos se reunieron en un gran parlamento; en él, los indígenas hicieron hincapié en la tenencia de la tierra y en su calidad de despojados, efectuando de viva voz los reclamos. García explicó que la situación era ahora diferente, porque los gobernantes de Buenos Aires impulsaban la unión con los hermanos indios.
Sobre el final de la reunión, que casi había demandado cinco horas, llegó el cacique Negro (Llampilco) con 500 de sus tehuelches, quien después de plantear sus diferencias con los otros caciques, suscribió la paz.
A partir de entonces se mantuvieron nerviosas gestiones con los ranqueles, a través de "correos" que llevaban y traían mensajes, actuando como mediador el cacique Lincon.

El núcleo rebelde integrado por Pablo el vorogano, Calimacuy, Joaquín, Antenau y Grenamon decidió no concurrir aduciendo que de acuerdo con

11. ENCUENTRO DE GRUPOS TEHUELCHES, RANQUELES Y ARAUCANOS, CON LA MISIÓN GARCÍA EL 27 DE ABRIL DE 1822

Detalle según Pedro de Angelis

División	Cacique	Efectivos (1) (Hombres de pelea)	Armamento				Observaciones
			Lanzas	Sables	Tercero-las	Bolas y dagas	
1ª	Lincon (principal)	200	24	36	3	137	(1) Incluidos los desertores
2ª	Avouné (principal)	180	14	31	5 (2)	130	(2) En éstas se hallan también las pistolas y trabucos
3ª	Anepan	260	19	15	13	214	
4ª	Pichiloncoy	296	29	10	1	256	
5ª	Acaliguen	300	32	10	-	258	
6ª	Llangueleu (3)	140	15	3	-	122	(3) Y caciques Huilletrur, Antiguán y otros
7ª	Chañabilú (4)	450	37	17	11	385	(4) Y Chañapan, Neculpichuy y Triguin
8ª	Cachul y Catriel (5)	364	20	23	3	318	(5) Y otros
9ª	Huilliches (6)	400	56	14	5	325	(6) Nigiñile, Quiñifoló y Pichincurá
Total 9		2.590	246	159	41	2.145	

Chinas y muchachos de ambos sexos que se hallaban esparcidos por el campamento: 650.
Total de la reunión: 3.250 aborígenes.

Fuente: CGE., *op. cit.*, pág. 409.

la costumbre este gobierno debía entregar regalos como base de los tratados –en este caso 50 aperos completos con espuelas y estribos de plata, sombreros, espadas, casacas, etcétera– y que habiendo tomado conocimiento que esos presentes no existían habían optado por no acercarse a la comitiva oficial.

Esta situación exasperó a García, que por un momento perdió su calma habitual, tal como se desprende de un parte de la expedición. Los ranqueles disidentes lo habían sacado de sus casillas.

"Mirados bajo el punto de vista en que deben analizarse, estaban de acuerdo con sus ulteriores miras, las que han manifestado desde el principio del siglo pasado; es decir, que siempre han fundado su conveniencia, su prosperidad y su incremento, en principios que ciertamente harían nuestra ruina y desgracia. Jamas se han acomodado á otros que no han sido el robo y el pillaje, egercidos constantemente sobre nuestras poblaciones fronterizas, y que les han proporcionado fortunas, y procurado, á costa de los pobladores de aquella parte de la campaña, su engrandecimiento y un considerable aumento en sus ganados de toda clase, en especies, en cautivas ó esclavas: sin que les costase mas que presentarse á nuestros paisanos, enmascarados, las caras pintadas, y armados con una caña y piedras: agregándose á esta pantomima un poco de valor característico y emprendedor, calidad conocida en todo indígena, y principalmente en esta tribu, que tiene un génio mas guerrero que las demas limítrofes.

Esta conducta, ventajosa para ellos, los ha enriquecido á costa nuestra, desde tiempos atras: así, si la abandonasen serían unos incautos, porque ¿qué males han experimentado en sus incursiones á nuestra frontera? ¿Qué pérdidas, qué escarmientos, qué matanzas o carnicerías se han echo con ellos en las distintas épocas en que han desplegado sus miserables líneas á la vista de nuestros milicianos? ¿Qué detrimento, que cautiverio han sufrido sus bienes y sus familias, en las empresas, que nuestros milicianos ó tropas que han custodiado la frontera han intentado sobre sus campos o poblaciones? Cuántas veces han invadido y se han retirado sin presas, haciendo conocer á los dueños de ollas, lo necesario que es guardarlas mejor, y los medios que deben ponerse en planta para librarse de las funestas y continuas lecciones que les ha dado la experiencia. ¿Cuántas veces? –pero para [qué] recordar tristes memorias, que echarían una luz sombría sobre los trabajos mencionados en esta memoria. Bastan estas indicaciones para hacer conocer cual es el objeto y el fin que se proponen nuestros rivales. Ellos conocen bien que geográficamente, por su situación, se hallan garantidos de todo lo funesto ó desgraciado que puede sobrevenirles: ellos no ignoran la imposibilidad de nuestros recursos, para poner en egecucion la empresa de buscarlos en sus mismas guaridas, é indemnizarnos de lo mucho que nos han arrebatado, y rescatar los esclavos que han usurpado á nuestra poblacion industriosa. Lo conocen, no hay duda, pero llegará tiempo en que nuestros recursos prosperen: entonces sentirán el peso de nuestra venganza, y empezará una época diferente de aquella en donde encontraron tanto placer en asaltarnos impunemente. Llegará época, en que tengan que ir á mendigar el sustento y acampar sus tristes chozas en las faldas de los altos Andes, y llorando la suerte de sus mugeres é hijos, maldigan la conducta que por tanto tiempo observaron contra el país que les hizo mas dulce su existencia, y les proporcionó los medios y los artículos mas preciosos para hacerla más llevadera con la reciprocidad del trato. No hacemos estas reflexiones con la esperanza de retraerlos de sus designios, sino para dar una idea del carácter de estos hombres, y de los principios que reglan su conducta".[52]

García tenía sus ambivalencias. Fundamentalmente respecto a aquellas comunidades que no se incorporaban a sus planes. Pero también admitía la realidad. Por eso decidió ir al encuentro del cacique principal Neclueque, jefe del grupo ranquel, que quería firmar la paz.

Cerca de 1.500 indígenas esperaron ese 5 de mayo de 1822 al coronel García y parlamentaron después durante horas. El tema de los cautivos, preocupación constante de Buenos Aires, fue inteligentemente diluido por Neclueque.

Algunos días después García y sus hombres iniciaron el regreso. Quedaban atrás tres meses de gestiones en territorio indio que finalizaron con una tormentosa incertidumbre promovida por los ranqueles quienes desde sus toldos amenazaron con destruir a los enviados del gobierno. Éstos, con la protección de escoltas tehuelches, llegaron sanos y salvos a la ciudad puerto.

Así como desde Buenos Aires García emprende acciones para la integración, desde la campaña Rosas actúa en la misma dirección, sustentándose en lo nefasto del fenómeno bélico:

"La empresa más riesgosa, peligrosa y fatal, capaz de concluir con la existencia, con el honor, y con el resto de fortunas, que ha quedado en la campaña, es la de sostener guerra á los indios, y mover expedición contra ellos. La guerra, ese azote de la humanidad, ese mal alguna vez necesario, antes de romperse, ó de ejecutarse, debe ser el efecto de la más pensada elección entre dos males necesarios, como el menor: debe ser el resultado de una necesidad inevitable, por utilidad y conveniencia de la Provincia".

"Entre ahora en sí mismo el pensador, y medite, si cuando todo es inseguridad, y si cuando nuestra casa aún no está ni bien ni mal guardada, será conforme con las reglas de utilidad decidirse por la guerra contra los indios".[53]

Rosas propone la amistad con los indios y aún la posibilidad de que los hacendados los incorporen a las faenas agrícolas. Sin duda vigila sus intereses e intenta frenar la guerra. Pero las comunidades indígenas así como reciben la posibilidad de una paz con condiciones, reciben al mismo tiempo el mensaje de la muerte.

La era del violento *"Capitán Grande"*

El 7 de marzo de 1820 en la estancia de "Miraflores" un grupo importante de tehuelches y ranqueles entre los que se encontraba el cacique Lincon, suscriben un tratado de "fraternidad y seguridad recíprocas" con el enviado de Buenos Aires, el comandante de la campaña brigadier general Martín Rodríguez; el artículo cuarto establecía claramente los límites de los territorios respectivos: "se declara por línea divisoria de ambas jurisdicciones el terreno que ocupan en esta frontera los hacendados, sin que en adelante pueda ningún habitante de la Provincia de Buenos Aires internarse más al territorio de los indios".

Los indígenas como contrapartida, se obligaban a devolver los miles de animales robados durante el último tiempo.

Pero la paz era una ilusión.

Porque Pablo Gaylquin, el vorogano, conocido por su cacicazgo poderoso e intransigente, desconfiaba del brigadier general Rodríguez, que ansiaba salir al desierto a perseguir y castigar "infieles". Algunos hechos desencadenaron las masacres: la crisis institucional del año 1820 que sometió a Buenos Aires a una vertiginosa sucesión de gobiernos mientras los caudillos del Litoral los enfrentaban, lo cual provocaba el desguarnecimiento de las fronteras; y el descomunal malón sobre Salto (3 de diciembre de 1820) que demostró un poderío indígena en crecimiento alarmante.

El ahora gobernador Rodríguez inició los aprestos de una expedición dispuesta a avanzar indiscriminadamente sobre las comunidades del sur de la provincia, desoyendo las voces de quienes como Rosas le advirtieron que no atacara a los tehuelches, presuntamente inocentes y ajenos al malón de Salto.

Las instrucciones de Rodríguez para su estado mayor no admiten dudas sobre sus propósitos:

"No detendrá sus marchas por ninguna promesa de los indios; por el contrario proseguirá hostilizandolos hasta conseguir el rescate de las familias y haciendas, destruir la fuerza de Carrera y si es posible conseguir su persona y la de sus secuaces…".

"Llegando la división a las tolderías cargará con todas las familias de los indios que encontrase, sirviendo estas para canje de nuestros cautivos en caso de continuar la guerra".

"No admitirá neutralidad alguna. Las tribus que no han tomado parte contra nosotros deben hostilizar a los invasores y de lo contrario se usará con ellos del derecho de represalia, conciliando los intereses de la Provincia con los deberes de la humanidad".

"Las operaciones de guerra y marchas seran con arreglo a las instrucciones verbales que se le han dado, teniendo siempre presente que el principal objeto es escarmentar a los indios y alejarles para siempre de los proyectos de invasión…".[54]

La expedición era impresionante: 2.500 soldados, 8 cañones, 1.900 fusiles y carabinas, 900 sables, 1.000 lanzas. Pero los resultados no fueron los buscados. Los responsables del ataque a Salto se habían internado demasiado adentro y la furia de Rodríguez se descargó sobre algunos grupos tehuelches que a pesar de repeler la agresión tuvieron por lo menos 150 bajas (16 de enero de 1821).

El gobernador ordenó a su regreso que los indígenas conchabados en las estancias de Ramos Mejía fueran detenidos acusados de traidores:

[De estos naturales] "reciben los demas indios las noticias que favorecen sus asaltos repentinos, por ellos saben cuando se les piensa perseguir, y en fin, en esta estancia se proyectan los planes de hostilidad contra la Provincia".

[Don Francisco] "ha dado pruebas de una amistad tan estrecha con los salvajes que la prefiere a la de sus propios conciudadanos contra quienes en esta vez ha procedido escandalosamente, al paso que trabaja con tesón en hacer desaparecer de este distrito la religión y lo ha conseguido entre la mayor parte de los habitantes".[55]

No se conocen las condenas sufridas por este grupo de detenidos, pero si consideramos la venganza –malón del 30 de abril de 1821 que incendió Dolores y Kaquelhuincul– no deben de haber sido leves.

En abril de 1822 cerca de 500 tehuelches invadieron Pergamino.

Poco más tarde los voroganos de Pablo, reforzados por unos 2000 mapuches llegaron en sus correrías hasta las inmediaciones de Buenos Aires y Santa Fe. El poder indígena se enseñoreaba por todas partes.

Los gobernadores de esas ciudades intentaban frenarlo. Martín Rodríguez y Juan Bustos firmaron un pacto por el cual decidieron avanzar sobre las bandas que asolaban la frontera.

Se inicia así la segunda expedición de Rodríguez integrada nuevamente por 2.500 hombres sujetos a un reglamento severísimo que castigaba "con pena de muerte a los desertores o a cualquiera que por cualquier motivo se separara cierto número de cuadras de la línea".[56]

Rodríguez puño de hierro entraba a sangre y fuego con sus propios hombres. La mañana del 15 de abril fusiló a ocho de ellos, infractores del edicto.

El 28 de abril la expedición se puso en marcha y a los pocos días comenzaban las febriles "negociaciones de aproximación" con las avanzadas tehuelches. Rodríguez buscaba su alianza para atacar a los ranqueles. Quizás en esos días lo bautizaron "Capitán Grande".

Lo cierto es que las gestiones fracasaron, porque los indígenas, adelantándose a las intenciones de Rodríguez, lo atacaron el 8 de mayo.

Ese día, en las inmediaciones de una laguna llamada más tarde La Perfidia, fueron muertos seis oficiales del estado mayor del "Capitán Grande".

Algunas versiones dicen que en realidad fueron sacrificados una vez que habían pasado a las tolderías en calidad de rehenes mientras se llevaban a cabo las últimas negociaciones.

Una vez más los intentos de someter a las comunidades indígenas de la provincia de Buenos Aires habían fracasado. La política del exterminio vuelve a asomar como la única posibilidad.

"La experiencia de todo lo hecho nos enseña el medio de manejarse con estos hombres; ella nos guia al convencimiento que la guerra con ellos debe llevarse hasta su exterminio. Hemos oído muchas veces a génios más filantrópicos la susceptibilidad de su civilización e industria, y lo facil de su seducción a la amistad... Era menester haber estado en contacto con sus costumbres, ver sus necesidades, su carácter y los progresos de que su génio es susceptible para convencernos de que aquello es imposible... Veriamos, también con dolor, que los pueblos civilizados no podrán jamás sacar ningun partido de ellos ni por la cultura, ni por ninguna razón favorable a su prosperidad. En la guerra se presenta el único, bajo el principio de desechar toda idea de urbanidad y considerarlos como a enemigos que es preciso destruir y exterminar...".[57]

Mejor suerte había tenido el gobernador Bustos que desde Santa Fe y con cerca de mil hombres avanzó hacia los toldos del ranquel Lienán a quien sorprendió en la madrugada del 17 de mayo. El ataque desarmó a los indígenas que perdieron más de un centenar de guerreros.

Pero la alegría de Bustos y la angustia ranquel fueron efímeras.

En septiembre de 1823 en una incursión de las bandas sobre Rosario fue muerto el comandante Juan Luis Orrego –mano derecha de Bustos– y veinte de sus hombres. En octubre, un inmenso malón de 5.000 ranqueles y tehuelches conducidos por los caciques Juan Catriel, Calfiau y el "renegado" Molina se desencadenó sobre las inmediaciones de Santa Fe y Buenos Aires en forma simultánea, arreando hacia el corazón de la llanura miles de cabezas de ganado. De todas las partidas que salieron en busca de los indígenas solamente la de Rosas alcanzó a un grupo de ellos cuando ya confiados regresaban a sus toldos, logrando rescatar parte de la hacienda.

Las comunidades indígenas mantenían sólidas sus posiciones. Estaban cada vez mejor organizadas y armadas. Satisfechas, descansaban en sus toldos en el invierno de 1823, mientras el gobernador Rodríguez se prestaba a luchar contra ellas una vez más.

Su plan consistía ahora en avanzar las fronteras hasta el río Negro, fundando en el camino un pueblo en la actual Bahía Blanca y complementando la marcha terrestre con una expedición marítima que serviría de apoyo a las operaciones.

En enero de 1824, el "Capitán Grande" y el jefe de la expedición, general Rondeau dieron la voz de ataque a los 3.000 hombres.

Cerca de la Sierra de la Ventana, las vanguardias indígenas comenzaron tareas de hostigamiento a la fuerza expedicionaria; amenazaban atacar y se retiraban rápidamente, ordenándose en posición de combate y desapareciendo de golpe. La táctica era simple pero efectiva, por otra parte seguía una tradición cultural casi universal.[58]

La baja moral y el desgaste se fueron apoderando de los hombres del gobernador, incrementados cuando 3.000 tehuelches les salieron al encuentro manteniendo un corto pero intenso combate en la Sierra de Pillahuinco. Por esos días los soldados buscaban afanosamente agua, cavando hondos pozos de donde por lo general extraían algunas gotas acompañadas de mucho barro. La situación se estaba tornando otra vez difícil para la expedición.

Una vez más, lo que había empezado con encendidas proclamas, amenazas a los caciques, constitución de poderosas columnas expedicionarias y aspiraciones de exterminio, terminaba en una debacle que orillaba el desastre.

La política de Rodríguez de movilizar pesados y lentos contingentes chocaba con una llanura desconocida y hostil en donde el frío, la falta de agua y alimentos descorazonaban a la tropa que contemplaba absorta cómo los indígenas se deslizaban sobre ella casi gráciles, como si fueran pájaros.

La triste retirada del "Capitán Grande" fue seguida de cerca por los vigías indios que observaban cómo se desmembraba día a día un ejército que lo único que quería era regresar cuanto antes a los poblados.

El edecán de Rondeau, Manuel Pueyrredón, dejó páginas patéticas sobre estos hechos, especialmente los referidos al sufrimiento de los negros del batallón de Cazadores, objeto de una despreciable discriminación racial:

"Jamás he experimentado tanto frio como en esas pampas desiertas, ni aun en los páramos de las cordilleras, cuando la pasaba con la nieve á medio cuerpo; y si á esto se agrega, la calidad de los campos, de puros cañadones, en que se caminaba por entre el agua, se podrá hacer una idea aproximada de lo que tendríamos que sufrir…"

"Las jornadas que se hacian eran muy cortas. Sólo una vez caminamos cinco leguas. Las demás eran de dos, de legua y media, de veinte cuadras, y hubo dia que solo se caminó cinco cuadras!…"

"… los que más tuvieron que sufrir, fueron los negros del batallón de Cazadores, que volvian hechos pedazos y casi todos sin calzado."

"La mayor mortalidad, fué de estos infelices, no habia dia que no hicieran recojer del campo negros helados, á veces hasta nueve."

"El gobernador que era testigo de esto, se aflijia, y se alentaba á socorrerlos… mas de sesenta quedaron inválidos, comidos los piés, que se les caian á pedazos sin sentir;…"

"He visto después muchos de esos inválidos en las calles de Buenos Aires arrastrándose por el suelo en pequeños cueros para caminar con las rodillas, buscando los medios de subsistir de la caridad pública…"

"… Los vivanderos habian vendido todo cuanto llevaban; algun arroz y galleta que aun les quedaba, se lo compró el gobernador para distribuirlo á la tropa; pero esto fué un triste y corto recurso."

"Les compraba tambien los bueyes de las carretas que vendian para leña… Se despacharon varios chasques al Tandil, pidiendo ganado vacuno; pero tardó tanto que el ejército estuvo cuatro dias sujeto á una pequeñísima racion de los bueyes que se pagaron á precios fabulosos".

"Había observado que á la hora de la carneada, concurrían porcion de ellos al cuartel general, y á la escolta, á sacar achuras y no dejaban mondongo, ni tripas y pedian á los soldados algunas otras achuras (desperdicios de la res). Al principio me chocó sobremanera esta conducta; pero cuando supe que se les mezquinaba la carne, mientras que sus gefes y oficiales tenían hasta para tirar, mandé que de las reses de la escolta, se reservase todos los días media res, para distribuirla á los cazadores".[59]

De la mano del "Pichi-Rey" Carrera: malones y montoneras

De Chile no sólo venían araucanos.

También lo hacían exiliados políticos como José Miguel Carrera, general disidente, que buscaba en el territorio argentino reagrupar una fuerza que le permitiera disputar el poder a su adversario O'Higgins.

"Pancho" Ramírez, caudillo de Entre Ríos, y Estanislao López, de Santa Fe, lo cobijaron. Pasó entonces a engrosar sus filas confundiéndose en las luchas civiles argentinas del "interior" contra Buenos Aires.

Pero pronto reagrupó a sus montoneros. A ellos unió algunas bandas de araucanos, tehuelches, pehuenches y en cierto momento guaikurúes.

La confusión política del momento, la violencia desatada y las constantes luchas de los indígenas por la defensa de su tierra y sus valores hicieron el resto.

Carrera y sus hombres fueron por esos años un vendaval, especialmente después del Tratado de Arroyo del Medio en 1820, entre Buenos Aires y Santa Fe, por el cual el chileno perdió su condición de refugiado político entre los caudillos. Se hundió entonces en las tolderías de Pablo el vorogano, que lo recibió efusivamente.

Carrera era un hombre desgarrado. Añoraba volver a Chile pero no encontraba el camino. Al unirse a los caudillos logró fortalecerse; cuando fue abandonado por ellos consolidó sus lazos con los indígenas y con ello fue perdiendo sus objetivos en una lucha en la que era difícil discriminar qué pertenecía a él y qué a las comunidades de la llanura que lo alojaban.

El 3 de diciembre de 1820 como ya vimos, miles de indios se abatieron sobre Salto con el chileno a la cabeza, destruyéndola por completo en una acción que conmovió los cimientos del poder político de Buenos Aires. El día anterior, Carrera, desesperado, escribe a su mujer:

"Ayer a las doce de la mañana llegué al campo de los indios compuesto como de 2.000 enteramente resueltos a avanzar sobre las guardias de Buenos Aires para saquearlas, quemarlas, tomar las familias y arrear las haciendas. ¡Doloroso paso! En mi situación no puedo prescindir de acompañarlos al Salto que será atacado mañana al amanecer. De allí volveremos para seguir a los toldos en donde estableceré mi cuartel para dirigir mis operaciones como más convenga. El paso de mañana me consterna y más que todo que se sepa que yo voy, pero atribuyase por los imparciales a la cruel persecución del infernal complot".[60]

197

El "infernal complot" era la persecución política que Buenos Aires y aun sus ex amigos los caudillos habían lanzado contra él. Lo cierto es que con culpas o sin ellas, Carrera estuvo aquella madrugada destrozando Salto.

Entre los objetivos de su primera expedición, Martín Rodríguez se propuso obtener la cabeza de Carrera:

"Proclama del Brigadier general d. Martin Rodriguez,
gobernador y capitán general de la provincia de Buenos-aires,
á todos sus hijos y habitantes".

"Ciudadanos, que amais con sinceridad á vuestra patria: habitantes todos de esta provincia, que teneis sentimientos de humanidad: preparaos á escuchar con indignación y asombro la noticia, que acabo de recibir por comunicación oficial de 2 del corriente, y es como sigue.
"El comandante del Fuerte de Areco d. Hipólito Delgado en oficio datado hoy me dice lo que sigue. –Acaban de llegar á este punto el cura del Salto d. Manuel Cabral, d. Blas Represa, d. Andres Macaruci, d. Diego Barruti, d. Pedro Canoso, y otros varios, que es imponderable cuanto han presenciado en la escena horrorosa de la entrada de los indios al Salto, cuyo caudillo es d. José Miguel Carrera, y varios oficiales chilenos con alguna gente, con los cuales han hablado todos estos vecinos, que en la torre se han escapado. Han llevado sobre trescientos almas de mugeres, criaturas &c. sacándolas de la Iglesia, robando todos los vasos sagrados, sin respetar el copón con las formas consagradas, ni dejarles como pitar un cigarro en todo el pueblo, incendiando muchas casas, y luego se retiraron tomando el camino de la guardia de Roxas; pero ya se dice que anoche han vuelto á entrar al Salto." ... Es cuanto tengo que informar á V.S. previniéndole, que dicen, que es tanta la hacienda que llevan, que todos ellos no son capaces de arrearla. ..."
"Eh aquí, mis compatriotas, los últimos y extremos excesos, que acaba de cometer el horrible monstruo, que abortó la América para su desgracia. No necesito exagerarlos para irritar todo el furor de vuestra colera contra ese funesto parricida, que no ha pisado un palmo de tierra, donde no haya dejado espantosos vestigios de sus crímenes; crímenes atroces, que han costado las lágrimas, la sangre y la desolación de la patria. José Miguel Carrera, ese hombre depravado, ese génio del mal, esa furia bostezada por el infierno mismo es el autor de tamaños desastres.(...)"
"Honorable representación de esta heroica pero desgraciada provincia, permitidme desatender unos deberes, por cumplir otros mas urgentes. Yo juro al Dios, que adoro, perseguir á ese tigre, y vengar á la religión, que ha profanado, á la patria que ha ofendido, á la naturaleza, que ha ultrajado con sus crímenes. El cielo me conceda volver trayendo á mis conciudadanos el reposo y la seguridad. Buenos aires diciembre 4 de 1820.
–Martin Rodríguez."[61]

Después del infierno de Salto, Carrera se perdió en los asentamientos indígenas. De a poco fue reapareciendo en las zonas fronterizas, y con él, los naturales, confundidos en las rencillas políticas de los "blancos". Mientras se perseguía inútilmente a Carrera, algunos caciques tehuelches y ranqueles aliados de Buenos Aires recibían misiones de paz para ratificar las amistades; pero las alianzas eran en ese momento insignificantes. Muy pocas bandas permanecían fieles a la gran ciudad. El chileno en tanto, cómodo entre los ranqueles, recibía los halagos de cada vez mayor cantidad de comunidades. Respetado y protegido ya era para ellos el "Pequeño Rey" (Pichi-Rey). Así se lo demostraron, en un gran parlamento celebrado en su campamento en 1821 a través de un lenguaraz que "se dirigió a Carrera, para decirle que, habiéndose reunido en consejo las tribus indias, él había sido autorizado para congratular y dar la bienvenida al Pichi Rey, para informarse de su salud y de las dificultades que había encontrado en su camino, la situación del país que había dejado, las fuerzas militares de que disponían, cómo las empleaban y qué planes se proyectaban. Le pidió también una relación detallada de las ofensas recibidas. Hízole presente que, en testimonio de adhesión, se ponían todos a sus órdenes y no tenía más que encabezar las tribus para que volaran a vengar sus agravios y a empapar sus manos en sangre enemiga. Güelmo, el lenguaraz, anotó las ideas principales del discurso del cacique, y Carrera después de examinarlas detenidamente, respondió con una arenga muy formal que el mismo Güelmo tradujo. (…) Cuando terminaron esos primeros discursos, Carrera se dirigió a todas las tribus y les habló agradeciéndoles la confianza que le dispensaban y las fuerzas que ponían a su disposición (unos 10.000 guerreros, en total). Se declaró su protector y ennumeró las ventajas que sobrevendrían de esta unión".[62]

Carrera
Pichi Rey…
Grande
cuando habla con
nuestro padre Sol
todos los días
por la vida
de nosotros,
los hombres.

Pichi Rey
habla al Sol
y el Sol contesta
a Pichi Rey.

Nuestros,
juntos,
sabios,
el Sol y el Rey
hablando
de nosotros,
cuidando
los toldos.

"Anoche 19 del corriente se presentó de regreso del Salto el ayudante de plaza d. Dámaso Anzoátegui, quien en persona ha recibido la noticia siguiente:
"El cacique Nicolas Quintana ha detenido á Carrera diciéndole, 'que espere á las tropas de Buenos Aires', éste debia dejar los indios y dirigirse para otra parte con los chilenos que tiene á su mando, pero el dicho Nicolas le ha tomado la retaguardia, y no lo deja caminar: el referido ca-

cique es de nuestra parte, esta noticia la dá una cautiva, que ayer ha llegado al Salto, llamada doña Agustina Hernández, y dice, que Carrera habla con el sol todos los días, y dice lo que le responde el sol, todo á favor de los referidos indios para entusiasmo de ellos. –Es copia–. Álvarez"

NOTA

"Quien ha invocado mil veces al demonio en sus empresas infernales, ¿no hablará con el sol en sus conflictos? A un sacrílego, ¿qué le importa idolatrar? Los que hayan visto el tomo en folio manuscrito, en que los Carreras conservaban los apuntamientos de sus hechos, ó de sus maldades desde el principio de la revolución de Chile, (…) saben, que la máxima favorita de su política era adoptar todos los medios, que conviniesen á su ambicion, aunque estubiesen en oposición con todos los principios de justicia, de decencia, y de virtud; de suerte que en razon de sus proyectos criminales siempre han estado prontos á intrigar con los españoles, á tentar con los portugueses, á ligarse con Artigas, á federarse con las fieras, á robar el copon con hostias consagradas, á aliarse con los salvages, á hablar con el sol, y también con los diablos, para irse al fin con ellos".[63]

Nuestros,   La fiesta,
juntos,   la tierra,
sabios,   los potros,
el Sol y el Rey   la risa.
hablando
de nosotros,
cuidando
los toldos.

El 9 de marzo de 1821, en una acción que Carrera transformó de retirada en contraataque, derrotó en el sur de Córdoba a las fuerzas del gobernador Bustos, infligiéndole cerca de 150 bajas.

Las fuentes[64] coinciden en afirmar que fue decisiva la intervención de unos ocho capitanejos indígenas, acompañantes de Carrera, más otros tantos montoneros, que avanzaron con furia sobre el ejército cordobés.

Semejante acto de arrojo hizo que el resto de la fuerza del chileno volviera grupas y partiera en dos a las columnas de Bustos.

Envalentonado, Carrera derrotó dos días después al ejército de San Luis, aposentándose en las inmediaciones de la ciudad para posteriormente dirigirse hasta Melincué, esperanzado por las noticias de nuevas desavenencias entre Ramírez y la metrópoli.

Mientras tanto, el gobierno de Buenos Aires procuraba ganar la confianza de las principales bandas, especialmente ranqueles y tehuelches a fin de aumentar sus fuerzas contra Carrera y su aliado Pablo.

Pero la confusión podía más que estas endebles uniones. No se sabía bien quién estaba con quien. Y como si esto fuera poco, el fantasma de las deserciones, que en determinados momentos rayaba la sublevación lisa y llana, se manifestaba en cuanto encontraba un resquicio. Se fusilaba sin miramientos en un desesperado intento por imponer la disciplina. En sus partes y notas los jefes militares comunican a los superiores sus desventuras; entre ellos el coronel Elías Galván que sueña con aplastar a los insurrectos:

"No hay honor, ni amor patrio, ni moralidad. Escandalizaba observar una indiferencia tan grande en los peligros que le tocan mas de cerca, un desprecio cuando se les habla de bien general y un abandonamiento absoluto de todo lo que suena a servicio. Yo estoy convencido que observo en estas gentes una disposicion a unirse no digo a los anarquistas pero aun a los barbaros. La desmoralizacion es tan general que comienza por los oficiales pasa a los soldados y llega hasta las mujeres. En el estado de maledicencia y criminalidad a que han llegado estos hombres solo con el terror se les puede hacer tomar el sendero del honor".[65]

A fines de abril y principios de mayo Carrera invade la costa del río Salado en el sudeste de la provincia de Buenos Aires; buscando al mismo tiempo volcar a su favor a los caciques todavía remisos. Intenta persuadirlos de que él los trata "como a hermanos y americanos". Algunas bandas tehuelches y ranqueles comienzan a inclinarse por el chileno: "Lincon y demás hermanos se hallan reunidos en son de guerra desde la Sierra de la Ventana hasta Salinas" es lo que informa el lenguaraz Manuel Valdebenito.

Pero el Tratado del Cuadrilátero firmado el 22 de enero de 1822 entre Buenos Aires, Santa Fe, Entre Ríos y Corrientes y la muerte de Francisco Ramírez poco antes, ayudaron al eclipse definitivo de Carrera, que debió emigrar hacia el oeste. Comenzaba a cerrarse sobre él, un cerco final.

El 31 de agosto de 1821, el ejército mendocino sorprendió a un Carrera agotado y desmoralizado en el paraje de Punta del Médano, derrotándolo completamente y causándole una catástrofe en sus fuerzas. El parte de guerra firmado por el comandante victorioso, coronel Albino Gutiérrez, así lo asevera:

"El producido de esta jornada que tanto honor hace a esta Ciudad (Mendoza), pues por ella se ha destruido el injusto invasor Carrera, que tantos males ha causado a los pueblos de la Unión, ha sido: muertos en el campo de batalla, 169; en la persecución que les hizo el Comandante Olazábal, 30; en la del Sargento Mayor Don Ramón Aicard, 4; prisioneros existentes en Mendoza, 197; presentados, 80; oficiales muertos en el campo de batalla, 4; oficiales prisioneros, el General don José Miguel Carreras, su segundo el Comandante Don José Manuel Benavente (sic) los de igual clase Don Felipe Álvarez y don José Manuel Arias; 6 capitanes, 6 tenientes y 4 alferes. Hechos prisioneros en el campo de batalla, el Sargento Mayor y Gobernador de San Luis nombrado por Carrera, Don José Gregorio Giménez, 3 tenientes, 2 subtenientes, todo su armamento, municiones, bagayos, 400 animales entre mulas y caballos, y 70 mujeres".[66]

Prácticamente no había indígenas entre el diezmado ejército carrerino. Un refuerzo de 400 ranqueles y araucanos de Pablo había sido cordialmente rechazado durante su estadía en Melincué, tal vez porque el chileno presentía el desastre que se avecinaba, que hacía aún más trágico el final. En la madrugada del 4 de septiembre de 1821 el Pequeño Rey mantuvo un último diálogo con el Sol, aunque nunca pudo transmitir lo que éste le había respondido. Segundos después fue fusilado junto con el coronel Felipe Álvarez y un soldado chileno llamado Monroy.

La cabeza y el brazo derecho de Carrera fueron llevados a Mendoza y expuestos en el Cabildo; el brazo izquierdo se envió a San Juan también para su exhibición.

La cabeza de Álvarez se remitió al gobernador Bustos.

Los oficiales victoriosos fueron ascendidos.

Como respuesta a la venganza de la sangre Pablo volvió a asolar la frontera.

Gestiones, paces y enfrentamientos en el "País del Diablo"

El problema de la tierra signa la lucha de las comunidades indígenas. Ellas, por conservarla, ya que era su propiedad; el gobierno de Buenos Aires por apropiarse de ella.

La "enfiteusis", sistema de arrendamiento de la tierra, por el cual se buscaba su ocupación definitiva, fue sancionada por decreto de 1822 durante la gestión de Martín Rodríguez, y a instancias de su ministro Bernardino Rivadavia, que consigue a cambio un préstamo de la Casa Baring Brothers de Inglaterra.

Para el gobierno la ocupación de la tierra no tiene motivos claros todavía. Es más que nada una desordenada compulsión a extraer de ella tributos económicos que salden las deudas que comienza a contraer el incipiente Estado argentino.

La tierra, centro de todos los problemas, moviliza constantemente la lucha por la frontera. El indio la defiende y en ello le va la vida.

Hacia 1821 los indígenas mantienen a raya la zona noroeste de la provincia de Buenos Aires, mientras otra figura cobra cada vez más vigor entre las fuerzas militares: el coronel Federico Rauch, que es enviado reiteradamente a combatirlos.

En 1825 el gobernador Las Heras designa como jefe del regimiento de Coraceros en la zona de Chascomús al teniente coronel Juan Lavalle quien mantiene algunas escaramuzas en una confrontación que no cesa.

Para esa misma época, por medio de un contrato con el gobierno de Buenos Aires, los comisionados Fernando, Ángel y Calixto Oyuela marchan hacia Bahía Blanca a pactar la paz con los ranqueles, araucanos y tehuelches.

Después de algunas dudas, cuarenta caciques decidieron firmar los tratados, ceremonia que se realizó en Buenos Aires, mientras parte de los comisionados permanecían como rehenes en las tolderías.[67]

En esta política de aproximación es de destacar las gestiones llevadas a cabo por Rosas ante los tehuelches, que culminaron con un gran parlamento en el Tandil (1826), y un posterior tratado por el cual se fijaron nuevos límites, se intercambiaron prisioneros y se propuso la paz integral. Paralelamente, los ranqueles firmaban un importante tratado con los enviados de las provincias de Buenos Aires, Córdoba y Santa Fe:

"En la laguna del Guanaco sita treinta leguas más arriba de Salinas, y como ciento y mas leguas de la Villa de la Concepción al Sud, a veinte de Diciembre de ochocientos veinticinco, habiendo concurrido con su indiada los caciques, y caciquillos ranqueles Millan, Eqüan, Güemin, Güequm, Tranamá, Yanquelen, Sienan, Millamnamon, Ranquel, Quechudeo, Curritipay, Pallaguin, Güenchul, Nagüelan, Qiuchan, Cuellan, Qsuelapay, Ocol, Colepi, Chodan, Carramé, Meliquan, Nicolás, Carrane, Calquillan, Coleman, Marin, Payan, Payayan, Cayman, Chico, Anteolan, Yacon, Nanpay, Chequin, Imelan, Güenulinquin, y los diputados que suscribimos hemos realizado el tratado de paz en los términos siguientes:

"1- Que ellos reconocen por único gobierno de todas las provincias al Soberano Congreso.

"2- Que la paz debe ser con todas las provincias.

"3- Que si algún cacique quisiera invadir a cualquier provincia ellos deben impedirlo, y si fuese preciso, atacarlo pues de lo contrario desde el momento de invadir a cualquier provincia quedará declarada la guerra contra ellos por todas las demás.

"4- Que las cautivas serán canjeadas una por otra, pues entregarlas todas como se solicitaba no era posible por estar la mayor parte casadas y con hijos; solo sí que serán rescatadas equitativamente.

"5- Que los terrenos comprendidos desde la Sierra del Volcán y Curicó por no pertenecer a la nación de ellos, solo debe convenirse, con los Güiliches etc. que son los dueños de dichos terrenos.

"6- Que ellos podrán entrar a cualquiera provincia a su negocio, debiendo tocar primeramente a la frontera más inmediata, y presentarse al comandante de ella, para que este los haga acompañar con uno o más soldados hasta su destino, y del mismo modo a su regreso, para lo cual se les ha dado pasaporte a los caciques que lo han pedido."

"Acordado así con los cincuenta caciques y caciquillos nombrados arriba, lo firmamos los comisionados para el efecto por los gobiernos de Buenos Ayres, Córdoba y Santa Fe-Vicente Azpillaga-Pedro Vargas-Como diputado de Córdoba y sustituto del de Santa Fe. Pedro de Bengolea".[68]

Pero estos intentos de pacificación recíproca son esporádicos.

El 6 de febrero de 1826 se dicta la ley que crea el Poder Ejecutivo de las Provincias Unidas, asumiendo el poder Bernardino Rivadavia y con él accede también una política de no integración que procura mantener separadas y alejadas a las bandas indígenas de la llanura, evitando su aproximación por motivos no sólo defensivos sino económicos: la frontera es testigo de un intenso contrabando hacia ambos lados, incluyendo el ganado robado.

Desde 1822 el ingreso al territorio indígena requería un permiso especial, disposición que tenía por objeto poner trabas al intercambio ilegal. Rivadavia le da a esa medida un nuevo impulso con su decreto del 16 de febrero de 1826, por el cual el territorio indígena pasa a ser virtualmente una zona prohibida.

"Consecuentemente pues, con la marcha que se ha propuesto seguir, para dar una firme garantía a las propiedades de la campaña, a lo que contribuirá el establecimiento oportuno de medidas de policía sobre la frontera, y considerando que no debe permitirse al internarse a dicho territorio sin que se den todas las seguridades que demanda el interés del país, y se justifique plenamente su conveniencia sin perjuicio del mismo, el Presidente ha acordado y decreta:

"Art. 1° Conforme a lo dispuesto en 30 de Mayo de 1822, ningún habitante de la Capital o la Campaña pasará al territorio que ocupan los bárbaros fronterizos, sin obtener permiso especial del gobierno a virtud de solicitud que se girará por el Ministerio respectivo."

"Art. 2° Todo el que solicite permiso para internarse en el territorio de los bárbaros, deberá espresar en la representación con claridad el objeto de la espedición, su domicilio, el mayor tiempo que ha de servicio del permiso y las personas de que ha de acompañarse".[69]

Complementariamente, Rivadavia promueve una política de poblamiento de la frontera, que busca establecer pueblos alrededor de los fuertes.

Pero la frontera que tiene en mente no existe en la realidad.

Los malones recrudecen en 1826, especialmente en Salto, Arrecifes y Dolores, y los enfrentamientos no tardan en producirse alentados por la violencia de ambos lados. Buenos Aires cuenta ahora con el coronel Rauch, nuevo adalid de la política del exterminio.

El 31 de agosto de 1826 en un paraje denominado Puesto del Rey, entre Arrecifes y Salto, se produce un violento combate entre 800 indios y 350 soldados de Rauch.

Al día siguiente en la laguna La Brava, en las cercanías de Salto, Rauch sorprende a otras bandas infligiéndoles grandes bajas. Después de la lucha quedaron cerca de 200 muertos entre indígenas, españoles y chilenos desertores.

El 11 de septiembre, en Toldos Viejos, unos 50 km. al sur de Dolores, los indígenas se toman revancha, masacrando dos escuadrones del regimiento de Coraceros al mando del teniente coronel Morel que salva su vida por milagro.

Éste fue el pretexto que Rivadavia necesitaba para justificar sus planes ofensivos. Convoca inmediatamente a Rauch, que parte en una primera campaña hacia las tolderías de Sierra de la Ventana en octubre de 1826.

Allí sorprende a grupos araucanos, ranqueles y tehuelches. Los caciques Can-Huihuir y Colúmacun consiguen escapar, pero las pérdidas son graves: 200 guerreros muertos (entre ellos el cacique ranquel Mulato); recuperación de 12.000 cabezas de ganado, 4.000 caballos y 60 cautivas; robo de 150 mujeres indígenas.

Pero el grueso de los tehuelches resiste.

Y contra ellos emprende Rauch su segunda campaña, en la que reúne más de 2.000 hombres entre los cuales se incluyen indígenas de los caciques Negro y Catriel.[70]

Entre diciembre de 1826 y enero de 1827 Rauch lleva a cabo intensas operaciones llegando hasta la laguna Epecuén en el límite con La Pampa en donde dispersa a las bandas ranqueles de Pablo, rescatando cautivas y hacienda.

Pero la acción principal se materializó en el amanecer del 7 de enero cuando sorprendió nuevamente a los grupos indígenas acampados en Sierra de la Ventana, exterminándolos. Otros 200 muertos sembraron el terreno. Otras 100 mujeres indígenas fueron tomadas prisioneras. [71]

Y el prestigio del coronel Rauch creció vertiginosamente:

En julio de 1827 Rivadavia renunció y en su lugar asumió Vicente López. Pocos días después se reelige como comandante general de las milicias de caballería de la provincia de Buenos Aires a don Juan Manuel de Rosas, que se afirma como una figura descollante en la frontera.

Pero la cuestión más importante de este período es la del coronel Manuel Dorrego, que asume el gobierno de la provincia en agosto de 1827, designando a Rosas para mantener tratativas con los indígenas saliendo así al cruce de los sectores más violentos de Buenos Aires que anhelaban desatar una guerra sin concesiones encabezada por Rauch. Rosas quiere transformar el desierto, a través de la colonización de las tierras ganadas que estarían bajo la protección de los fuertes. Por otra parte, el objetivo de Dorrego es efectivizar la consolidación de la línea fronteriza intentada durante las gestiones de Rodríguez, Las Heras y Rivadavia.

Pero la política de Dorrego es básicamente integracionista y para ello utiliza la voluntad de los caciques aliados, a través de los cuales anhela atraer a las bandas rebeldes. En un documento del 25 de octubre de 1827 el gobierno designa al "... Teniente Coronel Cacique Dn. Benancio Coyhuepán para que a su nombre trate con todos los caciques del territorio situado al otro lado de la frontera y les haga entender que el gobierno actual de la Provincia se halla animado de sentimientos amigables hacia ellos, y decidido a cultivar las relaciones de armonía que deben existir entre los indios y los habitantes de la Provincia invitándolos a que vengan a conocer y tratar al nuevo gobierno". [72]

Coyhuepán era un cacique araucano que había ingresado al territorio argentino en 1827 instalándose en las cercanías del Tandil. [73] Junto con el cacique tehuelche Cachul, asentado en las márgenes del arroyo Tapalqué, constituyeron una dupla de invalorables aliados con la cual Rosas llevó adelante la fundación de fuertes en 1827 y 1828, afianzando la frontera. [74]

En los primeros días de 1827, Rosas funda el fuerte "Federación", antecedente de lo que hoy es la ciudad de Junín, y que por ese entonces contribuyó a reforzar las defensas de Luján, Salto y Rojas. En 1828 funda el fuerte "25 de Mayo", base de la actual ciudad homónima a unos 20 kilómetros al sudoeste de la laguna Cruz de Guerra, y el fuerte "Laguna Blanca" a medio camino entre el "25 de Mayo" y la "Fortaleza Independencia".

Con la fundación de la "Fortaleza Protectora Argentina" en abril de 1827 culmina, por parte de la gestión Dorrego, el proceso de penetración en el "País del Diablo" (el Huecu Mapu de los araucanos), esa zona misteriosa más allá del río Salado.

Se encomienda la tarea al coronel Ramón Estomba (que a la sazón permanecía en el Fuerte Independencia como jefe del regimiento 7° de caballería de línea) bajo la supervisión de Rosas. Jefe técnico de la expedición para analizar el sitio de construcción fue el ingeniero Narciso Parchappe, quien llegó a la bahía el 23 de marzo. Estomba llegó el 9 de abril y juntos decidieron el emplazamiento del fuerte, que fue el núcleo de la actual ciudad de Bahía Blanca.

La gestión de Dorrego cierra un ciclo de intensos movimientos fronterizos en el cual la provincia de Buenos Aires fue escenario entre 1810 y 1828 de sucesivos encuentros pacíficos y bélicos entre los indígenas y las fuerzas del gobierno, que preanunciaban una escalada cada vez más pronunciada hacia el enfrentamiento final (mapa 23).

Sin embargo esa escalada está salpicada con intentos de integración entre indígenas y población criolla. Dorrego, ayudado por Rosas, es un jalón en una línea política lamentablemente no profundizada. Este último propugnaba desde 1825 un "plan de colonización indígena" cuya finalidad consistía en que las distintas bandas, dirigidas por sus caciques, se instalaran en las estancias, adonde practicarían tareas agrícolas, ganaderas y las propias artesanales.

Diversas circunstancias políticas impidieron la oficialización de este proyecto que de todas maneras Rosas llevó a la práctica en forma particular con algunos centenares de indígenas que se convirtieron en trabajadores rurales.[75]

Las comunidades indígenas libres, por ese entonces ya más que vinculadas con los vaivenes político-institucionales de los centros urbanos, especialmente de Buenos Aires, se ven afectadas por el derrocamiento de Dorrego a manos de Lavalle.

Los caciques Cachul y Coyhuepán se pusieron a las órdenes de Rosas para resistir a los insurrectos y defender a Dorrego, pero fueron derrotados y dispersados en la acción de Navarro.

Dorrego fue fusilado en la mañana del 13 de diciembre de 1828 y el caos y la furia se desataron.

Grupos de voroganos sorprendieron y mataron al teniente coronel Morel (leal a Lavalle) y a 50 de sus Coraceros cuando buscaban indígenas rebeldes en febrero de 1829.

En marzo el coronel Rauch, también leal a Lavalle corrió la misma suerte. Sus tropas fueron ampliamente derrotadas en Las Vizcacheras –cerca de la estancia Los Cerrillos– y logró huir. Un grupo de indígenas lo persiguió un trecho y finalmente lo alcanzó, decapitándolo.

Entretanto las bandas indígenas, mezcladas a las tropas enfrentadas de Lavalle y Rosas, horrorizaban a la gente pacata de Buenos Aires:

23. MOVIMIENTOS FRONTERIZOS EN LA PROVINCIA DE BUENOS AIRES (1810-1828)
según J. C. Walther

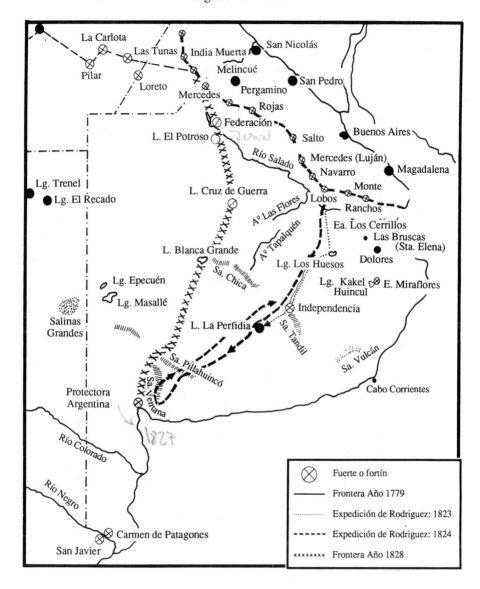

"Estamos en vísperas de un desenlace; mas entretanto la ciudad continúa bastante inquieta; nuestra suerte está pendiente del éxito de las armas, ¿quién será indiferente en una situación tan crítica?

"La presencia de los indios y la autoridad que ejerce entre los demás jefes uno de sus caciques son los motivos que ponen en consternación a los hombres sensatos.

"Si esta guerra es de partidos ¿por qué hacer pasar a una gran capital por la humillación de ser oprimida por los bárbaros?

"No falta quien murmura contra los extranjeros, ¿se sabe acaso la impresión que produce sobre un europeo el solo nombre de indio?

"Hay familias respetables salidas del seno de la civilización para derramarla en esta tierra hospitalaria, y se hallan espuestas a verse en presencia de masas heterogéneas cuyos hábitos, costumbres y figura le son totalmente desconocidas.

"Sea o no exagerado el retrato que se hace de ellos, cierto es que una amenaza terrible contra unos huéspedes pacíficos, el marchar escoltados con semejante aliado..."[76]

El Pacto de Cañuelas consigue la paz entre Lavalle, Rosas y Estanislao López, catapultando como gobernador de la provincia de Buenos Aires al general Juan José Viamonte, que vuelve a repartir tierras en la frontera para poblarlas y llenarlas de vida no precisamente indígena.

Las relaciones con el Estado naciente y la alianza con los caudillos

A través de todo lo expuesto, aparece una compleja e infinita red de vinculaciones entre las comunidades indígenas y el Estado naciente por medio de las múltiples expresiones institucionales de este último: comandantes de frontera, gobernadores, emisarios especiales, parlamentarios, comisionados, verdaderos canales de comunicación con el país en construcción. El contacto regional tampoco es una excepción y la relación estrecha y permanente con los caudillos del "interior" está sobradamente comprobada.

Los indígenas participaron una y otra vez de todo el proceso de luchas intestinas, por lo general tironeados de uno y otro lado –unitarios y federales– que los intentaban utilizar como mecanismos de presión en coyunturas adversas a través de alianzas y acuerdos.

De estas disputas los indígenas tratan de sacar su provecho, generalmente ligado al mantenimiento de la propiedad de la tierra, la realización de sus actividades comerciales centradas en la apropiación y tráfico de hacienda y la preservación integral de su forma de vida. Constantemente aparecen vinculados a Quiroga, a Bustos, a Ramírez, a López, aparecen vinculados a una realidad política y cultural en la que están necesariamente mezclados.

En la batalla del Gamonal del 2 de septiembre de 1820, en que Estanislao López derrota a las fuerzas de Dorrego, participa medio centenar de guaikurúes a las órdenes del primero.

Francisco Ramírez también intenta la colaboración de los guerreros chaqueños cuando en 1821 ataca a la ciudad de Santa Fe combatiendo contra López; pero aquellos, quizás con el recuerdo de la derrota de Artigas a manos del Supremo Entrerriano, se colocan del lado de López.

Bustos y Quiroga que pelean por el poder en Córdoba contra el unitario José María Paz, buscan el apoyo tehuelche y araucano. El diario *Córdoba Libre*, que apoya al gobernador, se horroriza ante la presencia indígena:

"Los indios del sud no cesan de invadir nuestra frontera y ahora han penetrado hasta el Sanjón y Litín, robando todos los ganados que había desde aquellos puntos hasta la Cruz Alta, y cautivando las familias que vivían en los lugares más solitarios…"

"Los vecinos del Fraile Muerto les han dado un golpe matándoles seis hombres, sin tener ellos pérdida alguna; en la persecución que les hacían encontraron otro grupo de salvages, y tuvieron que retirarse por ser sus fuerzas insuficientes para batirlos"… "Éste es el último bien que nos ha legado el Sr. Bustos al concluir su gobierno"… "entregándonos a los indios".

"No sabe que cada invasión es un nuevo delito" … "Quiroga desola al poniente, los bárbaros talan y destruyen al sud y el naciente" … "cinco años ha que Bustos nos amenaza con los indios, y nos mostraba desde lejos sus lanzas, prontas a teñirse en nuestra sangre, sino se le continuaba en el gobierno" … "realizando lo que entonces prometía: ha entregado la campaña al pillaje y el furor de unas hordas salvajes, y sedientas siempre de nuestra sangre, y de nuestras fortunas".[77]

Sigue la "araucanización":
los vorogas de Pincheira y el ascenso ranquel

Los vorogas constituían una parcialidad de la cultura araucana en su rama mapuche, y se puede situar su ingreso en el actual territorio argentino hacia el año 1818 aproximadamente en que se instalaron en la zona de Salinas Grandes.

Su denominación (también conocidos como voroganos o voroanos) provenía de su lugar de origen en Chile, Vorohué, cuyo significado es "gente del lugar de los huesos".

Ya hemos visto a estas comunidades luchar junto al cacique Pablo, y hasta 1834 en que fueron aniquilados por Calfucurá en la laguna de Masallé, intervinieron en múltiples acciones a lo largo de la línea fronteriza, acompañando a los hermanos Pincheira, otros exiliados chilenos.

En 1827, los caciques Ignacio Cañuquir y Mariano Rondeau reciben a José Antonio y Pablo Pincheira y sus hombres, que buscan refugio perseguidos por el brigadier José Manuel Borgoño.

A principios de 1829 con una fuerza ya respetable, los Pincheira se aproximan a Carmen de Patagones y la rodean. El gobernador Oyuela desconoció a los emisarios enviados y procedió a su ejecución, lo que puso en serio riesgo al poblado que a partir de ese momento fue abandonado por gran parte de sus habitantes, mientras Pincheira y los vorogas rondaban el lugar al acecho.

Oyuela fue reemplazado pero Carmen de Patagones, prácticamente vacía, soportó durante largo tiempo el asedio y debió llevar una vida de subsistencia.

Entre 1829 y 1832, Eugenio del Busto, un ex cautivo de los indígenas que había pasado veinte años entre ellos, secuestrado a la edad de seis años, fue comisionado por Rosas para gestionar la paz con los voroganos.

Los primeros contactos se realizaron en la Sierra de la Ventana y se obtuvieron algunos resultados: los principales caciques se reconciliaron con los tehuelches Cachul y Catriel y el vorogano Venancio Coyhuepán, todos acérrimos enemigos de Pincheira, y por lo tanto de los vorogas aliados de éste.

Por otra parte, Rosas comienza a hacer su trabajo de debilitamiento de las fuerzas de Pincheira atrayendo a algunos oficiales. El objetivo es desmantelar la organización montada por los hermanos chilenos que tenía a mal traer a toda la frontera.

Mendoza, por ejemplo, que sufría los embates de los exiliados, decide emprender una campaña contra ellos. El 20 de octubre de 1828 en Las Aucas, se produce un fuerte encontronazo que constituye el primer golpe serio asestado a los Pincheira. El coronel Aldao enviado por la provincia con el aporte de bandas pehuenches al mando del cacique Goyco cayó sobre los "rebeldes".[78]

Ambos bandos registraron gran cantidad de bajas, incluyendo a Goyco y casi todos sus hombres; el poder de Pincheira se debilitaba.

Pocos meses después soportó su segunda derrota, esta vez a manos del comandante de frontera Manuel Virto, acción en la que perdieron la vida gran cantidad de indígenas.

Los Pincheira, en un permanente movimiento de avance y retroceso, se ocupaban de hostigar toda la frontera. Poco antes de sus incursiones a Mendoza y Carmen de Patagones habían merodeado por Bahía Blanca, que estoicamente rechazó un ataque el 25 de agosto de 1828, ayudada por las bandas aliadas del voroga Venancio Coyhuepán.

La frontera de Cuyo era especialmente castigada. En 1831, como réplica a la derrota de Las Aucas, Pincheira avanza sobre los fuertes de San Rafael y San Carlos, aproximándose a Mendoza. Dos escuadrones al mando de los coroneles Florencio Videla y José Santos Ramírez le salieron al cruce el 14 de octubre, recibiendo una derrota casi total. Videla murió junto a 40 de sus hombres y Ramírez, mal herido, debió huir desesperadamente.

Dos días después ambos grupos se trenzaron nuevamente, resultando esta vez victoriosos los mendocinos, aunque debieron soportar la muerte de uno de sus jefes, el general Gutiérrez, atravesado a lanzazos.

Por ese entonces, la derrota total del ejército de Facundo Quiroga en Oncativo por el general Paz (1830) provocó que las provincias que hasta allí

210

estaban en manos de los federales cayeran en poder de los unitarios, que constituyeron la Liga del Interior (Mendoza, San Juan y La Rioja). Un año más tarde las provincias del Litoral suscribieron junto con ellas el Pacto Federal.

En el marco del convulsionado contexto político, los Pincheira medran y continúan interviniendo en confusos acontecimientos: uno de ellos fue la matanza de 1828, por la cual una coalición de ranqueles, pehuenches y araucanos, más el lugarteniente de Pincheira, Julián Hermosilla, y un grupo seleccionado de sus fuerzas, aplastaron la comunidad pehuenche de Malargüe.

Esta comunidad que originariamente había sido la que apoyó a San Martín en el cruce de Los Andes, había atravesado luego una crisis interna de poder por la cual los caciques Antical y Chocorí asesinaron al hasta entonces jefe Neycuñam, tomando el mando de las bandas.

Pero un hijo de Neycuñam que había escapado, Llancamilla, no descansó hasta cumplir la venganza de la sangre, que se abatió feroz sobre los pehuenches traidores, quienes murieron por centenares en aquella masacre.

El segundo suceso fue también una matanza. Esta vez producida por pehuenches, tehuelches y voroganos sobre los refugiados federales en las cercanías de las tolderías en Chancay.

No está claro que Pincheira haya actuado directamente, pero sin duda tuvo que ver, teniendo en cuenta su influencia en los intereses de la región.

Del otro lado de la cordillera el gobierno chileno no cejaba en el intento de someter al rebelde, quien a pesar de pasear sus aventuras por territorio argentino, seguía pensando en volver.

En 1831 se encomienda al brigadier general Manuel Bulnes ir en su búsqueda y con una fuerza de 1.000 hombres parte hacia el norte de Neuquén, lugar de asentamiento de Pincheira.

El 12 de enero del año siguiente las fuerzas regulares chilenas descubren a Pablo Pincheira y a varios lugartenientes, entre ellos Hermosilla. Tomados prisioneros todos son pasados por las armas. Pocos días más tarde sorprenden al campamento de José Antonio, donde se reunían unos trescientos hombres, de los cuales la mitad eran pehuenches. En el choque inicial estos últimos fueron los que sufrieron las peores consecuencias siendo prácticamente diezmados:

"Sorprendidos y rodeados los montoneros, no hubo combate sino matanza encarnizada y a discreción, en la que cayeron sin distinción con la horda perseguida todos los habitantes del río en muchas leguas a la redonda, con sus familias y ganados. Los indios Pehuenches pretendieron hacer alguna resistencia pero fueron inmediatamente aplastados pereciendo entre ellos los caciques Naculmán, Coleto y Troncomán. Los indios Pehuenches, conservan la tradición trasmitida por algunos que escaparon y refieren todavía con lágrimas, horrendos detalles de aquella hecatombe, afirmando que por muchos días hubo una larga línea de clamores y quejidos en toda la costa de Atuel hasta que al fin todos se extinguieron por la muerte…" [79]

24. EL AVANCE DE LA ARAUCANIZACIÓN
según R. Casamiquela, 1969.

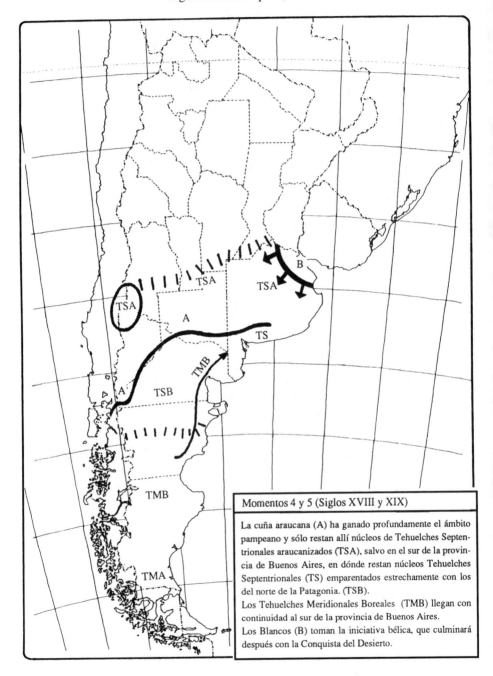

Momentos 4 y 5 (Siglos XVIII y XIX)

La cuña araucana (A) ha ganado profundamente el ámbito pampeano y sólo restan allí núcleos de Tehuelches Septentrionales araucanizados (TSA), salvo en el sur de la provincia de Buenos Aires, en dónde restan núcleos Tehuelches Septentrionales (TS) emparentados estrechamente con los del norte de la Patagonia. (TSB).

Los Tehuelches Meridionales Boreales (TMB) llegan con continuidad al sur de la provincia de Buenos Aires.

Los Blancos (B) toman la iniciativa bélica, que culminará después con la Conquista del Desierto.

Por ese entonces los vorogas luego de haber parlamentado con Rosas estaban separados de Pincheira. El cacique Ignacio Cañuquir o Cañuiquiz fue el artífice de esta política de preservación de los vorogas que a su vez inició la decadencia del rebelde chileno.

Después de huir durante un tiempo más, Pincheira pactó con su gobierno y se entregó, a cambio de lo cual le perdonaron la vida.

Sus fuerzas desaparecieron definitivamente, junto a los pehuenches que lo habían acompañado en el último tramo de una década en la que tuvo en vilo a un gran sector de la frontera argentina.

Estos acontecimientos se suceden en medio de un proceso étnico–cultural que se incrementa cada vez más: la "araucanización" de las llanuras argentinas.

Hacia principios del siglo XIX las bandas araucanas ganan decididamente el centro del ámbito pampeano presionando a los núcleos de tehuelches septentrionales que comienzan a diluirse culturalmente (mapa 24).

Poco a poco los tehuelches septentrionales y parte de los meridionales se mezclan en cultura y devenir histórico con los araucanos que avanzan sin cesar.

El gran tronco mapuche –que es el sector araucano que llegara a nuestro territorio– entra, con sus múltiples grupos y orígenes, que de todas maneras respetan un estilo de vida común.

Ranqueles, vorogas, pehuenches "chilenos", huilliches son parte de esa historia de penetración y victoria cultural que culminó con el afianzamiento político del cacicazgo de Calfucurá.

Los ranqueles cumplen en este panorama un rol destacado. No sólo por ser un grupo de origen tehuelche, posteriormente araucanizado, sino por contar entre sus jefes a dos de los máximos caciques de nuestra historia: Yanquetruz y Painé Guor.

El primero de ellos fue el que desde la muerte del cacique Carú–Agé en 1818 toma a su cargo las bandas asentadas en las inmediaciones de la laguna de Leuvucó y al sur de San Luis. Había llegado hasta allí con cien guerreros tan sólo dos años antes (mapa 25, pág. 214).

La frontera de San Luis y Córdoba, inicialmente recorrida por tehuelches, se complica con la llegada de los ranqueles con quienes el gobernador Bustos trata de alcanzar una constante pacificación de la región. No escatima obsequios: cientos de cabezas de ganado y todo tipo de víveres, hasta alcanzar la paz de la laguna del Guanaco (1825) por la cual ranqueles, tehuelches, cordobeses, puntanos y porteños acordaron suspender las mutuas agresiones.

Pero la frágil tregua es burlada por los mismos que la habían impulsado y la violencia se desencadenó una vez más.

A fines de 1827 una partida de soldados, aprovechando el alejamiento de los guerreros ranqueles invadió sus tolderías, "matando indios viejos e inválidos y apoderándose de un apreciable botín de objetos de plata y oro y de numerosos indiecitos e indias que trajeron cautivas".[80]

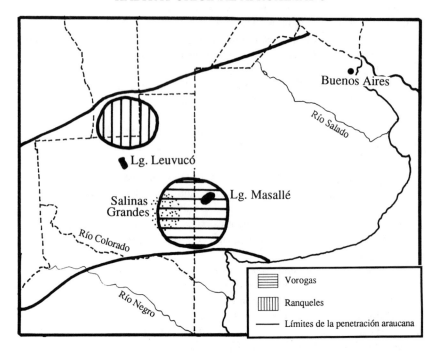

Los cebados aventureros, viendo el éxito relativamente fácil de su embestida, emprendieron una nueva marcha sobre Leuvucó, esta vez en un número mucho mayor: seiscientos, según las fuentes.

Antes de llegar y cuando estaban acampados en la laguna del Chañar, fueron sorprendidos por los ranqueles que habían vuelto y estaban al tanto de lo sucedido.

La masacre fue atroz. Probablemente sea una de las más grandes de nuestra historia. Se dice que uno solo de los seiscientos puntanos logró salvar la vida, volviendo alucinado del horror.

Los malones ranqueles cayeron sobre todas las poblaciones fronterizas del sur de San Luis y Córdoba prolongando una revancha inacabable hasta 1830.

La desbandada del treinta y tres

Dos décadas de flujos y reflujos entre las comunidades indígenas y los sucesivos gobiernos de Buenos Aires y las provincias, tornaron a la frontera en un ámbito inestable en el cual las pugnas de ambos bandos no producían decisiones claras.

Sin embargo, el creciente poderío de las culturas de la Pampa, empujadas por el constante aporte araucano y la demanda cada vez más exigente de tierras por parte de los latifundistas de Buenos Aires y sus alrededores,

214

hicieron que desde 1821, se percibieran con mayor nitidez políticas y acciones dirigidas a someter a los indígenas.

El año 1833 marca un hito en la lucha de las comunidades de la llanura. Es entonces cuando por primera vez, los territorios indios son profundamente penetrados y muchos de los principales asentamientos desbaratados. Más aún, por primera vez la violencia de las acciones llega a un punto tal que las pérdidas de vidas entre los indígenas se cuentan por miles en el término de unos pocos meses.

Desde la época de los virreyes se había pensado en una "entrada general" contra las comunidades de la llanura. Después de 1810 existieron algunos intentos (Martín Rodríguez) pero el territorio indígena, como un enorme pantano, ahogaba los proyectos de dominación.

Sin embargo el "ablandamiento" ejercido por las ofensivas provinciales y de Buenos Aires desde el año 20 en adelante sirvieron de sustento a la ofensiva de 1833, planificada desde mucho tiempo antes y ejecutada en un frente que, desde Cuyo y Buenos Aires, "barrió" todo el ancho del país, comprometiendo a cerca de 3.800 soldados en una acción militar sin precedentes.

El plan, al parecer, tenía sus raíces en una vieja idea de Rosas, a la sazón comandante general de la campaña, quien a su vez persuadió a Facundo Quiroga que finalmente se hizo cargo de las operaciones como comandante en jefe. La fuerza se organizó en tres divisiones:

–derecha: a cargo del general José Félix Aldao, partiría desde Mendoza hacia el sur, ocupándose de las comunidades asentadas sobre la cordillera (800 soldados).

–centro: a cargo del general José Ruiz Huidobro, atacaría a las comunidades de la Pampa Central (1.000 soldados).

–izquierda: a cargo del brigadier general Juan Manuel de Rosas, avanzaría sobre el resto de la llanura pampeana y hasta donde pudiera penetrar en el valle del río Negro (2.000 soldados) (mapa 26, pág. 216).

La división derecha se puso en movimiento a principios de marzo de 1833 rumbo al sur de Mendoza. Después de soportar deserciones, las inclemencias del tiempo y las dificultades del terreno, la columna llegó luego de casi un mes de marcha hasta Ranquilcó, en donde estaban asentadas las bandas de Yaypilau, a las cuales tomó gran cantidad de prisioneros, aunque el cacique y sus hombres de pelea lograron huir.

Aldao se enteró allí que Yanquetruz, el temible cacique ranquel se encontraba en las proximidades de Río Cuarto. A partir de entonces, Aldao inicia una infructuosa persecución hallando a su paso numerosas comunidades que lo enfrentan y que al mismo tiempo protegen la retirada del cacique.

El 7 de abril en la confluencia del Salado y el Atuel, perdieron la vida los caciques Levián y Quellef junto a veintiocho de sus hombres.[81]

Ciertas indecisiones de la columna permitieron que una avanzada de Yanquetruz cayera el 14 de mayo sobre una compañía de la división de Aldao, matando a treinta soldados.

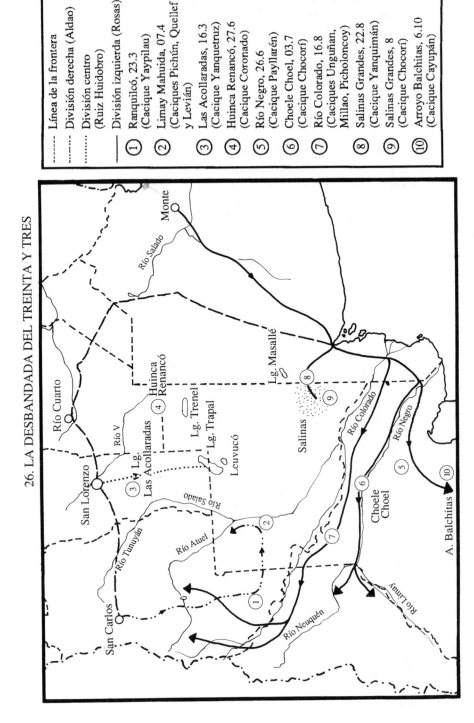

26. LA DESBANDADA DEL TREINTA Y TRES

Línea de la frontera

División derecha (Aldao)

División centro
(Ruiz Huidobro)

División izquierda (Rosas)

① Ranquilcó, 23.3
(Cacique Yaypilau)

② Limay Mahuida, 07.4
(Caciques Pichún, Quellef
y Levián)

③ Las Acollaradas, 16.3
(Cacique Yanquetruz)

④ Huinca Renancó, 27.6
(Cacique Coronado)

⑤ Río Negro, 26.6
(Cacique Payllarén)

⑥ Choele Choel, 03.7
(Cacique Chocorí)

⑦ Río Colorado, 16.8
(Caciques Unguñan,
Millao, Picholoncoy)

⑧ Salinas Grandes, 22.8
(Cacique Yanquimán)

⑨ Salinas Grandes, 8
(Cacique Chocorí)

⑩ Arroyo Balchitas, 6.10
(Cacique Cayupán)

Este hecho, sumado a las dificultades permanentes de abastecimientos, la imposibilidad de unirse a las otras divisiones y los obstáculos del terreno hicieron que Aldao a instancias de Quiroga, ordenara el repliegue definitivo de la fuerza.

Yanquetruz, había logrado eludir la ofensiva de Aldao, pero no así la de Ruiz Huidobro quien al mando de la división Centro lo enfrentó en el combate de Las Acollaradas (San Luis) el 16 de marzo. Tras varias horas de intensa lucha murieron 160 ranqueles, incluido el cacique Pichún, hijo de Yanquetruz. Éste logró huir poniéndose lejos del alcance del enemigo.

El 27 de junio en Huinca Renancó (Córdoba) fue desmantelado el asentamiento del cacique Coronado.

De todas maneras, un conjunto de factores similares a los sufridos por la división derecha hicieron que esta columna también se replegara (julio) sin consolidar sus victorias parciales y permitiendo el alivio transitorio de los indígenas que buscaban reagruparse.

La división izquierda comandada por Rosas provocaría los mayores desbandes entre las comunidades que habían resistido heroicamente los embates de las otras dos divisiones. Rosas, al mando de más de 2.000 hombres, no les daría respiro. La expedición contaba además con el aporte de los caciques tehuelches Catriel y Cachul y los voroganos Cañuquir, Rondeau, Mellin y Cayupán entre otros. Algo más de 1.000 hombres se agregaban así a la fuerza que se puso en marcha el 22 de marzo desde Monte.

Las informaciones acerca de las defecciones de las otras dos divisiones hicieron que Rosas redoblara sus esfuerzos, lanzando una ofensiva con todos los medios a su alcance, especialmente sobre los grupos araucanos, fuente principal de sus preocupaciones, persiguiendo además la toma del reducto indígena de Choele Choel, utilizado como posta de invernada para el ganado robado, que era enviado a Chile:

"…Cuatrocientos soldados situados dentro de esta isla conservarían siempre sus caballos gordos, sin riesgo de ser tomados por los Indios –Esto solo bastaría para alejar estos a cien leguas de distancia– y entonces donde iban! Véase la carta, y luego se conocerá qe, no se necesita más para enfrenar a los indígenas, o acabar con todos ellos, qe, situar en Chuelechel, una División de cuatrocientos soldados pero de una manera permanente".[82]

Rosas buscaba más: "barrer" los territorios comprendidos entre los ríos Colorado y Negro y cruzar este último adentrándose más al sur, hasta el Neuquén, adonde muy pocos habían llegado.

A principios de mayo, los distintos destacamentos que integraban la división iniciaron las operaciones.

El del general Pacheco avanzó sobre el río Negro y el 26 de mayo atacó los toldos de Payllarén provocándole graves pérdidas incluyendo la muerte del cacique.

El 3 de julio llegó con 300 hombres a la isla de Choele Choel adonde tomó gran cantidad de prisioneros aunque el cacique Chocorí –al igual que Yanquetruz uno de los principales objetivos de la campaña– había conseguido fugar.

Desde la isla se emprendieron varias expediciones. Una de ellas, a principios de julio, al mando del comandante Lagos, atacó y dispersó a las bandas del cacique Pitriloncoy.

A mediados de agosto, otra fuerza lanzada desde allí al mando de los comandantes Sosa y Hernández sorprendió a los caciques Unguñan, Millar y Picholoncoy, muriendo estos dos últimos en las refriegas que se desarrollaron en el río Colorado.

Otro destacamento, al mando del coronel Delgado tuvo por misión perseguir a Yanquetruz, derrotado como vimos en Las Acoralladas. La cacería fue infructuosa, pero cerca de trescientos indígenas se entregaron junto a los caciques Marileo, Mariquer y Antibil, mientras otros, como los voroganos, eran controlados desde Salinas Grandes.

En carta a Quiroga del 15 de julio de 1833 Rosas informa sobre la búsqueda del jefe ranquel y la destrucción de sus bandas:

"...El Teniente Coronel Dn. Manuel Delgado, y los capitanes Dn. Pablo Castro y Dn. José María Plaza, me aseguran que luego que pusieron en marcha los Caciques Boroganos, unidos al Escuadrón enunciado. Que los qe. los sintieron los Ranqueles y Llanquetrur ganaron los montes abandonando todo cuanto tenían, y qe. viendo qe., nada podían hacerles dentro de ellos por ser tan dilatados, y espesos dispusieron mandarles ofrecer que les libraría si se presentaban trayendo las cabezas de Llanquetrur y de su hijo Pichum. Que entonces se empezaron a presentar sin haber podido agarrar a Llanquetrur por haberse disparado con sesenta indios que dicen solo le han quedado. Que habiendo corrido Campos de travesías, y pastos duros, viéndose ya con los Caballos enteramente destruidos, y no siéndoles posible seguir a Llanquetrur, que por otra parte ya nada podrá hacer, dispusieron retirarse a dar cuenta, asegurando quedar enteramente los Ranqueles y Llanquetrur, y a pedir órdenes respecto de estos, que se habían entregado.

Que todas las cautivas cristianas estaban a mi disposición, y que el camino era enteram.te libre, lo que me comunicaban, por si por esa nota, quería dirigir comunicaciones a V. E. que los Ranqueles también han quedado pocos después de los que han muerto en la jornada del 16 de marzo, por el centro pues que iban muchos con Llanquetrur, y de los golpes que en seguida recibieron por la derecha. Y en efecto si es como se dice, la pérdida que estas tribus han sufrido ha sido mucho mayor que lo que indican los partes, pues considerable número de heridos fueron a morir a gran distancia".[83]

Persiguiendo a Chocorí, no muy lejos de Choele Choel, el 13 de julio, los destacamentos del coronel Martiniano Rodríguez y del teniente coronel Miguel Miranda alcanzaron algunas bandas rezagadas, dispersándolas por completo:

"Estos indios, al avistar nuestra tropa sólo procuran escapar con sus Caballos los más en pelos, dejando sus recados, cargueros, ochenta caballos útiles, y dos Indios que se entregaron"…"Estos y aquellos Indios como que no pudieron robar nada absolutamente, se han ido comiendo los caballos que les han quedado. En los Campamentos de sus paradas se han encontrado de dos a cinco muertos, que se supone sería de frío".[84]

El 22 de agosto, Miranda alcanzó al cacique Yanquimán en Salinas Grandes, tomándolo prisionero y matando a diez de sus hombres; Chocorí que estaba cerca de allí en las márgenes del río Colorado, fue alcanzado por una partida al mando del teniente coronel Sosa, quien atacó a las bandas mientras dormían. Hubo aniquilamiento, pero Chocorí logró huir, esta vez para siempre, hacia Chile, siguiendo los pasos de su paisano Maulin, quien fugando con los restos de sus bandas debió soportar todavía los embates del coronel Ramos (septiembre).

Otro cacique muy buscado, Callupán, fue sorprendido por el destacamento del sargento mayor Leandro Ibañez en el río Balchitas (Río Negro) el 6 de octubre, muriendo casi cuarenta guerreros. Callupán pudo escapar, pero días después cayó prisionero.

Las operaciones de la división izquierda finalizaron el 25 de mayo de 1834 con un "éxito" sin precedentes sobre las comunidades indígenas: 3.200 muertos; 1.200 prisioneros; 1.000 cautivos rescatados.[85]

El desbande de las principales comunidades fue casi total y sus caciques muertos, fugados o prisioneros, como Yanquetruz, Pichún, Chocorí, Picholoncoy, Maulín, Callupán y Yanquimán entre otros.

Durante la campaña se rubricaron algunos tratados con grupos tehuelches y vorogas, se persiguió a araucanos, ranqueles y sectores de vorogas, y se buscó fracturar la unidad indígena, a través del agudizamiento de sus contradicciones.

La campaña de 1833 constituye el primer eslabón del proceso de exterminio de las comunidades indígenas libres de la llanura, cuya culminación, la denominada "Conquista del Desierto", no fue más que el mazazo definitivo sobre culturas agotadas y diezmadas después de más de medio siglo de permanentes conflictos armados. Fue una campaña que hizo escuela: "A mi juicio, el mejor sistema para concluir con los indios, ya sea extinguiéndolos o arrojándolos al otro lado del Río Negro, es el de la guerra ofensiva que fue seguida por Rosas, que casi concluyó con ellos…".[86]

Fue como haber pateado un hormiguero. Terror, caos, muerte, desbande, desconcierto absoluto. La memoria indígena no olvidó fácilmente la locura del treinta y tres.

Retiradas las tropas, las bandas volvieron sigilosamente a sus antiguas moradas, buscando rehacer sus vidas, pero ya no sería lo mismo. Por primera vez, los caciques habían visto penetradas las entrañas de sus territorios, inaugurando la factibilidad de una embestida peor, la definitiva. Una profunda fisura quedaba abierta en la llanura y sus culturas libres.

Complejidad creciente de las comunidades indígenas

A medida que la historia del país se va desarrollando, la realidad cultural de las comunidades indígenas se va complejizando, porque participan de la misma historia. Los indicadores más relevantes que encontramos para demostrar esa complejidad creciente son los siguientes:

a) *El rol disociador de Buenos Aires*, propugnado permanentemente a los efectos de debilitar el frente indígena. Son ejemplos de esta política la ejecución del cacique pehuenche Martín Toriano, en 1832, por el comandante de Bahía Blanca, lo que provocó el enfrentamiento de esa comunidad con los vorogas, acusados de instigadores; el apoyo de Rosas a la creación de la Confederación de los Salineros en 1835 en desmedro de los grupos ranqueles; la alianza con las comunidades tehuelches de Cipriano Catriel y Cachul, que establecidos en las inmediaciones de Tapalqué enfrentaban alternativamente a vorogas, ranqueles y araucanos, etcétera.

b) *La influencia de las luchas políticas nacionales*; la dicotomía Unitarios-Federales condicionó durante largos períodos el accionar de estas comunidades. Así ocurrió por ejemplo con los ranqueles, quienes por sus alianzas con los unitarios atacaban las ciudades que estaban gobernadas por federales.

c) *La presión demográfica*, que comienza a hacerse sentir como un factor más en la lucha de arrinconamiento a los indígenas.

"Según decreto del 20 de mayo de 1836, se levantó un padrón que acusó para la provincia 170.000 hombres, lo que significaba un aumento de cerca de 33.000 hombres con respecto al censo de 1822".[87]

La expansión creciente de la frontera ganadera y su correlato, la estancia, acompañaba cada vez con mayor fuerza el despliegue de la línea de fortines.[88]

Asimismo, en el seno de las comunidades también se desarrollaban procesos que apuntalaban la complejización cultural:

d) *La mezcla interétnica*; en una dinámica ya apuntada, la "araucanización" avanza sin pausas sobre Pampa y Patagonia, pero ella no es sólo un proceso lineal, en el cual una cultura se superpone sobre las demás, sino que genera una complicada red de vínculos de las distintas comunidades entre sí, en la que lenguas, costumbres y aspectos raciales se confunden bajo el único manto de la araucanización: pehuenches, vorogas, ranqueles, tehuelches, araucanos *strictu sensu* se suman al mosaico cultural de aquellos tiempos:

"...los pehuenches se individualizan como un pueblo distinto de los araucanos y tienen por ejemplo, el toldo cónico y patines para la nieve, conservación de manzanas y piñones bajo el agua, bebida colectiva en cuero, o sea una cantidad de elementos propios de ese ámbito y de lo que en sentido general se llamó pehuenches, incluyendo a los indios del sur de Neuquén"... "los pehuenches del segundo momento, siglo xix con Calfucurá, hasta fines de ese siglo con individualidad reconocible y muy distintos a los araucanos típicos que vamos a llamar Vorogas. Aucaches son los de la zona de Valdivia y Vorogas son los de Temuco y hacia la costa pacífica.

Ranqueles del norte de la Pampa: ahí hay un sustrato pan-querandí; son los indígenas del norte del ámbito pampeano que se conectan directamente con los Querandíes. Son un pueblo de cazadores recolectores; los Querandíes incluso eran pescadores. Zona de la algarroba, énfasis en la recolección que se conecta con el sur de Mendoza, norte de Neuquén, sur de San Luis, sur de Córdoba y sur de Santa Fe hasta Buenos Aires. En ese ámbito peri-pampeano septentrional de pueblos cazadores con mucho énfasis en la recolección, hay un pueblo que se transforma en los ranqueles históricos. En cierto modo estamos viendo (…) la conección interior-costa. El sustrato tiene una enorme influencia de los pehuenches de la cordillera. Genealógicamente (…) se demuestra también la continuidad. Yanquetruz fue el gran cacique de los Ranqueles; cuando Rosas lo ataca se repliega hacia la cordillera, vuelve a sus ancestros, porque va a pedir ayuda a Calfucurá. Pero después resultan enemigos porque ya ambos pueblos son distintos."[89]

e) *La rivalidad interétnica*, expresada en múltiples conflictos originados en diferencias culturales y luchas intestinas por el poder de las comunidades indígenas. Las más destacables son la rivalidad ranquel-araucana (expresada en la creación de sendas confederaciones); la pehuenche-voroga (la matanza de los caciques vorogas en 1837); la araucano-voroga (la matanza de Masallé en 1834) y la rivalidad con los distintos grupos tehuelches de Catriel y Cachul.

De esta manera, los procesos culturales de la llanura, por encima de identidades en vías de afirmación (los araucanos y su dominio definitivo de los territorios tehuelches) presentan una característica: el transitar esos procesos en medio de una intensa red de intercambios y superposiciones étnicas y culturales.

Las comunidades indígenas libres de la llanura deben soportar en consecuencia no sólo la presión constante generada desde los centros de poder "blancos" que pugnan por su expansión, sino la convulsión que viene desde las entrañas de ellas mismas, en un doble juego que impregna la vida cotidiana.

CALFUCURÁ Y ROSAS: EL INTERREGNO PARA LOS SALINEROS

En 1834, cerca de la laguna de Masallé, al oeste de Salinas Grandes, la comunidad de los voroganos, capitaneados por Mariano Rondeau, pasaba sus días. Una mañana, llegaron hasta allí unos dos centenares de araucanos –como tantos otros lo hacían regularmente– para comerciar. Estaban al mando de Calfucurá, un poderoso cacique que había venido del otro lado de los Andes.

Los voroganos esperaron a sus hermanos, vestidos de fiesta, celebrando la ocasión. Pero el presunto desfile mercantil se convirtió de repente en una orgía de sangre. Los araucanos, irrumpiendo con furia, mataron a Rondeau y a sus principales caciques, capitanejos y guerreros. El resto de las bandas se desperdigaron por la llanura presas de terror.

Calfucurá (Piedra Azul) se aposentó desde entonces en el lugar. Difícilmente supiera en ese instante que tenía por delante casi medio siglo de supremacía política sobre las comunidades de la llanura y aun sobre Buenos Aires.

El más poderoso cacique en la historia argentina había llegado para inaugurar un nuevo ciclo en el protagonismo de las jefaturas.

No sabemos bien por qué llegó Calfucurá hasta aquí. Alguna vez sus propias palabras explicaron que el mismo Rosas lo había enviado buscar. No parece tampoco descaminada la posibilidad de que sus hermanos araucanos ya instalados lo hayan empujado a emigrar.

Tampoco sabemos por qué llegó de ese modo. Aunque las hipótesis son variadas: desde la explicación de una venganza de sangre debido a que años antes Rondeau habría sido el instigador de la muerte del cacique pehuenche Martín Toriano, hasta la de que algunos "intereses blancos" habrían azuzado la rivalidad indígena más allá de los límites, exigiendo un "ajusticiamiento" del jefe vorogano por su alianza con las columnas expedicionarias de 1833, en perjuicio de las comunidades indígenas.

Lo concreto es que a partir de entonces Calfucurá vio acrecentado sensiblemente su poder. Por otro lado, la etapa inicial de su jefatura coincidió con el acceso a la cúspide del brigadier general Juan Manuel de Rosas, quien asumió por decisión de la Legislatura de Buenos Aires y un plebiscito de los habitantes de la ciudad el cargo de gobernador, esta vez en el uso de facultades extraordinarias y con la suma del poder público (17 de abril de 1835). Calfucurá y Rosas, líderes circunstanciales de los dos bandos en pugna, mantuvieron una relación de constante negociación que hizo que cierta tranquilidad volviera a la frontera y a las comunidades de la llanura. Esta tranquilidad era tensa y muchas veces fue rota. Sin embargo, podemos hablar de un interregno, para lo que había sido hasta entonces una lucha denodada y sin cuartel, lo que no significa que la paz fuera absoluta.

En 1834, el ex cautivo y ahora mayor del ejército, Eugenio del Busto, formalizó la paz con los vorogas, posibilitando que éstos lo ayudaran en algunas incursiones sobre los asentamientos ranqueles de Yanquetruz.

De todo el período, el año 1836 registra acciones más intensas, destacándose entre otras operaciones la expedición de 3.000 hombres al río Colorado que al mando del coronel del Valle sostuvo algunos enfrentamientos con las comunidades que le salieron al paso.

Ese año, Rosas aspiró a consolidar, al menos en parte, los territorios ganados en la campaña del treinta y tres, y su principal objetivo fueron las comunidades ranqueles que con Yanquetruz a la cabeza, no negociaban la paz. De esa idea participaban también otros contemporáneos:

"... Yo soy de opinión que sin hacer mayor gasto, puede concluirse este año con Yanquetruz, respecto a que los indios que le acompañan son muy pocos, se hallan sumamente acobardados, y no hay una sola guarida en la que puedan ocultarse que no conozca perfectamente es decir que haciendo una combinación entre las fuerzas de Bahía Blanca, Fuerte Argentino, las de su provincia, de San Luis y Mendoza, en dos meses lo más se puede registrar todos los lugares que le han servido de asilo y acabar con él".[90]

También eran de la idea de realizar ataques por sorpresa: "... el objeto, y el fin a que se le destina es a atacar (por sorpresa) y en los que los cazos y circunstancia lo permiten a las Tribus Ranqueles...".[91]

Rosas cayó sobre las tolderías de Carriague, diezmándolas con más de 100 muertos y tomando prisionero al cacique, utilizándolo a partir de entonces como baqueano en la búsqueda de Yanquetruz. Cuando regresaba, cerca del Fuerte Federación ya en la provincia de Buenos Aires, el 26 de junio se topó con 20 indios, aniquilándolos. En una acción combinada, las fuerzas de Córdoba, integradas por aproximadamente 200 hombres al mando del coronel Pantaleón Algañaraz, avanzaron en el territorio indígena también persiguiendo a Carriague. Se produjeron combates los días 4 y 6 de mayo perdiendo la vida más de veinte indios. El año 1836 fue el de mayor cantidad de bajas entre los indígenas, después de la campaña del 33, según lo hizo constar el propio gobernador Rosas:

"... Pasan de mil los que han fallecido en sólo el año de 1836, según consta de los partes y hechos públicos, un esfuerzo más y se acabarán de llenar los grandes objetos e inapreciables bienes de esa campaña feliz".[92]

Por ese entonces, los ranqueles atravesaban una crisis de poder interna, cuya consecuencia inmediata fue la separación del cacique Santiago Yanguelén del Tantum o Gran Consejo de Yanquetruz. El disidente se retiró con algunas bandas y a partir de entonces fue un enemigo más aunque por poco tiempo, ya que en abril de 1838, junto a sus principales capitanejos y guerreros fue ajusticiado por Pichuin.

El 7 de marzo de 1835 los ranqueles de Pichuin habían tenido 133 muertos en el combate de Nahuel Mapu. El 21 de noviembre una columna de 600 hombres al mando de los coroneles Martiniano Rodríguez y Francisco Sosa llegó hasta los toldos de Yanquetruz y Painé, tomando gran cantidad de prisioneros, aunque unos pocos guerreros junto a sus jefes lograron huir.

Paralelamente a estos esporádicos enfrentamientos, se mantenían negociaciones, que por lo general consistían en tratados de paz por los cuales las comunidades indígenas recibían de los gobiernos provinciales todo tipo de elementos para la subsistencia, así como artículos de plata y cuero.

Cuando Rosas accede al poder, asume también la facultad de negociar exclusivamente él con los indígenas, política que ratificaron expresamente Mendoza, San Luis y Córdoba.

Los castigados vorogas son nuevamente objeto de persecución entre 1835 y 1839, especialmente las bandas del cacique Juan Ignacio Cañuquir en la provincia de Buenos Aires (mapa 27).

El 22 de marzo de 1836 a orillas del arroyo del Pescado, las tolderías de este cacique son sorprendidas por los coroneles Francisco Sosa y Juan Zelarrayán y después de tres horas de terrible lucha son muertos 400 indios.

Poco después, el 26 de abril, en una zona cercana a la actual ciudad de 9 de Julio, un nuevo enfrentamiento provocó la muerte de 250 vorogas incluyendo a Cañuquir y sus principales caciques y capitanejos:

> "Por supuesto, que la cabeza del famoso Cañuquir Borogano Chileno fue colgada de un árbol en el campo de batalla, y Carriague existe con una cadena para ser fusilado…".[93]

Ayudados por nuevas bandas de araucanos recién llegados de Chile, los vorogas atacaron al Fuerte Federación, produciendo cerca de sesenta muertos entre los pobladores y arrasando con las tolderías de Venancio Cayupán, ubicadas en las cercanías. El cacique fue muerto en la acción, que continuó con un ataque a la Guardia de Tapalqué el 1° de octubre.

La represalia, a cargo del coronel Ramos, se llevó a cabo pocos días después, muriendo más de 200 indígenas entre ellos los caciques Mayguin y Guelé. En escaramuzas posteriores continuó el desbaratamiento de los vorogas, muriendo doce de ellos en la laguna de Guaminí.

El 2 de octubre de 1837, el coronel Antonio Ramírez al mando del regimiento 2 de caballería cayó sorpresivamente sobre un asentamiento indígena en Pozo del Pampa (cerca del actual Bragado), provocándoles 200 muertos.[94]

Los vorogas fueron incluso objeto de persecución por parte de los araucanos de Calfucurá, quien prolongando la matanza de Masallé cayó de sorpresa sobre las tolderías del cacique Alon, en las inmediaciones de Fuerte Argentino (Bahía Blanca) degollando a él y a muchos de sus hombres. Al día siguiente, los araucanos intentaron sin éxito un ataque al fuerte.

Ya en 1837, una nueva expedición enviada por Rosas hacia las cercanías de Salinas Grandes para buscar ranqueles, vorogas y araucanos no confederados con Calfucurá, mantuvo un intenso combate cerca de Tapalquén con bandas araucanas que sufrieron poco menos de cien muertos, entre ellos los caciques Reuqué, Martín, Millaguelén y Guaiquincul.

En 1838 una cuña "blanca" se instaló en Salinas Grandes cuando el coronel Nicolás Granada arremetió contra las comunidades asentadas en el lugar regresando poco después a Tapalquén, su base de operaciones.

En abril de ese año, Manuel Baigorria, el cacique blanco, atacó Federación al mando de sus ranqueles, y en 1839 luego de otra invasión a la castigada Tapalquén, Nicolás Granada mantuvo un durísimo combate con casi 1.000 ranqueles, araucanos y los últimos voroganos.

27. PERSECUCIÓN DE LOS VOROGAS (1836-1837)

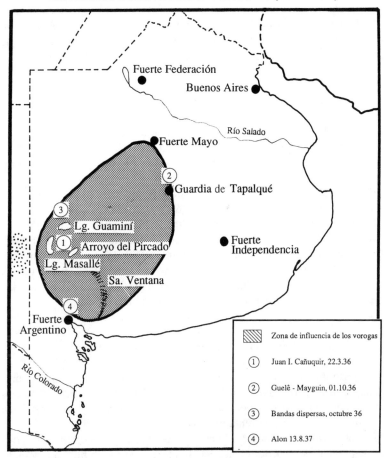

Baigorria y Pichuin (gravemente herido) por los ranqueles, y Carupil, y Leficurá por los araucanos ordenaron la retirada después de diez horas de lucha y 300 muertos. Los soldados habían perdido 25 hombres.

Si bien la frontera este fue la que más calma observó en el período que nos ocupa, debido a los continuos tratados entre Rosas y Calfucurá, el otro sector, la línea centro-oeste sufrió una agitación mayor: los ranqueles, al margen de las negociaciones del cacique con el hombre fuerte de los "blancos", continuaron llevando ataques sobre los poblados de San Luis, Córdoba y Santa Fe.

Río Cuarto fue atacada sucesivamente en 1834, 1837 y 1839, aprovechando siempre la acción para ocuparse de poblados vecinos. En 1846 Baigorria invade Cruz Alta devastándola y meses más tarde, ya en 1847, junto a Painé ataca San Luis.

En 1846 el gobernador de Mendoza, Pedro Pascual Segura, llevaba adelante una campaña de "pacificación", internándose en el sur de la provincia y estableciendo amistosas relaciones con los caciques Porán y Cristia-

225

no, quienes poco antes habían dado muerte al pehuenche Gumané, que a su vez mantenía estrecha vinculación con el gobierno de Segura.

Podemos entonces hablar de una tranquilidad relativa comparada con momentos anteriores, especialmente por la relación Calfucurá-Rosas que posibilita a los "salineros" y sus aliados un interregno de cierta paz.

LOS DÍAS EN TIERRA ADENTRO

"Tierra adentro" es la denominación que se le daba al territorio indígena de Pampa y Patagonia. Es el territorio que para las comunidades libres significa el refugio y la posibilidad de desplegar la vida originaria, sin interferencias.

Kilómetros antes, la frontera es la zona gris que mezcla a indígenas, desertores, cautivos, depredadores y "bagos".

La frontera es el espacio inmediatamente anterior a tierra adentro. Y es el paraíso y el terror. Lo primero para todos aquellos que buscan la libertad. Lo segundo para aquellos que reciben el impacto de la guerra sin cuartel.

Frontera y tierra de adentro son dos espacios confundidos en una misma energía cultural que por encima de la población indígena y su identidad nos muestra ese desorden vital de una vida cotidiana única.

Caos cultural en la frontera y los aduares del "desierto"

La más mínima de las transgresiones provoca la reacción de las comunidades libres. El fusilamiento de Dorrego por ejemplo, generalizó la violencia entre Unitarios y Federales y durante un tiempo los indígenas se confundieron en esos enfrentamientos.

Por otra parte, ellos son las "masas heterogéneas" que despiertan terror en los "blancos". Un terror atávico frente al "otro cultural" que además avanza con su violencia de alcances desconocidos. Son "los otros" a quienes no se entiende. Son los "bárbaros", para una civilización que hace de sí misma el centro del mundo, y de las demás culturas, el desprecio sin límites.[95]

> "El terror es tal en el interior de la campaña (...) que hubo lugares en que las autoridades no encontraban vecinos con quienes entenderse, ni aún para arbitrar los recursos indispensables para su propia defensa".[96]

El pavor no hacía solamente presa de los pacíficos pobladores de la campaña. Los propios militares que forzosamente debían introducirse en la realidad de las culturas indígenas no podían ocultar, en muchas ocasiones, este sentimiento.

El coronel Manuel Pueyrredón, en sus *Fragmentos póstumos*, cita dos ejemplos del cual fue directo testigo: el capitán Carlos Bownes, transmitía siempre su catastrófica impresión ante las derrotas sufridas a manos de los indios y "el coronel Torres, mendocino, muerto en la defensa de Montevideo el 16 de julio de 1843, y como uno de los más valientes hombres de guerra que se ha conocido temblaba al sólo anuncio de Indios, mientras que con otros enemigos era heroico".[97] El terror era alimentado por la toma de cautivos.

Las comunidades libres de la llanura unían al robo de ganado la práctica del cautiverio que prontamente se transformó en una rutina sistemática.

El cautiverio fue en el seno de estas comunidades un hecho cultural de proporciones. Por un lado, poseer cautivos era un signo de prestigio social. Cuanto más cautivos, más prestigio. Por otro lado, se tomaban cautivos como rehenes y como posibilidad de trueque con otras comunidades y aun con las mismas fuerzas nacionales; ellos eran un importante recurso para las negociaciones que constantemente se entablaban.

Finalmente, se tomaban cautivos para trabajar en las tolderías, ayudando a las "chinas"; y a las mujeres cautivas, muchísimas veces, para esposas de los caciques[98] (véase cuadro 12, pág.228).

Los cautivos fueron una historia aparte en las tolderías. Muchísimos de ellos, secuestrados en plena infancia, se integraron a la vida cotidiana indígena pasando a ser un nativo más, sin siquiera saber hablar su lengua materna. Otros, rescatados años después, mostraban las huellas de un verdadero shock, producto de la violentación cultural; otros aprovecharon lo aprendido entre sus captores para volverse contra ellos en las sucesivas expediciones punitivas lanzadas por el gobierno, (tal es el caso de Eugenio del Busto, ya citado); otros por fin, sirvieron para enriquecer un mestizaje que no sólo se daba entre los indígenas: Ramón Platero, famoso cacique del Tantum de Panghitruz Guor, era hijo de padre ranquel y madre cautiva blanca; lo mismo sucedió con Baigorrita, cacique ranquel nieto de Yanquetruz, que era hijo de padre ranquel y madre cautiva blanca.

Esta caldera cultural que eran las tolderías se enriquece con fenómenos de otro tipo: los caciques blancos. Manuel Baigorria, ex coronel del ejército nacional, tuvo una destacadísima actuación entre 1831 y 1852, encabezando centenares de ranqueles y otros tantos emigrados blancos, haciendo gala además de su íntima amistad con Painé, uno de los máximos caciques.[99]

Pero hay un elemento más a tener en cuenta en la práctica del cautiverio: en muchos casos los prisioneros sufrían y se desesperaban ante la ruptura total de su existencia; en otros, llegaron a reconstruir sus destinos; en otros, volvieron a sus orígenes. Pero en todos los casos, viviendo. Son excepcionales las muertes en cautiverio y éste es un dato a destacar. La toma de cautivos por parte de las comunidades indígenas evitó que la violencia ejercida desde su lado, se transformara en más muertes y nunca hubo exterminio, contrariamente a lo sucedido con la política de sus oponentes.

"La abundancia de cautivos blancos hizo que en algunos años, dos o tres generaciones, en los toldos fueran más mestizos que los aborígenes puros";[100] la afirmación es exagerada, pero muestra el avance notable de una tendencia cultural de proporciones como el mestizaje.[101]

12. NÓMINA DE LOS 34 CAUTIVOS DE SALTO (1820) RESCATADOS TRECE AÑOS DESPUÉS DURANTE LAS CAMPAÑAS DE 1833.

Nombre y apellido	Edad
Mercedes Brandan	5
Mercedes Castro	10
María Candelaria Cejas	19
María de la Rosa Cepeda	20
x	4
Florentina Charra	30
Dionisia Charras	13
Juana Dominga Charros	12
Juana Alberta Chi	12
Josefa Coronel	23
Eduvíjeda Díaz	8
Isabel García	1
Feliciana Gutiérrez	37
María Lastra	5
Damiana Mantero	2
Irene Mantero	30
Josefa Patricia Mantero	11
Lorenza Pedernera	22
Dominga Quinteros	9
Saturnina Quinteros	3
Catalina Rivero	24
Marta Romero	16
Petrona Sanabia	4
Rosa Sanabia	13
Josefa Silva	22
María Soto	4
María Isabel Ullúa	14
Carmen Villafañe	20
Justo Oroses	10
José Florentino Maestre	1
Andrés de Molina	6
Julián Silva	3
Eleuterio	3
José N.	3
José Antonio	7

Mujeres 27 (promedio de edad: 14 1/2 años)
Hombres 7 (promedio de edad: 4 1/2 años)

Fuente: AGN, VII, 10-4, 13.

Mestizaje que por otra parte continuaba cambiando la fisonomía cultural de la Pampa, a través de la mezcla araucana–tehuelche, con fuerte predominio de los primeros, antiguos vencedores de las batallas que dirimieron el poder indígena en estos territorios.

Otros tipos humanos destacables en estos tiempos en la frontera eran *los depredadores*, pandillas errantes que por lo general luego de los malones caían sobre los poblados diezmados, completando la obra destructora.

Después del famoso malón de Salto en 1821, estos singulares personajes –algunas veces confundidos con indígenas– "entraron de nuevo a saqueo de los restos que habían escapado a su voracidad, 'cargando en carretas cuanto quedó y procediendo a venderlos hasta pos San Pedro y Baradero'". Semejante desvalijamiento obligó al comandante general de la campaña del norte de la provincia de Buenos Aires a proceder a "una prolija investigación para descubrir a todos los ejecutores de los saqueos y obligar a los compradores a devolver los objetos y bienes robados".[102]

En muchas ocasiones estos depredadores eran confundidos con simples gauchos que en calidad de pobladores libres comenzaban a habitar la llanura. Muchísimas ejecuciones, prisiones y levas forzadas se hicieron en nombre de presuntos "vagos y malentretenidos". Un aparato legal incipiente prestaba justificación a estos hechos:

"...que todo individuo que no tenga propiedad legítima de que subsistir, será reputado en la clase de sirviente debiéndolo hacer constar ante el juez territorial de su partido. Es obligación que se muna de una papeleta de su patrón, visada por el juez. Estas papeletas se renovarán cada tres meses. Los que no tengan este documento, serán tenidos por bagos. Para transitar esta papeleta debe ser visada y con licencia del Juez. Se castiga a los bagos con cinco años de servicios en el ejército de línea. Los que no sirvan para este destino, están obligados a reconocer un patrón, a quien servirán por obligación durante dos años por un justo salario, en la primera vez y en la segunda por diez años".[103]

Y a pesar de que la libertad y la posesión de los inmensos territorios garantizaba a las comunidades araucanas, tehuelches, ranqueles y vorogas alimento en abundancia, en ciertas ocasiones el hambre estallaba como un latigazo.

El alejamiento de los territorios de caza, las inclemencias del tiempo que imposibilitaban las marchas o bien los fracasos en las actividades comerciales llevaban a ciertas bandas –las más débiles por cierto– a encontrarse de pronto deambulando sin rumbo fijo en busca de comida.

En plenas operaciones, durante 1828, el coronel Ramón Estomba dejó asentado en sus partes, la impresión que le causó encontrarse con unos 2.000 indios entre hombres, mujeres y niños, quienes estaban sin caballos ni alimentos. Ordenó que fueran trasladados a las inmediaciones de la Fortaleza Protectora Argentina, pidiéndole al gobierno ayuda, implementando así una política de acercamiento y alianza con los desvalidos.

Pero el hambre también era objeto de negociación y daba pie para el sometimiento: Estomba consideraba preferible que el gobierno gastara un poco de su presupuesto para alimentar a los hambrientos antes de que se aliaran con sus hermanos en pie de guerra "lo que iba a suceder si nos hubiésemos descuidado quince días más", además…"ya vamos consiguiendo que sepan respetar y obedecer: tienen miedo, están sumisos, pero al mismo tiempo tienen confianza en nosotros, y están contentos".[104]

Terror, caos, mestizaje, bandidos, hambre, cautiverio, exilio, depredaciones: un conjunto de fenómenos que caracterizaron la zona gris de la frontera. Pero más al interior, hacia tierra adentro, los asentamientos indígenas nos muestran una vida cotidiana más definida, más precisa a pesar de las diferencias culturales existentes.

La vida comunitaria

Las pocas comunidades tehuelches que permanecían hacia mediados del siglo XIX en la porción boreal de la región cultural de Pampa y Patagonia, poco mantenían de sus hábitos de vida originales.

Los llamados guenaken sufrían cambios profundos. Su economía se había transformado en "depredadora". Los antiguos cazadores de guanacos y avestruces comían ahora los caballos y vacas robadas en las poblaciones fronterizas y muy ocasionalmente perseguían a sus presas de antaño.[105]

Esta transformación en los hábitos alimenticios los llevó también a un sedentarismo más pronunciado. El constante seguimiento de las manadas de guanacos y avestruces a que las comunidades se veían antes obligadas, se convertía ahora en una mayor facilidad para obtener la comida, consistente en las miles de cabezas de ganado que inundaban la llanura.

Los toldos seguían siendo las viviendas tradicionales. Sólo que ahora los cueros colocados sobre los postes se ataban con tendones de yegua.

Originariamente desconocieron la cerámica, pero hacia el final de su existencia como cultura la tuvieron aunque en escasa proporción. Tampoco tuvieron tejido, aunque como fruto del intercambio con los araucanos incorporaron de ellos sus mantas de lana como complemento en la vestimenta.

El antiguo manto de pieles de guanaco pasó a ser también de piel de caballo y el chiripá ocupó el lugar del cubresexo.

Los guerreros agregaron las botas de potro, de gran utilidad en las correrías, al igual que los coletos de cuero puestos sobre el pecho en ocasión de los combates.

Cultura ecuestre, los tehuelches adoptaron la lanza ("la chuza") en reemplazo del arco y la flecha, manteniendo las boleadoras como terrible arma ofensiva.

La estructura social de la banda se mantuvo más sólida a partir de la presencia de cacicazgos más fuertes, en donde fue decisiva la influencia de los araucanos. El cacicazgo no era necesariamente por carácter hereditario, más bien se tenían en cuenta las dotes de valentía y oratoria. La palabra, al igual que entre los araucanos, era una virtud de los grandes jefes.

La familia podía se monógama o polígama según fueran las posibilidades económicas de los hombres, ya que la mujer era adquirida por compra.

Es difuso lo que sucedía entre los tehuelches en vías de extinción y/o disolución cultural con sus relaciones con lo sobrenatural. Probablemente la presencia de los espíritus del mal de dudosa procedencia como el Gualichu, hayan ocupado un gran espacio en la sacralidad de estas comunidades.

El viejo ritual tehuelche de enterrar a sus muertos se mantuvo. Se envolvía al cuerpo en su manto, acompañado de sus armas y/o bienes, sacrificando sus animales e incendiando sus pertenencias, a excepción del toldo, en la creencia de que todos los bienes pasarían al otro mundo con su dueño.

Los tehuelches de Patagonia o tehuelches meridionales (penken y aoniken) son los que mejor mantienen su forma de vida originaria (si bien también sufrieron los embates de los araucanos) ya que están menos expuestos, más lejanos geográficamente de los hábitat en que se decidía la suerte de las comunidades hermanas de la Pampa y más protegidas de este proceso con los centros de poder del naciente país: Buenos Aires y las capitales de provincia.

Los tehuelches de Patagonia no eran numéricamente considerables, pero aun así tendrían importancia en el panorama cultural del siglo XIX, enfrentando a la autodenominada "Conquista del Desierto" y constituyéndose en los últimos bastiones con el cacique Valentín Sayhueque a la cabeza de su Confederación de los Manzaneros.

Replegados contra la cordillera, casi aislados en la inmensidad de la estepa patagónica, estos tehuelches mantenían la forma de vida tradicional casi intacta, tal cual la observó Musters en un viaje realizado entre 1869 y 1870.[106]

Alejados de los centros poblados y por lo tanto del ganado, estos tehuelches continuaron cazando sus avestruces y sus guanacos, aunque ahora a lomo de sus caballos:

"...Parten los hombres y recorren al galope el contorno de un terreno que está en proporción con el número de los de la partida, encendiendo fogatas de trecho en trecho para señalar su paso. Pocos minutos después se despacha a otros dos, y así sucesivamente hasta que solo quedan unos cuantos con el cacique.

Éstos se esparcen formando una media luna, y van cercando y estrechando el círculo sobre un punto al que han llegado ya que partieron primero. La media luna se apoya en la línea que forma la lenta caravana de mujeres, criaturas y caballos de carga. Los avestruces y las manadas de guanacos huyen de la partida que avanza, pero les cierran el paso los ojeadores, y, cuando el círculo queda completamente cerrado, se les ataca con bolas, persiguiendo muchas veces dos hombres al mismo animal por diferentes lados. Los perros ayudan también en la persecución, pero tan rápidos y diestros son los indios con la boleadora que, a menos que hayan perdido esta arma o que sus caballos estén cansados los perros no tienen mucho que hacer".[107]

Los perros eran una verdadera institución en las comunidades indias. Entre los tehuelches eran utilizados no sólo en las excursiones de caza, sino en el cuidado y arreo de los ganados.

"No hay autor de memorias que deje de mencionar las perradas numerosas que convivían con el pampa. Alguno narra como el indio criaba a los dedicados a la caza. En esto también el aborigen podía tener cierto parecido con el caballero fidalgo (…) de la historia europea, dueño de buenos perros con los que salía (…) a cazar el jabalí, el zorro o el oso, según fuera la región de sus (…) hazañas. Por otra parte, el indio devolvía en idéntica moneda la canallada incalificable del perro de presa, (…) traído por el conquistador español para la caza del indio. Alguno de esos canes debieron ser descendientes de aquellas fieras, matadoras y comedores de hombres".[108]

Dignos de su tradición de cazadores, los tehuelches repartían la comida comunitariamente, después de su agotadora tarea de obtenerla, acomodándose en el mismo lugar o en los toldos cercanos:

"La ley india de repartición de la caza evita toda disputa y es esta: el hombre que bolea el avestruz deja que el otro que ha estado cazando con él se lleve la presa o se haga cargo de ella, y al terminar la cacería se hace el reparto: las plumas, el cuerpo, desde la cabeza hasta el esternón y una pierna, pertenecen al que los cazó y el resto a su ayudante. Cuando se trata de guanacos, el primero toma la mejor mitad de la misma manera. Los bofes, el corazón, el hígado, la pella y el caracú se comen a veces crudos. Los tehuelches sacan también la grasa que hay sobre los ojos, y la gordura cartilaginosa de la coyuntura de los muslos, y las comen con gran fruición; así como el corazón y la sangre del avestruz".[109]

Los tehuelches comían y bebían además de sus yeguas, guanacos y avestruces, todo lo que podían a excepción de peces: frutas, legumbres, hierbas, vizcachas, pájaros. El azúcar y la sal ocupan lugares preponderantes en la dieta alimenticia: "…Llevan sal cuando salen a cazar, tanto para sazonar la sangre, que rara vez comen sin ella, como también para salar la carne de guanaco o avestruz".[110]

Comían en forma permanente, durante todo el día, sin horario, lo que al parecer era una diferencia con los araucanos, dicho por los mismos tehuelches: "Los chilenos comen siempre a una hora dada, lo que es una tontería; nosotros no comemos sino cuando tenemos hambre".[111]

Los guenaken ingerían bebidas fermentadas que ellos mismos elaboraban. La costumbre de fumar fue incorporada por el contacto con los araucanos y luego con los blancos y mestizos de las poblaciones de la época colonial. La yerba y el aguardiente llegaron después.

Los juegos también llenaban sus días:

"Las principales diversiones entre los indios (...) consistían en carreras de caballos, juegos de cartas, y juegos de dados –que ellos mismos hacen de hueso con una exactitud matemática, y que tiran con la mano– y juegos de piedritas, así como de pelota. Las cartas que se usan a veces es la baraja española, que se obtienen en las colonias, pero lo más frecuente es que los indios usen otras de cuero, fabricadas por ellos mismos".[112]

De las relaciones con lo sobrenatural tenemos más datos de los tehuelches meridionales, por haberse mantenido más preservados que los guenaken e incluso por haber sobrevivido hasta nuestros días aunque en muy escaso número.

Elal es el héroe civilizador por excelencia de los tehuelches meridionales, quien les otorgó los bienes fundamentales para la subsistencia: el fuego, los animales, la vestimenta, las técnicas de caza.

Elal va más allá y bate a enemigos míticos que ponían en riesgo la vida del hombre: el Sol, la Luna, el guanaco y avestruz macho, el cóndor.

También ha introducido la división sexual del trabajo, la institución del matrimonio y la muerte.

Es interesante apuntar que existían vinculaciones culturales entre este personaje mítico y los onas, a través de su dios Kénos: a ambos se los consideraba antepasados; ambos tienen un papel relevante en episodios de carácter etiológico; el haber formado con tierra a los hombres; el haber dado la tierra a los hombres.

Asimismo, existe un personaje en la mitología tehuelche septentrional, Elengásem, y otro en la araucana, Kollóng, que también estarían vinculados a Elal: son, como él, el padre o generador de la raza y los dueños de todos los animales.[113]

Existen en la cosmovisión tehuelche meridional otros personajes: el dios supremo que aparece con varias denominaciones según los autores: Kárut (e) n, el trueno, acompañante de Elal en el cielo; Keenguekon, la Luna, a quien se le pide clemencia; el Sol, de culto confuso y Máip o Gualicho, término que designa a todas las potencias adversas sin particularizar:

"Morfológicamente Máip puede asumir las figuras más variadas, sin tener una que sea la específica: puede ser un pájaro, aguilucho, lechuza, la sombra de un difunto, un 'cristiano con camisa blanca', un hombre o una mujer paisanos, la sombra de un ser humano pequeño, un hombre vestido de negro, etc. Otras veces es invisible, y sólo se lo percibe como silbido, como grito de 'indio que está penando', como voz de un chico, de hombre, mujer, o vieja".[114]

Lo cierto es que la entidad Gualicho, asociada prácticamente la totalidad de las veces con lo nefasto, está omnipresente en toda la cultura tehuelche y frecuentemente en la araucana. Vulgarmente, se lo asociaba con el diablo. Las prácticas chamánicas estaban muy desarrolladas y al parecer tomaron de los araucanos gran parte de los aspectos salientes del ritual, como la inclusión de homosexuales.

En plena llanura los araucanos despliegan con holgura su forma de vida que a pesar de la homogeneidad general no es uniforme: araucanos-"pehuenches" (pehuenches araucanizados); vorogas (araucanos de Vorohué); ranqueles (tehuelches araucanizados); "salineros" (araucanos de la dinastía de los Curá, con Calfucurá a la cabeza) y araucanos *strictu sensu*, son parcialidades de un conjunto mayor, en los cuales predomina el tronco mapuche, que al final de esta historia de expansión cultural terminaría por impregnar la totalidad de las regiones ocupadas.

Por encima de las diferencias tienen elementos comunes, que en términos generales fueron tomados de los tehuelches: cultura ecuestre, economía "depredadora" (no olvidemos que en su lugar natal, Chile, los araucanos eran de tradición agrícola–pastoril), toldos, armas ofensivas.

Los araucanos empero introdujeron no sólo su dominio sino que fortalecieron instituciones como el cacicazgo. Las grandes jefaturas pampeanas fueron difundidas a partir de su presencia y como un elemento más de supremacía cultural que se dio también en otro factor que no podemos dejar de mencionar: la lengua.

En sus relaciones con lo sobrenatural, los araucanos mantuvieron sus prácticas originarias: el desarrollado chamanismo con intervención de las *machis*; las rogativas colectivas como el Nguillatún y algunos rituales mortuorios. En algunos de ellos probablemente se mezclaron diversas tradiciones como el llevado a cabo en ocasión de la muerte del cacique ranquel Painé:

"...Su hijo y sucesor Calvaiaú, ordenaba exequias que llenaron de horror a la tribu.
Una procesión popular conducía el cadáver a lo largo de un camino de seis kilómetros hasta la sepultura, y reunidas todas las mujeres de la nación, encerradas en un círculo de lanceros, formaban parte del cortejo. Cada dos kilómetros se hacía una estación y el cacique heredero designaba ocho mujeres que eran muertas de un golpe seco de bola en el cráneo. Fueron así inmoladas veinticuatro víctimas, para castigo de las brujas que habían influido en la muerte del cacique.
Esta abominable matanza a la faz de los hermanos, maridos y padres de las víctimas, fue completada por el asesinato de una de las más jóvenes esposas de Painé, que tenía una criatura en el pecho, para que acompañara, con cinco caballos, diez perros y veinte ovejas, al finado en el viaje de la Otra Vida".[115]

La práctica del sacrificio de animales y aun el ritual de la muerte por un golpe de boleadora en el cráneo era común entre los tehuelches y probablemente sea de ese origen:

"La muerte de una criatura da lugar a una demostración de pesar sincero de parte de sus padres. Se va a buscar el caballo en que la criatura acostumbraba viajar durante las marchas, se le colocan los arreos y también la cuna, y luego se estrangula al animal así enjaezado, por medio de lazos, mientras que en todas las demás ceremonias en que se sacrifican caballos se les mata machacándoles la cabeza con boleadoras (…) Una vez que falleció el hijo de un matrimonio rico se sacrificaron catorce caballos y yeguas, aparte del que acostumbraba llevar al muerto en los viajes".[116]

La comida, más allá de la producida por la economía depredadora, basada en carne de yegua o potro, se completaba con una dieta que era consecuencia de los contactos con los "blancos", muy especialmente a partir de la posesión de cautivas, que difundieron todo su arte culinario por los toldos araucanos: pasteles a la criolla; carbonada con zapallo y choclos; asado de cordero y de vaca; tortas al rescoldo, de postre miel de avispas, queso y maíz frito pisado con algarroba (González Arrili, 1960).

A los juegos ya comentados para los tehuelches agregaban los araucanos la Loncoteada, una puja entre los hombres consistente en tomarse de los cabellos del contrincante con toda furia y tirar para sí hasta derribarlo o hacerle no resistir los tirones. El juego de pelo era común entre los ranqueles y su resistencia a él símbolo de valor:

"Cuando a un indiecito le quieren hacer un cariño varonil, le tiran de las mechas, y si no le saltan las lágrimas le hacen este elogio: *ese toro*. El toro es para los indios el prototipo de la fuerza y del valor".[117]

Los araucanos eran al igual que los tehuelches sacrificadores de animales, como hemos visto, en ciertas ocasiones. En otras, hacían lo mismo con seres humanos, en general con ancianos, a quienes creían poseídos por el Gualicho:

"*Gualicho* es muy enemigo de las viejas, sobre todo de las viejas feas: se les introduce quién sabe por dónde y en dónde y las maleficia.
¡Ay de aquella que está *engualichada*!
La matan.
Es la manera de conjurar el espíritu maligno.
Las pobres viejas sufren extraordinariamente por esta causa.
Cuando no están sentenciadas andan por sentenciarlas.
Basta que en el toldo donde vive una suceda algo, que se enferme un indio, o se muera un caballo; la vieja tiene la culpa; le ha hecho daño; *Gualicho* no se irá de la casa hasta que la infeliz no muera".[118]

Es probable que este tipo de prácticas se debiera a la creencia de que tanto las desgracias, como las enfermedades o la muerte estaban producidas por un acto de brujería y no como un hecho natural. En todo caso se temía al Gualicho, como presencia nefasta, y se buscaba neutralizarlo por todos los medios.

"*Gualicho*, ocasiona los malones desgraciados, las invasiones de cristianos, las enfermedades y la muerte, todas las pestes y calamidades que afligen a la humanidad.

Gualicho está en la laguna cuyas aguas son malsanas, en la fruta y en la yerba venenosa; en la punta de la lanza que mata; en el cañón de la pistola que intimida; en las tinieblas de la noche pavorosa; en el reloj que indica las horas; en la aguja de marear que marca el norte; en una palabra, en todo lo que es incomprensible y misterioso.

Con *Gualicho* hay que andar bien; *Gualicho* se mete en todo: en el vientre y da dolores de barriga; en la cabeza y le hace doler; en las piernas y produce la parálisis; en los ojos y deja ciego; en los oídos y deja sordo; en la lengua y hace enmudecer.

Gualicho es en extremo ambicioso. Conviene hacerle el gusto en todo. Es menester sacrificar de tiempo en tiempo yeguas, caballos, vacas, cabras y ovejas; por lo menos una vez cada año, una vez cada doce lunas...".[119]

Existe en el panteón araucano al parecer un dios supremo, Cuchauentru (el hombre grande) o Chachao (el padre de todos), que "tiene la forma humana y está en todas partes; es invisible e indivisible; es inmensamente bueno y hay que quererle".[120]

No podríamos considerar terminada esta breve semblanza sobre las culturas araucana y tehuelche de mediados del siglo XIX sin mencionar a un protagonista excluyente de ellas, sostenedor incansable de su forma de vida, compañero invalorable en las agitadas campañas de los guerreros y colaborador en las distintas actividades de la vida cotidiana en los toldos: el caballo.

De él ya nos hemos ocupado al mencionar el *horse complex* que transformó la vida comunitaria (véase cap. II) pero quiero volver sobre el tema porque de alguna manera cierra el círculo en estas culturas, dándole la impronta final que las caracteriza.

El caballo indígena es único. Ningún otro puede comparársele. Está entrenado de tal manera que una combinación de mansedumbre, fortaleza y velocidad lo hacen imbatible.

El indio está sobre él todo el tiempo. No sólo cuando viaja, sino muchas veces cuando duerme, bebe u otea el horizonte. "El indio vive sobre el caballo, como el pescador en su barca", dice Mansilla.

El adiestramiento del animal ha sido intenso; lo hacen galopar no sobre terreno liso y firme sino sobre guadales, médanos y vizcacheras, subiendo y bajando lomas escarpadas. Días enteros cabalgando en estas geografías terminan por otorgar al animal un estado excepcional, puesto después sobre el terreno llano es inalcanzable para sus parientes en propiedad del ejército o los gauchos. Es incansable y es capaz de pasarse muchas horas sin comer pasto ni tomar agua.

El caballo indio es fiel a rabiar. Es muy manso, pero sólo acepta como jinete a su dueño, de quien entiende sus gritos, sus gestos, el más leve movimiento de su cuerpo.

La hermandad profunda del caballo con su jinete y las fabulosas cualidades de aquél hicieron creer a los pobladores de la frontera que el indio lo había embrujado. Pero la explicación tal vez no fuera tan compleja. Quizá se debiera a un respeto al animal por parte del indio, tal como le explicó el cacique ranquel Ramón Platero al coronel Mansilla:

> "Nosotros no maltratamos el animal; lo atamos a un palo; tratamos de que pierda el miedo; no le damos de comer si no deja que se le acerquen; lo palmeamos de a pie; lo ensillamos y no lo montamos, hasta que se acostumbra al recado, hasta que no siente ya cosquillas; después lo enfrenamos, por eso nuestros caballos son tan briosos y tan mansos. Los cristianos les enseñan más cosas, a trotar más lindo, nosotros los amansamos mejor".[121]

En síntesis, observamos que tehuelches y araucanos compartían, por encima de diferencias específicas, una cultura básica similar.

En su relación con la naturaleza, muestran un pasaje ya sea de cazadores o recolectores (tehuelches) o pastores (araucanos) a una economía de tipo "depredadora", sustentada en la apropiación de los ganados de las poblaciones fronterizas, sin perjuicio de continuar con sus prácticas de caza tradicionales.

En su relación con las otras comunidades, es necesario destacar dos niveles: el intercomunitario (parcialidades indígenas entre sí) y el extracomunitario (con los "blancos"). En el primer caso son constantes las rivalidades y las alianzas en un juego permanente de alejamiento y cercanía, que encuentra en el mestizaje a una de sus resultantes más destacadas.

En el segundo caso, el distanciamiento es objetivo, producto de la lucha prolongada, aunque los fenómenos del cautiverio y el exilio operan como factores desencadenantes de una fusión peculiar. De todos modos, el nexo principal que liga a las dos culturas es lo bélico.

En las relaciones con lo sobrenatural aparecen una serie de entidades o instituciones semejantes que, según sea la cultura de origen, se presenta con mayor o menor fuerza: los héroes civilizadores (especialmente tehuelches); el chamanismo (araucanos); el Gualicho (ambos); los cultos solares y lunares (tehuelches); el ritual funerario con sacrificio de animales y/o personas (ambos).

Finalmente, en las relaciones consigo mismas como comunidades, ambas culturas presentan la estructura social de bandas, con fuertes cacicazgos, familias poligámicas y existencia del cautiverio.

Y es en los cacicazgos en donde se destaca la influencia araucana, cultura que introduce las jefaturas poderosas en esta parte de nuestro territorio, otorgándoles a los caciques un rol más que destacado en nuestra historia.

Los tehuelches, paralelamente a la incorporación del caballo, refuerzan la institución del cacicazgo, pero es con los araucanos que ella acrecienta su prestigio y posibilita la supremacía cultural de unos sobre otros.

LOS GRANDES CACICAZGOS
Y LA CONSOLIDACIÓN DE LA CULTURA ARAUCANA

Los *toquis* araucanos (*apu toqui*: comandante supremo de guerra) hacen su entrada en el territorio argentino con sus guerreros, sus caballos, y algunas de sus mujeres. Traen consigo su cultura que en parte se adaptará a las que les proponen los cazadores tehuelches; traen también la última carga energética que a pesar de esa tenue adaptación disolverá la cultura tehuelche a partir de la conducción política de las bandas. Traen sus sueños, sus armas y sus piedras. Esas piedras sagradas como aquella azul que Calfucurá, el máximo cacique de estas tierras, encontró siendo adolescente. Y con las piedras vinieron los rituales, dignos de una cultura que tuvo a la guerra como una de sus claves:

"Estas piedras servían para empezar o terminar una guerra. Terminado un gran malón o una guerra, se enterraban delante de las tribus, ceremonia que decía: 'Tenemos paz'. Se desenterraban como señal de guerra. Su aparición significaba peleas, malones, guerras. El cacique las sacaba, las desenterraba y se ponían en alto, atadas a palos largos, estas piedras en forma de pájaros, gatos monteses u otras figuras raras y durante los weupin, los lonko las llevaba colgando. Y si era guerra, el ülmen, que se llamaba toki y era responsable, por esto se llamaba mapu-ülmen, porque discutía en favor de los paisanos. Y el otro weupin se llamaba wincaülmen, por favorecer la parte de los blancos. Nosotros siempre teníamos dos jefes: uno votaba por la guerra y el otro en contra. Cada uno buscaba ganar las voces que necesitaban para imponer su opinión en los Weupin. En todo caso, la piedra siempre fue recibida con muchos honores, según mis antepasados, porque era emblema de la dignidad más alta de la raza nuestra. Y muy bien se escondía de los winca. Era cosa sagrada".[122]

Otras veces, las piedras dejaban lugar a las hachas ceremoniales. De todas maneras, se trataba de simbolizar el poder de estas jefaturas excepcionales:

"Los huilliches llevaban estas hachas a sus nguillatún, rogativas, como signo del rayo que manejaban sus divinidades... A la invasión española se usaban todavía mucho estas (hachas). Las de un trabajo esmerado, llamadas troqui, pertenecían a los jefes de tribu, que las llevaban colgadas al cuello y las empleaban para ciertas ceremonias públicas: de ahí el nombre de troqui o toqui dado a los caciques principales".[123]

Los caciques son personajes con gran poder, llenos de títulos autoimpuestos; con sus complejos "estados mayores", integrados por caciques menores y capitanejos al frente de sus respectivas bandas y a su vez integrantes del Tantum o parlamento, máxima instancia en la toma de decisiones; con sus eficacísimos lenguaraces y con sus escribientes que les permitían comunicarse al instante con el *huinca*, ya fuera en forma verbal o por carta, en las intrincadas negociaciones que se mantenían. Con detalles como los sellos con que firmaban las misivas oficiales. Con toda una estructura puesta al servicio de su mandato, que servía para acrecentar el respeto y la devoción por parte de sus comunidades.

El ciclo que va de 1830 a 1880, aproximadamente, puede ser tipificado como el de los grandes cacicazgos, a través de los cuales se verificó la consolidación de la cultura araucana.

En ese período los caciques se cuentan por centenares. Y si sumáramos los capitanejos o *conas*, es decir los lugartenientes principales de aquéllos, la cifra sería de cuatro números por lo menos. No es mi intención detallar semejante nómina, pero sí señalar que puede confeccionarse una lista de los caciques más importantes del ciclo en función de indicadores tales como:

a) alcance de la jefatura (grupos indígenas involucrados);

b) cantidad de guerreros bajo el mando;

c) período de actuación prolongado y grado de influencia sobre los demás caciques y grupos indígenas y los centros de poder "blancos".

Podemos utilizar esta lista, que seguramente olvidará algún nombre, y por ende no es de ninguna manera excluyente, como muestra de la realidad cultural de entonces y en consecuencia como demostración de la supremacía evidente de la cultura araucana.

En efecto, los grandes troncos culturales indígenas, que como protagonistas fundamentales ocupan los espacios de Pampa y Patagonia, son cinco: pehuenches, ranqueles, araucanos *strictu sensu*, vorogas y tehuelches. Las cuatro primeras comunidades son de origen araucano lo que ya nos indica la preeminencia sobre el grupo originario del lugar.

Pero vayamos más allá: veamos los nombres de los caciques principales durante el período 1830-1880 y descubriremos que sobre un total de sesenta nombres, cuarenta de ellos, es decir un 80%, pertenecen a la cultura araucana, correspondiendo el 20% restante (veinte nombres) a la cultura tehuelche (cuadro 13, págs. 240-243).

$$
\begin{array}{ll}
\text{caciques ranqueles} & 20 \\
\text{caciques araucanos} & 13 \\
\text{caciques vorogas} & 6 \\
\text{caciques pehuenches} & 1 \\
\text{caciques tehuelches} & 20 \\[4pt]
\text{total} & 60
\end{array}
$$

Más aún: si analizamos un poco más el 20% tehuelche, veremos que no es puro. Está *mestizado* (el gran Sayhueque, legendario cacique tehuelche

13. CONSOLIDACIÓN DE LA CULTURA ARAUCANA
(Ciclo de los grandes cacicazgos: 1830-1880)

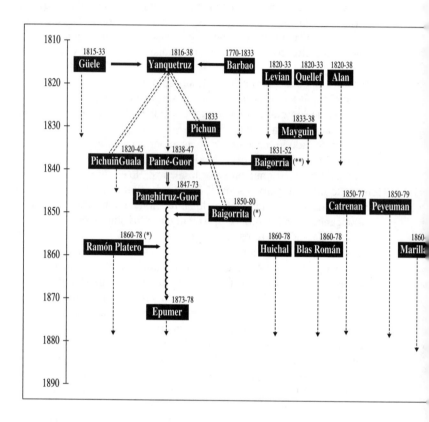

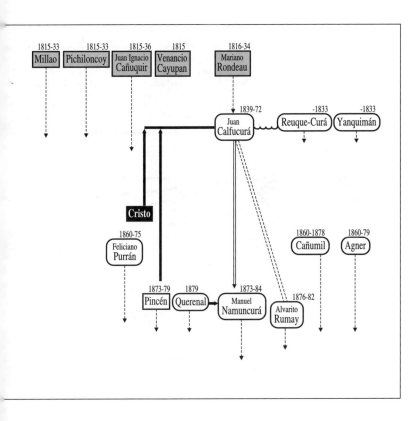

241

13. CONSOLIDACIÓN DE LA CULTURA ARAUCANA
(Ciclo de los grandes cacicazgos: 1830-1880)

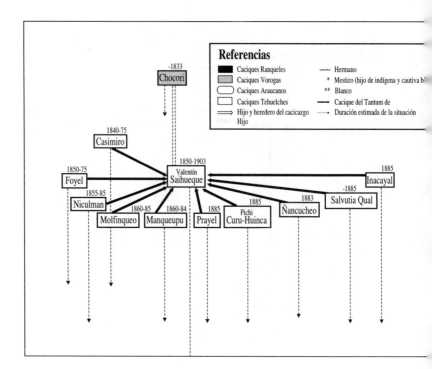

Referencias

- ▆ Caciques Ranqueles
- ▨ Caciques Vorogas
- ◯ Caciques Araucanos
- ▢ Caciques Tehuelches
- ⟹ Hijo y heredero del cacicazgo
- ⸬ Hijo
- 〜 Hermano
- * Mestizo (hijo de indígena y cautiva b
- ** Blanco
- ― Cacique del Tantum de
- ┈⟶ Duración estimada de la situación

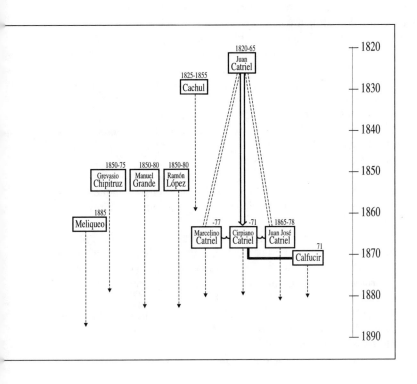

es hijo del cacique voroga Chocorí; su madre era tehuelche); este 20% está *concentrado* en determinados lugares (los "catrieleros" de Catriel en la provincia de Buenos Aires, seguramente mestizados también o los "manzaneros" de Saihueque en Neuquén) y está además *diluido* en la masa araucana (Pincén, de oscuro origen pero presuntamente tehuelche, es cacique del Tantum de Calfucurá, aunque no pierde su independencia).

Es muy difícil extraer de la nómina presentada una nueva lista, esta vez integrada por la "primera línea de caciques", aquellos que profundizando los indicadores ya señalados se separan aún más del conjunto haciendo las veces de "ejes" de sus culturas, impregnando la historia de ellas y la del país con sus nombres legendarios. Yanquetruz, Painé Guor, Paghitruz Guor y Epumer entre los ranqueles; Calfucurá, Namuncurá y Pincén entre los araucanos; Chocorí y Cañuquir entre los voroganos, y Saihueque y los Catriel entre los tehuelches podrían muy bien figurar en esta "primera línea" casi simbólica que proponemos.

Entre 1818 y 1838 Yanquetruz es el jefe indiscutido de los ranqueles; organiza las bandas, las unifica y mantiene en todo momento una firme actitud ante los "blancos".

Llamado "Vuta Yanquetruz" (Yanquetruz el Grande) por su fama, perseguido infructuosamente durante las campañas de 1833, este cacique dejó preparada a su comunidad para que a su muerte le sucediera Painé Guor, el más importante cacique de los ranqueles, con el consentimiento de su hijo Pichuin, legítimo heredero.

Yanquetruz soportó –como muchos otros grandes caciques– la muerte de varios de sus hijos en combates contra las fuerzas nacionales, incluida la del valiente Pichún, en Las Acollaradas (1833). Cierta vez, otro hijo, Pichuin, le había dicho triste al cacique "blanco" Baigorria:

> "Chescui[124], inútil fue a Llanquetruz, mi padre haber perdido cinco hijos por sostenerlos a ustedes y después a mí; tantos afanes por lo mismo ustedes nunca valoran lo que un hombre es y puede ser".[125]

Painé Guor (Zorro Celeste) inicia en 1838 una prolongada "dinastía" que continuó en sus hijos Paghitruz Guor y Epumer, siguiendo así la tradición del cacicazgo como institución hereditaria (cuadro 14).

Painé consolida la tarea de Yanquetruz. Durante su cacicazgo los ranqueles alcanzan su máximo poderío y disputan a Calfucurá el liderazgo del conjunto de las bandas indígenas.

Solidario con los unitarios, protector y amigo del coronel Manuel Baigorria, Painé se recluye en sus toldos, por casi cinco años cuidándose de no encabezar las campañas de sus indios en la frontera por temor a represalias contra su hijo secuestrado por los blancos.

Recuperado éste, Zorro Celeste volvió a la vida, a montar en la llanura y a ponerse al frente de sus hombres que lo idolatraban.

Así, hasta una noche de julio de 1847 en que los "moradores de Leuvucó fueron despertados por una confusión espantosa en que se mezclaba a los

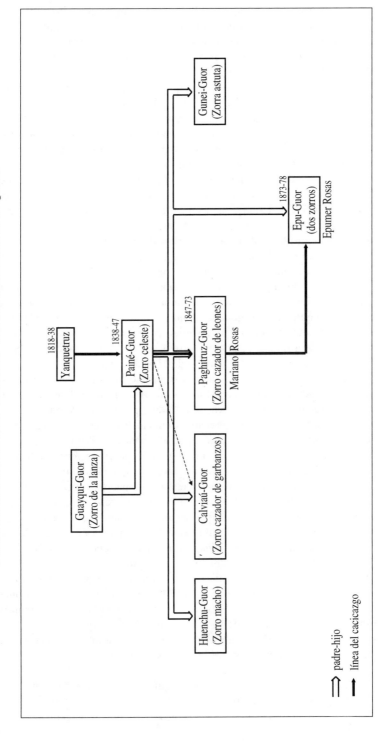

gritos extraordinarios del terror el llanto de los muchachos, las carreras de los caballos y los aullidos de los perros. Bajo la violenta impresión de la sorpresa, corríamos todos a enfrenar los mejores caballos, que atábamos de noche, creyendo que los Saa[126] habían caído sobre los toldos acuchillando y destruyendo cuanto hallaban a su paso. Pero la voz de la verdad iluminó pronto el horror de las tinieblas de aquella noche. Un suceso tremendo e inesperado acababa de producirse: Painé había muerto de repente".[127]

Calviaú–Guor, el feroz y legítimo heredero de Painé, poco después de las exequias de su padre partió de cacería por las praderas en busca del sagrado avestruz blanco, cuya muerte significaba fortuna y gloria para el que conseguía llevarlo hasta su amada.

Y aquí, en medio de la polvareda de la persecución mítica se confunden los recuerdos. Las fuentes se contradicen. Las fechas son inciertas. Se mezclan los nombres de Painé, Paghitruz y Calviaú. Pero es muy posible que un día cercano a esa cacería haya sido el sucesor de Painé quien se topó con una pieza de artillería abandonada por los milicos. Algunos hablan de una conspiración, otros de una bravuconada de Calviaú frente a sus guerreros. Lo cierto es que una terrible explosión, mientras jugaba con el arma, lo llevó a la tumba junto a treinta de sus mejores hombres. El trono de los ranqueles quedaba libre para Paghitruz Guor (Zorro Cazador de Leones), segundo hijo de Painé, protagonista de una historia de tristezas y nostalgias.

Casi niño, secuestrado por un enemigo de su padre, Yanquelén, y entregado por éste a Rosas, pasa cinco largos años en una estancia del brigadier general, donde recibe el nombre de Mariano Rosas.

Anhelando volver donde su padre, extrañando los toldos, escapó junto a sus amigos –secuestrados con él– una noche iluminada por la luna. Galoparon sin descanso y mediante trucos de toda especie atravesaron la frontera vigilada, corriendo con desesperación hacia Painé y hacia su Leuvucó natal. Años más tarde y ya cacique general de los ranqueles, Paghitruz confesó al coronel Mansilla que "conserva el más grato recuerdo de veneración por su padrino; habla de él con el mayor respeto, dice que cuanto es y sabe se lo debe a él; que después de Dios no ha tenido otro padre mejor; que por él sabe cómo se arregla y compone un caballo parejero; cómo se cuida el ganado vacuno, yeguarizo y lanar, para que se aumente pronto y esté en buenas carnes en toda estación; que él le enseñó a enlazar, a pialar y a bolear a lo gaucho. Que a más de estos beneficios incomparables le debe el ser cristiano, lo que le ha valido ser muy afortunado en sus empresas".[128]

Pero Paghitruz volvió a su tierra, y a diferencia de otros grandes caciques, no volvió jamás a salir de ella. El temor de volver a caer prisionero pudo más que cualquier otra cosa. El resultado: condujo a la comunidad ranquel desde sus toldos, dejando en manos de sus capitanejos las correrías por la frontera. Hasta su muerte, dirigió a sus hombres con la preocupación de dar el ejemplo. Mansilla así lo testimonia:

"Hermano, me dijo, más o menos aquí en mi toldo puede entrar a la hora que guste, con confianza, de día o de noche es lo mismo. Está en su casa. Los indios somos gente franca y sencilla, no hacemos ceremo-

246

nia con los amigos, damos lo que tenemos, y cuando no tenemos pedimos. No sabemos trabajar, porque no nos han enseñado. Si fuéramos como los cristianos, seríamos ricos, pero no somos como ellos y somos pobres. Ya ve cómo vivimos. Yo no he querido aceptar su ofrecimiento de hacerme una casa de ladrillo, no porque desconozca que es mejor vivir bajo un buen techo que como vivo, sino porque, ¿qué dirían los que no tuvieren las mismas comodidades que yo? Que ya no vivía como vivió mi padre, que me había hecho hombre delicado, que soy un flojo".[129]

A la muerte de Mariano Rosas le sucedió su hermano Epumer (Dos Zorros), último representante de esta línea de los cacicazgos ranqueles.

En realidad le hubiera correspondido el lugar al tercer hijo varón de Painé, Huenchu–Guor (Zorro Macho) pero había muerto hacía poco en el transcurso de un malón.

Epumer reinó pocos años (1873/1878) pero los suficientes para mantener en alto los principios que sostenían la identidad de las comunidades ranqueles, resistiendo hasta último momento el embate de los poderes políticos del nuevo país y las sucesivas campañas militares contra ellos.

Entre los araucanos *strictu sensu*, hay una figura descollante, que rebasa los límites de su propia comunidad para aparecer como el más grande *toqui* por excelencia, el más legendario cacique del territorio argentino: Calfucurá, jefe poderoso con miles de hombres bajo su mando y durante cuarenta y ocho años líder indiscutido de las comunidades libres de la llanura de Pampa y Patagonia.

A él recurren infinidad de caciques y capitanejos para ponerse bajo el ala protectora de la "Confederación de Salinas Grandes", máxima expresión organizativa de las bandas indígenas de la época.

El poder de este hombre singular llegaba aun a los ranqueles que, defensores acérrimos de su autonomía como entidad cultural, asumían que Calfucurá era el único con el cual ellos no podrían enfrentarse. Los ranqueles opusieron a la Confederación de Salinas su propia Confederación, la de Leuvucó, que acentuó aún más su especificidad, pero el respeto mutuo con Calfucurá fue la regla, impidiendo un enfrentamiento que seguramente los hubiera destruido.

Aun separados, los ranqueles y araucanos sostuvieron la misma lucha contra el mismo adversario, más allá de colores políticos opuestos según las circunstancias.

"Estratega nato, fuera de su afinidad nativa y electiva con la geografía, ha visto con limpidez que el triángulo de la resistencia victoriosa de la causa india en el país son Salinas Grandes, Carhué y Choele Choel. Su última batalla la librará cuando los blancos pongan su mano en este último punto, y él morirá ordenando defender Carhué hasta la última lanza".[130]

Los caciques se destacaban entre otras virtudes por el don de la palabra. La palabra estaba asociada muchas veces a lo sagrado, y era utilizada por los jefes para persuadir, arengar o negociar. Horas y horas hablando para que las comunidades tuvieran explicaciones satisfactorias de todo lo que sucedía. Horas y horas hablando en parlamentos interminables. La palabra como don. La palabra como legado. Se dice que el último legado de Calfucurá fueron cinco palabras pronunciadas desde su camastro de moribundo donde yacía rodeado por sus caciques y capitanejos en el corazón de la Pampa: "No entregar Carhué al huinca".[131]

Carhué fue una obsesión para el jefe araucano que veía en su caída la derrota final de los indígenas. Un bastión, que una vez vencido, provocaría la entrada del invasor.

Calfucurá, como reconocido estratega, se destacó también por su capacidad negociadora, manifestada especialmente durante el gobierno de Rosas, interregno durante el cual las relaciones fueron fluidas y casi pacíficas. Existen versiones acerca de que la llegada de Calfucurá al país se debió a una expresa invitación de Rosas, con el fin de restarle poderío a los ranqueles, sus tradicionales adversarios.[132]

Durante ese tiempo, Salinas Grandes y Buenos Aires son dos centros de poder con intenso intercambio.

La caída de Rosas invierte los términos de la relación, porque Calfucurá, ahora desprotegido por Buenos Aires, lleva sobre ésta y sus alrededores una sucesión ininterrumpida de ataques. La alianza ahora es con Urquiza, pero sólo circunstancial y porque éste sigue lidiando contra Buenos Aires. La catarata de malones es el apogeo de Calfucurá, hasta que en 1872 se produce San Carlos, una batalla alucinante, símbolo de todo un momento de la historia indígena, que marca el inicio del ocaso del gran jefe, quien moriría poco después.

Un inmenso parlamento se reúne a la muerte de Piedra Azul. La decisión para determinar al sucesor no es fácil. Los intereses son muchos. Pero de los tres hijos propuestos, es Namuncurá (Pie de Piedra) quien ofrece más garantías: leal a la memoria de su padre; su segundo incondicional en los grandes combates; con una tradición guerrera espectacular, Manuel Namuncurá es la figura de relevo natural.

Así sucede, aunque para evitar susceptibilidades decide instalar a sus flancos, en una especie de triunvirato con él a la cabeza, a sus dos hermanos: Bernardo y Alvarito Rumay.

Negociador consumado (especialmente con las autoridades de la Iglesia a través de las gestiones llevadas a cabo con el arzobispo Aneiros) el nuevo jefe de los araucanos no deja de utilizar la vía del enfrentamiento cuando las circunstancias lo exigen, siendo uno de los últimos caciques en caer derrotado.

Antes de eso encabezó lo que se llamó la "invasión grande", una gigantesca operación indígena sobre las puertas de Buenos Aires que hizo pensar a algunos testigos de la época "que todo ese despliegue de malones escalonados buscaba sólo ocultar y facilitar el verdadero propósito de Namuncurá que era de entrar en Buenos Aires".[133]

Pincén (*Pin–then*, amante de sus antepasados) es el arquetipo del jefe indio irreductible. Jamás firmó un tratado con Buenos Aires ni con los gobiernos provinciales. Nunca entró en ningún tipo de negociación.

Participaba del Tantum de Calfucurá pero a su muerte actuó solo, manteniendo esporádicos contactos con Namuncurá.

Sus hombres lo seguían incondicionalmente, cayendo muertos o prisioneros en el combate final junto a su jefe.

Pincén tiene un origen confuso. Él se define como "indio argentino" y se dice nacido en Carhué. Otras versiones nos hablan de que en realidad era hijo de "cristianos", habiendo sido secuestrado de niño por un malón. Lo más probable es que haya sido un tehuelche mestizado.

Fue siempre un objetivo estratégico para las fuerzas nacionales, porque a pesar de su corta actividad independiente (1873–1878), demostró una capacidad especial para defender los territorios indígenas y la vida que albergaban.

Los tehuelches ofrecen también sus grandes caciques, destacándose los Catriel: Juan y sus hijos Cipriano, Juan José y Marcelino.

Alternativamente con sus hermanos o con los "blancos", los Catriel navegan constantemente a dos aguas y con el peso de sus hombres decidieron en muchas oportunidades la suerte de alguno de los bandos.[134]

En tiempos de Rosas, Juan y su gente se instalan en los alrededores de Azul llevando una existencia pacífica y despertando "elogios" por parte de ciertos círculos:

"Los indios pampas de Catriel son más fáciles de civilizar rectamente y más dispuestos a recibir la alta educación cívica que nuestras masas rurales y aún las urbanas…".[135]

Una de las más grandes invasiones llevadas a cabo por Calfucurá en 1872 fue motivada por un saqueo a las bandas de Manuel Grande y Gervasio Chipitruz (también asentados en las cercanías de Azul) realizado por Cipriano Catriel, aliado con el coronel Elía, jefe de frontera.

Cipriano había heredado el cacicazgo a la muerte de su padre en 1865, y en 1874 su hermano Juan José se opuso a él, devoradas internamente las comunidades "catrieleras" por los avatares de la política de Buenos Aires: La revuelta mitrista de aquel año encontró a Cipriano aliado al general Rivas, su antiguo jefe en San Carlos y como opositor a su hermano Juan José Catriel.

El fracaso del plan de Mitre provoca que Juan José tome prisionero a Cipriano para juzgarlo, quien grita entonces su patético alegato final:

"Indios de chusma y lanza: ustedes quieren matar a su cacique mayor y comandante general de las pampas, llamado por el Presidente Sarmiento Cacique General.

El gobierno que tengo lo heredé de mi padre, Catriel Viejo, que lo recibió del Dios de los Incas.

En 1872 se nos vinieron encima todos los araucanos, que cubrían la tierra y la luz del sol... El general Rivas no tenía más soldados que ustedes, los indios de Catriel, y salimos de los campos de las Nieves como ochocientos hasta el campo de San Carlos y peleamos allí a caballo y a pie, a lanza y bola con Juan Calfucurá. Yo mandaba la derecha y le dije al general Rivas: 'Ahora va a ver, compadre, primera vez, pelear a los indios de a pie'.

Y en seguida derrotamos a Calfucurá, y entonces vino el general Rivas y me abrazó delante de todos y me dijo que me había portado como un general argentino y que había ganado las presillas de oro que hoy me robó mi hermano Juan José, indio flojo y traidor.

¡Atropellen y no me vayan a errar porque cuando vuelva a tomar el mando de la tribu los haré fusilar como en San Carlos!".[136]

Los lanceros no erraron, atravesando el cuerpo de Cipriano, que murió ejecutado por su propio hermano, el que a su vez tomó a su cargo el cacicazgo de las bandas.

En esta confusa muerte jugaron seguramente demasiados factores. Uno de ellos sin embargo es seguro: la memoria de la traición de Cipriano cuando no sólo enfrentó a Calfucurá decidiendo su derrota sino los fusilamientos de sus propios hombres por negarse a combatir.

Cipriano Catriel es también parte de las culturas indígenas, expresión de las contradicciones en su seno, que hacían que cada tanto surgieran manifestaciones adversas a sus propios intereses.

Juan José Catriel accede al cacicazgo de los toldos de Azul, hasta 1878 en que cae prisionero junto con su hermano Marcelino, luego de haber sostenido varios enfrentamientos con las autoridades de Buenos Aires.

Existió otro gran cacique tehuelche, más al sur, en el llamado "País de las Manzanas" entre el río Neuquén (norte) y el Chubut (sur) y hasta la cordillera de los Andes, en parte de las actuales provincias de Neuquén, Río Negro y Chubut, que dominó no sólo un vasto territorio sino a miles de hombres: Valentín Sayhueque.

Hijo de padre voroga (Chocorí) y madre tehuelche, este cacique mantuvo durante largos años a sus huestes aisladas del drama que acontecería en la pampa y su frontera.

Infructuosamente sus hermanos de Salinas Grandes y Leuvucó buscaron la alianza del gran jefe "manzanero", pero éste una y otra vez rehusó, continuando con su política integracionista a partir de la preservación de la propia identidad cultural de su pueblo, que dicho sea de paso presentaba importantes vertientes araucanas.

Sayhueque buscaba la paz con el Estado argentino, escuchando los consejos de su padre "de no meterse con los cristianos, pues de no ser por estos, los indios aún andarían en pelota".[137]

Una bandera argentina –regalada por el Perito Francisco Moreno– flameaba delante del toldo del cacique.

Cierta vez llegaron hasta él emisarios del gobierno chileno con dos banderas de ese país de regalo. Sayhueque las rechazó explicando que él "era argentino y que por lo tanto sólo enarbolaba el pabellón de su país".[138]

250

Este temprano defensor de nuestra soberanía persistió durante largo tiempo en su tesis integracionista por otra parte defendida por todos los caciques bajo su mando como el caso de Foyel:

"Dios nos ha dado estas llanuras y estas montañas para habitar en ellas; nos ha provisto del guanaco de cuyas pieles formamos nuestros toldos y de cuyos hijos tiernos sacamos los cueros para nuestras ropas. También poseemos el avestruz y el peludo. Nuestro contacto con los cristianos, en los últimos años, nos ha producido yerba, azúcar, galleta, harina y otros artículos de lujo que antes nos eran desconocidos, pero que ahora ya nos son necesarios. Si hacemos la guerra a los blancos, no tendremos mercado para nuestros ponchos, cueros, plumas, etc y por lo consiguiente es de nuestro propio interés mantenernos en buenos términos con ellos...".[139]

De poco valieron estas aspiraciones legítimas. El avance incontenible de las expediciones posteriores a la de Roca en 1879 obligaron a Saihueque y todo su inmenso "reino" a alzarse en armas contra el invasor, abortando así otra posibilidad auténtica de participación.

Finalmente, entre los vorogas es menester mencionar al menos dos caciques: Ignacio Cañuquir y Chocorí. Ambos son objeto de persecución constante por su postura beligerante y ambos representan a toda una cultura en proceso de extinción, iniciada con la masacre de Masallé en 1834. A partir de entonces, los vorogas sufren una sucesión de golpes que años después terminan por hacerlos desaparecer.

Seríamos injustos si no mencionáramos algunos nombres más. Algo así como una "segunda línea" en importancia con respecto a este primer grupo de grandes caciques. Esta nómina no es excluyente, ya que a ella pueden agregarse otros nombres como el de Baigorria, pero ella nos permite ampliar la visión que tenemos de ellos: Baigorrita (ranquel); Reuque Curá y Purrán (araucanos); Foyel, Casimiro, Chipitruz y Manuel Grande (tehuelches) y Cayupán (vorogano).

Manuel Baigorria, el llamado "cacique blanco" es un caso excepcional. Coronel del ejército unitario de José María Paz, con la derrota de éste en 1831 huye acorralado hacia territorio indígena, y permanece durante veinte años. Se instala cerca de Leuvucó, el cuartel general ranquelino, en la laguna de Trenel, en donde reúne exiliados y un número creciente de ranqueles.

Baigorria basó su gran ascendiente por un lado en su capacidad como jefe y organizador (introdujo entre los indígenas muchas tácticas guerreras) y por el otro en su amistad con Yanquetruz, Painé Guor[140] y sus hijos, con los cuales compartió muchísimas campañas contra las poblaciones fronterizas o partidas militares.

Llegó a tener cuatro mujeres (una de ellas indígena) y mil vivencias en un ambiente duro y exigente. Como aquella en que mataron a su hijo de tres meses, capturado en Bahía Blanca con su madre:

"… se supo por una china hija de Llanquetruz que se fugó de Bahía Blanca que un día, estando embriagado un sargento que tenía a la madre del hijo de Baigorria, entró a su casa diciendo con torpeza estas terribles palabras: este salvaje se ha de criar y saber que es hijo de Baigorria, y entonces, arrebatándoselo de los brazos, lo botó al patio y subiendo a caballo se ocupó de pisotearlo hasta destrozarlo".[141]

O aquella otra en que herido, fue salvado por los niños indígenas que lo acompañaban:

"Baigorria, falto de sangre, cayó después de un largo letargo, pero el indiecito Guichulso no lo abandonaba. Al largo rato volvió en si y se halló en los brazos de su compañero y sirviente, haciéndole alzar a caballo. Después, con prolijidad el indiecito Guichulso y otro, sacándole algunos huesos le lavaron las heridas con orines y ataron con gran prolijidad, lo que, después de los sufrimientos y ayudado del cielo, le conservó la vida".[142]

Años después de su retiro del territorio indígena, Baigorria continuó vinculado con sus protectores. Intervino en la batalla de Pavón aliado a Mitre contra Urquiza, con 400 ranqueles y como jefe de la frontera del Río Quinto mantuvo constantes negociaciones, utilizando siempre el pasado común.

"¿Yo no soy su amigo? ¿No les soy bastante conocido? ¿A quien tienen que temer? (…) ¿Mi hijo Gabriel no ha nacido acá? ¿Pichún no es hijo de una hija del país? ¿Y estas les parece, amigos, que no son garantías? Ustedes también tienen hijos y esos suyos con los míos, criándose juntos o viéndose a menudo, no olvidaron lo que sus padres trabajaron para que se criaran en paz y vivieran con más sosiego. También les prometo, a pesar que estoy seguro que el gobierno nacional no les ha de faltar a lo que les promete, sin que ustedes hayan faltado, si así llegase a ser yo en ese caso me vendré con mis hijos y algunos amigos que me quieren seguir a morir acá, junto con ustedes".[143]

Baigorrita es hijo de Pichún –quien a su vez lo es de Yanquetruz– y su madre era cautiva blanca. Este mestizo mantúvose un tanto apartado del linaje de los "zorros", guardando una cierta independencia al igual que Ramón Platero, el otro cacique ranquel con relativa autonomía respecto a las jefaturas centrales y también mestizo.
Perteneció de todos modos al parlamento de Mariano Rosas y hasta 1880 combatió sin descanso en la frontera del sur de Córdoba y el oeste de Buenos Aires.
Junto a Calfucurá se destacó entre los araucanos su hermano Reuque-Curá, asentado en las faldas de la cordillera y con gran cantidad de guerreros que eran utilizados regularmente por el "emperador" de Salinas Grandes.
Feliciano Purrán fue otro cacique araucano importante, que mantuvo también cierta autonomía con respecto a la política instrumentada por

Calfucurá. Ubicado territorialmente en medio de Saihueque y "Piedra Azul", Purrán llegó a contar entre 1860 y 1870 con gran cantidad de hombres a su mando, quienes al igual que los de Reuque-Curá vivían de la venta de hacienda a Chile.[144]

Entre los tehuelches se destacan aquellos integrantes del parlamento de Valentín Saihueque, como Foyel y Casimiro entre otros, con gran cantidad de guerreros y seguidores leales de la política del jefe del "País de las Manzanas".

También puede mencionarse a Gervasio Chipitruz, Manuel Grande y Calfucir, asentados en la zona de Azul y partidarios al principio de Catriel. Luego fueron protagonistas del alzamiento de 1871 contra Catriel y el coronel Elía, ataque que provocó la devastadora invasión de Calfucurá en 1872 como venganza a lo sufrido por sus hermanos.

Y así podríamos seguir ininterrumpidamente. Hablando de Cayupán, de la estirpe vorogana. O de Cristo, el feroz. De Levian, Alan y Quellef, los ranqueles combatientes por antonomasia; de Alvarito Rumay, hijo de Calfucurá. Y de Cachul y de Salvutia-Qual, y Yanquimán y Ramón López, y...

La historia de cada cacique es todo un mundo y es casi el resumen de la historia de su cultura. Al menos un resumen del sentido de su cultura. La historia de cada cacique se multiplica por miles de hombres, mujeres y niños indígenas y es el símbolo de sus vidas (mapa 28). Unas vidas signadas en gran medida por la desgracia de la violencia, que las comunidades recibieron en forma sostenida desde la segunda década del siglo XIX.

28. UBICACIÓN GEOGRÁFICA APROXIMADA DE LOS GRANDES CACICAZGOS DE PAMPA Y PATAGONIA
(1830-1880)

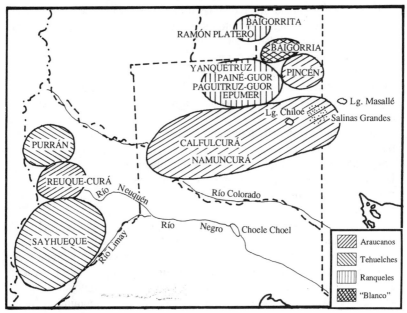

LA POLÍTICA DEL GENOCIDIO
Y LA VIOLENCIA INDÍGENA

Es menester tener en cuenta que para el período 1821-1848 en las llanuras de Pampa, Patagonia y Chaco se registran más de cuarenta grandes enfrentamientos en los cuales, estimativamente, fueron muertos 7.587 indígenas, de acuerdo con el siguiente detalle: 6.458 ranqueles, vorogas, araucanos y tehuelches (en ese orden); 679 guaikurúes (379 mocovíes, 200 abipones y 100 tobas) y 450 pehuenches (cuadro 15, Anexo II, pág. 555).

Estas cifras incluyen solamente a los muertos en combate, dejando de lado a los prisioneros que también se contaron por miles, a los centenares de heridos que no murieron en los campos de batalla sino lejos de ellos, durante la retirada y días después.

Si estimamos que la población para las subregiones culturales de Chaco, Pampa y Patagonia era de aproximadamente 90.000 habitantes, no quedan dudas que una sola palabra puede definir a la política que se comenzaba a aplicar con las comunidades indígenas: genocidio.

Solamente en un año (1833) fueron muertos aproximadamente 3.600 indios, casi el 50% del total de muertos en el período 1821-1848, lo que da una idea de la magnitud de las operaciones realizadas.

Y aquí permítaseme algunas consideraciones acerca de las principales características de la violencia indígena.

Más allá de la violencia como componente originario, tradicional de las culturas tehuelches, araucanas y guaikurúes, en relación con los "blancos" aparece como una respuesta a la violencia ejercida por los poderes políticos nacionales y/o provinciales que necesitan la tierra y en el mejor de los casos, a la masa indígena como peones o sirvientes.

Frente a esta realidad, los indígenas oponen sus ideales de libertad y la reafirmación de su identidad cultural, factores ambos que propenden a la continuidad de la totalidad de su existencia.

La consecuencia de este antagonismo es la violencia que en forma creciente gana posiciones.

Pero la violencia indígena, sin ánimo alguno de justificarla, debe ser entendida a partir de algunos elementos diferenciales, propios de una cultura distinta:

Primero: en la violencia indígena no existe el intento del exterminio del bando contrario "blanco".

Segundo: en este sentido, los ataques a poblados incluyen la práctica de la toma de cautivos, a partir de la cual las comunidades indígenas mantienen con vida a centenares de adversarios que en gran parte volvieron a sus hogares.[145]

Tercero: en muchos casos, la violencia es represalia de alguna acción anterior ejercida por los "blancos", continuando así el ancestral ritual de la "venganza de la sangre" (por ejemplo la masacre de 600 puntanos en 1827, producto de un ataque anterior a los toldos ranqueles de Leuvucó, en donde fueron muertos a mansalva ancianos, mujeres y niños).

Cuarto: en varias oportunidades la violencia es intercomunitaria, como la de Masallé en 1834; Napostá y Sauce Chico en 1836; Fuerte Argentino en 1837 o la sufrida por el cacique Yanguelén y sus principales capitanejos y guerreros.

Insisto, sin ánimo de justificar la violencia de ningún lado, muy por el contrario, sí me parece equitativo comprender el fenómeno por ambas partes y en este sentido, aparece como fundamental el dato inequívoco que mientras los sucesivos poderes políticos de Buenos Aires y las provincias –salvo excepciones– ejercen una violencia planificada, en aras de "la civilización" y "el progreso" del país, las comunidades indígenas llevan adelante la violencia como respuesta, en defensa de su forma de vida.

Ni aun la supuesta "economía depredadora" practicada por estas comunidades en perjuicio de las poblaciones de frontera es pretexto para no intentar el entendimiento con ellas, cosa que buscaron los menos, desgraciadamente. A la mayoría no le interesaba, o no le convenía.

El cuadro 16 (Anexo II, pág. 558) es un indicador de lo que estamos sosteniendo: en un lapso de poco más de medio siglo, la cantidad de acciones contra poblados y/o fuerzas militares y su consecuencia, las bajas, son notablemente menores comparándolas con las cifras que se producen en ese mismo período en las comunidades indígenas, como ya hemos visto en el cuadro 15, (Anexo II, pág. 555) donde observaremos que el exterminio registrado en el período 1821-1848 que alcanza a 7.587 indígenas, tiene un pico que se da en el lapso de 12 años, comprendido entre 1821 y 1833, con un total de 5.241 muertos, mientras que el restante momento histórico, con una duración de 18 años, registra un total estimado de 2.346 indígenas muertos (véase cuadro 17, Anexo II, pág. 560).

"En esta tierra el que gobierna no es como entre los cristianos. Allí manda el que manda y todos obedecen. Aquí hay que arreglarse primero con los otros caciques, con los capitanejos, con los hombres antiguos. Todos son libres y todos son iguales".

CACIQUE PAGHITRUZ GUOR, ranquel.

".....inútil fue a Llanquetruz, mi padre, haber perdido cinco hijos por sostenerlos a ustedes y después a mí; tantos afanes por lo mismo, ustedes nunca valoran lo que un hombre es y puede ser".

CACIQUE PICÚN, ranquel.

"Yo no permitiré que se pueble el Río Quinto ni Santa Catalina porque allí se han hecho tierra los huesos de mis antepasados".

CACIQUE GALVÁN, 1852.

"...Que después que hagan el ferrocarril, dirán los cristianos que necesitan más campos al sur, y querrán echarnos de aquí, y tendremos que irnos al sur de Río Negro, a tierras ajenas, porque entre estos campos y el río Colorado o el río Negro no hay buenos lugares para vivir..."

CACIQUE PAGHITRUZ GUOR, ranquel, 1870.

"Preferimos morir peleando que vivir esclavos".

CACIQUES REUQUE–CURÁ, araucano,
Y SAIHUEQUE, tehuelche, 1882.

"Decían que el jefe de la frontera venía a llevarlos a todos a Martín García. Así se alborotaron, tomaron las armas y se disponían a pelear".

PADRE MEINRADO HUX.

Capítulo V

LA QUIMERA DE SER LIBRES

Avanzado el siglo XIX, desde Europa nos inunda el liberalismo, corriente ideológica que tendrá una decisiva influencia, con todo el peso de su herencia y desarrollo cultural sobre nuestra sociedad en formación.

Tanto el unitarismo de Bernardino Rivadavia, como las tesis sobre el país y su modo de construirlo, sostenidas por Alberdi, Sarmiento, Mitre, Roca y la "Generación del 80", entienden que la unificación de la Nación debe realizarse a través del aparato del Estado, asumiendo como propios los modelos que ofrece Europa.

Para esta corriente, la unidad debe generarse a partir de la creación y consolidación de las instituciones del Estado, al modo de las del resto del mundo occidental, como forma de conducir los destinos del país y de hacerlo ingresar de lleno en la civilización.

Complementariamente se debe lograr la unidad territorial, objetivo impostergable que debe ser cumplido, para que jurídicamente el Estado no tenga ámbitos que queden fuera de sus políticas.

Esta posición nos remite a la clásica antinomia definida por Sarmiento: "Civilización o Barbarie", que en verdad cobra sentido como planteo alternativo, propuesto desde la conducción de ese modelo del Estado a que hacemos referencia más arriba.

En este marco, la "Civilización" es entendida como el conjunto de hechos que hacen participar al país de Occidente, universalizándolo y dotándolo de una forma de vida que en última instancia, se asimile a lo externo; el desarrollo de la Nación-Estado; la industrialización como un fin en sí misma; las propuestas ideológicas liberales; la incorporación aluvional de las ciencias positivas; la "blancura" de la población como única posibilidad de progreso.

Por su parte, la "Barbarie" es concebida como todo aquello que nos separa de Occidente, alejándonos de la integración a la historia universal, a través de la afirmación de los valores y tradiciones originales de "la tierra".

Esta antinomia que en alguna medida signa la realidad cultural argentina a través de su historia, no es una ficción. Es una dicotomía, que se presenta con mayor o menor intensidad en todos los países hispanoamericanos, pero que en la Argentina produce una tensión cultural de tal grado que hace que hoy la culminación de ese proceso sea la construcción paulatina de un pueblo con características sintetizadoras de lo universal y lo local–tradicional, en una constante expansión que avanza en múltiples direcciones.[1]

En ese afán por "unificar" la Nación, el Estado argentino invade los territorios indígenas libres de Pampa, Patagonia y Chaco, mientras comienza a desarrollarse otro fenómeno importante y que durante mucho tiempo fue considerado como uno de los aspectos sustantivos de la caracterización nacional: la existencia de Buenos Aires y el Interior como dos polos, en una diferenciación histórica que tiene connotaciones culturales de todo tipo en la formación del país.

Transcurrida la mitad del siglo XIX, la mestización continúa diluyendo a la población indígena en el noroeste y en el nordeste, hundiéndola étnica y culturalmente en la masa humana que va configurando esas regiones. Hay enclaves indígenas, pero ya están arrinconados, aislados y en escaso número. En cambio, Chaco, Pampa y Patagonia se mantienen como territorios indígenas libres.

Allí permanecen los irreductibles.

Son miles y miles de hombres que sueñan con seguir libres.

Por eso dialogan, negocian y comercian con muchos hombres del otro bando, que están dispuestos a una integración efectiva, a posibilitarles una incorporación al nuevo país, en calidad de hombres dignos, preservando los valores tradicionales en armonía con la nueva sociedad que va hacia ellos.

La libertad, se dicen, es entonces, posible.

Sin embargo, también luchan. Luchan contra todos aquellos hombres del otro bando que no creen que la participación sea posible en esos términos. Que no creen que la participación sirva para algo. Que no creen en el indígena como persona.

Y la lucha crece; como crece la voracidad de los nuevos terratenientes por la tierra, que se pone al servicio del modelo agro–exportador que necesita Europa; como crece la rapacidad de un Estado nacional que avanza ciego sobre todo lo que se opone a las banderas del progreso y la civilización; como crece la idea de que cuanto más cerca se está de lo europeo, más cerca se estará de la verdad.

El indio de las llanuras, con sus chuzas, sus crenchas y su olor a grasa de potro, montado en su caballo embrujado, no encaja en esa concepción del mundo.

Por eso, la lucha crece; crece y es inevitable.

LA GLORIA DE CALFUCURÁ Y EL CLÍMAX DEL PODER INDÍGENA

La caída de Rosas rompe el delicado equilibrio con la Confederación de Salinas Grandes. Buenos Aires comienza a sufrir otra vez los embates de las bandas indígenas, especialmente las araucanas.

Calfucurá establece una virtual alianza con Urquiza y la frontera vuelve a temblar, a pesar de que las contradicciones están siempre presentes. En carta a Urquiza, el cacique araucano confiesa: "Yo deseo hacer la paz con el gobierno de Buenos Aires porque toda mi gente se está aburriendo por no tener cómo hacer negocio con la sal y los cueros. El jefe del Azul me ha mandado ofrecer su amistad, y usted me hará el favor de creer que no puedo sostenerme más tiempo sin hacer tratados. Mis ojos son pocos para mirar a tantas partes".[2]

Lo cierto es que se desencadena una era de malones que encabezados por Calfucurá llevan su poderío al máximo. Los tratados de esa época demuestran que el gobierno nacional realiza concesiones y no hace hincapié en la distribución equitativa de derechos y obligaciones.

Recuperadas un tanto de los estragos sufridos en la primera parte del siglo, las comunidades llevan adelante el último intento por la defensa de la tierra y su cultura. Por más de veinte años, entre 1850 y 1870 aproximadamente, dominan la Pampa a discreción.

El año 1855 se inicia con un terrible malón al mando de Calfucurá, el 13 de febrero, en donde más de 3.000 araucanos cayeron sobre la aterrorizada población de Azul, llevando cautivos, ganado y armas.

El 7 de mayo, los ranqueles caen sobre Rojas.

Ante estos acontecimientos, el ministro de Guerra, coronel Bartolomé Mitre, inició una ofensiva sobre los toldos de Juan José Catriel y Cachul, quienes después de la primera sorpresa reaccionaron, provocando un contraataque que desmanteló a las fuerzas de Mitre infligiéndole gran número de bajas (16 muertos y 234 heridos).

Las victorias indígenas se suceden:

En septiembre del mismo año y a raíz de una venganza, el cacique Yanquetruz, (homónimo del desaparecido jefe ranquel), integrante de las fuerzas de Calfucurá, masacró al escuadrón del comandante Nicolás Otamendi, dejando 126 muertos; una semana más tarde, el 21 de septiembre, se abatió sobre el Tandil.

Probablemente fue este mismo cacique quien condujo un nuevo ataque, esta vez en octubre y contra Tapalqué.

Mitre preparó una nueva respuesta, enviando al general Manuel Hornos al mando del "Ejército de Operaciones del Sur" integrado por 3.000 hombres. Calfucurá lo esperaba cerca de las sierras de Tapalqué, en los fangales de San Jacinto, adonde la caballería de Hornos quedó paralizada. El Ejército de Operaciones del Sur emprendió una rápida retirada, después de perder 270 hombres.

Es evidente que la ventaja indígena al conocer el terreno palmo a palmo fue utilizada como un arma más en la lucha.

Para Buenos Aires la línea de frontera retrocedió nuevamente y casi volvió al límite que existía por 1830. Acuciados por la presencia indígena y presionados por la Confederación, los porteños buscaron desesperadamente el camino de los tratados, haciendo la paz con Juan Catriel y Cachul, a quienes se debía entregar trimestralmente 1.200 libras de yerba,

600 de azúcar, 500 varas de tabaco, 500 cuadernillos de papel, 2.000 libras de harina, 200 frascos de aguardiente, 80 de vino, 72 botellas de ginebra, 72 de vino de Burdeos, 2 carretadas de maíz y 200 yeguas. A Juan Catriel se le otorgó además el título de General y Cacique Superior de las Tribus del Sur, concediéndosele el uso de charreteras de coronel.

El gobierno de Buenos Aires no escatima gastos. Se sabe que poco después, en 1857, el comandante de la frontera, general Manuel Escalada, brindó a ambos caciques un banquete así como el regalo de 1.500 yeguas para evitar una inminente invasión de Calfucurá y Cristo.

Estos tratados, que podrían haber sido utilizados como medio efectivo para un proceso de integración paulatino con los indígenas, eran efectuados como vulgares concesiones, como pesadas obligaciones frente a las cuales no había alternativa; además se hacían con gente a quien se consideraba inferior; constituían un mal necesario que hacía crecer el fantasma del oprobio. Aún hoy, algunos autores piensan de este modo:

"Esta debilidad del gobierno de pactar en forma casi humillante mediante tratados de paz que eran vergüenza nacional, del momento que se les otorgaba grados militares y honores a esos sanguinarios caciques, se justificaba por la crítica situación política por la que atravesaba el Estado de Buenos Aires".[3]

Los ranqueles, por su parte, también suscribieron tratados con Córdoba y San Luis; esta frontera permaneció relativamente tranquila durante algún tiempo.

Pero Calfucurá continuó activo. El 26 de marzo de 1857 atacó el pueblo de 25 de Mayo y provocó una gran movilización de tropas al mando del coronel Nicolás Granada (incluyendo indios de Catriel y Cachul), dispuesto a escarmentar al jefe de Salinas Grandes.

El 1° de noviembre Granada alcanzó a las bandas del cacique Cañumil (pertenecientes a Calfucurá) en la sierra de Cristiano Muerto, causándole 80 muertos.

Tres meses más tarde, en febrero de 1857, se sostuvieron cruentos enfrentamientos entre las fuerzas de Granada y Calfucurá y Cañumil. Durante 1857 los partidos de Rojas y Pergamino sufrieron los ataques ranqueles, probablemente empujados por Urquiza y su ex aliado Manuel Baigorria. La represalia, conducida por el coronel Emilio Mitre, fue un fracaso total, debido a la mala planificación de las acciones, llevadas a cabo en pleno verano (se atravesaron zonas desérticas y secas, enloqueciendo de sed y agotamiento a las tropas).

Por ese entonces (1858), la frágil frontera de Buenos Aires llegó a un punto límite: un total de 1.300 hombres custodiaban la línea, lo que habla a las claras de su vulnerabilidad, expuesta a un poder indígena en expansión. Calfucurá prueba sobre Bahía Blanca y en marzo de 1859 llega hasta ella con un nuevo malón. Poco después, en octubre, invade Azul, aprovechando el alejamiento de las fuerzas de Buenos Aires empeñadas en la batalla de Cepeda (23 de octubre de 1859).

Dos años más tarde y como consecuencia de la batalla de Pavón (17 de septiembre de 1861) por la cual Buenos Aires triunfa sobre la Confederación –y por la cual se produce la unidad de todas las provincias argentinas– Calfucurá queda sin apoyo político al ser derrotado Urquiza. Aun así, el jefe de Salinas Grandes continúa exigiendo a la frontera, que sigue manteniendo prácticamente el mismo trazado que hacia 1830. El poder indígena permanece intacto, recuperado de sus anteriores derrotas.[4]

Elegido presidente en las elecciones de 1862, Bartolomé Mitre propugna una política más efectiva hacia los indígenas. Su ministro de Guerra, el general Juan A. Gelly y Obes, opina lo mismo. La consecuencia inmediata es la expedición del coronel Julio De Vedia contra los ranqueles, realizada a fines de 1862 y principios de 1863. Las tropas llegaron hasta Leuvucó y Trenel y provocaron la desbandada de los indígenas que no pudieron evitar la pérdida de por lo menos 50 hombres.

Mientras se intenta arrinconar a las bandas más belicosas, con las otras se sigue la práctica de los tratados, porque es imposible mantener una ofensiva generalizada y porque además muchas veces es menos costoso que otros procedimientos:

"Usando la autorización de V.E., he regalado a todos los caciques que han venido, los que se han retirado muy satisfechos y esperan la aprobación de V.E., el tratado de Huincal, para hacer los suyos, bajo las mismas bases. Los principales de ellos son Quitraillán, Saihueque y Reuque. No sé si los regalos que les he hecho, que ascienden a sesenta y tres mil pesos, me habré excedido de la idea de V.E. al darme esta autorización; pero puedo asegurarle a V.E. que la conservación de la paz con estos caciques, que representan una fuerza de dos mil o más indios, nunca costará menos anualmente, que lo que he gastado hoy".[5]

Mitre tiene infinidad de conflictos. En términos políticos diríamos que tiene múltiples "frentes " abiertos, pero a pesar de ello no se descuida con los indígenas, quienes hacia 1863 soportan en toda la línea de la frontera –desde Mendoza hasta Buenos Aires– un total de 5.259 soldados.[6]

En un enorme esfuerzo, Mitre intenta frenar la presión indígena que es desbordante. Pero en 1865, la guerra contra el Paraguay distrae los recursos hacia otras latitudes y la frontera se debilita.[7]

En 1866, la Argentina tenía movilizados un total de 22.214 hombres en ese frente bélico, mientras que 6.600 soldados estaban destinados a las líneas fronterizas del Chaco, del centro-oeste y del este (Buenos Aires).

Antes de la iniciación de la guerra contra el Paraguay los indígenas habían hecho sentir su superioridad y su poderío.

El 28 de febrero de 1864, el fortín Bally Manca, al noroeste de Tapalqué, fue atacado por los tehuelches y en mayo Calfucurá encabezó un malón sobre Tres Arroyos.

Probablemente fueron sus hombres los que atacaron sucesivamente en octubre de 1865 las inmediaciones de Claromecó y en diciembre Tapalqué.

El apresamiento de dos hijos de Calfucurá hizo temer una gigantesca invasión por parte de los araucanos, amenaza que fue neutralizada mediante el relevo del jefe responsable de aquella acción: el coronel Machado y la firma de un tratado con Reuque Curá, hermano del gran cacique, llevado a cabo en el Azul en agosto de 1866.

Los ranqueles tampoco se quedaron quietos. En marzo de 1866 atacaron por la frontera del sur de Córdoba y el 22 de noviembre llegaron hasta las inmediaciones de Río Cuarto capturando ganado y tomando cautivos. La represión fue violenta y en marzo de 1867 fueron derrotados en las cercanías de Villa Mercedes (San Luis).

Por su parte, en abril de 1868, Calfucurá insistió sobre el sur de Córdoba, al frente de 2.000 hombres que regresaron con un gigantesco arreo; en febrero de 1867 grupos de araucanos que habían invadido el sur del partido de Olavarría debieron emprender la retirada ante la ofensiva del coronel Álvaro Barros, que les produjo 30 muertos. Una acción como ésta constituyó la excepción. Durante todo este período la expansión y la superioridad indígenas fueron la regla. Cuando Sarmiento asume la presidencia (1868-1874) se privilegia la política de los tratados, alternativa que en muchas ocasiones "enfría" las fronteras calientes, que si bien muestran algunos cambios en su trazado, es casi imperceptible con respecto a los años anteriores (mapa 29), incluyendo al de 1830.

Los principales tratados de esos años se suscriben con los ranqueles, destacándose el firmado entre Paghitruz Guor (Mariano Rosas) y el general Mansilla en 1870 y el concretado con Limonao.

Algunos de estos tratados son un claro ejemplo del intento de sometimiento de los caciques por parte del gobierno nacional. La mayoría de las veces no prosperan por su impracticabilidad. No hay cláusulas que tengan en cuenta las características de la cultura indígena; por el contrario, todas son obligaciones y lo que es peor referidas a prácticas totalmente ajenas a la forma de vida tradicional.

Así, por el tratado firmado el 13 de octubre de 1869, el cacique Limonao y sus hombres se comprometen en las primeras cinco cláusulas: a declararse súbditos argentinos; a no reconocer a cacique alguno como autoridad y menos a Calfucurá; a establecerse en una colonia agrícola militar; a recibir sacerdotes para el aprendizaje de la religión cristiana; a recibir maestros para la educación de los niños; a recibir personas especializadas que les enseñen la agricultura y a prestar servicio militar en la frontera.

La mayoría de las veces estas imposiciones se acordaban por el debilitamiento global de algunas de las comunidades indígenas, sorprendidas en situaciones de hambruna, marginalidad o extrema pobreza.

Las otras comunidades, las poderosas, siguieron desafiantes. Cerca de 1.000 araucanos al mando de Calfucurá invadieron Tres Arroyos el 14 de junio de 1870 y cuatro meses después, el 23 de octubre, el heredero Namuncurá atacó Bahía Blanca al frente de 2.000 hombres.

Mientras esto sucedía en la frontera este, los ranqueles, rotos los tratados, se lanzaron sobre el sur de Córdoba y San Luis y el norte de Buenos Aires, aunque debieron posteriormente replegarse ante la contraofensiva

29. EVOLUCIÓN DE LAS LÍNEAS FRONTERIZAS ESTE Y CENTRO-OESTE ENTRE 1850 Y 1870 - LA ZANJA ALSINA

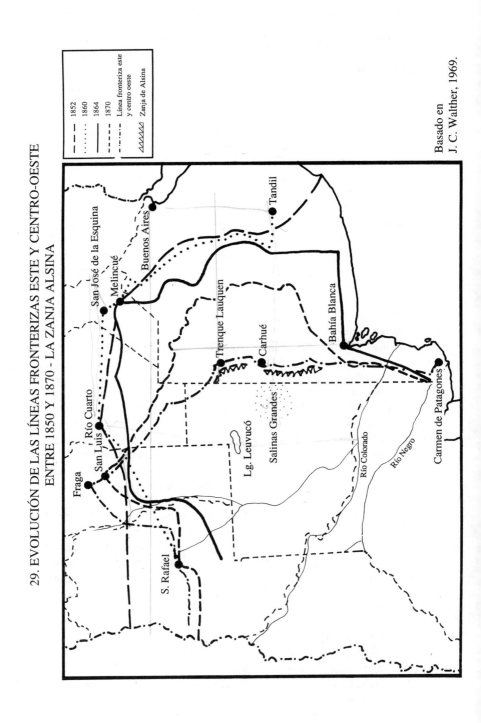

Legend:
- — — 1852
- ········· 1860
- ——— 1864
- – – – 1870
- –··–··– Línea fronteriza este y centro oeste
- ⋀⋀⋀⋀ Zanja de Alsina

Buenos Aires · San José de la Esquina · Melincué · Tandil · Trenque Lauquen · Carhué · Bahía Blanca · Río Cuarto · San Luis · Fraga · S. Rafael · Lg. Leuvucó · Salinas Grandes · Río Colorado · Río Negro · Carmen de Patagones

Basado en
J. C. Walther, 1969.

organizada en mayo de 1871, que produjo 50 muertos entre las tolderías arrasadas.

La inestabilidad política interna del país contribuía a que fuera imposible impedir el avance indígena, por lo que el gobierno acudía presuroso al régimen de tratados.

En noviembre de 1870 el comandante de la frontera sur, coronel Francisco de Elías, firma un convenio con Calfucurá comprometiéndose ambas partes a mantener la paz de la frontera. Poco antes, en octubre el citado coronel suscribía otro acuerdo con los tehuelches Cipriano Catriel y Calfuquir.

Pero esa paz duró lo que un suspiro. En un confuso episodio en mayo de 1871, el coronel de Elías atacó a los caciques Manuel Grande, Gervasio Chipitruz y Calfuquir, acusados de haberse sublevado contra Cipriano Catriel, a su vez designado por el tratado firmado "Cacique principal de todos los indios".

La traición enfureció a Calfucurá que reunió a todos los araucanos, tehuelches y aun ranqueles disponibles y decidió vengar la afrenta sufrida por sus hermanos. Se tomó tiempo para anticipar su decisión por carta al coronel Boer, a la sazón jefe de la frontera oeste de Buenos Aires, a quien comunicó expresamente que el problema no era con él:

"La Verde, 5 de marzo de 1872
Señor coronel D. Juan Boer
Señor Coronel: Hoy le participo que el día cinco vine a sorprender al cacique mayor D. Andrés Raninqueo con toda la indiada, así es que me vine con seis mil indios, a vengarme por la gran picardía que hicieron con Manuel Grande y Chipitrús y demás capitanes; en fin de muchas picardías que han hecho con los soldados de Manuel Grande, y creo le mandase hacer lo mismo a Raninqueo, y por este motivo hoy me llevo al cacique Raninqueo por que ustedes no lo vuelvan a hacer con él; así es que por su fuerte no me asomaré y no haré ningún daño en su parte porque somos amigos. No se nos ofrece otra cosa y solo le pido se aplaca como Gefe lo saluda este su atento servidor. Juan Calfucurá".[8]

El cacique tehuelche Andrés Raninqueo custodiaba la frontera en la laguna La Verde y fue el último escollo de esa invasión impresionante. Tomado prisionero fue remitido a Salinas Grandes, mientras los 6.000 guerreros anunciados por Calfucurá entraban en los partidos de Alvear, 25 de Mayo y 9 de Julio (5 de marzo de 1872). El resultado fue elocuente: 300 pobladores muertos; 500 cautivos y 200.000 cabezas de ganado capturadas.

Las tropas de Azul no pudieron moverse porque fueron debidamente controladas por parte del ejército indígena, mientras que el resto, "si bien sintieron el malón ocurrió que el mismo entró muy fraccionado, así que no se tuvo la sensación de su magnitud hasta muy tarde".[9]

La más grande invasión quedaba consumada y ella marcó la cima del poderío indígena. A partir de entonces, tan sólo tres días después, comenzó a escribirse otra historia.

SAN CARLOS: LA GRAN BATALLA PERDIDA

Casi inesperadamente, el general Ignacio Rivas, comandante en jefe de la frontera, reunió a 1.000 de sus hombres y 500 indios de sus aliados los caciques Coliqueo y Catriel y enfrentó a Calfucurá que regresaba tierra adentro al frente de 3.500 de los suyos (los 2.500 restantes se habían alejado llevando consigo la mayor parte del fabuloso arreo).

El choque se produjo en la madrugada del 8 de marzo de 1872 al norte de San Carlos (actual Bolívar) y se lo recuerda como uno de los más terribles producidos hasta entonces.

Los lugartenientes de Calfucurá, Reuque-Curá, Pincén, Catricurá, Namuncurá y Epumer (éste al mando de 500 ranqueles), ordenaron el dispositivo de combate frente a un enemigo que no había estado en sus planes:

"Los indios maniobraron lúcidamente. Marchaban en cinco columnas paralelas, guardando distancias tácticas y con guerrillas al frente, y desplegaron sus líneas al toque del clarín, con limpieza veterana.
Calfucurá recorrió sus regimientos y los proclamó, recordándoles los tiempos de antes, asegurando que los indios de Catriel se pasarían. Previno a todos los comandantes de unidades que pelearan 'pie a tierra' como los infantes, para probar al cristiano que valían tanto como él.
Y mandó tocar ataque".[10]

El clarín indio atronó la mañana y los alaridos de las bandas ("entonces tan temidos como el mismo disparo del cañón") fueron la señal de que la batalla había comenzado.

Se sucedieron horas interminables en que pasó de todo: los furiosos entreveros; la destrucción del mito de que el indígena no era capaz de pelear "de a pie" (la consigna de Calfucurá fue clara al respecto); la orden de Cipriano Catriel en plena batalla de fusilar a los que no querían luchar contra sus hermanos; y a pesar de ese intento, el enfrentamiento intracomunitario. El desenlace era incierto, cuando una carga final de Catriel y Rivas comenzó a desmembrar las fuerzas de Calfucurá, que ordenó la retirada. Es imposible saber bien lo que sucedió en San Carlos y por qué sucedió. Probablemente los flamantes fusiles "Remington" que hicieron estragos entre los indígenas; quizá la presencia de casi 1.000 indígenas del lado de las fuerzas nacionales con su obvia carga psicológica negativa para los rebeldes; tal vez el riesgo entrevisto por Calfucurá de prolongar demasiado la batalla en plena línea de frontera. Lo cierto es que el Toqui retiró a sus huestes dejando sobre el terreno más de 200 muertos y un secreto adiós a su reinado.[11]

Envalentonado por la victoria de San Carlos, el gobierno nacional dispuso ese mismo año nuevas operaciones. Hacia el sur partió el sargento mayor Bejarano con la misión de mantener entrevistas de paz con Sayhueque. El general Arredondo se dirigió hacia Leuvucó, central de los ranqueles, en donde firmó nuevos tratados con Paghitruz Guor.

En el centro de la Pampa, el 15 de noviembre, el teniente coronel Hilario Lagos se enfrentó con Pincén a quien tomó medio centenar de prisioneros.

30. EL TRIÁNGULO VITAL EN
LA ESTRATEGIA DE CALFUCURÁ

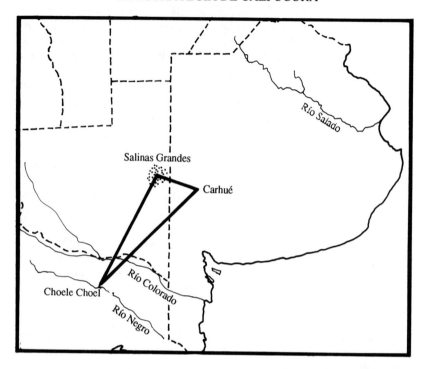

Pocos meses antes, en junio, 21 hombres del fortín San Carlos habían perdido la vida en un enfrentamiento con araucanos.

El 4 de junio de 1873, refugiado en Chiloé, al lado de Salinas Grandes, moría Calfucurá, dejando a los suyos su famoso testamento oral: "No abandonar Carhué al huinca".

El cacique siempre había pensado que el triángulo imaginario Carhué-Choele Choel-Salinas Grandes era estratégico para el bastión indígena de Pampa y Patagonia. Salinas Grandes era el centro neurálgico de los asentamientos, el centro del poder político indígena; Choele Choel era el paso natural ideal para los arreos que eran trasladados a Chile para su venta; Carhué era la puerta de entrada al territorio libre. Por eso defenderla era vital (mapa 30).

La muerte de Calfucurá alegró a Buenos Aires y a los gobiernos provinciales fronterizos, aunque poco durarían las celebraciones: su hijo, Manuel Namuncurá, de 62 años, tomó el mando de las bandas, encabezando un triunvirato integrado por él y otros hijos del Toqui: Alvarito Reumay Curá (o Rumay) y Bernardo Namuncurá. Alrededor de 250 caciques, venidos de todos los rincones de Pampa y Patagonia –incluidos los ranqueles–, asistieron al Parlamento que escuchó atentamente las razones de la compleja sucesión, que incluía a 15 hijos, 5 hijas mujeres y 5 príncipes sobrinos (cuadro 18).

18. LA SUCESIÓN DE CALFUCURÁ

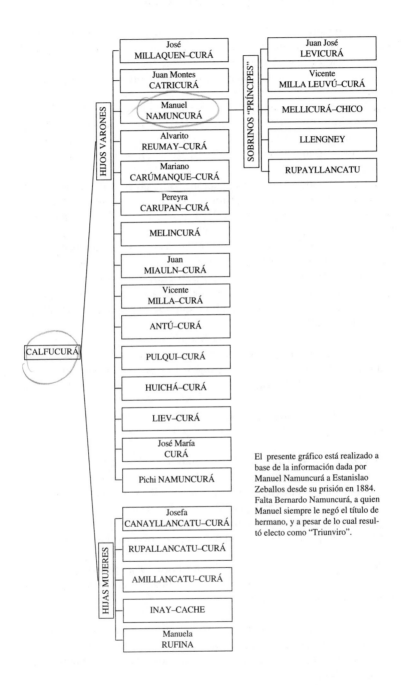

HIJOS VARONES

- José MILLAQUEN–CURÁ
- Juan Montes CATRICURÁ
- Manuel NAMUNCURÁ
- Alvarito REUMAY–CURÁ
- Mariano CARÚMANQUE–CURÁ
- Pereyra CARUPAN–CURÁ
- MELINCURÁ
- Juan MIAULN–CURÁ
- Vicente MILLA–CURÁ
- ANTÚ–CURÁ
- PULQUI–CURÁ
- HUICHÁ–CURÁ
- LIEV–CURÁ
- José María CURÁ
- Pichi NAMUNCURÁ

SOBRINOS "PRÍNCIPES"

- Juan José LEVICURÁ
- Vicente MILLA LEUVÚ–CURÁ
- MELLICURÁ–CHICO
- LLENGNEY
- RUPAYLLANCATU

HIJAS MUJERES

- Josefa CANAYLLANCATU–CURÁ
- RUPALLANCATU–CURÁ
- AMILLANCATU–CURÁ
- INAY–CACHE
- Manuela RUFINA

CALFUCURÁ

El presente gráfico está realizado a base de la información dada por Manuel Namuncurá a Estanislao Zeballos desde su prisión en 1884. Falta Bernardo Namuncurá, a quien Manuel siempre le negó el título de hermano, y a pesar de lo cual resultó electo como "Triunviro".

NAMUNCURÁ, ALSINA
Y UNA ZANJA PARA DIVIDIR AL MUNDO

El 11 de diciembre de (1873) Namuncurá estrenó su jefatura atacando las inmediaciones de Bahía Blanca. En la ocasión, se contabilizaron por lo menos 50 indios que portaban fusiles, lo que fue visto como el indicador de un nuevo peligro: la familiarización de los indígenas con las armas de fuego.

Por la misma época, un intenso combate se registró en el sur de Mendoza, en Coihueco, entre el cacique Usalmán y los guardias de la frontera. Los indígenas perdieron por lo menos 50 hombres. Días después de la invasión a Bahía Blanca, el general Rivas emprendió la persecución de Namuncurá, incluyendo en sus tropas a 900 indios de Catriel. Cerca de Salinas Grandes, las fuerzas nacionales, agobiadas por el sol y el terreno inexplorado decidieron retirarse, no sin antes mantener algunas escaramuzas esporádicas, como la del 8 de enero de 1874 en que fueron muertos 6 indígenas.

Conflictos políticos y militares –Avellaneda había ganado las elecciones nacionales para presidente en 1874 y el general Mitre se sublevó, comprometiendo en la intentona a Cipriano Catriel, quien finalmente derrotado fue ejecutado por su hermano Juan José como ya hemos visto– desguarnecieron circunstancialmente la frontera, que fue invadida en noviembre de 1875 por unos 500 araucanos en el sector de 25 de Mayo.

El nuevo ministro de Guerra de la Nación, el doctor Adolfo Alsina, propugnó entonces la ejecución de un plan de avance paulatino, que aspiraba alcanzar el Río Negro e intentaba lograr la paz con las comunidades indias: "el plan del Poder Ejecutivo es contra el desierto para poblarlo y no contra los indios para destruirlos".

Algunos autores contemporáneos ven en esta loable idea el verdadero error:

> "Quizá lo que este plan o pensamiento tenía de objetable era la intención de atraer al indio hacia la civilización por medios pacíficos. Desgraciadamente la experiencia de casi medio siglo había demostrado que, salvo contadas excepciones, el indio era un ser racial rebelde o reacio a toda idea de sometimiento a los cristianos, máxime si se trataba de despojarlo de las tierras en que convivía desde largo tiempo".[12]

Alsina dispuso la exploración de los territorios a ser potencialmente ocupados, lo que provocó la molestia de Namuncurá, que en carta al comandante militar de Bahía Blanca advierte:

> "… Comunicándole que he soñado que los cristianos me quitaban un campo, si en caso estos campos que defiendo me los sacan entonces me someteré entre los cristianos y haré grandes daños y sabremos quien podrá más…".[13]

Inclusive en la sesión del 22 de septiembre de 1875 en el Senado Nacional, el ministro Alsina, objeto de interpelación, afirma que Namuncurá también informaba al comandante militar de Bahía Blanca:

"Amigo: Veo por los diarios que están ustedes envueltos en complicaciones internacionales con el Brasil y con Chile. Esto debe hacer ver a ustedes que deben cuidarse mucho de estar bien con nosotros, porque en caso de una guerra los podemos servir mucho como amigos y hacerles mucho daño como enemigos".

La cuestión es clara para los indígenas y está escrita de su puño y letra: Mientras el gobierno nacional propendiera a la integración, la paz era posible, mientras el gobierno nacional propendiera al enfrentamiento, la guerra era el único camino.

Desgraciadamente, el proyecto Alsina de ocupar los territorios progresivamente, no tiene una planificación adecuada que contemple a los indígenas y respete sus intereses. A Juan José Catriel, por ejemplo, le propone trasladarse a otros terrenos –los ganaderos buscan apropiarse definitivamente de los fértiles suelos del Azul– y firma los tratados respectivos. Los capitanejos del cacique se oponen a ello aduciendo no haber sido consultados. La resultante es la sublevación general de los "Catrieleros" en diciembre de 1875.

Namuncurá vio en la quita de tierras a Catriel el inicio de un despojo mayor, que confirmaba sus presunciones.

La incapacidad negociadora del gobierno nacional, el "desgano" por tratar de solucionar los conflictos de otra manera que no fuera la bélica, llevaron a Namuncurá a golpear primero como única defensa posible. Así se organizó la "invasión grande", la mayor después de la que había llevado a cabo Calfucurá en marzo de 1872.

Aproximadamente 3.500 araucanos y ranqueles, dirigidos por Namuncurá, Pincén y Baigorrita arrasaron las poblaciones del centro de la provincia de Buenos Aires retirándose con centenares de cautivos y miles de cabezas de ganado.

Rápidamente se puso en marcha una violenta contraofensiva que provocó cinco combates sucesivos que en total arrojaron un saldo de casi 300 muertos entre los indígenas: el 1° de enero de 1876 en la laguna del Tigre; el 2 de enero en San Carlos; el 10 en las Horquetas del Sauce; el 12 de marzo en el mismo lugar y el 18 en la laguna del Paragüil. Estos enfrentamientos debilitaron el poder de Namuncurá que volvió a Salinas Grandes a restañar las heridas.

La "invasión grande" había tenido un exitoso principio pero su final fue un duro golpe para los indígenas que ahora sí veían concretarse el plan de Alsina.

El ministro de Guerra ya no vacilaba. En la orden general dada a las divisiones Sud y Costa-Sud, Alsina arenga a las tropas a combatir por la civilización:

"La misión que el Gobierno os ha confiado es grande –asegurar la riqueza privada, que constituye al mismo tiempo, la riqueza pública– vengar tanta afrenta, como hemos recibido del salvaje –abrir ancho campo al desarrollo de la única industria nacional con que hoy contamos– salvar las poblaciones cristianas de la matanza y del pillaje del bárbaro –en una palabra combatir por la civilización".[14]

A principios de 1876 cinco divisiones avanzaron sobre "tierra adentro" con un total de 3.686 hombres:

-División Sur o de Carhué (coronel Nicolás Levalle)
-División Costa Sur o de Puán (teniente coronel Salvador Maldonado)
-División Oeste o de Guaminí (teniente coronel Marcelino Freyre)
-División Norte o de Trenque Lauquen (coronel Conrado Villegas)
-División Sur de Santa Fe o de Ita-ló (coronel Leopoldo Nelson)

El avance de estas fuerzas produjo algunos combates: el 29 de marzo de 1876 la división Oeste chocó con Juan José Catriel en el arroyo Guaminí, matando 6 indígenas. El 15 de agosto la misma división se enfrentó a bandas de Namuncurá y Pincén, provocándoles 37 muertos. Pero el resultado alcanzado por el avance de estas tropas se centró en la construcción de pueblos (Carhué, Guaminí, Puán, Trenque-Lauquen e Ita-ló), fuertes, fortines y la famosa zanja.

Desde el principio de su gestión Alsina había hablado de un foso que, paralelo a la frontera, alejara a los indígenas de los centros poblados, de los tradicionales lugares de aprovisionamiento y pastos. Un foso que imposibilitara las invasiones o al menos las dificultara en grado sumo.

El proyecto aspiraba a cubrir un total de 730 kilómetros entre Bahía Blanca y el sur de Córdoba; pero sólo se alcanzaron a construir unos 374 km. entre Carhué y la laguna del Monte.

La clave del éxito de la zanja radicaba en que de trecho en trecho se levantaba un fortín que controlaba a su vez un área lo suficientemente grande como para evitar los ataques indígenas.

Es decir que la zanja se construyó uniendo los fortines que dicho sea de paso, infestaban por ese entonces la provincia de Buenos Aires (mapa 29, pág. 263). Pero la zanja no funcionó, porque aunque los ataques indígenas no pudieron atravesar profundamente la frontera, siguieron manteniéndola en extremo inestable.

En agosto de 1876, Namuncurá y Juan José Catriel invadieron las inmediaciones de Azul desde donde se retiraron después de sufrir más de 100 muertos en intenso combate.

El 9 de octubre, otra vez Namuncurá, junto a su hermano Alvarito Rumay y con la complicidad de los caciques Manuel Grande y Tripailao (teóricamente custodiando ese sector de la frontera), ingresaron en las cercanías de Chivilcoy al frente de 2.000 guerreros.

En la retirada fueron seguidos por las tropas fronterizas, que sostuvieron dos combates con la retaguardia indígena: uno el 10 de octubre, en la laguna del Cardón, en donde murieron 20 hombres de Manuel Grande; el otro al día siguiente, en el mismo lugar, registrándose 10 bajas entre los indígenas de Justo Coliqueo.

El 8 de diciembre, 300 araucanos comandados por Pincén –secundado por Manuel Grande, Ramón Platero y Tripailao– entraron por Chiquiló, al sudoeste de Junín. Mientras se retiraban, fueron sorprendidos por los guardias de Junín, que les ocasionaron 30 muertos.

Mientras tanto, en la frontera sur de Mendoza, se producían distintas invasiones indígenas, destacándose la de agosto y la del 4 de noviembre.

El 20 de abril de 1877 cerca de Puán, algunas bandas de Namuncurá atacaron a las fuerzas del comandante Donovan de ese fuerte, y poco después, Pincén y Catriel volvieron a atacar.

Estos hostigamientos provocaron serias represalias: el 16 de noviembre, el coronel Villegas sorprendió en los montes del Malal, al norte de Toay, a Pincén y sus hombres, produciéndoles 80 muertos. Las indígenas, empero, no se amilanaron y hostilizaron el regreso de la columna expedicionaria manteniéndose diversos choques, uno de los cuales produjo la muerte de Catrenao, brazo derecho de Pincén.

Estos sucesos debilitaron a Pincén, empujándolo al interior de la Pampa, cerca de los ranqueles.

La ofensiva de las fuerzas nacionales continuó y el 11 de noviembre de 1877 en Treyco, cerca de la laguna de Guatraché, el teniente coronel Teodoro García atacó por sorpresa las tolderías de Juan José Catriel, según consta en su propio parte:

"El pánico que se produjo en las masas salvajes fue completo así lo había esperado al lanzar sobre el aduar los valientes Escuadrones de nuestra Caballería que con sus relumbrantes corazas y bien afilados sables, causaron efecto aterrante en los hijos de la Pampa.

Todos aquellos que tentaron la suerte de las armas bien pronto encontraron la muerte, siguiéndose de aquí su total dispersión, rindiéndose unos y tratando de salvarse en los montes, otros".[15]

Otra partida de indígenas que merodeaba en el sur de Córdoba, había sufrido 5 bajas en julio.

En Mendoza, durante el mes de junio, perdieron la vida en distintos enfrentamientos por lo menos 11 indígenas del cacique Juan Chico.

Esta sucesión de combates fue corroyendo el poder indígena.

Si bien el territorio seguía en manos de sus dueños originarios –lo cual permitía una alta capacidad de movilidad y en consecuencia de posibilidades ofensivas y defensivas– la situación comenzaba a tornarse cada vez más difícil.

Algunos caciques optaron por el camino de la rendición, producida la mayoría de las veces por el agotamiento de las comunidades y el fantasma del hambre. Así sucedió con el ranquel Ramón Platero y los tehuelches Manuel Grande, Tripailao y Catriel, quienes totalizaron más de 1.000 indígenas entregados.

La muerte de Paghitruz Guor en 1873 constituyó también un golpe para los grandes cacicazgos y la mística de los guerreros más allá de que su hermano Epumer fue un digno sucesor.

En el debilitamiento progresivo del poder indígena debe contabilizarse además la sistemática pérdida de "hombres de pelea" en los constantes enfrentamientos que iban conformando año tras año, un cuadro de exterminio desolador (cuadro 19, en el Anexo II, pág. 561).

El horror ante la muerte, entendida como desaparición de la cultura, comenzaba así a presentarse en las comunidades indígenas, que afrontaban en su lucha no sólo a las fuerzas nacionales con su cargamento de Remingtons, tabaco y alcohol como armas principales, sino a las enfermedades como la tisis y la viruela, transformadas en letales para los indios.

LA INTERVENCIÓN INDÍGENA EN LOS EJÉRCITOS NACIONALES

Existió un sector indígena –minoritario pero igualmente identificable e importante en cuanto a su incidencia en el espíritu de las culturas originarias– que en determinados momentos integró los ejércitos nacionales.

Muchos lanceros indios, reclutados entre comunidades vecinas de los fortines participaban regularmente de las expediciones hacia "tierra adentro", no sólo en calidad de baqueanos y colaboradores en las distintas tareas durante la marcha, sino como combatientes, lo cual representaba el escalón máximo en las contradicciones internas de la cultura indígena.

Pero nos queremos referir a una participación todavía más sistemática, aquella en que los indígenas formaron parte de los ejércitos nacionales de manera regular.

Fue el vorogano Ignacio Coliqueo quien con más intensidad prestó servicios al ejército argentino, alcanzando incluso el grado de coronel. Asentado en Tapera de Díaz (actual Los Toldos) hizo las veces de guardián de la frontera.

A partir de 1857 sus guerreros figuran como soldados del ejército federal de Urquiza, con el cual Coliqueo mantenía buenas relaciones desde tiempo atrás, cuando había sido representante del gran Calfucurá.

La batalla de Cepeda, que enfrentó en 1859 a las tropas federales de Urquiza contra las porteñas de Bartolomé Mitre, contó con la activa participación indígena. Sobre 12.000 hombres que los federales habían logrado reunir, 1.100 eran indígenas, comandados por Coliqueo y Manuel Baigorria.

Dos años más tarde se repitió el enfrentamiento. Pero esta vez en Pavón; las mismas fuerzas indígenas estuvieron del lado de Mitre.

Las fuentes coinciden en afirmar que los guerreros de Coliqueo tuvieron una decidida intervención que desmanteló y desmoralizó a las fuerzas de Urquiza.

Desde ese entonces Ignacio Coliqueo fue designado "Cacique Principal de los Indios Amigos y Coronel Graduado", pasando a cumplir un rol preponderante como custodio de la frontera.

En 1862 una expedición de más de 1.000 soldados partió hacia el corazón del rebelde territorio ranquel: cerca de 300 indígenas al mando de Coliqueo encabezaron la columna.

Desatada la guerra contra el Paraguay en 1865, Coliqueo y su aliado Andrés Raninqueo ofrecieron 1.500 lanceros, que fueron gentilmente rechazados por Mitre, que prefirió mantener esa fuerza en la ya desguarnecida frontera.

En esos años Coliqueo y sus hombres mantuvieron algunos enfrentamientos importantes con las comunidades ranqueles y con los guerreros de Pincén, hostigadores permanentes de la frontera, pero tal vez el más importante encontronazo, por las consecuencias posteriores, haya sido el de San Carlos, en 1872. En él, Simón Coliqueo participó con 130 lanceros que se sumaron a los 800 de Cipriano Catriel. Ambos, contribuyeron allí a la derrota de Calfucurá.

Cipriano Catriel era hijo de Juan Catriel, cacique principal, fundador de la "dinastía" de los Catrieleros que también tuvieron óptimas relaciones durante largo tiempo con el gobierno nacional.

Ya en 1833 Juan Catriel había participado de la expedición organizada por Rosas, colaborando con él otros importantes caciques aliados.

Luego de su muerte los "colaboracionistas" Coliqueo y Catriel fueron sucedidos por sus hijos y en ambos casos la herencia acarreó problemas. Justo Coliqueo y Juan José Catriel se rebelaron contra Buenos Aires, pasando a integrar la lista de caciques "alzados".

Manuel Baigorria, el coronel fugado al territorio indio, el "cacique blanco" de los ranqueles, fue otro de los activos conductores de la participación indígena en los ejércitos nacionales. Colocó a sus incondicionales guerreros en Cepeda y en Pavón como ya hemos visto.

La particular inserción de Baigorria en la sociedad indígena y en la suya propia, lo llevó muchas veces a interceder ante sus amigos, especialmente cuando vuelto de tierra adentro cumplió tareas de guardián de la frontera. Cierta vez, advertido de la presencia de malones allende los Andes escribió a Calfucurá:

"Pepe, viniendo en marcha yo para el Paraná, en este punto me encuentra la disposición de Urquiza que vaya a verlos y contener la invasión que se sabe viene con dirección a Buenos Aires, encabezada por tu hermano el cacique Renquel, y como el capitán general y el Presidente Derqui están por salir a tener una entrevista con el gobierno de Buenos Aires, el capitán general me dice te diga: que bajo la amistad que se han profesado espera no le comprometan. Yo por mi parte te diré: que es preciso que a toda costa contengan la referida invasión. Ten en vista Pepe, que aunque sea tu hermano, yo, como lo conozco, te digo: ellos solo vienen a robar y se van, y el compromiso queda para ustedes. Yo, como encargado de la relación, si Pichún mi hermano no hubiese muerto, el sería el de estos afanes, Pero cuando el ya no existe, a vos, Pepe, es a quien le pertenece hacerlo. Esto te escribo, por no perder tiempo. Yo en pocos días estaré con ustedes".[16]

La participación indígena en los ejércitos nacionales operó en casi todos los casos como un factor estimulador de las contradicciones en el seno de la sociedad india, produciendo el desgastante enfrentamiento entre hermanos.

Los éxitos parciales obtenidos por los sucesivos gobiernos en este campo, los impulsaron a generar proyectos de asimilación de las comunidades indígenas a través de su incorporación a las fuerzas regulares. No prosperaron los intentos, aunque algunos de ellos circularon hasta en libros, como el del sargento prusiano Melchert, que luego de proponer el aniquilamiento de los núcleos rebeldes de Salinas Grandes y Leuvucó, sugiere que "en caso de guerra nacional –ya sea con nuestros vecinos del otro lado de los Andes, ya sea con otros– los indios, bajo una buena conducción y apoyados por las tropas regulares, podrán rendir sobresalientes servicios hasta convertirse en una suerte de cosacos americanos".[17]

EN VÍSPERAS DEL DERRUMBE

El modelo del desprecio

Hacia fines de la década del 70, los intentos que desde el mismo seno de la sociedad nacional en expansión tratan de lograr el vínculo pacífico con las comunidades indígenas y que persiguen de alguna manera un puente de comunicación para la integración cultural, van cediendo irremediablemente ante la presión cada vez más fuerte de la otra corriente, la que propugna el exterminio liso y llano.

El "clima" creado por la llamada "Generación del 80", receptora de la ideología positivista diseminada en aquel momento a escala mundial, "prende" en los sectores dominantes de la sociedad argentina.

La oligarquía naciente, detentadora del poder de la Nación hace suya la ideología del progreso, del orden y de la superioridad de unos hombres sobre otros.

Los unos son ellos, los otros los indígenas. También en su momento lo habían sido los gauchos. O los negros. En realidad los "otros" son aquellos que no participan de las pautas culturales que vienen desde Europa o incluso desde los Estados Unidos, los centros "blancos" que en su expansión dominan al resto del mundo, que además no es blanco.

No ser blanco es ser inferior. El hombre blanco es superior. El hombre blanco trae los ferrocarriles, los telégrafos, los Remington, en suma la civilización. El hombre de otra piel no tiene nada de ello.

El hombre blanco tiene cosas, posee. El hombre de otra piel no tiene nada, no crea nada y por lo tanto no es nada. El hombre blanco desprecia entonces al hombre de otra piel. Y el hombre blanco ejerce en su desprecio un racismo declarado.

Esta actitud es todo un modelo social, cultural, económico.[18] Un modelo del desprecio que triunfó en nuestro país y cuyas bases de sustentación son la intolerancia, la injusticia y la violencia.

Una violencia que es necesaria para imponer el modelo, al mismo tiempo que es una resultante de ese modelo.

Una violencia de la cual se hace la apología, desde los estratos más altos del poder:

> "Sellaremos con sangre y fundiremos con el sable, de una vez y para siempre, esta nacionalidad argentina, que tiene que formarse, como las pirámides de Egipto y el poder de los imperios, a costa de la sangre y el sudor de muchas generaciones".[19]

Las frases ampulosas, grandilocuentes, justifican la violencia a través del derramamiento de sangre como ritual purificador.

El avance de la Nación sobre los territorios libres indígenas en aras de una civilización que no admite retrasos y mucho menos cuando ellos son provocados por seres considerados inferiores, se convierte en muy poco tiempo en una cruzada cuasi sagrada, en donde la violencia ejercida no sólo es legitimada sino recibida casi con placer:

> "Felizmente, el día de hacer pesar sobre ellos la mano de hierro del poder de la Nación se acerca (...) los salvajes dominados en la pampa deben ser tratados con implacable rigor, porque esos bandidos incorregibles mueren en su ley y solamente se doblan al hierro...".[20]

La violencia, como fruto de un desprecio que en nuestro país encontró su cauce más ancho en la ideología positivista de fines del siglo pasado pero que en realidad aparece cíclicamente cuando algún sector de la sociedad busca imponerse compulsivamente sobre otro, se abatió cruel sobre las comunidades indígenas libres.

Julio A. Roca: palabras y acometidas

Alsina muere a fines de 1877 y le sucede en el cargo el general Julio A. Roca, que se convierte en el arquetipo de la "solución final" en el "problema" indígena, defensor de la tesis de la guerra ofensiva sin concesiones.

Roca se opuso desde siempre a la zanja de Alsina, pues creía que era un recurso defensivo que en última instancia lo que hacía era dilatar la superación del conflicto.

Roca tenía claro el objetivo: penetrar a fondo el territorio indígena, aniquilando a las comunidades que en él vivían o bien empujándolas más allá del río Negro, visualizado éste como frontera natural que contribuiría a economizar los recursos que la Nación destinaba a la actual línea limítrofe con sus más de 6.000 hombres que, además, no resultaban suficientes para controlar las incursiones indígenas. El flamante ministro tiene todo planificado. En un mensaje al Congreso de la Nación de fecha 14 de agosto de 1878, fundamenta su plan sobre la traslación de la frontera sur a los ríos Negro y Neuquén, anexando el respectivo proyecto de ley.

El mensaje recorre antecedentes históricos, remontándose a los conquistadores hispánicos, pasando por el Virreinato y los primeros gobiernos patrios; fundamenta por qué la nueva frontera debe ser el río Negro y expone los "principios" por los cuales la acción es impostergable:

> "Hasta nuestro propio decoro como pueblo viril a someter cuanto antes, por la razón o por la fuerza, a un puñado de salvajes que destruyen nuestra principal riqueza y nos impiden ocupar definitivamente, en nombre de la ley del progreso y de nuestra propia seguridad, los territorios más ricos y fértiles de la República" (…)
> "Hemos sido pródigos de nuestro dinero y de nuestra sangre en las luchas sostenidas por constituirnos y no se explica como hemos permanecido en perpetua alarma y zozobra, viendo arrasar nuestra campaña, destruida nuestra riqueza, incendiar poblaciones y hasta sitiar ciudades en toda la parte sur de la República, sin apresurarnos a extirpar el mal de raíz y destruir esos nidos de bandoleros que incuba y mantiene el desierto".[21]

Los nidos de bandoleros eran desde luego los asentamientos de los legítimos dueños de la tierra, quienes a pesar de ejercer un dominio efectivo sobre los espacios que las autoridades conquistadoras, coloniales y nacionales habían tratado de procurarse durante siglos, son descriptos por Roca como lo suficientemente inferiores como para que la Nación –ahora preparada– siga soportando su presencia y su despliegue:

> "…La Pampa está muy lejos de hallarse cubierta de tribus salvajes, y estas ocupan lugares determinados y precisos. Su número es insignificante, en relación al poder y a los armados con los últimos inventos modernos de la guerra, para oponerlos a dos mil indios que no tienen otra defensa que la dispersión, ni otras armas que la lanza primitiva, y sin embargo, les abandonamos toda la iniciativa de la guerra permaneciendo nosotros en la más absoluta defensiva ideando fortificaciones, como si fuéramos un pueblo pusilánime, contra un puñado de bárbaros".[22]

Roca hace alusión a la ley 215 del 13 de agosto de 1867, por la que se disponía la ocupación de los ríos Negro y Neuquén como línea de frontera sur contra los indígenas, incluyendo un artículo por el cual y "en el caso que todas o algunas de las tribus se resistan al sometimiento pacífico de la autoridad nacional, se organizará contra ellas una expedición general hasta someterlas y arrojarlas al sur de los ríos Negro y Neuquén". [23]

Durante todo 1878 y parte de 1879, Roca dispone una ofensiva preliminar con pequeños contingentes de rápido desplazamiento, a fin de ir desgastando a los indígenas mientras prepara la expedición final.

En enero de 1878, el coronel Levalle ataca a Namuncurá en sus toldos de Chiloé provocándole 200 muertos y el 6 de octubre una nueva operación, esta vez al mando del teniente coronel Freyre, lleva adelante otro ataque con el resultado de 26 muertos entre los indígenas.

En noviembre, Juan José Catriel se entrega prisionero al coronel Lorenzo Vintter en Fuerte Argentino, con más de 500 hombres.

Poco antes, el 7 de octubre, las bandas del araucano Cañumil fueron sorprendidas cerca de Guatraché, perdiendo 3 guerreros.

El retroceso indígena se hacía ahora ostensible y las pérdidas aumentaban en cantidad y calidad: en la noche aciaga del 5 de noviembre, en el paraje llamado Licaucha, cerca de la laguna del Malal, es sorprendido el cacique Pincén, quien es capturado junto a 20 de sus mejores hombres. En la ocasión fueron muertos otros 6.

Un alivio generalizado se extendió por Buenos Aires al conocerse la caída del irreductible cacique que de inmediato fue trasladado a la isla de Martín García para su confinamiento definitivo.

Roca buscaba capturar a los grandes caciques, con el objetivo de desmoralizar a la masa indígena.

El 10 de noviembre, en persecución de los jefes ranqueles Epumer y Baigorrita, las fuerzas nacionales avanzan sobre la laguna de Trenel y sobre Leuvucó sorprendiendo las tolderías de Nagüel–Cayú, tomando gran cantidad de prisioneros y matando a 3. El 27 de noviembre es capturado el capitanejo Nahuel Payum junto a 25 hombres muriendo otros 7.

En el amanecer del 12 de diciembre el gran Epumer cae prisionero, en Leuvucó a manos de una partida al mando del capitán Ambrosio.

También se persigue tenazmente a Namuncurá, que en marcha forzada consigue eludir las sucesivas trampas que le tienden.

En busca de ese cacique, el coronel Levalle sostiene un violento combate en la sierra de Lihué Calel, muriendo 50 araucanos.

Ya en 1879, el 25 de enero, en la laguna Maracó, a unos 100 kilómetros al sudeste de Salinas Grandes, el teniente coronel Herrero mantuvo un enfrentamiento con las diezmadas bandas de Pincén, resultando 9 indios muertos. Esa misma jornada, el capitanejo Lemor a poca distancia de allí pierde 27 hombres en un nuevo combate.

Al día siguiente, otra vez en la laguna Maracó, una última batalla provoca la muerte de Lemor y 7 de sus guerreros.

El plan de desgaste tuvo resultados favorables para Roca; Epumer, Pincén y Catriel, tres de los máximos caciques, estaban prisioneros; 400 indígenas habían sido muertos; otros 4.000 capturados; 150 cautivos rescatados.

Las comunidades libres de Pampa y Patagonia se hallaban ahora debilitadas y se preparaban a recibir el asalto final. Namuncurá y Baigorria, libres aún, eran la vanguardia de las ya frágiles líneas de defensa indígenas. Más al sur, Sayhueque y los tehuelches aparecían como una retaguardia que también se preparaba a luchar, presintiendo que sus anhelos de paz se deshacían como barro.

PAMPA Y PATAGONIA ARRASADAS.
LA "CONQUISTA DEL DESIERTO"

La ofensiva preliminar impulsada por Roca ha logrado su objetivo: debilitar el poder indígena, poniéndolo en situación de no soportar el embate final.

Se inicia así la autodenominada "Conquista del Desierto", en realidad el colofón de una paulatina campaña de exterminio y desintegración cultural que, salvo excepciones, se estaba llevando a cabo sistemáticamente desde hacía más de medio siglo.

Lo más conocido de esta "Conquista" es la relampagueante acción conducida por Roca entre abril y mayo de 1879; es la "conquista" *strictu sensu*, la que pasó "a la historia". Sin embargo ella fue la primera etapa. Lo que podríamos definir como segunda etapa, algo así como las acciones finales, se llevaron a cabo entre marzo de 1881 y enero de 1885, en que cayó Sayhueque, el último de los grandes caciques de los territorios libres de Patagonia.

Pero la primera etapa fue la más efectista, la que más conmocionó al poder político de Buenos Aires, objetivo perseguido por Roca, como que esa campaña de sesenta días lo catapultó un año más tarde a la presidencia de la Nación.

Primera etapa: dos meses furibundos

La más grande expedición llevada a cabo contra los indígenas se ponía en marcha: cerca de 6.000 soldados componían el ejército integrado por cinco divisiones equipadas con la última palabra en armamento. Se dirigían a "barrer" literalmente la llanura y sus habitantes, quienes vieron con desesperación que el avance era incontenible.

El general Roca comandaba la primera división, con casi 2.000 hombres (105 son soldados indígenas); partió desde Carhué el 29 de abril de 1879. Tres días antes, la orden del día define a la campaña como una cruzada del patriotismo contra la barbarie.[24]

El 24 de mayo arribaron a Choele Choel; el diario de marcha adjudica a esa jornada la peculiaridad de ser la "continuación de la tarea principiada el 25 de mayo de 1810. Fuimos entonces libres e independientes; damos ahora el paso más trascendental de nuestra soberanía adquirida".

Lo cierto es que esa ocupación pacífica significaba para las comunidades indígenas la pérdida de uno de los bastiones más caros: la isla de Choele Choel ya no serviría como lugar de paso de los arreos de ganado hacia Chile. La isla estaba perdida para siempre.

Un mes más tarde, Roca regresó a Buenos Aires. A cargo de las fuerzas quedó el coronel Conrado Villegas. La primera división no había disparado un solo tiro.

La segunda división, al mando del coronel Nicolás Levalle tiene por objetivo el paraje Trauru-Lanquen en el actual partido de General Acha en La Pampa.

Un total de 450 soldados componen la fuerza de los cuales 125 son indios del cacique Tripailao. Entre las acciones más destacadas pueden mencionarse la del 11 de junio en que el teniente coronel Bedoya, en la desembocadura del río Salado en el lago Urre Lauquen, enfrenta una partida de indígenas provocándoles 3 muertos; la del sargento mayor Florencio Monteagudo que cerca de allí enfrenta a parte de las bandas de Namuncurá, muriendo los capitanejos Agneer y Querenal más un guerrero. Los dos capitanejos eran piezas fundamentales en la estrategia del hijo de Calfucurá, que es herido de muerte en sus planes defensivos.

Por su parte, el coronel Eduardo Racedo al frente de 1.352 hombres comanda la tercera división con destino a Poitahué. Integran la columna 246 soldados al mando de Cuyapán y Simón así como también un escuadrón de ranqueles. Racedo persigue infructuosamente a Baigorrita quien logra burlarlo repetidas veces sin poder evitar de todos modos que cerca de 500 indígenas caigan prisioneros.

La cuarta división al mando del teniente coronel Napoleón Uriburu logra mejores "resultados"; el 21 de abril parte desde Mendoza con destino a la confluencia de los ríos Limay y Neuquén.

Uriburu envía mensajes a Sayhueque y Purrán, instándolos a acogerse a los beneficios de la paz con el gobierno de la República Argentina, "que es la patria de todos". Pero la campaña de la cuarta división no indica precisamente que el objetivo sea la paz.

El 5 de mayo en la confluencia del arroyo Curre Leuvú con el Neuquén (actual Chos Malal) la vanguardia al mando del sargento mayor Torres sorprende a las tolderías de los ranqueles del cacique Peyeumán ocasionándole 15 muertos incluido el cacique.

Mientras tanto, Feliciano Purrán no accede a parlamentar con Uriburu, que envalentonado ordena seguir avanzando.

El 19 de mayo en río Agrio, el mayor Illescas bate a Painé, cacique de Baigorrita, que cae prisionero junto a 60 de sus hombres mientras 6 son muertos.

El 14 de junio continúa la ofensiva contra las bandas de Baigorrita: el sargento mayor Torres intercepta a un grupo que pretende llegar hasta los dominios de Purrán y caen prisioneros cerca de 100 ranqueles, parte de los cuales, al igual que tantos otros, morirían poco después víctimas de la viruela que, sumada al frío reinante (los diarios de marcha registraban hasta 12° bajo cero) dan una idea de las terribles condiciones en que se combatía.

El 25 de junio otra vez Illescas operando sobre el río Agrio enfrenta a un grupo de tehuelches causándoles 9 muertos, mientras el teniente Torres captura cerca de un centenar.

La resistencia indígena frente a la profunda embestida de las fuerzas nacionales muchas veces se torna desesperada, como aquella madrugada del

29 de junio en que 60 araucanos atacaron un destacamento militar cruzando el congelado río Neuquén: "...la muerte inesperada del jefe originó su retirada, pero no cabe duda que en pleno invierno, cruzar un ancho río antes de aclarar, casi en presencia del enemigo, montando en pelo y desnudos, es un ejemplo que escapa a los de orden común".[26]

El cerco sobre Baigorrita se va estrechando y el 15 de julio los mayores Taboada e Illescas caen sobre un grupo de ranqueles tomando 230 prisioneros. Entre ellos está la familia del cacique buscado. Al día siguiente el sargento mayor Torres lo alcanza en el paraje Los Ramblones, dándole muerte junto a 5 de sus guerreros después de una encarnizada resistencia.

La desmoralización se apoderó de los hombres del legendario Baigorrita, quienes cayeron prisioneros por casi un centenar. El golpe contra los ranqueles había sido prácticamente definitivo.

Un poco antes, el 28 de junio, el teniente Torres se había enfrentado a 90 indígenas del cacique Marillán en el valle del Neuquén, matando a 14.

La cuarta división finaliza su campaña obteniendo un resultado de 1.000 ranqueles muertos (entre combates y pestes) y 700 prisioneros, además de la muerte de Baigorrita.

Por último, la quinta división al mando del teniente coronel Hilario Lagos inicia su marcha desde Trenque Lauquen.

El 13 de mayo, en sendas acciones llevadas a cabo en Naincó y el valle de Malal-Huaca, cayeron 150 prisioneros y fueron muertos 4 indígenas.

Tres días más tarde se sostuvieron breves combates en los montes de Acahué y Calcahué, tomándose 9 prisioneros.

Una semana después, el 22 de mayo, en Curu-Pichi-Cajuel, el teniente coronel Godoy persigue y da muerte al capitanejo Lemumier y su hijo. La quinta división tomó 629 prisioneros, entre los cuales se contaron un importante grupo de caciques y capitanejos (mapa 31).

El avance de las cinco divisiones había sido incontenible. En el término de dos meses, el general Roca y sus fuerzas habían obtenido los siguientes logros:

1°) ocupar la llanura hasta más allá de los ríos Negro y Neuquén, objetivo anhelado por la ley 215 de 1867;

2°) designar gobernador de los territorios de la Patagonia, creada por ley 954 del 11 de octubre de 1878, recayendo la responsabilidad en el coronel Álvaro Barros (sede en la actual Viedma);

3°) crear numerosas fortificaciones que sirvieron de base a futuras poblaciones;

4°) recuperar 500 cautivos;

5°) "integrar" los prisioneros indígenas a nuevas formas de vida impuestas (en realidad un fabuloso proceso de desintegración cultural del cual me ocuparé mas adelante);

6°) diezmar a las comunidades indígenas, provocando en ellas un extremo debilitamiento del que sólo serían la excepción los últimos caciques libres, especialmente Namuncurá y Sayhueque.

31. EXPEDICIÓN DE JULIO A. ROCA (1879) Y ACOSO A LOS ÚLTIMOS GRANDES CACICAZGOS

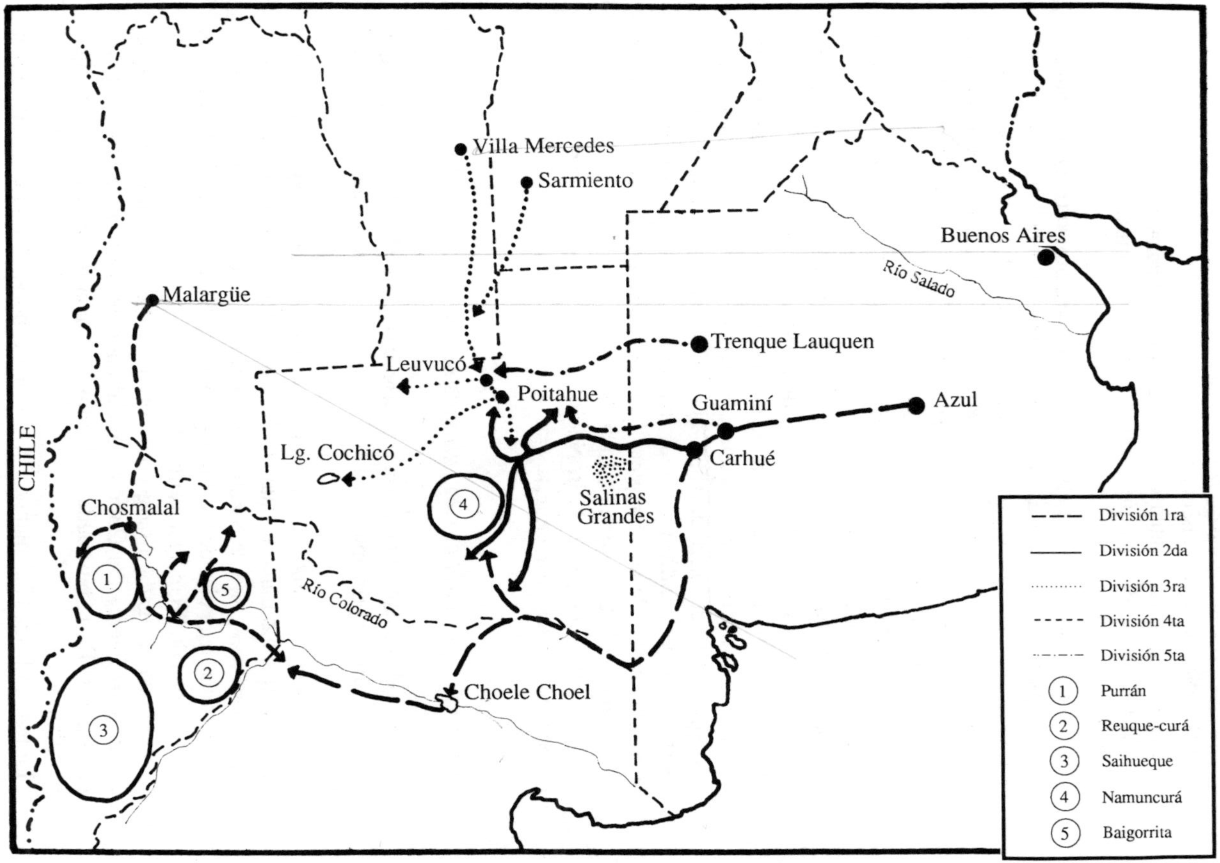

División 1ra
División 2da
División 3ra
División 4a
División 5ta
① Purrán
② Reuque-curá
③ Saihueque
④ Namuncurá
⑤ Baigorrita

Buenos Aires
Río Salado
Azul
Trenque Lauquen
Guaminí
Carhué
Salinas Grandes
Villa Mercedes
Sarmiento
Poitahue
Leuvucó
Choele Choel
Lg. Cochicó
Río Colorado
Malargüe
Chosmalal
CHILE

281

De acuerdo con la *Memoria del Departamento de Guerra y Marina* de 1879 los resultados en este aspecto fueron los siguientes:

5 caciques principales prisioneros

1 cacique principal muerto (Baigorrita)

1.271 indios de lanza prisioneros

1.313 indios de lanza muertos

10.513 indios de chusma prisioneros

1.049 indios reducidos

En otras palabras, el vertiginoso paso de Roca y sus soldados en esta primera etapa realizada entre abril y julio de 1879 provocó entre los indígenas un total de 14.152 bajas. Todo un récord que alegró a Buenos Aires y que ensombreció los rostros duros de los últimos caciques, empujados cada vez más hacia el sur, en una frontera que ahora se expandía sobre los ríos Neuquén y Negro.

En enero de 1880 en una acción aislada fue capturado Purrán y remitido de inmediato a Martín García.

En octubre Roca asume la presidencia de la Nación y designa como ministro de Guerra y Marina al coronel Benjamín Victorica.

Poco tiempo después, una serie de incursiones indígenas se abaten sobre localidades fronterizas de Mendoza, Neuquén, Córdoba, San Luis y Buenos Aires: el 19 de enero de 1881, unos 300 araucanos armados con Winchesters atacaron fortín Guanacos matando a 30 de sus ocupantes; y en agosto, en medio de una campaña "punitiva" son muertos 16 soldados del Regimiento Iº de Caballería en Cuchillocó.

El flamante presidente de la Nación no tarda entonces en ordenar la reiniciación de las operaciones.

Segunda etapa: caída de los últimos baluartes

La segunda etapa se inicia con tres brigadas, en total 1.700 hombres, que se movilizaron a principios de 1881 a las órdenes del coronel Conrado Villegas.

La primera, al mando del teniente coronel Rufino Ortega realiza una breve campaña durante la cual sostiene dos enfrentamientos, uno de ellos contra Tacumán, hijo de Saihueque, en el río Collón Curá (30 de marzo). La columna llega el 3 de abril al lago Nahuel Huapi habiendo dejado a su paso un total de 23 indígenas muertos.

La segunda brigada a cargo del coronel Lorenzo Vintter sorprende el 24 de marzo cerca del Collón Curá al cacique Molfinqueo tomando 28 prisioneros. En la búsqueda de Sayhueque deja un tendal de 17 indígenas abatidos.

La tercera brigada al mando del coronel Liborio Bernal consigue tomar prisioneros a medio centenar de indígenas y en abril se encuentra con las otras dos en el lago Nahuel Huapi en donde hacen el recuento: 45 muertos y 140 prisioneros, aunque los principales caciques buscados permanecían en libertad, burlando una y otra vez los cercos que les tienden.

Saihueque y Reuque Curá lideran los últimos bastiones y alientan a sus hermanos "...enviando emisarios y regalos a los principales caciques de las tribus araucanas, alentándolos a la resistencia y ofreciéndoles la cooperación para un levantamiento para el que los invitan, porque como lo han dicho en esa ocasión prefieren morir peleando que vivir esclavos".

El 16 de enero de 1882 llevan adelante un ataque al fuerte General Roca con más de 1.000 guerreros pero son rechazados con grandes pérdidas. El capitán Gómez, jefe de la guarnición, junta los cadáveres y les prende fuego. La parva humana, incendiada, termina por horrorizar a los indígenas en retirada.

El 20 de agosto los ranqueles consuman una masacre en Cochicó, La Pampa, matando a 28 soldados.

Pero son los postreros ataques de una resistencia que se deshace: dispuestas a vender cara la derrota, las comunidades indígenas libres se preparan a recibir una nueva campaña, ahora al frente del general Villegas con más de 1.400 hombres.

La primera brigada, nuevamente encabezada por el teniente coronel Rufino Ortega recibe el 28 de noviembre la rendición del cacique Millamán con casi 100 indígenas. Ese mismo día una serie de partidas sostienen violentos combates con ranqueles y araucanos: en el río Aluminé, el teniente coronel Ruibal se bate con el cacique Queupo a quien le ocasiona 14 muertos. El cacique Cayul del Tantum de Reuque Curá cae prisionero del teniente coronel Saturnino Torres junto a 80 de sus hombres; Alvarito Rumay es sorprendido en paso Llaima por el mayor José Daza, perdiendo entre muertos y prisioneros mas de 40 guerreros.

Finalmente el alférez Ignacio Albornoz captura a los capitanejos Cayupán y Nahuelpán y a más de un centenar de indígenas.

Al terminar la campaña, la primera brigada ha muerto a 120 indios, ha capturado 448 y ha logrado la "presentación" de otros 100.

La segunda brigada al mando del teniente coronel Godoy realiza un conjunto de operaciones persiguiendo a Namuncurá, Reuque-Curá y especialmente Ñancucheo.

El 5 de diciembre en el valle del río Chimchuin, los toldos de este cacique son atacados por el mayor Peitiado, que toma 22 prisioneros. Ese mismo día se entrega el cacique Manquiel en un paraje del río Aluminé.

El 11 de diciembre, Ñancucheo, atrincherado en un desfiladero cerca del lago Huechu Lafquen, desbarataba el avance de Godoy, que no se resigna a perder su presa. No se salvan de su ira ni los baqueanos indios que lo ayudan en la búsqueda. Uno de ellos, acusado de conducir a la tropa por caminos falsos, es fusilado bajo el cargo de traidor.

Sucesivos encontronazos provocan la muerte de 4 indígenas y casi 60 prisioneros, pero son la retaguardia de Ñancucheo, que con gran parte de sus hombres logra pasar a Chile.

Reuque Curá no tiene la misma suerte. En esos días cae prisionero. Poco antes Godoy había advertido a Namuncurá, Reuque Curá y Manquiel

—por mensajes escritos— que la no aceptación de la paz los convertiría en enemigos. Los jefes indios hacía tiempo que se consideraban como tales. Cien muertos y 700 prisioneros constituyen el resultado inmediato obtenido por la segunda brigada.

Encabezada por el teniente coronel Nicolás Palacios la tercera brigada se lanza sobre Sayhueque. En Chubut, durante noviembre de 1882, el teniente coronel Rosario Suárez ataca a las fuerzas de este cacique y de Inacayal, tomando gran cantidad de prisioneros.

El 22 de febrero de 1883, al sur del Limay, Sayhueque es nuevamente cargado y otra vez consigue escapar.

En esa acción, una patrulla de 11 hombres al mando del capitán Adolfo Druy fue aniquilada por las partidas de Inacayal.

La búsqueda de Sayhueque resultó inútil, pero 143 indígenas muertos y cerca de 500 prisioneros debilitaron en grado sumo su poder.

La campaña de Villegas de 1882 había expandido la frontera a toda la provincia de Neuquén, defendida por quince nuevos fortines y fuertes; 364 indígenas habían resultado muertos y más de 1.700 prisioneros. El 5 de mayo de 1883 el general, satisfecho, informaba:

"En el territorio comprendido entre los Ríos Neuquén, Limay, Cordillera de los Andes y Lago Nahuel Huapi; no ha quedado un solo indio, todos han sido arrojados al Occidente. Con la vigilancia que en adelante ejercerán nuestros destacamentos, colocados en los boquetes de la cordillera; les será imposible pasar al Oriente. Al sur del río Limay y en lo que propiamente se puede llamar Patagonia, queda del salvaje los restos del cacique de la tribu del cacique Sayhueque, huyendo, pobre, miserable y sin prestigio. Hoy, recién, puede decirse que la Nación tiene sus territorios despejados de indios, pronto así, a recibir en su fértil suelo, a millares de seres que sacarán de el, sus ricos productos".[28]

La obsesión por la "limpieza" de los territorios fue la clave que guió a la "Conquista del Desierto". La necesidad de eliminar a la población originaria no susceptible de adaptación a los designios del poder central de la Nación se hizo ostensible sobre el final de la empresa. El presidente Roca confirma lo expresado a través de la respuesta que envía a Villegas:

"La ola de bárbaros que ha inundado por espacio de siglos las dilatadas y fértiles llanuras de las pampas y que nos tenía como oprimidos en estrechos límites, imponiéndonos vergonzosos y humillantes tributos, ha sido por fin destruida o replegada a sus primitivos lugares allende las montañas. Más allá de ese encanto lago de aguas azules a cuyas márgenes levantan sus tiendas las bayonetas argentinas, en los mismos sitios en que en un porvenir no remoto surgirán poblaciones; no quedan ya indios, tribus audaces ni caciques terribles que atemoricen a los pastores e impidan el cultivo de los campos. Los pacíficos y hospitalarios patagones, de índole dulce y mansa, no

284

necesitarán la represión de las armas para someterse al imperio de las leyes de la Nación".[29]

El 24 de marzo de 1884, extenuado, Namuncurá se rinde con 331 de sus hombres, y muy poco antes el gobernador de la Patagonia, general Vintter, dispone el ataque final contra Sayhueque e Inacayal. El teniente coronel Lino Oris de Roa tiene a su cargo la misión; parte de fortín Valcheta el 21 de noviembre de 1883 con algo más de 100 hombres.

Los caciques mientras tanto se preparan a combatir. El sueño de ser libres ha terminado para siempre. En los toldos reina una actividad digna del momento. Los partes de la época así lo revelan:

"...se habían invitado recíprocamente con Sayhueque que estaba en el Norte para unirse y pelear a las tropas hasta morir. Que la vigilancia que se tenía en los toldos era grande, y que ellos no se separaban los hombres más que en reducido número y por pocas horas para bolear, teniendo al propio tiempo el encargo de bombear el campo y cortar rastros en todos los rumbos".[30]

Unidos, los caciques intentan organizar una defensa que se torna desesperada:

"... en Schuniqueparia había tenido lugar un gran parlamento, al que concurrieron Inacayal, Foyel, Chagallo, Salvutia Rayel, Nahuel, Pichi-Curuhuinca, Cumilao, Huichaimilla, Huenchunecul, Huicaleo y otros caciquillos en representación de su tribu y Sayhueque con todos sus capitanejos... Que en el parlamento se arribó a la conclusión de no entregarse ninguno a las fuerzas del gobierno y de pelear hasta morir, debiendo prestarse recíproco apoyo las tribus entre sí. Que la señal de alarma convenida era prender fuego en los cerros, y que según su número y situación tenían su inteligencia explicativa, cosa que solo era conocida por los caciques...".[31]

El 1° de enero de 1884 se produce un violento enfrentamiento entre los guerreros de Inacayal (armados con más de 100 carabinas y fusiles Martiny-Henry, demasiado tarde incorporaron las indígenas las armas de fuego) y de Roa muriendo 4 indios.

Las rendiciones también se suceden: el 10 de marzo lo hace el cacique Maripán con cerca de 180 hombres y entre el 28 y 29 de mayo se entregan casi 200 incluidos los capitanejos Mallapí, Vidal y Antuco el Bulnes.

En distintos combates mueren los caciques Queupo, Meliqueo, Manquepu y Niculmán y el 18 de octubre se libró la que se considera la última batalla: Inacayal y Foyel se enfrentaron al teniente Insay, perdiendo 30 hombres y cayendo ellos mismos prisioneros.

Definitivamente solo, agotado por la huida permanente y abatido por la creciente desmoralización de sus fuerzas a lo que se sumaba una situación de arrinconamiento insostenible, Sayhueque debía rendirse el 1° de enero

32. ÚLTIMAS OPERACIONES DEL EJÉRCITO ARGENTINO EN LOS TERRITORIOS INDÍGENAS LIBRES DE PATAGONIA (1881-1884)

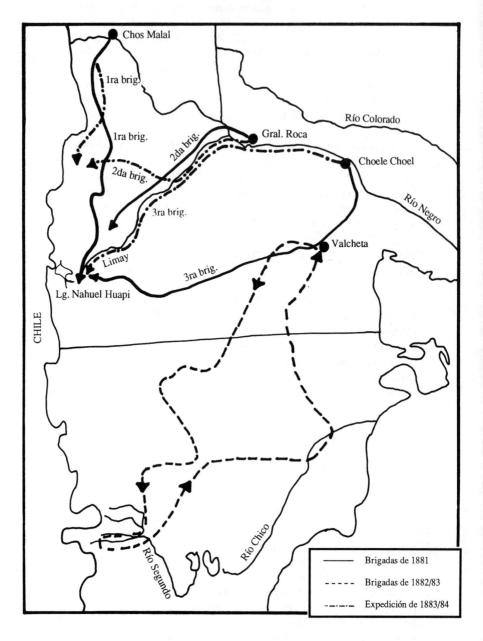

Chos Malal

1ra brig.

Río Colorado

1ra brig.

2da brig.

Gral. Roca

Choele Choel

2da brig.

Río Negro

3ra brig.

Limay

Valcheta

Lg. Nahuel Huapi

3ra brig.

CHILE

Río Chico

Río Segundo

———	Brigadas de 1881
- - - -	Brigadas de 1882/83
—·—·—	Expedición de 1883/84

de 1885, presentándose con 700 guerreros y 2.500 indios "de chusma" en el fuerte "Junín de los Andes" (mapa 32).

Todo había terminado. El suplicio de tener que soportar una persecución despiadada e incesante tocaba a su fin.

El gran Sayhueque, el último de los irreductibles, cansado, hambriento, aterido, infinitamente triste en su derrota, así lo atestigua. Ahora sí, la limpieza estaba consumada:

> "Me es altamente satisfactorio y cábeme el honor de manifestar al Supremo Gobierno y al país por intermedio de V.S. que ha desaparecido para siempre en el Sud de la República toda limitación fronteriza con el salvaje.
>
> El antiguo dominador de la Pampa, el conocido Namuncurá por larga tradición que se presentó con los restos de los aguerridos guerreros y familias atacando las leyes del país en marzo del año que acaba de finalizar, se halla hoy asentado en Chimpay, acantonamiento de esta línea militar, entregado por completo a las prácticas de la vida civilizada.
>
> El cacique Sayhueque, cacique eminentemente prestigioso por su poder entre todas las tribus que tenían su asiento entre el río Collón-Curá afluente del Limay al Norte, y el río Deseado al Sud, acaba de efectuar su presentación voluntaria, y con él también los caciques de orden inferior, Inacayal, Huenchunecul, Chiquichan, Qual, Salvutia, Prayel, Hahuel, Pichi-Curuhuinca, Cumilao y otros, incluso el obstinado y rebelde Foyel cuya tribu fue últimamente derrotada en las orillas de Genua.
>
> (...) hoy no queda tribu alguna en los campos que no se halle reducida voluntariamente o forzosamente, y si algún número de indios quedan aún, estos se hallan aislados, errantes, sin formar agrupación que merezca tenerse en consideración y extraños por completo a la obediencia de caudillo alguno, cuyo nombre y prestigio sean conocidos (...)
>
> En el Sud de la República no existen ya dentro de su territorio fronteras humillantes impuestas a la civilización por las chuzas del salvaje. Ha concluido para siempre en esta parte, la guerra secular que contra el indio tuvo su principio en las inmediaciones de esa Capital el año de 1535".[32]

El exterminio de las comunidades indígenas libres de Pampa y Patagonia había concluido también su último ciclo: en el término de seis años (período 1878-1884) son muertos estimativamente alrededor de 2.500 indígenas (cuadro 20, en el Anexo II, pág. 563) siendo esa realidad desoladora la condición necesaria para consumar toda la obra posterior: el despojo de la tierra, la división política de los territorios ocupados,[33] la transformación económica de ellos y el reemplazo de la población original por los colonos que se abalanzaron sobre la nueva tierra con una voracidad digna de mejores empresas.

El fin de los grandes cacicazgos

Así como la consolidación de la cultura araucana se llevó a cabo –entre otras vías– a través de la preeminencia de poderosas jefaturas, del mismo modo la desaparición de las mismas tuvo mucho que ver en la derrota y desintegración cultural de las comunidades libres.

La extinción de los grandes cacicazgos fue un factor fundamental en la dinámica de la desintegración cultural y el consecuente sometimiento de las comunidades indias.

La función del cacique, como aglutinador de comunidades enteras, guía indiscutido en las campañas bélicas o sabio conductor de la cotidianeidad, hacía que el cargo fuera estratégico. Y en una guerra sin cuartel como la que se libraba desde hacía años, la eliminación de esos jefes por parte del bando oponente significaba un avance notable hacia la victoria.

Así lo entendieron quienes desde los poderes centrales de la Nación alientan la vía del exterminio como única "solución" del "problema" indígena: golpear a esos hombres idolatrados, de poder casi sagrado, equivale a una desmoralización que es la antesala de su propia derrota.

En un lapso de aproximadamente sesenta años (1827-1885) los principales caciques son objeto de una persecución sistemática.

Tomando en cuenta a 60 de los más importantes caciques de ese período, se observa que solo cinco (5) de ellos dejan de existir por muerte natural, libres en el seno de su comunidad (Calfucurá, Yanquetruz, Painé Guor, Paghitruz Guor y Juan Catriel); el resto terminan sus días prisioneros, muertos en combate, ejecutados o exiliados (cuadro 21).

Cabe destacar que en muchas oportunidades, la muerte o captura de los caciques era acompañada por el exterminio de sus bandas. Así sucedió con las comunidades de Epumer Rosas, Pichuin, Baigorrita, Pincén, Purrán, Namuncurá o Reuque-Curá, por mencionar sólo algunas. A modo de ejemplo baste decir que en 1840 el cacique Ignacio Cañuquir fue muerto junto con 650 de sus hombres.

El despojo de la tierra y la desintegración cultural

En otra parte de nuestro trabajo habíamos comenzado a tratar el tema del significado del despojo de la tierra, diciendo que en definitiva, "el indígena necesita la tierra porque sin ella pierde su identidad social y étnica pero la necesita porque desde ella establece su relación con el resto del mundo" (pág. 112).

Para todas las culturas, la tierra es la posibilidad del arraigo, la alternativa crucial para fijar raíces y desarrollarlas, es el ámbito de encuentro con la vida cotidiana; "es el 'suelo existencial' que, para el paisano es el 'pago' y, para el hombre de la ciudad 'el barrio'".[34] Para los indígenas, su suelo existencial se expande por esa tierra sobre la cual viven sus días. Una tierra que muchas veces significa el mundo, en el cual ellos, sus habitantes, son los únicos hombres.

21. EL FIN DE LOS GRANDES CACICAZGOS
DE PAMPA Y PATAGONIA (1825-1885)

Prisioneros	27	*Ranqueles:* Huichal; Blas Román; Barbao; Epumer Rosas *Vorogas:* Cayupán *Araucanos:* Pincén; Feliciano Purrán; Marillán; Cristo; Reuque-Curá; Manuel Namuncurá; Mariano Cañumil; Yanquimán *Tehuelches:* Valentín Saihueque; Foyel; Pichi Curu-Huinca; Salvutia-Qual; Casimiro; Inacayal; Prayel; Juan José Catriel; Marcelino Catriel; Gervasio Chipitruz; Manuel Grande; Cachul; Ramón López; Calfucir.
Muertos en combate	18	*Ranqueles*: Pichún; Pichuin; Levian; Quellef; Güele; Mayguin; Alan; Baigorrita; Catrenán; Peyeuman; Mulato. *Vorogas*: Millao; Pichiloncoy. *Araucanos*: Querenal; Agneer. *Tehuelches*: Niculman; Meliqueo; Manqueupú.
Exiliados	6	*Ranqueles:* Ramón Platero. *Vorogas:* Chocorí. *Araucanos:* Alvarito Rumay; Maulin. *Tehuelches:* Ñancucheo; Molfinqueo.
Ejecutados	4	*Vorogas*: Juan Ignacio Cañuquir; Carriague. *Tehuelches*: Cipriano Catriel. *Pehuenches*: Martín Toriano.
Muerte natural (libres)	5	*Ranqueles*:Yanquetruz; Painé Guor; Paghitruz Guor. *Araucanos*: Juan Calfucurá. *Tehuelches*: Juan Catriel.
	60	

Tener la tierra es tenerse a sí mismos como hombres y en el caso de las comunidades indígenas libres de la llanura la necesidad es todavía más vital: desde hacía casi tres siglos, defendían sus territorios con uñas y dientes, generación tras generación, en un legado permanente que era la bandera de lucha de padres e hijos como lo había sido de sus ancestros.

Pero por encima de todos los significados que poseía la tierra para nuestras comunidades originarias, había otro argumento, quizás el más valedero como para explicar el porqué la "Conquista del Desierto" conllevó un verdadero despojo de la tierra y es que ella, era propiedad legítima de las comunidades originarias. Sólo la violencia y el uso de la fuerza pudo consumar la quita de tierras a sus legítimos dueños porque por otra vía, la legal, por ejemplo, ello hubiera resultado poco menos que imposible.

No puede desconocerse que la constitución jurídica del Estado argentino era por entonces un hecho consumado, lo cual implicaba necesariamente la unidad territorial. Pero lo que no puede negarse tampoco es que en aras de aquella constitución se cometió un latrocinio contra los indígenas que, salvo en circunstancias excepcionales, nunca fueron considerados parte de la sociedad argentina.

Después de su derrota las comunidades indígenas libres, desintegradas y confinadas, vieron con desconsuelo cómo sus territorios eran ocupados en forma vertiginosa por los voraces nuevos propietarios, impulsados desde Buenos Aires por la recientemente creada Sociedad Rural Argentina:

"En su clásico *La burguesía terrateniente argentina* Jacinto Oddone afirma que las leyes que se dictaron con posterioridad a la Conquista del Desierto enajenaron, en realidad, 34.006.421 hectáreas, con la alarmante aclaración de que 24 personas recibieron parcelas que oscilaban entre las 200 y las 650 mil hectáreas".[35]

Pero los indígenas habían perdido algo más que la tierra. Fue como si les hubieran arrancado un pedazo del alma; ingresaron entonces de lleno en el túnel de la desintegración cultural.

Un sinnúmero de factores, producto inmediato de la derrota de las culturas libres, golpean la vida comunitaria, desarmando las estructuras políticas, sociales, económicas, aislando a sus miembros entre sí y disolviendo rápidamente los valores tradicionales. Esos factores son los siguientes:

a) exterminio sistemático
b) prisión
c) confinamiento en "colonias"
d) traslados a lugares extraños y distantes de su tierra natal
e) incorporación forzada de nuevos hábitos y/o formas de vida
f) supresión compulsiva de las costumbres tradicionales.
g) desmembramiento de las familias.
h) epidemias.

En cuanto al exterminio sistemático nos hemos ocupado –y nos ocuparemos– lo suficiente creo, como para quedar demostrado que él ha sido la causa por antonomasia de la desintegración, en un proceso de décadas que fue minando la resistencia de las comunidades libres.

Pero aún así, los otros factores aparecen con suficiente fuerza propia como para merecer nuestra atención.

La prisión, por ejemplo, fue una práctica también sistemática, utilizada fundamentalmente con los guerreros; se disponía para ello de verdaderos "campos de detención" como Retiro o la isla Martín García, lugar éste último que llenaba de terror a los indígenas, por las características geográficas que jamás habían visto:

"El Presidente castigó a Manuel Grande, cuan grande araucano era, mandándolo preso con ocho de sus mocetones y capitanejos a Martín García, en medio del pavor del salvaje de la Pampa, al no divisar tierra de ningún lado, en el buque que los transportaba, y exclamando ¡'adonde llevando, cristiano'!".[36]

Muchas veces este lugar servía para negociar con los caciques porque allí eran mantenidos como prisioneros sus familiares, que eran recién entregados, una vez satisfechas las demandas. Así sucedió entre otros con el cacique tehuelche Chagallo que sólo cuando se rindió pudo lograr liberar a su mujer, una hermana y dos sobrinos detenidos en la isla.

Epumer y Pincén, entre otros grandes caciques, fueron a dar con sus huesos allí, el primero de ellos con 800 de sus ranqueles… Algún día tendrá que escribirse la triste historia de este lugar que comenzó albergando caciques y terminó confinando a presidentes constitucionales.

En realidad los confinamientos en colonias tenían mucho de prisión, salvo que no tenían ese nombre, debiendo ceñirse los indígenas a un terreno sumamente limitado, bajo las órdenes de un intendente militar, generalmente con la presencia de un sacerdote residente dedicado a la conversión al catolicismo de los "colonos" y con la incorporación forzada de distintos elementos para la subsistencia tales como útiles de labranza, semillas, etcétera, con el consiguiente abandono de las economías tradicionales.

Tal fue el destino, entre otros, de los "Catrieleros", cuyos sobrevivientes fueron recluidos en el fortín General Conesa en las márgenes del río Negro.

Los traslados a lugares extraños y distantes de su tierra natal fueron uno de los motivos de mayor desintegración de su cultura, al abandonarse compulsivamente –la mayoría de las veces en forma definitiva– el lugar de nacimiento y arraigo. La práctica ya utilizada en tiempos de la Conquista por los españoles (recordemos el caso de los quilmes) tuvo, *a posteriori* de la ocupación de Pampa y Patagonia su máxima expresión, con nefastas consecuencias:

"… varias familias fueron llevadas al Chubut, donde sin duda perecerán sin sucesión, pues el indio se agosta, esteriliza y muere fuera del medio ambiente en que nació, como lo demuestra la mortalidad que en Buenos Aires ha extinguido casi a los que se trajeron y regalaron cuando la conquista del desierto".[37]

La mayoría de las veces, los traslados se realizaban en agotadoras travesías a pie, constituyendo verdaderas caminatas de la desintegración:

"Los mapuches –tal como la gente de Sayhueque, Inacayal, Foyel, Chiquichan– habían sido y estaban siendo concentrados en el fuerte de Junín de los Andes y de ahí llevados a Carmen de Patagones para ser trasladados a Buenos Aires por barco. A medida que llegaban a la ciudad rionegrina, los sacerdotes del lugar les iban proveyendo de indumentaria donada, según las instrucciones de Monseñor Aneiros. Resulta extraña esta declarada carencia, pues los andinos eran indios vestidos. ¿O las inacabables marchas de los éxodos de Neuquén y del cruce de la Patagonia los redujo a harapos? Nos inclinamos más por este supuesto. De Junín a Patagones, de los Andes al Atlántico, siguiendo el río Negro, exceden los mil doscientos kilómetros. Éxodo fabuloso de la derrota y la desesperanza. Las penurias deben haber sido superlativas y la multitud de ancianos, mujeres y niños han de haber arribado a la desembocadura en estado calamitoso. Los hebreos al dejar Egipto para alcanzar la Tierra Prometida no recorrieron trescientos kilómetros. Y les movía un fuerte anhelo redentor. Aún de Palestina a Babilonia no media aquella distancia. Entretanto, los mapuches iban a la esclavitud y a la dispersión. Y lo sabían. Las peregrinaciones bíblicas resultan así, menores, al lado de estas forzadas migraciones patagónicas".[38]

Estos traslados masivos permitían despoblar los territorios ocupados, tarea imprescindible para las futuras explotaciones agrícolaganaderas.

Lo concreto es que muchísimos de los caminantes morían en el trayecto mientras que el resto, llegado a destino, iniciaba un nuevo proceso de dispersión.

En cuanto a la incorporación forzada de nuevos hábitos y/o formas de vida fue una constante en los indígenas trasladados, recluidos o confinados. Infinidad de nuevas actividades, inicialmente antagónicas con las prácticas tradicionales debieron ser realizadas por los indígenas en forma abrupta, provocando golpes emocionales típicos del desgarramiento cultural: los otrora cazadores de la llanura pasaron por ejemplo a ser marineros:

"... el Ministro Roca resolvió que se eligieran ciento cincuenta de ellos, 'los que estuvieran en mejores condiciones' y se les destinara al bergantín goleta *Rosales*, 'para que se instruyan en los trabajos de marinería a fin de que reemplacen más tarde a los marineros de nacionalidades extranjeras que se hallan tripulando los buques de la escuadra'.
La idea no era mala, pero el resultado no fue gran cosa. El pampa no tenía por que dar de sí buenos marineros, ni era el indicado para reem-

plazar a aquellos lobos gallegos, portugueses, genoveses y británicos que formaban parte principal de la tropa sufrida y heroica de los barcos de guerra de la pequeña escuadra nacional.

Debiera de haberse ocupado Fray Mocho de historiar los días pasados por aquellos indios a bordo de la *Rosales* para dejarnos una sensación exacta de lo que costara acostumbrarlos al agua y habituarlos a obedecer el golpe de corneta".[39]

No es necesario la letra de Fray Mocho para imaginar el terror de los guerreros frente a su nuevo hogar en medio de las aguas.

Sin embargo, la adaptación forzada no tardó en producirse y muchos de ellos, en calidad de prisioneros de guerra, pasaron a servir en la Armada por el término de seis años.[40]

Muchísimos prisioneros –se calcula que por lo menos 600 de ellos– fueron enviados al Tucumán para trabajar en los ingenios azucareros y las mujeres y los niños pasaron a integrar la servidumbre de las familias de Buenos Aires.

Zafreros, marineros o sirvientes domésticos fueron algunos de los nuevos roles que forzadamente debieron asimilar, perdiendo de a poco, en la nueva rutina cotidiana, las antiguas prácticas comunitarias.

En este sentido, la supresión compulsiva de las costumbres tradicionales coadyuvó al proceso de desintegración cultural, acelerada aquella supresión a través de las distintas formas de dispersión comunitaria que se implementaron. Desde las más pequeñas prácticas hasta las ceremonias colectivas fueron objeto de persecución como por ejemplo, la suspensión de los rituales mortuorios en ocasión de la muerte del cacique Ignacio Coliqueo el 16 de febrero de 1871, antes de las campañas de Roca:

"En momentos en que los indios se disponían a dar sepultura al cadáver llegó el Coronel Boerr, y al ver que siguiendo sus usos y costumbres iban a sacrificar los caballos del finado, los perros que más quería, las mejores ovejas, en fin todo aquello que el difunto cacique tenía en más estima para enterrarlo junto a él; pues nuestros indios consideran la muerte como un corto viaje.

(…) Al ver esto el Coronel Boerr, tomó la palabra (…) haciéndoles comprender que ellos no se hallaban en el caso de los indios salvajes de la pampa; que se hallaban ya en un centro de civilización y que por lo tanto debían abandonar aquellas costumbres de salvajismo (…) Además de ésto, hízoles ver que la sociedad tiene mil medios para purificarlos, para que arrojen de sí ese humor acre y corrosivo, esa lepra moral que está solo alimentada por sus malas creencias y peor religión".[41]

O cuando en ocasión de la celebración de un Nguillatún en la misma comunidad las amenazas buscaron anular las prácticas:

"Nunca me había encontrado tan frente a frente con la idolatría como en esta ocasión (…) por eso traté de convencer por todos los medios a ese indio, de que suspendiera la ceremonia (…) Añadí que informaría al Gobierno de lo sucedido, y que Dios seguramente no dejaría de castigarlo".[42]

El desmembramiento de las familias indígenas fue una constante en todo el proceso de la lucha debiendo soportar la toma de prisioneros en las tolderías, especialmente de las mujeres, que eran trasladadas a Buenos Aires e incorporadas al servicio doméstico.

También eran particularmente tenidas como objetivo las familias de los caciques, cuyos prisioneros posibilitaban luego distintas negociaciones o bien el debilitamiento de las jefaturas.

Como resultado de la campaña de la primera brigada en 1882 a cargo del teniente coronel Rufino Ortega, se produjeron las detenciones de la esposa de Paghitruz Guor, un hijo y una hermana del cacique; la familia de Reuque-Curá y parte de la de Namuncurá.

El desgarro sufrido por las familias enteras de prisioneros llegados a Buenos Aires, ante la separación de padres, madres, hermanos o hijos de que eran objeto, provocó la reacción de los propios observadores tal como se desprende de las crónicas de la época:

"… lo que hasta hace poco se hacía era inhumano, pues se le quitaba a las madres sus hijos, para en su presencia y sin piedad, regalarlos, a pesar de los gritos, los alaridos y las súplicas que hincadas y con los brazos al cielo dirigían.
Éste era el espectáculo: llegaba un carruaje a aquel mercado humano, situado generalmente en el Retiro, y todos los que lloraban su cruel cautiverio temblaban de espanto (…) Toda la indiada se amontonaba, pretendiendo defenderse los unos a los otros. Unos se tapaban la cara, otros miraban resignadamente al suelo, la madre apretaba contra su seno al hijo de sus entrañas, el padre se cruzaba por delante para defender a su familia de los avances de la civilización, y todos espantados de aquella refinada crueldad, que ellos mismos no concebían en su espíritu salvaje, cesaban por último de pedir piedad a quienes no se conmovían siquiera, y pedir a su Dios la salvación de sus hijos".[43]

La misma crónica informaba que la situación había cambiado a partir de las directivas de las autoridades de proceder a los traslados, de familias completas, a los distintos destinos, evitando así la inhumana práctica de la separación; sin·embargo denunciaba que "… ha llegado hasta nosotros el rumor de que después de llevarse los indios sus dueños los reparten entre el barrio, o más lejos, de donde resulta que la hija se despide de la madre quizás para siempre".[44]

Es imposible finalmente, determinar cuantitativamente con precisión los estragos producidos por las epidemias transmitidas por la población blanca entre las comunidades indígenas. Sabemos sí que los flagelos se propagaron como un reguero de pólvora entre los aborígenes indefensos, sin anticuerpos ante calamidades tales como el sarampión, la neumonía, la difteria, la tisis y la gripe que se constituyeron en uno de los principales factores de desintegración cultural cuando no de extinción lisa y llana de algunos grupos.

El desastre de las epidemias corre paralelo en la historia indígena americana a la despoblación sufrida desde que llegan los conquistadores y nuestro territorio no fue la excepción.[45]

Durante todo el proceso de la Conquista las epidemias golpearon a las comunidades originarias; este fenómeno no se detuvo en la época independentista y tampoco en la etapa posterior de la conformación nacional.

La embestida final de las campañas de 1878, 1879 y posteriores, abrieron las puertas de la llanura y permitieron que las epidemias completaran la tarea llevada a cabo por las fuerzas nacionales:

"En la época que los visité la viruela hacía horribles estragos en la tribu de Manuel Díaz, de Tripailao y Manuel Grande. No había toldo que no fuera castigado por ese terrible flagelo. Resolví hacer una gira apostólica y deseaba bautizar a los enfermos, siquiera a los niños. Es inimaginable lo horrendo y lastimoso que vimos. A lo largo del camino encontramos cadáveres de personas de todas las edades y en ambos lados del sendero, envueltos ligeramente en jergas o cueros y arrojados como carroña en medio de matorrales. Encontramos toldos completamente vacíos. Todos sus moradores habían muerto. En otros, en cambio, había una o dos indígenas salvadas de la muerte segura como por milagro. Muchos habían muerto de hambre, porque desde tiempo les habían cortado sus raciones correspondientes como incorporados al Ejército".[46]

Ni los mismos campos de detención en los cuales se contagiaron regimientos enteros, se salvaron de la presencia mortal de la peste:

"A veces se declaraba entre los indios la viruela. Hay comunicaciones de los jefes donde se explican las medidas que se tomaban para aislar y ver de curar a aquellos infelices. Fotheringham tuvo en Martín García una partida de pampas con viruela negra; los tenía en carpas en un extremo de la isla y según sus partes, 'aunque muy escasos de ropa' eran racionados diariamente, visitados por el médico y atendidos por Hermanas de Caridad".[47]

El triste panorama de la desintegración cultural fue así completado por las epidemias, como si todo lo demás no hubiere alcanzado, como si todo lo demás no hubiera sido suficiente para terminar con la resistencia indígena.

CAÍDA DEL BASTIÓN CHAQUEÑO

Mientras las comunidades de Pampa y Patagonia sufren un embate tras otro, pasando de la libertad al sometimiento luego de una tenaz resistencia, el Chaco también espera su hora.

Entre 1848 y 1870 aproximadamente, las comunidades guaikurúes y mataco-mataguayas mantienen sus territorios libres mientras las fuerzas nacionales consolidan las fronteras, continuando la tradición de los conquistadores españoles que como no pudieron tomar la región se limitaron a rodearla a través de fortificaciones.

En medio de esa calma relativa se produjeron algunas acciones como la campaña de 1862 llevada adelante por el teniente coronel Martiniano Charras contra los abipones del cacique Javier y los tobas de Mariano el Grande, dando por resultado la muerte de cerca de 40 indígenas incluidos los jefes nombrados.

La guerra con el Paraguay lleva a las autoridades nacionales a mantener al Chaco en situación de bajo conflicto, logrando algunos tratados como el suscripto por Naponarí, el 24 de febrero de 1864, por el cual los indígenas permitieron la construcción de caminos a cambio del otorgamiento de más tierras.

En realidad los caminos nunca se construyeron, pero las gestiones de esos proyectos posibilitaron una frágil y momentánea paz, en la que participaron caciques importantes tales como Vicente Saravia, Leoncito, Satigui, Deliduqui, Hagañasta, Pascual Saterino, Agustín Saterino, Antonio, Bartolo y José Tomás.

Entre obrajes, batallas y penurias

Finalizada la guerra con el Paraguay la atención y gran parte de la energía de la Nación se vuelven otra vez sobre el Chaco.

Comienzan entonces a realizarse sucesivas expediciones tendientes al debilitamiento progresivo de las comunidades guaikurúes que son el reflejo de una creciente militarización de la subregión, expresado en el constante envío de tropas y el suministro de recursos.

En abril de 1870 la primera de estas expediciones parte rumbo al Chaco, al mando del coronel Napoleón Uriburu acompañado por 250 hombres. Uriburu se dedicó a negociar con algunos caciques para que no concertaran invasiones a los poblados fronterizos así como también revisó, a pedido de las comunidades ya sometidas, las condiciones de trabajo en los obrajes que por cierto eran deplorables. Simultáneamente parlamentó con los caciques matacos Sargento, Zololí y Manolito a quienes persuadió de que marcharan con sus hombres (unos 300) hacia los obrajes salteños augurándoles un futuro de paz y prosperidad. Uriburu creía que la incorporación de la masa indígena al trabajo de los obrajes serviría como mecanismo de pacificación:

"Juzgo que los tobas que ocupan la gran región del Chaco ascienden a 20.000 hombres, cuya conquista más que a sangre y fuego, que no haría sino alzarlos impulsándolos a vivir en lugares más apartados, se podría hacer por medio de una política que no siendo débil los atraiga sin gran rigor, sujetándolos al trabajo.

"… de los mismos tobas se encuentran como 1.500 hombres ya consagrados al trabajo de los obrajes de maderas en las proximidades de Corrientes y que, como es natural, han experimentado un cambio feliz en sus hábitos".[48]

Pero la política de incorporación a los obrajes no dio resultados; por el contrario, la resistencia fue en aumento, al comprobar los indígenas que las intenciones de los expedicionarios no eran del todo pacíficas.

Entre junio y diciembre de 1872 los tobas atacaron San Gerónimo pugnando por desalojar el lugar que era una avanzada de las fuerzas nacionales, sin conseguir su objetivo.

Dos años después en el río Bermejo abordaron un buque de carga con un saldo trágico: toda la tripulación fue muerta (18 hombres) huyendo sólo un marinero que a duras penas llegó hasta Corrientes. La represión no se hizo esperar y una columna del coronel Uriburu llegó hasta el lugar de la masacre, adonde lo esperaban los tobas. Entre muertos y heridos se contaron 32 bajas y en la persecución posterior se produjeron nuevos enfrentamientos que terminaron en más muertos y heridos por ambas partes. Los prisioneros fueron enviados de inmediato a la isla Martín García "menos uno que fue mordido por una víbora cascabel" según consignan los partes.

La isla del río de la Plata también alojaba a los rebeldes del Chaco. Hacia 1875 el caserío de San Fernando contaba con aproximadamente 15 obrajes. Algunos de ellos estaban rodeados por troncos de quebracho desde donde los colonos resistían los ataques indios. Se dice que de allí vino la denominación de "resistencia", lo cual nos habla de intensos y continuos enfrentamientos, aunque la cultura de los colonos alternaba el fragor de los combates con el tráfico de alcohol y fusiles con los aborígenes.

Poco después de la fundación de Formosa, el 28 de marzo de 1879, y ante la continua presión indígena[49] se organiza la segunda expedición al Chaco, esta vez al mando del coronel Manuel Obligado, que partió de Resistencia en agosto, con más de 120 hombres. El 9 de septiembre un fulmíneo ataque contra una toldería mocoví terminó con la vida de 32 indígenas. El 25 del mismo mes y mientras la expedición buscaba al cacique José Petiso, uno de los principales jefes indígenas, se registró un fuerte combate contra grupos tobas armados con fusiles "Enfield".

Los combates de Obligado apuntaban a desalentar los intentos de Cambá y Juanelrai (a) "el inglés", dos de los máximos caciques tobas que por aquella época planeaban atacar Resistencia.

La invasión no se produjo pero los enfrentamientos crecieron en intensidad.

En ese mismo mes de septiembre y como respuesta a la muerte de 6 indígenas en el interior del Chaco, fueron masacrados 26 guardias nacionales mientras dormían.

El 30 de octubre el cacique Francisco sufrió las consecuencias de la represión, perdiendo 11 de sus hombres a manos de las fuerzas al mando del teniente coronel Racedo y en noviembre el mismo oficial atacaba distintas tolderías, produciendo 18 muertos.

La creciente militarización de la subregión chaqueña se realiza de varias formas; en 1877 se crean "dos compañías de gendarmes destinados al servicio nacional en el territorio" antecedente inmediato de lo que después sería Gendarmería Nacional; también se continúa con el envío de expediciones de desgaste.

Así en 1880 se concreta la tercera de estas campañas, dirigida por el doctor Luis Fontana, a la sazón secretario de la gobernación del Chaco, que se pone en marcha al frente de unos 60 hombres.

Llegados al lugar denominado La Cangayé sostienen un violento enfrentamiento con grupos tobas que pierden 37 guerreros.[50]

Ya en octubre una nueva columna de 60 soldados al mando del teniente coronel Martín Yrigoyen entabla el día 17 un fuerte combate provocando entre los indígenas muchas pérdidas.

En 1882 se pone en marcha la cuarta expedición al mando del coronel Juan Sola con la misión de reconocer las costas y territorios adyacentes al río Bermejo.

Estos 70 hombres protagonizaron una historia aparte en esa época porque a pocos días de marcha y cuando aún no habían tomado contacto con las comunidades indígenas, se perdieron en medio del intrincado monte chaqueño.

Para peor, los expedicionarios quedaron poco a poco de a pie, porque los animales fueron muriendo y agotados los víveres terminaron comiendo hierbas y persiguiendo yacarés.

Los extraviados deambularon en esas condiciones durante casi cuatro meses, pero milagrosamente se toparon con Formosa, dando así fin a su martirio.

La fuerza expedicionaria del coronel Sola se salvó, pero el Estado nacional tuvo una prueba desgarradora de que aún no estaba en condiciones de dominar el territorio chaqueño. A la oposición de las comunidades indígenas libres se sumaba una naturaleza que aprovechaba sus secretos para librarse de los intrusos.

Sin embargo, los intentos vuelven a sucederse uno tras otro, sin descanso, y entre mayo de 1883 y marzo de 1884 se registran por lo menos diez enfrentamientos que provocan casi un centenar de muertos entre los indígenas.

Es en ese período en que paralelamente se pone en marcha la quinta expedición, esta vez encabezada por el coronel Francisco B. Bosch, al frente de unos 320 hombres que libran su primer combate el 19 de abril de 1883.

Más tarde, el 4 de mayo, se enfrentan con Juanelrai, "el inglés", máximo cacique de los tobas, en Napalpí, en donde perdieron la vida gran cantidad de guerreros.

El 9 de abril el capitanejo Navalorik (perteneciente a las bandas de Juanelrai) soporta la embestida de Bosch.

La fuerza expedicionaria busca intensamente a los caciques, objetivo que al igual que lo sucedido en Pampa y Patagonia es utilizado como metodología de debilitamiento del adversario.

"... me proponía volver al Norte para seguir la persecución del ya desmoralizado cacique Juanelrai (a) el Inglés, que con el resto de sus ganados y con mucho retraso por la falta de agua, suponíalo en retirada hacia la margen occidental del Bermejo. Continuando en esa dirección, mis baqueanos tenían la seguridad de llevarme sobre otro cacique general, Sinatky (a) Cambá, quien con sus 29 capitanejos vive en aquellas inmediaciones y todavía más próximo a los Cangayé, los no menos reputados Dameguesorochi, Taloqui y Kapetaiqui, que gobiernan también muchas lanzas y a los que haríamos sentir el poder irresistible de las armas nacionales".[51]

Pero el avance de la expedición es de un costo altísimo, muriendo 492 caballos y 132 mulas, victimario impresionante que es producto de un medio poblado de "infinitos obstáculos naturales, por soledades cubiertas de selva impenetrable, sabandijas y tanta agua estancada en aquel terreno impermeable, como tal vez no se verá en región alguna del mundo".[52]

Las penurias se agravan con las inundaciones, que deben ser eludidas trabajosamente, mientras se observan sus efectos en las tolderías abandonadas por la catástrofe.

Mientras tanto las comunidades espían cómo Bosch se retira, dejando un tendal de víctimas cuyo número también es difícil de precisar:

"... despaché a uno de mis mejores baqueanos, que se ofreció para traerme noticias positivas del efecto causado por nuestros proyectiles en el campo de los bárbaros".[53]

Entre el 10 de abril y el 16 de junio de 1883, el coronel Obligado lleva adelante una campaña casi simultánea a la de Bosch, con el resultado de 90 indígenas muertos.

Y las penurias también son para Obligado, quien sufre las consecuencias de los encontronazos con los indígenas y el propio Chaco:

"Pérdidas por nuestra parte: dos oficiales y un sargento muertos por los indios; 36 caballos muertos por fuego de fusilería; 308 caballos muertos por cansancio; 17 mulas muertas por fuego de fusilería; 14 mulas muertas por picaduras de víboras; 274 mulas muertas por flacas".[54]

Con numerosos enfermos y ante la irreversible falta de agua, terminaron bebiendo la sangre de nueve mulas expresamente degolladas que se agregan así a la profusa nómina de animales sacrificados, principales perjudicados, junto con los indígenas, de estas marchas de la muerte.

Finalizada la expedición, Obligado continuó con los ataques y entre agosto y noviembre un total de siete de ellos dieron por resultado más de medio centenar de indígenas muertos.

La séptima de estas expediciones se realizó entre el 2 de junio y el 1º de septiembre al mando del teniente coronel Rudecindo Ibazeta que contribuyó a empujar a las comunidades libres hacia el norte del río Bermejo.

Los escarmientos de Victorica

Las siete expediciones descriptas son el equivalente al plan de desgaste preliminar llevado a cabo en Pampa y Patagonia en 1878; podríamos señalar además otro correlato: la campaña de Roca de 1879 que en el Chaco se corresponde con lo sucedido en 1884, cuando el propio ministro Victorica encabeza una ofensiva que si bien no somete absolutamente a las comunidades libres, les inflige daños que serían irreparables, como el desbaratamiento de los principales grupos, la muerte de los máximos caciques y la prisión de infinidad de guerreros.

En ambas subregiones entonces, previamente a las ofensivas finales se desarrollan operaciones de desgaste que debilitan el poder indígena y lo dejan en condiciones para su derrota.

Victorica despliega una fuerza poderosa, integrada por tres regimientos de caballería, dos de infantería, y tres buques de la Marina de Guerra, teniendo por objetivo penetrar el Chaco en todas direcciones, ocuparlo y "pacificarlo".

Los tobas sostienen varios combates decisivos contra el Regimiento 12 de Caballería al mando del coronel Uriburu: en octubre sobre el río Bermejo, las tolderías en Mesochi, Danchi, Tenaki, Yrasoik y Petaiki sufren la pérdida de 15 hombres. Poco después en Campo del Cielo mueren 5 hombres del cacique Daniel.

Por esos días fue alcanzado Juanelrai (a) "el inglés" que murió finalmente junto a muchos de sus guerreros; se inició entonces en el Chaco el ciclo del fin de los grandes cacicazgos.

El 21 de octubre el cacique Tesogní ve desbandada su toldería ante el ataque de Uriburu no puede evitar en la huida la pérdida de 7 indios en un combate librado el día 29.

En la confluencia del río Bermejo con el Teuco, son sorprendidas en noviembre otras dos tolderías, muriendo en la refriega 17 indígenas. Mientras se libraban todos estos combates, una parte importante de las comunidades se "presentan" con los caciques a la cabeza (la presentación es un eufemismo con que los partes de la época denominan a las rendiciones) ante el Regimiento 10 de Caballería a cuyo frente está el teniente coronel Rudecindo Ibazeta. Más de 5.000 indígenas son sometidos sin combatir.[55]

Otros menesteres no tan pacíficos cumplimentaría el Regimiento 7 de Infantería y el 6 de Caballería de línea, ambos al mando del gobernador del Chaco, coronel Ignacio Fotheringham. Después de un violento combate, en el mes de octubre fue apresado el gran cacique Yaloshi:

"Llevaba dos Remington y no quería soltarlos: se metió en un estero pantanoso y escondido entre los juncos y pajonales en vano esperó hacerse invisible. Lo descubrió un cabo (José Díaz) tan hijo de la naturaleza como él.

Le sacudió un balazo y abrazándolo como para estrangularlo acudieron dos soldados más y fue traído preso y maniatado. Duro el indio.

A pesar del feroz balazo le relampagueaban los ojos de energía, ira e indomable furor.

Se formó un consejo de guerra de 13, el cacique Yaloshi (que era el prisionero) era el mismo que a traición, quiso matar al Comandante Fontana en una expedición anterior hiriéndolo de gravedad, pero felizmente se salvó.

Llegó el día de arreglar cuentas. Fue sentenciado a muerte. Aprobada la sentencia, se llevó a cabo, al pie de un corpulento quebracho. Ahí nomás lo dejamos para escarmiento".[56]

Envalentonado Fotheringham, no descansa. Su próximo objetivo es Cambá, máximo cacique de los tobas, que se dice que al pasar frente a los restos de Yaloshi juró vengarse.

Por intermedio de indios leales, Fotheringham le envía un mensaje instándolo a someterse pero al mismo tiempo amenazándolo: "Si obedece, mejorará él y su tribu; si no escucha el buen consejo, morirá como Yaloshi, fusilado y ahorcado".[57]

La advertencia se cumplirá más tarde, en medio de constantes exteriorizaciones verbales:

"Más tarde recibí en Bosque Hermoso una carta del Ministro en la que me recomendaba muy especialmente al cacique Cambá y poco tiempo después tuvimos el placer de cumplir de una manera muy terminante la recomendación superior".[58]

En el combate del 7 de diciembre de 1884, entre los muchos muertos que sufren los tobas, se encuentra Cambá, quien fue reiteradamente acuchillado y finalmente degollado, siendo su cabeza expuesta para que sus guerreros escarmentaran.

Los partes militares aclaran que "ya tantas veces le habían dado por muerto al terrible indio, y tantas veces había resucitado, que esta vez, por lo menos, quedaría sin dudas constatado su 'finis'.[59]

La vesania de que es objeto el cuerpo exánime de Cambá produjo un gran terror entre sus hombres quienes no olvidaron por años el fin de su jefe, en medio de una dispersión total y definitiva.

Las acciones militares fueron completadas por la construcción de caminos que conectaban las distintas zonas de la subregión (como el que comunicaba Puerto Bermejo con Rivadavia en Salta) y el reconocimiento profundo, por primera vez, del río Bermejo, llevado a cabo por la Marina de Guerra.

A fines de 1884 la expedición Victorica daba por concluidas las operaciones y si bien el Chaco era aún libre, las comunidades indígenas aguardaban, después de semejante embestida, el golpe final. Casi un calco del proceso que se había vivido en Pampa y Patagonia unos años antes. (mapa 33).

El ocaso de los dueños de los ríos

El ataque a fondo de 1884 permite el creciente avance de las instituciones de la Nación: por decreto del 10 de octubre el Chaco es subdividido en los territorios de Chaco y Formosa, siendo designados como gobernadores el coronel Obligado y el coronel Fotheringham respectivamente.

La ideología del exterminio como requisito de la "limpieza" y la pacificación de los territorios ocupados campea por ese entonces desnuda, sin tapujos y ansiosa, arengada en aras de la civilización. Los dueños de los obrajes abusan del indio —reconocen los gobernantes— y eso hay que modificarlo, si se quiere incorporarlo a la vida nacional aunque claro, tampoco puede perderse demasiado tiempo en esta política:

"Y no los hemos de traer a la vida civilizada sino cumpliendo nuestras promesas, o de lo contrario, habrá que proceder franca y enérgicamente a su exterminio, pues para que estos territorios se pueblen rápidamente, necesitamos pasarlos con toda tranquilidad y ofrecer a sus pobladores completa garantía".[60]

El exterminio sigue. Aquí también gana la partida.

Sólo en 1885, un año después de la campaña de Victorica, se registran alrededor de 300 muertos entre los indígenas en sucesivos enfrentamientos.

Los caciques mocovíes Saignón y Josecito más 27 de sus guerreros pierden la vida en numerosos combates contra el teniente coronel José Reynoso.

El cacique toba Emak se hace fuerte en el río Pilcomayo y lanza la consigna final que gana rápidamente al resto de las comunidades libres: "nadie sino nosotros hemos sido los dueños exclusivos del río".

La respuesta es el envío hacia el lugar de una columna al mando del teniente coronel José Gomensoro que en julio bate al capitanejo Aischidi produciéndole 13 muertos.

El 1º de agosto la columna cae por sorpresa sobre los toldos de Emak, a la vera del Pilcomayo, causándole 59 muertos incluido el cacique. El desbande es absoluto y decenas de tobas se arrojan al río, perdiéndolo todo, porque la toldería desaparece bajo las llamas del incendio dispuesto por los vencedores.

La campaña de Gomensoro continúa, arrasando por lo menos otras diez tolderías, entre las que se cuentan las de los caciques tobas Nichogdi y Diansok, quienes también parecen en los combates.

33. TEATRO DE OPERACIONES DE LAS CAMPAÑAS DEL EJÉRCITO ARGENTINO EN LOS TERRITORIOS LIBRES DEL CHACO (1870-1884)

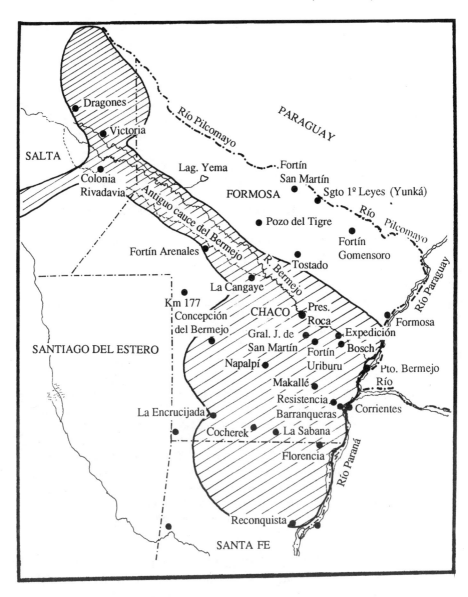

Basado en cartografía del Dr. Hernán F. Gómez –Scunio 1972 y del
Atlas Histórico-Militar Argentino, 1974.

Al regresar el oficial informa que la "batida en general ha dado como resultado, dos caciques, un capitanejo y 227 indios muertos, 30 prisioneros, 248 caballos y mulas tomadas, 2.000 ovejas, 90 vacas y gran cantidad de armas indígenas".[61]

Dos años más tarde se subleva el Regimiento Indígenas que hasta entonces había colaborado con las fuerzas nacionales y sus integrantes que se dispersan en el interior del Chaco son perseguidos y hechos prisioneros, con lo que la rebelión termina en un fracaso total.

En 1899 el jefe de las fuerzas militares del Chaco, general Lorenzo Vintter lanza una ofensiva generalizada sobre los reductos indígenas rebeldes, especialmente contra tobas y mocovíes quienes poco antes habían arrasado las localidades de Florencia y La Palomita en una tentativa final por impedir la conquista de sus territorios. La ofensiva de Vintter fue la última del siglo y se lleva a cabo a pesar de aquellos intentos.

El 4 de febrero el capitán Vicente Posadas repele en Napalpí un ataque de cerca de 300 indígenas provocándoles más de 10 muertos y el día 15 son devastadas dos tolderías por el capitán Manuel Podestá con muchísimas pérdidas para sus pobladores.

El 15 de septiembre en Chajá fueron muertos 11 indios por una columna al mando del teniente 1º Evaristo Ochoa, y ya en octubre en las cercanías de Presidencia Roca fue desbaratada otra gran avanzada indígena que se retiró con muchas bajas.

El 2 de noviembre en las proximidades de fortín Charlone, el teniente 1º Martín Bortagaray ataca una toldería toba que sufre gran cantidad de muertos y heridos, por lo menos 40 (figura entre los heridos el hijo del cacique Juanelrai).

Muy poco después, el día 9, en la laguna Naliú-Liq-Laing es muerto el cacique Chacayagay, a manos de una partida al mando del teniente 1º Ochoa y al día siguiente otra columna al mando del teniente 2º Pérez mata a 3 indígenas. El desbande es total. Las comunidades, dispersas, huyen en todas direcciones y el ejército en operaciones avizora el éxito final:

"La batida que los Regimientos 1, 6, 8 y 11 han ejecutado en el Chaco Austral abrazando una considerable extensión del territorio ha arrojado a los indios hacia las costas del Bermejo, donde el año próximo llegarán las mismas columnas ligeras a obligarlos a reducirse o internarse en el Chaco de Formosa pues así lo demuestran la multitud de tolderías abandonadas".[62]

Al finalizar el siglo XIX la conquista del Chaco está prácticamente concluida, si bien quedan reductos que serán finalmente aniquilados en los albores del presente siglo en una arremetida postrera del Estado Nacional.

Pero concluida la campaña de Vintter, las comunidades más importantes han sido diezmadas, los principales cacicazgos se han extinguido[63] y la cultura indígena en su totalidad ha sufrido un daño enorme porque desde ahora en adelante sus portadores pasan a ser los sobrevivientes de un tiempo de destrucción.

LA CONSUMACIÓN DEL GENOCIDIO

En el término de 37 años (período 1862-1899) son muertos en el Chaco cerca de 1.000 indígenas (cuadro 22, en el Anexo II, pág. 566).

Pero la caída del bastión chaqueño significa todavía más. Es la consumación del genocidio, iniciado allí en 1820 de manera sistemática, en un cuadro tétrico que la frialdad de las cifras nos exime de mayores comentarios.

Si recordamos que entre 1821 y 1848 habían sido muertos en Pampa, Patagonia y Chaco un total aproximado de 7.587 indígenas; que para el período 1862-1899 en el Chaco se suman mil muertos más, y que entre 1849 y 1884 pierden la vida en Pampa y Patagonia otros 3.748, (cuadro 23, en el Anexo II, pág. 569) podemos afirmar en síntesis que entre 1821 y 1899 son exterminados en los territorios libres de Pampa, Patagonia y Chaco un total estimado de 12.335 indígenas araucanos, vorogas, ranqueles, tehuelches, pehuenches, mocovíes, abipones y tobas como fruto de las campañas de aniquilamiento llevadas adelante por el Estado nacional en su afán por conquistar aquellos territorios (cuadro 24, en el Anexo II, pág. 570).

Como ya hemos dicho en otra parte, "estas cifras incluyen sólo a los muertos en combate, dejando de lado a los prisioneros que también se contaron por miles, o los centenares de heridos que no murieron en el campo de batalla sino lejos de ellos, durante la retirada y días después". (pág. 254).

Asimismo cabe agregar que la cifra estimada tampoco incluye —salvo en un caso y en insignificante porcentaje— a los muertos por las epidemias que, en el caso de la viruela por ejemplo, diezmaron a comunidades enteras.

La dimensión de las cifras se agiganta también cuando pensamos que para el período considerado en promedio, la población indígena de Pampa y Patagonia ascendía a unos 45.000 habitantes, mientras que la de Chaco llegaba a otro tanto, lo que da un resultado del 14% de la población suprimida por vía violenta.[64]

Por otra parte, es importante consignar que el número de 12.335 es el estimado mínimo de acuerdo con la documentación oficial existente a través de los partes de guerra —principalmente—, correspondencia, informes al Parlamento y Memorias de los Ministerios, por lo cual no es nada descartable que esa cifra pueda ser aumentada aún considerablemente si se llevasen a cabo investigaciones más profundas.

Para cerrar este panorama, digamos que si agregáramos los 4.000 guaraníes que como mínimo murieron durante la insurrección de Artigas y Andresito (1816–1819) y los otros tantos yámanas y onas desaparecidos entre 1880 y 1900, concluimos que durante el siglo XIX, a consecuencia de las operaciones militares (Pampa, Patagonia, Chaco); campañas colonizadoras (Extremo Sur) emprendidas por el Estado y las operaciones realizadas por potencias extranjeras (imperio portugués en el Litoral) murieron por vía violenta no menos de 20.000 indígenas.

LA ACCIÓN DE LA IGLESIA

Desde su ingreso al continente americano junto a los conquistadores españoles allá por el siglo XVI, la Iglesia pugnó por tener su espacio propio, alternando disputas por el poder con campañas evangelizadoras, creación de pueblos y edificación de templos.

En su acción con las comunidades indígenas, la Iglesia desempeña básicamente tres roles que muchas veces se superponen:

a) *protectora de los indígenas*: a través de la implantación de proyectos paralelos a los de los colonizadores y/o el Estado nacional, como por ejemplo las Misiones Jesuíticas o el cuidado de las comunidades afectadas por epidemias cuando eran abandonadas por todos.

b) *intermediaria entre los indígenas y el poder político*: haciendo las veces de mediadora en los diferentes conflictos suscitados, como por ejemplo en las gestiones para el canje de cautivos o en el evitar la posibilidad de castigos para los caciques prisioneros.

c) *dependiente de las estrategias del poder político*: hecho que en muchas oportunidades la llevó sin medir las consecuencias a contribuir a la desintegración de las culturas autóctonas, como por ejemplo la práctica de anular autoritariamente las costumbres tradicionales imponiendo las pautas de una religiosidad que a los nativos les resultaba a todas luces extraña.

No puede hacerse una discriminación clara de estos tres roles porque todos ellos aparecen por lo general simultáneamente. La realidad es que la Iglesia protegió a los indígenas pero también contribuyó a no mantener los valores tradicionales actuando en muchas oportunidades con la suficiente ambigüedad como para servir como instancia mediadora en la solución de conflictos.

En el balance final, sin embargo, creemos que la Iglesia terminó casi siempre encuadrando su accionar en las políticas implementadas desde el Estado y sus instituciones, manteniendo en pocas circunstancias una postura independiente que le hubiera permitido obrar con mayor libertad y con mayor beneficio para los indígenas.

Hacer pie

Durante la Conquista española son muchos los misioneros que ingresan a nuestro territorio, comenzando la costosa labor evangelizadora, pero es el proyecto jesuita, desarrollado entre 1600 y 1768, el que se destaca nítidamente entre todos los implementados por la Iglesia en aquella etapa.

A través de ese proyecto, miles de guaraníes del nordeste son aglutinados en una nueva configuración cultural, inédita, de singular relieve y marcada incidencia política en el contexto de aquel entonces.

La intentona, abruptamente interrumpida por la Corona española, no impidió sin embargo que la especial relación entablada entre los misioneros y los indígenas perdurara a través del tiempo en la memoria colectiva y en muchas manifestaciones posteriores, a pesar de que la organización comunitaria alcanzada se perdió para siempre.

Fuera del proyecto con los guaraníes, los jesuitas hacen otras tentativas: en la provincia de Buenos Aires fundan entre 1740 y 1750 tres misiones: "Nuestra Señora de la Concepción" o "Concepción de los Pampas" a orillas del río Saladillo; "Nuestra Señora del Pilar" a orillas de la laguna de Los Padres y "Virgen de los Desamparados", cerca de Tandil.

A la primera van los misioneros Manuel Quinini y Matías Stroebel; a la segunda, Tomás Falkner y José Cardiel; la tercera no llega a consolidarse porque es arrasada en 1571 por los tehuelches del cacique Bravo; las otras dos corren después la misma suerte.

Mucho más al sur, en el lago Nahuel Huapi, el padre Nicolás Mascardi funda en 1670 la misión de "Nuestra Señora de los Poyas del Nahuel Huapi". El espíritu aventurero y evangelizador de este sacerdote lo arrastró hasta aquellas desconocidas latitudes, empujado también por el mito de la época: la presunta existencia de la fabulosa Ciudad de los Césares, un lugar habitado por españoles sobrevivientes de un naufragio que vivían en la riqueza y la inmortalidad.[65]

Mascardi emprende cuatro expediciones de reconocimiento que lo conducen a explorar detenidamente gran parte de la Patagonia. Pero en la última de ellas (1674) muere a manos de un grupo de tehuelches que se resisten al mensaje de conversión. Este hecho desata una sucesión de matanzas posteriores, fruto de la venganza de los indígenas de la misión del Nahuel Huapi.

Reemplaza a Mascardi el jesuita Felipe van der Meeren, quien refunda la misión en 1704 y la mantiene hasta 1717, en que es definitivamente destruida por los indígenas que continúan viendo a los misioneros como intrusos.

Lo cierto es que a pesar de los intentos, los misioneros no consiguen hacer pie, lo cual es el objetivo primordial para una tarea que aspira a consolidarse territorialmente.

En este sentido es importante tener en cuenta que los extraordinarios trabajos elaborados por muchos de los misioneros, verdaderos cronistas de los pueblos indígenas en más de una ocasión, no sólo se limitan a la descripción pormenorizada de las costumbres de las comunidades originarias, la flora o la fauna, sino que realizan consideraciones de tipo político que indudablemente tienden a seguir la estrategia del gobierno español para fortalecer su propio rol y sus posibilidades, como por ejemplo, la sugerencia de ocupar los lugares despoblados como garantía ante los eventuales ataques de potencias extranjeras.[66]

Producida la Independencia y después de algunos reacomodamientos, la Iglesia continúa su labor. Hacia 1874 son 4 las misiones entre los ranqueles "pacíficos" que totalizan cerca de mil pobladores: Villa Mercedes, Sarmiento, Villa Real y Lincuén.

Monseñor Aneiros y los "ladrones del Paraíso"

El acceso de Monseñor Federico Aneiros al arzobispado de Buenos Aires a mediados de 1873, como sucesor de Mariano José de Escalada, primer arzobispo de la ciudad, permite el fortalecimiento de una política más orgánica hacia las comunidades de la llanura.

La obra de Aneiros con los indígenas es particularmente intensa, ya que considera que "es un dolor y una vergüenza (...) que siempre los malos cristianos hayan sido un estorbo y una ruina para las Misiones".[67]

El nuevo arzobispo es partidario de una política autónoma de la Iglesia en el sentido de resguardar para sí la responsabilidad de la relación con las comunidades indígenas, quedando para el gobierno nacional la tarea de apoyo a ese accionar.

En este marco y todavía como vicario capitular de la Arquidiócesis organiza y funda en 1872 el "Consejo para la conversión de los indios al Catolicismo" convocando a participar en él a distintas personalidades. El mismo presidente Avellaneda en un proyecto de ley que envía al Congreso en 1873 destaca el papel jugado por el arzobispo como impulsor del acercamiento a los indígenas.

En el período 1873–1879 se fundan y/o revitalizan centros de acción misionera que en muchos casos sirvieron como espacios de encuentro y en los que el intenso intercambio cultural estuvo a la orden del día (mapa 34).

34. PRINCIPALES CENTROS DE LA ACCIÓN MISIONERA
en la provincia de Buenos Aires a fines del siglo XIX

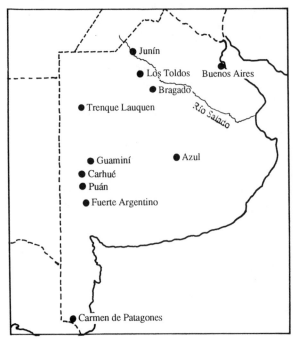

El padre Georges a su regreso de un viaje al Azul realizado con motivo de estudiar las posibilidades del establecimiento de una misión había visto que "es en la Pampa el seno de las tribus indias, donde nuestros demócratas deberían venir a buscar la mejor forma de república. El cacique no toma nunca una determinación seria sin convocar a todos sus guerreros a parlamento. La mayoría más absoluta es necesaria".[68]

La misión del Azul se funda en enero de 1874, con la aceptación del cacique Cipriano Catriel. Una humilde capilla y una casa para los curas es toda la infraestructura disponible.

A la muerte de Cipriano, su sucesor Juan José Catriel pone reparos a la continuidad del establecimiento, lo que dificulta la acción de los misioneros. Uno de ellos, Jorge Salvaire, realiza mientras tanto un viaje a Salinas Grandes buscando llevar el mensaje evangelizador "por lo más al interior del desierto", como quería Aneiros.

En diciembre de 1875 Namuncurá recibe a Salvaire y durante cinco días sostiene un "gran parlamento" aunque sin mayor éxito. Las perspectivas de intentar misiones por aquellos lugares son prácticamente nulas.

La desazón de los misioneros —por ese entonces finaliza también la misión en Azul ante los obstáculos interpuestos por Catriel— se alterna con algunos logros: poco antes el cacique Railef recibe el bautismo y se convierte en un vocero más de la nueva religión entre su gente.

A principios de 1876 el padre Savino se instala en los campos del cacique Coliqueo, dando origen a una misión de singular éxito, y al pueblo de nuestros días, Los Toldos. Todo ello a pesar de los constantes inconvenientes provocados por el gobierno, que son denunciados por los curas, alegando que los descontentos surgidos entre la masa indígena se deben básicamente a "la poca fidelidad del Gobierno en cumplir sus compromisos respecto de ellos..." así como también a que los indios "repiten a menudo que si ellos tienen deberes que cumplir respecto del Gobierno, el Gobierno también tiene sus obligaciones respecto de ellos".[69]

Los compromisos son fundamentalmente las raciones que el gobierno nacional se comprometía entregar a las comunidades de acuerdo con los tratados firmados. La no entrega de esas raciones en caso de situaciones críticas por las que solían atravesar ciertos grupos, concluía en grandes hambrunas que eran, por omisión, una forma de exterminio.

Los inconvenientes en el desarrollo de las misiones también surgen de los mismos indígenas, en su resistencia a incorporar la nueva religión y las pautas socioculturales emergentes de ella: en 1876 el padre Savino se ve obligado a abandonar la misión ante una sublevación encabezada por Justo Coliqueo.

Durante esos años, la misión instalada desde hacía ya mucho tiempo en Carmen de Patagones (1780) cobró un nuevo impulso, elaborándose un vasto plan de educación que incluía la puesta en marcha de un colegio para mujeres indias "de donde podrán salir a cabo de algunos años maestras de escuela de su propia raza para las diferentes tribus que iremos evangelizando".[70]

Sin embargo, otra vez los problemas, vinculados con la carencia de recursos para llevar adelante los distintos proyectos, desgastan la acción misionera y terminan por hacer fracasar los planes.

Pero lo que descalabró por completo esta línea de acción de la Iglesia para con los aborígenes fue la denominada "Conquista del Desierto". La definitiva militarización de la cuestión indígena echó por la borda las tenues posibilidades de integración que se estaban gestando a través del vínculo establecido entre la Iglesia y los indios.

Los misioneros pasaron a convertirse en meros *reparadores de urgencias* asistiendo a prisioneros enfermos o bautizando a los moribundos.

En 1879 suman 700 los prisioneros sólo en la isla Martín García y es hacia allí adonde se dirigen los esfuerzos de Aneiros, enviando misioneros para la ayuda de esos hombres, mujeres y niños convertidos por la fiebre, la tristeza de la vida perdida y el sentimiento de derrota, en guiñapos humanos.

En medio de semejante cuadro, despliegan una intensa actividad un grupo de misioneros y las Hermanas de la Caridad, asistidos por otro grupo de indígenas en calidad de improvisados enfermeros. La viruela hace estragos, pero igualmente se salvan muchas vidas.

Fue por ese entonces que el padre Birot acuñó la frase "los ladrones del paraíso" refiriéndose humorísticamente a que los indios convertidos en pocos días se "robaban" el cielo.

En poco tiempo son bautizados más de 500 indios y la tarea continúa en Buenos Aires dirigida especialmente a los caciques para los cuales se preparan ceremonias especiales como la efectuada el 11 de agosto de 1879 en la Parroquia del Pilar en ocasión del bautismo de Juan José y Marcelino Catriel, Juan Melideo, Cañumil y Faustino Huanchiaquil.

Producida la expedición de Roca, Aneiros intensifica su acción de intermediario recibiendo las demandas de los caciques aún libres en el sentido de que la Iglesia inste al gobierno a dejar sin efecto las prisiones de algunos indios, reclamando por la restitución de tierras y evitando la remisión de caciques al calvario de Martín García.

> "…Si el Gobierno no quiere atender nuestras necesidades y reclamaciones que está bueno, pero que yo también soy General y tengo mi gente, y que a mi no me agarrarán y llevarán a Martín García como han llevado a tantos otros".[71]

No se lograba mucho con estos reclamos; salvo algunos casos aislados de indultos lo que más se obtenía era el traslado de los familiares de los detenidos a los principales lugares de reclusión para que estuvieran en más estrecho contacto.

En otras ocasiones, Aneiros terminaba sus gestiones en súplicas a los máximos caciques para que cesaran la violencia, como la formulada a Namuncurá en ocasión de un pedido de éste por sus tierras:

"Ustedes se equivocan al resistir con la fuerza. El Gobierno, entonces, tiene que hacer uso de las armas y no habrá más que desgracias. Crea lo que digo Sr. Cacique. Dejen las armas, no peleen y no los han de pelear a ustedes, y en cambio tendrán muchos bienes.

Yo sé que hay muchos malos cristianos y creo que les han hecho a Ustedes muchas injusticias y maldades. Pero se equivocan Ustedes si no hacen buenos arreglos lo han de perder todo".[72]

En el fragor de los combates la Iglesia se esfuerza por mantener algunos centros misioneros importantes como Junín, Carhué, Puán, Fuerte Argentino, Guaminí, Trenque Lauquen y Bragado. Sin embargo su accionar se diluye por la victoria de la "solución militarista" que arrasa con las comunidades a las que los misioneros pretendían llegar en forma pacífica.

Mucho tiempo antes de las operaciones emprendidas por el general Roca, las divergencias entre el Gobierno y la Iglesia se habían hecho explícitas, cuando el primero insistía en que las misiones religiosas se ubicaran cerca de los fortines militares; en realidad, lo que pretendía la Iglesia era que las comunidades indígenas estuvieran lo más aisladas y distantes posible de los hombres de uniforme.

Una de las últimas intentonas de Aneiros fue la introducción de los salesianos en la Patagonia durante 1880; esta orden, junto a las restantes que desde hacía tiempo llevaban adelante la labor apostólica, se enfrentaba ahora con comunidades diezmadas, retazos de una cultura que alguna vez había desarrollado su existencia en libertad.

La Iglesia, sometida al poder político, cuenta a partir de la "Conquista" con un panorama humano desolador, vencido, al que de alguna manera contribuyó con su propio accionar.

Sus intentos, sus discusiones con el gobierno central, su oposición a la vía armada no tuvieron la fuerza necesaria. Los caciques tampoco aportaron mucho a consolidar esa posición, quizá faltos de perspectiva de las posibilidades del poder religioso o algo aún más simple: la desconfianza natural ante estos misioneros que muchas veces fueron sospechados de espías del gobierno, de portadores de la maligna viruela o de meros delincuentes cuyos propósitos eran embrujar y envenenar a los caciques y sus comunidades.

CONFINAMIENTO Y EXTINCIÓN EN EL EXTREMO SUR

¿Qué sucedía mientras tanto en el Extremo Sur?

¿Qué pasaba en aquellos parajes aparentemente olvidados, en lo que hoy es la Tierra del Fuego y adonde convivían los onas y los yámanas, desparramados sobre las islas del confín del continente?

El desarrollo cultural había proseguido su marcha, con las características de zona de arrinconamiento y su consecuencia, una configuración cultural particular, sin mayores posibilidades de crecimiento, pero defendida en un hábitat difícil que ellos habían aprendido a entender, a lo largo de miles de años.

35. EL EXTREMO SUR: ONAS Y YÁMANA-ALAKALUF

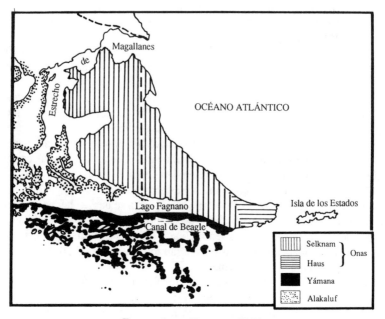

Fuente: Anne Chapman, 1986.

Hacia 1880, fecha de la llegada de los primeros colonos, los onas alcanzaban el número de 3.500 a 4.000 habitantes y los yámanas otro tanto, lo que hacía un total aproximado de 6.000 a 6.500 indígenas en el Extremo Sur (Chapman, 1986), cifra relativamente importante si la comparamos con otras regiones culturales del territorio argentino a fines del siglo XIX. (mapa 35).

Esas culturas del sur, con una rica tradición a pesar de sus dificultades ecológicas, con elaborados rituales comunitarios (el *kloketen* ona) o con diferencias sustanciales en la forma de vida respecto a sus hermanos de la parte continental (la cotidianeidad marítima de los yámanas) tenían también entonces un porcentaje de población realmente significativo.

Pero un día todo empezó a desmoronarse. La quietud de siglos terminó abruptamente. El trabajoso poblamiento conformado durante miles de años fue pulverizado en apenas dos décadas. De los casi 6.000 indígenas que nuestro Extremo Sur tenía en 1880, a principios de este siglo sólo quedaban poco más de 1.000.

Las causas de semejante debacle son muchas. Pero una vez más, en el centro de todas ellas, encontramos el choque impiadoso y compulsivo con la "civilización blanca", generador en las culturas indígenas de disturbios múltiples que al final terminan por aniquilarlas.

El problema no fue el contacto, el problema fue cómo sucedió, bajo qué valores, con qué concepción de la vida y de la dignidad humanas se enfrentaron dos culturas diferentes.

En nuestro Extremo Sur muchas fueron las posiciones esgrimidas; las ideas; los proyectos. Pero al fin y al cabo triunfó –aquí también– el que tenía que ver con el desprecio por la vida de los semejantes.

El latrocinio cometido en Pampa y Patagonia continuó así extendiéndose, hasta toparse con las aguas congeladas del mar Austral.

El martirio de los onas

Ubicados en un hábitat de arrinconamiento extremo, como la isla de Tierra del Fuego; tradicionalmente "encerrados" por sus hermanos tehuelches del continente (no olvidemos que los onas eran desde el punto de vista cultural un componente, el más meridional, de los tehuelches) y por las condiciones geográficas que los obligaban a estar rodeados por los océanos; y empobrecidos en su organización social, los onas, convertidos en una cultura casi sin defensas, sufrieron desde fines del siglo XIX una sistemática persecución que provocó una constante de sufrimientos y vejaciones a manos de los colonos, hasta llegar a su virtual extinción.

La llegada de los colonos, especialmente los criadores de lanares (otros fueron los buscadores de oro y los "bolicheros") estuvo acompañada por la necesidad de tener vacío el territorio. Rápidamente, los colonos se convirtieron en despobladores, originándose matanzas, traslados y epidemias que diezmaron a los onas.

Prácticamente fueron encerrados entre dos fuegos, porque a la penetración colonizadora del Estado argentino hay que agregar la presión chilena que desde Punta Arenas provocó la huida de los indígenas hacia el interior y el sur de la isla.

El estado de violencia generalizado aceleró también las contradicciones internas en los propios grupos onas, produciéndose algunos enfrentamientos a los que de todas maneras no estaban ajenos los intrusos: las armas, muchas veces, eran provistas por ellos mismos, como sucedió con la sangrienta matanza del Yehuin en febrero de 1902 facilitada por la provisión de algunos Winchester 44 de repetición por un comerciante chileno.

Las enfermedades constituyeron otro factor de despoblación. Epidemias de sarampión, neumonía, difteria, tisis y gripe, transformadas en armas letales, aniquilaron a los onas.

Ni siquiera el refugio que posibilitaba la misión salesiana de Río Grande (fundada en 1893 y organizada como proyecto de autonomía indígena, ante lo cual interponía toda clase de obstáculos el gobierno nacional) quedó exenta de la gripe y la tuberculosis que hacia fines del siglo XIX produjo la muerte de por lo menos 200 indios.

Otra causa de despoblación fueron los permanentes traslados y detenciones. El arrebatamiento súbito del entorno familiar y social, el maltrato, el traslado a lugares insólitos para la cultura indígena como comisarías o ferrocarriles provocaron cimbronazos de magnitud entre los onas, violentados hasta lo impensable: en ocasión de la muerte de dos peones en 1896, las autoridades policiales ordenaron la detención masiva de 81 indígenas, de los cuales 26 eran menores de 10 años (13 de ellos entre 2 y 5 años) y 27 mujeres.

Un año más tarde se produjo otra situación similar. Cualquier motivo era suficiente para intervenir entre las bandas y provocarles desmanes. Pero más allá de todos estos hechos y más allá de las contradicciones entre los distintos autores y/o fuentes, cuando no el encubrimiento de lo verdaderamente acaecido, todo parece indicar que las matanzas planificadas por los nuevos dueños de la tierra ocuparon un lugar principalísimo en la explicación del porqué de la rápida despoblación.

Conocidos son los desastres producidos por los "cazadores de indios", empleados de las nacientes estancias que tenían por misión erradicar a los indígenas de las propiedades; finalizadas las "excursiones", los cazadores retornaban con las pruebas de sus éxitos: orejas, testículos, senos o cabezas, piezas que eran trocadas por libras esterlinas.

Otras veces la sofisticación ganaba el lugar de las balas: en la playa de Spring Hill, cerca de 500 onas fueron muertos cuando abalanzados sobre una ballena yacente para devorarla, ingirieron también el veneno inoculado por los "cazadores".

José María Borrero, en su histórico testimonio *La Patagonia trágica* (1928), menciona por lo menos tres masacres más: la de Punta María en la que perdieron la vida 25 onas después de casi un día de tenaz resistencia; los 80 cadáveres descubiertos por un italiano buscador de oro y la de la playa de Santo Domingo, pergeñada por Alejandro Mac Lennan en la que fueron muertos cerca de 300 indios después de un banquete al cual habían sido aviesamente invitados con la promesa de un establecimiento de paz efectivo y duradero.[73]

Algunos autores contemporáneos como Belza (1975) o de Imaz (1972) relativizan la dimensión de estas matanzas; otros, como Chapman (1985) no dudan en utilizar la palabra "genocidio". Lo concreto es que por encima de las dificultades de establecer los alcances de las masacres éstas efectivamente se produjeron.

No sólo los salesianos las denunciaron sin eufemismos inclusive con la publicación de fotografías en sus revistas, sino que el propio Congreso Nacional a través del canciller Amancio Alcorta se pronunció en su oportunidad sobre la situación.[74]

Este derrotero de martirio en que todo un pueblo transitó angustiosamente tuvo un clímax que resume el error vivido: en 1899, en la Exposición Universal de París fueron expuestos en una jaula nueve onas que habían sido "cazados" y trasladados hasta allí. Un letrero advertía a los visitantes: "Indios Caníbales". Al misionero reverendo José María Beauvoir le cupo la fortuna de poder rescatar a los desdichados y volverlos a su tierra.[75]

Los escasos grupos de onas que pudieren resistir y se mantuvieron rebeldes se fueron retirando cada vez más al sur, encabezados por el jefe Kauchicol. Muchos de ellos encontraron refugio en las estancias del colono Bridges, la Harberton y la Viamonte; otros, en la misión salesiana de Río Grande, adonde de todas maneras las posibilidades de mantenerlos estables eran escasas, porque añorando sus bosques y sus playas iban y venían constantemente. En 1901 quedaban en la misión sólo 70 onas.

Hacia 1905 la despoblación se había consumado: la cultura ona no alcanzaba los 500 individuos, que bien podrían ser definidos como sobrevivientes.

La desaparición de los yámanas

Si la situación geocultural de los onas era muy difícil, la de los yámanas era extrema. Inmediatamente al sur de aquellos, esparcidos en la costa de la isla de Tierra del Fuego sobre el canal de Beagle y en las islas del confín del continente, los yámanas observaron impotentes el desmoronamiento de su cultura, cuando llegaron los primeros colonos hacia 1880.

Estos singulares isleños, juntamente con los alakaluf del lado chileno, alcanzaban un número de aproximadamente 7.500 habitantes hacia esa época, superando casi en el doble a los onas (Chapman, 1985). Pero al igual que éstos, fueron desapareciendo vertiginosamente.

Al parecer no hubo matanzas sistemáticas, excepto los "ejercicios de tiro" que realizaban los navegantes europeos contra los isleños al atravesar los canales o los envenenamientos organizados por los loberos, necesitados, al igual que los colonos, de territorios "limpios".

Las epidemias parecen haber sido determinantes en la extinción de esta cultura. Fueron famosas la de sarampión en 1884 y la de neumonía y de tuberculosis en 1886 en las que los yámanas, concentrados en la misión anglicana de Ushuaia fundada en 1868, murieron por centenares.

Estos colapsos no sólo destruían biológicamente a las comunidades sino que las inundaban de terror ante un enemigo que desconocían por completo y frente al cual su medicina tradicional no surtía efecto.

La brutal caída demográfica es elocuente: de los 3.000 yámanas que vivían a la llegada de la colonización, quedaban cerca de 1.000 en 1890 (sólo diez años después) y hacia 1910 su número no pasaba el centenar.

Las islas habían quedado vacías.

DILUCIÓN CULTURAL EN EL NOROESTE

El desarrollo de la matriz hispano-indígena y la aparición de la etnia colla

El fin de la resistencia indígena del Noroeste durante el siglo XVII, básicamente la diaguita y la omaguaca, conllevó la inmediata desmembración comunitaria, a través de los traslados masivos, los reagrupamientos en "pueblos de indios", la paulatina incorporación a las nuevas formas de trabajo impuestas y el mestizaje.

Esta densa dinámica cultural tuvo dos consecuencias principales: en primer lugar, la conformación progresiva de la matriz hispano-indígena, fru-

315

to del mestizaje en esta parte del territorio y cuyo desarrollo se llevará a cabo sin solución de continuidad durante los tres siglos posteriores, sentando una de las bases del primer componente del pueblo argentino; en segundo lugar, la aparición de una nueva etnia, los collas, síntesis de diaguitas y omaguacas, definitivamente diluidos, los apatamas –que permanecían relativamente defendidos en su Puna inaccesible– y los grupos de origen quechua y aimara procedentes de Bolivia, cuantitativamente cada vez más numerosos y en fin, parte de la masa mestiza no integrada en los centros urbanos.

Los collas son la etnia heredera de los habitantes originarios del Noroeste, consolidada durante todo el siglo xix. Perdieron su organización comunitaria original y su núcleo, la familia extensa; tecnologías sustantivas como la cerámica fueron expulsadas de la memoria colectiva; su religión fue penetrada por el catolicismo ganancioso; ya no visten como antes, salvo en ponchos y ojotas y tampoco cazan.

Sin embargo, los collas son los auténticos portadores de la tradicional forma de vida andina, a través del mantenimiento de muchos patrones culturales como la economía pastoril de altura, y agrícola de papa y maíz; la recolección de algarroba y sal; la construcción de viviendas; la medicina tradicional y las técnicas de adivinación; los instrumentos musicales como erques, quenas, pinkullos, sikuris y cajas; el culto a la madre tierra e innumerables creencias, rituales (*rutichico*, corte de pelo como rito de pasaje) y prácticas sociales (el *sirvinacuy*, matrimonio de prueba); la religiosidad ancestral, en fin, que lejos de ser dominada por la nueva religión oficial, ha coexistido con ella, en una nueva forma que ha sido redefinida como religiosidad popular.

El particular proceso que sufre el Noroeste hace que esta cultura colla, dilución de otras, por un lado, y síntesis nueva, por el otro, no sea estrictamente indígena sino mestiza, lo cual de todas maneras nos permite ubicarla en el campo aborigen, no sólo por su historia cultural sino por su inserción en el contexto regional y nacional, crónicamente marginal.

Los collas comienzan así a diferenciarse del resto del Noroeste mestizo (cultura criolla de Lafón o cultura folk de Cortázar y otros autores) concentrándose en asentamientos dispersos de la zona de la Puna, la quebrada de Humahuaca y parte de los Valles Calchaquíes.

Pero la preservación de la identidad originaria, una vez más, no hubiera sido posible sin la sangre de los hijos de la tierra.

Rebelión y dispersión en la Puna

Durante el siglo xix el Noroeste también es testigo de la lucha por la tierra. Los flamantes Estados provinciales y sus oligarquías nacientes procuran obtener las otrora posesiones indígenas que en muchos casos permanecen en situaciones legales confusas, herencia de la época colonial.

El problema es que en muchas de esas tierras viven comunidades enteras. Hacia ellas se lanza una política de verdadera disolución (Bernal,

1984) consistente en la creación de cargos fiscales (el impuesto indigenal, reemplazante del antiguo tributo); la introducción de la economía capitalista en desmedro de la tradicional de trueque y la organización de los sistemas de poder provinciales.

Esa política perseguía un único objetivo: el despojo de la tierra.

Pero la realidad no es esquemática. Casi imprevistamente, en 1872 el gobierno de Jujuy accede a un reclamo de un grupo de indígenas y declara fiscales a tierras de Casabindo y Cochinoca que hasta ese entonces estaban en poder de los terratenientes Campero. Esta victoria legal sumada al triunfo de la insurrección de medio millón de indígenas en Bolivia que recuperaron sus tierras en 1871, alentaron esperanzas en las comunidades puneñas que fueron creciendo en organicidad con el surgimiento de líderes como Anastasio Inca, Lorenzo Valle, Gabriel Garay y Ramón Cruz, la obtención de armas y el decidido apoyo de grupos quechuas y aimaras de Bolivia.

Las esperanzas fueron fugaces, porque el gobernador Sánchez de Bustamante, un virtual aliado de los indígenas fue depuesto por los intereses terratenientes, lo que generó la resistencia indígena (mapa 36) que fue rápidamente sofocada, incluyendo la muerte de Anastasio Inca, la detención de los otros cabecillas y la dispersión momentánea de la masa indígena.

36. LA INSURRECCIÓN PUNEÑA DE 1874

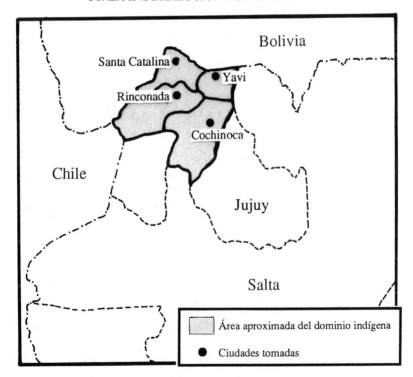

Bolivia

Santa Catalina ●
● Yavi
Rinconada ●
Cochinoca ●

Chile

Jujuy

Salta

▨ Área aproximada del dominio indígena
● Ciudades tomadas

Las conquistas logradas por los indios fueron conculcadas de inmediato, pero el nuevo gobernador José María Alvarez Prado quería ir más lejos, quería acabar con la incipiente organización rebelde indígena, que volvería a la insurrección.

A fines de 1874, alrededor de 1.200 indígenas tomaron sucesivamente las ciudades de Yavi, Santa Catalina, Rinconada y Cochinoca, comandados por líderes como Benjamín Gonza, Federico Zunta y el boliviano Elías Gorena. Durante dos meses las masas indias se enseñorearon en la región, pensando seriamente en la posibilidad de expandir su dominio.

El gobierno jujeño, apoyado por el salteño envió tropas para reprimir a los insurrectos que en número de 860 los aguardaron en Quera, un paraje vecino a Cochinoca.

El 4 de enero de 1875 ambos bandos se enfrentaron con fiereza terminando derrotados los indígenas: 200 guerreros, incluyendo a los líderes Zunta y Gonza fueron muertos; otros tantos resultaron prisioneros; del lado de los regulares; 73 hombres habían perdido la vida.

La dispersión indígena fue total; los departamentos rebeldes fueron ocupados por el ejército, las autoridades repuestas en sus cargos y muchos de los rebeldes ejecutados.

La lucha por la tierra siguió siendo el motor de las reivindicaciones indígenas, pero las leyes provinciales que se fueron promulgando las desconocieron por completo, marginando aún más a la población autóctona ocupada en sobrevivir cada vez más aislada, en terrenos limitados, áridos y solitarios, que hacia fines del siglo XIX veía naufragar las ilusiones producidas por el sugestivo alzamiento de 1874, heredero del espíritu libertario de Viltipoco.

La situación de las comunidades guaraníes

Mientras la mayor parte del territorio nacional presencia el enfrentamiento creciente y el asalto final a las comunidades indígenas libres de la llanura, las aguerridas bandas guaraníes pugnan por preservar sus derechos.

Están ubicadas en los extremos nordeste y noroeste del país, en la provincia de Misiones y el Chaco salteño respectivamente. Allí resisten culturalmente, son unos cuantos miles entre mbyá y chiriguanos.

En Misiones y especialmente en todo el Litoral y Mesopotamia durante todo el siglo XIX se ha producido la dilución y/o extinción de los grupos originarios de la región: los chaná timbúes y los charrúas. En cuanto a los pocos guaraníes descendientes de las Misiones Jesuíticas y después de soportar cuantiosas bajas en las luchas de liberación emprendidas por Andrés Guacurarí, se han dispersado totalmente.

Pero la tradición no se perderá, porque grupos de origen mbyá, provenientes del Paraguay, seguramente el sector no asimilado por los jesuitas, penetra en el territorio misionero a mediados del siglo pasado, reemplazando a las comunidades hermanas casi desaparecidas.

Son también conocidos como kainguá, "monteses" según Cadogan (1956) con cuya denominación han pasado hasta nuestros días.

318

Campamento tehuelche del cacique Kankel, levantado para ser trasladado.
1895, Archivo General de la Nación.

Indios tehuelches con funcionarios de la gobernación de Río Gallegos, Santa Cruz.
1990. Archivo General de la Nación.

Cacique Sayeweke o
Sayhueque, hijo de madre
tehuelche y padre voroga. c. 1885.
Archivo General de la Nación.

El toldo de Mañalaike y su familia, en ocasión de la expedición militar al Río Negro en 1879.
Foto Antonio Pozzo. Archivo General de la Nación.

Indios onas de San Sebastián, Tierra del Fuego, mayo de 1909.
Archivo General de la Nación.

Indios patagones, 1865. Foto Benito Panunzi. En *Historia General del Arte en la Argentina*,
Academia Nacional de Bellas Artes.

El cacique Manuel Namuncurá, vestido de coronel, entre sus hijos Julián (a la izquierda) y Ceferino (a la derecha), poco antes de su muerte en 1905. Archivo General de la Nación.

El cacique pilagá Garcete con parte de sus hombres y "Anchorena" en 1918, Formosa.
Archivo General de la Nación.

India fueguina. Colección Academia Nacional de Bellas Artes.
En *Historia General del Arte en la Argentina*, Tomo V.

Indios matacos en algún punto del norte del país, marzo de 1917.
Archivo General de la Nación.

Indígenas onas de la misión salesiana de Río Grande, Tierra del Fuego, s. f.
Archivo General de la Nación.

Toldo tehuelche en Esquel, Chubut, 1938. Archivo General de la Nación.

Familia y toldo toba en el Gran Chaco, 1942. Archivo General de la Nación.

Por entonces se mantienen en comunidades relativamente libres, practicando sus pautas tradicionales agricultoras. Sin embargo, la sociedad nacional en expansión los va limitando territorial y culturalmente: los hombres comienzan a trabajar en los ingenios y plantaciones y en algunos casos son incorporados al ejército. Un tipo humano desconocido hasta entonces empieza a rodearlos: el colonizador extranjero que en oleadas sucesivas llega a Misiones, especialmente desde la federalización del territorio en 1881.

Protegidos en la selva todavía sólo ocupada por ellos, los mbyá observan a polacos, ucranianos, austríacos, franceses, italianos, españoles, suizos, alemanes, belgas que se superponen a la población original argentina (criolla y mestiza), paraguaya y brasileña.

Un fabuloso conglomerado étnico-cultural que anhela expandir las explotaciones de yerbales, madera, tabaco, caña de azúcar.

Los mbyá habían migrado años antes por el empuje de los establecimientos madereros del Paraguay; ahora, se enfrentaban con un nuevo frente expansivo esta vez desde el sur.

Como una débil cuña, grupos dispersos de empobrecidos cazadores caingang (de origen ge) se desplazaban por el sector noroeste de la actual provincia, buscando un hábitat apto para la subsistencia y que los alejara de las distintas presiones demográficas en pleno desarrollo. Casi en el otro extremo del mapa, los "hermanos" guaraníes del Chaco salteño, los chiriguanos, habían permanecido relativamente aislados de los conflictos regionales, especialmente los originados por la Conquista y Colonización del noroeste y las luchas por la tierra de los collas ya en pleno siglo XIX.

Los chiriguanos, con una población que crece ayudada por las constantes migraciones desde Bolivia se mantienen en sus comunidades con una fuerte continuidad de sus patrones culturales.

Pero aquí también, la expansión de la sociedad nacional hace que desde mediados del siglo XIX sufran un doble proceso de acotamiento cultural provocado primero por la creciente incorporación a la realidad económica del contexto regional, y segundo, por la misionalización.

En cuanto a lo primero puede decirse que el desarrollo de la industria azucarera en Salta y Jujuy crea la necesidad de contar con braceros aptos que además de resultar baratos fueran capaces de soportar los rigores de un trabajo durísimo y un clima sofocante. Esos braceros eran los chiriguanos que se trasladaban desde las comunidades hacia ingenios especialmente en la época de las cosechas.

La importancia de esta incorporación ha sido resaltada por algunos autores, proponiendo un tipo psicológico distintivo ("los chiriguanos de Ingenio") respecto de los otros dos posibles ("los que viven en libertad o autonomía" y "los de Misión").[76]

El otro factor de acotamiento cultural es sin lugar a dudas la misionalización.

Los franciscanos, activos predicadores en la región, están instalados en Bolivia desde principios del siglo XVII y revitalizan su tarea hacia mediados del siglo XIX desde los Colegios de Tarija y el de Misioneros Franciscanos de Salta.

Si bien los chiriguanos no recibieron inicialmente de lleno el impacto de la penetración religiosa (las primeras misiones se instalaron preferentemente entre los matacos) de todas maneras se creó en ellos un "terreno apto" para el proceso de evangelización que se llevaría a cabo en este siglo, especialmente desde el Centro Misionero Franciscano en la ciudad de Tartagal.

Por aquel entonces además, los padres franciscanos relevaron minuciosamente las características principales de la vida cotidiana indígena en la cual los chiriguanos fueron una fuente inagotable de información.[77]

Cabe consignar asimismo que ya a fines del siglo pasado, los chiriguanos se presentan en el área como un grupo que denota supremacía demográfica sobre los restantes, como chorotes, chulupíes y chané. Se exceptúa de esta nómina a los matacos, de presencia también relevante, pues desde el punto de vista cultural son los chiriguanos los que "pisan fuerte", haciendo las veces de referente de los demás grupos del área.

COMPOSICION ÉTNICA DE LA ARGENTINA A FINES DEL SIGLO XIX

Hasta mediados del siglo XIX se desarrolla plenamente lo que en otro lugar de este trabajo he denominado *matriz original hispano–indígena, la primera vertiente en la conformación étnico–cultural del pueblo argentino.*

Especialmente en las regiones Noroeste y Litoral se lleva a cabo un intenso mestizaje durante toda la etapa colonial y la posterior de la independencia. Sobre la base de las poblaciones autóctonas diaguitas y guaraníes, este nuevo componente mestizo junto a los sectores "blancos", criollos, es lo que constituye el núcleo del pueblo argentino en formación, que incluye además las comunidades indígenas libres, los negros y los herederos de las "castas" (mulatos y pardos o zambos).

Pero desde mediados del siglo pasado, este proceso que llevaba ya más de 250 años de despliegue, comienza a verse conmovido por la irrupción de un nuevo componente: la inmigración europea, verdadero "aluvión", como fue acertadamente definido que no sólo modificó el panorama étnico–cultural sino que permitió la ocupación de espacios libres y/o "desocupados", acelerando el ascenso demográfico (especialmente en el litoral atlántico) e impulsando el proceso de urbanización.

El componente europeo se superpone así a la población fruto de la matriz original hispano–indígena, constituyéndose entonces en un factor nuevo y fundamental en la dinámica cultural.

Ahí vienen los inmigrantes: la segunda matriz cultural

Los inmigrantes, con toda la fuerza de su número y de su cultura, llegan a la Argentina a cumplir un objetivo que ellos no tenían previsto: *ser la base de la segunda matriz cultural en la constitución de nuestra sociedad.* Entre 1857 y 1926 llegan al país 5.742.000 inmigrantes con un saldo neto de 3.074.000 (Chaunu, 1971), de los cuales un 75% son italianos y españoles.

Ya hacia fines del siglo XIX, la composición étnica de la población argentina está sumamente alterada por el nuevo componente y el desarrollo ulterior de los otros. Sobre un total de algo más de 4.000.000 de habitantes, los nativos (en los cuales se incluye no sólo a los criollos sino a los mestizos de todo tipo, diluidos en la creciente masa "blanca") alcanzan un 75% mientras que los extranjeros llegan al 20%. El porcentaje restante, cerca de un 5% corresponde a los indígenas (cuadro 25).

La vertiente afroamericana, de gran importancia durante el Virreinato (recordemos que a principios del siglo llegaban a 100.000 almas) está virtualmente desaparecida: las muertes por centenares en las luchas por la Independencia; los enfrentamientos intestinos durante todo el siglo y la guerra contra el Paraguay (los descendientes de esclavos fueron incorporados a los ejércitos nacionales), las migraciones a otros países, la mestización y las pestes acabaron con este componente, que de todas maneras ya tiene un lugar en nuestra historia, a pesar de que todavía no ha sido recuperado por esa costumbre de negar nuestras sangres. Pese a todo ello, allí está nuestra vertiente afroamericana, aunque mermada en número, hoy mismo parece reverdecer su tradición cultural, ligada a manifestaciones propias y a otras que provienen de otros países del continente en que lo afro tiene fuerte incidencia en la estructura social.

25. COMPOSICIÓN ÉTNICA DE LA ARGENTINA
Estimación general para 1895

Total	Nativos (criollos)	Nativos (indígenas)	Extranjeros (inmigrantes)
4.254.911 [1]	3.263.911	180.000	811.000 [2]

[1] Cifra oficial 2do. Censo Nacional: 4.014.911 a la cual se agrega la estimación de la población omitida censar 60.000, y nuestra estimación sobre la población indígena también omitida censar.

[2] Cifra correspondiente a los totales entre 1857 y 1890 de "pasajeros extranjeros de ultramar". (*Fuente*: Dirección Nacional de Estadísticas, citado por *Clarín*, el 8 de enero de 1976).

Las culturas indígenas:
retroceso demográfico y cuadro de situación

Es indudable que concluida por el Estado la conquista de los territorios indígenas libres e iniciado el proceso de conformación de la sociedad a través de las dos matrices ya consignadas (la hispano–indígena y la inmigrante) como núcleo principal, aparece un dato significativo que es también la expresión más dramática de la historia que estamos desnudando: la caída de la población aborigen.

A fines del siglo XIX ello queda en evidencia, por el comienzo del estancamiento de esa población mientras el conjunto de los habitantes del país crece en forma vertiginosa.

Y hay pruebas que nos hacen ir más allá: en realidad, el fin del siglo XIX constituye el momento culminante de un continuo retroceso demográfico de la población indígena desde la llegada de los conquistadores españoles, acompañado de una caída persistente del índice de incidencia de ese componente en el total de la población (cuadros 25, pág. 321 y 26).

Las cifras son elocuentes, más allá de las dificultades en acceder a ellas y en consecuencia poder precisarlas. En este sentido es menester tener en cuenta que en este campo nos movemos con estimaciones y con las pocas cifras oficiales existentes (que deben ser consideradas con serias reservas).

26. RETROCESO DEMOGRÁFICO DE LA POBLACIÓN INDÍGENA Y SU INCIDENCIA EN LA POBLACIÓN TOTAL DEL PAÍS
(1536-1895)

	1536 Llegada de los conquistadores	1776 Virreinato del Río de la Plata	1810 Revolución de Mayo	1869 Primer censo nacional	1895 Segundo censo nacional
Total de población (excepto indígena)	-	144.953	400.000	1.819.891	4.014.911
Población indígena	400.000(+)	280.000[1]	250.000[2]	200.000[3]	180.000[4]
Porcentaje de incidencia	100	63,5	38,5	10	4,3

[1] Cifra oficial: 41.573 según Censo de Carlos III, sin contabilizar los territorios libres de Chaco, Pampa y Patagonia.

[2] Cifra oficial: no existe.

[3] Cifra oficial: 93.133, sin contabilizar la región Noroeste.

[4] Cifra oficial: no hubo este año para la población indígena.

Es necesario consignar que se parte principalmente de las cifras establecidas en el siglo XVI y haciendo los estudios ulteriores en función de las fuentes históricas, los distintos autores que se han ocupado del tema, las estadísticas oficiales y estimaciones propias.

Es ésta una madeja compleja que también es muy difícil de desbrozar.

Baste decir que los importantes autores que se han ocupado del tema no coinciden, variando las cifras en forma notable.

Los últimos estudios realizados dignos de mención aumentan considerablemente las cifras con respecto a los primeros trabajos de Rosemblat (1954) o Difrieri (1960). Guillermo Magrassi (1982) estima en el siglo XVI una población indígena mínima de 800.000 y máxima de 1.300.000, prácticamente triplicando o más los números tradicionalmente considerados y casi doblando los consignados ahora por nosotros.

Como se ve, están abiertas las posibilidades para continuar profundizando en esta área de estudio. Máxime teniendo en cuenta que las dificultades que encontramos radican principalmente en una actitud negadora y discriminatoria que en el peor de los casos llevó a suprimir a las comunidades indígenas de los censos oficiales de población.

Me parece útil en este punto hacer también una reflexión acerca de los porcentajes de incidencia de la población indígena en el total del país (cuadro 27). En términos absolutos los porcentajes consignados son co-

27. CURVAS DEL RETROCESO DEMOGRÁFICO DE LA POBLACIÓN INDÍGENA Y SU INCIDENCIA EN LA POBLACIÓN DEL PAÍS (1536-1895).

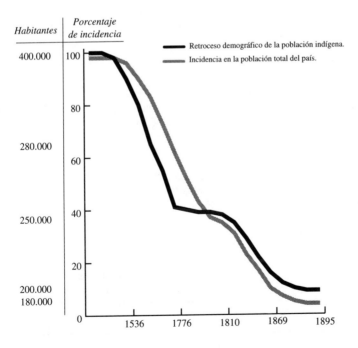

323

rrectos e indican objetivamente el retroceso demográfico de los indígenas. Pero la cuestión no se agota aquí y volveremos a ella en el capítulo VIII cuando tratemos la situación actual de nuestras comunidades aborígenes; adelantemos que las cifras sólo nos ayudan a ver una parte del problema o en todo caso una primera aproximación, porque lo real es que si bien el 4,3% de incidencia del componente indígena en 1895 sobre el total de población es verdadero, no es suficiente. También es menester tener muy en cuenta que en la distribución espacial de esa población, para esa época, en ciertas regiones, aun las recientemente conquistadas de Pampa, Patagonia y Chaco, los porcentajes se invierten. De esta manera se da el hecho significativo de que más allá de las matanzas, más allá del ostensible retroceso demográfico, más allá del avance incontenible de la sociedad nacional en expansión, la presencia indígena continúa siendo fuerte, cuando no excluyente, en vastos territorios del país. Y esto es innegable, al igual que el ya mencionado 4,3%.

Todo este proceso concluye con un nuevo cuadro de situación de las culturas indígenas que presenta a fines del siglo XIX serios retrocesos en su posición (cuadro 28).

28. CUADRO DE SITUACIÓN DE LAS CULTURAS INDÍGENAS A FINES DEL SIGLO XIX

Culturas relativamente libres, en vías de sometimiento y/o "incorporación"	Chiriguanos (Chaco Salteño) y Guaraníes - Mbyá o Cainguá (Litoral)
Culturas sometidas, en vías de confinamiento y/o "incorporación"	Araucanos, Guaikurúes, Mataco-Mataguayos y Tehuelches (Llanura); Collas (Montaña).
Culturas sometidas en vías de extinción.	Yámanas, Onas (Extremo Sur); Pehuenches (Llanura); Huarpes, Diaguitas, Omaguacas y Atacamas (Montaña).
Culturas extinguidas.	Tonocotés, Lule-Vilelas, Comechingones y Sanavirones (Montaña); Chaná-Timbúes (Litoral).

Las diferencias con el cuadro de situación de cien años antes son evidentes (pág. 150): primero: prácticamente ya no existen culturas libres a excepción de dos "manchones" en el Chaco salteño (chiriguanos) y en el Litoral en la actual provincia de Misiones (mbyá) que de todas maneras ya sufren el "rodeo" de la sociedad nacional en expansión; segundo: por lo menos cinco (5) culturas se han extinguido y otras siete (7) se encuentran en vías de extinción acelerada; tercero: las restantes culturas, especialmente las que permanecían libres, han sido sometidas y se encuentran en vías de confinamiento (que aparece como un nuevo tipo de situación cultural) y/o "incorporación", figura con la que definimos el proceso de aculturación forzada a que se ven expuestas las comunidades a través de mecanismos tales como la integración compulsiva a las economías regionales, la acción de la Iglesia y la penetración del sistema educativo oficial. A fines del siglo XIX el mapa indígena se modifica entonces totalmente.

Con la conquista de los últimos territorios libres, para el Estado argentino desaparecen las fronteras interiores. Para los indígenas desaparece su tierra. Para el Estado el mapa se unifica. Para los indígenas el mapa se disuelve.

Las comunidades originarias, que una vez habían sido dueñas de inmensas extensiones, se convierten en minorías de un Estado y un país que sigue sin entenderlas, que sigue sin considerarlas parte de él.

Tercera Parte

LA CUESTIÓN INDÍGENA

"Triste es. Triste es: A mí muchas veces cuando estoy pensando me acuerdo sobre esta gente y me da realmente pena, y mi corazón late, late de pena. Pensar cuando ando ahí en el campo, cuando estoy ahí en el campo, después de haber aquí tanta gente y hoy día que ni haiga uno. Uno piensa así y da una tristeza única".

LUIS GARIBALDI, uno de los últimos onas.

"Tengo la seguridad que bien pudo evitarse en esa ocasión el sacrificio de miles de vidas, por supuesto muchas más de indios que de cristianos... y sobre todo se tenían a la mano los medios de someter pacíficamente a los que resistían al despojo por medio de la sangre".

FRANCISCO P. MORENO

"... Y a la mujer le cortaban los senos (...) para que vieran que fue mujer (...) decían que producían los chicos y que los chicos cuando fueran hombres iban a ser ladrones".

FEDERICO ECHELAITE, uno de los últimos onas.

CAPÍTULO VI

DE SEÑORES DE LA TIERRA
A MINORÍAS ÉTNICAS

La conquista de los últimos territorios indígenas libres trae como consecuencia inmediata el arrinconamiento final de las comunidades originarias y la transformación cualitativa de los espacios ganados por la Nación, que desde el punto de vista territorial queda definitivamente unificada.

Los albores del siglo XX presentan también otro hecho significativo: la existencia de dos polos, Buenos Aires y el Interior, antinomia multifacética, acelerada por el crecimiento desmesurado de la ciudad capital en todos los órdenes. Durante mucho tiempo esta dicotomía histórica tuvo connotaciones de todo tipo en la conformación del país.

La integración y consolidación territorial-institucional vino acompañada además por la inmigración europea, proceso que se inició como fenómeno paralelo a mediados del siglo XIX (según ya hemos mencionado en páginas anteriores) y que se extendió hasta 1930. La catarata extranjera dinamizó tremendamente la forma de vida argentina por muchas décadas.

Los intelectuales y la elite dirigente de la generación del 80 soñaban con una Argentina de raza blanca, de origen no latino, pero los blancos que llegan no son ni ingleses ni alemanes. No, los que llegan son españoles e italianos, y como si esto fuera poco, mayoritariamente pobres. Con su capacidad innata para el trabajo harán próspero y civilizado el país, laborando con sus brazos las tierras que habían pasado a ser propiedad de la oligarquía, definitivamente consolidada, que previamente ha preparado el terreno y lo ha "limpiado" de nativos "salvajes" e "insaciables".

La masa inmigrante genera fenómenos que inicialmente propios se van confundiendo en el conjunto de la sociedad: sociales (el conventillo, las sociedades de fomento); políticos (el anarquismo, el socialismo); culturales-lingüísticos (el lunfardo); etcétera, que renuevan sus modos de vida.

Finalizada la inmigración y cuando la población argentina comienza a estabilizarse, se produce un hecho que vuelve a dinamizar el desarrollo

329

cultural: la creciente importancia de la industria (en 1914 sólo el 11% de la población activa trabajaba en ella y el 27% en el área rural; en 1944 el proceso está casi totalmente revertido: en la industria se ocupa el 48,5% y en las tareas rurales sólo el 17%) es una de las más importantes causas de las migraciones internas desde las áreas rurales hacia los centros urbanos, que crecen desproporcionadamente, sin planificación alguna.

Estas migraciones (y posteriores nuevos asentamientos) promueven la interrelación constante de los diversos núcleos poblacionales del "interior" (de ascendencia indígena o hispano-indígena) con los de las grandes ciudades (criollos, extranjeros o descendientes de extranjeros), generándose un intenso proceso de hetero y homogeneización cultural.

El "interior" del país –y especialmente ciertas regiones como el Noroeste– continúa en todo este período protegiendo y recreando las tradiciones culturales ancestrales, pero influido cada vez más por la creciente comunicación con Buenos Aires y con los otros centros urbanos, posibilitando un acercamiento y una integración progresivamente más fluida (y también descompensada y dependiente).

Del mismo modo el fenómeno migracional conlleva la aparición de movimientos políticos de masas que conmueven y transforman el perfil ideológico y cultural de la Nación; Buenos Aires ya no será la misma: atrás quedan su aislamiento y su crecimiento autónomo; su modo de vida no seguirá influido solamente por lo que Europa –y más recientemente los Estados Unidos– traen a través del Atlántico.

Desde mediados del presente siglo la ciudad capital se transformará en una síntesis cada vez más integradora, receptora de todos los tipos poblacionales del país, convirtiéndose en una posibilidad cierta de fusión.

En el ámbito político-institucional, la Argentina se vio sometida desde 1930 a una serie de "golpes de Estado" promovidos por los sectores dominantes minoritarios de la sociedad, que simbolizan su claro enfrentamiento y su desembozada oposición a la creciente organización del pueblo y su libre determinación.

Esta situación, que se había tornado crónica, tuvo también decisiva influencia sobre nuestra conformación cultural con sus secuelas de autoritarismo, colonización y retraso en todos los órdenes, que impregnaron el tejido social.[1]

Puestos a vivir en todos estos avatares del decurso nacional, nuestros indígenas lo hacen en inferioridad de condiciones. Luego de la derrota en Pampa, Patagonia y Chaco, que los desmanteló como cultura y los arrinconó en los confines fronterizos, comenzaron a transitar el ajetreado siglo XX inmersos en los problemas que iban conformando a la Argentina como nación, hallándose totalmente desprotegidos para enfrentarlos.

REACOMODAMIENTO DEL MAPA INDÍGENA: EL CONFINAMIENTO

Desde la llegada de los conquistadores españoles en el siglo XVI hasta principios del siglo XX, las comunidades indígenas ocuparon vastísimas extensiones de nuestro suelo. Durante 350 años se empeñaron en una lucha pertinaz por la defensa de sus tierras, lucha que llevaron hasta los límites de su propia vida. En ese lapso el mapa de la Argentina tuvo escasos espacios ocupados por la Nación.

Pero el permanente desgaste ocasionado por las sucesivas campañas militares durante la Colonia, el Virreinato y su posterior período independentista, así como la ofensiva final contra Chaco, Pampa y Patagonia, quebraron finalmente la integridad de los territorios indígenas libres. A su término, millones de hectáreas fueron rápidamente concedidas a la oligarquía terrateniente y a las grandes compañías inglesas, mientras los antiguos dueños de la tierra eran empujados hacia las fronteras: el mapa de la Argentina se ha dado vuelta.

Los mapuches (como ya se denomina a los araucanos) pasaron a ocupar la parte oeste de Neuquén, Río Negro, Chubut y Santa Cruz y porciones muy restringidas en La Pampa y Río Negro así como también enclaves aislados en la provincia de Buenos Aires; los tehuelches languidecían en escasas comunidades de Santa Cruz y al sur de Tierra del Fuego (onas), donde se debatían los últimos yámanas.

En el Chaco las comunidades han sido desbaratadas también en grado sumo: guaikurúes, matacos y chiriguanos se arrinconaron en parte de Santa Fe, Chaco, Salta y Jujuy, encontrando en Formosa un espacio con más oxígeno.

Los collas (oeste de Jujuy, Salta y Catamarca) y los mbyá (Misiones) seguían refugiados en sus hábitat extremos (mapa 37, pág. 332).

Los territorios indígenas libres se han perdido. La sociedad nacional en expansión ha empujado a las comunidades aborígenes hacia las fronteras.[2]

El confinamiento, como hecho cultural, se multiplica en otros ámbitos; importantes caciques y lo mejor de sus guerreros terminaron sus días en la isla de Martín García (Pincén, Purrán), en las estancias como peones-sirvientes (Epumer) o aislados, en el mejor de los casos, en lugares "protegidos" como el Museo de La Plata –en construcción por aquellos días– gracias a la piedad de hombres como el Perito Moreno (Foyel, Inacayal). La mayoría está ocupada en sobrevivir en terrenos cada vez más inhóspitos, inmersos en contextos regionales sistemáticamente agresivos.

El resultado es un gigantesco cuadro de desarraigo, frente al cual las comunidades indígenas librarán una nueva batalla, esta vez no bélica: encarar la tarea más que trabajosa de preservación y/o rescate de la identidad cultural perdida, debido al progresivo sentimiento de pertenencia (ahora) a una minoría étnica, y luchar al mismo tiempo –en su carácter de argentinos– por un lugar digno en la nueva sociedad.

Esta polaridad –que se agrega a las otras registradas a lo largo de nuestra historia cultural–, expresión de ambigüedades y tensiones múltiples, hace

37. REACOMODAMIENTO DEL MAPA INDÍGENA:
EL CONFINAMIENTO
Fines del siglo XIX

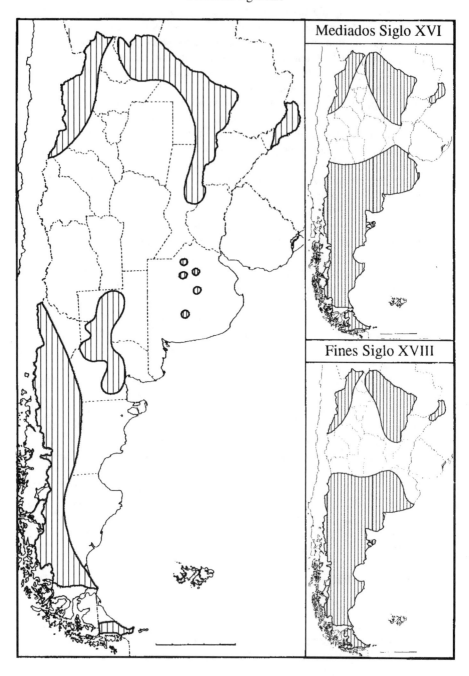

Mediados Siglo XVI

Fines Siglo XVIII

que las comunidades indígenas de Argentina en esta etapa sean un símbolo de las dificultades que tenemos para reconocernos como país en sus distintas vertientes y formas culturales. La persecución constante de que esas comunidades fueron objeto es una expresión de la negación de partes de nosotros mismos, y por lo tanto, habla de nuestra automutilación como pueblo.

EL CHACO NO SE HABÍA RENDIDO

Las últimas rebeliones y el fin de las operaciones militares

En los primeros años de este siglo, la actividad bélica indígena había mermado considerablemente, pero no había desaparecido por completo. Los colonos, avanzada de la sociedad nacional, denuncian los esporádicos ataques indígenas, y el presidente de la Nación, doctor José Figueroa Alcorta imparte instrucciones (14 de marzo de 1908) al coronel Teófilo O'Donnell por entonces al mando de la División de Caballería Independiente:

"La División de Caballería, a la cual se le ha encomendado la ocupación del Chaco, llevará a cabo sus operaciones con método, ganando terreno paulatinamente y en condiciones de no tener que abandonar mañana lo que se conquiste hoy.

Sus instrucciones le prescriben: ponerse en relación con los indios, tratar de atraerlos y brindarles el amparo del Gobierno Nacional para facilitarles la mejora de su condición por medio del trabajo.

La tentativa ha dado sus primeros frutos; más de 500 indios se han presentado ya, y es de esperar que la gran mayoría de los demás seguirá su ejemplo una vez que las autoridades civiles se hagan cargo de aquellos, los protejan contra las expoliaciones posibles y les acuerden tierras y elementos para cultivarlas, o arbitren en su favor otros procedimientos que les permitan subsistir.

Cabe esperar que si esto se realiza con actividad y justicia el problema del Chaco no tardará en quedar resuelto pues es sabido que la mayoría de sus indios no son refractarios al trabajo.

En cuanto a las tribus que se muestren irreductibles sería llegado el caso de someterlas por la fuerza puesto que la República necesita eliminar para siempre estos vestigios de barbarie que hacen peligrosos e inhabitables dos de los más ricos territorios nacionales".[3]

O'Donnell retrasmitió a sus hombres estas instrucciones, haciendo hincapié en la necesidad de ocupar los territorios "atrayendo las tribus indígenas al sometimiento sin violencia y empleando la fuerza única y exclusivamente, cuando sea indispensable para llevar su misión y como último recurso para vencer la resistencia hostil y armada que le oponga para ello" dejando en claro además que "... por altas razones de humanidad e interés económico debe tenerse presente que las tribus han sido y serán por mucho tiempo el elemento material de trabajo bracero con el cual se deberá contar para la transformación de los territorios. No se trata pues de una guerra de exterminio al indígena, sino de su conquista pacífica junto con el suelo que ocupa".[4]

Las palabras de Figueroa Alcorta y O'Donnell sintetizan de alguna manera la política contradictoria del gobierno nacional (someter los "vestigios de barbarie" o ir hacia ellos pacíficamente; incorporar a los indios a la actividad productiva regional o pensar que la masa indígena no era afecta al trabajo) que llevó una vez más a que la violencia fuera la resultante más cómoda, más práctica y más rápida para superar los conflictos.

O'Donnell condujo su división hacia las entrañas del Chaco, empujando a las comunidades rebeldes hasta el río Pilcomayo después de enfrentarlas en varios combates. En 1911 el coronel Enrique Rostagno reemplaza a O'Donnell con la consigna de "barrer" las orillas del Pilcomayo. No hubo lucha, aunque según las partes, las columnas militares se encontraron rodeadas por más de 10.000 indios durante todo el trayecto.

Hacia 1915, el ministro de Guerra informaba al Congreso Nacional sobre la situación en el Chaco, en un tono más que optimista:

> "Esta obra de civilización se ha extendido también a fases económicas en el progreso material del suelo; las construcciones diversas de los caminos abiertos, las extensas líneas telegráficas y telefónicas y las estaciones de telégrafo sin hilos instaladas, son hechos que demuestran la acción desarrollada. Los indios del Chaco Argentino están hoy convencidos de que las tropas nacionales no son enemigas, sino el poder armado destinado a garantizar la justicia y a contener desmanes. Se ha podido llevar esta persuasión a la mente del indio, por el trabajo paciente y constante del convencimiento y por la conducta de la tropa y hoy el indio ya no huye, sino que, por el contrario, recurre a ellas para dirimir las cuestiones entre una y otra tribu. Los indígenas han progresado mucho intelectualmente, empiezan a conocer el valor del dinero y lo que representa su trabajo personal".[5]

Empero la realidad es bien distinta: la incorporación compulsiva a la nueva situación regional y a las pautas socioculturales propuestas por el Estado, provocan nuevos enfrentamientos con los indígenas (mapa 38).

En diciembre de 1918 grupos tobas atacan las localidades de Laguna Yema y El Palmar, ocasionando varios muertos entre los pobladores. En marzo de 1919, un grupo de pilagás carga contra Fortín Yunka produciendo una masacre que tuvo gran difusión en todo el país. El único sobreviviente fue Ramón Enciso de 5 años, ocultado por su madre debajo de una cama. El resto de la guarnición (1 sargento, 2 cabos, 5 soldados, 4 mujeres y 4 niños) fueron muertos por los rebeldes.[6]

Los levantamientos continuaron. En 1923 otra vez los tobas atacaron el Fortín Nuevo Pilcomayo, provocando entre sus defensores muchas víctimas.

38. LA RESISTENCIA TOBA Y PILAGÁ EN EL CHACO: ÚLTIMOS ENFRENTAMIENTOS (1918-1936)

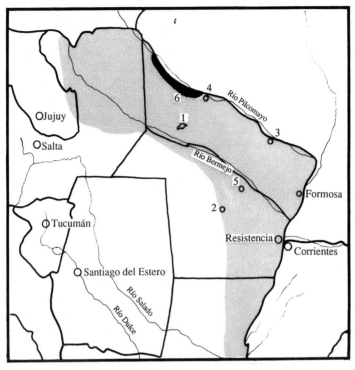

1 Laguna Yerma (tobas, 1918)

2 El Palmar (tobas, 1918)

3 Fortín Yunká (pilagas, 1919)

4 Fortín Nuevo Pilcomayo (tobas, 1923)

5 Pampa de Indio (pilagás, 1931)

6 Banda sur del Río Pilcomayo (tobas y pilagás, 1936)

▨ Área de dispersión aproximada de las comunidades indígenas

Ibazeta (pilagás, sin indicación precisa)

La oposición indígena se incrementaba cuanto más se propendía a excluir a las comunidades de cualquier proyecto para la región:

"Este núcleo de tropa también contribuye eficazmente y casi exclusivamente a la argentinización del territorio donde el elemento argentino no llega al 20% siendo el 30% españoles, turcos y de otras nacionalidades y el 50% paraguayos, para lo cual se aprovechan todas las oportunidades de fiestas patrias, aniversario del Regimiento, etc., que pueden dar motivo de exteriorizaciones de actos militares y de sentimientos de Patria".[7]

Por esa fecha y de acuerdo con la información proveniente de la propia Gendarmería de Línea, en el área bajo su responsabilidad, en Formosa, convivían unos 1.100 blancos (859 pobladores y 304 militares) y alrededor de 3.000 indígenas. Pero la "argentinización del territorio" no contemplaba en los hechos a la masa aborigen, más allá de las intenciones verti-

335

das en los discursos oficiales y las instrucciones a los cuerpos militares.

Los pilagás resisten con gran energía: en 1930 rodean Ibazeta aunque no consuman el ataque. Entre abril y mayo del año siguiente Pampa del Indio en el Chaco es reiteradamente asediada por los guerreros del cacique Paulito, y en 1933, Ne-Lagadik, uno de sus más importantes jefes, mantiene un encarnizado combate en las inmediaciones del Fortín El Descanso.

En 1936 se desarrollan los últimos enfrentamientos contra la expedición del teniente Enrique Fa, sobre la banda sur del río Pilcomayo. Muchos caciques fueron tomados prisioneros y las comunidades derrotadas.

El 31 de diciembre de 1938 el Ejército Argentino disuelve el Regimiento de Gendarmería de Línea, poniendo fin a las operaciones bélicas y de "limpieza" de un territorio militarmente pacificado.

La incorporación degradante al contexto regional

Al descalabro general sufrido por las culturas indias en cuanto a su organización social, familiar, política y religiosa, se sumó un factor de disgregación importantísimo: su incorporación compulsiva a las nuevas actividades económicas de la región, porque a diferencia de lo sucedido en Pampa y Patagonia, la población original fue absorbida por el frente colonizador en expansión. Los partes de la conquista militar del Chaco mencionaban la posibilidad de utilización de los indígenas como mano de obra.

La pérdida de la tierra a manos de los propietarios de obrajes, algodonales e ingenios y el ingreso masivo a esas estructuras económicas en calidad de superexplotados, son dos de los elementos que se dan entre los indígenas como consecuencia de la pérdida de sus territorios.

La instalación de las plantaciones, obrajes e ingenios en la otrora llanura indígena conllevó la ruptura del modo tradicional de vida con el agravante de sufrir en ese mismo espacio un reordenamiento a todas luces atroz.

Arrancados de su vida comunitaria, los indígenas sufrieron hasta bien entrado el presente siglo condiciones laborales denigrantes:

"... tenemos establecimientos de empresas particulares, en algunas de las que el indio trabaja de sol a sol, sin descanso, mal alimentado, casi desnudo, viviendo en huetes hechas con paja, llena de piojos y donde se producen las más grandes enfermedades infecciosas. Los indios están directamente bajo la acción de un 'tratante' que los contrata y maneja como bestias y que después de haberlos hecho trabajar todo lo que es necesario, terminada la zafra, los despide, dándoles unos trapos viejos, algún animal doméstico (burro o buey) que ya no sirve y algunas moneditas".[8]

No sólo las grandes compañías convertidas en "pequeños Estados despótico-monárquicos" (Bialet Massé, 1904) tenían a su cargo la superexplotación del indígena sino que una intrincada red de manipuladores de los trabajadores autóctonos intervenían también en el nuevo proceso económico, contribuyendo a su deshumanización. Entre ellos, el "contratista", verdadero dueño y señor de vidas, intermediario entre la mano de obra indígena y las empresas de la zona.

Los contratistas recibían premio por cada individuo reclutado además de percibir un porcentaje por el trabajo posterior realizado por los indígenas. En muchas ocasiones, la compañía pagaba íntegramente a este personaje el fruto del trabajo colectivo quien a su vez se ocupaba de abonar a los indios, lo cual sucedía casi siempre en medio de una relación asimétrica en donde el indígena terminaba recibiendo migajas o peor aún nada, debido a las deudas contraídas anteriormente con el mismo contratista.

En general, el reclutamiento se efectuaba a través de los caciques y con el mecanismo de contratos jamás cumplidos:

"Un indio del Chaco Oriental conserva en su poder una multitud de contratos. No sabe leer ni escribir; pero uno está doblado en cuatro, otro a lo largo, otro en punta y otro señalado con una línea roja y otro con una negra y así los distingue a todos. Ninguno le ha sido cumplido. Toma uno y me dice: Lee. Lo leo (…) debían, al fin del trabajo, entregárse le diez caballos, cinco yeguas y mercaderías, si la tribu trabaja en toda la cosecha; tres días antes de acabar; un capataz da de latigazos a dos indios, gritan, se sublevan; el indio ha perdido lo que decía el contrato (…). Es curioso observar al indio con su papel, cuando cree que le han faltado al contrato: busca un cristiano y le dice: 'Cristiano, lee'. Después refiere lo que le han hecho, se calla, se va. No protesta, pero no lo olvida nunca. Cuando llega la ocasión saca sus papeles doblados o del tubo y hace la cuenta del último centavo que le robaron".[9]

En muchas ocasiones los lenguaraces actuaban virtualmente como entregadores de su gente contando con el invalorable vehículo de comunicación que era la lengua, obteniendo ventajas adicionales en los contratos.

Otras veces, la incorporación a los trabajos se realizaba después de fatigosos traslados en condiciones infrahumanas:

"…hubo patrones de industrias que pedían a las compañías ferroviarias un determinado número de vagones de hacienda, donde hacinaban y encerraban con llave hasta llegar al punto de destino, aquel rebaño humano".[10]

El tristemente célebre sistema de vales era moneda corriente entre los trabajadores indígenas. Consistía en otorgar papeles –en lugar de dinero– al final de los contratos de conchabo; estos vales podían ser canjeados por mercaderías en la proveeduría, con lo cual nada salía del circuito comercial de la compañía. Los inconvenientes, cuando no estafas emergentes de la aplicación de este sistema esclavista, fueron incontables, llegándose en muchos casos a otorgar vales falsos (a nombre de otros indígenas) por lo que carecían absolutamente de valor a la hora de su utilización.

El indígena, después de agotadoras jornadas de trabajo, quedaba así más pobre que antes, y encerrado además, en un ciclo que volvía a repetirse mecánicamente, en la esperanza de obtener alguna vez una paga –por exigua que esta fuera.[11]

En la cadena de desgracias en que se veían envueltos los indígenas, el castigo físico no parece haber sido la excepción.

En su recorrida por la región chaqueña, Bialet–Massé recogió muchos testimonios, especialmente entre los matacos:

> "odian cordialmente al cristiano, sobre todo al que lleva uniforme, porque dicen que los latiguean y ellos no son bestias; no les importa que los maten, pero no quieren que les peguen".[12]

Matacos, chiriguanos y tobas, incorporados masivamente a los ingenios azucareros, y los primeros a los obrajes y plantaciones de algodón, todos, en mayor o menor medida, fueron reclutados forzadamente a la nueva realidad económica regional.

Los documentos oficiales de la época navegan entre la defensa de los indios y los ataques a su cultura. Pero lo que se privilegia es en definitiva esto último, ya que la defensa está sustentada en que las comunidades se adapten a la forma de vida que propone la sociedad nacional en expansión:

> "Por lo que hemos tenido ocasión de presenciar e inspeccionar, el Régimen de Colonias es el más práctico y eficiente para la adaptación del indio al tipo de vida social del hombre moderno.
>
> En ellas, el indio protegido económicamente y orientado moral y espiritualmente, trabaja en paz y ha cambiado su tipo de patrimonio cultural, ha modificado su 'standard' de vida material y de 'confort', abandona sus viejos conceptos espirituales, ritos y supersticiones en lo que tienen de antisociales o de inadaptación a la colectividad nacional argentina y aprende a valorar la costumbre de la previsión económica. He visto en ellas al indio vestir mejor, comer mejor e iniciarse en el ritmo del sueño del hombre blanco, así como en la práctica del ahorro y adoptar nuestras modalidades sociales. La gente joven hace los mayores esfuerzos para aprender el idioma de la Nación, y los padres envían sus niños a las escuelas de las colonias".[13]

Pero estas palabras eran una ficción.

Lo real era un cuadro de superexplotación y destrucción progresiva de la cultura indígena, que manifiesta una marcada resistencia a la integración propuesta desde los centros de poder de la sociedad nacional.

En el criollo, en el misionero, en el uniformado o en cualquier expresión del "cristiano", el indio veía un enemigo potencial. Y especialmente veía en él al portador de una cultura extraña, como hacía más de tres siglos lo había presentado mientras espiaba tras la espesura del monte el paso de los hombres "metálicos" venidos del otro lado del océano.

Quizás por la necesidad de volver a sus fuentes, en un desesperado movimiento reculturante que los liberara de la degradación, los indios del Chaco se habían sublevado poco antes invocando en las revueltas a sus más preciadas tradiciones.

Movimientos mesiánicos: el regreso de los dioses.

En distintos tiempos y culturas, muchas comunidades –en circunstancias excepcionales– han intentado renovar integralmente su forma de vida, convencidas de que una situación que supere la condición de desgracia del presente no es algo inalcanzable.

El anhelo de vivir en un mundo perfecto es un viejo sueño de muchas comunidades que, en términos técnicos, se conoce como *milenarismo*, y ha sido acertadamente definido como "la creencia en una edad futura, profana y sin embargo sagrada, terrestre y sin embargo celeste; todos los entuertos serán entonces corregidos, todas las injusticias reparadas, y abolidas la enfermedad y la muerte. Está en la naturaleza del milenarismo ser al mismo tiempo religioso y sociopolítico, y de enlazar estrechamente lo sagrado y lo profano".[14]

Por su parte, los movimientos mesiánicos constituyen un caso particular de las creencias milenaristas: "Alguien –un héroe, un mensajero divino, tendrá por misión instaurar en el mundo una sociedad perfecta".[15] El mesianismo es así una vertiente de las eclosiones milenaristas; el mesías es el encargado de redimir a la comunidad, y éste es otro de los aspectos fundamentales de estos fenómenos culturales: siempre están dirigidos a la comunidad, porque cada hombre no será salvado en forma individual, sino colectivamente.

Nuestra región chaqueña no quedó al margen de estos procesos, entre 1924 y 1937 se desarrollaron tres movimientos (mapa 39) que por sus sin-

39. REBELIONES MESIÁNICAS EN EL CHACO

gulares características asumieron un doble rol: ser un vehículo de recuperación de los valores comunitarios tradicionales y al mismo tiempo la expresión organizada de una nueva resistencia indígena ante la opresión de la sociedad nacional. [16]

Los mártires de Napalpí

El primero de estos movimientos se produjo en 1924, en la hoy llamada Colonia Aborigen Chaco, fundada en 1911 con el nombre de "Reducción de Indios de Napalpí". En ella se agrupaban indígenas tobas de varios puntos de la región. Desde los comienzos, esos núcleos convivieron con grupos de mocovíes sin integrarse mayormente y manteniendo una vieja hostilidad tribal.

Hasta 1915 la Colonia se sostenía exclusivamente de la explotación forestal; con posterioridad se incorporó algo de agricultura, especialmente algodón. Los indígenas también se ocupaban estacionalmente en las tierras de los colonos de las inmediaciones, en general durante las épocas de la cosecha del algodón.

Algunas familias cultivaban sus propias huertas de porotos, zapallos y otros productos. La tierra había sido concedida por el Estado a los indígenas en carácter de ocupantes a título precario y en 1924 la administración de la Colonia les exigió la entrega del 15% de la cosecha algodonera.

A esta quita compulsiva se sumaron otros hechos, como el constante crecimiento demográfico de la Colonia debido a que se impidió a los indígenas del lugar trasladarse a los ingenios adonde trabajaban estacionalmente, lo que provocó un hacinamiento cada vez peor; finalmente, el fuerte resurgimiento de prácticas tradicionales vinculadas con el chamanismo y las jefaturas crearon un conjunto de condiciones que coadyuvaron al estallido de Napalpí.

Los nuevos jefes-chamanes encabezaron con decisión los distintos movimientos de los indígenas, destacándose entre ellos el mocoví Pedro Maidana y los tobas José Machado y Dionisio Gómez; el primero de ellos fue el jefe político u "organizador" de la revuelta y los dos últimos los jefes "carismáticos" o líderes chamánicos (Cordeu–Siffredi, 1971).

Desde un primer momento (1923) los líderes hicieron hincapié en la próxima resurrección de los muertos indios; Dionisio Gómez anunció "que iba a resucitar a todos los que habían sido mal muertos por los cristianos".

Alrededor de la nueva prédica se nuclearon masivamente los indígenas y algunos grupos de criollos que —también explotados— se agregaron gustosamente a los rebeldes.

Las primeras hostilidades empezaron a principios de mayo de 1924 a través de breves ataques a campos de cultivos de los colonos blancos y la muerte de algunos animales.

Rápidamente comenzó a correr la voz de que los indígenas se estaban armando; la prensa local también "empujó", tildando de "fanáticos" a los líderes religiosos y advirtiendo sobre las "trincheras de troncos" que se estaban construyendo.

Ante el desarrollo de los acontecimientos, el gobernador Centeno se dirigió hacia el campamento de Aguará, sede del foco rebelde, en donde se entrevistó con los jefes indios (19 de mayo).

Lo que en principio pareció ser un fructífero entendimiento terminó en un completo fracaso: el movimiento indígena, de base fuertemente mesiánica, estaba lanzado con singular energía, mientras que del lado del gobierno, distintos grupos de presión pugnaban por implementar la represión.[17]

El confuso asesinato del chamán Sorai a manos de la policía y la posterior muerte de un colono francés —quizás como venganza— fueron los signos de una tensión desbordante; el enfrentamiento ya era inevitable.

Los grupos indígenas se reagruparon mientras las inmediaciones eran abandonadas por los pobladores blancos, en una virtual evacuación de la zona.

La violencia estaba por hacerse presente una vez más como única vía de resolución de los conflictos.

Todo fue muy rápido, porque ante la reunión de las fuerzas del gobernador Centeno, los indígenas se volvieron a atrincherar en el campamento de Aguará, pero desarmados. En realidad nunca pensaron seriamente en atacar a las fuerzas nacionales.

Al amanecer del 19 de julio de 1924 cerca de 130 hombres fuertemente armados rodearon el campamento. Allí, la masa indígena los aguardaba bailando, en la creencia de que con ello las balas no les harían daño. No hubo resistencia alguna por lo que el ataque de las fuerzas nacionales se convirtió lisa y llanamente en un fusilamiento. Se dispararon cinco mil tiros y la orgía de sangre incluyó la extracción de testículos, penes y orejas entre los muertos:

> "…les extraían el miembro viril con testículos y todo, que guardaba la canalla como trofeo… Los de Quitilipi declararon que esos tristes trofeos hasta fueron exhibidos luego, haciendo alarde de guapeza en la comisaría… Para completar el tétrico cuadro, la policía puso fuego a los toldos, los cadáveres fueron enterrados en fosas… hasta ocho cadáveres en cada una… (y algunos quemados)".[18]

Se estima que 200 indígenas perdieron la vida en la más horrenda masacre que recuerda la historia de esas culturas en el siglo xx, cayendo en la acción los líderes Maidana y Gómez.

> "A Maidana se lo mató en forma salvaje, y aunque cuesta decirlo en esta Cámara, se le extirparon los testículos para exhibirlos como un trofeo de batalla. Se le cortó también una oreja".[19]

Los sobrevivientes fueron perseguidos durante mucho tiempo hasta que las llamas del odio se fueron apagando.

Tapanaik y el "culto del cargamento".

Entre 1933 y 1934 en Pampa del Indio, los tobas del lugar comenzaron a seguir a un nuevo profeta: Tapanaik, sin antecedentes chamánicos, que profetizó la inminente llegada de aviones con suficientes bienes como para erradicar la pobreza en que estaban sumidas las comunidades indígenas.

Tapanaik propagó la consigna de dejar de cultivar y gran parte de sus predicciones fueron ratificadas por los "sueños reveladores" de muchos indios que también anunciaban la llegada de aviones benefactores.

> "Acerca del 'culto del cargamento' implícito en las predicaciones de Tapanaik, creemos que en la religiosidad toba tradicional se dan los distintos ingredientes que, de acuerdo con Lanternari, constituyen los prerrequisitos míticos para su emergencia en Oceanía. Vale decir, tienen cabida creencias referentes al retorno de los muertos, a su papel restituidor y a que su venida estará acompañada de una total regeneración cósmica, de una verdadera fluxión del tiempo, simbolizada por el fin de la 'penuria de bienes' que en cambio han de traer aquellos; todos ellos elementos característicos de la religiosidad agraria que recibieron de las culturas andinas y amazónicas.
>
> No es imposible, asimismo (…) que las festividades anuales de la algarroba no fueran sino la reiteración ritual de ese tipo de nociones".[20]

Pero los aviones nunca llegaron y el sueño de vivir en un mundo feliz se desmoronó rápidamente.

Bastaron unos pocos policías para terminar con la incipiente rebelión y las prédicas de Tapanaik, quien fue enviado a la cárcel.

Los "bastones" de Natochi

Años más tarde, entre 1935 y 1937, nuevos grupos de tobas y mocovíes se reunieron en las inmediaciones de El Zapallar (hoy General San Martín) conducidos por el chamán Natochi que preconizaba el respeto y la revalorización de las creencias tradicionales, profetizando también una era de abundancia. Natochi entregaba a sus seguidores "bastones" y a través de este acto realizaba una transferencia de poder que en este caso fue prácticamente personalizada, individual, a diferencia de la experiencia de Napalpí en donde los líderes se vincularon exclusivamente con las masas.[21]

Aunque no tan violenta como la de 1924, aquí también existió la represión, que culminó con la dispersión de los indígenas y la huida de Natochi.

Los "alzamientos sagrados" fueron sofocados, pero la cultura indígena había intentado ponerse nuevamente en pie. Los caminos elegidos fueron ahora la búsqueda de la felicidad colectiva para recuperar y reimplantar los propios orígenes.

Napalpí, Pampa del Indio y El Zapallar demuestran que más allá de violentas represiones, conquistas militares, desarraigos o persecuciones de todo tipo, las comunidades indígenas mantienen viva una concepción del mundo que les da su propia identidad en la Argentina.

Por otra parte, estos movimientos hicieron aflorar con singular fuerza su cosmovisión: los chamanes y su liderazgo religioso-social; la resurrección de los muertos; la posibilidad de salir airosos del apocalipsis, volviendo al tiempo originario en que todo era abundancia; la danza ritual; los sueños reveladores y las visiones proféticas; y finalmente el sentimiento comunitario típico de las sociedades indígenas, que se expresó en estos movimientos de la década del 30 como única vía de salvación.

La agresión religiosa: continúa la desintegración cultural

No resulta fácil adentrarse en el accionar que las confesiones religiosas de diversa índole han desplegado desde hace muchísimos años —la Iglesia Católica a partir de la Conquista hace 500 años y las distintas versiones de la Iglesia Protestante desde el presente siglo—[22] especialmente cuando se toma en cuenta que en infinidad de circunstancias han sido los misioneros —y sólo ellos— los que se han acordado de la existencia de las comunidades indígenas.

Sin embargo, ese elemento positivo, la acción de las diferentes Iglesias, no tiene por qué implicar un resultado equivalente, es decir, también positivo.

Jesuitas y Franciscanos

Zalazar (1964) establece tres períodos para la Iglesia Católica en el Chaco: el jesuita (1585-1767-68); el franciscano (1767-1936) y el orgánico (1936 hasta nuestros días).

La tarea jesuítica se llevó a cabo inicialmente entre los tobas con muchísimo esfuerzo y sacrificio, como fue toda la obra misional en los inicios. En 1683 fueron muertos los sacerdotes Pedro Ortiz de Zárate y Juan Antonio Salinas en circunstancias confusas; algunos investigadores jesuitas aseguran que posteriormente los cuerpos fueron comidos por sus victimarios, hecho que alimentó la idea de la presunta práctica de la antropofagia entre los tobas. Lo cierto es que estas comunidades opusieron seria resistencia a los intentos religiosos, que tuvieron muy pocos éxitos, entre ellos la misión de San Javier (cerca de 1670) y de San Ignacio de Tobas (hacia 1750).

Nos han quedado también como invalorables testimonios del accionar jesuita las crónicas de Martín Dobrizhoffer entre los mocovíes primero y los abipones después.

Y lo mencionamos por ser uno de los principales cronistas de lo sucedido en aquella época y uno de sus protagonistas excluyentes.[23]

Entre 1750 y 1754 Dobrizhoffer actuó en las reducciones de indios mocovíes fundadas por el padre Paucke y posteriormente se dirigió a la reducción de la Concepción (actual ciudad de Reconquista en Santiago del Estero) que por ese entonces era objeto de asedios constantes por los tobas y abipones no sometidos.

Luego actuó por dos años en otra reducción importante de los abipones, la de San Jerónimo, y durante otros tres años se desempeñó en la reducción de San Fernando, en la actual ciudad de Resistencia, también poblada por abipones.

Después de pasar un período entre las Misiones Guaraníticas para recuperarse, dado el agotamiento físico y mental a que se había visto expuesto entre las difíciles comunidades del Chaco y la naturaleza agresiva,[24] Dobrizhoffer volvió junto a los abipones, esta vez en la actual provincia de Formosa, adonde en 1763 fundó la cuarta reducción: la de Timbó, hostilizada por los rebeldes mocovíes y tobas.

El retiro de los jesuitas en 1768 clausuró este proyecto que de todas maneras y a pesar de la fatigosa tarea de los misioneros no había conseguido consolidar las nuevas formas organizativas indígenas.

La resistencia de mocovíes, tobas y abipones no sometidos minó la tarea jesuita, que sin embargo obtuvo algunos "logros":

"A pesar de innumerables obstáculos, pudimos acabar con la superstición y la barbarie, y llegamos a suavizar sus costumbres. Antes, como salvajes bestias, habían vivido en las selvas, de los productos de las mismas. Ahora se consagraron a la agricultura y a las obras manuales"(…) "Las borracheras se hicieron menos frecuentes y el divorcio y la poligamia desaparecieron".[25]

Los chamanes fueron blanco de la nueva prédica:

"Y en los chiquitos bautizados ya se ve una gran confianza en los P.P. y no quieren ser ya curados en sus enfermedades de sus chupadores, sino por nosotros, aún contra la voluntad de sus padres".[26]

El propio Guillermo Furlong menciona dos causas principales que obstaculizaron "la conversión de los abipones: por un lado la política violenta de las autoridades españolas locales que castigaban a sangre y fuego cualquier delito que se cometiera, cayendo muchos inocentes en las redadas represivas; por el otro, la conducta no precisamente cristiana de muchos españoles y criollos que provocaba una doble realidad para los indígenas: lo que se decía y lo que se hacía."

La desaparición de las misiones hizo recuperar a los indígenas allí albergados su vida originaria; muchos de ellos volvieron "a destrozar las cervices de los españoles" (Dobrizhoffer).

En cuanto a los franciscanos el primer antecedente es el de 1780, con la misión de San Bernardo El Vértiz, sobre el río Bermejo, que duró muy pocos años por la imposibilidad de conseguir el sustento indispensable y por el acoso permanente de los indios con los cuales no habían pactado.

La misión Laishí fundada en 1900 y la de Tacaaglé, un año más tarde, ambas en Formosa, son los hitos más importantes de la penetración franciscana en la región toba, junto con la de Nueva Pompeya (Chaco).

El excesivo paternalismo y autoritarismo impuesto a partir del Reglamento de las Misiones Franciscanas, aprobado por resolución ministerial del 24 de agosto de 1914, no contribuyó al acercamiento de los indios. Las disposiciones generales hablan por sí solas;

Art. 7° –Desde su incorporación a la Misión, los hombres, serán dedicados al trabajo; las mujeres se ocuparán en sus quehaceres domésticos y los niños asistirán a la escuela.

Art. 8° –Las indígenas mayores de 14 años, admitidas en la Misión de acuerdo con el decreto de 20 de marzo ppdo. y este reglamento, recibirán instrucción doméstica en la misma por una maestra competente designada por el Prefecto o el Superior, y las comprendidas en la edad escolar, concurrirán a las escuelas de la Misión, en la que se les dará instrucción primaria apropiada a la mentalidad del indio de Formosa y a las exigencias de la región.

Art. 9° –Todos asistirán a la misa en los días festivos y a las instrucciones morales, religiosas, civiles y sociales que se dan en los días señalados por el Padre Superior.

Art. 10 –Los que por enfermedad u otros motivos justificados, no pudiesen concurrir al trabajo o a las instrucciones, deberán presentarse o dar aviso oportunamente al Superior.

Art. 11. –Se prohíbe el ejercicio de la medicina a los curanderos, médicos o brujos, que explotan la ignorancia y superstición de los indios, así como llevar los enfermos al monte para ser atendidos por ellos.

Art. 12. –La Misión proveerá de medicamentos a los enfermos que voluntariamente los acepten.

Art. 13. –Se prohíbe todo juego de azar, naipes, dados, pinta, etc., así como las diversiones y juegos bárbaros y salvajes o que sean peligrosos para la salud e integridad del cuerpo.

Art. 14. –Podrán tolerarse los bailes entre los paisanos los sábados y días festivos por la noche, hasta el toque de silencio y en el sitio que se designe.

Art. 15. –Quedan prohibidas las reuniones estrepitosas nocturnas que molestan y privan del descanso a los trabajadores, y las de complot o excitación a la rebelión, que suelen organizar los llamados brujos o médicos.

Art. 16. –Ningún indio podrá recibir en su casa o chacra huéspedes y menos agregados indígenas o cristianos, sin permiso del Padre Superior, cuyo permiso se deberá pedir en seguida que lleguen los huéspedes, avisando cuántos son, de dónde vienen y a dónde van.

Art. 17. –Los pasajeros, indios o cristianos, que lleguen a la Misión, con ánimo de hospedarse en ella, se presentarán al Superior quien les dará hospedaje o les señalará sitio donde hospedarse.

Art. 18. –La Misión no reconoce otras autoridades civiles que las emanadas del Excelentísimo Gobierno de la Nación. Se prohíbe por tanto, a los caciques, etc., ejercer su pretendida autoridad dentro del territorio de la Misión, a excepción de los que fueren reconocidos por el Ministerio del Interior, como autoridades subordinadas.

Art. 19. –Se prohíbe en absoluto la introducción de armas y municiones, así como las bebidas alcohólicas, en la Misión.

Art. 20. –La Misión podrá facilitar a los indios que tienen chacras, escopetas, pólvora y munición menuda de caza, para defender sus sembrados de los loros, palomas, perdices y demás pájaros perjudiciales, con prohibición de darlas o prestarlas a los demás.

Art. 21. –Se prohíbe asimismo, la propaganda de doctrinas anárquicas o subversivas del orden y perturbadoras de la paz, y las contrarias a la doctrina católica y a las instituciones del país.

Art. 22. –Se prohíbe a todo individuo, indígena o no, perteneciente o extraño a la Misión, que saque o trate de sacar de ella a los indios, introduciéndolos u obligándolos, bajo cualquier forma a abandonar sus propiedades, chacras o casas.

Art. 23. –Cuando algún propietario, industrial u obrajero, quiera llevar indios a la Misión para sus trabajos, los pedirá al Superior de ella, quien se los podrá mandar de entre los que aun no tienen chacras, en propiedad, y voluntariamente quieran ir, conviniendo previamente el salario que se les pagará, y reservándose el derecho de presenciar el pago por sí mismo o por intermedio de otra persona de su confianza, todo de acuerdo con las disposiciones vigentes sobre trabajo de los indios.

Art. 24. –No estando los indios preparados aún, para la vida social, se les tolerará por un tiempo prudencial y mientras sean fieles, la constitución de la familia, según sus usos y costumbres.

Art. 25. –Los indios solteros de la Misión, que constituyeren su familia en esa forma, se presentarán al Superior, acompañados de la mujer, para los efectos del artículo siguiente, sin cuyo requisito, no será reconocida la familia a los fines del racionamiento, de la distribución de chacras, etc.

Art. 26. –Las familias constituidas en esa forma, que se incorporen a la Misión y las que se constituyan en ésta, según el artículo anterior, serán inscriptas en un registro especial como familias naturales.

Art. 27. –Se legalizarán estos matrimonios, de acuerdo con las leyes civiles y eclesiásticas, cuando los esposos, suficientemente instruidos, se hallen en condiciones de apreciar y cumplir las obligaciones que dichas leyes imponen al respecto.

Art. 28. –Si el hombre abandonase a la mujer, ésta deberá dar cuenta al Superior de la Misión, dentro de las veinticuatro horas, a fin de que tome las medidas del caso; y si la mujer abandonase al hombre, éste será quien debe dar aviso.

Art. 29. –Se prohíbe que el hombre castigue de hecho o maltrate a la mujer así que ésta dé a extraños la comida, rompa, venda o regale ropa propia o de la familia o los menajes domésticos o de trabajo.[27]

El chamanismo fue, una vez más, el punto de ruptura con la Iglesia. La preocupación por anular las prácticas que tuvieran que ver con él la llevó a un distanciamiento cada vez más ostensible con los indígenas.

En marzo de 1943, a solicitud del Consejo Agrario Nacional, el Comisario provincial de las Misiones Franciscanas eleva un informe de la situación general, que trasluce muy poco optimismo y una actitud no receptiva de los indios:

"Es difícil determinar el número de los indígenas, por la vagancia de estos. No hay ley que les obligue a la residencia, ni autoridad que pueda contra su nomadismo. En Laishi hay siempre arriba de 600 personas, en ciertas épocas hasta 900" (…) "En Tacaaglé actualmente 300" (…) "En Nueva Pompeya" (…) "el número de los indios fluctúa entre 150 y 200" (…) "El sistema colectivista no ha dado resultado. El indio no relaciona las ideas de esfuerzo y resultado en común; en la práctica, lo mismo le da. Quiere su ración diaria y su salario. Sin más aspiraciones, ni teorías. Las tentativas de obligarle a aceptar normas de ahorro y previsión, no han servido más que para interminables disgustos, por su egoísmo casi infantil y su ignorancia y desconfianza nativas".[28]

La ignorancia parece acompañar a los responsables de las Misiones y a los funcionarios del gobierno, quienes al no interesarse por la idiosincracia de los indígenas, fracasan una y otra vez al intentar imponer cambios bruscos en sus vidas, reduciéndolos además a una cotidianeidad rayana en el confinamiento.

Estos hechos no hicieron más que acrecentar el resentimiento de las comunidades.

Los protestantes

Es indudable que la penetración y constancia de las iglesias protestantes provocó entre las comunidades indias del Chaco un mayor grado de conmoción.[29]

Los anglicanos fueron los que lograron asentarse primero (entre los tobas de Salta y Formosa) luego de los fracasos de la South American Missionary Society a través de su líder Allan Gardiner. Hacia 1942, Johanson anuncia la conversión simultánea de 2.000 tobas y pilagás en Formosa.

Pocos años antes, en 1932, comienza sus actividades la misión Emmanuel que se asentó en dos lugares: El Espinillo (Chaco, 1934) considerada la primera misión protestante anglicana, y Laguna Blanca (Formosa, 1937). La acción de El Espinillo tuvo amplia difusión hasta 1949, en que el gobierno le confiscó las tierras, sin contar que desde 1946, gran cantidad de indígenas estaba haciendo abandono de los cultos de la misión, al seguir las propuestas del cacique Pedro Martínez.

Los menonitas, provenientes de Indiana, comienzan su tarea en el Chaco a partir de 1943, fundando la misión Nam Cum, con el aporte de grupos indígenas emigrados de El Espinillo. En poco tiempo se convierte en un "modelo comunitario" en el que además de las asambleas religiosas se organizan un centro asistencial, una escuela y un almacén.

Sin embargo, y a pesar de que Nam Cum generó la fundación de otras dos iglesias, la falta de inserción en la vida indígena y la desconfianza permanente de las familias indias hacia los proyectos misioneros terminaron por hacer fracasar la misión en 1954.[30]

Los pentecostales ingresaron a través del pastor John Lagar, quien fundó en 1941 la primera misión: Go Ye.

Lagar consiguió una gran repercusión entre los indígenas a pesar de su desprecio por ellos, a quienes consideraba "borrachos, asesinos, ladrones y apaleadores de esposas".

El ascenso del pentecostalismo continuó con la instalación de la misión Gracia y Gloria en 1944.

Hacia 1946 se contabilizaban un total de 11 (once) misiones de este origen entre las comunidades tobas en Chaco y Formosa; 7 (siete) anglicanas en Salta y Formosa y 3 (tres) menonitas, todas ellas en el Chaco.

En el auge del pentecostalismo influyó también la acción desplegada por el cacique general Pedro Martínez, que por los años 40 fue el vínculo entre el primer gobierno justicialista y las comunidades tobas.

En poco tiempo Martínez se convirtió en un "distribuidor de tierras" entre sus hermanos, tarea encomendada por el propio general Perón, y en un fundador de iglesias, al frente de las cuales ponía a directivos indios.

a) Causas del acercamiento indígena a los "cultos"

Es difícil establecer las causas de los casos de conjunción político-religiosa de gran predicamento entre la masa indígena, pero es indudable que la devolución de las tierras, una de las banderas más caras en la lucha india, actuó como uno de los ejes aglutinadores más fuertes de estos procesos religiosos que de a poco se convirtieron en "movimientos sincréticos de salvación" (Cordeu-Siffredi, 1971). Y aquí se observa un doble movimiento: por un lado el acercamiento innegable de considerables masas indígenas hacia los "cultos" y por el otro, la desintegración cultural de las comunidades.

¿Por qué los indígenas se incorporan a los cultos? ¿Cuáles son las razones del éxito relativo de las iglesias protestantes y especialmente el pentecostalismo en los últimos años? Miller piensa que "el pentecostalismo, con su insistencia en la comunicación directa con el poder sobrenatural, proporcionó el acorde que permitió a los tobas reducir el nivel de tensión y restablecer considerablemente la armonía que había sido destruida por la conquista, la colonización y la acción misionera. Es significativo notar, a este respecto, que los tobas respondieron al llamado de una religión minoritaria. La religión mayoritaria, la Iglesia Católica, estaba demasiado íntimamente identificada con la represión oficial y con el confinamiento como para tener algo que ofrecerles. Además es ajena a ella la experiencia extática directa que pudiera tener sentido ante los tobas, acostumbrados a este tipo de contacto con la naturaleza y con los seres espirituales".[31]

Cordeu y Siffredi por su parte creen que "la irrupción masiva de los indígenas en los cultos nacidos del protestantismo pentecostal, principalmente, sólo puede ser explicada teniendo en cuenta una suma de posibilidades sincréticas; éstas están implícitas tanto en la flexibilidad de interpretación del mensaje bíblico como en las necesidades aborígenes de retraducir a sus términos sus exigencias de renovación religiosa y social".[32]

Para estos autores existe una retraducción de los principios religiosos a sus propias pautas:

a) Figuraciones religiosas: el Espíritu Santo es comparado al "viento del cielo" o bien definido como "un viento que entra por adentro; es como un fuego que quema al bicho de la enfermedad"[33] la figura de Jesucristo presenta en algunos casos una clara identificación con Nowet, el Señor de los Animales.

b) La curación extática: también aquí se produce una identificación entre la curación propuesta por los cultos y la tradición indígena. De hecho, algunos elementos como *la danza* se incorporan para contribuir en la curación.

El paciente además entra en un estado de trance apoyado por "el coro" que lo rodea (grupo de indígenas que lo ayudan con la danza a extirpar el mal, asumiendo el rol casi chamánico).

c) Profecía y milenarismo escatológico: las propuestas pentecostales han encajado en la cosmovisión indígena tradicional con respecto a la destrucción del mundo, la resurrección de los muertos y la creencia en la creación de una nueva humanidad.

Lo novedoso de esta perspectiva es la visión del hombre "blanco", culpable de los males que sufren los indígenas y responsable del apocalipsis.

b) Cambios propuestos por los cultos religiosos

Bajo la sensación (o la esperanza) de que los cultos religiosos propuestos por el protestantismo tenían puntos en común con la cultura originaria (el canto, la danza, las curaciones) comunidades indígenas enteras fueron objeto de la paulatina desintegración de sus patrones culturales, y en muchos casos dicho proceso fue aceptado por los involucrados, al sentirse partícipes de la forma de vida propuesta por la nueva religión:

Cordeu-Siffredi mencionan cinco cambios importantes:

a) *La economía*: al pasar del antiguo patrón cazador-recolector al de una economía de mercado:

"… los antiguos pescaban mucho porque vivían matando bichos" … "Y toditas esas cosas se prohibieron después que vino esta nueva Administración y esta nueva religión. Y esas mismas gentes cambiaron de aspecto, cambiaron de ser. Ahora casi no hacen más caso a los bichos, solamente a trabajar nomás; porque se va a la tierra o a ser peón de otro, pero a matar bichos ya casi no se va. Bichos siempre hay, pero nadie los toca ahora. Solamente la nueva organización y la nueva civilización nos adelantan. Se han civilizado mucho los aborígenes".[34]

b) *Pautas de mostración*: un sinnúmero de cambios externos evidentes, vinculados además al exhibicionismo tales como la utilización de la Biblia, la atención exagerada de la vestimenta, el uso exagerado de los documentos (de identidad, de afiliación a los cultos).

c) *Sistema de roles*: hay una gran introducción de nuevos roles, provenientes del sistema organizativo de los cultos: cantores, sanadores, predicadores, lenguaraces, dirigentes, cabiendo agregar a ello el nuevo *status* de la mujer, adquirido por su mayor inserción en el culto.

d) *Pautas políticas*: también aquí se han incorporado nuevos mecanismos de poder. Si bien en algunos casos esas estructuras se imbrican en los sistemas tradicionales (los cacicazgos), en otros, esos mismos sistemas se ven obligados a aceptar los nuevos roles, debiendo actuar como ejemplo de su comunidad.

e) *Pautas éticas*: se incorporan una gran cantidad de nuevas modalidades de vida, todas ellas vinculadas con las prohibiciones: la de tomar bebidas alcohólicas; la de fumar; la de tener relaciones extramatrimoniales; la de las relaciones sexuales de los solteros:

> "Ahora se ha acabado con la chupa y con toda esa costumbre de los antiguos que tenía mal a la gente, que la hacía vivir en el pecado" (…) "las ideas antiguas tienen que terminar, porque esa idea antigua es lo que hacía la decadencia del aborigen" (…) "En vez, cuando llegó la religión, entonces recién la gente cambia de aspecto. Porque al ver que es así, esa palabra y ese poder dominan".[35]

A este conjunto de cambios yo agregaría la *guerra contra el chamanismo* impulsada por los misioneros.

Si bien las comunidades indígenas consiguieron sostener esa institución, en muchos casos a través de una "mecánica de readaptación" que se traduce en una "reintegración del complejo chamánico tradicional" (Cordeu-Siffredi, 1971), no es menos cierto que desde el mismo inicio de la actividad protestante en el Chaco los chamanes y su actividad fueron objeto de persecución por distintos caminos: en la conferencia de misioneros en 1946 se resolvió no sólo fomentar las artesanías indígenas y encontrarles mercados para su comercialización, sino negar la comunión a los chamanes que persistieran en sus rituales.

Sin embargo, el chamanismo, como muchas otras prácticas que conformaban la cosmovisión india, se mantuvo en medio de una situación desgarradora, plena de contradicciones, en donde por un lado, la incorporación del culto era una forma de ser distintos –mejores– ante los "pecadores" blancos, y donde por el otro, había un esfuerzo de las comunidades por mantener sus pautas originarias que era una forma de ser ellos ante los blancos; dos vías para una misma lucha: la de preservar la identidad.

EL NOROESTE AGUANTA:
CHIRIGUANOS, MATACOS (WICHI) Y COLLAS

La historia de los chiriguanos, ubicados en el Chaco occidental, en las provincias de Salta y Jujuy, se remite desde fines del siglo pasado y principios de éste a una resistencia cultural que se hace cada día más difícil. Integrados a las nacientes economías regionales como los ingenios (pág. 319) o defendidos en sus aldeas con sus patrones tradicionales de vida, los chiriguanos son en este período fuertemente influenciados por los misioneros franciscanos, "instalados en Bolivia desde principios del siglo XVII, quienes revitalizan su tarea hacia mediados del siglo XIX desde los Colegios de Tarija y el de Misioneros Franciscanos de Salta" (pág. 320).

A partir de 1924 el padre Gabriel Tommasini funda el Centro Misionero Franciscano en el entonces pueblo de Tartagal, entre las aldeas chiriguanas, sucediéndose la creación de centros misioneros: 1933, Río Caraparí (chiriguanos); 1942, La Loma (chiriguanos); 1944, Tuyunti (chiriguanos y chané); 1952, San José de Yacuy (chiriguanos); 1958, P. Rafael Gobelli (matacos); 1960, San Benito de Palermo (matacos); 1962, Virgen de Fátima (chiriguanos); 1964, Piquirenda (chiriguanos); 1964, San Francisco de Pichanal (chiriguanos) (mapa 40).

40. MISIONES INDÍGENAS DE LA ORDEN FRANCISCANA (SALTA)

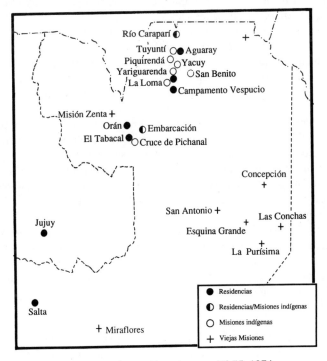

Fuente: *Cuadernos Franciscanos*, N° 75, 1974.

Muchas de estas misiones contaban con iglesia, centro asistencial y escuela y promovían planes de vivienda y para la agricultura.

Pero la lucha por la tenencia de la tierra –la gran mayoría de las aldeas chiriguanas, matacas, chorotes, tobas y chulupíes de la región están ubicadas sobre tierras fiscales privadas en litigio–, la explotación económica a que son sometidos los trabajadores en ingenios, plantaciones, obrajes o quintas; la pérdida paulatina de las prácticas tradicionales –caza, pesca, recolección, agricultura– o las dificultades crecientes para llevarlas a cabo, debido a la presión de la sociedad nacional que las rodea, mantienen a las comunidades en una actitud de defensa cotidiana. En este sentido, sólo la fuerza natural del *ethos* chiriguano ha permitido que este pueblo haya podido soportar la compulsiva incorporación al contexto económico regional:

"... Se acentuó la atomización de las comunidades y la aparición de una masa trabajadora desorganizada al servicio de las economías regionales. Los blancos ya no necesitan de una organización comunitaria. Necesitan brazos individuales. Asalariados, jornaleros...

Los caciques que no responden a las inquietudes de su pueblo se hacen contratistas sacando grandes beneficios de esta acción.

En esta etapa irrumpe definitivamente en la vida del chiriguano la economía de mercado. Comienzan a querer vender todo y según el padre Bernardino De Nino, autor del completísimo libro *Etnografía Chiriguana*, el blanco laico sin moral fue el corruptor principal y el que, al mismo tiempo, introduce los vicios.

Como jornaleros participan hasta de la construcción del ferrocarril que llega hasta Yacuiba. Erigen los pueblos de la cordillera y el Gran Chaco en su trabajo en la construcción. Se vislumbra la especialización en diversos oficios (constructor, clasificador de madera en los obrajes, durmienteros, etc.) en los cuales sobresalen por su capacidad".[36]

Las sublevaciones más importantes de los chiriguanos se habían producido en 1875 y 1893, como consecuencia de la explotación a que eran sometidos; desde entonces, el hombre blanco se convierte en el "caray pochi", el blanco malo, tirano o perverso. Esto repercutió en la resistencia que se desató a todos los niveles y a través de manifestaciones sutiles: solidaridad con el robo de ganado; desgano en el trabajo; rechazo a los sacramentos de la Iglesia.

También la resistencia se expresó en actitudes más virulentas, ya que se reagruparon en nuevas comunidades en las que revitalizaron las antiguas tradiciones culturales.

El segundo gran componente étnico indígena de la región, los matacos o wichí, tal cual fue su autodenominación, mantuvo también su cultura, aunque a duras penas y en empobrecidos asentamientos:

"Cuando lo wichí nace: semilla brotada, niño parido, es poco o nada todavía; pero cuando comienza a manifestarse: a echar hojas y raíz, mirar, reconocer a su madre, reír, caminar, hablar... va siendo wichí cada vez más; cuando da frutos demuestra la plenitud de vida. Cuando las ramas se secan, declina la vitalidad, comienza a ser Ajót. Cuando muere es Ajót del todo. Tiene vida, pero otra vida, es vida no plena, imperfecta, como todo lo que es Ajót, participante de vida no verdadera".[37]

Estos wichí (*los que participan de la vida plena*) o matacos (en castellano antiguo algo así como "animal sin importancia", bautismo realizado por los españoles) vivieron escondidos en el monte chaqueño cuanto pudieron (aún hoy existen grupos que permanecen en esa situación), hasta que comenzaron a ser incorporados a la economía regional en calidad de mano de obra superbarata, aunque en mucha menor medida que los chiriguanos.

Recluidos en sus aldeas misérrimas, lograron mantener muchas de sus prácticas ancestrales, defendiéndose de la explotación y las enfermedades traídas por los blancos para las cuales no tenían anticuerpos. Continuaron con su caza, su pesca, su recolección, sus artesanías, sus creencias y sus ritos.

Del mismo modo, y a pesar de su escasísimo número, chorotes, tobas y chulupíes, quizás ayudados por su situación geográfica marginal, consiguieron ir subsistiendo. La mayoría de ellos, asentados a la vera del río Pilcomayo, en el confín norteño de la Argentina, en un ambiente alucinante, son todavía hoy el testimonio de una forma de vida que se niega a morir.

Más hacia el oeste, ya en pleno corazón del Noroeste, en las montañas de Salta, Jujuy y Catamarca, desparramados en cientos de poblados y caseríos, los collas prefieren seguir viviendo en sus alturas con una vida que es la herencia de la tradición andina sudamericana.

En medio de un marcado aislamiento, las innumerables comunidades desarrollan una cultura nueva, cuyo portador es una etnia de constitución reciente "síntesis de diaguitas y omaguacas, definitivamente diluidos, los Apatamas –que permanecían relativamente defendidos en su puna inaccesible– y los grupos de origen quechua y aymara procedentes de Bolivia cuantitativamente cada vez más numerosos y en fin, parte de la masa mestiza no integrada en los centros urbanos". (pág. 316).

Esta posición es compartida por otros autores como Magrassi que entiende a los collas o kolla como "la denominación común o genérica para los descendientes de puneños, pulares, calchaquíes, diaguitas, acaucanes, hualfines, capayanes, yocailes, etc... (...) Alrededor de medio millón de ellos, bolivianos de origen, hablan quechua o aymara, algunos miles de saltojujeños también",[38] o como planteó en otro trabajo que kolla o collas es la "denominación que se ha generalizado para los puneños, sus descendientes y algunos quebradeños y hasta vallistos y toda otra población de origen quechua-aymara".[39]

Algo semejante sostiene el investigador y dirigente indio Eulogio Frites: "los apatamas, los omaguacas y parte de los diaguito-calchaquíes, en base a la afinidad de su cultura ándida, se nuclean en una nueva etnia, los collas".[40]

Lo mismo expresaba el Servicio Nacional de Asuntos Indígenas del Ministerio de Bienestar Social hacia 1973, que definía como collas a la población indígena asentada en el oeste de las provincias de Jujuy, Salta y Catamarca.

Isabel Hernández nos habla en cambio de tres grandes grupos en el Noroeste: los *diaguito-calchaquíes*, de ubicación y descripción estadística incierta, habitantes de Tucumán y Catamarca; los *grupos de habla aymara y quechua* en Jujuy, Salta y Santiago del Estero, vinculados con las comunidades andinas bolivianas, peruanas y ecuatorianas de la misma lengua; y los *kollas*, de habla presumiblemente aymara,[41] el grupo más numeroso y expandido.

Hernández se remite para esta descripción a datos obtenidos por el Servicio Nacional de Asuntos Indígenas del Ministerio de Bienestar Social y la Asociación Indígena de la República Argentina (1976).

El Censo Indígena Nacional de 1965 consignaba en la región Noroeste la población aymara y quechua que nunca llegó a ser relevada y que abarcaba gran parte de las provincias de Salta, Jujuy y Catamarca (coincidiendo exactamente con el hábitat registrado por nosotros).

Finalmente ENDEPA (Equipo Nacional de Pastoral Aborigen) en un informe de 1987 nos habla de los tres grupos descriptos por Hernández.

Como vemos, la población indígena que habita nuestro Noroeste no es todavía pasible de ubicación precisa, teniendo en cuenta además los últimos años y la situación actual (a que se refieren los autores y/o informes mencionados) en que la penetración permanente de inmigrantes bolivianos, de origen quechua y aymara ha incidido en forma notable en el panorama cultural de la región.

Sin embargo, y para el momento a que nos estamos refiriendo (principios del presente siglo) insistimos en que collas es la denominación genérica con que comienzan a conocerse a las comunidades herederas de la forma de vida original de nuestro Noroeste, portadoras a su vez de la tradición andina que los tardíos inmigrantes quechuas y aymaras enriquecieron.

Las dificultades se agudizan porque estas comunidades de la Montaña no permanecieron en estado puro, sino que fueron mestizadas desde el punto de vista biológico y cultural, formando parte de ese proceso que dio origen a la matriz hispano-indígena que ya mencionamos (pág. 15).

Pero la vertiente indígena permaneció unida a los elementos hispánicos que teñían el área y sobre ella se superpusieron las nuevas corrientes aymaras y quechuas.

Transformadas en agricultores y pastores de altura, las comunidades mantuvieron una cultura sincrética que operó en un doble sentido: por un lado, preservadora de la matriz hispano-indígena, y por el otro, de las tradiciones ancestrales indias.

Especialmente aisladas en subregiones como la Puna, el cerco impuesto por la sociedad nacional les significó también un doble proceso: por un lado la intrusión de estructuras desconocidas hasta entonces para ellas como explotaciones mineras, el ferrocarril, la escuela, la policía y la economía de mercado que las incluían en su organización, y por el otro, la creciente migración de jóvenes hacia los centros urbanos en busca de nuevos horizontes socioeconómicos culturales: las comunidades que los vieron nacer ya no tenían recursos para la subsistencia de todos.

La aridez creciente de las tierras, la falta de incentivos y el estancamiento fueron provocando que estas comunidades pasaran de florecimientos repentinos (y ficticios) como la instalación de centros mineros a decaimientos pronunciados, generadores de despoblamiento, pobreza y marginalidad.

Sin embargo, allí siguieron con sus cabras, sus cultivos, sus difíciles regadíos, su coqueo permanente, sus viviendas tradicionales, su Pachamama, su música, sus "apachetas" (o montículos para que los viajeros oren), sus "corpachadas" (o dar de comer a la tierra), sus rituales comunitarios de cooperación y solidaridad (la "minga"), su carnaval, su fiesta de la tierra, su "tinkunakuy" (encuentro de compadres o grupos), su… la lista es interminable. Y volveremos a ella en el último capítulo, cuando concluyamos con la visión de estas comunidades que sobrevivieron durante siglos, a pesar de todos los embates, y que aún hoy, en el proceso de dilución que todo mestizaje lleva consigo, pudieron mantener su cosmovisión originaria. Ella permaneció escondida, lo cual también fue una forma de resistencia, una forma de cruzar el tiempo, una forma de preservarse junto con el resto de los hermanos que también pudieron lograrlo.

RETROCESO FINAL DE LOS TEHUELCHES: LA AGONÍA

Desde la "araucanización de la Pampa", la cultura tehuelche estuvo en permanente retroceso. Su *ethos* se fue diluyendo paulatinamente hasta que las derrotas de Languiñeo, Barrancas Blancas y Shótel Káike a manos de los araucanos hacia principios del siglo pasado produjeron un proceso irreversible: la mestización en la cual los araucanos hicieron sentir su definitiva preeminencia. El significado de la palabra Languiñeo fue como una premonición: quiere decir "lugar de los muertos". Y allí, hace casi doscientos años empezaron a morir para siempre los tehuelches.

Las pocas bandas que contribuyeron a la defensa del territorio indígena durante los sangrientos años de la conformación nacional fueron literalmente desmanteladas con posterioridad a la "conquista del desierto".

El triste fin de los últimos caciques y sus paupérrimas comunidades hace pensar en un verdadero desastre cultural.

Los otrora altivos catrieleros del centro de la provincia de Buenos Aires fueron traladados en 1903 al sur del río Colorado en la provincia de Río Negro y obligados a asentarse bajo un régimen de confinamiento en un territorio inhóspito.

En 1911 el terreno de la Colonia fue rematado y los indígenas pasaron a ser mano de obra barata en los campos de la zona.

Los desechos de la comunidad del cacique Sayhueque, poco más de doscientos individuos, fueron llevados muy lejos de su hábitat original, al Chubut (1899).

La banda completa del cacique O'lkelkkénk (Orkeke) fue embarcada prisionera el 19 de julio de 1883 en Puerto Deseado y remitida a Buenos Aires. Eran 54 personas, de las cuales 37 eran mujeres y niños.

Una de las viejas indias denunció a su llegada a Buenos Aires el saqueo de que habían sido objeto:

"Hoy llora la pérdida de sus dos banderas, 40 caballos, 4 vacas, 5 terneros, alguna plata y muchas libras de pluma de avestruz, todo lo que asegura le fue arrebatado por los soldados invasores en la madrugada en la que asaltaron la toldería. Ayer se lamentaba largamente de estas pérdidas, temiendo no tener con que comprar alimentos, y en consecuencia verse expuesta a morirse de hambre".[42]

A la llegada del contingente de prisioneros (29 de julio de 1883) varias personas se acercaron a las autoridades llevando cartas de recomendación para obtener "uno o más indios, ni más ni menos que si de esclavos se tratase. Esta remesa, sin embargo, parece que no será distribuida como las anteriores".[43]

Los tehuelches fueron alojados en el Regimiento 1° de Artillería en Retiro y pocos días después el jefe Orkeke –luego de recibir una serie de "agasajos" como un banquete en el Café París o una invitación a una función de patines– murió de pulmonía en el Hospital Militar.

Apenas unas horas antes, Valeska, la *machi* de la banda también había muerto, según los diarios de la época "víctima de la nostalgia. No podía olvidar sus lares de la fría Patagonia".[44]

El esqueleto del cacique fue conservado en el Hospital Militar con el objetivo de exponerlo. Mientras tanto, en un patio del Regimiento, los prisioneros tehuelches realizaron el ritual mortuorio para su jefe, quemando sus pertenencias. Allí mismo los ancianos eligieron al sucesor, resultando favorecido Coochingan, quien arengó a sus hombres ofreciendo gobernarlos "con rectitud y honradez siguiendo las huellas de su antecesor".[45]

El suplicio de los tehuelches no conoció límites de ninguna clase. Por esos días debieron sufrir la agresión de un fotógrafo, Spegazzini, quien acompañado del teniente Bove los sometió en el cuartel a una sesión de fotos a la cual los indios presentaron todo tipo de resistencias, creyendo que "se trataba de darles muerte".[46]

Según Escalada (*op. cit.* 1949), Keltchaman, llamado también Manuel Quilchaman, fue el último gran jefe tehuelche, amigo de los blancos, como que fue baqueano de las fuerzas militares en el combate de Apeleg (1883) aunque otras versiones indican que lo hizo obligado.

"Cuentan que en Apeleg se salvó raspando. Las tropas del ejército fueron allí atacadas con armas de fuego y Kéltchaman fue herido en una pierna. Su caballo, en lo más fiero de la pelea fue muerto de un tiro. Al verse atrapado, rodeado y de pie, se arrancó rápidamente el capote de soldado, con el fin de darse a conocer.

El indio que se apoximó a ultimarlo, Unelto, era un aóni–kénk conocido. Kéltchaman abandonó de inmediato la lucha y se retiró junto a algunos parientes y amigos que huían, internándose en el desierto. El mencionado Unelto, aóni–kénk de la zona de Santa Cruz, era una especie de jefe o cacique general para la guerra. Comandaba a los tehuelches en Apeleg".[47]

El cacique Foyel, luego de sufrir prisión en Buenos Aires, fue devuelto al sur, sin tierras, y termina sus días deambulando por el valle de Teka en Chubut, mientras su viejo amigo Inacayal moría en el Museo de La Plata (véase pág. 11).

Descendiente de Guetchanoche (último cacique chehuache-kénk puro) el cacique Sacamata y su gente terminan arrinconados en Yas–aike; su hijo Venancio le sucedió en el cargo, muriendo en brazos del investigador Escalada de un síncope ("tuvimos la sensación de asistir al último acto de la trágica epopeya tehuelche").[48]

Los escasísimos tehuelches que quedaron, fueron confinados, aislados con los araucanos y con otros componentes étnicos en medio de una mezcla total de sangres, lo que continuó el proceso de disolución cultural.

Harrington entiende con justa razón que el "proceso degenerador comenzado hace siglos, adquiere caracteres galopantes después de 1880 (expedición de Roca)", a lo cual hay que sumar la presencia ya consolidada de los araucanos.

"La expresión blanca y araucana obra decididamente sobre el sistema de vida de los aborígenes meridionales. Finaliza el nomadismo. Así, al concluir el siglo XIX no se ven ya tribus andariegas, semejantes a las que integró Musters en 1869/70, la visitada por Moreno en Yaguilka Ajwai (Río Negro) en 1879, cuyo jefe era Pitchalau o la dirigida por Chiquichano al acontecer su muerte en Chiye Wilwil.

Los poquísimos Aóeni-kenk y Gününa Küne que quedan, se desbandan y se radican, siendo sus tratos menos asiduos entre sí. De los últimos, hacen vida sedentaria, en Chubut, los Velásquez, Kollwalla y Chagayo, en la región de Talagapa; los Kual, en Gangán, bordeando la laguna homónima; Trruúlmani, en Lefi Guiyeu, vecindad de Colelade; los Pitchalau, al sur de Saconana, al pie de la serranía del Serrucho; Weiché, en el cañadón de Trraru Ruka; Nawelkir, en Yala lau Bat; y muy distante, en el valle de Jenua y la dilatada comarca del Sénguer, Sahyemilla, Télach, la Broca, Tupúlwish (Tupuslush, según Moreno [28, 310]), Manikiken, Sákmata y otros cuyas hijas toman maridos "cristianos", araucanos, negros".[49]

Las comunidades tehuelches se convirtieron en una torre de Babel:

"La confusión llegó a ser general. Unos hablaban araucano, otros pampa, otros se interpelaban en la lengua ruda de los tehuelches, se hubiera dicho que quebraban nueces entre los dientes".[50]

Una de las informantes de Federico Escalada, la aóni–kénk Agustina Quilchamán (hija del cacique Keltchaman), nacida cerca de 1878, estaba casada con el araucano chileno Manquel. Ella hablaba cuatro lenguas: aóniko-aish; mapuche; guenena iajitch y castellano.

El cacique Kankel, también aóni-kénk, que murió ahogado en el río Sénguer y que adquirió cierta fama por haber apresado dos veces al bandido Asencio Brunel, hablaba tehuelche, araucano, castellano y galense; éste último adquirido por el contacto con la colonia galesa de valle del Chubut adonde las bandas pasaban los inviernos.

Al respecto es importante mencionar que mientras los últimos reductos tehuelches eran agredidos sin descanso por la sociedad nacional en expansión, ellos ayudaban a los nuevos pioneros que venían de más allá del océano. Parece ser que fue el cacique Juan Chiquichano y su gente quienes brindaron sustanciales aportes a los inmigrantes galeses, cuyo primer núcleo se instaló en Puerto Madryn, Chubut, en julio de 1865. Antes de que murieran de hambre, les enseñaron a montar, a enlazar, a bolear y los abastecieron de carne.

En 1910 los galeses fueron los principales sostenedores de la lucha jurídica entablada por los descendientes de Chiquichano para la recuperación de sus tierras.

Hacia 1931, Harrington contabilizó a los 36 últimos representantes de la comunidad de Chiquichano, asentada en Yalalau Bat.

La lucha por la tierra se había convertido por aquel entonces en una utopía:

"¡Para qué nos vamos a poner en tanto trabajo!
¡Ya van a encontrar lo mismo, la forma de quitarnos el campo, los animales y todo lo que pongamos en él!"

Atacados por incontables enfermedades desconocidas, muertos de tristeza, de locura o por el alcohol, hambrientos y perseguidos, los últimos tehuelches terminan su agonía, encerrados en los minúsculos territorios que les fueron quedando.

Hoy son sólo un puñado.

No llegan a los dos centenares.

Todavía se resisten a la extinción.

MAPUCHES: EL PEREGRINAJE DEL DESAMPARO

A los araucanos o mapuches no les fue mucho mejor. Pero contaron a su favor con un factor que les hizo estar mejor preparados para recibir el aluvión "postconquista": el número.

Ellos eran muchos más que los tehuelches y su cultura había impregnado los vastos territorios de Pampa y Patagonia.

Sufrieron igualmente los efectos de la expansión violenta de la sociedad nacional, pero paulatinamente y con los escasísimos medios que encontraron a su alcance, fueron reestructurando la cultura.

El shock del despojo y el cerco de los terratenientes

Finalizada la autodenominada "conquista del desierto", los mapuches son literalmente desparramados, en un traslado forzozo en calidad de prisioneros hacia Buenos Aires y de allí a distintos puntos del país (véase pág. 291) desde donde nunca más volverían.

Algunos fueron enviados a su añorado sur, que ya no era el mismo, no sólo porque gran parte de los hermanos ya no estaban (habían sido muertos o trasladados), sino porque las tierras otrora de su propiedad eran hoy una sucesión de espacios extraños.

Donde antes ellos habían reinado con exclusividad, encontraban ahora un ir y venir de nuevos hombres, situaciones y conflictos, provocados por la ocupación violenta de millones de hectáreas: sus millones de hectáreas.

Con su regreso los mapuches soportaron una doble crisis cultural: la de la tierra irremediablemente perdida y la del caos que crecía en ella. Primero, porque los territorios estaban ocupados por un sinnúmero de personajes, nuevos dueños de la situación: militares, pioneros, gringos, sacerdotes, comerciantes y especuladores se disputaban el reparto de tierras y de hombres. Segundo, porque el paisaje había cambiado: donde antes se levantaban las orgullosas tolderías y las praderas pletóricas de caza, agua y posibilidades de vida libre, ahora se alzaban uno tras otro los fortines, brigadas y demás asentamientos militares que a su vez daban lugar a la fundación de ciudades como Junín de los Andes (1883), Las Lajas (1895) o San Martín de los Andes (1898) por citar sólo algunos ejemplos. Vinculado con este cambio del paisaje se produjo la instalación progresiva de los distintos gobiernos provinciales que fueron contemplando la institucionalización del país en toda su geografía. Tercero, porque las comunidades mapuches fueron reubicadas en tierras inhóspitas, aisladas y con precariedad en los títulos de posesión, lo que aumentó en forma considerable la incertidumbre cotidiana de los distintos grupos. Cuarto, porque la nueva situación era de sometimiento total, contrariamente a la libertad anterior, sensación que se agudiza por la implantación del latifundio en medio de un reparto de tierras desenfrenado, criticado por el mismísimo Sarmiento.

Los grupos que recibieron los beneficios de la nueva legislación fueron:

a) los titulares de los certificados de la suscripción pública que cargó con los gastos emergentes de la expedición de Roca, como compensación a sus aportes (ley 947 de 1878);[51]

b) los militares que participaron en la campaña, desde los herederos del doctor Adolfo Alsina hasta los portaestandartes, pasando por jefes de frontera, jefes de batallón o regimiento, sargentos mayores de batallón o regimiento, jefes de las planas mayores de fronteras, capitanes o ayudantes mayores de regimiento o batallón, tenientes primeros y segundos de batallón o regimiento, subtenientes, alféreces, abanderados y todo oficial que revistió en las planas mayores de frontera (ley 1.628 de 1885);[52]

c) los pioneros, que accedieron a las tierras por las sucesivas ventas producidas a partir de las leyes de remate público que enajenaron –desde 1882– la friolera de 5.473.033 hectáreas. Es importante que en esta subasta los especuladores adquirieron las tierras mapuches para revenderlas *a posteriori*. Este sistema continuó bien entrado el siglo XX cuando muchas tierras fueron puestas nuevamente a remate.

d) los indígenas, a quienes les correspondió el remanente de lo repartido, siempre y cuando se tratara de comunidades amigas sometidas o que se sometieran. La realidad fue que muy pocos caciques fueron los favorecidos con estas entregas que de todas maneras fueron hechas muy lentamente y sorteando infinidad de problemas.

Al cacique Bartolomé Curruhuinca, atendiendo seguramente a su apoyo hacia los blancos, se le entregaron tres leguas en Chapelco (Neuquén) por el término de diez años, posesión precaria que continuó en el tiempo.

Namuncurá, luego de su estancia en Buenos Aires, como otros tantos caciques, regresó al sur pero sin ser el titular efectivo de tierras, adjudicación que se produjo en 1907 después de 23 años de fatigosos trámites y un año antes de la muerte del jefe.

Al cacique Ñancucheo se le otorgaron tierras en Chubut, cercanas a las de Sayhueque.

Por último, a los restos de las bandas de Pichihuinca y Tripailaf, les entregaron unas seis leguas en La Pampa.

Comparada con la apropiación inmediata a la conquista que hizo el Estado, calculada en millones de hectáreas, la cantidad y calidad de las tierras cedidas a los indígenas tiene mucho más de burla que otra cosa.

El latifundio que se implanta a pasos agigantados es necesario para un Estado que consolida su dependencia con la potencia imperial de la época –Inglaterra– y su entorno europeo: se requieren carnes, granos y lanas entre otros productos. Las comunicaciones –ferrocarriles y telégrafo– fueron los imprescindibles acompañantes de este proceso y contribuyeron aún más a la transformación violenta del antiguo paisaje indígena.

"En verdad, la Conquista ha traído la muerte, el desparramo y el estrago"… "Todos los autores afirman (Musters, Bejarano, Moreno, Zeballos) que la economía mapuche era próspera. Estaban bien alimentados y nada les faltaba. El intercambio con los poblados trasandinos compensaba alguna carencia y aumentaba su tranquilidad.

Después de la Campaña, el comercio y los tráficos pasaron a manos de los cristianos. Desarraigados, despojados de sus medios de vida (…) fueron conchabados como troperos, baquianos o muleros para llevar carga o animales al otro lado, como conocedores de los pasos cordilleranos. Pero ahora el ganado, la mercancía y las ganancias eran de los gringos.

Con miles de muertos y miles de inválidos, con miles de exiliados dentro y fuera de las provincias del Plata (…) la Nación Mapuche quedó sin jefes, sin cabezas, mutilada (…). En el desánimo y la desesperación".[53]

Rogativas, reconquistas y hechiceros: la resistencia cultural

Con una energía encomiable los mapuches se van reagrupando alrededor de su cosmovisión originaria y el reclamo por la tierra injustamente perdida. La compleja concepción del mundo originariamente atacada y desarticulada por la Conquista comienza muy lentamente a reestructurarse hasta convertirse en un reaseguro de su identidad.

Ya no será lo mismo que en otros tiempos, cuando los hombres eran libres y la cosmovisión se desarrollaba plena, pero igual y aunque a retazos, la revitalización de las propias creencias es un estímulo para que la lucha siga viva.

Los miles que quedan se aglutinan hablando una misma lengua: el *chezunún* (idioma araucano) a pesar de que muchos de ellos hablan otras lenguas como algunos de los dialectos tehuelches o el castellano.

En che zunún nombran a los dioses como *Nenechén* (dominador de la gente), el más grande, el más importante, un ser andrógino también conocido como *Guenechen* y entre cuyos poderes se cuentan los de dar la vida y la fecundidad.

Pillañ aparece como una deidad menor; es el dueño del rayo y los volcanes. Algunos autores lo mencionan como el dios principal, pero en los hechos fue desplazado por Nenechén.

Otras divinidades como *Gamakiatsëm*, el creador de las montañas y los animales; *Gamákia*, el dueño del trueno, y *Elëngásëm*, diosa terrible y encarnación del mal, aparecen como de origen Gününa këna (tehuelche) aunque inficionando la cosmovisión araucana, al igual que *Ieskálau*, el encargado de los animales (Casamiquela, 1962).

En este mismo contexto podemos mencionar el *mito del diluvio o la inundación* (que seguramente pasó después a los tehuelches) por el cual se mantiene la creencia de que en algún punto del pasado remoto la Tierra se inundó muriendo toda la humanidad excepto un puñado de hombres que habían subido a lo alto de un cerro.

Parecería que conectado a este mito se encuentra el de *la pareja de serpientes*, una encargada de hacer llover, y la otra, de hacer emerger al cerro y mantener la cima a salvo, donde se refugian los hombres sobrevivientes.

"Es curioso y del mayor interés apuntar que los indígenas –y yo lo he averiguado de un descendiente araucano argentino, Catalán Wentemilla, del célebre Callvucura– utilizaban la repetición acompañada de los nombres de tales serpientes como fórmulas para pedir lluvias en épocas de sequía, o a la inversa. La acción de aplicar esos conjuros se denomina en araucano Filutaiëlén, es decir 'realizar canciones (totémicas) de víboras'".[54]

También había una vinculación con los tehuelches septentrionales acerca de la construcción de la *"casa bonita"*, ámbito celebratorio de dos rituales: la horadación de las orejas de los recién nacidos, juntamente con lo cual se imponía el nombre a los niños (*katán kawiñ*, "fiestas de horadación") y la ceremonia de pubertad de los jóvenes (*wekún ruka*, "afuera de la casa" en alusión a los bailes que en ocasión de esa fiesta llevaban a cabo los hombres fuera de la "casa bonita").

Algunas informaciones permiten suponer que la "casa bonita" fue utilizada además para determinadas curaciones de los chamanes.

Quizá la ceremonia que más identifique hoy a los mapuches y que desde un primer momento fue un motivo más para la aglutinación de la comunidad es el *Nillatún o Kamarikún* (conocido también como Nguillatún, Guillatún o Camaruco) que significa "rogativa". El Nguillatún reúne una pluralidad de elementos de la cosmovisión mapuche, constituyéndose en *la fiesta* por excelencia.

El objetivo de la ceremonia es pedir a Nguenechén el bien, y la fertilidad de la tierra, los hombres y los animales; la ceremonia se realiza una vez al año por lo general hacia fines de febrero y principios de marzo.

El cacique hace la convocatoria que está dirigida a su comunidad y eventualmente a otros grupos y/o amigos.

Como protagonistas principales deben citarse a los *pihuinchenes* o abanderados, adolescentes de trece o catorce años; las *calfumallén* o doncellas azules, vírgenes; los bailarines del *loncomeo*, en general dos grupos de cinco; la *machi*; los intérpretes (un hombre y dos mujeres) del *kultrún*, instrumento de percusión de carácter sagrado; cuatro mujeres que ruegan durante las evoluciones de los pihuinchenes y un anciano que es el portador del símbolo de la dinastía.

El espacio es abierto, amplio y está sacralizado. En el centro (círculo mágico) se erige el *rewe* o árbol cósmico, con sus escalones que simbolizan los distintos "pisos" del universo mapuche: *wenu-mapu* (tierra de arriba), integrada por cuatro plataformas y habitada por los dioses benéficos; *anka-wenu* (medio arriba) ubicada entre la tierra de arriba y la tierra, residencia de entidades malignas; *mapu* (tierra) residencia de los hombres, del bien y del mal; *minche-mapu* (tierra de abajo), el subsuelo maléfico.

El *rewe* es el puente que la *machi* o chamán utiliza en otras ocasiones para sus estados de trance y para establecer la comunicación entre los hombres y lo sobrenatural, con la ayuda del sonido sagrado del kultrún.

Alrededor del lugar –embanderado con la enseña patria y la azul y amarillo (cielo y sol) utilizada por los pihuinchenes– se han instalado los distintos grupos participantes de la ceremonia en improvisadas *rucas*. Ésta comienza, cuando el cacique y sus principales guerreros cabalgan al amanecer del primer día luego de lo cual el cacique realiza la rogativa o Nguenechén, pidiendo la lluvia para los cultivos, la fecundidad de los hombres y los animales.

El mismo grupo se dirige después hacia el sol llevando vasos de madera con la bebida llamada *musái* (agua y trigo fermentados) que vierten en la tierra para que haya agua cuando se la necesite y puedan crecer los pastos.

Más tarde da comienzo el *loncomeo* o "baile de la cabeza" ejecutado por jóvenes entrenados desde muy niños. Esta danza ritual se repite hacia el final de la jornada, durante la cual las mujeres realizan además el llamado *purrum*, un ritual que incluye la entonación de una nueva rogativa.

El segundo día se desarrolla en forma similar al ya descripto y al amanecer del tercero, el cacique y los capitanejos efectúan la última rogativa y toman las ofrendas que el primer día se habían depositado alrededor del rewe (chicha, manzanas, corderos) entregándolos a otro grupo de jinetes que después de dar una vuelta alrededor del círculo mágico las transportan hasta un cerro próximo enterrándolas.

El Nguillatún finaliza con una comida comunitaria, después de una última cabalgata de los pihuinchenes y un *purrum* de las mujeres.

Existen variantes de la ceremonia según los distintos grupos, pero en términos generales esta descripción (siguiendo en gran parte a Clara Passafari, 1987) se ajusta a las características más salientes del ritual.

La rogativa o Nguillatún está en el centro de la cosmovisión mapuche y fue una posibilidad más de reunión de los que estaban desperdigados.

Después del desastre de la pérdida y ocupación de sus territorios, el Nguillatún sirvió a las comunidades para reencontrarse y abrevar en las fuentes.

A través de la rogativa los mapuches encontraron un camino de resistencia cultural que seguramente esconde algo más que el estar pidiendo por los campos, los cultivos, los animales. Quizá signifique que los mapuches estén rogando en secreto, por seguir siendo ellos mismos.

Y por encima de toda una cosmovisión que mantenía vigente a la cultura, se encontraba la esperanza escondida de reconquistar el poder.

El gran cacique Manuel Namuncurá tenía 87 años cuando murió en 1908. Había perdido sus últimas fuerzas en las batallas por la recuperación "legal" de sus tierras, pero hasta el último minuto de su vida pensó en otros caminos posibles; incluso había manifestado que el gobierno chileno ponía a su disposición unos dos mil guerreros para emprender una nueva lucha contra los que lo habían sometido (Vignati, 1963).

Pero el sueño de la reconquista se fue diluyendo, ocupado el jefe en las tensiones cotidianas de la subsistencia o en la atención de los asuntos importantes de su familia.

Ceferino y los salesianos

Algunas historias cuentan que Don Bosco, fundador de la orden de los salesianos tuvo durante 1854 en Turín una sucesión de visiones en ocasión de asistir en su lecho de desahuciado a un alumno del Oratorio, de 16 años, Giovani Cagliero. En ellas se le aparecieron unos hombres altos, bronceados y con aspecto guerrero que estaban implorando ayuda al propio Cagliero.

Mucho después, en 1871, un extraño sueño completó aquellas primeras imágenes: en una gran llanura nuevamente los mismos hombres, esta vez vestidos con pieles de animales y cazando unas bestias desconocidas. Junto a ellos, muchos misioneros.

Don Bosco –cuentan– sintió que estas visiones eran una señal de Dios, aunque estaba desconcertado, ya que no tenía la más remota idea de quiénes eran esos hombres, ni siquiera sabía donde vivían y por lo tanto estaba imposibilitado de llegar hasta ellos. Un día mientras cavilaba en sus visiones, concurre a verlo el cónsul de la República Argentina, portador de una carta del arzobispo Aneiros, en la que se le solicita el envío de misioneros para predicar la fe entre los inmigrantes italianos del naciente suburbio de La Boca.

De inmediato Don Bosco dispone los preparativos y a fines de 1875 parte la misión integrada por diez sacerdotes. Preside el grupo el ex desahuciado Giovani Cagliero, aquel de las visiones, que sin saberlo, terminará misionando en una llanura inmensa, alejada de todo y entre los sometidos mapuches.

Se inicia así una historia increíble y desgarradora, de la cual será protagonista excluyente el nieto del más grande cacique, Calfucurá, e hijo de Manuel Namuncurá: Ceferino, conocido también por Morales Namuncurá, tal como solía llamarlo su padre.

La llegada de los salesianos a la Argentina coincide con la falta de misioneros en el sur, luego del paso de los jesuitas y la retirada definitiva de los lazaristas en 1879.

Casi sin buscarlo, los salesianos marchan hacia el sur incidiendo notablemente en la historia regional, como que acompañan a las huestes del general Roca en la conquista de 1879. A su paso bautizan a cuanto cacique y comunidad encuentran: Juan José Catriel, Marcelino, Cañumil, Juan Melideo; celebran casamientos como aquel del cacique Ramón Tripailao "con una cautiva cristiana que no quiere separarse de los indios" (Gálvez, 1947); resultan en fin intermediarios entre las fuerzas del ejército y las comunidades rebeldes, rol que van ganando entre los indígenas a partir de sus buenos oficios demostrados hacia las comunidades autóctonas: la rendición de Manuel Namuncurá en 1883 se concreta en virtud de las gestiones llevadas a cabo por el párraco de Viedma, Domingo Milanesio o "Patiru Domingu" como lo llamaban los indios.

La presencia de los salesianos entre los mapuches se hace cada vez más ostensible; instalan templos y misiones, dedicados de lleno a la propagación de la fe católica.

En medio de la dispersión de la cultura mapuche y de la activa influencia salesiana nace Ceferino, el 26 de agosto de 1886 en Chimpay, Río Negro, el lugar adonde había recalado su padre, don Manuel Namuncurá, el último de los grandes jefes de la llanura, junto a una de sus mujeres, Rosario Burgos –madre de Ceferino–, mestiza de origen chileno (¿ex cautiva?).

La vida de Ceferino es en cierta medida una alegoría del pueblo mapuche, llena de tristezas producidas por los continuos desgarros y desarraigos a los que es sometida; por los permanentes choques culturales a los que es expuesta; por la enfermedad extraña que lo consume día a día; por la nostalgia de su tierra, su cultura y su gente.

Parece cierto que Ceferino fue un fervoroso creyente y que su objetivo vital era prepararse para volver al sur, enseñar la religión y convertir a sus hermanos. Y si bien parece cierto también que todo lo hizo con gran alegría y entrega, ello no le debe de haber resultado nada fácil, "partido en dos" desde muy temprana edad.

Hasta los 10 años Ceferino vivió en Chimpay; aprendió a montar –era un consumado jinete–; participó en los juegos de guerra de los niños mapuches, y conservó la lengua originaria, las tradiciones y los rituales.

En 1897 y a pedido del niño, el cacique Namuncurá lo lleva a Buenos Aires para estudiar.

En Constitución los recibe un nutrido grupo de mapuches encabezados por Antonio Rey: "Venimos a recibirlo... somos los mismos paisanos suyos de ayer... Hemos sido y seguiremos siendo súbditos de usted... Le conservaremos el mismo amor de siempre".[55]

El cacique agradeció a sus ex compañeros y presentó a su hijo que respondió a todas las preguntas del grupo de recepción: "Vengo a estudiar, para bien de mi raza".[56]

Luego de un fugaz paso por los Talleres Nacionales de Marina en el Tigre aprendiendo el oficio de carpintero, el ex presidente Luis Sáenz Peña, a pedido de Manuel Namuncurá, lleva a Ceferino ante los salesianos, donde ingresa como alumno al Colegio Pío IX.[57]

Allí aprendió el castellano, a leer y escribir, se introdujo en la historia sagrada y explotó algunas de sus capacidades más reconocidas como el canto. Ceferino era de los mejores, destacándose por encima de otros compañeritos que por entonces pasaban inadvertidos, como ese tal Carlos Gardés o Gardez según figura en los registros del Colegio.

Ceferino se hace notar por su inquebrantable fe y sus enormes deseos de aprender la historia religiosa, por cumplir con los estudios que le exigen para ser sacerdote. Se muestra humilde y bondadoso. Los testimonios jamás lo describen enojado o contrariado. Es "el manso" Ceferino.

Al poco tiempo (1901) comienzan los indicios de la tuberculosis que haría estragos en su organismo hasta matarlo.

"Cuando había que repasar las lecciones, Ceferino se concentraba tanto que parecía que no estaba en clase. Se notaba, eso sí, su presencia, por la tosesita inseparable que le producía la enfermedad enemiga de los hijos del desierto".[58]

Ceferino alternaba su férrea vocación religiosa con la nostalgia por su pasado; además, el irreversible proceso de asimilación encontraba algunas resistencias: aunque no se registran mayores datos con respecto a eventuales actitudes discriminatorias o segregacionistas de sus compañeros, se sabe que en algunas circunstancias Ceferino era objeto de palabras hirientes como "salí, indio"; "dejáme lugar, negro"; "andáte a la pampa, ñato...".[59]

Algún hecho semejante debe de haber ocurrido aquel día en que el hijo del cacique Namuncurá dejó helados a sus compañeros "tomando prestado" el caballo que el lechero había llevado hasta el patio, haciéndolo galopar, trotar y parándolo en dos patas, demostrando sus dotes de jinete, aprendidas no precisamente en Buenos Aires.

Su compañero Salmini cuenta que Ceferino, en determinadas ocasiones, "... hablaba de su querida tierra patagónica; cuando lo hacía, como no podía expresarse constantemente en castellano, para significar el inmenso cariño que profesaba a Río Negro, que lo había visto nacer, se imponía a sí mismo un prolongado silencio y miraba profundamente, como queriendo abarcar a través de la distancia toda aquella extensión de tierra que fue en otro tiempo teatro de hazañas sin cuento y de horribles escenas de sangre".[60]

El padre De Salvo cuenta que "él nos narraba aventuras de guerreros indios, que a caballo cruzaban las pampas, dando alaridos y agitando sus lanzas…".[61]

Su nostalgia, en fin, tal vez esté muy presente en las pocas pero muy conmovedoras cartas que escribió a su padre, especialmente la última, cuando sintiéndose morir le dice cuánto lo quiere.

Al respecto, se conocen dos oportunidades por lo menos en que el cacique reclamó a los padres salesianos el regreso de su hijo.

La primera de ellas es en 1903, año en que Ceferino fue enviado al Seminario Diocesano de Viedma para proseguir los cursos de aspirantes al sacerdocio.

En esta ocasión el propio Luis Saenz Peña intercedió ante las autoridades del Colegio Pío IX pidiendo que el niño fuera enviado de regreso junto a su padre, cosa que no ocurrió, porque los salesianos lograron que Namuncurá no insistiera en la solicitud.

Parecería que existió otra oportunidad en la que el cacique "subió" a Buenos Aires resuelto a llevarse a su hijo, pero esta vez fue persuadido de la importancia de que el niño prosiguiera con sus estudios. Los testimonios indican que el propio Ceferino, a pesar de las contradicciones de sus mundos divididos, pidió a su padre que lo dejara continuar su carrera sacerdotal.

Namuncurá, de acuerdo con sus dichos, quería que su hijo, que ya leía y escribía, le sirviera como secretario; pero finalmente accedió a sus deseos, actitud que Ceferino valoraría sobremanera en su última carta al cacique.

Las contradicciones no sólo se daban en el niño indio sino entre quienes lo protegían y convivían con él; si bien era aceptado de buen grado, en muchas ocasiones no podían evitar las dudas que les ocasionaba su diferente origen: "… Recordé que también él era indio, y entonces me pareció la ocasión propicia para resolver una duda, y sin más le pregunté: Ceferino, ¿qué gusto tiene la carne humana?"[62]

Ceferino sufría ante estos embates, pero seguía adelante con su alegría, su tuberculosis, su esfuerzo desproporcionado por ser mejor, su lucha interna entre la carrera sacerdotal y el llamado de su padre.

Hasta se dio tiempo para ser prestidigitador, emulando a su maestro Don Bosco —acusado por ello de tener tratos con el diablo—, actividad en la cual llegó a un nivel más que interesante.

Lo rodeaba un halo de misterio. Mucho se hablaba del "milagro de las aguas", cuando siendo muy pequeño (no caminaba aún) cayó en el río Negro ante la desesperación de sus padres que lo creyeron muerto. La correntada lo llevó lejos, sólo aparecía una manito que asomó por unos segundos. De pronto se vio nada más que la furia del agua hasta que un remolino tiró al indiecito sobre un banco de arena, definitivamente vivo.

Ceferino milagroso. Ceferino jinete. Ceferino cantor. Ceferino santo. Ceferino comedor de carne humana. Ceferino mago. Ceferino indio. Ceferino, mártir…

Una vez detectados los primeros síntomas de la enfermedad, los padres salesianos lo enviaron a Viedma adonde Ceferino, dado el avance de su tuberculosis, no pudo seguir sus estudios. Éste fue otro momento de enorme tristeza para Ceferino, obligado por su salud a separarse de sus compañeros, a quienes tanto quería.

De regreso en Buenos Aires deciden llevarlo a Europa. Era el año 1904 y Ceferino tenía 18 años.

Recorre junto a Monseñor Cagliero y su médico, el inseparable padre Garrone, Turín, Roma, Florencia, Polonia, Milán. En Roma visita al Papa, ante quien es presentado como el resultado de la obra salesiana en el lejano sur del mundo.

Ceferino resiste, pero ya es un espectro.

Por primera vez empieza a intuir que puede morir.

"Turín, agosto 22 de 1904

Señor D. Manuel Namuncurá. Junín de los Andes

Mi muy amado Papá:

Quisiera en estos momentos encontrarme a su lado y manifestarle el deseo de mi corazón. Pero como estoy tan lejos de Ud. se lo diré por medio de la presente.

Deseo que diga y responda todo lo que sabe y recuerda a las preguntas que le hará el R. P. Crestanello acerca de la fe de mi bautismo.

Le pido este favor porque ahora tengo tanta necesidad de ella que Ud. tal vez no se imagina y el R. P. Crestanello se lo podrá explicar de como insisten en la fe de bautismo.

Y ahora yo me encuentro en esta necesidad y urgencia.

Me sucederá muchas cosas que Ud. no se imagina ni piensa. Teniendo la fe (de) mi bautismo, todo se hará bién, y si me falta, sacaremos nada. Ayúdeme, querido Papá, y algún día seré su consuelo y su alegría si no en este mundo será en el otro.

Yo nunca me olvido de Ud. y familia, y siempre y todos los días pido al Señor que los bendiga y libre de todos los males corporales y en modo especial espirituales.

De mi no se cuide mucho; estoy siempre con el Ilmo. y Revmo. Mon Juan Cagliero, su bienhechor y amigo.

De salud estoy bien, gracias a Dios y a la Virgen Santísima Auxiliadora. Los Padres de Italia me tratan muy bien, en modo especial el Sr. Don Rua, que me quiere mucho. Este tranquilo y siempre alegre.

Recuerdos a toda la familia y deseo que me escriba alguna vez. Yo le he escrito ya muchas cartas y no se si las habrá recibido.

Dios os bendiga y María Santísima os auxilie siempre. Soy su afectisimo hijo.

Ceferino Namuncurá".[63]

En una última carta, del 21 de abril de 1905, Ceferino internado en el hospital y ya sin fuerzas se despide del cacique:

"Exmo. Señor D. Manuel Namuncurá.

Mi amadísimo Papá:

Recibí su paternal y respetable carta última, fechada 11 de marzo. Me causó un inmenso júbilo y alegría al saber que todos están bien de salud, gracias a Dios Todopoderoso.
Debo comunicarle también mi grande complacencia por la sublimidad de sus pensamientos, altos, nobles y verdaderos. Agradézcole su grande resignación de sacrificar años en no vernos.
En cuanto a mis estudios, resulta muy bien. Pero la salud me lo impedió (sic) continuar.
Hace un mes empecé una cura seria para sanarme del todo.
El Doctor que me asiste es uno bueno y muy Distinguido, porque es Doctor del Papa, el Sumo Pontífice.
Se llama Lapponi.
Me hace dos visitas al día. De aquí a dos semanas me voy del Hospital y voy a otro Ospital (sic) cerca del mar. A mi me hace muy bien el aire de mar.
Cuando estía (sic) mejor me prepararé mejor para volver en Buenos Aires y de allí a Viedma.
En otras cartas le daré noticias más claras.
Monseñor Cagliero agradece sus amigables saludos y os manda los suyo (sic) con la Bendición Apostólica.
Saludos y recuerdos a todos. Mil besos y abrazos.
Querido Papá, os pido su paternal Bendición y créame su afectmo. hijo que desea abrazaros.
Ceferino Namuncurá".[64]

 Ceferino murió 20 días después de escribir esta carta, el 11 de mayo de 1905. Tenía 18 años.

Fue repatriado en 1924 y sus restos depositados en Fortín Mercedes, en la provincia de Buenos Aires.

Su viejo sueño de volver al sur como sacerdote para predicar entre sus hermanos se truncó. Ni siquiera su último anhelo, el de "volver a la patria" pudo ser concretado.

Pero regresó de una forma que seguramente nunca imaginó.

El mártir indio se convirtió rápidamente en un ídolo popular, objeto de un culto de insospechadas proporciones, uno de los más importantes de América. Su veneración va más allá de las fronteras mapuches, cubriendo a vastos sectores populares de nuestra sociedad.

Ceferino aunque todavía no sea un santo desde el punto de vista de la legalidad del Vaticano –su beatificación está en trámite desde 1944– ya lo es para el pueblo, que lo toma como tal y como tal se vincula con él.

Ceferino constituye el culto más grande que se rinde hoy en la Argentina a un indígena. Las respuestas a los interrogantes referidos a por qué esto ha sido así pueden ser múltiples, pero seguramente la condición de ser indio está presente en el respeto popular.

Ser humilde entre los humildes, un marginado, un desposeído, un desheredado, alimenta sin dudas la devoción que hoy se sigue multiplicando incesantemente.

Ceferino quería ser el consuelo y la alegría de su padre, si no en este mundo, en el otro.

Sus deseos se cumplieron.

Con creces, con mayor amplitud, mucho más allá de sus padres y de sus hermanos.

Ceferino, el nieto de Calfucurá. Ceferino, el hijo de Namuncurá.

Mucho, mucho más allá.

ARRINCONAMIENTO Y DESVENTURAS EN LA MESOPOTAMIA: GUARANÍES Y CAINGANG

Dice Miguel Alberto Bartolomé (1972) que después de la Revolución de Mayo de 1810 comienza el proceso que llevaría a la "conformación definitiva de los límites entre Argentina, Brasil, Uruguay y Paraguay" a consecuencia de lo cual "las rivalidades fronterizas entre estos países transformaron a Misiones en continuo escenario de luchas y conflictos internacionales. Finalmente, después de la Guerra de la Triple Alianza, quedan definitivamente consolidados los actuales límites provinciales. En este período caótico, las poblaciones aborígenes son obligadas a participar en mayor o menor grado en las contiendas, pagando por ello un alto precio, puesto que fueron diezmadas hasta llegar a la casi total extinción"[65]

No tenemos cifras que avalen esa hipótesis del virtual proceso de extinción de las comunidades de la región, pero no es menos cierto que la guerra contra el Paraguay llevada adelante por Argentina, Brasil y Uruguay entre 1865 y 1870 produjo daños irreparables: en 1853, la población paraguaya sumaba 1.337.489 habitantes; un año después de finalizada la contienda quedaban 222.079 de los cuales 28.746 eran ancianos o inválidos; quedaban 106.254 mujeres y 86.079 niños (Darcy Ribeiro, 1970). Este desastre demográfico sólo se compondría recién un siglo más tarde, hacia el 1950 cuando el Paraguay volvió a tener su población de antes de la guerra.

En este ambiente desolador, las comunidades indígenas de la provincia de Misiones, las únicas que quedaban de nuestro Litoral y Mesopotamia, no lo deben haber pasado nada bien.[66]

Esas comunidades –las guaraníes especialmente– acababan de sufrir la experiencia de Andrés Guacurarí, cuyos resultados fueron negativos desde el punto de vista de pérdidas cuantiosas en vidas humanas (pág. 305).

Dicho en otras palabras: la población guaraní de la provincia de Misiones registra dos momentos principales: el primero, el de las comunidades originarias, que culminó hacia fines del siglo pasado con la desaparición de estos grupos, causada por las guerras nacionales e internacionales y por la migración hacia países limítrofes; el segundo, el de los grupos mbyá del Paraguay que repoblaron el territorio misionero a partir de 1870 aproximadamente.

Lo cierto es que hacia fines del siglo pasado y principios del presente son dos los grupos indígenas que ocupan la provincia de Misiones: los mbyá, provenientes del Paraguay y conocidos también como cainguá, agricultores de origen guaraní, y los caingang, cazadores extremadamente empobrecidos de origen ge, del Brasil.

Bartolomé explica que los guaraníes de Misiones son denominados cainguá, término que lleva a confusión puesto que se trata de un calificativo y no de una denominación tribal. El término kainguá, continúa este investigador, "como ya señalara Cadogan, significa *monteses* y fue aplicado a los grupos Guaraní que se resistieron al proceso de catequización jesuítica (…) los indígenas que en la actualidad pueblan la provincia de Misiones se autodenominan Mbyá y su historia en territorio argentino es bastante reciente".[67]

Esta aclaración se extiende al panorama lingüístico:

"Para Bartolomé, la lengua que hablan los indígenas misioneros es el guaraní 'con su variante mbyá'. Dice que la más usada para contacto con los blancos es *yaporá* o guaraní híbrido paraguayo.
También afirma que los aborígenes que se extienden a lo largo de la ruta 12, mantienen el *mbyá* o sea el guaraní puro, y utilizan el yaporá para relacionarse con el blanco, mientras que los aborígenes que se extienden a lo largo de la ruta 14 hablan siempre el yaporá y guardan el mbyá como lengua para mitos y rituales".[68]

Como también planteábamos anteriormente (cap. V, pág. 319) ambas etnias guaraníes y caingang soportan no sólo la expansión de la sociedad nacional que avanza con sus ingenios y plantaciones sino las sucesivas oleadas de colonizadores extranjeros que harán revertir el perfil étnico-cultural de la provincia:

"Este rápido proceso de colonización comenzó en 1894 y ya para el censo de 1914 la composición de la provincia era la siguiente: sobre un total de 53.563 habitantes había un 62% de argentinos, 13% de brasileños, 10% de paraguayos, 7% de galitzianos y 8% de alemanes, rusos, austriacos, suizos, etc.
Luego de finalizar la Primera Guerra Mundial, ingresaron gran número de alemanes, situación que se repitió al finalizar la Segunda Guerra.
A esta perspectiva debe añadirse la denominada población golondrina, compuesta por paraguayos y en menor número brasileños (…) trabajadores temporarios que cruzan la frontera para trabajar en las cosechas y luego regresan a su país de origen".[69]

Al comenzar el siglo, guaraníes y caingang, reducidos a unos pocos centenares, encajonados y rodeados, subsisten a duras penas.

Las aldeas mbyá o cainguá mantienen con suma dificultad el patrón agricultor, con productos tales como maíz, mandioca, tabaco, zapallo, porotos y conservan también el sistema de roza en parcelas cada vez más pequeñas. Son activos artesanos, especialmente de la cestería, que comienzan a comercializar.

Pero las pautas tradicionales se van diluyendo. Poco a poco, sus hombres son incorporados a la mano de obra regional como jornaleros rurales y forestales, desempeñándose como recolectores de frutos y hacheros en los obrajes, en las colonias extranjeras que comienzan a surgir en toda la provincia (INA, 1974).

Sin embargo, ese puñado de guaraníes con toda esa pesada decadencia de su cultura aunque no son los habitantes originarios, representan a los sobrevivientes de un proceso de expansión lingüística en nuestro Litoral y Mesopotamia, que se había iniciado con las masas indias y mestizas que fundaron las primeras ciudades allá por los siglos XVI y XVII bajando desde Asunción, y que fue impregnando a los territorios provinciales de Misiones, Corrientes y Entre Ríos: me refiero al idioma guaraní, hablado en la actualidad por cerca de un millón de argentinos, testimonio indiscutible de un florecimiento anterior que sigue vigente, a pesar de todas las desventuras.

Los indios son apenas un grupo confinado, pero su lengua, símbolo de una cultura que lucha por seguir existiendo, está allí, con toda la fuerza y la poesía de su historia.

En cuanto a los caingang, hacia fines del siglo pasado habitaban una parte del Estado de Paraná y Río Grande del Sur en Brasil y el extremo noroeste de la provincia de Misiones.

En esa época fueron observados por Juan Bautista Ambrosetti (1895), cuyos estudios constituyeron la única información con que contamos para acercarnos a estos grupos que ya entonces aparecen como muy mestizados.

Hacia mediados del siglo pasado, los caingang son liderados por el cacique Fracran (¿caboclo, mestizo brasileño?).

Eran agricultores de maíz y zapallo (con rozado); cazadores y recolectores de miel.

En 1840, la expedición del capitán Jacinto Galeano que había ido en busca de yerba mate se enfrentó con una partida de los caingang de Fracran, provocando una masacre de la cual salvó su vida únicamente Bonifacio Maidana, de diez años.

Tiempo después, el sobreviviente, ya convertido en cacique de uno de los grupos caingang, aisló a su gente en la impenetrable espesura misionera, separándose de las bandas de Fracran y permaneciendo en esa situación, prácticamente sin contacto alguno con la sociedad nacional durante 35 años. Se dice que el pánico sufrido después de la masacre de 1840 los hizo huir a la selva, hasta que en 1875 tomaron contacto con el gobernador de Corrientes, instalándose en la localidad de San Pedro, en Misiones. Sólo entonces Bonifacio Maidana volvió a pisar una ciudad.

Cultivaron algo de maíz y permanecieron en su condición de cazadores; fueron recolectores de vegetales, miel y del fruto de la araucaria, el piñón; practicaban la pesca con el *parí* (una gran cesta colocada en las corrientes de agua, que posibilita que se llene de peces; parí es una palabra guaraní).

Entre los caingang, Ambrosetti detectó además de la *mazamorra* varias formas guaraníes de comer el maíz: asado entre las cenizas calientes; el *chipá*, panes hechos de harina de maíz; el *mbai puyg*, una parte de maíz pisado y agua que se come hervido; el *abatí pororó*, maíz desgranado y tostado sin pisar, y el *guaimí atucupé*, maíz pisado y hecho pasta con agua, que se coloca en forma de bolas o cilindros en la chala y se hace cocer entre las brasas o cenizas calientes.

Los caingang eran más cazadores que agricultores (maíz, porotos, zapallos) a diferencia de los cainguá; además, éstos recogen y almacenan el alimento, a diferencia de aquéllos. Pero indudablemente, las influencias de la cultura guaraní se hacían sentir en estos cazadores del planalto brasileño.

En su cosmovisión se destaca el ciclo mítico de *Ñara*, jefe supremo de las comunidades que les enseñó a rozar y a sembrar (entre los grupos de San Pedro se lo conoce como Ñer) y un ser supremo llamado *Tupán*, probable corrupción del Tupá de los guaraníes.

Al parecer fueron guerreros de cuidado que terminaron con los cainguá en el Estado de Paraná (Brasil). Hicieron la guerra contra otros grupos y aun entre ellos.

Maidana relató feroces combates de la época de Fracran con bandas del lado brasileño.

Practicaban juegos violentos como el *kandjire* (juego de palos) entre dos bandas y el *pindjire* (juego del fuego) llevado a cabo de noche.

Ambrosetti recoge el testimonio de una vieja india, ofrecido al explorador brasileño Telémaco Morosini Borba, acerca del porqué de esta violencia:

"Usted no quiere que mi gente continúe con este juego; aunque ya hoy no tenemos con Uds. más guerras, es siempre necesario que nuestros hombres continúen ejercitándose; pues sin esta diversión, se volverán flojos y miedosos como las mujeres, lo que no conviene, porque aún hay en los bosques indios bravos que todavía nos pueden atacar. Si no estuviesen nuestros hombres ejercitados ¿cómo nos defenderían?"[70]

Los juegos quedaron como acto reflejo de mantener una resistencia que no prosperó.

El avance de la sociedad nacional con todos sus flagelos desbordó a los últimos caingang, representantes de una cultura original –los ge del sur brasileño– en el territorio argentino.

El propio Ambrosetti alcanzó a ver este proceso irreversible:

"Los indios que se hallan en San Pedro pronto se acabarán, porque ha empezado a cundir entre ellos la tuberculosis, debido a la gran receptividad que tienen los indios en general para todas las enfermedades contagiosas, como la viruela, sífilis, etc.

Esto es sin contar con los inconvenientes que les trae la vida sedentaria, que disminuye en mucho la lucha, sin proporcionarles la cantidad de alimentos que, en la vida salvaje, obtenían abundantemente".[71]

Los pocos individuos que quedaron migraron hacia su tierra natal, en el Brasil. El resto, se diluyó totalmente en la nueva población de la provincia y la región.

Hoy en Argentina, los caingang ya no existen.

PERFIL ÉTNICO-CULTURAL DE LA ARGENTINA A MEDIADOS DE ESTE SIGLO

A mediados del presente siglo, y como continuación del cuadro de situación que habíamos presentado en el capítulo anterior (pág. 324) es un hecho que ya no existen comunidades indígenas libres, entendiendo por ellas a grupos humanos asentados sobre territorios cuya posesión retienen, con clara autonomía, con desarrollo de la forma de vida originaria, con pautas de subsistencia tradicionales y sistemas de poder propios.

En otras palabras ya no existen comunidades que mantengan relaciones libres con la naturaleza, consigo mismas como comunidades, con otras comunidades y con lo sobrenatural de acuerdo con su historia originaria.

¿Qué es lo que ha sucedido? Las pocas comunidades que quedan, mantienen su cultura a duras penas, rodeadas definitivamente por la sociedad nacional, y vinculadas a ésta por múltiples mecanismos como la economía, la educación, las instituciones oficiales, la religión.

Mantienen su cultura sí, pero no en forma libre. Ya no son comunidades que deciden por sí, sino que están expuestas a los designios de la sociedad nacional que las ha confinado para siempre. Por eso a esta altura de la historia india, sólo existen dos tipos de cultura: las sometidas y las extinguidas (véase cuadro 29, pág. 374).

Las diferencias con el cuadro de situación de 50 años antes hacen crecer al segundo bloque de culturas, sumando siete (7) nuevos grupos que han desaparecido en forma definitiva, con lo cual suman doce (12) las culturas originarias extintas.

De las restantes, los tehuelches están en vías de acelerada extinción, mientras que los pilagás, chorotes y chulupíes observan muy bajos índices demográficos.

Ellos, junto a las otras comunidades sometidas, se han convertido en verdaderas minorías étnicas, entendiendo por tales a "aquellas poblaciones que tienen una cultura, un idioma, a veces territorio y economía en común, pero que a diferencia de las nacionalidades no forman configuraciones sociopolíticas mayores" (Ortega Hegg, Vélez y Boege, 1983).

29. CUADRO DE SITUACIÓN DE
LAS CULTURAS INDÍGENAS A MEDIADOS DEL SIGLO XX

Culturas sometidas (confinadas y/o "incorporadas")	Chiriguanos (Chaco Salteño) Guaraníes - Mbyá o Cainguá (Litoral) Mapuches y Tehuelches (Llanura) Tobas, Mocovíes, Pilagá: Guaikurúes (Llanura) Matacos, Chorotes, Chulupíes: Mataco-Mataguayos (Llanura) Collas (Montaña)
Culturas extinguidas	Yámanas, Onas (Extremo Sur) Pehuenches (Llanura) Huarpes, Diaguitas, Omaguacas, Atacamas, Tonocotés, Lule-Vilelas, Comechingones y Sanavirones (Montaña) Chaná-Timbúes (Litoral)

Cabecitas negras, matriz inmigrante
y hermanos latinoamericanos

La República Argentina ha confinado a los hijos de la tierra, a los otrora señores. Pero no ha podido detener la dinámica de un proceso histórico que incide sobre su perfil cultural.

Hacia mediados del presente siglo, nuestra patria no es el "país blanco" que soñaron los hombres de la generación del '80.

Si bien el alud inmigratorio europeo fue notable, haciendo creer a algunos que la Argentina había perdido su identidad originaria, no es menos cierto que la sociedad nacional soportó ese aluvión y pudo "también actuar aculturativamente sobre él, integrándolo a su modo de ser" (Colombres, 1983).

En efecto: el encuentro entre la matriz original hispano-indígena y los inmigrantes produce una conmoción cultural que se expresa en choque y separación al principio para ir dejando paso después a una paulatina fusión que desemboca en lo que podríamos definir como *segunda mestización*, no necesariamente biológica, sino traducida en la mutua aceptación, la "argentinización" de los inmigrantes, la fusión evolutiva a través de las generaciones, y fundamentalmente, el despertar de la conciencia colectiva de pertenencia a una comunidad en gestación y la adhesión a sus peculiaridades. La idea de pertenencia a una comunidad nueva (no trasplantada) con características propias.

¿Pero por qué decimos que la Argentina no es el país blanco originariamente soñado por los "constructores de nuestra nacionalidad"?

Porque además de esa *segunda mestización* debemos considerar la primera, fruto de la matriz primigenia hispano-indígena, y que en épocas recientes, hacia la década del 40 se convirtió en los "cabecitas negras", hijos de esa matriz hispano-indígena y/o descendientes directos de las comunidades indias, que transformados en migrantes "bajaron" desde los distintos puntos del interior hacia los centros urbanos, especialmente hasta Buenos Aires, mostrando la otra cara del país.

Muy pronto, el mote despectivo de "cabecita negra", creado por los sectores dominantes de nuestra sociedad y clara muestra del racismo argentino, se transformó en una bandera de lucha y reivindicación de las mayorías populares postergadas.

Los "cabecitas" irrumpieron con su forma de vida en las ciudades, y ellas ya no fueron las mismas. Los espacios antes reservados a las minorías comenzaron a ser penetrados por una masa humana que hasta ese entonces había permanecido agazapada, aguardando su momento.

Los "cabecitas negras", portadores de la primera gran mestización, de la primera matriz en la conformación del pueblo argentino, herederos directos de los indígenas, se unen a ese otro segundo gran componente, que son los inmigrantes y sus descendientes:

"Ése es un tema muy importante como para que la Argentina encuentre su identidad. No se puede negar a la gente que vino de Europa con los barcos, es evidente. Pero los argentinos niegan a los cabecitas.
En la conciencia argentina Martín Fierro es como si fuera nieto o hijo de polacos. Debería haber una epopeya de alguien que vino de un barco y fue glorioso, así como los americanos tienen el símbolo del 'Mayflower'.
El 'Mayflower' es el Martín Fierro de los americanos.
Pero en ese sentido el héroe argentino es un cabecita negra. Es increíble esa falta de conciencia. Esta nación se construyó con el cabecita negra y con la gente que fue expulsada de Europa como ganado humano, porque era excedente".[72]

A pesar de esa negación que los propios argentinos hacemos, los cabecitas, los indígenas, la parte de la tierra está aquí, presente, en cada uno de nosotros. Y por encima de la conciencia de cada uno, ellos son una verdad objetiva.

A esos dos grandes componentes en la conformación del perfil cultural de la Argentina, cabe sumar en los últimos años, el aporte de la *inmigración latinoamericana*, que posibilitó el arraigo de nuestro pueblo a su continente y que fortificó la presencia de la matriz hispano-indígena y/o indígena.

Paraguayos, bolivianos, chilenos, brasileños y últimamente uruguayos contribuyen a engrosar la población de la Argentina.

Por el noroeste, los bolivianos encuentran un territorio apto para la integración, intercambiando con la población colla de la región.

Muchos llegan hasta Buenos Aires y otros centros urbanos, convirtiéndose en masa asalariada no especializada cuando logran encontrar trabajo o bien marchan hacia las cosechas de distintos puntos del país.

El mismo derrotero parece seguir el inmigrante paraguayo, que encuentra en los guaraní-parlantes del nordeste un ámbito propicio para compartir experiencias comunes.

Por el extremo nordeste se da una importante presencia de brasileños, que con su tradicional energía cultural imponen su cosmovisión en una zona como la misionera caracterizada precisamente por su mezcla étnica.

Los chilenos que emigran constantemente y se establecen en nuestro sur dan continuidad a la historia de los araucanos que en un tiempo lejano, hace unos 400 años, atravesaron la cordillera y se mezclaron con los tehuelches. Hoy, los chilenos en el sur son una población demográficamente notable, alcanzando en las provincias de Santa Cruz o el territorio nacional de Tierra del Fuego, un porcentaje mayor al 30% de la población total (Ratier, 1976).[73] Ellos son el grueso de la mano de obra patagónica, entregados a las más disímiles tareas, en general las peor pagas (mapa 41).

Es que los inmigrantes latinoamericanos, al igual que nuestros cabecitas, sufren la discriminación racial, que aunque negada, está muy presente en nuestra sociedad, agravada por problemas tales como la indocumentación.

De todas maneras, y a pesar de su marginalidad, también ellos están aquí, contribuyendo a nuestro perfil cultural. Bolitas, Chilotes, Cabezas chatas, Paraguas, ya pertenecen a nuestra cotidianeidad.

"En las villas o barriadas populares se los siente extraños respecto al criollo argentino.

Discriminados a veces, intentan agruparse, y eso molesta. Sus hijos, entretanto, corretean los pasillos de la villa o las calles de la ciudad. Y ahí se acaba la influencia extraña; junto a los pibes locales aprenden a sentir como propio el suelo que pisan.

Otro tanto hicieron los hijos de italianos y españoles. El bajo nivel de instrucción del inmigrante favorece la asimilación. La afinidad cultural de la que hablamos acelera el proceso. Cuando hay un entorno argentino fuerte, no corren riesgos. Pueden decirlo muchas familias misioneras o correntinas de ascendencia brasileña que ya ni recuerdan ese origen. La segunda generación se argentiniza sin dificultad".[74]

Las "patas" en las fuentes:
movimientos de masas y participación indígena

A partir de determinado momento la ciudad de Buenos Aires es síntesis de la dinámica étnico-cultural del país, porque la ciudad-puerto es un nuevo ámbito de reunión de las diferentes regiones, conmoviéndose su carácter de urbe europeizante y la dicotomía que presentó históricamente con el interior.

En este sentido, el surgimiento de los movimientos políticos de masas, comenzados con el radicalismo de Yrigoyen (1916) que aglutinó por primera vez a los sectores populares, especialmente los obreros inmigrantes

41. INMIGRACIÓN DESDE LOS PAÍSES LIMÍTROFES.
Porcentajes hacia enero de 1976 según
la Dirección Nacional de Migraciones

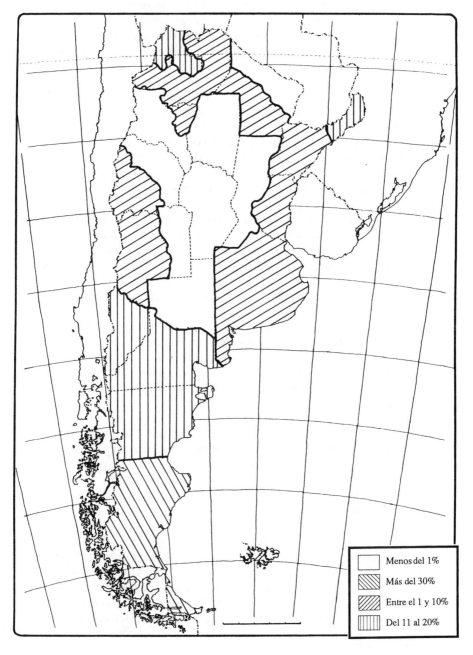

Menos del 1%
Más del 30%
Entre el 1 y 10%
Del 11 al 20%

Tomado de Hugo Ratier, 1976

y que fueron seguidos por el peronismo que nucleó a partir de 1945 a las grandes mayorías, otorgaron a la masa una promoción política y social inédita en la historia argentina.

Esa promoción –un camino sin retorno en la marcha hacia la construcción de un nuevo país– pone además en primer plano ese "hervidero cultural" que comienza a ser la Argentina de esta coyuntura, una nación multifacética, pluriétnica, que encuentra en la política su más alto grado de expresión.

"El sol caía de plomo sobre la Plaza de Mayo, cuando inesperadamente, enormes columnas de obreros comenzaron a llegar… Llegaban cantando y vociferando, unidos en una sola fe. Era la muchedumbre más heteróclita que la imaginación pueda concebir. Los rostros de sus orígenes se traducían en sus fisonomías. Descendientes de meridionales europeos iban junto al rubio de rasgos nórdicos y al trigueño de pelo duro en que la sangre de un indio lejano sobrevivía aún".

[……..]

"En las cosas humanas el número tiene una grandeza particular por sí mismo. En ese fenómeno majestuoso a que asistía, el hombre aislado es nadie, apenas algo más que un aterido grano de sombra que a sí mismo se sostiene y que el implacable viento de las horas desparrama. Eran briznas de multitud y el alma de todos nos redimía. Presentía que la historia estaba pasando junto a nosotros y nos acariciaba como la brisa fresca del río".

[……..]

"Lo que yo había soñado e intuido durante muchos años, estaba allí presente, corpóreo, tenso, multifacético, pero único en el espíritu conjunto. Eran los hombres que están solos y esperan que iniciaban sus tareas de reivindicación. El espíritu de la tierra estaba presente como nunca creí verlo".

[……..]

"La subsistencia del pueblo argentino, su quintaesencia estaba allí, presente, afirmando su derecho a implantar para sí mismo la visión del mundo que le diera su espíritu desnudo de tradiciones, de orgullos sanguíneos, de variedades sociales, familiares o intelectuales. Estaba allí desnudo y solo, como la chispa de un suspiro, hijo transitorio de la tierra capaz de luminosa eternidad".

[……..]

"Ese día una emoción sacudió mis sentimientos. El pueblo argentino que cubría la extensión de la Plaza de Mayo parecía haber surgido de entre los intersticios del pavimento como se eleva de entre los adoquines en forma de polvo, la pampa primitiva que está debajo de la piedra artificial que la cobija. Eran hombres sin necesidades, inmunes al cansancio, al hambre y la sed. Decían aquí comienza la revolución de los pueblos sometidos. Aquí se inicia la rebelión de los que estuvieron doblegados".[75]

Así describió Raúl Scalabrini Ortiz el 17 de octubre de 1945, día en que las masas de trabajadores avanzaron sobre Buenos Aires y acantonadas en Plaza de Mayo exigieron la libertad del coronel Perón, ya convertido en líder de los más humildes.

Ese día se replanteó como nunca la contradicción ancestral de Civilización o Barbarie. Los blancos, prolijos y porteños, opuestos a los negros, sucios y del interior. Los "cultos" contra las "'hordas".

Los "negros", como un símbolo de su definitiva incorporación a la historia nacional habían profanado el paseo público; para mitigar el cansancio de la jornada, se habían lavado las "patas en las fuentes" (Lamborghini, 1968). En esas patas, en ese cansancio, en ese anhelo de redención, en esa lucha que ahora continuaba de otra manera, los indios y los hijos de los indios, el pueblo mestizo de la Argentina, tenía ganado un lugar.

"Yo estoy escribiendo ahora un trabajo sobre la conformación de lo que hoy es el pueblo brasileño. Ustedes tendrían que estudiar cómo se conformó el pueblo argentino; cómo fue relegado y cómo empieza a surgir con el peronismo. No hay ningún sentimiento de identificación con el cabecita negra.

Ése es un tema importante como para que la Argentina encuentre su identidad".[76]

"Dios nos ha hecho nacer en los campos y éstos son nuestros; los blancos nacieron del otro lado del Agua Grande y vinieron después a éstos que no eran de ellos, a robar los animales y a buscar la plata de las montañas. Esto dijeron nuestros padres y nos recomendaron que nunca olvidáramos que los ladrones eran los cristianos y no sus hijos. En vez de pedirnos permiso para vivir en los campos, nos echan, y nos defendemos; y si es cierto que nos dan raciones; éstas sólo son un pago muy reducido de lo mucho que nos han quitado. Ahora ni eso quieren darnos, y como concluyen con los animales silvestres, esperan que muramos de hambre y no robemos.

"El indio es demasiado paciente y el cristiano demasiado orgulloso. Nosotros somos dueños y ellos son intrusos. Es cierto que prometimos no robar y ser amigos, pero con la condición de que fuéramos hermanos (...) Pero ya es tiempo que cesen de burlarse; todas sus promesas son mentiras. Los huesos de nuestros amigos, de nuestros capitanes asesinados por los huincas, blanquean en el camino de Chóleachel y piden venganza; no los enterraremos porque debemos tenerlos siempre presentes para no olvidar la falsía cristiana."

Cacique Chacayal, 1878.

CAPÍTULO VII

El ESTADO Y LAS POLÍTICAS HACIA EL INDÍGENA

La Constitución Nacional sancionada en 1853, y hoy vigente*, es quizá la primera referencia de importancia en las políticas hacia los indígenas que el Estado ha llevado a cabo hasta nuestros días.

En el Capítulo IV, del título primero de la Segunda Parte, en su art. 67 inciso 15 nuestra Carta Magna establece que corresponde al Congreso "Proveer a la seguridad de las fronteras; conservar el trato pacífico con los indios y promover la conversión de ellos al catolicismo".[1]

En esta breve cláusula está sintetizada la política hacia los indígenas hasta el momento de la sanción de la Constitución, y lo que sería la política hasta bien entrado el presente siglo, es decir: primero, la noción de la existencia de fronteras interiores, o sea la idea de dos mundos separados, nosotros y los otros, idea que va unida a la necesidad de garantizar la seguridad interior, lo cual nos deja a un paso de la posibilidad de la violencia; segundo, la introducción del espíritu paternalista y segregacionista al hablar de "trato pacífico", una vez más determinando unilateralmente de qué manera se concretará la relación; tercero, la incorporación acrítica y

---

*En 1996, al publicar la 4ª edición de este libro, se encuentra sancionada la nueva Constitución Nacional (Santa Fe, 1994), que suprimió el art. 67 inciso 15. Fue reemplazado por el art. 75 inciso 17, en los siguientes términos: "17. Reconocer la preexistencia étnica y cultural de los pueblos indígenas argentinos. Garantizar el respeto a su identidad y el derecho a una educación bilingüe e intercultural; reconocer la personería jurídica de sus comunidades, y la posesión y propiedad comunitarias de las tierras que tradicionalmente ocupan; y regular la entrega de otras aptas y suficientes para el desarrollo humano; ninguna de ellas será enajenable, transmisible ni susceptible de gravámenes o embargos. Asegurar su participación en la gestión referida a sus recursos naturales y a los demás intereses que los afecten. Las provincias pueden ejercer concurrentemente estas atribuciones." Este logro fue posible debido a la decisiva determinación de algunos constituyentes que contaron con el apoyo de organizaciones indígenas, organizaciones no gubernamentales (ONGs) y al aporte de diversos especialistas en la materia.

sin más trámite del catolicismo, sin hacer referencia en lo más mínimo a la cultura de las comunidades en cuestión.

Aunque existe el antecedente de la Constitución de 1819, correspondiente a las entonces Provincias Unidas de Sudamérica, en la cual en su Sección v, Cap. ii, art. 128, se declaraba "a los indios de todas las Provincias por hombres perfectamente libres en igualdad de derechos a todos los ciudadanos que las pueblan", el texto de la Constitución de 1853 señala con mayor precisión y veracidad el espíritu de la época. En los hechos, los indígenas no pudieron permanecer libres y mucho menos disfrutar de los mismos derechos que el resto de sus compatriotas.[2]

En las discusiones previas a la redacción del inciso 15, aparecía insistentemente el fantasma del enfrentamiento armado como solución definitiva contra el indígena; en esas jornadas, los propios legisladores admitieron resignados la ambigüedad del artículo en cuestión: por un lado se impulsaba el trato pacífico y por el otro se aceptaba el recurso de la violencia.

LOS COLETAZOS DE LA CONSTITUCIÓN DE 1853

Las leyes de tierras y colonización

Hacia fines del siglo XIX y hasta bien entrado el siglo XX, los sucesivos gobiernos aplican "políticas de colonización" que incluyen el emplazamiento de algunas comunidades en tierras fiscales especialmente adjudicadas.

La ley 817 de inmigración y colonización promulgada el 19 de octubre de 1876 creó una Oficina Central de Tierras y Colonias, otorgando parte de las tierras a subdividirse a "la reducción de los indios". Por el artículo 100 se establecía que el "Poder Ejecutivo procurará por todos los medios posibles el establecimiento en las secciones de las tribus indígenas, creando misiones para traerlas gradualmente a la vida civilizada, auxiliándolas en la forma que crea más conveniente y estableciéndolas por familias en lotes de 100 hectáreas".[3]

Es necesario recordar que nos acercamos a la finalización del exterminio consumado en Pampa, Patagonia y Chaco. Como se verá, la ideología racista que predominaba en la época operó como sombrilla sobre todo lo actuado. Los ejemplos son innumerables: durante el debate de la sesión de diputados que acordó premios a "expedicionarios al desierto" el 16 de junio de 1879, se mencionó que los indígenas habían intentado "destruir la nacionalidad argentina".[4] En otro debate del 10 de julio de 1885 se propuso un régimen virtualmente carcelario para las comunidades, al hablar de asignárseles "otros territorios donde pudieran establecerse, bajo la autoridad y la inspección de una policía establecida por el gobierno", discutiéndose a renglón seguido acerca de los indios como ciudadanos, poniéndose de manifiesto tres posiciones: 1) la que los considera "ciudadanos por haber nacido en el territorio de la República"; 2) la que los entiende como "ciudadanos de segunda categoría con sus derechos restringidos"; 3) la que no los considera como tales, por ser "argentinos rebeldes", contrarios a la civilización.[5] Años después en el debate del 15 de junio de 1888 referido a la "repartición de tierras públicas y colocación de indios sometidos al gobierno" se reconoce explícitamente que después de la Revolución de Mayo, "con pequeñas treguas, el exterminio parece haber sido la norma de conducta de todos los sucesivos gobiernos", admitiendo que hasta entonces el indio era "considerado un ser inferior".[6]

La finalización de las campañas militares crea la necesidad de "hacer algo" con la población autóctona sobreviviente y simultáneamente tiende a transformar las pautas culturales. Es así como entre los fundamentos del proyecto de ley 1311 de 1883 relativo a la "autorización de gastos para el sostenimiento de indios" se consideraba "provechoso conservar estos indios en la frontera, en contacto con las tropas y sometidos a un régimen militar, lo que les permitirá ir perdiendo gradualmente sus costumbres y sus hábitos de tribu".[7] Asimismo por la ley 1.470 de 1884 se autorizó al Poder Ejecutivo a invertir dinero en los gastos de la ocupación militar de los territorios del Chaco. La promulgación de esta ley fue precedida por un debate parlamentario en el cual se hizo referencia al mensaje del Poder Ejecutivo que consideraba "extirpada la barbarie", y por tanto promovía atraer a los indios "a la civilización, hecho que los beneficiaría, facilitando la incorporación de costumbres de vida y mejoraría sus condiciones"; pero especialmente imponía una acción civilizadora "para convertirlos y reducirlos a la condición de hombres pacíficos y trabajadores".[8]

Poco después por la ley 1.532 del 16 de octubre de 1884 se contempló la organización de los territorios nacionales; se especificó que cada gobernador "procurará el establecimiento en las secciones de su dependencia de las tribus indígenas que morasen en el territorio de la gobernación, creando con autorización de Poder Ejecutivo, las misiones que sean necesarias para traerlos gradualmente a la vida civilizada".[9]

Fue en este contexto entonces que los distintos gobiernos propusieron sucesivos proyectos tendientes a la colonización de tierras, buscando en ellos la pronta incorporación de los indios a los "beneficios de la civilización".

Finalmente, y como para completar esta nómina no excluyente de normas vinculadas con la reorganización de los territorios, podemos mencionar la ley 4.167 promulgada el 8 de enero de 1903, referida al régimen de tierras fiscales, y cuyo art. 17 estipuló que "el Poder Ejecutivo fomentará la reducción de las tribus indígenas, procurando su establecimiento por medio de misiones y suministrándoles tierras y elementos de trabajo".[10]

Al año siguiente, con motivo del envío al Parlamento de la Ley Nacional del Trabajo, el mensaje del Poder Ejecutivo, en su apartado de Trabajo de los Indígenas (1904), menciona una vez más la existencia de las "ideas tradicionales sobre la condición inferior del indio" y reconoce que "la explotación de su trabajo en las empresas que lo ocupan excede los límites de la tolerancia legal y moral" pero dispone autoritariamente que "los empresarios deben cuidar de mantener entre los indios el orden y la moralidad. Se los debe inducir a entretenimientos propios de la vida civilizada. Se les debe apartar de sus idolatrías. Se debe permitir que los misioneros los formen en la moral cristiana",[11] todo ello sin el menor reparo por atender a las particularidades de la forma de vida indígena.

El proyecto Bialet Massé (1904)

Médico y abogado de origen español, Juan Bialet Massé está considerado como uno de los más importantes precursores del Derecho Laboral en la Argentina.

De vasta actuación en nuestro medio (1876-1907) es convocado por Joaquín V. González, ministro del Interior del presidente Julio A. Roca, quien por decreto del 21 de enero de 1904 le encomienda un relevamiento integral de las masas trabajadoras del "interior" del país.

Durante tres meses Bialet Massé recorrió los más recónditos lugares del mapa argentino, acopiando cuantiosa y valiosa información, cuyo resultado fue el "Informe sobre el estado de las clases obreras argentinas".[12]

Fruto de aquella recorrida y de acuerdo a lo especialmente observado en el Territorio del Chaco entre matacos, tobas, mocovíes y chiriguanos, Bialet Massé concluye que "la condición del indio es la de un incapaz, en los términos precisos de la ley civil: no sabe el idioma del país, no sabe leer ni escribir, no tiene idea de las relaciones jurídicas, ni menos conocimiento de las leyes del país, y apenas de las más elementales de derecho natural".[13]

"En consecuencia –agrega el autor– es menester la existencia de alguna institución que interceda por los indígenas ante el conjunto de la sociedad, institución por otra parte que no puede ser el Ministerio de Menores e Incapaces que ha demostrado ya su fracaso."[14] Por el contrario, Bialet propone la creación de un organismo *ad hoc*, el Patronato Nacional de Indios entendido como un ente tutelar de las condiciones generales de la vida indígena.

Más allá de manifiestas posiciones paternalistas (la idea de un organismo "defensor"; la introducción de ciertas enseñanzas como labores a las mujeres en desmedro de las prácticas tradicionales; la imposición de la religión) no es menos cierto que este proyecto contiene algunos puntos interesantes vinculados a la idea de que las comunidades indígenas están en tránsito hacia su inserción igualitaria en la sociedad nacional (algunas referencias al respecto por los "usos y costumbres" de las comunidades; la posibilidad de que los indios elijan las distintas ofertas de trabajo; el reconocimiento –aunque muy leve– de la necesidad de la devolución de las tierras). El proyecto decía textualmente lo siguiente:

1°) Créase un Patronato Nacional de Indios, bajo la dependencia del Ministerio del Interior, que será su presidente nato, y se compondrá de un vocal, que haya desempeñado la magistratura a lo menos diez años; de un ingeniero agrónomo que haya residido en el Interior del país a lo menos diez años, dos ex diputados, o ex senadores o ex gobernadores de territorios nacionales o jefes del ejército que hayan ejercido mando en territorio nacional, con un secretario, los que gozarán de los sueldos que fije la ley de presupuesto.

2°) El Patronato Nacional de Indios tendrá a su cargo cumplir y hacer cumplir las leyes que se dictaren, relativas a los indios, presidir su protección y defensa y proponer los reglamentos y ordenanzas que creyese convenientes a los objetos de su misión, proponer los empleados superiores y nombrar para sí los inferiores, a propuesta de los primeros, que se crean por la presente ley.

3°) Se nombrarán cuatro inspectores generales, dos para los territorios nacionales del Norte y para los del Sur, cuya misión será vigilar el cumplimiento de las obligaciones de los empleados locales en la protección y defensa de los indios en cada una de las colonias de indígenas que se crean por la presente ley, cumpliendo y haciendo cumplir las leyes del patronato, los reglamentos e instrucciones que se les dieren.

4°) En cada colonia habrá un juez de paz, un comisario de policía, un defensor de indios y un sacerdote exclaustrado que ejercerán la autoridad en el ramo que a cada uno corresponda, y unidos al cacique y a los maestros de las escuelas que hubieren formarán el Consejo de la Colonia.

5°) El Consejo ejercerá las funciones municipales en el pueblo de cada colonia; propondrá a la Junta del Patronato Nacional, por intermedio del inspector general, los reglamentos que creyese convenientes o necesarios sobre el gobierno de la colonia, cultivos y plantaciones, modo de alentar a los indios en el progreso de su cultura y cuanto creyese conveniente a los fines de su institución.

6°) El juez de paz resolverá toda cuestión entre partes que se le sometieren por equidad, y sin que ningún proceso por acción civil o comercial pueda durar más de tres días.

En materia de delitos tendrá las mismas atribuciones que asigna el Código Nacional de Procedimientos en lo Criminal a los jueces de instrucción y correccionales, procurando mitigar el rigor de las leyes; aplicando penas suaves y en lo posible de carácter moral; acelerando los procesos de manera que ninguno dure más de siete días, y al dictar sentencia procurar convencer al reo de la justicia y necesidad del castigo.

En los casos en que el Código impone penas de presidio o penitenciaría, instruirá los sumarios en el menor tiempo posible, y los remitirá al juez de primera instancia del territorio, junto con los reos, en los casos en que proceda la prisión preventiva.

Actuará con un secretario encargado del Registro Civil de la Colonia.

7°) El comisario de policía ejercerá y hará ejercer a los subordinados que tuviese la autoridad que inviste generalmente, con la mayor suavidad posible, evitando toda vejación innecesaria y en todo caso los golpes y castigos corporales, ni hacer uso de armas sino en defensa propia.

Procederá con toda actividad y energía a la detención de todo el que cometa un acto cualquiera de persecución o depredación contra los indios, así como los que éstos cometan contra los extraños.

8°) Se creará en cada colonia una escuela primaria elemental mixta de ambos sexos, con los profesores auxiliares que requiera el número de asistentes. Los maestros y maestras deberán ser casados y vivir con sus cónyuges en la colonia. Los maestros, además de la enseñanza de los niños, procurarán enseñar el idioma nacional a los adultos que lo solicitaren, pero los maestros deberán hacer la propaganda más persuasiva y eficaz para lograr la asistencia.

Igualmente se procurará la enseñanza de labores a las mujeres, y serán de la preferente atención de los maestros la enseñanza de los trabajos manuales y del canto escolar.

9°) Un sacerdote argentino, nativo o nacionalizado, además de la cura parroquial, dará la enseñanza religiosa y procurará por todos los medios convencer a los indígenas de la conveniencia y utilidad para ellos de la asistencia a las escuelas y aprendizaje del idioma nacional.

10°) En cada colonia se reservarán dos lotes por cada ciento para darlos a capataces agrícolas, los que estarán encargados de enseñar a los indígenas de un modo meramente práctico y ejemplar, el manejo de las máquinas y herramientas agrícolas y los cultivos apropiados en la colonia.

Los lotes quedarán de propiedad de los capataces que hayan desempeñado cinco años esta enseñanza, sin perjuicio de las retribuciones que les asigne la ley de presupuesto.

Se crearán las becas que sean necesarias en las escuelas industriales de la Nación o de las Provincias más próximas, para dos alumnos indígenas en cada oficio mayores de quince años, que tengan la enseñanza primaria y que voluntariamente lo pidieren.

11°) El defensor de indios ejercerá en las colonias todas las funciones asignadas por las leyes generales a los defensores de menores e incapaces, y además:

Recibirá los pedidos de trabajadores que le dirigiesen los particulares, autoridades o Bolsas de trabajo; hará conocer a los indios las condiciones precisas del trabajo, los salarios y retribuciones ofrecidas y formulará los contratos correspondientes de conformidad a lo establecido en la presente ley.

Ningún indígena podrá ser compelido a la aceptación de un contrato de trabajo; pero una vez aceptado por la tribu, si alguno se retirase del trabajo, deberá ésta reemplazar la vacante o se descontará la falta.

El defensor que hubiese firmado el contrato, el más próximo al lugar de la ejecución, y todas las personas que componen el Patronato tienen personería para reclamar judicialmente el cumplimiento del contrato, aunque alguno o algunos de sus miembros estime que él se cumple bien.

El defensor evitará, en cuanto sea posible, que los indígenas maltraten a los niños y procurará su asistencia a las escuelas.

12°) En los respectivos territorios nacionales que actualmente habitan o en el más próximo se dará a cada tribu de indígenas una legua kilométrica por cada cien personas mayores de doce años que la compongan o fracción que no baje de cincuenta. Toda duda fundada sobre la edad, será resuelta del modo más favorable a los indígenas. El terreno concedido a cada tribu se denominará Colonia de Indígenas, de –con el aditamento del nombre del lugar–, y si éste no lo tuviere se le dará el de un hecho histórico nacional o de algún prócer de la nación.

Se procurará que cada grupo de colonias no exceda de ochocientos habitantes al tiempo de la concesión, y que diste cada grupo del más inmediato a lo menos veinte y cinco kilómetros y que las tierras sean buenas y susceptibles de cultivos capaces de satisfacer las necesidades de los colonos, ayudados de su trabajo fuera de la colonia.

13°) En cada colonia se demarcará un pueblo y se dará a cada familia un lote de 50 x 50 metros para habitación, y en la plaza se señalarán los necesarios para las oficinas, iglesias y demás necesidades públicas.

Se separarán asimismo dos lotes de doscientas hectáreas cada uno para los capataces agrícolas instructores.

El pueblo y estos lotes no se computarán para la extensión de la colonia en el censo de habitantes que determina el número de leguas que deberán comprenderla.

14°) La mensura, misión en la posesión, demarcación de lotes y los títulos definitivos de propiedad serán de cuenta de la Nación.

Los títulos de los terrenos de los pueblos se harán a nombre individual; los de campo a nombre individual o colectivo, como lo solicite la mayoría de la tribu.

15°) Mientras la colonia no tenga artesanos para satisfacer sus propias necesidades, se podrán conceder lotes a los extraños que los solicitaren en los terrenos colindantes con las colonias, como asimismo para comerciantes; pero unos y otros deberán declarar que se someten a la inspección oficial respecto de los precios que cobraren.

16°) El Patronato Nacional confeccionará y propondrá al Ministerio del Interior las ordenanzas y reglamentos que deban regir las colonias, bajo un plan general, pero teniendo en cuenta las condiciones especiales de raza, clima y producciones.

17°) En todo lo que no se oponga a la presente ley, a los usos y costumbres de los indios y ordenanzas y reglamentos a que se refiere el artículo anterior, se estará a lo prevenido en las leyes generales del país.

18°) La asignación del presupuesto anual para los gastos que demande la presente ley, no bajará de 1.000.000 de pesos nacionales, y si hubiera déficit para cubrirlo en el presupuesto ordinario, se llenará con la venta de tierras públicas en los respectivos territorios.[15]

El proyecto Bialet Massé no se implementó en la práctica, pero muchas de sus sugerencias fueron retomadas posteriormente en las distintas políticas que se elaboraron y se concretaron. Sin embargo, como núcleo central se fue imponiendo paulatinamente la idea de crear Colonias o Reducciones Indígenas, para concretar en la realidad el objetivo segregacionista que alentaban los dueños del poder en la Argentina de los albores del siglo XX.

Dirección General de Territorios Nacionales (1912): reducción, protección e instrucción.

La naciente estructura del Estado argentino comienza a incorporar en sus distintos ámbitos a organismos responsables de la cuestión indígena, expresión a su vez de las sucesivas políticas gubernamentales llevadas adelante.

Estos organismos sufrieron muy diferentes procesos, generalmente sujetos por un lado a las políticas erráticas en la materia, y por el otro a los continuos cambios de jurisdicción, reemplazo o supresión lisa y llana.

Entre 1912 y 1980 se registran un total de por lo menos 21 "apariciones" de organismos especializados que funcionan cíclicamente en las órbitas de los Ministerios del Interior, de Trabajo, de Bienestar Social y aun de la Presidencia de la Nación.

Un fárrago de decretos y leyes fue dando sustento jurídico a esta de por

30. ORGANISMOS DEL ESTADO (ADMINISTRACIÓN CENTRAL) RESPONSABLES DE LA CUESTIÓN INDÍGENA DURANTE ESTE SIGLO

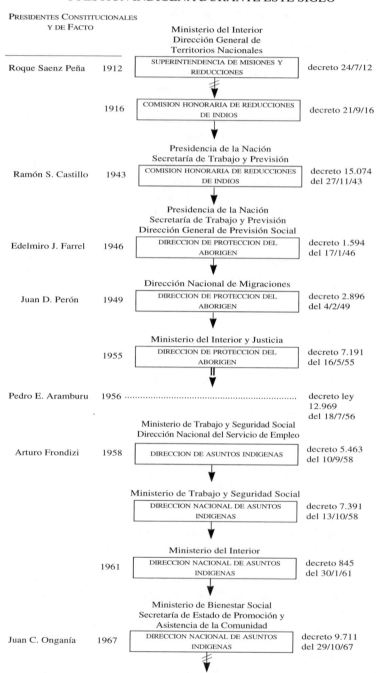

PRESIDENTES CONSTITUCIONALES
Y DE FACTO

Ministerio del Interior
Dirección General de
Territorios Nacionales

| Roque Saenz Peña | 1912 | SUPERINTENDENCIA DE MISIONES Y REDUCCIONES | decreto 24/7/12 |

| | 1916 | COMISION HONORARIA DE REDUCCIONES DE INDIOS | decreto 21/9/16 |

Presidencia de la Nación
Secretaría de Trabajo y Previsión

| Ramón S. Castillo | 1943 | COMISION HONORARIA DE REDUCCIONES DE INDIOS | decreto 15.074 del 27/11/43 |

Presidencia de la Nación
Secretaría de Trabajo y Previsión
Dirección General de Previsión Social

| Edelmiro J. Farrel | 1946 | DIRECCION DE PROTECCION DEL ABORIGEN | decreto 1.594 del 17/1/46 |

Dirección Nacional de Migraciones

| Juan D. Perón | 1949 | DIRECCION DE PROTECCION DEL ABORIGEN | decreto 2.896 del 4/2/49 |

Ministerio del Interior y Justicia

| | 1955 | DIRECCION DE PROTECCION DEL ABORIGEN | decreto 7.191 del 16/5/55 |

| Pedro E. Aramburu | 1956 | .... | decreto ley 12.969 del 18/7/56 |

Ministerio de Trabajo y Seguridad Social
Dirección Nacional del Servicio de Empleo

| Arturo Frondizi | 1958 | DIRECCION DE ASUNTOS INDIGENAS | decreto 5.463 del 10/9/58 |

Ministerio de Trabajo y Seguridad Social

| | | DIRECCION NACIONAL DE ASUNTOS INDIGENAS | decreto 7.391 del 13/10/58 |

Ministerio del Interior

| | 1961 | DIRECCION NACIONAL DE ASUNTOS INDIGENAS | decreto 845 del 30/1/61 |

Ministerio de Bienestar Social
Secretaría de Estado de Promoción y
Asistencia de la Comunidad

| Juan C. Onganía | 1967 | DIRECCION NACIONAL DE ASUNTOS INDIGENAS | decreto 9.711 del 29/10/67 |

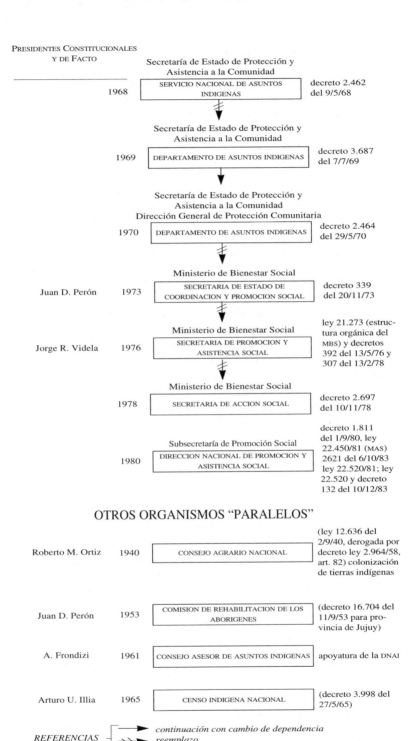

FUENTE: Congreso de la Nación, 1985

sí complicada y poco clara inserción de la problemática indígena en la estructura del Estado (cuadro 30, págs. 388 y 389).

Este largo camino no tiene un punto inicial definido, pero podemos fijar el 24 de julio de 1912 en que por decreto se estableció que a partir de entonces "quedará a cargo de la Dirección General de Territorios Nacionales, el trato con los indios, la superintendencia de las misiones y reducciones establecidas y que se establezcan entre aquéllas y en particular de las disposiciones de los decretos del 27/10/1911 y artículos 4 y 5 del de fecha 7/2/1912".[16]

Esas disposiciones estaban referidas a la fundación de "reducciones indígenas" a través de las cuales –y en forma mecánica– se pretendía la incorporación de las comunidades indias a la sociedad nacional. "Nada prueba que no sea posible incorporar a esos indígenas a la civilización por medios puramente pacíficos", reza en una parte de sus considerandos el decreto del 27 de octubre de 1911, explicando más adelante que mientras "no se funde un Patronato de Indios, encargado de aplicar las leyes, decretos y disposiciones que se dicten sobre reducción, protección e instrucción de los indios, es urgente atender provisoriamente las necesidades de las tribus cuyo sometimiento se vaya obteniendo".[17]

Reducción, protección e instrucción es la trilogía eufemística sobre la cual parece asentarse el marco ideológico de las políticas imperantes en la época. Reducción significaba en la práctica confinamiento, separación, segregación. Protección implicaba que los indígenas no estaban en condiciones de actuar por sí mismos. Instrucción era aislarlos, desgajarlos de las pautas culturales ancestrales.

*

Algunas precisiones sobre la terminología que se emplea en leyes, documentos e informes

Llegado a este punto, me parece importante formular algunas precisiones acerca de cierta terminología que se utiliza constantemente en normas legales, documentos o informes y cuyo significado no es claro.

La antropología ha intentado desenmascarar el verdadero sentido de palabras tales como incorporación, integración y otras, reemplazándolas desde el punto de vista técnico por términos nuevos, creados especialmente.

Si bien no existe para cada caso una definición que unifique las concepciones de los distintos especialistas, podemos intentar una generalización, que al menos sintetice en parte esta cuestión.

En cuanto al primer bloque de vocablos y siguiendo a Adolfo Colombres (1977) se entiende por *integración* el estado por el cual el indígena ya ha finalizado su proceso de aculturación, pues conoce las formas de vida de la sociedad nacional y está en condiciones para desenvolverse con capacidad en ella; *incorporación* incluye la noción de la violencia en todos los órdenes, sin las sutilezas del proceso de aculturación inducida; *asimilación* se refiere a aquellos grupos de la sociedad nacional que aceptan al indígena como uno de los suyos, en un grado en que aquél ya ha perdido prácticamente todos sus patrones de identidad. En el segundo bloque de términos encontramos *aculturación*, es decir el "proceso de cambio que emerge del contacto de grupos que participan de culturas distintas. Se caracteriza por el desarrollo continuado de un conflicto de fuerzas entre formas de vida de sentido opuesto" (Gonzalo Aguirre Beltrán, 1957). La aculturación es en sentido estricto *conflicto cultural*, que termina generalmente con la destrucción de la forma de vida indígena; *transculturación* es la "transición más o menos brusca de un pueblo, de su propia cultura ancestral a la cultura de otro pueblo con el cual entró en contacto" (Alejandro Lipschutz, 1962). La diferencia con la aculturación radica en la voluntad del indígena puesta en el proceso de cambio.

Deculturación es el vaciamiento, la pérdida de la especificidad cultural de un grupo; sería la consecuencia directa de la aculturación; *reculturación* es la interrupción del proceso de aculturación a través del rechazo súbito de la cultura invasora en un intento de volver casi desesperadamente al pasado mítico a través de fenómenos tales como rebeliones armadas, movimientos mesiánicos, etcétera; *segregación* es la actitud deliberada de un grupo de ensanchar la distancia cultural y social con respecto a otro con el que mantiene contacto; *destribalización* es el proceso por el cual se debilita y se rompe el ethos tribal por hechos de naturaleza violenta, finalizando con la desintegración y dispersión del grupo.

Marginalización es el proceso que se desata sobre los grupos étnicos incorporados a la economía nacional, privándolos de sus tierras o bienes (mecanismo opuesto a la desmarginalización).

Más recientemente, los antropólogos continuaron con la creación de conceptos a fin de definir con mayor justeza distintas situaciones en el desarrollo cultural. Así Darcy Ribeiro (1969) nos habla de la *actualización histórica*, es decir el proceso por el cual los pueblos "atrasados" son integrados coactivamente en sistemas más evolucionados en su tecnología, con pérdida gradual de autonomía e incluso con su destrucción como unidad técnica, pasándolos de una condición colonial a otra neocolonial; *aceleración evolutiva* sucede en cambio cuando un pueblo en situación de contacto, renueva su sistema productivo y cultural adecuándose al nuevo modelo sin perder la autonomía.

El concepto de *fricción* o *fricción interétnica*, puesto de moda a partir de la Declaración de Barbados en 1971, alude a las situaciones de conflicto generadas en áreas de relación interétnica en las cuales la presión de la sociedad nacional sobre los grupos étnicos es particularmente ostensible.

*

Comisión Honoraria de Reducciones de Indios (1916)

Sin perjuicio de las tareas que lleva a cabo el Ministerio del Interior a través de la Dirección General de Territorios Nacionales el gobierno del presidente Victorino de la Plaza crea la Comisión Honoraria de Reducciones de Indios en 1916, fundando la decisión en la necesidad de "centralizar en un solo organismo todos los asuntos relacionados con la reducción, protección y civilización de los indígenas".[18]

Sin embargo, el establecimiento de las funciones de dicha Comisión fue muy posterior si consideramos que la explotación de que eran objeto los trabajadores indígenas hacía necesaria la intervención más directa del gobierno central.

Como en otros casos, el proyecto –rubricado como decreto por el presidente Alvear en 1927– procura la defensa y protección de los indígenas, pero la concepción global imperante desnuda una vez más los valores negativos que en última instancia alientan a muchos de sus aspectos: la calificación de "mansos" para aquellos indígenas en realidad sometidos; la introducción forzada de la economía capitalista; el concepto de "internación" para los nómades; la prohibición del alcohol.[19]

El decreto expresaba lo siguiente:

Visto que la Comisión Honoraria de Reducciones de Indios manifiesta la conveniencia de modificar los decretos y resoluciones de gobierno dictados sobre reducciones de indios, con el propósito de conformarlos con las atribuciones y deberes que incumben a la citada Comisión en ejercicio de la misión que le ha sido encomendada, y

Considerando:

Que efectivamente, las funciones que hoy cumple la mencionada Comisión Honoraria, no guardan concordancia con los primitivos decretos que organizaron y reglamentaron su cometido, debido a que, como dicha institución lo expone, han variado fundamentalmente las condiciones de vida y de trabajo en las reducciones a su cargo:

Que por otra parte, la situación de los aborígenes que aisladamente o en grupos, trabajan temporariamente en el Norte de la República, ocupados en las tareas de zafra y otras, debe ser contemplada en esta oportunidad para ampararlos contra el abuso de que son víctimas, estando como están, sin apoyo ni defensa alguna por parte del Estado;

Que siendo la Comisión Honoraria de Reducciones de Indios, la entidad encargada de velar por la protección y amparo de los aborígenes, es conveniente concentrar en ella todo cuanto se relaciona con los indígenas de los territorios, ampliando su esfera de acción, circunscripta hoy al manejo de dos reducciones, para asegurarles verdadero apoyo y substraerles de la explotación de que son víctimas por los particulares;

Que habiéndose comprobado en la práctica la inconveniencia de someter al indio únicamente al trabajo de obraje, para producir recursos suficientes en las reducciones, a fin de costear su alimentación, vestuario, educación y civilización, tareas a las cuales aquél no resiste y que en vez de civilizarlo, lo alejan más del estado de mansedumbre y laboriosidad a que se le quiere llevar, es necesario evitar en la medida de lo posible el trabajo del indígena en el obraje, ocupándolo especialmente en las tareas agrícolas, en las que se está demostrando un buen trabajador;

Que a falta de una ley de Patronato de Indios y hasta tanto ella se sancione por el H. Congreso, es conveniente acordar a la Comisión Honoraria de Reducciones de Indios, las facultades necesarias para que su acción sea efectiva y de positivo beneficio en pro de los indígenas, procurando así realizar el propósito institucional contenido en el inciso 15 del artículo 67 de nuestra Constitución.

Por estas consideraciones y atento lo dispuesto en el inciso 12, artículo 8; de la ley 3.727.

El Presidente de la República Argentina.

Decreta:

Artículo 1º –Substitúyense y reemplázanse las disposiciones de gobierno dictadas sobre atribuciones y deberes de la Comisión Honoraria de Reducciones de Indios, así como las dictadas para las reducciones de Bartolomé de las Casas y Napalpí y misiones religiosas, por las siguientes:

La Comisión Honoraria de Reducciones de Indios, cuya forma de constitución y asiento establece el artículo 2º del decreto de fecha 4 de septiembre de 1916, tendrá los siguientes deberes y atribuciones:

a) Rendir cuenta a la Contaduría General de la Nación, cada trimestre, de los fondos que administra y remitir copia de las actas de sus sesiones al Ministerio del Interior, con el fin de que el Superior Gobierno se encuentre enterado con frecuencia de sus gestiones.

b) Proponer al Ministerio del Interior, la creación de nuevas reducciones así como su organización, dirección y desarrollo.

c) Propender al ahorro e instrucción práctica entre los indios.

d) Proponer al Ministerio de Agricultura la adjudicación en arrendamiento o en propiedad de lotes de tierra a los indios.

e) Autorizar y reglamentar el negocio de rescate de los productos de la caza con los indios.

f) Autorizar la construcción de edificios y mejoras de toda índole en las reducciones.

g) Dictar su reglamento interno y el de las reducciones.

h) Nombrar, suspender y separar al personal de las reducciones y proponer al Ministerio del Interior el personal de la Administración Central.

i) Proponer al Ministerio del Interior la distribución o inversión de los fondos que reciba el Gobierno o de los particulares, con destino a las reducciones, sea en efectivo, en mercaderías o implementos agrícolas.

j) Fijar los sueldos, salarios, fletes y demás gastos de las reducciones, sea en efectivo, en mercaderías o implementos agrícolas.

k) Administrar e invertir los fondos que reciba de presupuesto y los procedentes de la venta de los productos de las reducciones.

l) Autorizar la compra de ganado, herramientas, útiles, víveres, ropas y demás objetos necesarios para la explotación de los bosques y cultivos agrícolas, el transporte de sus productos y el sustento, vestido e instrucción de los indios que viven en las reducciones.

m) Propender a la atracción de los indios nómades, para su internación en las reducciones, ofreciéndoles y dándoles trabajo remunerado, alimentación y vestuario.

n) Autorizar la explotación de los bosques que contienen los campos de las reducciones para arbitrar los recursos que estime necesarios a fin de implantar en ellas, chacras para ser cultivadas única y exclusivamente por los indígenas.

o) Disponer la venta de las maderas, granos y demás productos de la explotación forestal o agrícola de las reducciones, como también de los tejidos fabricados por los indios que habitan en ellas.

p) Reglamentar el trabajo de chacras por los indígenas que viven en las reducciones, y de acuerdo a los fondos de que disponga y en la medida posible, facilitar a los indígenas chacareros todos los útiles de labranza que necesiten, así como semillas y elementos de defensa contra la oruga, langosta, etc., anotando su valor en la cuenta que se abrirá a cada titular; alimentar a los mismos durante el tiempo que duren las tareas agrícolas, hasta el levantamiento de la cosecha, la que la Comisión venderá, percibiendo de cada chacarero hasta donde sea posible y sin violentar en ningún caso al indio, el valor de los útiles, ropas y mercaderías de almacén que les suministró.

q) Entregar anualmente sin cargo a la Dirección de la Escuela que funcione en cada Reducción, ropas para ser repartidas entre los alumnos indígenas y distribuir entre éstos, alimentación diaria a la terminación de las clases.

r) Proponer al Consejo Nacional de Educación, la creación de escuelas para los aborígenes y el aumento de grados en aquellas que así lo requieran por el número de alumnos concurrentes, gestionando igualmente la provisión de útiles y elementos de enseñanza que estime necesarios.

s) Proponer al Ministerio del Interior todas las medidas que estime convenientes para evitar que se moleste a los indígenas sean mansos o aún no reducidos y denunciar los abusos de que sean víctimas.

t) Proponer al Ministerio del Interior la forma práctica de implantar el Registro Civil y el enrolamiento entre los indígenas.

Art. 2° – En virtud de las disposiciones del decreto de 12 de junio de 1913, que prohíbe acordar permiso en los Territorios Nacionales para instalar despachos de bebidas alcohólicas, en las zonas de colonización indígena, la Comisión Honoraria deberá denunciar al Ministerio del Interior, las trasgresiones que se cometan al citado decreto, para dictar las medidas que correspondan.

Art. 3° – La Comisión Honoraria de Reducciones de Indios gestionará ante el Ministerio de Agricultura, la mensura y deslinde, ubicación de las chacras indígenas situadas dentro de la Reducción Napalpí (Chaco) y el levantamiento de un plano de la misma, debiendo la citada Comisión prestar su cooperación al personal ocupado en este trabajo, para facilitar su cometido.

Art. 4° – La Comisión Honoraria de Reducciones de Indios queda encargada de vigilar e inspeccionar el trato que reciben los indios en los obrajes, ingenios y demás establecimientos industriales, a cuyo fin podrá convenir con los particulares que ocupen indígenas, la forma de hacer efectiva tal inspección, siendo por cuenta de las empresas interesadas los gastos que puedan ocurrir, tanto por el traslado de los indígenas, como por los gastos de inspección.

Art. 5° – Las gestiones y solicitudes que tengan relación con la ocupación y protección de los indígenas, deben ser iniciadas ante la Comisión Honoraria de Reducciones de Indios y ella intervendrá en los contratos de trabajo que celebren con los indígenas residentes en los territorios nacionales, las empresas radicadas en los mismos y las establecidas en las provincias que acudan en su busca, sea para ocuparlos permanente o transitoriamente, pudiendo negar su concurso y la ocupación de los indígenas, en el caso de oponerse los interesados a lo dispuesto en el artículo anterior.

Art. 6° – Desde la fecha queda prohibido en los territorios nacionales, contratar indios para los trabajos de obraje y zafra, canales y vías férreas, fuera de las zonas en que residen sin la previa intervención de la Comisión Honoraria de Reducciones de Indios.

Art. 7° – Las misiones religiosas establecidas en los territorios nacionales que reciben subvenciones del Estado, quedan sujetas a la inspección que cuando lo estime necesario realice en ella la Comisión Honoraria de Reducciones de Indios, ante la que rendirán cuenta de los fondos que ésta les entregue por aquel concepto.

Art. 8° – Las autoridades de los Territorios Nacionales facilitarán en todo momento la acción de la Comisión, prestándole el apoyo y auxilio necesario, para el mejor resultado de los fines que se persiguen.

Art. 9° – Remítase copia del presente decreto a la Gobernación de los Territorios Naciones, Consejo Nacional de Educación y Ministerio de Agricultura: hágase saber, publíquese y archívese.

Alvear

José P. Tamborini [20]

Entre la creación de la Comisión Honoraria de Reducciones de Indios (1916) y la ampliación de sus facultades (1927) existió un proyecto que en muchos aspectos fue innovador ya que introdujo una pequeña cuña, ideológicamente diferente, a las políticas llevadas a cabo hasta entonces:

EL PROYECTO YRIGOYEN (1921)

El gobierno de Hipólito Yrigoyen (1916-1922) irrumpe en la vida nacional con una política novedosa, dirigida a los sectores sociales tradicionalmente marginados y desprotegidos.

En este contexto, los indígenas no constituyen la excepción, ya que fueron objeto de especial tratamiento a través de distintas medidas, como el fomento de la explotación de sus textiles, "confiando en la posibilidad de alcanzar un resultado satisfactorio con un producto nacional que reemplace al artículo extranjero"[21] o bien consignando que la *reparación cultural* es el objetivo primordial del Poder Ejecutivo hacia los indígenas. [22]

Pero es quizás el proyecto de Código de Trabajo presentado a consideración del Congreso por Yrigoyen en 1921, el intento más significativo en pos de la promoción aborigen. El Título IX del proyecto, denominado Trabajo de Indios, establece distintas disposiciones, destacándose aquella del art. 135 referida a que no habrá "ninguna diferencia entre los trabajos del indio y los restantes obreros", gozando los indígenas de todos los derechos que el Código asegura a los trabajadores.

El texto completo de esta parte del Código de Trabajo es el siguiente:

Título IX del proyecto de Código del Trabajo del Poder Ejecutivo.
(Diario de Sesiones de la Cámara de Diputados. 8 de junio de 1921).

Art. 134. – Las disposiciones del presente capítulo se aplicarán a:

a) Los indígenas que trabajen en los territorios nacionales; y

b) Los indígenas que, contratados colectivamente o en grupos salgan de los territorios para ir a trabajar en las provincias.

Art. 135. – Salvo los que expresamente se consignan en los artículos siguientes, no se hará ninguna diferencia entre los trabajos del indio y el de los restantes obreros. Gozan los indios de todos los derechos que este código asegura a los trabajadores, debiendo entenderse como norma de conducta de los patrones y de las autoridades, a este respecto, que el trabajo de los indios no puede ser considerado como una mercadería.

Art. 136. – Queda prohibido el trabajo de conchabadores de indios en los territorios nacionales sin la presentación previa a las autoridades locales de una autorización en forma expedida por el Ministerio del Interior.

Art. 137. – La autorización a que se refiere el artículo precedente será o no concedida según lo estime oportuno el Ministro del Interior. En todo caso será denegada si las autoridades de la provincia donde los indios van a ser conducidos, manifiestan que existe una acentuada desocupación de trabajadores y juzgan innecesario el transporte de indígenas.

Art. 138. – En la solicitud respectiva la empresa solicitante deberá indicar:

a) el número aproximado de indígenas que desea contratar;

b) la zona de donde piensa sacarlos y el lugar donde sea necesario llevarlos;

c) el término de duración del contrato;

d) los medios de transporte e itinerario que empleará para llevar a los indios al lugar de trabajo y para conducirlos luego al lugar de donde los sacó; y

e) las bases y salarios mínimos que ofrece abonar a cada categoría de trabajadores.

Art. 139. – Por el hecho del pedido de autorización, la empresa peticionante se obliga:

1°) A abonar semanalmente el salario en dinero efectivo a cada individuo de la tribu, con prescindencia de cacique y capitanejos.

2°) A conducirlos, dándoles racionamiento adecuado, y a su costa, desde el sitio donde han sido contratados hasta el lugar donde deberán realizar sus trabajos, y viceversa. En los casos en que haya vía férrea se usará el transporte por ferrocarril.

3°) A no vender bebidas alcohólicas ni armas de guerra a los indígenas y a impedir por todos los medios posibles, en las inmediaciones de los lugares de trabajo, que se expendan por otras personas. En la denominación de armas de guerra no quedan incluidas las de caza.

4°) A permitir que los indios, con el producto de sus jornales, adquieran víveres u otras mercaderías donde mejor les plazca.

Art. 140. – En la tramitación del pedido el Ministerio del Interior requerirá informes del gobierno de la provincia, donde serán conducidos los indios, del Departamento Nacional del Trabajo y de la Comisión Financiera de la Reducción de Indígenas.

Art. 141. – Concedida la autorización de conchabadores o representantes de las empresas quedan autorizados para contratar indios en el territorio que se le haya indicado, debiendo previamente presentar al gobernador la autorización correspondiente.

Art. 142. – El ajuste de indios será celebrado por escrito, interviniendo como partes:

a) El representante de la empresa patronal debidamente autorizado por ella para contraer obligaciones; y

b) el funcionario o empleado que para representar a los indios designe el gobernador del territorio.

Art. 143. – Celebrado el contrato será presentado a la aprobación del gobernador del territorio; y llenando este requisito, los indios podrán salir con destino al lugar donde habrán de realizar sus tareas. El gobernador del territorio enviará al Ministerio del Interior un ejemplar legalizado del convenio.

Art. 144. – Figurarán en el convenio:

a) Los montos del salario para indios, chinas y osacos, entendiéndose en esta última denominación a los menores que aparentemente no han cumplido 16 años. Cuando los hubieren cumplido se les considerará como indios (soldados) a los efectos del jornal:

b) Las clases de ocupaciones en que serán empleados;

c) La jornada de trabajo y su distribución sobre la base de que no podrá exceder de 48 horas por semana;

d) El racionamiento individual, tanto para el viaje de ida como para el viaje de regreso.

Art. 145. – Cada vez que lo estime oportuno el Ministro del Interior dispondrá que los inspectores del Departamento Nacional del Trabajo vigilen la forma en que se cumple el trabajo de los indios fuera de los territorios nacionales y siempre que exista el contrato a que se refieren los artículos que anteceden.

Art. 146. – En caso de incumplimiento de las comisiones estipuladas, el Ministro del Interior aplicará a la empresa multas de $ 100 a $ 20.000, sin perjuicio de solicitar de las autoridades locales que hagan cesar inmediatamente el trabajo y de exigir a las empresas el cumplimiento de las obligaciones contraídas.

Art. 147. – Entiéndese que las obligaciones contraídas por los apoderados de las empresas para obtener autorización para contratar indios, quedan contraídas por las empresas mismas.

Art. 148. – El Ministerio del Interior podrá exigir que las empresas constituyan un representante legal autorizado en la Capital Federal a los efectos de intervenir en las gestiones administrativas pertinentes.

Art. 149. – Cuando las empresas contraten grupos de indios para sacarlos afuera de los territorios están obligados a hacerlos vacunar inmediatamente después de haber llegado a destino.

Art. 150 – Cuando los indios contratados sumen más de trescientos las empresas están obligadas a suministrar asistencia médica y farmacéutica.

Art. 151. – Corresponde al Poder Ejecutivo, por intermedio del Ministerio del Interior, dictar reglamentos de trabajo para los indios que trabajen en los territorios nacionales, en obrajes, ingenios, algodonales y otra clase de establecimientos. Estos reglamentos de trabajo serán propuestos por los gobernadores de los respectivos territorios e inspirados en los principios generales del presente título, reconociendo el carácter diferencial que impongan las diferencias de cada región.

Art. 152. – Los inspectores del Departamento Nacional del Trabajo quedan autorizados para inspeccionar las condiciones de trabajo en las reducciones de indios.

Art. 153. – Las infracciones del presente título, que no tengan otra pena señalada, serán castigadas con la aplicación de multas de $ 50 a $ 500. Lo mismo ocurrirá con las infracciones a los decretos que el Poder Ejecutivo dicte para reglamentar el presente capítulo.[23]

Empero, el proyecto sufrió postergaciones hasta que fue retomado en 1927, cuando se lo volvió a someter a la consideración pública. En la sesión del 23 de septiembre el diputado Pedro Bidegain señalaba con bastante claridad el drama de las comunidades indígenas y la necesidad de que el Parlamento contribuyera al encuentro de soluciones a través de la sanción de leyes como la proyectada:

"No necesito subrayar la importancia ni la urgencia cada vez más premiosa del problema que planteo, ni de la solución. Nuestros indios continúan siendo explotados por empresarios sin escrúpulos que aprovechan su trabajo sin darles otra paga que la de unos cuantos litros de alcohol, cuyos estragos señala la estadística, cuando denuncia cifras pavorosas de tuberculosis en las pocas tribus que van quedando.
En el Norte del país, por otra parte, las mujeres indias constituyen la principal mercancía de la trata de blancas, llegando la impudicia hasta organizar remates públicos, durante los cuales son vendidas al mejor postor. De esta suerte, las enfermedades venéreas se unen a la tuberculosis, diezmando día a día las poblaciones indígenas.
El Congreso debe poner coto a todo esto…"[24]

El proyecto no prosperó. Las posiciones segregacionistas avanzaron y se hicieron fuertes nuevamente.

VUELVE LA IDEOLOGÍA REDUCCIONISTA: LA COMISIÓN NACIONAL DE PROTECCIÓN AL INDÍGENA Y EL RÉGIMEN DE COLONIAS (1939)

La Comisión Nacional de Protección al Indígena, como su nombre lo indica, fue un proyecto que a través de un corto articulado preveía la defensa de las comunidades autóctonas pero manteniéndolas apartadas del conjunto de la sociedad y con una severa tutela por parte del Estado; lamentablemente continúa la política de violencia hacia los indígenas, como que contempla en casos excepcionales y por razones "de bien público" el traslado de las familias indias a la colonia más cercana.

por el Dip. Carlos P. Montagna
(Diario de Sesiones de la Cámara de Diputados,
2 de junio de 1939)

Artículo 1° – Créase bajo la dependencia del Ministerio del Interior, la Comisión Nacional de Protección al Indígena, cuyos deberes y atribuciones a continuación se expresan:

1°) Realizar cada cinco años un censo de los indígenas que habitan en territorio nacional;

2°) Disponer la formación, habilitación y funcionamiento de un museo que refleje el arte y cultura de los indios que habitaban o habitan nuestro país;

3°) Disponer la distribución de tierras y otros implementos dispuesta por esta misma ley, a las tribus o familias indígenas aisladas que se incorporen a nuestra civilización;

4°) Vigilar, proteger y tomar todas las medidas necesarias para la defensa de los indios, sin perjuicio de la acción que corresponda a los jueces y otras autoridades;

5°) Vigilar las condiciones de trabajo y retribución de los indios, para evitar que por su incomprensión sean motivo de abusos por patrones, comerciantes o intermediarios;

6°) Elevar al Poder Ejecutivo los proyectos de leyes y decretos relativos a los indios;

7°) Proponer al Poder Ejecutivo los nombramientos del personal técnico y administrativo para realizar sus fines:

8°) Administrar los fondos de la comisión y negociar los productos de las colonias;

9°) Estimulará el hábito de trabajo entre los indígenas, mediante escuelas y talleres de adaptación regional, estimulará el ahorro, etcétera.

Art. 2° – La comisión será de cinco miembros, nombrados ad honorem por el Poder Ejecutivo, durarán cuatro años en sus funciones.

Art. 3° – La comisión en sus derechos, los indígenas en sus personas y patrimonio, serán asesorados por un defensor de indios que será nombrado por el Poder Ejecutivo.

Art. 4° – El Ministerio de Agricultura dispondrá por la repartición correspondiente, la escrituración como reserva nacional indígena, en una o más fracciones, de las siguientes tierras fiscales: En los territorios de Chaco, Formosa, Río Negro, Chubut y Neuquén, hasta treinta leguas en cada uno de esos territorios; en la gobernación de La Pampa, Santa Cruz y Los Andes, diez leguas en cada uno y de cinco leguas en el territorio de Tierra del Fuego. En todos los casos serán preferidas las zonas habitadas actualmente por mayor número de indígenas.

Art. 5° – Se crearán en dichas tierras, colonias agrícolas, ganaderas y de toda otra naturaleza que a juicio de la comisión se adapte a la región.

Art. 6° – Además de las construcciones de viviendas y locales de trabajos, cada colonia dispondrá, entre otros locales, los de la policía, Registro Civil, sala de primeros auxilios, escuelas con programas adaptados al indígena, estableciéndose también proveedurías de ramos generales, abriendo créditos al colono indígena.

Art. 7° – Los indígenas, al ingreso en la colonia, podrán llevar los elementos de que disponen, como ser ganado, etcétera.

Art. 8° – La comisión dispondrá la entrega gratuita a los indígenas de elementos de trabajo, las semillas de cultivo y víveres para su sostenimiento en el primer año de su ingreso a la colonia.

Art. 9° – Para las construcciones, la comisión podrá extraer los materiales necesarios de la región, maderas, etcétera, sin ningún cargo, pero sí con la debida intervención de la autoridad competente. Estará obligada la comisión a proveer a la reforestación paulatina de parte de la zona de reserva.

Art. 10 – Es terminantemente prohibido en las colonias, el expendio de bebidas alcohólicas y de armas a los indígenas. Los que contravinieron esa prohibición serán pasibles de multas de $ 500 a $ 1.000 por la primera vez y en caso de reincidencia, con prisión de seis meses a dos años.

Art. 11. – Desde la promulgación de esta ley queda prohibido todo desalojo de indígenas en el territorio de la Nación. La comisión dispondrá en los casos excepcionales, en que razones de bien público así lo aconsejen, el traslado de los indígenas y sus familias, a la colonia más cercana.

Art. 12. – Se crea un fondo de protección indígena para el cumplimiento de la presente ley (pago del personal, viáticos, compra y renovación de elementos, materiales de construcción, víveres, ropas, etcétera).

Dicho fondo estará formado:

1°) Por la suma de $ 500.000 m/n que se destinará anualmente en el presupuesto general de gastos de la Nación. Luego del cuarto año de la sanción de esta ley, dicha partida será suprimida;

2°) Por el 50% del producido de la venta de todos los productos de las colonias creadas por esta ley, pasando el otro 50% al colono indígena. Desde el tercer año del ingreso a la colonia, la comisión sólo dispondrá del 25% pasando el 75% restante al indígena;

3°) Por el 25% del producto de la venta y arrendamiento de campos fiscales en los territorios nacionales;

4°) Por las multas a infracciones del artículo 10;

5°) Por las donaciones que reciba la comisión a este fin.

Art. 13. – Quedan derogadas las disposiciones que se opongan a la presente ley.

Art. 14. – Los gastos que demande la presente ley se tomarán de rentas generales, mientras no se incluya en el presupuesto la partida correspondiente.

Art. 15. – Comuníquese, etc.

Carlos P. Montagna[25]

El discurso de presentación del proyecto a cargo del diputado Montagna en la sesión del 2 de junio de 1939 ofrecía un conciso resumen de los antecedentes en la materia y sintetizaba la situación de desamparo y explotación, abogando por la reparación y protección del Estado en forma paternalista. Así hablaba el legislador:

Señor presidente:

A pesar de que el artículo 67, inciso 15° de la Constitución nacional establece entre las atribuciones del Congreso, "conservar el trato pacífico con los indios, etcétera", en los 80 años de vigencia de nuestra Carta Magna, no ha hecho uso de esa facultad.

La población aborigen del país cuenta con más de 100.000 almas, que hasta el presente claman por una ley que los proteja. Si bien es cierto que la ley número 1.532 obliga a los gobernadores de territorios nacionales a procurar el establecimiento en las secciones de su dependencia, de las tribus indígenas que morasen en el territorio de la gobernación, la ley número 4.167 establece en su artículo 17, que el Poder Ejecutivo fomentará la reducción de tribus indígenas, y en su artículo 8°, autoriza al Poder Ejecutivo a conceder gratuitamente hasta la quinta parte de los lotes de pueblos o colonias a los primeros pobladores que se establezcan en ellas; en lo referente al indígena, en la práctica no han sido aplicadas.

Sólo algunos decretos, como el del 26 de agosto de 1912, del presidente Sáenz Peña, por el cual se crea la Comisión Financiera de Reducción de Indios, han hecho algo. Por otro decreto del 21 de septiembre de 1916, se cambia la denominación por la de Comisión Honoraria de Reducciones de Indios, hasta que en enero de 1927, el presidente Alvear, por un decreto subscripto por el ex ministro del Interior, doctor Tamborini, se reglamenta en forma concisa, las atribuciones de la comisión.

En la práctica, dicha comisión, al no poseer fondos y al tener que mendigar la entrega de tierras para los indígenas, que sistemáticamente fueron denegadas, salvo las siete leguas que posee en el Chaco, no ha podido ni medianamente realizar su función.

Algunos proyectos han sido presentados hace ya algunos años, pero sólo el mensaje Alvear, y su ministro Gallo, procuran una solución de fondo, con el mismo carácter de la que proponemos.

Lo cierto es que los indios no han recibido hasta el presente, una protección efectiva del Estado. Por su incomprensión, su incultura, su desconfianza hacia el blanco, ha permanecido aislado y extraño, a nuestro ambiente y a nuestra civilización.

Sin embargo, nuestros mayores, nuestros próceres, en la aurora de nuestra Independencia, los protegieron, pues habían sido depositarios del verdadero espíritu patriótico que dominaba esa época. Y así, uno de los primeros actos de la Junta Gubernativa Provisional de las Provincias Unidas del Río de la Plata, el 1° de septiembre de 1811, abolía el tributo que pagaban los indios a la Corona; la Asamblea del año 13 declaró "se les tenga a los indios por hombres perfectamente libres y en igualdad de derechos de todos los demás ciudadanos que las pueblan"; el Congreso de Tucumán, de 1816, declaró que los indios poseían la misma dignidad que los demás ciudadanos, y hasta nuestra Constitución dispone el trato pacífico con ellos.

Sin embargo, la realidad ha sido otra. Ha sido explotado y perseguido, "bajo la máscara de la civilización" como dijera Spengler, ha sido barrido a sangre y fuego de sus pampas, y de reyes del desierto, han llegado a ser gitanos de su propia tierra, al decir del ex diputado Giménez, que habló en su defensa en este sagrado recinto. Y hoy, después de haberlo poseído todo, se han visto reducidos a unas leguas de campos cedidos por gobiernos con tradición, que al presente también pretenden arrojarlos, para que sigan su vida de parias sin patria.

El estado deplorable en que se halla hoy, no condice con nuestro espíritu, puesto de manifiesto en múltiples ocasiones y proclamado en dignas asambleas internacionales. El Congreso está a tiempo: 100.000 seres quieren ser argentinos, quieren que se les reconozca como tales. Ellos ya demostraron en su hora su patriotismo, al acrecentar el patrimonio nacional en los momentos difíciles de conflictos fronterizos.

El Estado no puede permanecer extraño a ese llamado, al de la prensa, al del pueblo mismo que lo reclamara en la mañana emocionante del 25 de mayo pasado, al pie del monumento a Belgrano.

Y no sólo debemos considerar el problema del indio por razones de humanidad y de orden moral superior, sino porque son seres fácilmente adaptables a nuestra civilización, útiles en el trabajo y de gran rendimiento cuando se les orienta, se les encauza, se los guía en sus primeros pasos de adaptación, hasta por sí solos poder independizarse, como ha acontecido en las colonias sostenidas por la Comisión Honoraria de Reducciones de Indios.

Allí en Napalpí, en Bartolomé de las Casas, en Muñiz y otras reducciones del Chaco y Formosa, del habitante de la selva, desnudo o semidesnudo, sin ninguna instrucción, sin siquiera saber el castellano, han hecho el colono progresista que consigue ganar por su esfuerzo y trabajo la suma de $ 10.000, como en el caso de Manuel Asencio, referido en la publicación número 5 de la Comisión Honoraria de Reducciones de Indios, año 1937.

Y hasta han producido el algodón de mejor calidad que se cosecha en América, según lo declara, después de los análisis efectuados el Instituto Imperial Inglés.

La sanción de una ley que los proteja, que los ampare en su incorporación a nuestro progreso, terminará con esos espectáculos tan poco edificantes que se suceden periódicamente, al llegar a la Capital indígenas que vienen a solicitar justicia.

Terminaremos con este triste problema, que es el problema del indio, de sus miserias, de sus despojos, y el Congreso habrá conseguido resolver un imperativo de nuestra tradición histórica.[26]

En su exposición, el diputado Montagna se refiere al caso de algunas colonias. En efecto, a principios de siglo se instrumentan desde el Estado un conjunto de medidas tendientes a organizar las colonias indígenas; la Comisión Honoraria de Reducciones de Indios de 1916 había instalado dos: la de Napalpí, en el Chaco, y la de Bartolomé de las Casas, en Formosa.

La verdad es que según las pautas de la época, con las colonias se intentaba transformar a comunidades de origen cazador-recolector otrora guerreras, en sedentarios y pacíficos agricultores; al introducir nuevas prácticas educativas y laborales las colonias se convertían en verdaderos "experimentos transculturativos", ejerciéndose una política de violentación encubierta.

Probablemente algunos políticos y funcionarios hayan tenido propósitos sinceros de integrar a las comunidades a la vida nacional, pero la ideología dominante –básicamente segregacionista– tornaba impracticable aquellos anhelos. A partir de la noción de que las colonias debían ser "Reducciones" (reducir: someter) y con toda la maquinaria occidental de bienes que se volcaba acríticamente sobre los grupos indígenas, sin respeto alguno por sus culturas, en corto tiempo se produjeron estallidos mesiánicos de resistencia (véase pág. 339), que hicieron fracasar los "experimentos".

Ya en 1936, un informe del doctor Ramón Pardal había evaluado la obra llevada a cabo por la Comisión Honoraria de Reducciones de Indios en ambas colonias, describiendo con detalle los beneficios del sistema aplicado. El texto es el siguiente:

Las colonias de reducción

por el Dr. Ramón Pardal.
(Transcripción parcial del informe "La obra desenvuelta por la Comisión Honoraria de Reducciones de Indios y las necesidades del indio del Norte Argentino", contenido en la publicación n° 4 de la citada comisión, Buenos Aires, 1936).

De las dos colonias que han sido instituídas por la Comisión de Reducciones de Indios, una se ha dedicado particularmente a la explotación forestal y otra a la agricultura. Desde luego el tipo de colonia agrícola, nos parece el más eficiente en el sentido económico y de adaptación social.

Constituye un ejemplo de la primera, la colonia Bartolomé de las Casas y de la segunda, la Colonia Napalpí.

La Colonia Napalpí

Esta colonia comprende una extensión de 20.000 hectáreas de tierras fiscales y está situada a corta distancia del pueblo de Quitilipi, por donde pasa la línea de los Ferrocarriles del Estado.

La colonia tiene como asiento material un cuerpo de edificios, donde se encuentra la dirección y casa del administrador, las casas de los empleados, almacén de provisión, escuela y depósito de las cosechas.

A dos cuadras del grupo de casas se encuentra un vivero experimental, donde plantan, cultivan y mantienen en reserva, ejemplares de algodón, a los efectos de conservar la pureza del tipo de semilla.

Además se guardan en él 100.000 arbolitos de quebracho colorado, que habiendo constituido un día la riqueza del Chaco, ha ido desapareciendo por la forma primitiva e imprevisora de explotación de los dedicados a esos trabajos.

Dicho vivero es dirigido y cuidado con todas las condiciones que requiere la técnica experimental de la botánica, con miras a la agricultura intensiva y a la explotación industrial. He visto en él, sembrar y cuidar elementos de regiones para nosotros exóticas, pero cuya adaptación posible en el hecho constituiría fuentes de producción y riqueza.

Al frente de este vivero de Napalpí se encuentra el Agrónomo Sr. Ernesto Oehring. Se ha dedicado a vivero una extensión de una hectárea. En la actualidad se encuentra sembrada en gran parte, principalmente con tabaco, guayaybi (que suministra una madera muy dura y elástica), eucaliptus de tres variedades, maní y almácigo de quebracho.

La colonia Napalpí, fundada en 1911, comenzó su obra amparando mil indígenas que se dedicaron preferentemente a la explotación de bosques.

Una serie de vicisitudes que no interesa relatar, hicieron que la colonia, después de una marcha oscilante, comenzara a decaer en importancia y eficiencia, de tal modo, que al hacerse cargo de la Comisión Honoraria su actual encargado Dr. Domínguez, tuviera solamente una población de 150 personas. Se procedió a una renovación del personal y a un reajuste de organización con tales resultados, que en la actualidad, cuenta con una población indígena de 2.500 personas.

La colonia tiene en la actualidad un carácter agrícola. Se cultiva de preferencia algodón en diversos campos separados, a cargo de indios llamados colonos, que son ayudados por sus familiares, compañeros de tribus y agregados que se incorporan aisladamente.

Se ha tratado para efectuar una recolección y cultivo más extensivo, la adaptación de semillas de procedencia extranjera de tipos seleccionados, obtenidos por las vinculaciones del Señor Encargado de la Comisión, de los técnicos botánicos de las principales estaciones experimentales del mundo. Estas semillas de tipo seleccionado se han sembrado en campos apartados de los antiguos lugares de siembra, cuyos plantíos siempre son inspeccionados, para evitar la hibridación de los ejemplares. Ha tocado en suerte al numeroso grupo de indios incorporados con motivo de lo que el Dr. Domínguez llama irónicamente la revolución de Zapallar, el empleo de estas semillas, con lo cual han obtenido un resultado proficuo para ellos y para la evolución de la colonia.

Para las necesidades del consumo siembran maíz, porotos y zapallo. La producción de zapallo alcanzó el año pasado tal rendimiento, que se pudo vender una buena cantidad de excedente en el pueblo de Quitilipi.

Los indios se han hecho prácticos en la recolección, cuidado y selección de las semillas de algodón, en tal forma, que a menudo se emplean niños para la selección de semillas de diversos tipos, pues saben clasificarlas por sus mínimos caracteres diferenciales.

En la colonia de Napalpí, durante los meses de marzo, abril y mayo, se han obtenido cosechados por los indígenas 477.497 kilogramos de algodón, que fueron vendidos en la suma de 113.180,57 pesos. De esa cantidad ha sido abonada en concepto de víveres que les fueron provistos de 1935 a 1936, la suma de 18.110,29 pesos; en pago de deudas atrasadas de administraciones anteriores al año 1933, 2.550,05 pesos, y por pago de fletes de algodón 579,24, quedando como saldo a favor 91.932,99 pesos, que han sido entregados en dinero efectivo y en propias manos a los colonos indígenas de Napalpí.

Los indígenas se incorporan en forma igualmente creciente, sin otra forma de propaganda que las que ellos mismos hacen entre sus familiares, que viven en parcialidades libres, sea en las localidades suburbanas del Chaco y Formosa o de sus compañeros de tribus que aún hacen vida natural en los bosques o en las márgenes del Bermejo y el Pilcomayo.

Al ingresar en la colonia el administrador los impone de sus deberes y los incorpora en calidad de agregados a los campos de los indios colonos donde son alojados en las viviendas que éstos poseen, o proceden cuando son varios o constituyen una familia, a la edificación de una nueva vivienda. Éstas son por ahora, de paja y adobe, pero por contagio de observación o por lo que se llama en etnología, "aculturación", tienen ya el tipo del rancho con techo de dos aguas. Para sus necesidades inmediatas de alimentación y vestido, la administración les abre un crédito, que, por costumbre, se le llama en la colonia "una provista" de unos cuatro o más pesos semanales, con el cual pueden adquirir enseres y alimentos. Al final de la cosecha, verificada la venta, se les descuenta en total o en fracciones el dinero adelantado en víveres, útiles o ropa.

Al cabo de un cierto tiempo, los indios cuya buena voluntad y capacidad es manifiesta, son designados colonos, dándoseles la tenencia de una parcela de tierra cuya extensión varía con el número de familiares o compañeros de tribu que empleen.

Con este sistema, se ha llegado a constituir un grupo de 205 colonos que tiene bajo su dirección y emplea un total de 2.500 personas.

La transformación operada en la vida material y moral de los indios con tal sistema es muy acentuada.

Las viviendas esparcidas por la colonia son de paja y adobe. Por lo común tienen forma rectangular, con techo de dos aguas, y contra ellas edifican al agregarse nuevos componentes, habitaciones laterales.

Contra todas sus costumbres anteriores, el interior, aunque todavía no presenta las condiciones de higiene deseadas, está amueblado con sillas, mesas y camas de hierro, con ropas de cama, contrastando con la costumbre de dormir en el suelo, que tenían cuando hace pocos años vivían fuera de las reducciones. Los implementos que usan para la confección de alimentos y útiles de mesa, no pertenecen a la tosca alfarería que pertenece al tipo de cultura material de sus tribus, sino que son el producto de adquisiciones en el almacén de la colonia o de los pueblos inmediatos. Es frecuente encontrar victrolas en los ranchos que hemos visitado.

Las viviendas son aún toscas, y un resto de costumbres que no pueden cambiar en tan poco tiempo, así como la falta de trabajadores manuales blancos que puedan enseñarles un tipo mejor de edificación, hacen que en algunos ranchos falte edificar hasta una pared entera, permaneciendo relativamente a la intemperie. Por informaciones recogidas he sabido que el Señor Encargado de la Comisión Honoraria ha dispuesto hacerles edificar casas de material de tipo económico. Los indios las quieren, así como desean vivamente tener luz eléctrica.

A pesar de la falta de recursos materiales de la Comisión Honoraria, por causa de las trabas que opone la Dirección de Tierras y del material humano con que se trabaja, es interesante subrayar la enorme transformación operada en la forma de vida, seguridad material y moral si se tiene en cuenta que en pocos años, muchos de estos indígenas que hacían vida natural, en "huetes" casi desnudos, haciendo vida de cazadores, pescadores o recolectores de semilla, piel y cogollos de palma, se han hecho agricultores intensivos y adoptado el vestido, la vivienda y las formas exteriores de la cultura material del blanco.

Un ejemplo ilustrativo de lo que hemos referido, lo tenemos en la tribu del Cacique Durán.

En septiembre del año 1933, dos tribus mocovíes, compuestas por varios centenares de indios, hacían vida natural en las proximidades del río Bermejo. Por circunstancias de clima o adversidad, ese año, la pesca, la caza y la recolección de semillas y otros alimentos escasearon, y el hambre y la miseria amenazaban acabar la tribu. Desesperados, decidieron ir a pedir socorro al pueblo de Zapallar, situado a unas leguas.

Divididos en tres grandes grupos, marchaban adelante las mujeres y los niños, a continuación los viejos y a cierta distancia un tercer grupo constituido por adultos, queriendo significar así que iban con carácter de paz y a pedir socorro.

Al tener noticias en el pueblo de Zapallar de la marcha de esta columna, el movimiento fue mal interpretado, y reunido un grupo de pobladores armados a las órdenes del Comisario recibieron a tiros a la miserable columna, haciendo por incomprensión una estúpida carnicería.

La Comisión de Reducciones de Indios, envió inmediatamente al inspector Sr. Baudrix, quien destacado en Las Palmas se puso al habla con los indios y pudo saber lo que pasaba. Al ofrecerles amparo, los indios aceptaron con alegría su incorporación a la colonia de Napalpí. Sólo pidieron campos para trabajar, de donde no se les moviese y alimentos. Dijeron que para alimentarse les bastaría unos caballos viejos pues no estaban acostumbrados a comer carne de vaca...

Las dos tribus cuyos componentes alcanzaban después de este episodio el número de 500, recibieron tierras, semillas, implementos agrícolas y se les otorgó una "provista".

Hoy son cultivadores, muchos de ellos colonos, y sus hijos van a la escuela; la fotografía del Cacique Durán con sus hijos, dará una idea de la transformación operada en la vida de este hombre, que en un torpe castellano, nos recordaba que hace pocos años "ante cristiano", como él dice, comía "huasuncho, lichiguana" (miel de las abejas llamadas lichiguanas) y pescado.

He tenido ocasión de observar el estado físico y la manera de vestir de la población india de la colonia, con motivo de un acto interesante efectuado por disposición del Señor Encargado de la Comisión Honoraria.

Por conversaciones que en la Facultad de Medicina había tenido con el Dr. Domínguez, sabía que constituía para él una vieja aspiración tomar a los indios juramento de argentinidad. El acto constituyó una tocante ceremonia de un alto significativo político social. Para comprender su alcance, hay que recordar que hasta hace pocos años muchos caciques que con sus tribus besaron hoy la bandera argentina, en otros tiempos hicieron famosos sus nombres al combatir con el ejército que llevase esa insignia.

La interesante ceremonia tuvo lugar en la calle central de la colonia. Previamente el Señor Encargado conversó con los caciques tobas y mocoví y con la cacica Dominga. Con toda espontaneidad y alegría los caciques indios respondieron que lo hacían con mucho gusto, demostrando sentir lo que aquello significaba.

Los indios se alinearon en largas filas; una para los hombres, otra para las mujeres y otra para los niños, y fueron desfilando ante el grupo de los caciques en cuyo centro, un indio del sud de raza arauco-pampa, nieto del famoso cacique Pincen, de la Pampa, sostenía la bandera de guerra de la Nación y ante ella desfilaron uno a uno besándola.

Con ese motivo tuvimos ocasión de ver a los habitantes de la colonia y observar su porte y vestiduras. El contraste entre su *standard* de vida y el de los indios que no viven en las colonias o trabajan en los ingenios se encuentra gráficamente objetivado en las fotografías que acompañamos.

Entre las necesidades que la colonia necesita llenar, constituye el primer problema fundamental, la provisión de agua. Éste, por otra parte, representa un asunto vital para todo el territorio de la Gobernación. En la colonia los pozos dan una agua salobre, inepta para el consumo y sólo cuenta con un aljibe para recoger el agua de lluvia. Para la fabricación del pan se necesitaría la provisión de una amasadora. En la actualidad la colonia, emplea para la iluminación lámparas de kerosene. Por lo tanto, es de necesidad la dotación de luz eléctrica y la provisión de fuerza motriz.

La instrucción escolar es deficiente en cantidad, pues solamente concurren a la escuela unos sesenta niños a causa de la distancia. Según informes que he recogido, la Comisión ha gestionado del Consejo Nacional de Educación, hasta ahora sin resultado, la creación de tres escuelas más, distribuidas estratégicamente. Además considera la Comisión de necesidad la provisión de una maestra de corte y confección y labores para enseñar a las niñas y mujeres la confección de vestidos.

Para ayuda económica de la colonia, se ha gestionado, hasta ahora sin resultado, la cesión de una legua de bosque en las adyacencias de la colonia, para dedicarla a la explotación forestal, fuente que daría un rendimiento económico inmediato que ayudaría al progreso y construcción de mejoras.

El terreno pedido a la Dirección de Tierras y Colonias es la legua B, lote 40, de la zona A, y después de dos años aún no ha sido resuelto.

La colonia Bartolomé de las Casas

Esta colonia de reducción se encuentra situada a dos leguas de la estación Comandante Fontana, de los Ferrocarriles del Estado, en Formosa.

Tiene una extensión de 14 leguas y se encuentra dedicada casi con exclusividad a la explotación de madera de sus bosques, hoy agotados y en proporciones muy secundarias a la siembra de algodón.

Tiene una población de 1.500 indios de raza toba y pilagá. Unos 200 de ellos se dedican a la agricultura, existiendo 40 colonos, el resto está constituido por peones hacheros.

Hasta hace poco tiempo la explotación de bosques y la venta de madera ha sido la fuente de rendimiento cuyo excedente permitió la vida de esta colonia y de la de Napalpí. Una anterior administración apática y descuidada no ha permitido atesorar el beneficio de una fuente de recursos que, con una dirección reajustada inquisitorialmente hasta el centavo y un objetivo definido como el de la actual Comisión, hubiera permitido un mejor y mayor desenvolvimiento. Como la explotación del bosque constituye una fuente que el tiempo agota, se ha considerado la necesidad de introducir la plantación de citrus y guayabos y el cultivo intensivo del algodón. La instalación de pequeñas plantas industriales cuyos proyectos fueron estudiados con la colaboración de célebres escuelas industriales europeas y que la Comisión Honoraria sometió al P.E., que puestas en práctica hubieran asegurado la vida de las colonias, no han podido hasta hoy realizarse. ¿Por qué? El H. Congreso de la Nación tiene en esto un motivo trascendental para exteriorizar su labor y sus preocupaciones recientes para la vergüenza del norte argentino.

El centro de la colonia está constituido por una agrupación de pequeños cuerpos de edificios, dedicados a casa del administrador y oficina, casa del contador y oficina, depósito y almacén de provista, viviendas para empleados y usina. Esta colonia dispone de luz eléctrica y fuerza motriz suministrada por la usina propia y un aserradero. Se acaba de enviar a ella una sierra para cortar madera.

Las condiciones de ingreso y vida en Bartolomé de las Casas, son las mismas que las descriptas para la colonia de Napalpí.

En la colonia Bartolomé de las Casas, durante los meses de abril y mayo los indígenas cosecharon 112.709 kilogramos de algodón, que fueron vendidos por pesos 24.052,26. En concepto de pago de los víveres provistos durante el año anterior y los meses de este año, se abonó la suma de pesos 17.333,49, habiéndose entregado como saldo en efectivo y en propias manos a los colonos indígenas 6.718,77 pesos.

Queremos recordar aquí, como un triunfo moral de la obra de las Reducciones de Indios, que tribus que en tiempo fueron guerreras a causa de la incomprensión de los blancos, o por un fenómeno natural de resistencia al desplazamiento que fueron sufriendo gradualmente por hombres que tenían otra idea sobre el derecho de propiedad de lo que los indios consideraron siempre su patrimonio hereditario, hoy se encuentran pacíficamente dedicados al trabajo. El ejemplo más interesante lo suministra la tribu del cacique Garcete, que famoso en otros tiempos por sus andanzas, hoy acampa en las tierras de la colonia Bartolomé de las Casas. Yo he podido recoger de labios de estos indios relatos de encuentros con otras tribus, y lamentables recuerdos de escenas dolorosas, de masacres de tribus por la tropa de línea, de separación de familias y de reparto de niños en un tiempo cercano, que creemos que pertenecen ya definitivamente al pasado.

También aquí se verificó un acto destinado a tomar a los indios juramento de argentinidad e incorporación a la vida colectiva nacional, acompañado de un beso a la bandera de la patria efectuado por cada uno de los indios de la colonia.

Se ha comprobado también aquí la necesidad de fabricar el pan, para lo cual se necesita en primer lugar una amasadora, y la necesidad de agua potable para el consumo. Los empleados de administración piensan que si se les envían aparatos perforadores, ellos podrían efectuar tentativas repetidas hasta lograr la obtención de agua dulce.

Los niños que concurren a la escuela, lo hacen en pequeño número por las distancias, necesitándose más escuelas y maestra de labores y confección.

La enseñanza de los niños indios debe impartirse naturalmente en forma especial. Una de las principales dificultades en los primeros tiempos de la vida escolar, es la del idioma, pues la enseñanza se imparte en castellano; constituiría un ideal, que los encargados de la enseñanza conocieran la lengua de los aborígenes para enseñarles a escribir en los dos idiomas, como ocurre en la misión evangélica de Sombrero Negro.

Debemos declarar que las condiciones de vivienda e higiene de los indios de Bartolomé de las Casas, no iguala a la de Napalpí. La asistencia higiénica y médica debe ser motivo de un reajuste especial. El profesor Galíndez dedicó el tiempo de su estadía en la colonia al estudio de este problema, aconsejando un plan práctico de medidas higiénicas y la institución de un servicio hospitalario, aprovechando uno de los cuerpos de edificio de la institución, de todo lo cual se ocupa en su informe personal. [27]

CONSEJO AGRARIO NACIONAL (1940)

Por ley 12.636 del 2 de septiembre de 1940 se crea el Consejo Agrario Nacional entre cuyos objetivos se cuenta el de acordar tierras en propiedad a los "Indígenas del país" estableciendo "el régimen de explotación de las mismas, teniendo en cuenta además sus costumbres y métodos de trabajo". (art. 66).

El Consejo registra algún tipo de avance en cuanto a la concepción acerca de las comunidades indígenas.

El sólo hecho de comenzar a tener en cuenta las "costumbres y métodos de trabajo" de los grupos involucrados ya nos habla de algunas diferencias respecto a la idea tradicional de forzar los cambios sin respetar las formas de vida originales.

Sin embargo, al lado de estas intenciones persisten las tendencias paternalistas que el Estado preconizaba. Unos años más tarde por el decreto 10.063 del 28 de septiembre de 1943 se establece que el Consejo organizará las colonias indígenas "en base a un régimen apropiado a las características de los indígenas de cada zona, procurando su paulatina incorporación a la vida civilizada. A ese efecto deberá impartirse la instrucción elemental y la enseñanza de la religión católica, como medios esenciales para lograr esa incorporación".[28]

Más adelante agrega que la adjudicación de tierras "será a título precario durante un plazo de prueba de diez años al cabo del cual se hará la escrituración en propiedad, siempre que los concesionarios hayan demostrado las aptitudes técnicas y las cualidades morales necesarias para desempeñarse como colonos y que hayan cancelado su deuda por concepto de mejoras".[29]

En cuanto a las limitaciones respecto de adjudicar la propiedad de los lotes una vez escriturados se establecen las mismas que para cualquier acto que ponga en peligro el orden interno de la colonia; la condena judicial por delito grave o infracción material al régimen de vida de la colonia, en cuyo caso la adjudicación caducará automáticamente.

Pero más allá de las reiteradas concepciones autoritarias y segregacionistas es interesante apuntar algunos logros del Consejo: la promoción de la documentación de los indígenas –problema todavía grave en nuestros días– y la publicación en 1945 de un informe excepcional para su época: "El problema indígena en la Argentina", que considera temas de sustancial interés como los antecedentes extranjeros; los acontecimientos históricos relevantes a nivel nacional; la situación de las comunidades contemporánea a la publicación del informe; antecedentes legales y un profuso apéndice documental.

En 1945 el Consejo Agrario Nacional dependía de la Secretaría de Trabajo y Previsión, en cuyo seno se gestaron los nuevos e importantes procesos políticos que acaecieron luego en el país. En ese sentido quizás fueron deslizándose ciertas ideas con respecto a las culturas indígenas que pueden ser tomadas como antecedentes inmediatos de lo que sucedería en los diez años subsiguientes.

LA DÉCADA JUSTICIALISTA: UN INTENTO DE PARTICIPACIÓN POPULAR (1946-1955)

El progresivo ascenso de las masas en la Argentina, que culminó con el estallido popular del 17 de octubre de 1945, transformó el perfil político-cultural del país.

Los sectores sociales largamente postergados comenzaron a ocupar segmentos cada vez más amplios de poder, nucleados alrededor de una ideología revolucionaria en gestación: el justicialismo. Surgió así un liderazgo político que permanecería una década en el poder y que influenciaría por muchos años desde el llano, encarnado en la figura de Juan Domingo Perón.

Considerándose a sí mismo un continuador de la "línea histórica" nacional y popular expresada en las figuras de San Martín, Rosas e Yrigoyen, Perón organiza el Movimiento Nacional Justicialista, que a lo largo de diez años impulsa un profundo programa de cambio social sustentado en el apoyo masivo de las capas populares.

Si el gobierno radical de Yrigoyen había conseguido galvanizar a la inmensa mayoría del naciente sector obrero de extracción inmigrante, el peronismo amplía considerablemente la base social de apoyo, logrando el concurso de un nuevo protagonista entonces relegado: el descendiente de la matriz hispano-indígena originaria, el hombre humilde del "interior" del país: el "cabecita negra".

En este convulsionado e inédito contexto político, las comunidades indígenas no permanecieron ajenas, ya que fueron objeto de medidas novedosas por parte del Estado y en muchos momentos actuaron como protagonistas.

La Constitución de 1949

Aprobada por la Convención Nacional Constituyente el 11 de mayo de 1949, la nueva Constitución transforma el tradicional inciso 15 del art. 67 –"Proveer a la seguridad de las fronteras; conservar el trato pacífico con los indios y promover la conversión de ellos al catolicismo"– eliminando toda alusión a los indígenas y quedando solamente "Proveer a la seguridad de las fronteras".

El anteproyecto de reforma de la Constitución, aprobado por el Consejo Superior del Partido Peronista el 6 de enero de 1949 justifica esta reforma: "la modificación de este artículo consiste en eliminar la alusión al trato pacífico con los indios y su conversión al catolicismo, aspecto que hoy resulta anacrónico, por cuanto no se pueden establecer distinciones raciales, ni de ninguna clase, entre los habitantes del país".[30]

La nueva norma constitucional registra antecedentes. Entre 1903 y 1925 fueron elevados diversos proyectos de ley que nunca fueron aprobados en el Parlamento. Sugerían distintas modificaciones al inciso 15, y promovían la anulación de lo vinculado a la conversión al catolicismo.[31]

El paso dado es importante: jurídicamente el indígena es un ciudadano. Y aquí me parece necesario formular una precisión: reconocer al indígena como ciudadano es esencial por el sólo hecho de considerarlo un igual ante la ley; sin embargo, ello podría conllevar el peligro de la anulación de la cultura propia o su no respeto. Creemos que no es éste el caso, más bien hubo un intento por recuperar y revalorizar las formas de vida indígena a través de distintos proyectos que pasamos a describir.

La reglamentación del trabajo indígena (ley 13.560)

Desde 1938 se venía gestionando en el Parlamento la aprobación de un proyecto de ley por el cual se aprobaban varios convenios adoptados por la Conferencia Internacional del Trabajo, entre ellos el N° 50, de 1936, relativo al "reclutamiento" de trabajadores indígenas.

Sin embargo fue necesario esperar más de diez años para que esa legislación fuera promulgada. Existen en ella referencias acerca de las características de cada comunidad y el proceso de incorporación a las diversas actividades laborales, y por encima de paternalismos evidentes, la ley 13.560 –que de ella se trata– aporta algunos avances referentes a la preservación de los derechos indígenas:

Convenio N° 50, año 1936: Sobre reglamentación de ciertos sistemas particulares de reclutamiento de los trabajadores indígenas.

El término "reclutamiento" comprende todas las operaciones realizadas con objeto de conseguir para sí o proporcionar a un tercero la mano de obra de personas que no ofrezcan espontáneamente sus servicios.

El término "trabajadores indígenas" comprende a los trabajadores pertenecientes o asimilados a la población indígena de los territorios que dependen de los miembros de la organización.

La autoridad competente podrá exceptuar de la aplicación del presente convenio las siguientes operaciones de reclutamiento, siempre que tales operaciones no sean emprendidas por personas o sociedades que ejerzan el reclutamiento profesional:

a) Operaciones emprendidas por o en nombre de patronos que no empleen un número de trabajadores superior al que se fije como límite.

b) Operaciones emprendidas en una zona determinada, que se fijará, del lugar en que el trabajo ha de efectuarse.

c) Operaciones emprendidas con el fin de contratar trabajadores para prestar servicios de carácter personal o doméstico y trabajadores no manuales.

Antes de aprobar, para una región determinada, cualquier plan de fomento económico que implique el reclutamiento de mano de obra, la autoridad competente deberá adoptar cuantas medidas puedan ser realizables y necesarias:

a) Para evitar el riesgo de que se ejerza presión sobre las colectividades interesadas, por o en nombre de los patronos, a fin de obtener la mano de obra necesaria;

b) Para asegurar, en la medida posible, que la organización política y social de dichas colectividades y sus facultades de adaptación a las nuevas condiciones económicas no corran peligro con la demanda de mano de obra;

c) Para hacer frente a cualesquiera otras consecuencias enojosas que este desarrollo económico pudiera traer consigo, en lo que se refiere a las colectividades interesadas.

Antes de autorizar un reclutamiento en un territorio determinado, la autoridad competente debe tener en cuenta las posibles repercusiones que pudiera ocasionar en la vida social de la colectividad el traslado de los adultos del sexo masculino, teniendo presente sobre todo los siguientes puntos:

a) densidad de la población, su tendencia al aumento o disminución y efectos probables del alejamiento de los adultos del sexo masculino sobre el índice de natalidad;

b) efectos probables de este alejamiento sobre las condiciones de higiene, bienestar y desarrollo de la colectividad, particularmente en lo que se refiere a sus medios de subsistencia;

c) peligros que provengan de este alejamiento en las condiciones familiares y morales;

d) posibles efectos de este alejamiento sobre la organización social de la colectividad.

No deberán reclutarse personas no adultas. Sin embargo la autoridad podrá autorizar el reclutamiento de no adultos con el consentimiento de sus padres a partir de determinada edad, para efectuar trabajos ligeros.

No debe considerarse que el reclutamiento de un cabeza de familia implique el de cualquiera de los miembros de su familia. Pero en determinadas circunstancias la autoridad deberá estimular a los trabajadores a que se hagan acompañar por sus familiares, sobre todo cuando sean destinados a labores agrícolas que hayan de ser ejecutadas a gran distancia de sus hogares. En principio, los trabajadores no deben ser separados de sus mujeres e hijos menores autorizados para acompañarlos y residir con ellos en el lugar del trabajo.

La autoridad, según las circunstancias, podrá subordinar el reclutamiento a la condición de que los trabajadores sean agrupados en el lugar del trabajo según sus afinidades étnicas.

Los jefes y demás autoridades indígenas no podrán:

a) actuar como agentes de reclutamiento;

b) ejercer ninguna presión sobre los reclutados eventuales;

c) recibir remuneración especial u otro beneficio por el hecho de haber contribuido al reclutamiento.

Ninguna persona o sociedad podrá realizar actos de reclutamiento sin la debida autorización de la autoridad competente. Los titulares de permisos deberán llevar un registro que permita comprobar la regularidad de toda operación de reclutamiento o identificar a cada trabajador reclutado.

La autoridad deberá imponer la entrega a todo trabajador, cuyo contrato no se hiciere en el mismo lugar del reclutamiento o cerca de dicho lugar, de un documento escrito como certificado de empleo, cartilla de trabajo o contrato provisional.

Todo trabajador reclutado deberá someterse a un reconocimiento médico y la autoridad deberá cerciorarse que se han adoptado las medidas necesarias para su aclimatación y adaptación, así como la vacunación preventiva.

El reclutador o patrono deberá hacer transportar a los trabajadores hasta el lugar del trabajo, tomando las medidas necesarias para que dicho traslado se cumpla en buenas condiciones de higiene y bienestar.

Promulgación: 27/9/1949

Publicación: B.O. 1/10/1949

Trámite legislativo

Diputados: Mensaje y proyecto de ley del Poder Ejecutivo, R.M. Ortiz – J.M. Cantilo – D. Laborda. D.S.D. 26/9/1938, tomo V. p. 881.

Despacho Com. Negocios Exteriores y Culto y Legislación General: D.S.D. 26-27/9/1939, tomo IV, p. 804.

Moc. Bagnasco Cámara en com. (af.) y cons. y aprob.: D.S.D. 1/6/1949, tomo I, p. 532.

Senado: D.S.S. 2/6/1949, tomo II, p. 1277.

Despacho Com. Relaciones Exteriores y Culto y cons. y sanción: D.S.S. 9/9/1949, tomo II, p. 1707.[32]

Las Colonias Granjas (ley 14.254/53)

La ley 14.254/53 autoriza al Poder Ejecutivo a crear 9 Colonias Granjas "de adaptación y educación de la población aborigen en las provincias de Salta, Jujuy, Presidente Perón y territorios de Formosa y Neuquén".[33]

En el debate del proyecto de ley se pone de manifiesto que éste se ajusta "al Capítulo II de la Constitución Nacional, sobre los derechos de que gozan los habitantes de la Nación, considerando que nuestros hermanos aborígenes hasta hace poco no eran contemplados como entes sociales" (…) "El pueblo argentino espera resultados positivos en el sentido de que al aborigen se le considere y se le restituyan todos los derechos sociales de los cuales se los había privado injustamente".

"Cuando se esperaba que los civilizadores les otorgasen buen trato y procurasen la salvación de sus almas, vemos que explotan al indio manso o lo ultiman en su propio reducto, por mostrarse rebelde al imperativo de la explotación… Nuestras aspiraciones tienen como punto de mira principal que el niño aborigen sea el objetivo preponderante por cuanto ha de amoldarse rápidamente a las costumbres sociales de la vida moderna… Los aborígenes argentinos todavía están pagando la desgracia de habérseles quitado todas sus posesiones, todos sus derechos y de que fueran explotados. Nuestras leyes no permitirán que los aborígenes estén al servicio de intermediarios o de terceros y castigarán enérgicamente al que pretenda utilizar sus servicios con fines de explotación".[34]

En el debate también se hizo referencia a los problemas de la tenencia de la tierra y la educación. En cuanto a este último punto se propone estudiar las experiencias en otros países americanos, dirigidas fundamentalmente a tener en cuenta las necesidades de cada grupo, expresando que "nuestras escuelas han resultado sin eficacia para el indio... porque no han tenido en cuenta su psicología, su ambiente, ni su probable destino".[35]

El paternalismo es muy difícil de extirpar. Aún se filtran muchos conceptos en esa dirección. Sin embargo, y a pesar de que las contradicciones bullen en los distintos intentos, éstos se suceden. Uno en especial –el de los planes quinquenales de gobierno– incluye a las comunidades indígenas en un capítulo sugestivo: la organización del pueblo.

Los Planes Quinquenales

Estos planes fueron una parte importante en la tarea de programación de la obra del gobierno justicialista. En el Primero (1947-1951) hay algunas referencias a los indígenas en el capítulo titulado "Cultura". En él se habla de la cultura adquirida por el pueblo argentino, que se nutre entre otras vertientes de los "elementos autóctonos".[36]

Más adelante y refiriéndose a la necesidad de fomentar el origen y desarrollo de nuestra historia, se señala que las "denominadas lenguas autóctonas serán debidamente estudiadas, no sólo como reliquias de un pasado idiomático cuya influencia aún perdura, sino también como elemento vivo y de convivencia en las zonas originarias".[37]

El Primer Plan Quinquenal también preveía la implementación de un programa de colonización en medio millón de hectáreas de tierras fiscales a través de un sistema de adjudicaciones en tres etapas sucesivas, por las cuales el indígena llegaría a ser dueño de su tierra.[38]

En el Segundo Plan Quinquenal (1953-1957), promulgado por ley 14.184, la referencia a los indígenas está ahora comprendida en el apartado "Acción Social" en su capítulo I: Organización del Pueblo. Se declara allí como objetivo general la protección al aborigen, estableciéndose que "la población indígena será protegida por la acción directa del Estado mediante la incorporación progresiva de la misma al ritmo y nivel de vida general de la Nación".[39]

La Dirección de Protección al Aborigen (1946) y la Comisión de Rehabilitación (1953): la expropiación de tierras

La necesidad de "protección" es una idea repetida en muchos de los proyectos de esta época. Ya en 1946, por decreto 1594/46 del 17 de enero de 1946 se había creado la Dirección de Protección al Aborigen en el ámbito de la Secretaría de Trabajo y Previsión para reemplazar a la Comisión Honoraria de Reducciones de Indios.

La Dirección de Protección se encargaba de la adquisición del ganado y herramientas destinadas a las distintas Colonias existentes en el país, mientras que la Comisión de Rehabilitación de los Aborígenes creada por decreto 16.724 del 11 de septiembre de 1953 tuvo a su cargo la realización de un plan de recuperación de las poblaciones ocupantes de tierras expropiadas en la provincia de Jujuy.

Como muchas veces hemos consignado a lo largo de este trabajo, el tema de la tierra es clave en el drama histórico de las comunidades indígenas.

Producido el despojo por las conquistas de Pampa, Patagonia y Chaco, los sucesivos gobiernos nacionales procedieron a la entrega paulatina de reducidos territorios, generalmente los peores de la región. Más que una labor de reparación se entendía el gesto como una concesión, teniendo en cuenta además, la condición indispensable de la incorporación del indígena a la vida civilizada:

"Es un acto de justicia acceder a lo solicitado por el cacique, que viene a reclamar un pedazo de tierra para hacerla suya con su trabajo, incorporándose a la civilización. Él viene a demostrar que esos territorios no son ya la guarida del salvaje, sino que están abiertos a la labor pacífica y fecunda, y que esa raza indómita y salvaje se presenta dominada por la civilización".[40]

"… los indios de guerra que los acompañaban están dispersos, trabajando en las faenas del campo y quedan solamente los caciques y sus familias, siendo estos los únicos que no han ido a buscar en el trabajo de peones de estancia el sustento para su vida (…) es un deber, por lo menos de compensación a estos dueños de la tierra, concederles un lugar para que vivan independientes con sus familias y a la sombra de las autoridades constitucionales".[41]

La cesión de tierras se hacía generalmente con propiedades fiscales y sin entorpecer a los nuevos dueños: los terratenientes. En el fondo, la política era silenciar los reclamos de las comunidades con esporádicas entregas de parcelas que además eran siempre a título precario y no definitivo tal cual era la reivindicación india. Pero durante el primer gobierno peronista se inició un proceso nuevo y de gran significación social: la expropiación de tierras para adjudicárselas a los aborígenes.

Por decreto 18.341 del 1º de agosto de 1949 se declararon de utilidad pública y sujetas a expropiación las tierras de la provincia de Jujuy, ubicadas en los departamentos de Tumbaya, Tilcara, Valle Grande, Humahuaca, Cochinoca, Rinconada, Santa Catalina y Yavi.

El decreto continuaba expresando que "en caso de no llegarse a un avenimiento con los expropiados, la procuración del Tesoro de la Nación, por conducto del procurador fiscal federal de la jurisdicción, iniciará y proseguirá hasta su terminación, las acciones judiciales correspondientes".

"En su oportunidad, el Ministerio de Finanzas de la Nación, por conducto del Banco de la Nación Argentina tomará en nombre del Poder Ejecutivo la posesión de las tierras expropiadas quedando desde ese momento bajo su administración".

"Asimismo, el Ministerio de Finanzas propondrá un régimen especial de adjudicación y explotación que consulte las características propias, bajo las siguientes bases:

a) Prohibición de enajenar o ceder las tierras que se entreguen a los aborígenes.

b) Habilitación constante mediante préstamos especiales, destinados a facilitar sus explotaciones agrícola-ganaderas, construir viviendas, introducir mejoras, etc; desarrollo de una intensa acción social dirigida a capacitar a los aborígenes para su convivencia y participación en la comunidad nacional, mediante la instalación de escuelas para niños y adultos bajo la dirección de técnicas, instalación de estaciones sanitarias, creación de centros sociales y de educación cívica, encauzamiento hacia actividades cooperativistas y de fomento".[42]

El régimen de adjudicación y explotación de las tierras expropiadas fue aprobado por el decreto 926 de 1952 y la Comisión de Rehabilitación de los Aborígenes se creó en 1953 para atender las necesidades de las comunidades emergentes de ese proceso.

Por ulteriores decretos, las comunidades beneficiadas fueron sucesivamente exceptuadas de los pagos de los cánones a que estaban obligadas, con el objeto de permitir su paulatina consolidación. Una de las últimas medidas al respecto consignaba que "ella se toma considerando que el pago del cánon móvil a efectivizarse en épocas en que las explotaciones brinden mayores ingresos, tenderá a facilitar la recuperación del indígena y el desenvolvimiento del trabajador en su nueva condición social, capacitándolo para enfrentar sus obligaciones una vez superadas sus economías familiares".[43]

El "Malón de la Paz"

A mediados de 1946, un grupo de collas provenientes de la Quebrada de Humahuaca y otras localidades del Noroeste bajaron hasta el corazón de Buenos Aires en una marcha de ribetes míticos que fue bautizada el "malón de la paz" o más benévolamente "la caravana de la paz".

La embajada indígena –cuyo mandato era reclamar por sus tierras usurpadas– fue alojada en el viejo Hotel de Inmigrantes y después de un tiempo luego de protagonizar un confuso episodio, fueron enviados de vuelta a sus lugares de origen.

El incidente dio lugar a la intervención del Parlamento, a través de los proyectos de pedidos de informes al Ejecutivo. El diputado Candiotti, en los fundamentos de su proyecto sostiene que "esta cuestión debe ser investigada, porque aparentemente el motivo del traslado de esos indígenas a la capital era el reclamo de tierras que estando destinadas a dicha comunidad por el Presidente Yrigoyen, años más tarde habrían sido adquiridas por un propietario latifundista a precios irrisorios y valuadas luego en una suma elevadísima".[44]

Pocos días antes y en ocasión del arribo de los collas a la ciudad capital, el diputado Guillot había reclamado la expropiación de tierras, esperando que ese "acto de justicia social sea el principio de una política gubernamental para modificar el derecho de propiedad privada de la tierra: que se expropie toda la que sea necesaria para que los hombres, particularmente los trabajadores argentinos y extranjeros que viven bajo nuestro cielo, tengan recompensa al esfuerzo de su músculo o de su intelecto, la parcela indispensable para que vivan sin preocupaciones...".[45]

Las disposiciones gubernamentales de 1949 relativas a la expropiación de tierras parecieron ser medidas tendientes a satisfacer las crecientes demandas que en torno a la reforma agraria se venían gestando desde distintos sectores; por otro lado sugieren una actitud reparadora respecto a los hechos de agosto de 1946.

Lo cierto es que más allá de las dificultades de costumbre las sucesivas medidas de gobierno tendían a una creciente movilización y participación de la población indígena y alentaban justificadas esperanzas para las comunidades en su camino hacia la recuperación de su dignidad como hombres portadores de una cultura específica y como ciudadanos.

Pero estas expectativas se verían echadas por tierra.

La inestabilidad institucional del país actuaría una vez más como motor del retroceso social.

GOLPE DEL 55, GOLPE A LAS POLÍTICAS PARA LOS INDÍGENAS

El cese violento de toda actividad constitucional conlleva a partir del golpe de Estado de septiembre de 1955, la interrupción de las distintas políticas que hasta ese momento se impulsaban desde el gobierno anterior.

Como primera medida se suprime la Dirección de Protección al Aborigen (decreto-ley 12.969/56 del 18 de julio de 1956). Sus bienes pasan a depender de las provincias en donde el organismo desarrollaba su acción: Chaco, La Pampa, Misiones, Formosa, Neuquén y Río Negro. Se concreta así una descentralización administrativa, pero de forma compulsiva, desatendiendo además los propios preceptos constitucionales que decían defender:

> "Resulta paradójico que el mismo gobierno de hecho que había restituido por 'proclama' la Constitución de 1853, cuyo art. 67 inc. 15 (...) establece la competencia federal (del Congreso Nacional) para legislar en lo referente a aborígenes (...) sea el que devuelve a las jurisdicciones provinciales los bienes, y con ellos los organismos locales que poseía, por imperio legal, la nación, para cumplir una de sus atribuciones privativas. El pretextado federalismo, que sirve de base a la disolución del organismo protector de los aborígenes, no puede jugar válidamente bajo el imperio de la Constitución de 1853, que crea

expresamente la competencia federal, al incluir el tema entre las atribuciones específicas y propias del Congreso Nacional. Más hubiere, hipotéticamente, podido jugar ese argumento, al tiempo de la sanción de la ley, cuando regía la Constitución de 1949, que (...) suprimió por anacrónico el texto del inciso 15 del art. 67, parte 'in fine', o durante su vigencia, pero no luego de ser restituido el imperio de la Carta Fundamental del 53".[46]

La disolución del organismo centralizador de la cuestión indígena parece apuntar más a un desentenderse del problema por parte del Estado que a una reestructuración jurisdiccional que en sí misma no sería negativa.

Durante este período hubo intentos aislados de modificar situaciones de marginación y sometimiento. Ya sobre el final del régimen de facto –y contradicciones mediante– la provincia del Chaco sanciona el 7 de diciembre de 1957 su Constitución, en cuyo artículo 34 se dispone que "la Provincia protegerá al aborigen por medio de una legislación adecuada que conduzca a su integración en la vida nacional y provincial, a su radicación a la tierra, a su elevación económica, a su educación y a crear la conciencia de sus derechos, deberes, dignidad y posibilidades emergentes de su condición de ciudadano. Quedan suprimidos los sistemas de misiones, reducciones u otros que entrañen su diferenciación y aislamiento social".[47]

Ese mismo año y como demostración de que la conciencia en cuanto a la necesidad de tratar con justicia de la problemática indígena iba creciendo en distintos sectores de la sociedad, se volvió a insistir en la supresión del art. 67 inciso 15 de la Constitución. Esta vez, la solicitud se formuló desde la Convención Nacional Constituyente:

"La supresión de esta 'cláusula constitucional que no dice nada en favor del país y que es contraria a los derechos humanos proclamados en París, que obligan a asegurar la mayor libertad religiosa', se fundamenta en la consideración de la realidad socioeconómica de los aborígenes, que urge a tomar medidas orientadas hacia otra dirección.

Se toman en consideración los datos de un informe oficial de la Comisión Indigenista Argentina, a fines de 1947, según el cual existen en el país 100.000 indígenas puros y 400.000 mestizos distribuidos en la región del Chaco, la región andina y la región del Sur.

Si bien se precisa que la población indígena pura está lejos de la cifra que se apuntaba anteriormente de manera general se habla de la expropiación de sus medios de subsistencia y de la explotación sufrida por esos argentinos".[48]

Sin embargo sería necesario volver al sistema constitucional para que las políticas hacia los indígenas tuvieran algún viso de concreción.

LA DIRECCIÓN NACIONAL
DE ASUNTOS INDÍGENAS (1958)

En los considerandos del decreto 5.463/58 por el cual se creó la Dirección de Asuntos Indígenas se observa que la disolución de la Dirección de Protección al Aborigen en 1955 se hizo "en la creencia de que abandonándose el problema indígena en manos de los Estados provinciales afectados podría hallarse una solución más apropiada, lo que en la práctica no ha podido concretarse".[49]

Esta explicación no parece tanto una posición contraria a los principios federalistas como sí una necesidad de contar con una instancia organizativa de coordinación que sirva de enlace entre las distintas jurisdicciones. El espíritu que animó a la creación de la Dirección de Asuntos Indígenas se asienta más bien en la necesidad de que el tema indígena ocupe nuevamente un lugar importante en la estructura del Estado y en la consideración general.

Se preveía como objetivo la defensa de las industrias regionales indígenas no sólo en cuanto fuentes de trabajo sino también como obra de recuperación cultural.

Se ponía de manifiesto asimismo la existencia de grupos indígenas "no integrados o semiintegrados" a la sociedad nacional cuya situación impedía a los mismos "gozar de los derechos y beneficios de que disfrutan los restantes sectores de la población".[50]

La Dirección dependía del Ministerio de Trabajo y Seguridad Social y tendría por objeto "estudiar y procurar la adecuada solución de los problemas que afectan a los aborígenes radicados temporaria o definitivamente en todo el territorio de la Nación".[51]

Se establecían como funciones del organismo las siguientes:

"a) Atraer a los aborígenes nómades a las organizaciones de carácter cultural, social y económico que a los fines del presente decreto se funden, procurándoles trabajo remunerado, alimentación y vestuario, creándoles un fondo de estímulo y ahorro y asegurándoles educación y capacitación técnica.

b) Orientar y disciplinar la actividad de los indígenas que hubieren alcanzado un mayor grado de adaptación, posibilitando su arraigo definitivo a la tierra y su adiestramiento en los métodos modernos de trabajo.

c) Fomentar el ahorro y el cooperativismo, como asimismo desarrollar las artes y manufacturas autóctonas.

d) Proteger las personas y los bienes del aborigen, asistirlo jurídicamente y asesorarlo en cuanto a sus derechos y obligaciones, especialmente respecto a los problemas de trabajo.

e) Ofrecerle oportunidades para el pleno desarrollo de su iniciativa y estimular el ejercicio de todas las libertades democráticas.

f) Proporcionarle fuentes de trabajo aptas a su estado de desarrollo cultural, procurando a quien acredite suficiente capacitación la adjudicación de tierras, el otorgamiento de créditos para la vivienda familiar y para la adquisición de los instrumentos necesarios para el trabajo."[52]

"El régimen previsto deberá atender fundamentalmente al proceso de adaptación y habilitación más conveniente a cada grupo indígena, conforme al grado alcanzado en su desarrollo cultural. En ningún caso los instrumentos, planes y organismos que se utilicen o constituyan podrán menoscabar los derechos y garantías de la persona humana".[53]

Poco tiempo después, un nuevo decreto, el 7391 del 13 de octubre de 1958, modifica la denominación oficial de la Dirección de Asuntos Indígenas que pasa a ser Dirección Nacional, manteniendo la dependencia del Ministerio de Trabajo y Seguridad Social.

En los considerandos se ratifica la política del trabajo mancomunado del Estado Nacional y los gobiernos provinciales.

LA INFLUENCIA DE LA CONFERENCIA INTERNACIONAL DEL TRABAJO (1959)

Tal como había comenzado a hacerlo en 1949, el Parlamento argentino aprobó por ley 14.932 de 1959 nuevos convenios adoptados por la Conferencia Internacional del Trabajo.

El N° 107 hacía referencia a la "protección e integración de las poblaciones indígenas tribales y semitribales en los países independientes" y contemplaba títulos tales como tierras, contratación y condiciones de empleo; formación profesional; artesanía e industrias rurales; seguridad social y sanidad; educación y medios de información y administración.

El convenio define de alguna manera la categoría de indígena cuando hace referencia a quiénes está dirigida su aplicación: por un lado, a "los miembros de las poblaciones tribales o semitribales en los países independientes cuyas condiciones sociales y económicas corresponden a una etapa menos avanzada que la alcanzada por los otros sectores de la colectividad nacional y que estén regidas total o parcialmente por sus propias costumbres o tradiciones o por una legislación especial"; por el otro, "a los miembros de las poblaciones tribales o semitribales en los países independientes, consideradas indígenas por el hecho de descender de poblaciones que habitaban en el país o en una región geográfica a la que pertenece el país o en la época de la conquista o colonización y que cualquiera que sea su situación jurídica, viven más de acuerdo con las instituciones sociales, económicas y culturales de dicha época que con las instituciones de la nación a que pertenecen".[54]

El convenio explica que el término semitribal comprende a los "grupos y personas que, aunque próximos a perder sus características tribuales, no están aún íntegramente incorporadas" al conjunto de la sociedad.

Se determina también que será responsabilidad de los gobiernos crear posibilidades de "integración nacional con exclusión de cualquier medio tendiente a la asimilación artificial" de las comunidades indígenas.

En este sentido el convenio estipula que en la aplicación de sus disposiciones se deberá "tomar en consideración los valores culturales y religiosos y las formas de control social propias de dichas poblaciones" así como también "tener presente el peligro que puede resultar del quebrantamiento de los valores y de las instituciones" de las comunidades afectadas. [55]

En cuanto al régimen de tenencia y propiedad de las tierras, el convenio recomienda "reconocer el derecho de propiedad, colectivo e individual a favor de los miembros de las poblaciones sobre las tierras tradicionalmente ocupadas por ellos. No deberá trasladarse a las poblaciones de sus territorios habituales sin su libre consentimiento, salvo por razones de seguridad nacional, de desarrollo económico del país o de salud de dichas poblaciones". [56]

EL PRIMER RELEVAMIENTO A NIVEL NACIONAL (1965/68)

Con el advenimiento del gobierno del presidente Arturo Illia[57] en 1963, fue puesto en marcha un proyecto sin precedentes y de vastos alcances: el Censo Indígena, ambicioso programa que no sólo intentaba saber con la mayor precisión posible la cantidad de indígenas que había realmente en el país, sino que buscaba indagar con profundidad los distintos aspectos de sus formas de vida.

Se trataba de un relevamiento integral de las comunidades en el cual el factor cuantitativo era uno de sus ítems. Nunca antes en la Argentina se había intentado un proyecto semejante.

Importante fue también el hecho de convocar a los especialistas, tener en cuenta su opinión y encargarles la realización de la tarea:

"El problema de las comunidades indígenas existentes se examinará aprovechando la experiencia universitaria, para formar una política coherente y positiva que permita la integración de muchos millares de compatriotas a su propia nacionalidad". [58]

Tanto el decreto que dispone la realización del Censo como la intervención del Ministerio del Interior en ocasión de la clausura de la Primera Convención Nacional de Antropología (Resistencia, Chaco, mayo de 1965) permitieron la elaboración y posterior publicación de un documento que sintetizó la posición oficial sobre el tema en aquel momento de la vida del país:

Bases para una política indigenista

La primera parte de este texto transcribe las palabras del ministro del Interior, quien en representación del Presidente de la Nación clausuró la mencionada convención de Antropología. Al hacer mención de la cuestión indígena, planteó que "Ella no representa –es bueno recalcarlo– tan sólo el problema biológico de una raza, sino también el problema cultural, económico, social, moral y político de un sector del pueblo argentino. Quienes lo componen son hombres y ciudadanos, iguales en derechos y, no obstante, no han sido iguales sus posibilidades".[59]

Previamente, había hecho referencia a la importancia del trabajo de los especialistas en todo lo relativo a los distintos procesos de "aculturación de los grupos etnográficos" enfatizando acerca de la necesidad de integrar a esas comunidades al conjunto de la sociedad:

> "Existen grupos indígenas sin plena integración en la comunidad nacional, y esto debe lograrse mediante una acción constante –realizada por el Estado y por la sociedad– que tiende a incorporar al indio al proceso colectivo de civilización y cultura, respetando su personalidad de manera que sea él mismo artífice principal de su mejoramiento"[60]

Se consideraba necesario además la promoción de una reforma agraria que tuviera en cuenta el acceso a la propiedad de la tierra para las familias indígenas y la organización de cooperativas de producción.

En medio de estos anhelos se deslizaban, una vez más, las ideas paternalistas ("Y también, señores, cuidar su formación moral, encauzando su sentido natural de religiosidad, combatiendo la promiscuidad y la embriaguez")[61], que sin embargo no empañan el intento global de esta política asentada en el hecho imprescindible de conocer, como primer paso, una realidad inasible.

La segunda parte del texto, en efecto, transcribe el decreto 3.998 del 27 de mayo de 1965 que dispone la realización del Censo:

Buenos Aires, 27 de mayo 1965

Visto:

La necesidad de concretar lo enunciado por el Poder Ejecutivo Nacional al delinear su política en lo atinente a población aborigen y

Considerando:

Que existen en el país diversos grupos indígenas sin plena integración a la comunidad nacional, siendo para ello de real importancia determinar los criterios básicos que constituyen la personalidad social del indígena.

Que es imperioso atender al mejoramiento de las condiciones de su desarrollo integral mediante una acción sistematizada y eficaz, cumplida coordinadamente por el gobierno nacional, los gobiernos provinciales y el concurso de especialistas y técnicos universitarios.

Que con el fin de iniciar la ejecución de una política indigenista coherente y continua, asentada en datos reales que permitan proyectarla sobre bases científicas, es necesario investigar los problemas por que atraviesan estos grupos de la sociedad nacional.

Que la historia de nuestro país no registra un censo indígena nacional y la experiencia lo muestra imprescindible, dado que no puede promoverse cambio alguno si se descuida la fisonomía y características propias que determinan la estructura peculiar de esas comunidades.

Que para inducir cualquier proceso de aculturación tendiente a producir mejoras en el desarrollo económico, en las condiciones de sanidad, educación, trabajo, etc., debe partirse de un conocimiento conceptual de la realidad cultural y de la estructura antroposociológica de las comunidades indígenas.

Que esa tarea previa, permitirá dar acierto a una acción de mejoramiento para la condición de vida del indígena y su definitiva incorporación a la comunidad nacional, objetivos que informan la política de este gobierno en la materia;

Por ello,

El presidente de la Nación Argentina decreta:

Artículo 1° – Dispónese la realización de un Censo Indígena Nacional que se realizará a partir del 1° de agosto de 1965 y el que comprenderá las siguientes regiones del país:

a) Región Norte Central: que abarcará las provincias de Formosa, Chaco y Salta.

b) Región Noreste: que abarcará las provincias de Misiones y Corrientes.

c) Región Noroeste: que abarcará las provincias de Jujuy y Catamarca.

d) Región Central sur: que abarcará las provincias de Buenos Aires, La Pampa, Neuquén, Río Negro, Chubut, Santa Cruz y Tierra del Fuego.

Se anotará como indígena a todos aquellos individuos que reúnan las características antropológicas básicas necesarias para considerarlos miembros de un grupo determinado, o se consideren a sí mismos como pertenecientes a algunos de los pueblos indígenas clasificados.

I) Regiones indígenas

Art. 2° – El Censo comprenderá, sin perjuicio de otros que determine la autoridad del Censo, los grupos indígenas que se encuentran en el territorio nacional en forma permanente o transitoria que constituyen los siguientes "pueblos" indígenas:

Región norte central: Tobas, pilagás, mocovíes, matacos, chulupíes, chorotis, chiriguanos.

Región noreste: Guaraníes y caingaes.

Región noroeste: Aymaraes y quechuas.

Región central sur: Tehuelches, araucanos, guenakén, yámanas, onas.

Art. 3° – En cada comunidad o grupo indígena se revelarán los datos que a continuación se expresan:

1) Situación geográfica: Se aportarán todos los datos precisos para confeccionar un mapa que contenga la ubicación de los aborígenes que pueblan el territorio argentino.

2) Toponimia: Se averiguará el o los nombres con que los aborígenes y los no aborígenes designan a los grupos indígenas y/o al lugar donde ellos viven.

3) Vías de comunicación: Comprenderá el registro de las rutas nacionales, provinciales, vecinales y las vías fluviales por las que se comunica la comunidad.

4) Características del área regional y zonal que contiene a la comunidad: Se registrarán cuáles son las fuentes de producción y de trabajo existentes y las aspiraciones de grupo sobre propiedad tipo.

5) Administración: Se deberá registrar si la comunidad o el grupo sè autoadministra o está en relación de dependencia directa o indirecta con algún organismo oficial o privado.

6) Número de habitantes: (subdividida en los siguientes ítems):

a) tipos de vivienda y superficie que comprende;

b) número de individuos que habitan cada vivienda;

c) número de familias que habitan en cada vivienda;

d) número de adultos, hombres y mujeres mayores de 14 años que viven en cada vivienda;

e) número de hijos por pareja;

f) número de varones menores de 6 años;

g) número de varones entre 7 y 14 años;

h) número de mujeres menores de 6 años;

i) número de mujeres entre 7 y 14 años;

j) referencias sobre la estructura familiar.

7) Proveniencia: Se informará cuáles son los lugares de procedencia de cada familia.

8) Tiempo de permanencia en el lugar: Se consignarán datos por familia e individuo.

9) Tipos de ocupación: Se consignará por familia en general e individuo en particular, el tipo de tarea que realiza, cuántas horas por día trabaja, qué salario recibe, en qué forma, y si su trabajo es periódico o continuo, cuántas personas dependen del ingreso.

II) Costumbres y conocimientos

10) Grado de alfabetización: Comprenderá lo siguiente:

a) Si existe escuela cercana a la comunidad o al grupo;

b) Número de individuos por vivienda que concurre a la escuela;

c) Qué grado está cursando cada individuo;

d) Cuál es el récord (historial) de cada escolar;

e) Los que concurrieron a la escuela, hasta qué grado lo hicieron;

f) Número de individuos en edad escolar que no concurren a clase;

g) Qué causas aducen para no concurrir;

h) Se deberá comprobar, en forma experimental, quienes son o no alfabetos.

11) Estado sanitario:

a) Epidemias;

b) Endemias;

c) Morbilidad;

d) Mortalidad infantil.

12) Religión: Se deberá registrar:

a) Si son adeptos a algún credo occidental. Cuál;

b) Si no son adeptos a ningún credo occidental;

c) Si creen en sus antiguas formas religiosas;

d) Si existen formas de sincretismo local.

13) Liderazgo: Se averiguará a quién reconocen como líder, si a un cacique o a varios, o si es grupo sin líder manifiesto.

14) Estructura política: Se deberá registrar.

a) Quiénes están anotados en el Registro Civil;

b) Quiénes están enrolados. Por qué lo hicieron;

c) Quiénes no están enrolados. Porqué.

Art. 4º – Con los datos obtenidos se confeccionará un análisis monográfico de cada uno de los grupos censados y del conjunto de la población indígena del país, aconsejando a la vez las medidas que sea conveniente adoptar para propender a su mejoramiento social, económico, cultural. Este estudio deberá desarrollar, básicamente, los siguientes puntos:

a) Situación racial, lingüística y cultural del pueblo aborigen en sus tiempos pre hispánicos y en el tiempo actual;

b) Una descripción del habitante actual;

c) Una descripción de cada comunidad de acuerdo con los objetivos de estudio señalado en el artículo anterior;

d) Un análisis del contexto social indígena.

Por el Ministerio del Interior se procederá a la publicación y divulgación de los resultados y de los estudios que se realicen.

Art. 5º – A los fines del presente decreto, constitúyese la Comisión Ejecutiva del Primer Censo Indigenista Nacional que estará constituida por un Presidente designado por el Poder Ejecutivo Nacional e integrada por el Director Nacional de Asuntos Indígenas, el Director del Instituto de Ciencias Antropológicas de la Universidad Nacional de Buenos Aires, y el Director del Instituto Nacional de Antropología como Vocales.

Esta comisión actuará como autoridad del Censo, bajo la dependencia del Ministro del Interior, y con la colaboración de la Dirección Nacional de Estadística y Censo.

III) Trabajo de comisiones

Art. 6º – Constitúyese el Consejo Asesor Honorario del Primer Censo Indigenista Nacional, que estará constituido por un representante de cada uno de los Ministros Nacionales, un representante de cada una de las provincias comprendidas en las regiones donde se cumplirá el Censo, un representante de cada una de las Universidades Nacionales, un representante de Gendarmería Nacional, un representante de la Prefectura Nacional Marítima, un representante del Consejo Nacional de Desarrollo, un representante del Consejo Federal de Inversiones, un representante de la Comisión Nacional del Río Bermejo y un representante de la Dirección Nacional de Estadística y Censo.

El Consejo Asesor Honorario actuará como órgano de asesoramiento y consulta de la Comisión Ejecutiva, y será presidido por el representante del Ministerio del Interior.

Art. 7° – Todas las dependencias del gobierno nacional prestarán ayuda para el relevamiento censal, facilitando su personal y suministrando los muebles, edificios, medios de movilidad, etc., que les sean requeridos por los organismos ejecutores del Censo dentro del período comprendido entre el 1° de octubre de 1965 y el 31 de marzo de 1967.

El personal de la Administración del Estado está obligado a desempeñar las tareas censales que les sean asignadas en el lugar y ocasión que determinen las autoridades del Censo, las que revestirán el carácter de carga pública. El buen desempeño en las tareas censales deberá constar en el legajo personal de los agentes.

Art. 8° – Facúltase como excepción y dentro del mismo período mencionado en el artículo anterior, a los señores Directores Generales, Jefes de Reparticiones Nacionales y Jefes de Oficinas Nacionales destacadas en el interior del país a conceder directamente y a simple requerimiento de la autoridad censal de su jurisdicción, la colaboración del personal y la concesión y afectación de locales, muebles, máquinas, medios de movilidad, etc., que sean necesarios para la ejecución de las tareas relativas al censo.

Acordada la colaboración del personal o la afectación de elementos las autoridades de las oficinas nacionales destacadas en el interior del país deberán comunicar la medida adoptada a la Superioridad.

Art. 9° – El Ministerio del Interior invitará a los Gobiernos Provinciales a adoptar en sus respectivas jurisdicciones, similares medidas que las detalladas precedentemente con el fin de asegurar el éxito del relevamiento censal.

Art. 10 – Facúltase para designar personal ya sean agentes al servicio del Estado o ajenos a la Administración Pública Nacional, afectado a las tareas emergentes del Censo Indigenista, con asignación mensual de hasta m$n. 40.000.– (Cuarenta mil pesos moneda nacional).

Art. 11 – A los efectos del relevamiento del censo, las comunicaciones postales y telegráficas, con excepción de las sobretasas aéreas, que se originen con esa finalidad estarán exentas del pago de tasas y derechos entre el 1° de junio de 1965 y el 31 de julio de 1967.

Art. 12 – Destínase la suma de veinticinco millones de pesos moneda nacional ($25.000.000.– m/n), para el cumplimiento de este decreto tomándose los fondos con imputación a la partida que oportunamente, se incorpore al presupuesto de gastos del Anexo 25 (Interior), para el año 1965 y su correlativa para el ejercicio 1966.

Art. 13 – El presente decreto será refrendado por los señores Ministros Secretarios en los Departamentos del Interior y Economía y firmado por el Secretario de Estado de Hacienda.

Art. 14 – Comuníquese, publíquese, dése a la Dirección General del Boletín Oficial e Imprentas y archívese,
Decreto N° 3998.
Illia
Juan S. Palmero
Juan C. Pugliese
Carlos A. García Tudero. [62]

El decreto incorpora novedosos elementos: define al individuo indígena; determina las distintas regiones ocupadas por las comunidades en estudio (mapa 42, pág. 428); estipula los distintos datos que serán tenidos en cuenta para el relevamiento y finalmente, recomienda de qué manera llevar a cabo la tarea, especificando la responsabilidad de las distintas áreas del gobierno.

Censo Indígena Nacional (1968)

El Censo fue el primer proyecto de alcances nacionales que fue realizado en su gran mayoría por personal especializado. Su estructura interna estaba compuesta por un Comité Ejecutivo y una Secretaría Técnica de las cuales formaban parte antropólogos y estudiantes de antropología y sociología (estos últimos como agentes censistas).

Se plantearon dos objetivos principales, uno teórico y el otro práctico; el primero apuntaba a "ubicar geográficamente las distintas agrupaciones indígenas que pueblan nuestra República determinando en cada una de ellas sus características demográficas, al mismo tiempo que los niveles de vida alcanzados por dicha población"; el segundo planteaba que "en base al conocimiento del universo que nos da el objetivo primero, proponer posteriormente plantas de Desarrollo de Comunidad en aquellos grupos que, por sus características y situación ofrecen la oportunidad de que la experiencia que se realiza sobre ellos pueda ser repetida en otros contextos similares". [63]

Otro hallazgo de este proyecto consistió en la definición de ciertos conceptos clave.

El Censo entiende por *Indígenas*, a aquellos individuos que reúnen los siguientes atributos:

a) que se manejen en su estructura económica en un nivel de subsistencia;

b) que convivan en comunidad o grupo;

c) que mantengan elementos de la cultura prehispánica, especialmente la lengua y si ella no se habla que se identifiquen otros elementos tales como festividades, vestimenta, artesanías, etcétera;

d) que expresen una conciencia de pertenencia a un grupo étnico o de lo contrario que sea notoria su descendencia de éstos;

e) Que su hábitat actual se encuentre en la misma zona o muy próxima a la del hábitat prehispánico.

En otro lugar del mismo trabajo se define como *Indígenas* a todos aquellos "individuos que manifiestan en su conducta individual o grupal pre-

42. LAS REGIONES INDÍGENAS SEGÚN EL DECRETO DE CREACIÓN DEL CENSO INDÍGENA NACIONAL (1965)

REGIÓN NORTE CENTRAL
Pueblos indígenas tobas, pilagás, mocovíes, matacos, chulupíes, chorotis y chiriguanos.

REGIÓN NOROESTE
Pueblos indígenas guaraníes y caingaes

REGIÓN NOROESTE
Pueblos indígenas aymaraes y quechuas

REGIÓN CENTRAL SUR
Pueblos indígenas tehuelches, araucanos guenakén, yámanas y onas.

dominancia de elementos de la cultura precolombina y que expresan al mismo tiempo una conciencia de pertenencia actual o histórica a alguno de los grupos étnicos prehispánicos que habitan la zona".[64]

Asimismo el Censo define a la *Comunidad* como "una unidad social cuyos miembros participan de algún rasgo o interés común, con conciencia de su pertenencia a un grupo social determinado, a un sitio geográfico, situado en una determinada área, en la cual los individuos interactúan más intensamente entre sí, que con el resto de la sociedad". [65]

Grupo, por su parte, es un "conjunto de individuos que tienen un elemento o rasgo común que permite aglutinarlos, que esté situado en un lugar geográfico determinado y sus integrantes tienen una interacción tanto entre sí como con el resto de los individuos que los rodean y que no pertenecen al grupo".[66]

Entre ambos conceptos, el de Comunidad y el de Grupo, se ubicaría el de *agrupación indígena*, que abarca a ambos, y a aquellos individuos que en la práctica "poseen diferencias de grado con las definiciones enunciadas"[67] haciendo referencia al hecho de que en muchas circunstancias, los indígenas han dejado su hábitat original rural, para trasladarse por ejemplo a centros urbanos de su área.

El concepto "se extiende desde familias aisladas cuyo único vínculo es ocupar predios limítrofes con una interacción tenue entre sí, hasta comunidades con cohesión, debido a jefes que ejercen un liderazgo, como son los cacicazgos en algunos casos, los líderes políticos u otras formas de jefes".[68]

En cuanto al "grado de participación en la cultura nacional", se tomaron tres criterios principales: *aislados*, "aquellas agrupaciones que viven alejadas de la sociedad nacional y solamente tienen contactos accidentales con nuestra cultura"; *contactos irregulares*, "comprenden los grupos indígenas que mantienen cierta autonomía, si bien los contactos con nuestra sociedad nacional son mucho más frecuentes que en el caso anterior"; *contactos permanentes*, "las agrupaciones que perdieron su autonomía cultural y se hallan en una situación de dependencia respecto a nuestra sociedad nacional".[69] Para efectuar el relevamiento los agentes censistas contaron con numerosos instrumentos especialmente diseñados. El primero de ellos fue la llamada "Cédula destinada a relevar agrupaciones indígenas" conformada por 18 ítem: localización; características del área en la cual se encuentra el grupo o la comunidad; fuente de producción y trabajo de la zona; población de la comunidad; alimentación; indumentaria; lectura; ocupaciones en los días feriados; vida social; lugares de reunión; estimulantes; escuelas; delitos; administración; centros asistenciales; toponímicos; grados de participación en la cultura nacional; distribución de las viviendas en la comunidad. El segundo instrumento fue el destinado a relevar los hogares indígenas, con un total de 42 ítem: vivienda; tipo de vivienda; material predominante en paredes; material predominante en techo; forma de techo; material predominante en pisos; construcciones anexas; provisión de agua; servicios higiénicos; iluminación; tenencia; cantidad de cuartos; objetos de la vivienda; ancho de la vivienda; migración; mortalidad; medios de transporte; religión; liderazgo; actividad económica general; superficie de cultivo; animales; ingresos por venta de animales; otras producciones; actividades ca-

31. LA POBLACIÓN INDÍGENA ARGENTINA HACIA 1966
SEGÚN EL CENSO INDÍGENA NACIONAL

Región	Provincia	Cantidad de agrupaciones censadas	Cantidad de individuos censados	Cantidad estimada de individuos sin censar
Norte Central	Formosa	62	7.960	3.925
	Chaco	83	15.878	
	Salta	90	17.170	
	Santa Fe	14	1.217	
	Jujuy	33	4.550	
Nordeste	Misiones	18	512	
Noroeste	Jujuy/Salta (centro-oeste) Catamarca	12	1.012	81.000
Central Sur	Buenos Aires	5	2.226	6.300
	La Pampa	29	2.036	
	Neuquén	53	8.682	
	Río Negro	79	8.023	
	Chubut	39	6.247	
	Santa Cruz	7	167	
	Territorio de Tierra del Fuego			
Totales		525	75.675	89.706*
				165.381

* La suma de los resultados parciales presenta una diferencia con esta cifra.

zadoras; actividades pescadoras; actividades de recolección; manufacturas de pieles o tejidos; otras actividades; población.

Muchos de los ítem eran abiertos, es decir contenían diversos subítem o preguntas. En el último caso, por ejemplo, un total de 30 preguntas abarcaba un amplio espectro que iba desde el parentesco que el entrevistado tenía con el jefe de familia hasta consignar si había votado en las últimas elecciones, pasando por los distintos aspectos educativos.

El relevamiento y posterior elaboración de los datos emergentes del Censo produjo cuatro volúmenes con abundante información y un importante conjunto de trabajos monográficos acerca de las distintas culturas en estudio y temas técnicos en general.

El volumen I se ocupa de los resultados provisorios 1966/7 correspondientes a la provincia de Buenos Aires y Zona Sur; el II, los resultados provisorios 1967/8 de las provincias del Chaco, Formosa, Jujuy, Misiones, Salta y Santa Fe; el III y el IV, de los resultados definitivos 1966/8 correspondientes a la provincia de Buenos Aires y Zona Sur.[70]

En cuanto a los resultados de población, el Censo consignó un total de 525 agrupaciones y 75.675 individuos, correspondientes a 13.738 hogares censales cuyo relevamiento se efectuó en la región Central Sur (Buenos Aires, Chubut, La Pampa, Neuquén, Río Negro, Santa Cruz y el territorio nacional de la Tierra del Fuego, Antártida e Islas del Atlántico Sur); en la región Norte Central (Chaco, Formosa, Norte de Santa Fe y sector oriental de Salta y zona del ramal de Jujuy) y en la región del Nordeste (Misiones).

Pero el trabajo no se completó, dado que la región Noroeste (Jujuy, sector central y occidental de Salta y norte de Catamarca) prácticamente no fue censada; además faltaban ser relevadas agrupaciones en Formosa y en Salta.

El Censo estimó en aproximadamente 89.706 individuos la cifra de población no relevada, con lo cual el total de indígenas calculado ascendía a 165.381. Para ese entonces (diciembre de 1966) la Argentina tenía poco más de 22.800.000 habitantes.[71]

El cuadro y el mapa respectivos grafican la situación descripta (cuadro 31 y mapa 43, pág. 432); a ellos habría que agregar los datos correspondientes al análisis por grupos étnicos. Si tomamos en primer lugar a los indígenas efectivamente censados, tenemos –en cifras redondas y aproximadas– los siguientes resultados:

tobas	17.000
chiriguanos	13.000
matacos	10.000
mocovíes	
pilagá	
mbyá	
chané	} 7.000
chulupíes	
chorotes	
araucanos	28.000
(mapuches)	
tehuelches	100

43. ESTADO DEL RELEVAMIENTO DEL CENSO INDÍGENA NACIONAL A LA FECHA DE SU INTERRUPCIÓN (1968)

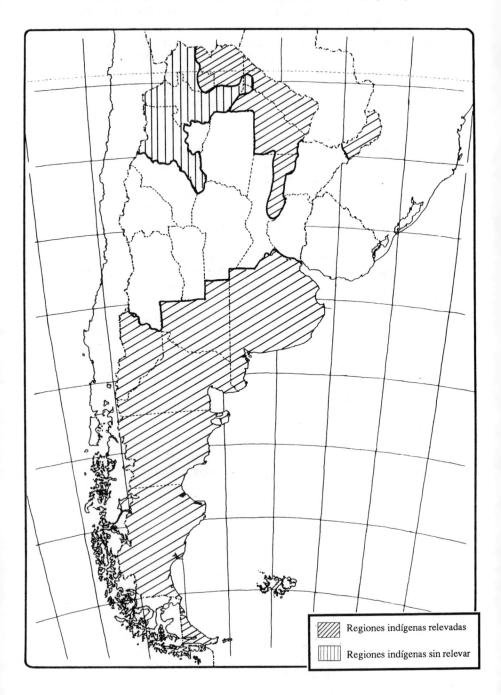

Regiones indígenas relevadas

Regiones indígenas sin relevar

con lo cual se completarían aproximadamente los 75.000 indígenas censados.

En cuanto a la población estimada restante, el grueso de ella (80.000) corresponde a la región Noroeste, hábitat de las comunidades de ascendencia colla, mientras que el resto se repartiría entre mapuches (araucanos, alrededor de 6.000) y grupos "chaqueños" (algo más de 3.000).

Sin embargo los resultados del Censo no son completos ni se ha procesado la totalidad de lo recogido.

"Restaría publicar los tomos de resultados definitivos correspondientes a Neuquén-Río Negro; Chaco-Santa Fe; Formosa-Misiones; Salta (sector oriental)-Jujuy (zona del ramal) y si se completara el relevamiento de la región noroeste: Jujuy (excluyendo la zona del ramal); Salta (sector central y occidental) y Catamarca (sector septentrional). En total doce tomos más a los cuatro ya publicados. A todo este panorama se le podrían adicionar las publicaciones que resultaran del análisis de la Cédula Agropecuaria, que serían otras cuatro aproximadamente.

En síntesis, resta todavía por oficiar un 89% de las encuestas y por publicar un 88% del material recogido. En fin, sería una inversión totalmente inútil si no se concluye en su etapa final".[72]

El anhelo final quedó en eso. El intenso trabajo de años fue interrumpido el 30 de junio de 1968 al no concedérsele una prórroga para su finalización. El nuevo gobierno de facto –Onganía, 1966– que había heredado el proyecto del gobierno constitucional anterior fue fiel a la tradición argentina de no continuar las obras de su predecesor y canceló el Censo para siempre.

UNA TRANSICIÓN LANGUIDECIENTE (1966/1973)

Entre 1966 y 1973, los sucesivos gobiernos militares (Onganía, Levingston, Lanusse) se limitaron a administrar la precaria situación integral de las comunidades indígenas, a través de la implementación de "Programas integrados de Desarrollo Comunitario Aborigen" llevados a cabo por la Secretaría de Estado de Promoción y Asistencia Social.

Como objetivos y metas, los programas preveían el "desarrollo de las comunidades aborígenes en todos los aspectos que atañen a la evolución del ser humano considerado física y espiritualmente orientado e intensificando la realización de dicho proceso sin afectar sus valores culturales, tradiciones, usos y costumbres en base a una planificación que permita una acción coherente y positiva con el propósito de atender y preservar los derechos de las poblaciones indígenas mediante la participación activa de las mismas ofreciéndoles oportunidades para el pleno desarrollo de sus iniciativas. Los objetivos tienden a cumplimentar las políticas Nacionales sustentadas en el Decreto 46/70 'Políticas Nacionales' puntos 3, 7, 17 y 49 y las del Plan de Desarrollo y Seguridad que..."

La última frase clarifica sobre la verdadera situación más allá de los buenos propósitos e intenciones declarados; en realidad la política de aquel entonces estaba basada en el concepto de "seguridad", antecedente inmediato a la ulterior y terrible "doctrina de la seguridad nacional" aplicada entre 1976 y 1983.

En este tipo de políticas, los indígenas fueron objeto de manipulación, ya que pertenecían a agrupaciones humanas que estaban ubicadas en asentamientos particulares, las áreas de frontera, a las cuales había que resguardar desde el punto de vista de la "seguridad interior". Las comunidades indias pasaban a ser algo así como un "mal necesario", una entidad humana que por el sólo hecho de estar allí, en esas zonas peculiares del territorio, vitales para el interés nacional, debían ser objeto de alguna política, pero siempre dentro de los marcos enunciados.

Como objetivos de los programas se incluían la salud, educación, vivienda, tierra, trabajo, asistencia social, artesanía.

De acuerdo con la información con que contamos, durante 1968 se ejecutaron 7 programas con un total de 2.660 indígenas involucrados; en 1969, 32 con 16.354; en 1970, 22 con 20.770, en 1971, 10 con 55.000. Para 1972, los programas previstos eran 144. [73]

Pueden ser destacados durante este período programas tales como el "Operativo Chaco", el Programa Lago Rosario o el Programa Cushamen. En el primero de ellos se lanzó un plan piloto de cultivo de algodón, acompañado por la organización de cooperativas como las de Pampa del Indio o Colonia Aborigen Chaco; en el segundo, implementado en la provincia del Chubut, se llevó a cabo un programa de explotación forestal; en el tercero, también en el Chubut, fueron creadas más de 40 chacras para abastecer a la población de la zona en frutas y verduras.

En todos los casos se contó con el apoyo directo de los técnicos enviados por la Subsecretaría de Promoción y Asistencia Social y también con el aporte financiero del organismo.[74]

Pero en conjunto, fueron años en que los planes elaborados se constituyeron casi en un compromiso. No existió una voluntad política que propendiera a la promoción de las comunidades indígenas y mucho menos programas puntuales que atendieran a su eventual proceso de integración plena a la sociedad nacional.

TERCER GOBIERNO JUSTICIALISTA (1973-1976). PLAN TRIENAL, REPARACIÓN HISTÓRICA Y CONVULSIÓN

El acceso al poder en marzo de 1973 de un nuevo gobierno justicialista se realiza en el marco de un estado de creciente movilización social y de virtuales insurrecciones urbanas que habían comenzado con el "Cordobazo" (1969).

La constante irrupción de los regímenes militares y su correlato, el cercenamiento de las libertades públicas, hacen crecer la resistencia de una sociedad agobiada por la imposibilidad cíclica de expresarse.

En ese contexto, el masivo respaldo que se dio en las elecciones de 1973 a los candidatos justicialistas concreta las aspiraciones del pueblo que expresa libremente su apoyo a un gobierno popular con la esperanza de que sus reclamos tantas veces reprimidos se vean realizados.

Si pudiéramos encontrar un elemento para caracterizar a aquellos primeros meses del gobierno de Cámpora, primero, y de Perón, después, elegiríamos la movilización popular.

Sin entrar al terreno de análisis de los disímiles intereses políticos de aquel entonces diríamos que la gente en la calle o en sus lugares de trabajo comenzó a hacer carne un protagonismo cada vez más efectivo.

Los distintos sectores sociales empezaron a hacer oír sus reivindicaciones y también a organizarse, galvanizados detrás de la figura aglutinante de Perón, y la propuesta de un gobierno que convocaba a todos los argentinos a la reconstrucción del hombre y de la nación. Las comunidades indígenas se hicieron así más presentes; las crónicas periodísticas abundan en información sobre ellas y es por aquellos días en que se realiza el Segundo Parlamento Indígena Nacional "Eva Perón" con la presencia de 71 delegados de más de 8 culturas.[75]

Comienza a difundirse también la práctica del acceso de indígenas a cargos de gobierno (Luis Sosa, toba, director de Asuntos Indígenas de la provincia de Formosa) o como diputados (Abelardo Coifin, FREJULI Neuquén).

Desde el gobierno, el Plan Trienal para la Reconstrucción Nacional incluye a las comunidades indígenas dentro de los planes de colonización, para los cuales se preveía la entrega de predios a familias indígenas a título gratuito como reparación histórica.

La implementación de estos objetivos comenzó a efectivizarse durante 1974 a través de los proyectos de convenios entre la Nación y las provincias para la creación de 504 "Centros de justicia social" en áreas marginales con especial atención a las comunidades indígenas. Pero para ese entonces ya había muerto Perón (julio de 1974); distintos factores comienzan a corroer y abortar un proyecto que era apoyado por vastos sectores populares y prometía la liberación y la reconstrucción nacional: en primer lugar, la violencia, fenómeno omnipresente en nuestra historia, que se desencadena ahora desde distintos sectores y en su desborde impregna la actividad cotidiana del país; en segundo lugar, el giro de gran parte del gobierno hacia la derecha que lo lleva a contradecir los postulados votados en 1973, y en muchas ocasiones, a alimentar aquella violencia que parece no tener límites; en tercer lugar, el poder militar, que lejos de haberse retirado a sus funciones específicas, sólo espera el momento oportuno para derribar al gobierno constitucional que por otra parte ha adelantado ya las elecciones nacionales, como un modo de descomprimir la pesada atmósfera política que se vive.

Aunque alterado constantemente por los difíciles momentos que acontecían, existía un intento por coordinar políticas a nivel nacional y provincial, bajo la concepción de la reparación histórica, la entrega gratuita de tierras y la denuncia del genocidio realizado a lo largo de la historia con las culturas indígenas, las que, por otro lado, encontraban en el marco constitucional una posibilidad importante en el camino hacia su desarrollo integral.

EL PROCESO DE REORGANIZACIÓN NACIONAL (1976-1983). NUEVA DESCOMPOSICIÓN DE LAS POLÍTICAS HACIA LOS INDÍGENAS.

En marzo de 1976 la comunidad guaraní de San José de Yacuy, en el corazón del Chaco salteño transitaba un interesante proceso de organización interna, sustentado en un sistema de gobierno participativo, con toma de decisiones en forma democrática, e integrando los factores de poder tradicionales tales como el Consejero (el anciano) y los Ypayé (los chamanes benefactores).

La economía comunitaria estaba en vías de expansión con la ampliación de los cercos de cultivo; el acceso a la educación para los niños era promovido por un creciente número de familias; el tiempo libre daba lugar a las fiestas tradicionales (el sagrado carnaval), los viajes de intercambio a la vecina Tartagal, o simplemente, el ocio.

El pueblo de Yacuy tenía un proyecto.

Por aquellos días nos hablaban de cómo veían la posibilidad de insertarse en el país al que sentían propio. Nos hablaban también de su ancestral lucha por la propiedad de la tierra y de cómo estaban obteniendo logros en esa dirección.

Habían hecho mucho con gran sacrificio y trabajo; habían levantado un pueblo de más de mil almas que era ejemplo entre sus hermanos de la región.

Pero una tarde, sin que nadie los hubiera llamado, llegaron ellos, con la misión de "poner orden", como en cada rincón de la Argentina.

Llegaron también hasta allí. Eran dos o tres oficiales. Uno de ellos se autotituló "interventor de los indígenas" y anunció que venía con mandato de inspeccionar y vigilar al pueblo.

La gente contempló a los intrusos de uniforme y sintiéndose indefensa volvió los ojos hacia su jefe. Él les devolvió el silencio en la mirada.

A los pocos días los oficiales volvieron esta vez más prepotentes y decididos a revisar la aldea. Pero el pueblo había cavilado y enfrentó al "interventor":

–Ustedes tienen armas, nosotros no las tenemos –dijo el jefe avanzando hacia el delegado militar–, pero nosotros tenemos algo peor que las armas: tenemos nuestro poder y yo le juro que si usted toca algo del pueblo, lo dejaremos ciego. Esto pasará, usted se va a volver ciego.

Los oficiales retrocedieron sobre sus pasos y nunca más regresaron a la comunidad.

El pueblo resistió. Se había defendido con el recurso milenario de la técnica chamánica. La sabiduría india se había puesto en acción para contrarrestar los embates de los dictadores.

Sin embargo, ya nada sería igual. La noche de terror que había caído sobre el país también había llegado hasta ellos, corroyendo la vida comunitaria e interrumpiendo abruptamente, por enésima vez en su historia, el camino de su autodeterminación.[76]

La historia puede repetirse cien, mil, o incontable cantidad de veces.

A partir del golpe de Estado de 1976 las comunidades indígenas ingresaron en un nuevo cono de sombra. Más aisladas que nunca, rodeadas en sus exiguos territorios por el continuo despliegue militar, virtualmente maniatadas, se convirtieron en bolsones de supermarginación.

La ausencia de políticas o la interrupción de las que hasta entonces se estaban aplicando completaron el cuadro desolador.

En una de nuestras provincias se llegó a negar la existencia de los indígenas por decreto, lo que quizás da la pauta de los verdaderos alcances de los siniestros objetivos del poder militar de turno.

"...Porque mucha de la gente antigua, de los aborigen, dicen que no hay que darse con la gente blanca porque la gente blanca son gente que se come a las personas"

RAÚL SANTIAGO, mataco, 1975.

"Aquí nadie nos quiere ni nos ayuda, por eso quiero conocer cómo podemos vivir mejor. Quiero conocer cómo podemos hacer que no nos mientan más. Somos matacos, y a nosotros no nos ayudan como a ellos los blancos. Quiero comprender por qué estamos así. Nos han mentido siempre (...) Pero lo que sí pedimos es respeto, somos gente pobre, somos nativos, somos de esta tierra"

ANDRÉS TOLABA, mataco, 1985.

"¿Por qué no se acordaron hace medio siglo de los onas?"

RAFAELA ISHTON TIAL, última ona, 1985.

"–¿Qué es el mar?
–Para mí el mar es donde sale el sol."

De un alumno colla a su maestra, 1985.

"A los indios siempre les dicen que vuelvan mañana"

EDUARDO TEMAY, toba, 1988.

"Todos hijos de esta tierra, condenados a vivir en colonias y reservaciones, cuidando ovejas ajenas o haciendo trabajos por pagas miserables, y discriminados laboralmente por el color de la piel"

ANGEL SAYHUEQUE, tehuelche, 1989.

"Es un agravio, una bofetada que el billete de mil australes lleve la imagen de un hombre de negra historia como el general Roca, exterminador de mi raza" (...) "Cada 12 de octubre se festeja la muerte de nuestros padres, por eso nosotros perdonamos, pero no olvidamos"

ISAAC COLQUI, aymara, 1989.

CAPÍTULO VIII

VIVEN LOS INDIOS

Desde mediados de este siglo y hasta el momento actual, Argentina atravesó varias fases como cultura, entre las cuales me parece importante recalcar dos procesos étnico-culturales que se produjeron simultáneamente: por un lado, la "bajada" hacia los centros urbanos, especialmente a Buenos Aires, de los descendientes de la primera matriz hispano-indígena y/o los indígenas, es decir, los "cabecitas negras" que se incorporaron decididamente a la vida cotidiana de la gran ciudad; por el otro, la consolidación de la segunda mestización, de vastos alcances culturales, producto de fenómenos tales como la fusión de los criollos con los inmigrantes, la mutua adaptación, la "argentinización" de todos, las nuevas generaciones que han comenzado la tarea de arraigo a este suelo –valores e intereses desde el país– tratando de superar el desgarro transmitido por el abandono de las raíces de los abuelos, oriundos de diferentes lugares de Europa.

A ambos procesos, claves en la historia cultural del país, se suman los inmigrantes de países limítrofes y los núcleos de colonias extranjeras establecidos en distintos puntos de nuestro territorio y con diversos grados de integración a la comunidad nacional (los "turcos" en el noroeste; los "galeses" en el sur; los alemanes y los polacos en Misiones; recientemente los coreanos, japoneses y otros inmigrantes del sudeste asiático).

Toda esta dinámica no implica necesariamente la constitución de un tipo étnico particular, sino más bien la aproximación paulatina a una conciencia masiva de pertenencia a una comunidad que es la Argentina y la adhesión a sus peculiaridades.

Esa conciencia ha crecido al amparo de fenómenos tales como los movimientos políticos de masas, especialmente el peronismo, que signó con su accionar la vida político-cultural de la Argentina en los últimos cincuenta años, posibilitando el protagonismo de todos los sectores sociales sin exclusiones.

Creo que esa politización de la sociedad que se aceleró en las décadas del sesenta y setenta, estuvo vinculada a la búsqueda de la identidad nacional que en medio de dramáticas ambigüedades y contradicciones constituye una de las claves de nuestra problemática como pueblo.

Esta búsqueda, impulsada también desde los núcleos de intelectuales, procuró durante mucho tiempo ahondar en las raíces del denominado "ser nacional" que se extendía a la conciencia histórica iberoamericana (Hernández Arregui, 1972).

La falta constante de canales de expresión en todos los órdenes, producto de los sucesivos golpes de Estado, provocó como respuesta –especialmente por parte de un sector social en ascenso: la juventud– diversas formas violentas de acción política contra los poderes dictatoriales de turno; en muchos casos se pasó de la resistencia a la ofensiva a tal punto que surgieron los movimientos insurreccionales urbanos de 1969 (el Cordobazo) y el inicio del accionar de las organizaciones guerrilleras.

El breve interregno democrático de 1973–1976 constituyó la antesala de un nuevo elemento en la cultura argentina: la violencia, que aunque no era desconocida –todo lo contrario– nunca antes había alcanzado el grado de virulencia a que llegó entonces. Y si bien la violencia política fue la principal actora de los años setenta, la violencia a secas pasó a primer plano y nos demostró que también ella nos caracteriza como pueblo a través de múltiples hechos de la vida cotidiana, trasuntados en intolerancia, maltrato, individualismo o simplemente rechazo al otro por el mero hecho de ser distinto o pensar diferente.

Esta triste realidad, subyacente en nosotros mismos como sociedad, fue exacerbada por un proyecto político antinacional y antipopular, encargado de empantanar la decisión soberana del pueblo, sólo que esta vez, la cota de violencia traspasó todos los límites imaginables.

Entre marzo de 1976 y octubre de 1983, el país atravesó quizás el período más negro de su historia: la dictadura militar entronizada en el poder provocó un desquiciamiento social sin precedentes, expresado en un genocidio que provocó miles de desaparecidos, creando una figura legal inédita en el mundo y produciendo un vacío generacional irreparable del cual aún no se tiene clara conciencia; la virtual destrucción del aparato productivo nacional a través del cierre de cientos de industrias y de medianas empresas con el consiguiente aumento de la franja de desocupados; el enorme abultamiento de la deuda externa cuya consecuencia inmediata fue el agravamiento de nuestra situación de dependencia con los acreedores (las superpotencias) que dejó al país sumido en la pobreza y produjo un notable retroceso en su capacidad soberana; la ocupación militar de las islas Malvinas, que posibilitó que Argentina perdiera la única guerra librada en este siglo, cargando sobre sus espaldas con más de mil nuevos muertos, y unos diez mil ex combatientes en estado de desamparo psicosocial, además de estancar las negociaciones diplomáticas por la recuperación de nuestras islas, que en la actualidad han sido convertidas en una moderna base anglonorteamericana con la consiguiente apropiación de la zona marítima circundante y nos crea una zona de exclusión marítima a pocas millas de nuestras costas.

El retorno a la democracia en 1983, causado por la derrota bélica y debido además al enorme desprestigio de los militares y a su ineptitud para gobernar, operó como un hito de contención del flujo y reflujo de medio siglo de golpes de Estado y como bálsamo contra la violencia generalizada.

Como un león que se lame las heridas el pueblo argentino impulsó el ingreso al recinto de la restauración democrática, y junto con él, lo hicieron nuestras comunidades indígenas que una vez más habían recibido por acción y omisión los embates de la situación nacional.

Para ellas, la dictadura del 76–83 también fue un remate: de una historia de creciente deculturación –virtualmente un etnocidio– que fue la consecuencia de políticas negadoras de su realidad, de la importancia de su cultura y de su dignidad como hombres.

Sometidas a todo tipo de atropellos, las comunidades indígenas atravesaron el callejón de esos ocho años e ingresaron en la anhelada vida democrática que apoyada sin titubeos por la inmensa mayoría de los argentinos comenzó a abrir nuevas perspectivas a los indios. Unos pocos indicadores surgidos en estos últimos años de consolidación del sistema democrático parecen ratificar este aserto:

–la presencia más activa de las organizaciones indias.

–la toma de conciencia por parte del Estado de la necesidad de ir generando respuestas a través de la implementación de políticas más efectivas.

–la participación de indígenas en cargos de gobierno.

–la embrionaria conciencia colectiva de los argentinos respecto a la pluralidad de su conformación como pueblo.

Sin embargo, la Argentina tiene ante sí un camino muy largo aún: las actitudes discriminatorias y segregacionistas; el racismo encubierto de mil maneras; la desigualdad y la pobreza crónicas; la mortalidad infantil y el analfabetismo son realidades que no se pueden ocultar y que hoy agobian a nuestras comunidades indígenas. Los avances que se registran no son suficientes. Los indios siguen luchando hoy como hace siglos por un lugar digno en esta sociedad que en cierta medida continúa ignorándolos. Y siguen luchando también por ser protagonistas –sin intermediarios– de su propio camino.

Es indudable que el espacio democrático posibilita un desarrollo armónico y progresivo de la capacidad de todos los sectores de la vida nacional. Es el único espacio concebible para que ese desarrollo sea factible. Por eso entendemos que la profundización democrática, al apuntar especialmente a la situación social, debería ser un objetivo imprescindible en el cual las comunidades indias encontraran finalmente una posición decorosa en su condición de compatriotas históricamente postergados.

LAS CULTURAS INDÍGENAS EN NUESTROS DÍAS

Estimaciones demográficas y el ser indio

¿Cuántos son los indios hoy en la Argentina? ¿Qué quedó de aquellas orgullosas poblaciones originarias que después de soportar los avatares de la historia nacional fueron finalmente sumergidas?

De los 23 grupos étnicos originarios una docena fueron extintos, y los que hoy sobreviven (incluyendo a las comunidades collas) constituyen un número relativamente importante a pesar de las sangrías sufridas y de las consiguientes dificultades para crecer demográficamente.

El último censo oficial llevado a cabo en 1967 contabilizaba un total aproximado de 150.000 indios; pero las organizaciones indígenas nucleadas en torno a la AIRA (Asociación Indígena de la República Argentina) estimaron esa población en cierto momento en un millón y medio (Slavsky, 1987); organismos de origen privado como el Equipo de Pastoral Aborigen (ENDEPA) con sede en la provincia de Formosa determinaron un total de 418.000 (1987). Estudios más acordes con la realidad sugieren un número de 342.000 (Hernández, 1985) a 398.000 (Mayer y Masferrer, 1978).

Las últimas cifras que tenemos pertenecen al trabajo del licenciado Héctor Osvaldo Cloux, que fuera incorporado al Informe Argentino ante el X Congreso Indigenista Interamericano, realizado en San Martín de los Andes, Neuquén, en 1989. En dicho trabajo se estima la población indígena en un "número que no sobrepasaría los 200.000. Nosotros tenemos reparos en aceptar esa cifra y aunque no conocemos otras estadísticas no oficiales que se aproximen más a nuestra estimación de 350.000 a 450.000 indígenas, optamos por considerar la primera dado que desconocemos sobre qué estudios se han basado las segundas".[1]

Cabe consignar que el Servicio Nacional de Asuntos Indígenas del Ministerio de Bienestar Social registraba hacia 1973 un total de 150.000 individuos (mapa 44) mientras que el mismo organismo se basaba en esos mismos números para determinar la población aborigen de 1982.[2]

Uno de los problemas existentes para precisar la situación demográfica indígena estriba en el hecho de que no toda esa población vive en comunidades.

En general, los censos, estudios y/o estimaciones se refieren a los indígenas que viven en comunidades, pero excluyen a los miles de pobladores indios que desde hace muchos años emigran de sus lugares natales y "bajan" a vivir en los suburbios de las grandes ciudades, integrándose por lo general a las villas de emergencia o barrios carenciados.

Esa masa poblacional no tomada en cuenta en ningún censo especializado también es indígena, aunque haya perdido gran parte de sus patrones culturales y esté incorporada al sistema productivo de la ciudad como mano de obra no calificada.

Es interesante destacar que el Censo Indígena Nacional en su tomo I (1967) partió inicialmente de una concepción del indígena entre cuyos requisitos figuraba el de vivir en un hábitat que fuera el prehispánico o en todo caso muy cercano a él (véase capítulo anterior, pág. 427). Introducía sin embargo los conceptos de "agrupación", "grupo" y "comunidad" para aquellos casos en que se hubiera dejado el hábitat original rural para pasar a centros urbanos de su área.

Más recientemente, la Primera Conferencia Mundial de Pueblos Indígenas reunida en Port Alberni, Columbia Británica, Canadá, concluyó que

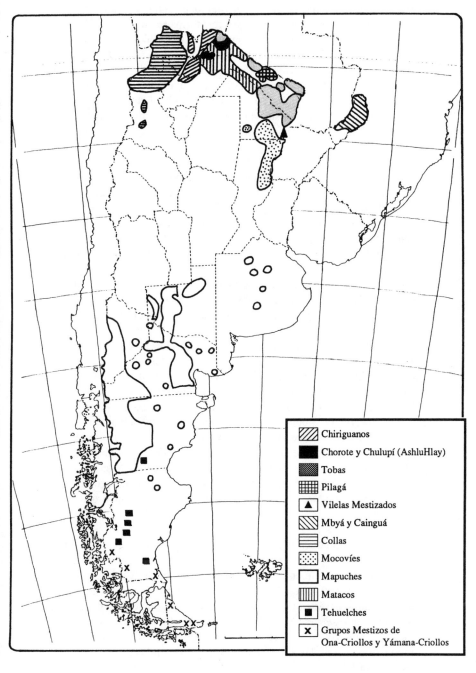

Fuente: Servicio Nacional de Asuntos Indígenas del Ministerio de Bienestar Social

será "indígena aquel que pertenezca a un pueblo indígena y que consciente de que descienda de antiguas poblaciones que vivían, viven y vivirán en la región conservando su propia personalidad, como conjunto humano, participen o no en los Estados en cuyos territorios se encuentran".[3]

Dos años más tarde, la Segunda Conferencia Mundial de Pueblos Indígenas reunida en Kiruna, Suecia, aprobó la ponencia de la Asociación Indígena de la República Argentina: "Indígenas son los habitantes originarios de un lugar que comparten un pasado, un presente, un futuro común; que tienen conciencia de ser indígenas, hablan o han hablado la lengua de sus antepasados; que conservan sus valores, pautas y patrimonio cultural; que son reconocidos como tales por los miembros de su pueblo y por los extraños".[4]

La reciente ley N° 2436 (1987) de la provincia de Misiones estipula que se "reconoce la existencia institucional del pueblo guaraní radicado en su territorio", entendiendo por tal al "conjunto de individuos que se reconozcan como tales en virtud de su identidad cultural y lingüística, del común reconocimiento de una organización cultural y social específica, así como de un pasado histórico y tradiciones comunes. El pueblo guaraní puede estar organizado en asentamientos nucleados o dispersos, que agrupen a una o varias familias indias.

Se considerará indio guaraní a todo aquel individuo que, independientemente de su lugar de residencia habitual, se defina como tal y sea reconocido por la familia, asentamiento o comunidad a que pertenezca en virtud de los mecanismos que el pueblo guaraní instrumenta para su admisión".

Es indudable que en los últimos tiempos, el acento se coloca en la conciencia de pertenencia a grupo y/o comunidad determinada más allá del lugar de residencia, con lo cual la conceptualización de indio se amplía, acercándose más a la dinámica y compleja realidad de nuestros días.

En lo que se refiere a los indígenas que viven en comunidades, ellos constituyen estimativamente porcentaje del 1,5% de la población total del país, distribuidos en doce provincias. Y aunque ese coeficiente aparece como muy bajo, reflejando el sostenido retroceso demográfico de nuestra población autóctona (véase cap. v pág. 322) es menester tener en cuenta que aumenta en forma notable cuando analizamos a cada provincia en particular, destacándose casos como los de Chubut, Neuquén o Río Negro:

"No es lo mismo decir que 7 de cada 1.000 habitantes son indígenas sin hacer ninguna acotación al respecto que enunciar esa cifra general agregando luego que en las provincias del Neuquén, Río Negro y Chubut 7 de cada 100 lo son y que dentro de esas provincias existe una extensa zona geográfica tan amplia como La Rioja o Neuquén en la que 37 individuos de cada 100 pertenecen a grupos de población prehispánica que aún viven en la región central-sur de nuestro país. Conviene recordar asimismo las áreas antes mencionadas en las que el porcentaje oscila de 17 a 25%".[5]

Cuadro de situación de las comunidades (1983)

Han pasado casi 450 años desde que los primeros conquistadores españoles llegaron al actual territorio argentino. Desde entonces hasta hoy nuestras culturas indígenas sufrieron una sangría incontenible. Solamente si pensamos que la población originaria constituía no menos de medio millón de habitantes, con un máximo calculado en un millón que se distribuían en aproximadamente 30 grupos étnicos y que hoy quedan poco más de 200.000 indígenas agrupados en la escasa docena de etnias sobrevivientes, alcanzaremos a darnos cuenta de la magnitud del etnocidio sufrido.

Sin embargo no es menos cierto que esos mismos datos indican aunque parezca contradictorio, la fortaleza de las culturas indígenas, que más allá de los embates supieron preservar sus formas de vida en una resistencia humana ejemplar (cuadro 32, pág. 446).

El cuadro de situación que esbozamos presenta el panorama global de las comunidades indígenas argentinas a fines de 1983, dado que *a posteriori* se reinicia la vida democrática, que aunque no produjo cambios sustanciales en la situación de los hermanos indios, muestra aspectos diferenciados que es menester señalar.

Más adelante, en otro punto, registraremos esos aspectos y la evolución en la situación integral de las comunidades a partir de diciembre de 1983 y entonces sí podremos acercarnos más a nuestros días.

Collas: las fiestas y las ruinas

Todas las culturas originarias de la región de la Montaña ya no existen; han sido reemplazadas por la etnia colla, cuyo discutido origen definimos aquí una vez más:

"Los hombres que habitan nuestras punas integran como grupo étnico parte principal de los comúnmente denominados 'collas', expresión que pretende englobar a la totalidad de la población aborigen actual del noroeste argentino.

La expresión Kolla (como prefieren emplear en grafía quechua-aymara algunas de sus organizaciones representativas) deriva de los muchos 'señoríos' de habla predominantemente aymara que existieron en los alrededores y el sur del lago Titicaca hasta el norte argentino (en que comenzaba a hablarse el Atacameño, Lipe o Kunza, el Omaguaca y el Kakán o Diaguita) a partir de la decadencia del horizonte cultural Tiwanaku y antes de que los cusqueños se convirtieran en la casta de los Inka.

El Collasuyu pasó a integrar (como uno de sus cuatro suyu o porciones) el imperio Inka del Tawantinsuyu al darle origen por la alianza obtenida con los kolla por parte del Sapan Inka (el Inka o "emperador") que tomó el nombre de Pacha–Kuteq Inka Yupanqui a mediados del siglo xv.

Regiones	Subregiones	Culturas actuales	Culturas extinguidas
Montaña	Noroeste	Collas Diaguitas Calchaquí	Atacamas
			Diaguitas
			Omaguacas
			Tonocotés
	Sierras Centrales		Comechingones
			Sanavirones
	Cuyo		Huarpes
Llanura	Pampa y Patagonia	Tehuelches	Onas
		Mapuches	
	Chaco	Tobas	Abipones
		Mocovíes	Lule-Vilelas
		Pilagás	
		Matacos	
		Chorotes	
		Chulupíes	
		Chiriguanos	
		Chané	
	Neuquén		Pehuenches
Litoral y Mesopotamia	Litoral	Mbyá	Chaná-Timbúes
	Interior		Charrúas
			Caingang
Extremo Sur	Canales Fueguinos		Yámanas
			Alakaluf

Aculturados, 'castellanizados' y cristianizados, tanto durante el largo y duro proceso colonial como en el neocolonial republicano, los resultantes 'collas' del noroeste argentino no fueron considerados 'indígenas' por el Censo Indígena Nacional (primero y único realizado en la historia del país) llevado a cabo entre 1966 y 1967. Una aplicación restrictiva del concepto de agrupación (el Censo sólo consideró 'agrupaciones indígenas') y de los criterios adoptados sobre patrimonio cultural y lingüístico y conciencia de pertenencia étnica eliminó las tareas y datos del Censo Indígena entre 30 y 50.000 aborígenes puneños y/o collas. De cualquier forma, ese número (y su proyección al presente) no incluyó ni incluye a los miles de mestizados culturalmente como los denominados 'cholos' de los enclaves urbanos de la región –muchos de los cuales son biológicamente aborígenes pero transculturados y con formas y modos de vida 'occidentales' y otros, si bien son indígenas".[6]

A estos collas cabría agregar los descendientes mestizados de los habitantes originarios de nuestro Noroeste, como ya mencionáramos en el capítulo anterior, especialmente los provenientes de la cultura diaguita.

Habitantes de la parte puneña de Salta, Catamarca y Jujuy se asientan en poblados cada vez más abandonados, debido a que los jóvenes emigran hacia los centros urbanos en búsqueda de nuevas perspectivas laborales, incorporándose como mano de obra barata en los ingenios, minas y tabacales.[7] En otras ocasiones, emigran temporariamente rumbo a distintas tareas estacionales como la zafra.

Las comunidades collas son casi autosuficientes, produciendo lo que consumen y consumiendo lo que producen; la familia sigue siendo la unidad productiva, a pesar de las desestructuraciones de los últimos años. Más allá del grupo familiar nuclear, los collas se organizan en "una vasta red de parentesco, compadrazgo y otras formas no institucionalizadas de relaciones diádicas o triádicas".[8]

Las actividades de intercambio que incluyen la comercialización de los pequeños excedentes de su producción para obtener distintos objetos, muchas veces por el sistema de trueque, contribuyen al fortalecimiento del tejido social, sustentadas además en las fiestas y los rituales (culto a la Pachamama, ceremonias del catolicismo popular) que son los ámbitos ideales para el encuentro comunitario.

Los collas son básicamente pastores de ovejas, cabras, llamas, burros, mulares y equinos según las zonas. Ovejas y cabras constituyen la fuente principal de alimento, y la carne se consume fresca o desecada (la chalona). De las ovejas y las llamas extraen la lana para la elaboración de sus vestimentas. La tejeduría continúa vigente y muchos de sus productos son comercializados.

Secundariamente, las comunidades practican la agricultura, en terrenos cada vez más secos y con poquísimos márgenes para la productividad:

"Prescindiendo de la posibilidad de que en un tiempo no muy remoto haya habido mayor cantidad de agua de superficie, la realidad actual es que siendo el agua escasa, particularmente en la Puna, las sociedades andinas encontraron más viable el pastoreo de algunos camélidos que la práctica de la agricultura (…) En la prepuna puede haber habido una agricultura intensiva, como lo revelan, por ejemplo, algunos trabajos sobre Santa Rosa de Tastil, pero parece claro que no logró el nivel de estabilidad de la vida pastoril. Respecto a las poblaciones actuales constatamos que la práctica de la horticultura en Puna no alcanza en ningún momento los valores calóricos provenientes de la vida pastoril".[9]

Se cultivan guisantes, alfalfa, papa y maíz y en ciertos lugares se utilizan sistemas de regadío.

En general, los collas no son propietarios de las tierras sobre las que se asientan; sin embargo, el uso a través del tiempo ha hecho que las consideren como propias aun a pesar de la precariedad legal de la tenencia.

En las últimas décadas, la "llegada" del Estado a través de sus distintas instituciones (el correo, la escuela, el destacamento policial o de gendarmería, la oficina municipal, el ferrocarril) ha comenzado a vincular a estas comunidades con la sociedad regional y nacional, lo que se suma al ya mencionado factor inverso de migración de los hombres hacia los centros urbanos buscando dinero en trabajos estacionales.

Esa vinculación es ambigua y contradictoria. En el caso de la escuela la resistencia de los padres se hace sentir, con el argumento de que los niños son imprescindibles para las tareas cotidianas del grupo familiar (cuidado de las majadas, por ejemplo); en la mayoría de los casos esa resistencia es finalmente vencida, con lo cual la escuela pasa a convertirse en un nuevo núcleo de socialización para los niños collas; en el caso de las fuerzas de seguridad, también la relación es ambivalente: "los kollas nos llevamos muy bien con los gendarmes, muchas veces nos acercan al doctor; pero ¿quién va a impedir que saquen la pistola, le hagan un tiro a un cabrito o a un corderito y se lo lleven?"[10]

La concepción del mundo está integrada por un conjunto de elementos en el que conviven los aportes prehispánicos con los católicos, creando una religiosidad nueva, en la que se mezclan la Pachamama, la Virgen María, el dios Coquena protector de los animales de caza, la medicina tradicional, la Salamanca. La fiesta aglutina las experiencias vitales de una comunidad y de sus más preciadas creencias y ofrece muchas veces una pintura acabada de la cultura vigente.

En el año 1975, profesores, alumnos, personal auxiliar, amigos y parientes, dispuestos en ejemplar camaradería, decidimos ir a Santa Rosa de Tastil, una perdida localidad de nuestra prepuna, en un micro fletado por la Universidad Nacional de Salta, para participar de la fiesta de Santa Rosa.

Llegados al lugar, nos instalamos en nuestro alojamiento circunstancial –la escuela– donde acurrucados en el piso enfrentamos el frío de la noche con el ánimo entusiasta de quien sabe que al día siguiente disfrutará de una fiesta.

Efectivamente, en el mediodía de ese 30 de agosto, el sol cayó a plomo sobre los cerros de Santa Rosa de Tastil y ese inolvidable cielo azul no fue empañado por una sola nube.

Por el camino principal del pueblo, aproximadamente unas sesenta o setenta personas avanzaban precedidas por los *suris*, ocho muchachones disfrazados de avestruces que bailaban al sol de los erques, bombos y cajas, con un ritmo intenso, golpeando la tierra fuertemente con los pies, y acompañando el movimiento con los brazos, en una segura reminiscencia de la danza original indígena prehispánica.

Encabezada la marcha por los suris, inmediatamente detrás venían los músicos; luego el cura, en actitud de recogimiento –después nos enteramos que sólo una vez al año acudía precisamente ese día, en el que realizaba todas las ceremonias posibles: casamientos, bautizos, bendiciones de misachicos, rogativas por difuntos, y por supuesto, la celebración del sacrificio de la misa–; a continuación un grupo de hombres portaba la imagen de Santa Rosa, y detrás caminaban despacio los pobladores, cantando y rezando. Los penetrantes colores de la ropa que lucía la gente se destacaban sobre el color de la tierra del camino, bordeado de pircas.

Respetuosos, "los visitantes" nos colocamos a la vera del camino para verlos pasar, y luego nos encolumnamos detrás de ellos. Súbitamente, la larga fila giró sobre sí misma y reemprendió la marcha tomando la dirección opuesta, para confluir en la pequeña capilla. Una vez allí, se colocaron en círculo, y el cura rezó una oración. Entonces los suris empezaron a bailar frenéticamente, y de repente, se entonó el Himno Nacional, como si el círculo hubiese sido cerrado en un sentido mágico.

Esa noche, se celebró la fiesta del casamiento del hijo de don Salazar, el cuidador de las ruinas. Nadie faltó a la cita en el local de la sociedad de fomento. Desde un rincón, un destartalado tocadiscos animó el baile hasta bien entrada la madrugada. Pero no todo terminó allí. Al día siguiente, a la misma hora, se llevó a cabo la misma procesión, aunque esta vez sin la participación de los suris.

Había ahora una intencionalidad más marcadamente religiosa: "Adorad a Cristo, adorad a Cristo, que está en el altar", era la letanía cantada por la cincuentena de collas que integraban el misachico.

A las doce del mediodía, las campanas de la capillita llamaron a los feligreses con ritmo de carnavalito. Cuando salimos de la capilla nos dimos cuenta de que alguien más había venido hasta allí: tres periodistas de la televisión alemana, con unos modernos equipos de filmación y video, no se perdían detalle de lo que estaba sucediendo, incluso de nuestros movimientos, ya que al parecer también fuimos centro de su interés, si nos atenemos a los primeros planos que registraron las cámaras extranjeras.

La procesión se reanudó, esta vez encabezada por los suris, y pasó –como el día anterior– por delante del destacamento policial, la escuela y la sociedad de fomento. Pero en esta oportunidad al volver sobre sus pasos, antes de acudir al patio de la capilla, los procesantes recorrieron la cancha de fútbol en todo su perímetro.

En ese momento, llegó un camión atestado de personas; junto con él arribó un tractor con diez hombres a bordo. En medio del nuevo contingente apareció Bonita Flor, 23 años, venida de San Antonio de los Cobres, a unos 40 kilómetros de allí. Ese día, con su habla, su vestido y su increíble forma de bailar, la muchacha deslumbró a todos, principalmente al maestro Kusch, que registró afanosamente sus relatos con su inseparable grabador. Bonita Flor… alguien la bautizó La Ñusta.

Finalmente, el almuerzo nos reunió a todos. Dimos cuenta de varios chivitos al asador, vino, ginebra y la inseparable coca. La fiesta terminó con un partido de fútbol alucinante, jugado por dos equipos del lugar, a las tres de la tarde, a 3.100 metros de altura, con más de 30 grados de calor, después de las libaciones.

Los "visitantes", los alemanes y los del pueblo fuimos espectadores mudos, extenuados, entregados…

Pero la concepción del mundo no se agota en lo festivo. Muchos otros elementos como la idea del tiempo y el espacio, los secretos, o más simplemente la noción de los propios orígenes como comunidad conforman una heterogeneidad de vivencias que dan sentido al grupo y le otorgan su identidad.

Para muchas culturas del mundo, el tiempo está basado en la tradicionalmente denominada "doctrina de las edades".

De acuerdo con ella la Tierra y/o los hombres fueron sucesivamente creados, destruidos y vueltos a crear, en una concepción que seguramente nos remite a una idea de regeneración permanente, de una impostergable necesidad de revitalizar las cosas y lo humano.

Infinidad de estudiosos –naturalistas, filósofos, historiadores, antropólogos– se introdujeron en estas complejas cosmovisiones, decididos a desentrañar sus misterios. Desde Giambattista Vico hasta Durkheim, Marcel Mauss o Lévi-Strauss; desde Alejandro Von Humboldt hasta Krickeberg, Eliade, Van der Leeuw o Soustelle, todos sostienen la idea de que la humanidad desapareció abruptamente por un fenómeno telúrico o por un colapso social. Y esa noción parecería formar parte de la tradición de muchos pueblos aborígenes.

Para los aztecas (y según la cronología de algunas versiones) la primera edad fue la blanca (Otanatiuh o sol de agua), destruida por el diluvio y la humanidad transformada en peces; la segunda edad fue la amarilla (Ehekatonatiuh o sol de aire), destruida por un huracán y los hombres transformados en monos; la tercera edad fue la roja (Kiyawitltonatiuh o sol de fuego) y la humanidad fue aniquilada por una lluvia de fuego y convertida en aves; la cuarta fue la edad negra que destruyó por hambre a todos los seres humanos.

Entre los incas, los hombres de la primera edad fueron exterminados por el diluvio; los de la segunda por el fuego celeste; los de la tercera por un terremoto y los de la cuarta por una maldición de los dioses.

Y allá lejos, perdidas en la prepuna salteña, en medio del silencio y el vacío, las ruinas del pueblo prehispánico de Santa Rosa de Tastil yacen también con su carga de misterio y de energía acumulada a través de los siglos participando de aquella historia de destrucciones cíclicas y presentándose como testimonio de la supervivencia andina precolombina.

Una peculiaridad de estas ruinas es que –al igual que muchas otras similares– no se visualizan desde el caserío actual, que está por debajo de ellas. Se accede luego de escalar unos cuantos metros y entonces sí, aparecen de golpe, extendidas en un amplio valle, en todo su esplendor. Están muy unidas al pueblo actual, pero al mismo tiempo muy separadas. Y esta geografía ambigua se traslada a los pobladores, que mantienen con el "antigal" una peculiar relación, algo así como "lo numinoso" de Rudolf Otto, generador de atracción y rechazo al mismo tiempo, pero siempre con la presencia del respeto por aquello que no se termina de aprehender o controlar.

José Imbelloni (1943) establece una relación entre las Edades y los cuatro elementos para la América Media: primera edad-elemento tierra; segunda edad-elemento viento; tercera edad-elemento fuego; cuarta edad-elemento agua; apareciéndosenos el "pueblo viejo" de Tastil ligado, en las actuales versiones, a alguno de esos fenómenos.

No todos los testimonios coinciden, aunque en algo se está de acuerdo: el pueblo viejo y sus habitantes desaparecieron un día de repente, sin dejar más rastros que los encontrados, pocos por cierto, para poder diagnosticar lo sucedido.[11]

Para Marcelo Arjona[12], el pueblo se destruyó por el "veluvio… todos han perecido, digamos… han perecido todos, por eso debe haber tanto caláver, sería cuando el veluvio que les ha tocao a ellos"; para Arjona además, las ruinas siguen ocultando algo muy especial; "… había una reina que debe reinar hasta ahora el tesoro ese, nadie lo ha sacado porque no se lo ha oído que lo han encontrao' …ahí tiene que estar toda la fortuna del que ha sido. …del pueblo antiguo de antes. Ahí tiene que estar todo eso, pero no se lo ha encontrao' nadie todavía; han andao', han andao' mucha gente, en fin, pero no se ha sentío decir que han encontrao'".

Don Nicanor Copa, uno de los más viejos habitantes del lugar (fallecido en marzo de 1976) pensaba también que allí había algo: "…Tiene que haber …bueno en eso' año dice que la gente no conocía plata… vaya a saber… tiene que haber, tiene que estar en algún rincón…". Según Copa, la causa de la destrucción fue distinta a la mencionada por Arjona, pero igualmente violenta: "Esqueleto' sacaron cualquier cantida'… Han muerto, por lo' esqueleto' que se ve… habrá habido un terremoto, ya no sé… porque mi bisabuelo ha muerto de 100 año', pero nunca he sentío a ellos acordarse nada de eso… mi padre ha muerto también de noventaitanto' año' que nunca se acuerda nada… que esto… que aquel otro… nada, así que ni ellos saben como ha sío ese pueblo".

La versión de José Pedro Salazar, cuidador oficial de las ruinas, se acerca al fuego celeste o la lluvia de fuego; "Fueron quemado' por el sol… porque dicen que ante' el sol no tenía rayo' ardiente', que no quemaba, y era casi frío… mucho frío… es como si habrá nacío el sol, uno' rayo' que ardía y quemaban... por allá se han incendiao' recién como eran... techados con paja brava, se han incendiao' pueblo' integro'... por eso fue que han desaparecido en aquella época ciudade' integra'".

El sol de Tastil quemante y devorador de su gente. Gente que por otra parte en ningún caso se vincula con la población actual. Todos los testimonios recogidos coinciden en negar todo tipo de parentesco: los que hoy viven en Tastil no vienen de los antiguos, sino "de otro lado; los antiguos ya están... anteriores... nosotros ya somos de aparte, los antiguos ya son de antes" (Arjona); otros niegan el vínculo basándose en que sus propios ancestros jamás mencionaron tal posibilidad; "No ha de ser... porque lo' abuelo', bisabuelo' míos nunca se han acordao' de eso nada. No ha de ser, no ha de ser..." (Copa); otros, finalmente, declaran desconocer el asunto: "No sé ... vea a la final no sé porque Tastil... estos son lo' Diaguita ¿no?... ¿o no? Para mí que son Diaguita, de lo' año que dicen ...según... esto abandonaron en el año 1420... Todavía no me he enterao de esto cha que bravo..." (Salazar).

Descendemos lentamente las montañas de la prepuna y ponemos rumbo hacia el este. Dejamos atrás el mundo colla, sereno en sus alturas, adonde viven no menos de 50.000 habitantes.

Despaciosamente vamos recuperando el oxígeno que nos faltaba, mitigando el posible efecto del "soroche", enfermedad de la montaña.

Recuperamos el oxígeno, pero abandonamos la quietud y la sabiduría de una cultura que supo encontrar en la aridez de sus tierras los motivos para una adaptación excepcional a las migraciones y las carencias.

Levemente hacia el sur, en el noroeste de Catamarca y el noroeste de Tucumán, hacemos un pequeño salto. Allí encontramos un conjunto de comunidades mestizas (no pertenecientes necesariamente al tronco colla), descendientes de los diaguitas, dedicados a la cría de cabras, a las huertas, la vitivicultura casera, la elaboración de dulces y las artesanías.[13]

Los resistentes del Chaco

La región del Chaco nuclea hoy a la mayor cantidad de etnias del país (8) que ocupan las provincias de Santa Fe, Chaco, Formosa, Salta y Jujuy: son los mocovíes, tobas, matacos, pilagás, chorotes, chulupíes, chiriguanos y chanés que en número aproximado a los 90.000 subsisten con sus formas de vida originarias, manteniendo los patrones comunitarios y alternando con la realidad de los contextos regionales en los cuales se asientan.

Los tobas (del guaraní: "frente", y asociada esta denominación a la de "frentones" conferida por los españoles por la costumbre de los guaikurúes de raparse la frente ante la muerte de un familiar) o *Kom'lek*, ocupan principalmente la provincia del Chaco y en mucho menor medida Formosa y Salta. Son alrededor de 50.000 asentados en comunidades sobre tierras fiscales, pertenecientes a algunas misiones religiosas y "barrios" en la periferia de los centros urbanos (ejemplo, el barrio toba de Resistencia).

Los asentados en comunidades rurales continúan con las prácticas tradicionales de caza, recolección, pesca y agricultura (algodón, maíz, porotos, mandioca) pero todos en mayor o menor medida, son peones de ingenio, obrajes o aserraderos y cosechadores de algodón. Las artesanías tradicionales se mantienen (cerámica, cestería y tejidos) constituyendo –aunque magra– una constante fuente de ingresos.

En la ciudad de Quitilipi (Chaco) se realiza anualmente la Feria de Artesanía Aborigen, concurriendo todos los artistas de la provincia. La infraestructura sanitaria es prácticamente nula, agravada por la falta de profesionales informados sobre las peculiaridades de la cultura indígena, lo que provoca continuos choques y fricciones.

Se registra una alta tasa de tuberculosis y enfermedades gastrointestinales.

En cuanto a la educación escolar el porcentaje de ausentismo y deserción es elevado, pudiendo mencionarse entre las causas principales las migraciones estacionales, la falta de escuelas bilingües y los programas no adaptados a la realidad indígena.

En Formosa, se calculaba que hacia 1983 un 45% de la población aborigen (de la cual los tobas son un 30%) se encontraba afectada de tuberculosis pulmonar y un 35% de sífilis o venéreas, "siendo numerosos los casos en que una misma persona sufra de las dos a la vez".[14]

Se verifica asimismo mal de Chagas, parasitosis y anemia.

El chamanismo toba, a cargo de los llamados "piogonak", sigue vigente, y es tan fuerte su presencia como pocos son los médicos y/o enfermeros que llegan hasta las comunidades.

Los mocovíes, "instalados hoy en el norte santafesino presentan uno de los aspectos más desoladores del problema indígena en la Argentina" (Passafari, 1986).

Estimaciones de Andrés Serbín (1973) hacían ascender el número a 8.945 mientras que informaciones más recientes consideran probable una cifra de 5.000 (Magrassi, 1982) a 5.200 (Yuchán, 1982), hasta 8.000 (Cloux, 1989). Menos de la mitad de ellos mantienen el idioma. Trabajan a destajo como peones de obrajes madereros, estancias o quintas y cosecheros temporarios. Muchas mujeres son empleadas domésticas. Algunos pocos trabajan en cerámica.

Otros grupos mocovíes se asientan en Chaco, como los de Colonia Matheu, que llegan a las sesenta familias según informe de Enrique L. Gurman (1985). Además de los trabajos que hemos mencionado más arriba, funcionan en la aldea cuatro ladrillerías que dan un poco más de respiro a los pobladores, agobiados sin embargo por la tuberculosis y el mal de Chagas, junto con carencias de todo tipo.

Los matacos son aproximadamente 25.000 en las provincias de Salta, Formosa y Chaco.[15]

"Hasta hace poco mantenían la casi totalidad de sus pautas propias pese al paulatino acercamiento 'blanco' y mestizo. En las últimas décadas, la acción evangelizadora los ha destruido axiológicamente perdiendo 'hasta la memoria' de su rica cosmovisión" (Magrassi, 1982). Continúan con sus ancestrales tareas de caza, pesca y recolección. Venden algunos excedentes de la pesca inclusive a comerciantes del lado boliviano que pagan con ropa de origen brasileño.

La mejor época tanto en el Pilcomayo como en el Bermejo es desde abril hasta agosto o septiembre, en que empieza la bajante de las aguas y con ella el drama de la alimentación para las comunidades de la costa, que basan su dieta en la carne de pescado.

Pero en la mejor época, los matacos disfrutan entrando a las aguas con sus redes tijeras, sin temor de las palometas (pirañas) que han dejado sus huellas en las piernas de los paisanos pescadores:

> "Uno pesca con la red tijera, uno tiene que pescar así de noche y con el favor de la luna… de noche la luna lo ayuda a uno… uno ve el pescado bien patente como uno lo ve en el día… cuando empieza el pescado a repechar contra la correntada y cuando hay mucho pescado se lo ve que trae mucha ola entonces uno pilla enseguida una cosa de setenta, ochenta, hasta que uno pilla doscientos, trescientos pescados (…) toda la noche hasta que sea madruga… limpia el día, hay que llevar a los camiones el pescado…"[16]

Los wichí (denominación de los matacos) son también peones de desmonte y obrajes madereros y desarrollan algunas actividades agrícolas en relación de dependencia, completando el cuadro algunos conchabos en ingenios azucareros, algodonales o changas.

Son artesanos, destacándose sus tallas en madera dura (palo santo), su tejeduría con fibras vegetales silvestres y su rústica alfarería. Según el Primer Censo Aborigen Provincial de Salta realizado por el Ministerio de Bienestar Social en 1983, la vigencia del sistema de jefatura o cacicazgo y el Consejo de Ancianos se mantiene en la totalidad de las comunidades.

Se estima también que sobre un total de 17.785 habitantes de origen mataco-mataguayo[17] el analfabetismo asciende al 39,54%, señalándose como causas de deserción escolar las siguientes: carencia de establecimiento escolar; carencia de elementos: ropas, útiles escolares; establecimiento escolar muy distante; traslado del grupo familiar en forma definitiva; traslado del grupo familiar por razones laborales y temporariamente; matrimonio; situaciones conflictivas con los docentes; situaciones conflictivas con los compañeros de estudio; otras.

Las enfermedades que diezman a las comunidades, como al resto de sus hermanos: tuberculosis, desnutrición, Chagas, venéreas, brucelosis, se ven incrementadas por una descompensada dieta alimenticia basada en el maíz, el zapallo, carne de cabríos y pescado, fruta y casi nada de verdura.

> "Los chicos se enferman mucho… hay muchos que viven enfermitos…"[18]

El mismo paisano nos dice que con los chorotes "andamo más o meno, no muy bien, porque de cada tribu se envidiamo… como cualquiera"; con

454

los tobas "un poquito de respeto..."; y con los criollos "no andamo' muy bien ... los chaqueños no son dado' con nosotros, hace año' que no son dado'... Ello' nos roban los animalito'..." [19]

En medio de la desolación de los grandes ríos secos y por tanto sin agua; convertidos durante la primavera y el verano en interminables desiertos en medio de compañeros vencidos por el alcohol sentados con la cabeza entre las manos, recostados contra la pared de ramas y barro de las chozas; en medio de los perros famélicos comiendo terrones de tierra porque para ellos no hay comida; en medio de la marginación, el sometimiento y el hambre, los matacos luchan por salir del pozo en que se los ha arrojado.

Desde hace algunos años, "grupos promocionados" de wichís trabajan como enfermeros y agentes sanitarios entre sus hermanos y aun entre los criollos, a quienes la desgracia no les es ajena:

"... Le damos tratamientos y visitamos la casa de ellos para explicar cómo es la cosa, cómo es el contagio y todo eso... pero los criollos algunos se niegan que tienen tuberculosis, porque ellos dicen que no pueden tener tuberculosis, que únicamente los indígenas son los que tienen esta enfermedad... pero esto no es cierto, esta enfermedad no elige raza, todos pueden enfermarse con esa enfermedad".[20]

Para los matacos, como para el conjunto de las comunidades indígenas, lo importante es que el resto de la sociedad los considere hombres, y como tales los reconozca y los entienda:

"Nosotros somo' hermano'... todos somos lo mismo, tenemo' el mismo color de sangre... Todos somos mismo'..."[21] Nosotros también somos personas..."[22]

Los chorotes (*Yojbajwa*, de la paloma), chulupíes (*Nivakle*, también hombres) y pilagás son un total aproximado de 2.200 a 3.500 individuos, distribuidos en algo más de 1.000 chorotes y chulupíes sobre el Pilcomayo y en los alrededores de Tartagal en Salta, y unos 1.200 a 2.500 pilagás en el centro-norte de la provincia de Formosa.

Todos practican la caza, la pesca y la recolección y producen algunas artesanías. Muchos viven arrinconados y rodeados por sus propios hermanos, en una posición desventajosa en donde seguramente el número tiene mucho que ver.

Algo opuesto ocurre con los chiriguanos (*Ava*, hombre), que aparecen como las comunidades líderes de la región chaco-salteña, por su sólida organización socioeconómica y su fuerte identidad cultural. Se asientan en las provincias de Salta y Jujuy, en número superior a los 20.000.[23] Ocupan tierras fiscales y de órdenes religiosas; trabajan en los ingenios azucareros y quintas; también en los "cercos" (cultivos) familiares de los cuales obtienen excedentes que comercializan en los centros urbanos cercanos a las comunidades. Siembran maíz, porotos, zapallo, caña de azúcar, frutales y mandioca. Mantienen sus pautas de cazadores (corzuelas, pumas), de pescadores y de artesanos de cerámica y máscaras.

Presentan importantes índices de alfabetización compatibilizados con una realidad cultural en donde pautas tradicionales como el rol de los ancianos, el chamanismo, las fiestas ancestrales o el cacicazgo aparecen como totalmente vigentes, integradas a su vez a estructuras nuevas de poder como la presidencia de centros vecinales.

La rica forma de vida chiriguana y el impulso comunitario no han podido de todas maneras neutralizar todavía la precariedad sanitaria en que estos indígenas se debaten, estando a la cabeza de las enfermedades la tuberculosis, la diarrea estival y la desnutrición.

La cuña guaranítica de Misiones

Los llamados cainguá –de origen mbyá– no tienen la propiedad de la tierra, que ocupan desde 1870 cuando ingresaron a nuestro territorio. Según los informes del Ministerio de Bienestar Social, cultivan mandioca, zapallo, maíz, porotos y frutales; el hombre realiza el desmonte por el sistema de rozado de origen amazónico, mientras que las mujeres siembran, plantan y cuidan los cultivos.

Se distinguen tres grupos principales:

–agricultores con un grado de sedentarismo relativamente alto, con prestaciones de servicios que constituyen la base de la subsistencia; comercializan cestería. [24]

–agricultores con un índice de nomadismo mucho más alto, constituyendo aquella práctica su sustento principal; la cestería no representa un aporte importante en la subsistencia.

–grupos nómades, con agricultura en muy poca escala y con preponderancia de la caza.

Estos guaraníes también son recolectores de miel, yerba y frutas silvestres, además de fibras y maderas para artesanías. Crían aves de corral y porcinos, pero en muy baja escala.

Se calcula en 5.000 su número y el crecimiento demográfico es más que difícil: "Cada dos aborígenes que nacen en el monte uno de ellos muere antes de cumplir quince años".[25]

"Cuando uno visita una aldea guaraní puede notar en ellas un alto grado de desnutrición. ¿Cómo se origina esta desnutrición en la población guaraní? Por un lado ya no son los dueños de la selva, ya no pueden cazar ni pescar como antes y encontrar el alimento resulta muy difícil; por otro lado han ido adquiriendo formas de caridad para poder compensar esa falta de alimentos. Estas dos circunstancias explican de alguna manera el alto grado de desnutrición que con el tiempo han ido adquiriendo".[26]

Nosotros estamos ya completamente pobres,
nosotros estamos ya completamente pobres.
Está cara la carne;
nosotros ya no comemos más carne de vaca.
Y los bosques,
los bosques no son hermosos,
son muy feos los bosques:
porque para nosotros ya no hay más bosques.
Eso que llamamos bichos, ya no existen más:
venados, cerdos monteses y todos los demás.
Y aunque existan, nosotros no los matamos.
Yo ya no me hallo más,
aquí ya no me hallo más.[27]

Sobrevivientes en el Sur

Los tehuelches se resisten a desaparecer pero son hoy un puñado. Los informes oficiales del Ministerio de Bienestar Social hacia 1983 consignaban como sitios de asentamiento principales a Cerro Índice (cinco familias en 1967); Departamento Río Chico (lote 6 y 28) y la reserva de Camasú-Aike de Santa Cruz, un enclave menos aislado con cinco familias de 37 individuos (El Censo de 1968 registraba para este lugar a 11 familias con 41 individuos).

Los informes señalan que el grupo originario descendiente de indios tehuelches "ha sufrido el constante mestizaje con chilenos y criollos. En los últimos años se ha producido una disminución demográfica por el alejamiento de algunos descendientes y la desaparición de los últimos ancianos".

Siguen practicando la caza de algunos animales; los hombres son peones rurales y "las mujeres se encuentran económicamente inactivas". Los menores en edad escolar concurren a la Escuela Las Vegas y la alimentación, inadecuada, produce en todos trastornos como la desnutrición, la tuberculosis y el alcoholismo.

Según los informes mencionados la desorganización sociocultural en que están envueltos los sobrevivientes tehuelches estaría producida: primero, por la llegada de individuos extraños al grupo originario, introduciendo nuevas pautas culturales; segundo, por la "extinción de los ancianos, perdiéndose el lenguaje, creencias y tradiciones"; y tercero, por la búsqueda de nuevas fuentes de trabajo fuera de sus comunidades.

El hecho de que los mapuches desde el punto de vista étnico-cultural sean uno de los grupos más poderosos, no los hace estar en una situación mucho mejor. Es indudable que su número influye en una mejor organización interna y externa (con la sociedad nacional), pero el cuadro de carencias común a sus hermanos también se repite entre ellos.

Según Magrassi (1982) son cerca de 30 a 35.000 individuos en comunidades y 20 a 30.000 dispersos en estancias, pueblos y ciudades.[28]

Como ya hemos visto su porcentaje es significativo en algunas provincias como Río Negro, Chubut (5%) y Neuquén (7 a 10%).

Aproximadamente un 50% del total conserva aún el idioma nativo.

Ocupantes de tierras fiscales, se dedican principalmente a la cría de ovejas y chivas, ocasionalmente vacas; cultivan trigo, avena y cebada según las posibilidades de las tierras; en algunas comunidades es importante la recolección de piñones o fruto del pehuén.

Las mujeres continúan la tradición ancestral del tejido, artesanía que se destaca en el cuadro general de las industrias aborígenes del país.

Gran cantidad de paisanos mapuches se emplean como mano de obra transitoria en la esquila y otras actividades ganaderas y agrícolas, la cosecha de frutales, etcétera.

Mortalidad infantil, tuberculosis y avitaminosis son enfermedades comunes en las comunidades que, "en su totalidad (…) están reducidas a la mera subsistencia" (Passafari, 1986).

Situaciones como la de la comunidad de Los Toldos en el centro de la provincia de Buenos Aires, son excepcionales:

"Los Toldos es tal vez la zona habitada por indígenas que presenta mayores índices de prosperidad debido a la riqueza de sus campos y a la integración casi total de la tribu Coliqueo con la población del lugar".[29]

LA ESTABILIDAD DEMOCRÁTICA

La nueva etapa democrática que se inicia en 1983 ofrece un sinnúmero de hechos positivos y negativos, vinculados con la situación indígena.

Múltiples cambios ligados al ámbito de lo cultural, lo jurídico, lo económico, lo social, lo político, lo institucional y lo artístico, van sucediendo a lo largo de estos últimos años.

La secuencia informativa correspondiente a las presidencias de Raúl Alfonsín y Carlos Menem que consignamos en el Anexo III, pág. 571, *Bitácora de la Transición*, –en una nómina no excluyente, por supuesto aún queda mucha información por incluir– apunta a presentar los hechos positivos y negativos que jalonan el período, como resultante de la instauración del sistema democrático de vida que nuestra sociedad parece haber elegido en forma definitiva, y entendiendo que su consolidación es el punto de partida.

La creciente movilización y participación de los indígenas (de la que ya hay señales más que claras) y el avance imprescindible en el campo de la justicia social y los derechos humanos harán el resto.

Indios en la gran ciudad

La progresiva pauperización de las zonas rurales del país y su correlato, la industrialización incipiente que comenzaba a generarse en los ámbitos urbanos provocó el movimiento de grandes masas humanas desde el campo a las ciudades. Este proceso de migraciones internas, que ya hemos visto en otra parte de este libro (cap. VI, pág. 330) fue protagonizado en su inmensa mayoría por el nuevo componente poblacional de la Argentina, el "cabecita negra", con origen étnico-cultural en las comunidades autóctonas.

Con el correr del tiempo, amplios sectores de los grupos indígenas fueron "bajando" a las ciudades, insertándose en el nuevo medio y "buscando la vida" que se les negaba en sus lugares de origen.

En algunos casos –los menos– viven en grupo dentro de villas de emergencia o barrios carenciados de los suburbios, preservando a duras penas una identidad que el ritmo de la gran ciudad se ocupa diariamente de ir neutralizando; en otros –los más– viven individualmente o con sus familias, asimilándose progresivamente a las modalidades culturales de la urbe. Entre ambos extremos hay un sinnúmero de casos distintivos que ofrecen un panorama harto complejo de una misma situación: la presencia de los indígenas en un medio que les es hostil y su lucha por sobrevivir en él.

Vendedores de café en los estadios de fútbol, basureros, obreros de la construcción, peones de changas, cartoneros, los indios en la ciudad ocupan en general los más bajos estratos socioeconómicos. Su incorporación a las grandes urbes es a través de mecanismos de ocupación laboral que los continúa degradando, no por el trabajo en sí –cualquier trabajo es digno– sino por las condiciones en que éste es llevado a cabo y por las características culturales diferenciadas del indígena: el indígena se "integra" a un sistema de vida de por sí agresivo sin pasos intermedios, abruptamente, quedando doblemente marginado.

Ni que hablar del drama de la desocupación, más visible en los últimos años, que relega al indio en la ciudad a una situación desesperada.

Grupos de tobas se han reunido desde no hace mucho tiempo en las inmediaciones del Gran Rosario (Villa Banana); en Burzaco (partido de Almirante Brown, provincia de Buenos Aires) en donde se ocupan en quintas y viveros de inmigrantes japoneses, y especialmente en Ingeniero Budge (partido de Lomas de Zamora) y barrio La Loma (partido de Quilmes), asentamientos estos últimos sobre los que reproducimos los siguientes comentarios:

> "Los grupos mayores, en buena proporción, se hallan integrados operativamente a la vida ciudadana y su mercado laboral. Son operarios no calificados de la industria, changarines en tareas de mantenimiento doméstico, vendedores ambulantes y en algunos casos, comercializan artesanías de su comunidad de origen.
>
> Las mujeres se ubican como empleadas en casas de familia.
>
> Lo significativo de los barrios mencionados, es el intercontacto que hay entre ellos, especialmente en los grupos de artesanos, que trabajan so-

bre bases comunes y han logrado la formación de una cooperativa que canaliza las ventas de cerámica y cestería. En la organización, tiene mucho que ver la Iglesia Evangélica, a la que adhiere la mayoría, y que cumple un importante papel en el apoyo a las iniciativas comunitarias.

En las pautas de vida de sus miembros se diferencian muy bien tres niveles de inserción que van desde la negación de su condición aborigen, con pérdida de la lengua y costumbres tradicionales, hasta los que construyen sus casas con el patrón tradicional, se comunican en la lengua materna y resisten el contacto con el medio blanco.

El nivel intermedio es el que trata de desenvolverse según las reglas del juego contemporáneo, pero preservando sus valores esenciales. De tal modo, se reúnen viviendo en torno a un jefe de familia, trasmiten la lengua a sus hijos y son los que adoptan un sistema cooperativo de trabajo. Seguramente, hay muchos más que conviven con nosotros cada día, inmersos en el anonimato de una lucha incierta".[30]

Pero los tobas de Budge o Quilmes no son los únicos indígenas en Buenos Aires y sus suburbios.

Según datos existentes (enero de 1988) en la Subsecretaría de Acción Social de la Municipalidad de la Ciudad de Buenos Aires, un total de 24 familias aborígenes viven en las Villas 1, 11 y 14 del Bajo Flores. Por su parte, los investigadores Enrique A. Gussoni y Daniel F. Bargman revelaron un conjunto de historias de vida de indios en Buenos Aires, trabajo cuya primera etapa se expuso a través de fotos y textos en junio de 1988 en una experiencia compartida en la cual los indígenas tomaron parte activa.

En los distintos testimonios recogidos se vislumbra claramente la lucha por la identidad al mismo tiempo que la defensa permanente frente a la agresión del entorno urbano:

"Siempre quise ser maestra, siempre me gustaron los chicos. Pero sucedió una cosa loca que ahora me río pero que en esa época me cayó remal… Fui a Saavedra 15… Me dijeron: ¿Qué hacés acá?… Llegó el momento del metro… Me dijeron: vos no vas a poder, porque hay un tope de estatura que tienen que estar, de un metro y medio…, y yo no llego al metro y medio… Me resigné y dije: bueno, está bien".[31]

Algunos paisanos mapuches, concurren anualmente a la fiesta del Nguillatún acompañando a sus hermanos y pasando por alto las opiniones adversas de vecinos que desprecian o descreen de las prácticas indígenas:

"Para la gente que no entiende nada de nada no está bien visto el Camaruco porque dicen que es una reunión de brujos, y probablemente sea eso".[32]

Otros a pesar de estar en la ciudad no dejaron de hablar con la tierra ni de soñar con su mundo inolvidable:

"Trabajé en los ríos subterráneos. Acá en Bajo Flores, por Chacabuco, hay una mina por dentro, para aguaducto... Hay gente que no lo entendía, yo sí, porque la tierra misma te habla, la tierra sabe cuándo se va a caer y cuando va a haber un derrumbe... Conozco las minas. He visto morir gente en este río subterráneo, también en las minas. De preferencia eran bolivianos siempre ahí, el indio siempre está ahí, nosotros hicimos casi todo. Yo decía: 'va a caer', y me decían: 'sos brujo, ¿qué sabes?...'
El indio estaba relacionado con la tierra. El indio es tierra".

"Yo no cambié casi nada, hablo quichua perfecto. Mis sueños son de esa época, siempre estoy en lo mismo... sueño en quichua".[33]

La lengua es un elemento que los aferra a su cultura y los proyecta hacia adelante.

"A Nahuel le voy a hacer entender que yo soy el padre y soy indio y la madre es digamos blanca, porque ella no tiene idioma, solamente sabe castellano, pero yo sé porque tengo mi idioma y a ellos no les voy a dejar que me pierdan la raza. Va a haber un día que tiene que haber un colegio que era para ellos, que sea nuestro".[34]

Los proyecta hacia adelante, a pesar de un presente duro, en que la condición de indio es sinónimo de explotación y discriminación:

"El indio es muy humilde, o sea que no es una persona que se enoje o le conteste a los patrones, es muy simple el indio y muy sencillo a la vez. El indio, le tiene que salir la sangre para que se enoje... Así que nosotros trabajamos y si no le sirve a los patrones, ellos nos echan...
Lo que más se toma son gente provinciana, del Chaco o Santiago, para los trabajos brutos".[35]

No sabemos cuántos son. Ni siquiera podemos precisar adónde se encuentran, salvo algunos casos como los aquí presentados, que tampoco agotan el panorama de los indios en la gran ciudad.
Pero ellos engrosan las filas de la cultura indígena en Argentina. Hace muchos años que dejaron sus comunidades, y a pesar de ello todavía guardan como sea su identidad. En algunos casos jamás vivieron en comunidad, por el contrario son habitantes urbanos desde siempre y su forma de vida es como la de cualquier otro habitante "blanco". Sin embargo, algo los diferencia y los une a sus hermanos de origen: la sangre y la memoria.

Seguramente muy pocos de los miles de adolescentes que en aquellos días de 1986 ovacionaban al grupo "Viudas e Hijas de Roque Enrol" imaginaba que una de ellas, guitarrista y vocalista, era hermana de otro roquero importante, Lito, y mucho menos, que ambos eran tataranietos directos del cacique Epumer, el último de los grandes jefes ranqueles.

Lito y su hermana, músicos de profesión, son un ejemplo de una realidad incontrastable: la cultura indígena está presente entre nosotros, aunque el resto de los argentinos no se dé cuenta; la cultura indígena atraviesa el tiempo y vive también hoy en los descendientes urbanos que atesoran historias increíbles.

El cacique Epumer o Epu-Guor, cayó prisionero para siempre el 12 de diciembre de 1878 (capítulo V, pág. 277) después de haber resistido tenazmente el embate de las avanzadas militares. Con centenares de sus guerreros fue trasladado a prisión en la isla Martín García. Ya anciano terminó sus días en una estancia –tal vez de la provincia de Buenos Aires–[36] sumergido en la tristeza y los recuerdos.

No sabemos cuantos hijos tuvo, pero sí que uno de ellos Juan Epumer, fue de profesión bombero, en Buenos Aires. Hasta el puerto llegó un día un barco italiano "con el trofeo de una reina". Ya fondeada la nave se incendió y hacia allí marchó el hijo del cacique a cumplir con su deber. Se metió entre las llamas y rescató el tesoro, acción que le valió ser condecorado.

Pero el precio de su hazaña fue demasiado alto: sufrió terribles quemaduras que terminaron con su vida por "un ataque al corazón". Tenía 38 años, dos hijos, Juan y Ana Adela y una esposa, andaluza, que abandonó –embarazada– a los niños. El varón tenía 8 años.

Un tal Juan Lamela llevó a los pequeños Epumer a vivir a La Pampa, adonde crecieron y recibieron instrucción. Juan ingresó al seminario pero abandonó rápidamente atraído por una vocación demasiado fuerte: la música. Con el nombre de Juan Espumer (?) fue guitarrista de Agustín Magaldi, del dúo Gómez-Vila, de Ricardo Pimentel, Juan Feri y Roberto Carlés. Durante casi 30 años, Juan Epumer o Espumer, nieto del cacique, estuvo inmerso en la bohemia tanguera del Buenos Aires de principios de siglo. Se dice que era uno de los mejores guitarristas del país. Cuando tenía 40 años, decidió buscar a su madre. El reencuentro se produjo después de 32 años. También se encontró con su hermano, que aunque con otro apellido, era un Epumer.

Juan Epumer, el guitarrista, se había ido de su casa cuando su hijo Juan Carlos era adolescente. Éste, también inicialmente músico y hoy vendedor, se casó con Dora Alicia Carballo. Tuvieron tres hijos, Juan Carlos (Lito), María Gabriela y Claudia Graciela. Lito tuvo su primer hijo en 1983, también llamado Juan Carlos, el chozno del cacique (cuadro 33).

Desde los 14 años Juan Carlos, el bisnieto había tenido que afrontar la vida solo, saliendo a trabajar para "sacar adelante" a la casa, su madre y su hermana, ya que el padre había decidido marcharse.

Cuando le preguntamos acerca de lo que su viejo le pudiera haber contado del cacique, los recuerdos se pierden. Es difícil llegar a saber algo. Como si la memoria tambaleara.

"La vida de mi viejo fue la música, solamente. Cuando él estaba en casa, estaba ensayando. O estaba con Magaldi, o venían amigos. Termi-

33. DESCENDENCIA DEL CACIQUE EPUMER

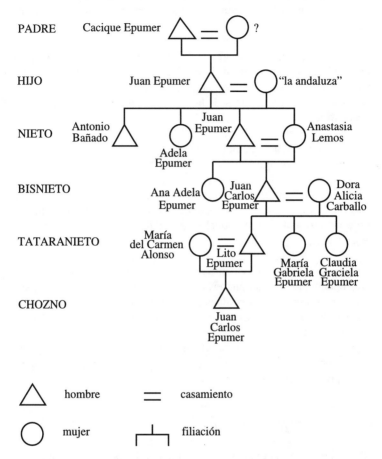

△	hombre	= casamiento
○	mujer	filiación

naban de ensayar (que estaban capaz desde las diez de la mañana hasta las ocho de la noche), hacían un asado, seguían guitarreando, informalmente ¿viste? Al otro día volvían a hacer lo mismo, volvían a ensayar, o venían los guitarristas de Corsini, bueno, mi casa era una romería todo el día. Los días de actuación se iba y no venía hasta la madrugada. Cuando yo tenía 14 o 15 años, y empezaba a tener la posibilidad de dialogar con él, él se fue y no lo vi nunca más. Yo lo encontré ya de grande, ya casado. Entonces no hubo viste la posibilidad de la conversación que te digo yo, que es una cosa tan común hoy entre hijo y padre, que charlen, que puedan conversar y que puedan cambiar opiniones… si inclusive yo por curiosidad en determinado momento le hubiera preguntado como es la cosa nuestra, porque él debía de saberlo bien a fondo, pero no se dio por esa razón (…) Mi padre era un hombre que estaba de visita. Aparte mi vieja nunca se preocupó, porque sino yo hubiera tenido las conversaciones con mi viejo, de ella haberme comentado algo…"

Pero Juan Carlos guarda un buen recuerdo de sus viejos:

"...resentimiento de ningún tipo. Ni con mi vieja, ni con mi viejo. Al contrario, cuando lo encontré a mi viejo otra vez, como si nada hubiera pasado".

Una historia familiar plagada de desencuentros y desgarros; una historia donde el apellido fue difícil de aceptar: el "Espumer" que se colocó el guitarrista de Magaldi; el tercer hijo de la andaluza con otro apellido (Bañado), incluso los problemas de hoy en día, a pesar del orgullo que se lleva adentro:

"A mí me dicen del apellido: '¿qué es?, ¿francés?', digo: 'sí, yo soy vasco francés', sino tengo que estar contando todo".

Contando por ejemplo cómo era ese cacique, en las pocas pero fuertes imágenes que a través de las generaciones fueron pasando y que hoy se protegen y rescatan como aquel tesoro que el hijo del jefe ranquel salvó de las llamas.

"Una de las pocas cosas que mi viejo me contó de su papá, el cacique es que tenía muchas mujeres, dice que tenía como veinte... y que cuando se emborrachaba liquidaba a todo el mundo, tenía mala bebida; pero así el fresco, era un tipo que era un nacionalista cien por cien, quería que la gente estuviera toda bien, él era, dentro de todo lo que era, un tipo buenísimo, eso lo decía todo el mundo: robaba a los ricos para darle a los pobres, inclusive dice que siempre renegaba que todo lo que estaba robando era de él"[37]

La vigencia de la cosmovisión

Sea viviendo en la ciudad o en sus comunidades, los indígenas son portadores de una cosmovisión que vive hoy inmersa en la cultura del pueblo argentino. Es una parte irrenunciable de él, aunque con sus características propias. La concepción del mundo indio alimenta así la forma de vida del pueblo y afianza una de las raíces de su conformación.

Los elementos de esa cosmovisión son incontables, pero un inventario rápido nos lleva a señalar los siguientes: primero, la economía tradicional, como los cercos chiriguanos, los pastoreos y cultivos de los collas, la pesca entre pilagás, matacos o chorotes, completado con las artesanías que se han desarrollado como industrias populares en casi todos los grupos; segundo, la forma de vida integral, expresada en una cotidianeidad que se repite desde hace siglos, casi sin variantes en las comunidades hoy existentes, siendo ellas las preservadoras de valores tales como la relación armónica entre el hombre y la naturaleza, el sentido de comunidad, entre otros, ejemplos para la sociedad desquiciada de nuestros días.

45. DISPERSIÓN ACTUAL APROXIMADA DE LAS LENGUAS GUARANÍ, QUICHUA Y MAPUCHE

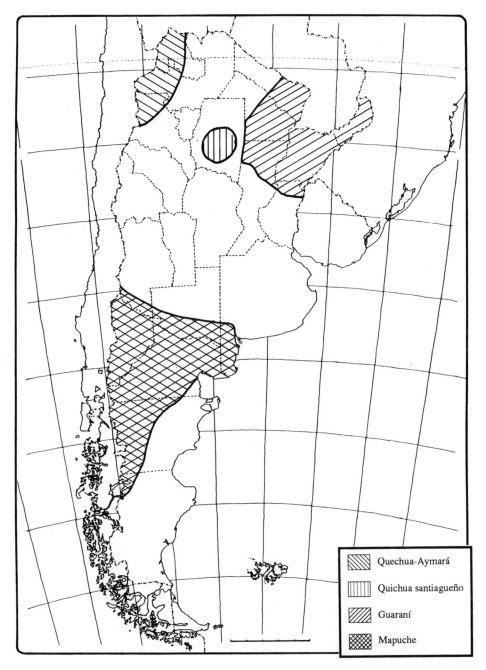

Fuente: O. F. L. de Botas, *Atlas de la cultura...*, 1986.

Tercero, los patrones de asentamiento que respetan viejas tradiciones que tienen que ver entre los chiriguanos, por ejemplo, con la constitución de las familias, los campos de cultivos comunitarios, los individuales, los ámbitos para las fiestas y para los muertos; cuarto, la relación con lo sobrenatural, manifestada en múltiples expresiones como el culto a la Pachamama entre los collas, el Nguillatún de los mapuches, la presencia de los señores de los animales entre matacos, tobas y otros; la vigencia de los dioses en las prácticas de todos los chamanes; el papel de los sueños como reveladores para la comunidad; la presencia de gran parte del corpus mítico ancestral entre tobas, matacos, chiriguanos, etcétera. Además de un sinnúmero de creencias populares desparramadas por todo el país, muchas de ellas de raíz indígena.

Quinto, la medicina tradicional "de campo" o cura chamánica que se practica en todas las comunidades de acuerdo con las milenarias técnicas de éxtasis que se conocen universalmente;[38] sexto, el mantenimiento de estructuras de poder tradicionales como los caciques o los consejeros, papel adjudicado este último a los ancianos; séptimo, la supervivencia de las lenguas madres, desde "los idiomas" que mantienen los viejos en cada una de las comunidades quienes a su vez desconocen el castellano, hasta las lenguas quichua (noroeste y Santiago del Estero), guaraní (litoral) y mapuche (sur) habladas por miles y miles de personas, que se asientan en verdaderas zonas de mestización en las que la realidad lingüística desborda ampliamente los marcos indígenas para extenderse a toda la población de la región, muy especialmente en los dos primeros casos (mapa 45, pág. 465).

Por otro lado el territorio nacional está inundado de una importancia toponimia indígena, más allá de las lenguas mencionadas, lo cual, junto a la gran cantidad de vocablos incorporados a nuestra habla cotidiana (como la palabra *cancha* por ejemplo, de origen qeshwa o quichua o de las mismas denominaciones de algunas provincias como Neuquén, Chaco, Jujuy, etcétera) nos dicen que las lenguas madres como vehículos de la cultura que expresan, están absolutamente presentes en nuestra vida diaria (mapa 46).

La vigencia de la cosmovisión indígena es un hecho y ello nos reafirma en nuestra idea de que la Argentina es un país pluricultural y multiétnico. Una cosmovisión que perdura a través de infinitas manifestaciones y por gran variedad de caminos.

Margarita Puelman tiene 70 años y vive en la ciudad de Comodoro Rivadavia desde hace unos cincuenta años. Nació y vivió hasta la edad de 16 en Esquel en una comunidad mapuche perteneciente al cacique Nahuelpán. Entre los 16 y los 20 vivió en Buenos Aires, adonde aprendió a ser peluquera. Hoy enseña tejido en un taller propio y todos los años realiza exposiciones y ventas de sus obras en Buenos Aires. Vive como cualquiera en la ciudad, pero se siente india... "Yo soy mapuche porque lo llevo adentro".

46. DISTRIBUCIÓN APROXIMADA DE LOS TOPÓNIMOS DERIVADOS DE LAS LENGUAS INDÍGENAS

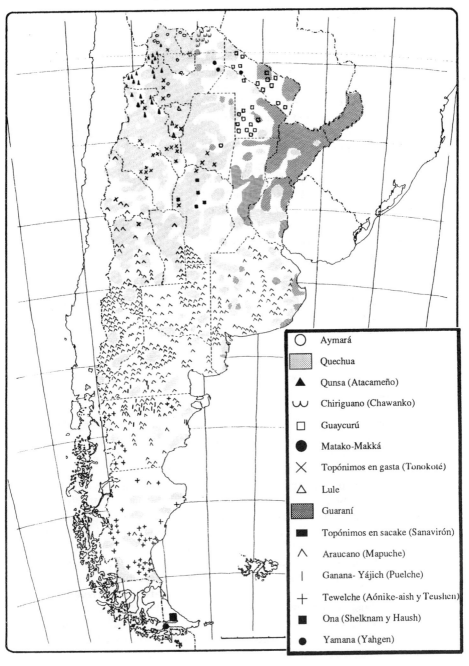

○	Aymará
▨	Quechua
▲	Qunsa (Atacameño)
ᴗ	Chiriguano (Chawanko)
□	Guaycurú
●	Matako-Makká
✕	Topónimos en gasta (Tonokoté)
△	Lule
▦	Guaraní
▬	Topónimos en sacake (Sanavirón)
∧	Araucano (Mapuche)
		Ganana- Yájich (Puelche)
+	Tewelche (Aónike-aish y Teushen)
■	Ona (Shelknam y Haush)
●	Yamana (Yahgen)

Fuente: *Toponimia indígena de la República Argentina*, de Ricardo L. J. Nardi, 1950.

467

En el taller le enseña también a los "blancos" que de todas formas no aprenden demasiado "...el blanco no llega porque es muy de teoría".

Entre sus recuerdos está muy presente que su madre Francisca Llancapí vivía en el Azul y que a la edad de 19 o 20 años ante una embestida de Rosas huyó con otra compañera hasta Chile, cruzando la cordillera a caballo. Sus abuelos se salvaron escondidos en cuevas, porque "no eran de pelea". Recuerda también que su mamá murió de cerca de 110 años: "...se le cortaron las venas de tan gastadas que estaban".

Y que fue la que le enseñó por supuesto, a tejer.

Ella no habla de "conquista del desierto" –se le iluminan los ojos y su gesto es de enojo cuando cometo el error de definir de esa manera la expedición de Roca–. Ella habla de "malón" y sabe que su pueblo la pasó muy mal por entonces:

"Un tal doctor Amaya entró con el ejército al Boquete de Nahuelpán, quemando los ranchos y robándonos las tierras... Después de tanta queja Perón devolvió algo en Laguna Rosario, donde están ahora y otro poco en el Boquete. Hoy están allí, pero tienen mucho miedo de que les saquen todo... Amaya y el ejército arrancaban los árboles frutales para que no comieran y los ranchos los quemaron con antorchas".

Hoy quedan unos 8 mapuches en el Boquete y unos 40 en Laguna Rosario, adonde vive una sobrina. Viven, según Margarita, muy mal, aunque tampoco hay consuelo para el indio en la ciudad:

"Los indígenas están muy mal y yo pienso que no va haber mejoría, porque el blanco va allá, promete, la gente está con esperanza, pero no llega nunca... no se progresa en la tribu y tampoco afuera. Yo tengo muchos paisanos en Comodoro que están para servir y nada más".

Margarita vuelve al tejido y nos muestra parte de sus hermosas obras. Nos dice que solamente quedan dos tejedoras en Laguna Rosario, de lo que se lamenta porque para ella tejer es algo muy importante. Como lo era el *camaruco*, especialmente "los de antes" o como lo eran la *machis* a quienes Margarita no les otorga el don de curar sino de conocer las hierbas, los tejidos y las tinturas; o como lo es "curar", aunque ella sonriente y bajando la cabeza contesta ante nuestra pregunta que sólo cura empachos...

Margarita mantiene incólume la antigua tradición artesanal del tejido y con ella sostiene un pasado rico en vivencias y enseñanzas y un futuro que se proyecta en sus nietos Matías (10) y Claudia (5) a quienes les está transmitiendo los secretos del arte de tejer, especialmente al primero de ellos.

Todos los veranos, una vez finalizado el ciclo lectivo en Comodoro Rivadavia, abuela y nieto marchan al campo. Allí, el niño aprende a recorrer y reconocer el terreno; a seleccionar las mejores hierbas para las tinturas; a cuidar el momento de la recolección; aprende a obtener el jabón que misteriosamente surge de un árbol.

Matías aprende algo más que el arte de tejer ("ya hice mi primer tapicito"); aprende que hay un mundo en el que la naturaleza puede ser un factor de disfrute para el hombre, a través del suave develado de sus secretos, sin forzarla, haciéndola compañera y amiga. Ese mundo –Matías lo sabe porque Margarita se ocupa de enseñarle— viene de los paisanos mapuches, y aunque no lo sepa él es uno de los herederos que hará posible que la cosmovisión siga viva.[39]

La palabra de las organizaciones indias

Los resultados provisorios de una investigación que estamos realizando sobre el pensamiento indio en América, arrojan que sobre un total de 74 temas de interés para las organizaciones indígenas, diez de ellos ocupan un lugar destacado por su reiteración y su presencia constante: tierra; educación; integración; religión; naturaleza; recuperación histórica y cultural; organización; cosmovisión; etnicidad e identidad; antropólogos/científicos sociales.[40]

La Argentina no es la excepción y esos temas son los que más presencia tienen en el conjunto de reivindicaciones de las comunidades, los líderes y las organizaciones indias de nuestro país.

Rogelio Guanuco, diaguita-calchaquí, tiene 59 años, es casado y padre de dos hijos. Nació en San Carlos, un pueblito de los Valles Calchaquíes de la provincia de Salta. De pequeño se trasladó a la ciudad capital con su familia y a los quince años partió solo a caminar la vida. Estuvo en Jujuy, Tucumán, Rosario, Córdoba y llegó a Buenos Aires en 1948. Aquí terminó el secundario y se hizo peronista. En 1955, se vio obligado a emigrar, por su militancia en la UES. Se dirigió a Uruguay y luego a Brasil. Regresó en 1959 y marchó hacia Río Turbio a trabajar en las minas, adonde fundó la delegación gremial de ATE (Asociación Trabajadores del Estado) siendo su secretario general hasta 1966.

Hoy es secretario general de la delegación de ATE en la Dirección Nacional de Vialidad y desde 1986 (reelegido en 1988 por un nuevo período hasta julio de 1990), ejerce la presidencia de la organización indígena más poderosa y tradicional de nuestro país: la AIRA, Asociación Indígena de la República Argentina.

Allí fuimos para recibir el testimonio directo de quien tiene a su cargo la responsabilidad de coordinar los esfuerzos de todos los indios del país en la difícil tarea de conseguir una vida mejor.

"Nosotros los diaguita-calchaquíes estamos por todo el norte: en Salta, Catamarca, Tucumán, La Rioja, Santiago del Estero. Lo que pasa es que los collas se superpusieron en la región Diaguita-Calchaquí y se mezclaron con ellos, imponiendo su lengua. Estamos, pero no se ha conservado la Nación.

"Ya en Río Turbio yo manejaba la parte indígena, con bolivianos, riojanos, jujeños, la identidad allí se daba de hecho a través del habla, de la música.

"En 1980 empecé a trabajar más intensamente en la parte indígena; en

1983, un Congreso Indígena reunido en la Capital Federal se compromete a continuar la unidad de los pueblos indios a través de congresos, reuniones, comcluyendo que era necesario dar una salida política a la cuestión y comprobando que una gran mayoría abrazaba la doctrina justicialista, se decide crear el MINJU (Movimiento Indio Nacional Justicialista) y se me nomina vicepresidente, cargo que hoy mantengo.

"Pensamos que la salida para reconquistar derechos conculcados era a través de la actividad política y como apoyo a la AIRA, sin mezclar la política en ella, que es apartidista y respetuosa de todas las religiones. Esta teoría se mantiene.

"En el '86 fui elegido presidente de la AIRA por la lista Justicia y Unidad, contra las otras tres listas presentadas (radical, del MAS, y una coalición del PI y los socialistas). En el '88 vuelvo a ganar con la misma lista pero esta vez con una única lista opositora de tendencias políticas coaligadas.

"Cuando asumimos, la situación era caótica, por la paralización durante el 'Proceso', en que muchos dirigentes habían dejado de actuar, como Santana Campo, que vuelve después de muchos años de silencio; hoy trabaja en Tucumán.

"Recompusimos la casa, había mucha desunión entre los hermanos. Hemos tratado de no hacer sectarismos y a lo largo de dos años durante el primer período hemos llevado credibilidad a los hermanos del interior, haciéndoles ver que trabajábamos por la unidad de todos los hermanos. Así la lista Justicia y Unidad en el 88 era pluripartidista, representativa por encima de las diferencias y hoy la AIRA tiene una Comisión Directiva integrada por gente de distintos puntos del país y representativa de sus comunidades: en el Sur tenemos al nieto del cacique Sayhueque (tehuelche) y a Ambrosio Anqueo (mapuche), también hijo de cacique; en el Chaco al líder y diputado Nieves Ramírez (toba, vicepresidente); al líder mocoví Elías Ventura; en Salta a Basilio Soria, líder de IPA y los chiriguanos.

"Hemos prestigiado a la AIRA nacional e internacionalmente, después de años de ostracismo, con contactos en todo el mundo. Yo he viajado en agosto del año pasado a las Naciones Unidas para la Séptima Reunión de Pueblos Indios y a la 76ª Reunión de Derechos Humanos en Ginebra.

"Ya en el segundo período, a través de un proyecto que nos da el ICO (Comisión Intereclesiástica de Coordinación para proyectos de Desarrollo) implementamos la formación de dirigentes para que luego fueran a sus lugares de origen y transfirieran los conocimientos.

"Por ejemplo Sayhueque en Chubut preside la Comisión de Adjudicaciones de Tierras, una comisión gubernamental adonde está el gobierno, el Instituto del Aborigen y la Legislatura; ya se han entregado más de 120 títulos a tehuelches y mapuches durante 1989 y esto seguirá en 1990.

"Igual pasó con los de Chaco. El diputado Nieves Ramírez está tratando de organizar a través de la participación de los hermanos tobas, wichí y mocovíes una Comisión de Adjudicación de Tierras para obtener la devolución de 150.000 ha. como primer paso, en Chaco. El objetivo es 1.080.000 ha. Toda esta tarea está a cargo del diputado Nieves Ramírez.

"En Salta tenemos la tarea que ya nos lleva mucho tiempo de la devolución de tierras a los hermanos collas en Orán (3.000 familias), unas 15.000 ha. Estas tierras las posee actualmente en Ingenio El Tabacal. Podríamos aceptar la mitad siempre y cuando sean fértiles y sin ningún peligro de que la comunidad pueda perecer en el futuro. Las pretensiones no son ilógicas, creo. Las queremos ahí, no en otro lugar, como ofrece el ingenio, para que la gente no se desarraigue.

"En Formosa se dio el puntapié inicial de la devolución de tierras y si bien no es todavía una solución, es por lo menos un paliativo, a través del ICA, que tiene un director puesto por el gobierno y tres directores elegidos por sus pueblos (pilagá, wichí, matacos): entrega de tierras, autodesarrollo, la preparación de maestros bilingües indígenas (ya hay 500). Es una de las provincias que ha avanzado muchísimo en política indígena, comparado con el desamparo legal y marginamiento en que se encontraba. En Formosa se está dando un principio de justicia. Tiene una ley muy interesante que podríamos pensar que si se aplica en todas sus partes va a traer una verdadera justicia social.

"La ley que salió en Misiones es óptima, es reivindicativa global y además ha tenido la participación directa de los indígenas; es una ley que ha nacido de seno de las comunidades indígenas guaraníes sancionada durante el gobierno radical de Barrios Arrechea; se ha hecho estricta justicia con esta ley, pero lo que deploramos es que esta misma administración no la haya aplicado de inmediato, ha dejado pasar el tiempo y hoy es un enorme problema, porque pierde las elecciones, asume el peronismo en una especie de revancha política, el gobierno de Ahumada está tratando de que el Poder Legislativo derogue la ley, porque dice que quiere crear un estado dentro de otro estado, lo cual es irrisorio, porque los hermanos indios se consideran antes que nada argentinos. Pero la consecuencia devastadora la paga un pueblo que ha luchado mucho tiempo. Se frustra así una esperanza de autodesarrollo. Derogando la ley, la provincia se incorporaría a la nacional 23.302.

"Esta ley no llena la verdadera reivindicación del indio argentino, pero también es cierto que hemos participado en su diseño junto con otros hermanos dirigentes del interior. Es una ley que tiene consenso aunque no en lo total deseado, pero hasta ahora es una ley muerta, porque no está aplicada. Hemos mandado la terna para la conducción del INAI en febrero o marzo de este año, el gobierno no respondió, quedó en trámite. En la terna estaba encabezando el diputado Nieves Ramírez; luego el hermano presidente del IPA Basilio Soria, líder chiriguano y en tercer término el que habla. La terna está avalada por minicongresos que se hicieron en todo el interior.

"Hemos hecho reiteradas peticiones para que se aplicara todo esto, pero pereció el gobierno radical y luego al asumir el gobierno actual, hemos reiterado, pero hasta el momento el silencio es total.

"Queremos que el INAI sea dirigido por un indígena y pueda sentar las prioridades para los diferentes pueblos. No creemos que un no aborigen, por más conocimientos que tenga, pueda dar respuesta válida, porque un no aborigen no puede sentir igual, podrá comprender, pero no podrá sentir igual. Estamos persuadidos de que el rol de los no aborígenes debe ser el de asesores, ahí sí, los mejores técnicos, antropólogos, sociólogos.

"En el futuro no quiero diferencias de blanco o huinca, porque puede ser blanco y sentirse indio así como hay muchos hermanos que no se sienten indios. Es una cuestión de sentimiento. Y aquí está la identidad también... y tal vez éste sea el problema argentino, una hibridez, esa insensibilidad para con sus hermanos indios. Alguien dijo: 'quien pisa sus propias raíces no deja crecer el árbol para que dé sus frutos'. Será por eso que nosotros los argentinos estamos siempre en el aire.

"Nosotros consideramos que el pueblo argentino es pluricultural y pluriétnico y a través de eso debe darse una identidad de argentinos para argentinos.

"Todo esto que yo le digo es un convencimiento de los dirigentes: ¿Por qué será que un hijo de extranjeros está pensando en la tierra de los nonos y no en la tierra donde nació? Es una desunión de la nacionalidad.

"Nosotros pensamos que cuando se cumplan los 500 años en 1992 van a tener que tener una respuesta definitiva a nuestro enorme problema de marginamiento y esa respuesta definitiva va a tener que ser en beneficio de los pueblos indios no sólo de Argentina sino del mundo.

"En las reuniones internacionales se está trabajando con distintos proyectos sin egoísmo, sin sentimiento de venganza, con una total confraternidad hacia aquellos que nos marginan y nos explotan, en la certeza de que vamos a hacerles comprender y persuadirlos del enorme error que están cometiendo desde 1492.

"Para nosotros 1992 va a ser una fecha importantísima. Estamos trabajando a nivel internacional en contacto permanente. En febrero de 1990 va a haber un Seminario Continental en Argentina, porque la Argentina tiene que ser la punta de lanza en la unidad indígena de Latinoamérica, luego se harán varios seminarios locales para finalizar con una reunión nacional de los dirigentes.

"Estamos ya dejando de golpear las puertas de los políticos para la reivindicación de nuestros derechos conculcados, sino más bien que nos preocupamos por organizarnos nosotros, por ser nosotros los protagonistas en la recuperación de las tierras, de obtener los medios económicos para nuestro autodesarrollo y aplicar con nuestro esfuerzo y nuestros propios medios la cultura global indígena, rescatando las lenguas madres y recuperando la cultura precolombina sin dejar de lado todos los medios tecnológicos que nos puedan servir de las otras civilizaciones para llevar adelante el avance de nuestra cultura.

"Son muchos años que estamos peticionando, ya no esperamos más nada de los políticos, siempre hemos sido instrumento preelectoralista, pero ya no creemos. El indígena cree en la justicia social porque su creador, el general Perón la aplicó, pero luego todo eso se perdió. Las promesas de solución siempre quedan en palabras, nunca en hechos.

"Esta Asociación jamás recibió subsidios de ningún sector del país, así que estamos acostumbrados. Hemos peticionado medicamentos, herramientas, alimentos, para paliar aunque más no sea las necesidades elementales de nuestros hermanos del interior. Hoy mueren los ancianos y los niños por falta de alimentos y medicamentos. Esto no es una alaraca, es una terrible realidad. Estamos llenos de tuberculosis, sífilis, deshidratación, nos falta el agua potable. Ni siquiera los dejan cazar o pescar en sus tierras, porque son 'propiedad privada' o del 'Estado'. Son tierras que tienen dueño aunque el indio haya vivido allí toda la vida: es intruso en su propia tierra, él, que es el heredero natural de sus ancestros.

"La política indigenista es la política de los gobiernos, impulsada por el Instituto Indigenista Interamericano. Decían que era para revalorizar la cultura indígena pero fue otra la respuesta: para nosotros esa política es para 'integrarnos' y para nosotros integrarnos es el vaciamiento de toda nuestra cultura, o sea todo lo que significa la civilización indígena: la lengua, las vivencias, los sentimientos. Entonces nosotros nos oponemos a ello, lo que se dio a través de muchas reuniones a consecuencia de las cuales se acuñó el término *indianismo*, impulsándolo a pesar incluso de muchos hermanos. Indianismo es la revalorización de la civilización indígena, recuperación de la lengua materna (base de la comunicación entre nosotros), esclareciendo a nuestros hermanos que la política indigenista es en definitiva para estudiarnos y que esa política no nos favorece, por el contrario, nos trata como si fuéramos el eslabón perdido, dignos de lástima, dignos de protección y nosotros decimos que se protege a los inválidos o a los del cotolengo; nosotros no necesitamos que nos protejan.

"Esa política de integración es entonces negativa, es un ataque frontal para destruir la civilización indígena, metiéndonos adentro de algo que no entendemos que es la civilización occidental.

"La política indigenista ha llevado la trasculturación a nuestros pueblos, nosotros buscamos la participación, que es lo que permite la política indianista.

"Nosotros no queremos ser altaneros, orgullosos, sino más bien pensamos que no tenemos por qué ser tratados con ningún privilegio, tenemos los mismos razonamientos, los mismos sentidos, que se nos considere iguales y en el terreno se verán los pingos y si nosotros somos inferiores seremos esclavos pero si nos dan la oportunidad tal vez se demuestra la igualdad de condiciones y nos podríamos servir los unos a los otros.

"Nosotros estimamos –rechazamos los datos oficiales– que somos un millón y medio de indígenas en comunidades, sin tener en cuenta los siete a ocho millones de mestizos que naturalmente hay que concientizar… Esperamos que algún día, a través de nuestro trabajo puedan identificarse y puedan decir sin vergüenza que son herederos de la sangre nativa de este continente y ayuden también a la identidad nacional con aquellos que han venido del otro lado del mar y viven aquí con nosotros.

"Se dice que el indio es vago, borracho, que no le gusta trabajar, y esto es una mentira terrible: al indio lo marginaron, lo arrinconaron en los peores lugares, no se le da trabajo y cuando le dan (que no es trabajo sino changas), lo explotan. Al indio no se le da tierras, herramientas, trabajo, nada. Además no es entregarle, sino devolverle lo que es suyo. ¿Cómo entonces voy a decir que una persona es vaga si no le doy trabajo? ¿Y el alcohol? En muchos lugares le dan un litro de alcohol a cambio del trabajo, ¿por qué no le dan leche, pan? ¿por qué mejor no le pagan? Entonces así lo mantienen en el sopor de la explotación, que sigue en un círculo cerrado.

"El indio no es un problema, ni para el pueblo ni para el gobierno. El indio tiene el problema de los gobernantes, de los políticos y del pueblo que se olvidan de que somos seres humanos y que tenemos derechos como argentinos y que esta cuestión de los pueblos indígenas ya pasó de ser una solución política si no tiene que ser tomado por la sociedad toda, por el pueblo todo, que es un mea culpa que todavía no se sacaron de encima. Y no se puede hablar de pueblo argentino si están negando al verdadero pueblo que es la raíz de la Argentina. No se puede hablar de solidaridad, fraternidad, justicia social, cuando todos ellos se olvidan del millón y medio de indígenas y que también se están olvidando de otros que están igual que nosotros, que son los hijos de los extranjeros pobres que están aquí… No sé qué pasaría si nos aliáramos todos algún día."[41]

Basilio Soria es guaraní aborigen (chiriguano). Tiene 37 años, 11 hijos y una larga historia como dirigente indio[42]: ex presidente del Centro Vecinal de San José de Yacuy en Salta; presidente de la Cooperativa Agrícola Mbaporenda de San José de Yacuy; presidente del Instituto Provincial del Aborigen; revisor de cuentas de la AIRA y ex candidato a diputado provincial por el partido justicialista (1988).

Basilio ha trabajado sin desmayos por sus hermanos. Hoy es uno de los máximos exponentes de la dirigencia indígena argentina y un impulsor decidido de la organización de sus paisanos, como clave para el despegue de las comunidades.

La última vez que nos encontramos –hace ya 13 años que lo hacemos, aunque con intermitencias, lo que nos ha permitido ver el crecimiento del dirigente– fue en un bar de Buenos Aires, una noche lluviosa de fines del invierno de 1989.

Entonces pedí a Basilio que me hablara de los indios en comunidad y en los centros urbanos; de los indios después de seis años de democracia; de sus principales propuestas; del rol del Estado y del rol de las organizaciones indias; del futuro de la cultura.

Como las gotas que caían afuera, las palabras de Basilio se fueron derramando sabias, sobre nuestra mesa.

"Hay hermanos que en la ciudad se están asimilando, que esconden su identidad, que cuando vuelven dicen que se olvidaron la lengua. Algunos no vuelven más y otros más conscientes sí, los que son dirigentes vuelven.

"Hay hermanos que ya han perdido todo, después de 20 o 30 años en la ciudad, ya ni piensan volver.

"El dirigente va perdiendo también su identidad porque va cambiando su forma de vida; va perdiendo su fuerza porque ya tiene otro tipo de contacto, se va haciendo individualista. Yo por eso prefiero hacer rápido los trámites y volverme a mi comunidad. Ése es el riesgo de las organizaciones indias, que cada una hace lo que le parece. Es necesario unirse, el indígena tiene que tener unidad ante todo. Sin la unidad van a seguir siendo grupos aislados y a la sociedad le conviene que los indios se peleen.

"En Salta se logró la unidad a partir de los dirigentes de base: 'tenemos que trabajar en forma conjunta ante la Casa de Gobierno...' por eso yo le digo a los hermanos protestantes que están siendo explotados espiritualmente, están encerrados, con sólo alabar al Señor están perdiendo su identidad. La unidad en Salta se plasmó con la ley del aborigen. Las leyes son un puntapié inicial...

"El hermano indígena está hoy buscando su inserción política. En Salta está el Movimiento Indígena del Partido Justicialista, entonces el indígena participa políticamente.

"En cuanto a los trámites se han conseguido más cosas: becas para estudiantes primarios y secundarios; acceso libre a tierras fiscales; convenios con distintas reparticiones públicas; se está reivindicando históricamente al artesano indígena visto además como un docente pago para la enseñanza oficial; reivindicación de los hermanos curanderos para darle lugar a la medicina indígena (el empirismo indígena es complemento de la medicina); se han organizado conferencias con directores de hospitales; enfermeras auxiliares incorporadas a la planta permanente; también hay organización a nivel agropecuario: queremos sembrar granos rentables, tomates, pimientos; queremos seguir organizando cooperativas de artesanos, ladrilleros y todo esto para tener mayores posibilidades de acceder definitivamente a la tierra.

"Esto no lo pudieron hacer los mayores, hablo del conocimiento de los trámites, pero no importa. Ahora es fundamental la unión entre los jóvenes y los mayores (el pensamiento de ellos tiene su valor, su fuerza). En ningún momento se deja de lado al cacique tradicional, para que esté enterado de lo que está haciendo la nueva dirigencia indígena.

"Yo insisto: lo primero que se necesita es la unidad de los indígenas; segundo, organización; tercero, planificación, con la ayuda de los hermanos blancos, buscando recursos y ejecutando los planes. Necesitamos una unidad que trascienda a las actuales organizaciones, sea cual sea, las razas estamos sufriendo igual.

"El Instituto Nacional de Asuntos Indígenas proyectado tiene que recibir la adhesión de los institutos provinciales, cada uno de los cuales tiene que tener su libertad de acción. El INAI tiene que conseguir recursos de todo tipo, incluso del exterior, consiguiendo el apoyo de otros pueblos indígenas.

"La relación del pueblo argentino y las comunidades indígenas está un poco mejor: en la Constitución de Salta figuran hoy como parte del pueblo argentino... antes éramos como animales sin dueño... por eso vamos a pedir una vez constituido el INAI la inclusión de alguna cláusula constitucional.

"El proceso de la entrega de tierras se va dando, depende de la constancia de la dirigencia, nosotros no podemos esperar del gobierno. Yo no

vengo a pedir ropa ni cajas de PAN, yo vengo a pedir que nos organice-
mos… todo depende de nosotros… Nosotros tenemos que presentar nuestros proyectos.

"Quienes están mejor y peor… los más cagados son los del norte: Formosa, Salta, Chaco. Allí todavía la dirigencia no se ha organizado como corresponde. Los hermanos del sur están más o menos bien, quizá porque
están más cerca del gobierno nacional. No hemos tenido oportunidad de participar los del norte. Recién en estos seis últimos años hemos querido participar. Eso noté en estos años: de una u otra forma estamos participando.

"Hay fe y esperanza en este nuevo gobierno. Hay que presentar un proyecto ya para ir solucionando todos los problemas: becas, viviendas dignas. Es necesario hacer un censo poblacional porque hay hermanos que no
están identificados y hoy somos más de dos millones… Pero hay una seguridad de que se va a hacer realidad el sueño de los hermanos aborígenes. Aunque no somos los únicos carenciados. Hay muchos hermanos
blancos que hoy viven tirados como el perejil en las villas miseria…"[43]

HACIA UNA NUEVA POLÍTICA EN LA ARGENTINA: RESÚMEN DE LOS PRINCIPALES ANTECEDENTES

Las políticas en Argentina:
análisis de la actuación del Estado.
El indigenismo

Las políticas llevadas a cabo por el Estado en nuestro país se inscriben
en lo que se conoce tradicionalmente como *indigenismo*, es decir, aquella
"corriente de pensamiento y de ideas que se organizan y desarrollan alrededor de la imagen del indio. Se presenta como una interrogación de la indianidad por parte de los no indios en función de preocupaciones y finali-
dades propias de estos últimos".[44]

Podemos también definir al indigenismo como "la política que realizan
los estados americanos para atender y resolver los problemas que enfrentan las poblaciones indígenas, con el objeto de integrarlos a la nacionalidad correspondiente".[45]

En este marco, "la política indigenista de los gobiernos latinoamericanos
acata las sugerencias de los Congresos Indigenistas Interamericanos"[46]
que se llevan a cabo desde 1940 y que actúan como un organismo central
fijador de estrategias para las comunidades indígenas.

Esa instancia organizativa depende orgánicamente desde 1953 de la OEA,
"en la cual la influencia de los Estados Unidos sigue siendo preponderante".[47]

Si bien es cierto que la perspectiva indigenista contribuyó a atemperar
las pésimas condiciones de vida de las comunidades indias a través de la
introducción de algunas mejoras y una actitud de mayor respeto y com-

prensión hacia la forma de vida indígena,[48] en ningún momento se cuestionó el sistema político-social vigente.

Por otro lado, el indigenismo nunca dejó de ser *paternalista*, considerando finalmente al indio como perteneciente a un sector que –imposibilitado de desarrollarse por sí mismo– debería incorporarse "como furgón de cola a la historia de la sociedad que lo domina".[49]

Recién hacia 1980, en ocasión de realizarse el VIII Congreso Indigenista Interamericano, se produjo un giro ideológico en esta perspectiva, como más adelante veremos.

Pero a excepción de ese giro que comienza a producirse en los últimos años, la acción del Estado en Argentina no escapó a esas generales de la ley.

Además del paternalismo ejercido en forma sistemática, las políticas indigenistas aplicadas en nuestro país nos permiten concluir: primero, ellas actuaron casi siempre como "parches" o como meras "apagadoras de incendios" sin profundizar en los problemas estructurales de las comunidades indias; segundo, la permanente ideología segregacionista y separatista de la legislación y en general de las distintas aplicaciones de ellas, sustentadas en la falsedad racista de que los "indios son inferiores" contribuyeron a la fractura entre los aborígenes y el resto del pueblo argentino; tercero, la no participación india en las políticas trazadas, aun durante los interregnos democráticos, a través de estrategias unilaterales y descendientes, "de arriba hacia abajo", casi siempre sin el menor respeto por saber qué pensaban los propios involucrados; cuarto, la imposibilidad histórica de dar satisfacción a las demandas más caras a las comunidades, como por ejemplo la propiedad de la tierra, la preservación de la identidad cultural y la inserción igualitaria en la estructura socioeconómica.

Desde Barbados hasta hoy: el camino de la conciencia multiétnica y pluricultural

Como decíamos anteriormente, el VIII Congreso Indigenista Interamericano de 1980 produjo un viraje en la ideología indigenista, asumiendo una posición de mayor compromiso con las comunidades autóctonas y denunciando el sometimiento histórico de que fueron objeto por parte de los Estados.

El VIII Congreso criticó así "la integración indiscriminada de la población india" llevada a cabo por el indigenismo tradicional respondiendo sistemáticamente a los intereses de los grupos en el poder "siguiendo de cerca presiones y estrategias foráneas" y de los programas que con frecuencia se convierten en "mecanismos de desmovilización y en estrategias para controlar y reprimir el avance de los niveles de organización y de lucha alcanzados por los indígenas".[50]

En sus conclusiones y recomendaciones este Congreso puso de relieve el desarrollo de las luchas indias y sus reivindicaciones, lo que es tomado como un gran avance con respecto a las posiciones anteriores. Otra recomendación importante fue la de reconocer "la capacidad de gestión de las organizaciones indígenas y su derecho a participar en la gestión pública y sobre todo, en el diseño y ejecución de las acciones que a ellas las afecta. Esto supone respetar la independencia y asegurar la autonomía –respecto del aparato del Estado, de los grupos de poder y de cualquier otra forma de tutelaje– que estas organizaciones requieren para gestionar sus genuinos intereses".[51]

Algunos años antes, exactamente entre el 25 y el 30 de enero de 1971 en el "Simposio sobre la fricción interétnica en América del Sur" reunido en Barbados, un grupo de once antropólogos (seleccionados por el Congreso Internacional de Americanistas de 1970) dieron a luz una declaración que "marca un hito histórico en el tratamiento de la cuestión por parte de los no-indígenas".[52]

Más allá de que algunos puntos del documento nos parecen excesivamente rígidos o dogmáticos, inclusive por el lenguaje acorde a la época en que fueron redactados, el conjunto de la posición señala un punto de partida de la que se fueron nutriendo científicos sociales, organizaciones proindígenas y estatales y aun las propias comunidades indias, en el camino de una concientización masiva de nuestras sociedades como entidades multiétnicas y pluriculturales.

La Declaración de Barbados habló por primera vez de las responsabilidades del Estado, de la Iglesia y de los antropólogos; habló del genocidio y el etnocidio sufrido por los indígenas y del derecho de estos a vivir su propia existencia.

La Declaración de Barbados inició un camino sin retorno que comenzó a cambiar la visión de la cuestión indígena por parte de los "blancos" poniendo sobre el tapete una verdad despojada de eufemismos.

a) Declaración de Barbados –por la liberación del indígena

Los antropólogos participantes en el Simposio sobre la fricción interétnica en América del Sur, reunidos en Barbados los días 25 al 30 de Enero de 1971, después de analizar los informes presentados acerca de la situación de las poblaciones indígenas tribales de varios países del área, acordaron elaborar este documento y presentarlo a la opinión pública con la esperanza de que contribuya al esclarecimiento de este grave problema continental y a la lucha de liberación de los indígenas.

Los indígenas de América continúan sujetos a una relación colonial de dominio que tuvo su origen en el momento de la conquista y que no se ha roto en el seno de las sociedades nacionales. Esta estructura colonial se manifiesta en el hecho de que los territorios ocupados por indígenas se consideran y utilizan como tierras de nadie, abiertas a la conquista y a la colonización. El dominio colonial sobre las poblaciones aborígenes forma parte de la situación de dependencia externa que guardan la generalidad de los países latinoamericanos frente a las metrópolis imperialistas. La estructura interna de nuestros países dependientes los lleva a actuar en forma colonialista en su relación con las poblaciones indígenas, lo que coloca a las sociedades nacionales en la doble calidad de explotados y explotadores. Esto genera una falsa imagen de las sociedades indígenas y de su perspectiva histórica, así como una autoconciencia deformada de la sociedad nacional.

Angela Loij, selk'nam,
de aproximadamente 70 años,
Río Grande, Tierra del Fuego.
Foto: Anne Chapman, 1970.

Lola Kiepja, selk'nam,
de aproximadamente 90 años.
Lago Fagnano, Tierra del Fuego.
Foto: Anne Chapman, 1966.

Segundo Arteaga, mestizo de madre selk'nam. Estancia La Marina, Tierra del Fuego.
Foto: Anne Chapman, 1968.

Niña colla, hija del pastor Marcelo Arjona. Santa Rosa de Tastil, Salta. Foto del autor, 1975.

Pescadores matacos en el Río Pilcomayo, Salta. Foto del autor, 1975.

Niños chiriguanos de San José de Yacuy, Salta.
Foto de Ricardo Santillán Güemes, 1975.

Basilio Soria,
dirigente chiriguano
–agachado, a la izquierda–
y parte de sus colaboradores.
Buenos Aires.
Foto del autor, 1989.

Vivienda de ramas de la comunidad de indígenas matacos de El Chorro, Formosa.
Foto: Cristina Argota, 1982.

Indios de la comunidad de El Chorro, Formosa. Foto: Cristina Argota, 1982.

Mujer mataco hilando
en la comunidad de
El Chorro, Formosa.
Foto: Cristina Argota, 1982

Vivienda de la comunidad de El Chorro, Formosa. Foto: Cristina Argota, 1982.

Camaruco o Nguillatún,
ceremonia mapuche presidida por
la cacica Lucerinta Cañumil,
en Las Bayas, Río Negro.
Fotos: Ana María Llamazares, 1981.

Mujer mapuche hilando, Junín de los Andes, Neuquén.
Foto: Cristina Argota, 1980.

Artesano confeccionando el kultrún, tambor ritual de los mapuches. Junín de los Andes, Neuquén.
Foto: Cristina Argota, 1980.

Mujer mapuche de Lago Rosario, Chubut. Foto Cristina Argota, 1987.

Margarita Puelman,
artesana mapuche de
Comodoro Rivadavia,
Chubut, junto a sus
nietos Matías Emilio y
Claudia Paredes Puelman,
en Buenos Aires.
Foto del autor, 1989.

Esta situación se expresa en agresiones reiteradas a las sociedades y culturas aborígenes, tanto a través de acciones intervencionistas supuestamente protectoras, como en los casos extremos de masacres y desplazamientos compulsivos, a los que no son ajenas las fuerzas armadas y otros órganos gubernamentales. Las propias políticas indigenistas de los gobiernos latinoamericanos se orientan hacia la destrucción de las culturas aborígenes y se emplean para la manipulación y el control de los grupos indígenas en beneficio de la consolidación de las estructuras existentes. Postura que niega la posibilidad de que los indígenas se liberen de la dominación colonialista y decidan su propio destino.

Ante esta situación, los Estados, las misiones religiosas y los científicos sociales, principalmente los antropólogos, deben asumir las responsabilidades ineludibles de acción inmediata para poner fin a esta agresión, contribuyendo de esta manera a propiciar la liberación del indígena.

Responsabilidad del Estado

No caben planteamientos de acciones indigenistas que no busquen la ruptura radical de la situación actual: liquidación de las relaciones coloniales externas e internas, quebrantamiento del sistema clasista de explotación y de dominación étnica, desplazamiento del poder económico y político de una minoría oligárquica a las masas mayoritarias, creación de un Estado verdaderamente multiétnico en el cual cada etnia tenga derecho a la autogestión y a la libre elección de alternativas sociales y culturales.

El análisis que realizamos demostró que la política indigenista de los Estados nacionales latinoamericanos ha fracasado tanto por acción como por omisión. Por omisión, en razón de su incapacidad para garantizar a cada grupo indígena el amparo específico que el Estado le debe y para imponer la ley sobre los frentes de expansión nacional. Por acción, debido a la naturaleza colonialista y clasista de sus políticas indigenistas.

Este fracaso arroja sobre el Estado culpabilidad directa o connivencia en muchos crímenes de genocidio y etnocidio que pudimos verificar. Estos crímenes tienden a repetirse y la culpabilidad recaerá directamente sobre el Estado que no cumpla los siguientes requisitos mínimos:

1) El Estado debe garantizar a todas las poblaciones indígenas el derecho de ser y permanecer ellas mismas, viviendo según sus costumbres y desarrollando su propia cultura por el hecho de constituir entidades étnicas específicas.

2) Las sociedades indígenas tienen derechos anteriores a toda sociedad nacional. El Estado debe reconocer y garantizar a cada una de las poblaciones indígenas la propiedad de su territorio registrándolas debidamente y en forma de propiedad colectiva, continua, inalienable y suficientemente extensa para asegurar el incremento de las poblaciones aborígenes.

3) El Estado debe reconocer el derecho de las entidades indígenas a organizarse y regirse según su propia especificidad cultural, lo que en ningún caso puede limitar a sus miembros para el ejercicio de todos los derechos ciudadanos, pero que, en cambio, los exime del cumplimiento de aquellas obligaciones que entren en contradicción con su propia cultura.

4) Cumple al Estado ofrecer a las poblaciones indígenas la misma asistencia eco-

nómica, social, educacional y sanitaria que al resto de la población; pero además, tiene la obligación de atender las carencias específicas que son resultado de su sometimiento a la estructura colonial y, sobre todo, el deber de impedir que sean objeto de explotación por parte de cualquier sector de la sociedad nacional, incluso por los agentes de la protección oficial.

5) El Estado debe ser responsable de todos los contactos con grupos indígenas aislados, en vista de los peligros bióticos, sociales, culturales y ecológicos que representa para ellos el primer impacto con los agentes de la sociedad nacional.

6) Los crímenes y atropellos que resultan del proceso expansivo de la frontera nacional son de responsabilidad del Estado, aunque no sean cometidos directamente por sus funcionarios civiles o militares.

7) El Estado debe definir la autoridad pública nacional específica que tendrá a su cargo las relaciones con las entidades étnicas que sobreviven en su territorio; obligación que no es transferible ni delegable en ningún momento ni bajo ninguna circunstancia.

La responsabilidad de las Misiones Religiosas

La obra evangelizadora de las misiones religiosas en la América Latina corresponde a la situación colonial imperante, de cuyos valores está impregnada. La presencia misionera ha significado una imposición de criterios y patrones ajenos a las sociedades indígenas dominadas, que bajo un manto religioso encubren la explotación económica y humana de las poblaciones aborígenes.

El contenido etnocéntrico de la actividad evangelizadora es un componente de la ideología colonialista, y está basado en:

1) Su carácter esencialmente discriminatorio originado en una relación hostil frente a las culturas indígenas, a la que conceptúan como paganas y heréticas;

2) Su naturaleza vicarial, que conlleva la reificación del indígena y su sometimiento a cambio de futuras compensaciones sobrenaturales;

3) Su carácter espurio, debido a que los misioneros buscan en esa actividad una relación personal, sea ésta material o espiritual; y

4) El hecho de que las misiones se han convertido en una gran empresa de recolonización y dominación, en connivencia con los intereses imperialistas dominantes.

En virtud de este análisis llegamos a la conclusión de que lo mejor para las poblaciones indígenas, y también para preservar la integridad moral de las propias iglesias, es poner fin a toda actividad misionera. Hasta que se alcance este objetivo cabe a las misiones un papel en la liberación de las sociedades indígenas, siempre que se atengan a los siguientes requisitos:

1) Superar el herodianismo intrínseco a la actividad catequizadora como mecanismo de colonización, europeización y alienación de las poblaciones indígenas;

2) Asumir una posición de verdadero respeto frente a las culturas indígenas poniendo fin a la larga y vergonzosa historia de despotismo e intolerancia que ha caracterizado la labor de los misioneros, quienes rara vez revelaron sensibilidad frente a los valores religiosos indígenas;

3) Poner fin al robo de propiedades indígenas por parte de misiones religiosas que se apropian de su trabajo, tierras y demás recursos naturales, y a su indiferencia frente a la constante expropiación de que son objeto por parte de terceros;

4) Extinguir el espíritu suntuario y faraónico de las misiones que se materializa en múltiples formas, pero que siempre se basa en la explotación del indio;

5) Poner fin a la competencia entre confesiones y agencias religiosas por las almas de los indígenas, que da lugar, muchas veces, a operaciones de compraventa de catecúmenos, y que, por la implantación de nuevas lealtades religiosas, los divide y los conduce a luchas intestinas;

6) Suprimir las prácticas seculares de ruptura de la familia indígena por internamiento de los niños en orfanatos donde son imbuidos de valores opuestos a los suyos, convirtiéndolos en seres marginados, incapaces de vivir tanto en la sociedad nacional como en sus propias comunidades de origen;

7) Romper con el aislamiento seudomoralista que impone una ética falsa que inhabilita al indígena para una convivencia con la sociedad nacional; ética que, por otra parte, las iglesias no han sido capaces de imponer en la sociedad nacional;

8) Abandonar los procedimientos de chantaje consistentes en ofrecer a los indígenas bienes y favores a cambio de su total sumisión;

9) Suspender inmediatamente toda práctica de desplazamiento o concentración de poblaciones indígenas con fines de catequización o asimilación, prácticas que se reflejan en el inmediato aumento de la morbilidad, la mortalidad y la descomposición familiar de las comunidades indígenas;

10) Abandonar la práctica criminal de servir de intermediarios para la explotación de la mano de obra indígena.

En la medida en que las misiones no asuman estas obligaciones mínimas incurren en el delito del etnocidio o de connivencia con el genocidio.

Por último, reconocemos que recientemente, elementos disidentes dentro de las iglesias están tomando una clara posición de autocrítica radical a la acción evangelizadora, y han denunciado el fracaso histórico de la actividad misional.

La responsabilidad de la Antropología

1) Desde su origen la Antropología ha sido instrumento de la dominación colonial: ha racionalizado y justificado en términos académicos, abierta o subrepticiamente, la situación de dominio de unos pueblos sobre otros, y ha aportado conocimientos y técnicas de acción que sirven para mantener, reforzar o disfrazar la relación colonial. América Latina no ha sido excepción, y con frecuencia creciente, programas nefastos de acción sobre los grupos indígenas y estereotipos y distorsiones que deforman y encubren la verdadera situación del indio pretenden tener su fundamento científico en los resultados del trabajo antropológico.

2) Una falsa conciencia de esa situación ha conducido a muchos antropólogos a posiciones equivocadas. Éstas pueden clasificarse en los siguientes tipos:

a) El cientificismo, que niega cualquier vínculo entre la actividad académica y el destino de los pueblos que forman el objeto de esa misma actividad, eliminando la responsabilidad política que conlleva el conocimiento.

b) La hipocresía, que se manifiesta en la protesta retórica sobre la base de principios generales, pero que evita cuidadosamente cualquier compromiso con situaciones concretas.

c) El oportunismo, que aunque reconoce la penosa situación actual del indio, niega la posibilidad de transformarla, mientras afirma la necesidad de "hacer algo" dentro del esquema vigente, lo que en última instancia se traduce en un reforzamiento de ese mismo sistema.

3) La Antropología que hoy se requiere en Latinoamérica no es aquella que toma a las poblaciones indígenas como meros objetos de estudio, sino la que los ve como pueblos colonizados y se compromete en su lucha de liberación.

4) En este contexto es función de la Antropología:

Por una parte, aportar a los pueblos colonizados todos los conocimientos antropológicos, tanto acerca de ellos mismos como de la sociedad que los oprime, a fin de colaborar con su lucha de liberación;

Por la otra, reestructurar la imagen distorsionada que existe en la sociedad nacional respecto a los pueblos indígenas, desenmascarando su carácter ideológico colonialista.

5) Con miras a la realización de los anteriores objetivos, los antropólogos tienen la obligación de aprovechar todas las coyunturas que se presenten dentro del actual sistema para actuar en favor de las comunidades indígenas. Cumple al antropólogo denunciar por todos los medios los casos de genocidio y las prácticas conducentes al etnocidio, así como volverse hacia la realidad local para teorizar a partir de ella, a fin de superar la condición subalterna de simples ejemplificadores de teorías ajenas.

El Indígena como protagonista de su propio destino

1) Es necesario tener presente que la liberación de las poblaciones indígenas es realizada por ellas mismas, o no es liberación. Cuando elementos ajenos a ellas pretenden representarlas o tomar la dirección de su lucha de liberación, se crea una forma de colonialismo que expropia a las poblaciones indígenas su derecho inalienable a ser protagonistas de su propia lucha.

2) En esta perspectiva es importante valorar en todo su significado histórico la dinamización que se observa hoy en las poblaciones indígenas del continente, y que las está llevando a tomar en sus manos su propia defensa contra la acción etnocida y genocida de la sociedad nacional. En esta lucha, que no es nueva, se observa hoy la aspiración de realizar la unidad pan-indígena latinoamericana; y, en algunos casos, un sentimiento de solidaridad con otros grupos oprimidos.

3) Reafirmamos aquí el derecho que tienen las poblaciones indígenas de experimentar sus propios esquemas de autogobierno, desarrollo y defensa, sin que estas experiencias tengan que adaptarse o someterse a los esquemas económicos y sociopolíticos que predominen en un determinado momento. La transformación de la sociedad nacional es imposible si esas poblaciones no sienten que tienen en sus manos la creación de su propio destino. Además, en la afirmación de su especificidad socio-cultural, las poblaciones indígenas, a pesar de su pequeña magnitud numérica, están presentando claramente vías alternativas a los caminos ya transitados por la sociedad nacional.

Miguel Alberto Bartolomé
Guillermo Bonfil Batalla
Victor Daniel Bonilla
Gonzalo Castillo Cárdenas
Miguel Chase-Sardi
Georg Grünberg

Nelly Arvelo de Jiménez
Esteban Emilio Mosonyi
Darcy Ribeiro
Scott S. Robinson
Stefano Varese[53]

b) La creciente toma de conciencia
por parte del Estado argentino

Los aportes teóricos americanos de los últimos tiempos de autores como Bonfil Batalla, Shavenhagen o Ribeiro por mencionar sólo a algunos; el desarrollo de encuentros y/o congresos internacionales que han ido sentando doctrina con la incorporación de conceptos tales como "indigenismo de participación", "etnodesarrollo", "desarrollo cultural autónomo", "estado multiétnico" o simplemente "integración" no entendida como asimilación sino como "creación de condiciones (…) que les permita mantener y desarrollar su especificidad dentro del proceso de transformación (…) de las condiciones económicas, sociales, políticas y culturales" de una Nación (Ortega Hegg, Vélez y Boege, 1983); y muy especialmente el propio desarrollo histórico de Argentina, han hecho que poco a poco se vaya corporizando una posibilidad de mejor relación entre la Nación y sus minorías étnicas.

El Informe Nacional de Argentina presentado en ocasión del Noveno Congreso Indigenista Interamericano organizado por la OEA en 1985 en Santa Fe, Nuevo México, Estados Unidos y elaborado por la Dirección Nacional de Promoción y Asistencia Social del Ministerio de Salud y Acción Social, enfatiza en el protagonismo de las comunidades:

> "los procesos de desarrollo social, se conciben apoyados en la voluntariedad y activo 'formar parte' de sus destinatarios. Se genera así un proceso interrelacionado a través del cual las comunidades indígenas pueden activar sus posibilidades intrínsecas como promotoras de su propio destino".

El objetivo general del Plan Nacional de Política Indigenista plantea:

> "el desarrollo integral de las comunidades indígenas, la preservación y defensa y revalorización de su patrimonio cultural, su efectiva participación en el quehacer nacional y su derecho a la propiedad de las tierras, asignándoles recursos necesarios para reactivar sus economías a través de procesos integrales de autogestión".

Un conjunto de instrumentos legales aprobados a nivel nacional y provincial, abarcativos de la gran mayoría de las comunidades indígenas del país, parecen demostrar una creciente toma de conciencia por parte del Estado de la necesidad de ir generando respuestas a través de la implementación de políticas más efectivas.

La ley N° 23.302 sobre política indígena y apoyo a las comunidades aborígenes recientemente reglamentada (7 de febrero de 1989) si bien no satisface plenamente las aspiraciones indias, cumple con dar algunos pasos importantes en la cuestión: se reconoce personería jurídica a las comunidades indígenas radicadas en el país; se crea el Instituto Nacional de Asuntos Indígenas como entidad descentralizada con participación indígena; se establece un programa de adjudicación de tierras; se implementarán planes educativos "que deberán resguardar y revalorizar la identidad histórico-cultural de cada comunidad aborigen, asegurando al mismo tiempo su integración igualitaria en la sociedad nacional", procurando el respeto por las lenguas maternas a través de la enseñanza bilingüe; se crearán unidades sanitarias móviles para la atención de las comunidades dispersas, para prevenir y recuperar la salud física y psíquica de sus miembros; se integrará la medicina tradicional indígena a los programas nacionales de salud.

La ley 2.435 de la provincia de Misiones, aprobada en 1987 estipula que la provincia "reconoce la existencia institucional del Pueblo Guaraní radicado en su territorio"... entendiendo por tal al "conjunto de individuos que se reconozca como tales en virtud de su identidad cultural y lingüística, del común reconocimiento de una organización cultural y social específica, así como de un pasado histórico y tradiciones comunes. El Pueblo Guaraní podrá estar organizado en asentamientos nucleados o dispersos, que agrupen a una o varias familias indias.

Se considerará indio Guaraní a todo aquel individuo que, independientemente de su lugar de residencia habitual, se defina como tal y sea reconocido por la familia, asentamiento o comunidad a que pertenezca en virtud de los mecanismos que el Pueblo Guaraní instrumente para su admisión.

Los indios y Pueblo Guaraní son parte integrante de la nación Argentina y gozan de los mismos derechos y tienen las mismas obligaciones que cualquiera de sus habitantes".

A los efectos de la aplicación de la ley, se crea el Consejo de Representantes Indios y Asamblea General de Asentamientos Guaraníes que tendrá la facultad de "proponer, encaminar, decidir y controlar las acciones que interesen al Pueblo Guaraní".

La ley integral del aborigen N° 426, aprobada en el mismo año en la provincia de Formosa establece "el respeto por los modos de organización tradicional" de las comunidades, a la vez que reconoce la existencia legal de éstos otorgándoles personería jurídica. Dentro de los principios generales, la ley contempla el acceso de las comunidades a un régimen jurídico que les garantice la propiedad de la tierra.

Una disposición semejante (ley 6.373) se sancionó en Salta en 1987, provincia que un año antes publicaba en el Boletín Oficial N° 12.484 la inclusión de un apartado especial en la Constitución Provincial dedicado a los·aborígenes y su integración a la vida nacional y provincial (art. 15).

En Chaco (ley 3.258 de 1987) y Río Negro (1988) se aprueban instrumentos legales similares que incluyen –al igual que los otros casos mencionados– la creación de Institutos Provinciales con participación de representantes indígenas.

Es importante consignar también que durante los últimos años se han puesto en práctica experiencias educativas bilingües, como expresión de un creciente respeto y revalorización de las lenguas autóctonas.

Otros indicadores demostrativos del vuelco ideológico de esta última etapa son:

La presencia más activa de las organizaciones indias, buscando un lugar más amplio y más sólido en el conjunto de la sociedad y sus estructuras intermedias. Este hecho va de la mano de una creciente difusión de la problemática aborigen en todos los medios de comunicación que pone de manifiesto –denuncia en algunos casos– la realidad de este sector social frente al resto de la sociedad.

La participación de indígenas en cargos de gobierno, como en la dirección de los institutos provinciales ya mencionados, o en los Parlamentos provinciales en calidad de diputados o en los Consejos Deliberantes locales.

La embrionaria conciencia colectiva de los argentinos respecto a la pluralidad de su conformación como pueblo. Y creo que este último aspecto es el decisivo respecto a la situación que nos ocupa. Ninguna ley por buena que ella sea o ningún organismo por mejor pensado que esté, ni ninguna política darán resultado si no están impregnadas de un espíritu claramente democrático e impulsor de la idea de *poner en pie de igualdad a todos los integrantes de la sociedad sin excepciones.*

La noción de que las comunidades indígenas deberían preservar su identidad y autonomía, reactualizando su protagonismo histórico y teniendo en cuenta su vinculación armónica con el conjunto de la sociedad nacional, esa noción decíamos, va ganando terreno.

NUESTRA PROPUESTA ACERCA DE LA POLÍTICA A SEGUIR CON LAS COMUNIDADES INDÍGENAS

En los últimos años la República Argentina se debate en una profunda crisis. El problema de la deuda externa ya transformado en crónico; el achicamiento constante de la economía frente al crecimiento de la especulación financiera; el aumento significativo de "bolsones de pobreza" con su correlato de desocupación; una creciente brecha social que separa cada día más a los ricos de los pobres que son más pobres; una situación militar no resuelta.

Este panorama de extremas dificultades que afronta hoy la sociedad argentina se inserta además en un sistema democrático que deberá agudizar su creatividad para encontrar los caminos que permitan al país ir saliendo de la postración. En este sentido, la responsabilidad es colectiva; la comparten el conjunto de la sociedad, el Estado y el gobierno.

Una vez más, nuestras comunidades aborígenes están inmersas en esta situación y por ello el desafío es más grande, porque el panorama no es bueno, mientras que las expectativas sociales van en aumento. Pero, las cosas hay que hacerlas; aun en el marasmo económico y sociocultural que nos carcome. Vivir en una sociedad democrática contribuye sin dudas a que las iniciativas, los intentos y las propuestas se multipliquen en un ambiente de libertad en donde todo puede ser tomado en cuenta.

Nuestra propuesta acerca de la política a seguir con las comunidades indígenas incluye tres puntos principales: primero, un conjunto de principios que deberían ser tenidos en cuenta por los distintos actores sociales; segundo, un modelo de administración instrumentado por el Estado, y tercero, el protagonismo total de las propias comunidades aborígenes.

Principios que deberían ser practicados
por el conjunto de la sociedad argentina

Creemos que hay un conjunto de principios que deberían ser practicados por nuestra sociedad y no meramente declamados. Ello se relaciona con lo ideológico. Sabemos que no se consigue con sólo desearlo; la concientización se irá logrando paulatinamente. Lo que sí sabemos es que mientras estos principios no se hagan carne en los argentinos, será muy difícil la tarea de reinserción digna e igualitaria de los hermanos indígenas. Estos principios son los siguientes:

1) *La dignificación y el respeto por los otros.* El racismo encubierto y no encubierto y la discriminación que se siguen ejerciendo en nuestro país[54] deberían enfrentarse con actitudes que demuestren que la Argentina es multiétnica y pluricultural. Por consiguiente debería admitirse que existen distintos sectores, cada uno de los cuales está integrado por personas con pleno derecho, por su sola condición de seres humanos a ser pasibles de ser respetados y de llevar una vida en igualdad con respecto a sus compatriotas.

2) *La reafirmación de la propia identidad.* Es el complemento del principio anterior; respetar a otro significa entre otras cosas, aceptar que pueda ser distinto a uno. Y toda manifestación cultural, expresión de una forma de vida particular, debería ser valorizada y defendida, como forma de contribuir a la consolidación de la identidad.

3) *La eliminación del paternalismo.* En formas muy sutiles, el paternalismo está presente en actitudes asumidas respecto de los indígenas, a quienes a veces se considera "gente limitada" que debe ser "dirigida" ya que no estaría en condiciones de valerse por sí misma, al menos en decisiones importantes. Es imprescindible eliminar esta visión equivocada —malintencionada en muchos casos— para coadyuvar a colocar a los indígenas en una posición que garantice su más absoluto protagonismo.

4) *El indígena como compatriota.* Este concepto apunta a considerar al indio con los mismos derechos y deberes que cualquier otro ciudadano, sin que por ello pierda su identidad cultural específica. En otras palabras, los indígenas deben dejar de ser "kelpers" en su propia tierra.

5) *La cultura indígena como expresión de la cultura nacional y como lazo de unión con los países hermanos.* Dentro del concepto de que la Argentina es pluricultural, queda incluida la cultura de los pueblos indígenas como expresión particular de la cultura del país, manifestada en un conjunto de formas de vida regionales y/o locales. La cultura de la Argentina se nutre de distintos aportes y los indígenas constituyen uno de ellos. A su vez, por su tradición común y su particular ubicación geográfica, las comunidades indias son un vehículo de integración con pueblos hermanos de países limítrofes y/o de la región.[55]

Modelo de administración instrumentado desde el Estado

Creemos que proveer un nuevo modelo de administración es un tema neurálgico en el asunto que nos ocupa. A lo largo de la "historia administrativa" de nuestro país, el ámbito responsable de la cuestión indígena fue pasando por distintas alternativas (véase pág. 388).

Jerarquizado en algunos interregnos democráticos, degradado en la mayoría de las dictaduras, hoy se hace necesario contar con un organismo que conduzca las políticas implementadas desde el Estado. Ese organismo, ubicado al más alto nivel posible debería ser el encargado de una planificación centralizada de las políticas y debería complementar su accionar con la ejecución descentralizada de esta política a través de las áreas responsables en cada provincia (por ejemplo, los institutos provinciales vigentes).

Dicho organismo podría ser muy bien el Instituto Nacional de Asuntos Indígenas que tiene prevista su creación en la ley 23.302 o cualquier otro. No importa demasiado su estructura administrativa, sino su poder real. Por otra parte, para realizar la tarea se debería partir de una concepción que incluyera los cinco principios enunciados anteriormente.

A su vez debería crearse un sistema administrativo para lo indígena que permitiera una acción conjunta, mucho más efectiva que las acciones aisladas. Las reivindicaciones serían más dinámicas y tendrían fuerza mayor en el seno del Estado y la sociedad.

Un sistema administrativo de estas características permitiría la optimización de recursos por la concentración de la información que de otra manera no sería posible reunir, incluyendo no sólo a los recursos provenientes del Estado sino a los privados y/o indígenas. En este sentido es importante tener en cuenta que existe un conjunto de instituciones que se ocupan de las comunidades indígenas argentinas en todo el territorio nacional con las cuales se podría crear una red de intercambio (información y cooperación) que alimentara al sistema y lo hiciera más sólido y efectivo (mapa 47, pág. 488 y cuadro 34, pág. 489).

En cuanto a las políticas a implementar desde este sistema, todas ellas deberían estar presididas por la idea de *devolución y/o reparación para con nuestros hermanos indios*, debiendo señalarse, entre otros, los siguientes puntos:

1) *Devolución inmediata de las tierras.* Si bien es cierto que en los últimos años se ha avanzado considerablemente en este punto, habiéndose adjudicado terrenos a muchas comunidades, no puede negarse que el problema de la tierra sigue existiendo: en su gran mayoría, las comunidades viven en la incertidumbre cotidiana que les provoca no ser propietarios del suelo que pisan. Ya hemos señalado a lo largo de este libro lo que la tierra significa para el indio; por ello, satisfacer esta reivindicación nos parece prioritario. En un país como la Argentina en el cual el problema de las constantes migraciones del campo a las ciudades termina en un vacia-

487

47. PRINCIPALES ORGANISMOS QUE SE OCUPAN DE LAS COMUNIDADES INDÍGENAS ARGENTINAS

Instituto Provincial del Aborigen

Dirección del Aborigen

Instituto de Comunidades Aborígenes

Equipo Nacional de Pastoral Aborigen

Instituto de Cultura Indígena

Tartagal

Humahuaca

Dirección General de Desarrollo Social

Jujuy

Dirección de Promoción Comunitaria

Secretaría de Bienestar Social

Tucumán

Formosa

Chaco

Posadas

Colectividad de Indios de Córdoba

Dirección Nacional de Promoción y Asistencia Social

Huayco

Yuchan

Córdoba

Boletín de Comunidades Aborígenes

Dirección de Promoción Comunitaria

Asociación Indígena de la R.A.

Buenos Aires

Centro Kolla

Dirección Pcial. del Aborigen

Asociación Indoamericana de la República Argentina

Santa Rosa

Fundación Hueche

Zapala

Dirección de Asuntos Aborígenes (*)

Fundación Cruzada Patagónica

Neuquén

Obispado de Viedma

San Carlos de Bariloche

Viedma

Centro Aborigen "Peñi-Mapu"

Centro Mapuche

Puerto Madryn

Dirección de Promoción y Asist. Social de la Comunidad

Trelew

Rawson

Dirección de Promoción y Asist. Social de la Comunidad

Dirección de Promoción a la Comunidad

Río Gallegos

■ Organismos Oficiales

▓ Organismos Indígenas

☐ Organismos Privados

(*) Con la ley aprobada para constitución del instituto provincial del aborígen.

488

34. ORGANISMOS QUE SE OCUPAN DE LAS COMUNIDADES INDÍGENAS ARGENTINAS

La nómina de organismos –especialmente privados– no es de ninguna manera definitiva. A modo de ejemplo, se mencionan a continuación otros, que ayudan a completar aún más nuestro mapa:

- Coordinadora de Apoyo a las Comunidades Indígenas (Hurlingham, Pcia. Bs. Aires)
- Equipo de Apoyo al Obispado de Viedma (Capital Federal)
- Fundación Aucapán (Capital Federal)
- Asamblea Permanente de los Derechos Humanos, APDH, (Capital Federal)
- Cruz Roja Argentina (Capital Federal)
- Caritas (Capital Federal)
- Convención Evangélica Bautista (Capital Federal)
- Comisión Nahuel (Capital Federal)
- Fundapaz (Capital Federal)
- Fundación Intercambio (Capital Federal)
- Fundación Amerindia (Capital Federal)
- Grupo de Voluntarios de Protección al Aborigen (San Isidro, Pcia. Bs. As.)
- Grupo Misionero Ntra. Señora de las Nieves (Capital Federal)
- Instituto Nacional de Desarrollo Social, INDES, (Capital Federal)
- Obra Don Bosco (Capital Federal)
- Pro Defensa y Movilización Aborigen (Capital Federal)
- Rotary Club (Capital Federal)
- Servicio de Paz y Justicia, SERPAJ, (Capital Federal)

- Movimiento Indio Nacional Justicialista
- Comisión India 12 de Octubre
- Federación Indígena de los Valles Calchaquíes (Capital Federal)
- Movimiento Indio Peronista
- Movimiento Indio Universitario
- Parlamento Nacional Indígena
- Comunidad Argentina de Aborígenes Toba

miento humano de las áreas rurales y que por ello precisamente debería fomentar las políticas de arraigo a la tierra para evitar el hacinamiento en las ciudades, parece increíble que sea tan problemático devolver a las comunidades indígenas la tierra que legítimamente les pertenece. Propongo que una vez reunidos los antecedentes de reclamos de tierras, y con el amparo jurídico de la ley 23.302, desde el más alto nivel del Estado, la Presidencia de la Nación, se envíe un proyecto de ley al Parlamento para que proceda a dictar una nueva ley para la inmediata adjudicación de las tierras a comunidades instituyendo la "Jornada Nacional de Devolución de las tierras a los hermanos indígenas" y procediendo a su entrega en esa fecha. Ésta sería la forma de dar un corte a una cuestión crónica que no admite más dilaciones. *A posteriori* de ese decreto, y en cada caso, se buscarían los mecanismos legales para dar forma armónica y/o completar el acto de la devolución, pero lo importante es que la devolución se haga.

2) *Implementación de planes de salud con fijación clara de metas que permitan erradicar las enfermedades que destruyen a las comunidades indígenas y les impiden su desarrollo.*

Es prioritario el aporte de fondos de distintos orígenes destinados a abastecer y/o construir centros de salud en las regiones indígenas que sean lo más autosuficientes posible.

Desde el punto de vista cultural, será menester que dichos planes sean compatibilizados con la medicina indígena que tiene plena vigencia en nuestros días.

La erradicación de las enfermedades está directamente ligada a la supresión de la miseria, y ésta, a la posibilidad de contar con trabajo estable, lo que nos remite al próximo ítem.

3) *Creación de fuentes de trabajo en las regiones indígenas.* La situación nacional es hoy grave en el área económico-social; sin embargo es imprescindible buscar creativamente caminos que lleven a consolidar en las áreas indígenas posibilidades de trabajo que enriquezcan la vida económica comunitaria, desarrollando las fuentes de trabajo ya existentes e incentivando la autogestión y las tecnologías apropiadas, es decir aquellas originadas en las propias comunidades indígenas que responden a sus patrones históricos y adaptadas a sus medios ecológicos.

4) *Adecuación del sistema educativo en todos los niveles y jurisdicciones*, no sólo en las comunidades sino en la estructura educativa de todo el país.

En las comunidades porque es menester adaptar definitivamente los planes de estudio a la realidad indígena local y si fuera necesario implementar la enseñanza bilingüe como en muchos lugares ya se hace, evitando la deculturación compulsiva de los niños indios.

Complementariamente se hace necesaria la creación de muchas más escuelas con infraestructura adecuada y con maestros que tengan el incentivo —además de su misión docente— de salarios dignos.

En cuanto al resto de la estructura educativa del país, pensamos también que merece una especial atención:

Tanto la escuela primaria como la secundaria conforman instancias decisivas en la formación e información de las nuevas generaciones de argentinos. Lamentablemente y a lo largo del tiempo, en términos generales han servido para desinformar a nuestros niños y jóvenes en muchas cuestiones y el tema indígena no ha sido la excepción.

La enseñanza que hoy se imparte en este campo es mínima y en el mejor de los casos fragmentaria, ofreciéndose una visión empobrecida de las comunidades indígenas y por lo tanto irreal, limitada a brevísimas referencias acerca de la situación con antelación a la llegada de los conquistadores hispánicos, realizando un extenso salto en el tiempo con un vacío informativo, y remitiéndose luego a lo ocurrido en ocasión de las campañas de Roca en el sur y de Victorica en el Chaco.[56]

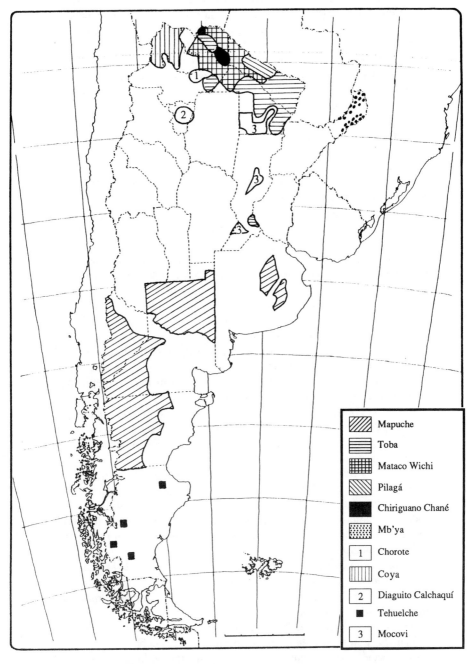

Fuente: Dirección Nacional de Promoción y Asistencia Social (Sector de Asuntos Indígenas). Ministerio de Salud y Acción Social

491

Es importante entonces generar cambios en la orientación de la enseñanza, para ayudar a formar la conciencia crítica de las nuevas generaciones de argentinos y fomentar la discusión de la realidad histórica del país.

Un sistema educativo que contemple y difunda objetivamente los acontecimientos históricos y las diferentes realidades culturales que conforman a la Argentina, contribuirá a evitar las mutilaciones a que la historiografía tradicional nos tiene acostumbrados, al negar sistemáticamente el acceso al conocimiento y valorización de una parte indisoluble de nosotros mismos como pueblo.

En este marco proponemos la incorporación del tratamiento del tema de las comunidades indígenas en su especificidad y en el proceso de conformación cultural del país a los contenidos de la enseñanza primaria y secundaria.

Debe tenerse en cuenta que en una primera etapa se propone la incorporación de contenidos a las actuales asignaturas y no la creación de nuevas materias (reservado para una segunda etapa) entendiendo que ello evitaría dificultades y pesados trámites administrativos posibilitando además la implantación relativamente rápida de la medida propuesta.

Se sugiere complementariamente la conformación de una comisión de especialistas que ayude a los distintos equipos técnicos en la elaboración de los nuevos contenidos.[57]

5) *Difusión de la situación de las comunidades indígenas y de los valores de su cultura* (mapa 48, pág. 491), para acrecentar en la sociedad la conciencia pluricultural y multiétnica.[58]

En la Argentina una gran masa de la población no sólo desconoce el devenir histórico de los indígenas sino su actual situación. No se tiene idea de cuántos son ni de su peculiar forma de vida ni mucho menos de su incidencia en el conjunto de la cultura del país.

El Estado podría coordinar una gran campaña de difusión que contara con el apoyo de las distintas organizaciones indias y no indias, que hiciera carne en nuestra sociedad la necesidad de colocar a los indígenas en un lugar igualitario junto a sus compatriotas.

6) *Diseño y aplicación de un nuevo censo de población indígena.* Creemos que ha llegado el momento de realizar un nuevo Censo que a través de los datos a relevar nos permita arribar a conclusiones más precisas en todos los campos y, entre otras, a poder actualizar con justeza la cantidad cierta de pobladores indios de la Argentina, punto en el cual no hay coincidencia (cuadro 35).

7) *Consolidar la nueva posición de las comunidades indígenas en el seno de la sociedad argentina a través de un "corpus" de leyes que las defienda de eventuales agresiones y les permita dar sustento jurídico a su desarrollo pleno como personas y ciudadanos.*

Ese conjunto de leyes debería incluir desde todo lo relativo a la restitución de las tierras hasta la forma de inserción en el pueblo.

Al respecto, creemos que la reciente legislación de la provincia de Misiones se acerca mucho al modelo deseado por quien esto escribe, en donde se reconoce la identidad cultural y la capacidad de decisión propia del

35. CUADRO COMPARATIVO DE LA POBLACIÓN INDÍGENA ARGENTINA

Grupo Étnico	Provincias	Censo Indígena Nacional, 1968	Servicio Nacional de Asuntos Indígenas 1974	Guillermo Magrassi, 1986	ENDEPA, 1987	Héctor O. Cloux, 1989
Aymaras-Quechuas	Jujuy - Salta - Bs. As. Barrios marginales	--	--	--	40.000	--
Collas	Jujuy - Salta - Catamarca	1.012	35.340	180.000 (máx. 275.000)	98.000	50.000
Chanés	Salta	847	1.000	2.500	--	1.422
Chiriguanos	Salta - Jujuy	13.689	23.680	22.500	21.000	21.152
Chorotes	Salta - Formosa	719	1.013	1.000	(sin datos)	--
Chulupíes	Salta - Formosa	562	171	1.000	(sin datos)	1.000
Diaguita-Calchaquí	Tucumán - Catamarca	--	--	--	6.000	?
Mapuches	Neuquén - Río Negro - Chubut - La Pampa - Sta. Cruz - Bs. As.	27.214	21.637	60.000	60.000	50.000
Matacos	Salta - Formosa - Chaco	10.022	21.884	20.000	60.000	25.000
Mbyá	Misiones	560	683	2.500	3.500	2.000
Mocovíes	Santa Fe - Chaco	2.876	8.945	5.000	3.000	8.000
Onas (mestizados)	Tierra del Fuego	--	29	--	--	--
Pilagás	Formosa	1.137	2.516	5.000	5.000	5.000
Tehuelches	Santa Cruz	--	33	190	60	200
Tehuelches (mestizados)	La Pampa - Chubut	167	254	--	--	--
Tehuelches criollos Onas		--	165	--	--	--
Tobas	Chaco - Formosa - Salta - Sta. Fe - Barrios marginales de Bs. As. y Rosario	17.062	32.639	36.000	50.000	50.000
Vilelas		--	11	--	--	--
		(sin censar: 89.706) 165.381	150.000	(máximo 430.690) 335.690	418.500	213.774

* Fuente: SINAI y Asociación Indígena de la República Argentina

493

36. SISTEMA ADMINISTRATIVO DE LOS ASUNTOS INDÍGENAS

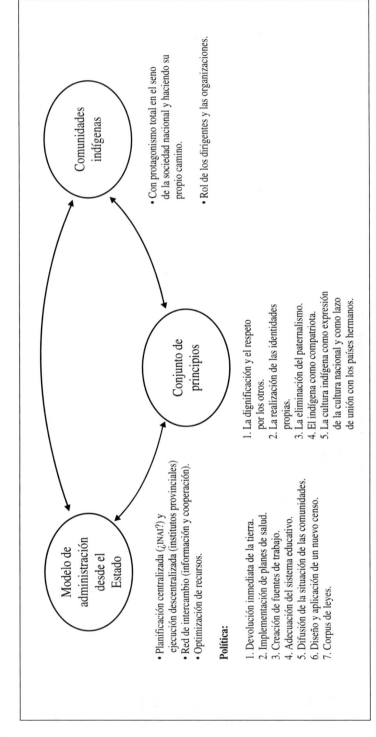

Modelo de administración desde el Estado

• Planificación centralizada (¿INAI?) y ejecución descentralizada (institutos provinciales)
• Red de intercambio (información y cooperación).
• Optimización de recursos.

Política:

1. Devolución inmediata de la tierra.
2. Implementación de planes de salud.
3. Creación de fuentes de trabajo.
4. Adecuación del sistema educativo.
5. Difusión de la situación de las comunidades.
6. Diseño y aplicación de un nuevo censo.
7. Corpus de leyes.

Conjunto de principios

1. La dignificación y el respeto por los otros.
2. La realización de las identidades propias.
3. La eliminación del paternalismo.
4. El indígena como compatriota.
5. La cultura indígena como expresión de la cultura nacional y como lazo de unión con los países hermanos.

Comunidades indígenas

• Con protagonismo total en el seno de la sociedad nacional y haciendo su propio camino.
• Rol de los dirigentes y las organizaciones.

pueblo guaraní en que al mismo tiempo es considerado parte integrante del pueblo argentino.

Esta nueva legislación —muy discutida todavía hoy por sectores que ven en ella un intento de separatismo— plantea un equilibrio entre la valoración y el respeto de la cultura indígena por un lado y su inserción armónica en la sociedad nacional.[59]

Protagonismo de las comunidades aborígenes

El protagonismo total de las comunidades aborígenes dependerá no sólo del gobierno y su herramienta, el Estado, sino de la actitud del pueblo y por supuesto de los propios indígenas. Sólo ellos saben que han llegado a un punto en que poco esperan del resto de la sociedad y por el contrario que son ellos mismos los que tienen que hacer el camino —como hasta ahora— de la participación igualitaria en el seno de la sociedad nacional.

En este camino la dirigencia indígena tiene un rol preponderante y las organizaciones mucho más en la medida en que se constituyan en estructuras de poder que permitan a los hermanos indios alcanzar día a día un nivel de vida acorde con los derechos y deberes de cualquier habitante de esta parte del mundo.

Este protagonismo también participaría de lo que llamamos el sistema administrativo para lo indígena, en la medida por ejemplo, en que en el Estado ya existen cargos ocupados por paisanos aborígenes, como algunos institutos provinciales o la misma sugerencia de algunas organizaciones para que el proyectado INAI sea encabezado por un dirigente indio.

De esta manera, las comunidades, fortalecidas en su identidad y en sus objetivos de recorrer el camino con sus propios pies, sin muletas espurias, verían solidificada su posición al tener su cuota de compromiso y responsabilidad para con la sociedad y el Estado (cuadro 36).

Finalmente, deseo aclarar que he propuesto aquí algunas de las políticas que creo que deberían aplicarse. Por supuesto no son excluyentes y creo que deberían ser complementadas con muchas otras. Con ellas me he limitado a esbozar las líneas básicas en un intento por abrir la discusión y mover a la reflexión.

"Las tribus no quieren que se les regale nada, quieren que se termine con el paternalismo."
NICASIO CARMELO ANTINAO, mapuche, 1984.

"Cada vez que se habla de ayudar a los pobrecitos indios temblamos. Porque casi siempre quieren ayudarnos, pero nos destruyen."
EULOGIO FRITES, colla, 1984.

"A las maestras les diría que cuando encuentren en el manual de 5º grado que los indios 'vivían', que ese tiempo lo corrijan porque los indios 'vivimos' en Formosa, en el Chaco, en Salta, en la Patagonia. Hay miles de aborígenes en la Argentina. Pero es muy poco lo que se conoce sobre las culturas aborígenes."
AIMÉ PAINÉ, mapuche, 1987.

"Para muchos blancos los indios somos vagos y haraganes. A ellos les digo que soy mecánico, carpintero, albañil, profesor de idiomas y además, político."
INDALECIO CALERMO, mataco, 1988.

"No se puede hacer política para los paisanos sin los paisanos."
Mapuches de Río Negro, 1988.

"No quiero que me den una mano, quiero que me saquen las manos de encima."
GERÓNIMA SANDE, mapuche.

EPÍLOGO

El desarrollo, la dignificación y la justicia para con nuestras comunidades indígenas están estrechamente ligados a lo que suceda con la Argentina como Nación, como sociedad, y a la coyuntura por la que atravesamos.

Soy consciente de que la situación global de la Argentina es hoy crítica, y que nuestra condición de país dependiente y empobrecido empeora las posibilidades de los hermanos indígenas, dado que su situación no está separada del resto de sus compatriotas.

Me cuesta aceptar que no imagino el futuro. Ni siquiera sé qué será de cada uno de nosotros. Me duele decir que lo que tengo frente a mí es una enorme incertidumbre.

Sin embargo, los que creemos que la utopía de un mundo más justo todavía está vigente, y que su concreción es posible; los que sentimos que la vida es una lucha incesante por alcanzar cada día algo más de bienestar entre todos los hombres, cualquiera sea su forma de vida; los que trabajamos pensando que la revalorización de la cultura de un pueblo es una meta permanente, nos vemos comprometidos a persistir en la tarea, sin bajar los brazos, a pesar de todos los obstáculos.

Por eso el porqué de este libro, que quiere ser además un humilde homenaje a los que siempre han sufrido más en esta tierra, a los que menos tienen, y a los que más deberíamos comprender y valorar, en su condición de hombres libres: nuestros paisanos los indios.

Buenos Aires, 30 de diciembre de 1989.

Archivo General de la Nación	AGN
Asociación Indígena de la República Argentina	AIRA
Consejo Agrario Nacional	CAN
Comando General del Ejército	CGE
Censo Indígena Nacional	CIN
Dirección de Estudios Históricos del Ejército	DEHE
El Problema Indígena en la Argentina	EPIA
Equipo de Pastoral Aborigen	ENDEPA
Instituto Nacional de Antropología	INA
Instituto Nacional de Asuntos Indígenas	INAI
Tratamiento de la Cuestión Indígena	TCI

NOTAS

INTRODUCCIÓN. EN TORNO DE NUESTRA IDENTIDAD

[1] Rodolfo Kush, *Geocultura del hombre americano*, Buenos Aires, Fernando García Cambeiro, 1976.

[2] Darcy Ribeiro, *Las Américas y la civilización*, Buenos Aires, Centro Editor de América Latina, 1970.

CAPÍTULO I. LOS ANTIGUOS

[1] En 1979 visité por última vez la gruta de Inti Huasi en San Luis. Más recientemente la Cueva de las Manos en alto río Pinturas y la Cueva Grande del Arroyo Feo, ambos sitios en Santa Cruz (1990 y 1991 respectivamente). Junto con la emoción de percibir el increíble pasado humano, comprobé nuevamente el descuido y el olvido a que son sometidos los yacimientos arqueológicos en nuestro país, cuando la verdad es que ellos son parte de nuestra memoria como pueblo. Junto a la emoción, la vergüenza. Se impone una tarea colectiva de rescate que conduzca a la salvación del patrimonio arqueológico.

[2] El origen americano del hombre que sostuvo Florentino Ameghino es desde hace tiempo una teoría definitivamente desechada. Sin embargo ello no obsta para valorizar las importantes investigaciones de este infatigable estudioso, muchas de las cuales han contribuido en grado sumo al desarrollo de la paleontología y la arqueología en nuestro país.

[3] Paul Rivet, *Los orígenes del hombre americano*, México, Fondo de Cultura Económica, 1966.

[4] Gerardo I. Ardila Calderón y Gustavo G. Politis, "Nuevos datos para un viejo problema. Investigación y discusiones en torno del poblamiento de América del Sur", Bogotá, Museo del Oro, Boletín N° 23, 1989, pág. 37.

[5] Gran cantidad de piezas han sido robadas por "huaqueros" y vendidas a colec-

cionistas privados y/o museos de Europa que hoy exhiben orgullosos el fruto de la depredación y nuestro descuido. No podemos demostrarlo, pero probablemente este comercio continúe hoy, aunque en menor medida.

[6] Alberto Rex González, *Arte precolombino en la Argentina*, Buenos Aires, Filmediciones Valero, 1977, pág. 116.

[7] La acepción industria hace referencia al conjunto de restos sin que ello permita la posibilidad de agruparlos bajo el término cultura, que desde el punto de vista arqueológico implicaría por la cantidad y la calidad de los vestigios encontrados la determinación más clara y precisa de la forma de vida de los portadores de dichos restos.

[8] El reciente descubrimiento en la localidad de Tres Arroyos de un esqueleto de un niño con una antigüedad estimada en 8.500 años, podría enriquecer el panorama vinculado con la investigación del tema que nos ocupa. De confirmarse la datación de este hallazgo no sólo constituiría el resto humano más antiguo encontrado en nuestro país hasta el presente, sino que contribuiría a esclarecer los antecedentes arqueológicos de la cultura tehuelche e incluso a retrotraerla aún más en el tiempo. (*La Nación*, viernes 22 de abril de 1988 y sábado 23 de abril de 1988: Politis, 1989, y Ardila Calderón y Politis, 1989.)

Este hallazgo se suma a los descubrimientos producidos en los últimos años en la provincia de Buenos Aires, a partir de las investigaciones llevadas adelante por científicos del Instituto de Investigaciones Antropológicas de Olavarría y de la Facultad de Ciencias Naturales de la Universidad Nacional de la Plata, juntamente con el Museo de esa ciudad.

Los principales sitios relevados son los de Cerro La China, con hallazgos de puntas de flecha "cola de pescado" en una placa de gliptodonte y otros artefactos unifaciales y lascas con una datación estimada en más de 10.000 años; Cerro El Sombrero, un taller de puntas de flecha; La Moderna, un sitio de caza de gliptodontes, y finalmente, Arroyo Seco, donde fue hallado el esqueleto ya mencionado junto a otros casi completos (un total de 18 individuos), además de instrumentos unifaciales, piedras de boleadoras y restos de animales extinguidos como el megaterio y el caballo americano.

[9] Es de destacar el reciente hallazgo de un contexto de lascas e instrumentos con retoque marginal, asociados a restos óseos de caballo americano y guanaco con una antigüedad estimada en 11.900 a 10.300 años antes del presente en Tierra del Fuego, en el alero rocoso de Tres Arroyos (Massone, 1984, cit. en Gerardo I. Ardila Calderón y Gustavo Politis, *op. cit.*, 1989).

CAPÍTULO II. LAS COMUNIDADES QUE OCUPABAN
NUESTRO TERRITORIO EN EL SIGLO XVI

[1] En esta descripción seguimos a Federico Daus, *Geografía y Unidad Argentina*, Buenos Aires, El Ateneo, 1978.

[2] El cacán se dividiría en tres zonas dialectales: cacán del norte (Valles Calchaquíes, Santa María y oeste de Tucumán); cacán del sur (Catamarca, norte de La Rioja y Santiago del Estero); y capayán (oeste y sur de La Rioja y norte de San Juan).

500

[3] Entre los hopis de Norteamérica existe la danza de las serpientes o de la lluvia.

[4] El trabajo que escribimos en colaboración con E. Carutti y M. Garreta, "Introducción al estudio de las comunidades del noroeste argentino durante el siglo XVI", describe pormenorizadamente esta estructura territorial y su forma de ocupación. *Participación*, año I, Nº 1, Buenos Aires, 1974.

[5] Alberto Rex González, *Argentina Indígena, vísperas de la Conquista*, Buenos Aires, Paidós, 1976, pág. 113.

[6] Alejandra Siffredi y Edgardo Cordeu, *De la algarroba al algodón*, Buenos Aires, Juárez Editor, 1971, pág. 9.

[7] E. Palavecino, S. Canals Frau y otros, "Los aborígenes de Santiago del Estero", en *Sociedad Argentina de Antropología*, Buenos Aires, 1940.

[8] Aníbal Montes, "Las sierras de San Luis: sus indígenas, sus conquistadores y la leyenda de los Césares", Universidad Nacional de Córdoba, 1955.

[9] Emilio Christensen, *El Quichua santiagueño: lengua supérstite del Tucumán incaico*, Buenos Aires, Ediciones Culturales Argentinas, 1970, pág. 21.

[10] Christensen da una serie de argumentos para sostener su hipótesis, pero el primero es el dato objetivo de que existe una región en Santiago del Estero (coincidente con el antiguo asentamiento indígena) en que se habla el quichua, no así en el resto de la provincia.
Para este autor, esa población original de los llanos de Santiago del Estero no eran otros que los "juríes", tal como los llamaron los cronistas, mitimaes incaicos, agricultores sedentarios pacíficos que a través del tiempo conformaron la auténtica comunidad Juri: "una amalgama de diaguitas, tonocotés y quichuas, amén de otras parcialidades menores. En mi concepto, se estaba operando el mismo fenómeno humano que el que observamos hoy, bajo otros niveles, por cierto, en nuestro país, donde convergen gentes de todas las nacionalidades para formar el hombre argentino. En esa forma los juríes no eran, propiamente, como ya lo he dicho, una simple parcialidad indígena como erróneamente se empeñan en presentarlos todos los autores que se han ocupado de la etnografía santiagueña. Eran, en realidad, un resultado integral, no un componente parcial. No hubo tampoco en este sentido, como lo creen algunos investigadores, una superposición de culturas, sino una amalgama, aun cuando incompleta todavía a la época en que aparecieron los conquistadores españoles" (Christensen, *op. cit.*, págs. 68/69).

[11] Aníbal Montes en su trabajo "El problema etnográfico de los Comechingón y de los Sanabirón", plantea varios puntos en común con lo expuesto aquí, fundamentalmente: los comechingones como habitantes originales de la región y los sanavirones como etnia intrusa, cuya llegada fue posterior; la estrecha relación entre ambas culturas; las influencias andinas; la ligazón de esta zona con los tonocotés. Pero también hay algunas divergencias: Montes sostiene que los portadores de la forma de vida andina fueron los sanavirones, la que superpusieron al *substractum* original cazador y recolector de los comechingones; por otro lado este autor afirma una relación pacífica entre ambos grupos; finalmente, no considera la posibilidad de influencias amazónicas.

[12] Alfred Metraux, "Contribución a la etnografía de la Provincia de Mendoza", en *Revista de la Junta de Estudios Históricos de Mendoza*, tomo VI.

[13] Alfred Metraux, *op. cit.*

[14] Alfred Metraux, *op. cit.*, pág. 10.

[15] Los trabajos a que nos referimos son los siguientes: R. Casamiquela, "Un nuevo panorama etnológico del área pampeana y patagónica adyacente", en Museo Nacional de Historia Natural, Santiago, Chile, 1969, y "Rectificaciones y ratificaciones hacia una interpretación definitiva del panorama etnológico de la Patagonia y área septentrional adyacente", en *Cuadernos del Sur*, Instituto de Humanidades, Universidad Nacional del Sur, 1965; F. Escalada, *El complejo Tehuelche. Estudios de Etnografía Patagónica*, Buenos Aires, Coni, 1949.

[16] Lothrop (1932) establece los siguientes rasgos diagnósticos: paravientos; mantos de pieles; delantal en lugar del pantalón; vinchas; collares; tembetás; tatuaje y pintura facial; cerámica incisa; arco y flecha sin carcaj; vida familiar patriarcal; individualismo y poco respeto a la autoridad salvo en caso de conflicto bélico; nómades no agricultores; poliginia y divorcios reconocidos en los jefes; ritos de iniciación elaborados; tratamiento riguroso de los jóvenes en esos ritos (escarificación); danzas sin máscaras; escaso ritual religioso comunitario; cura por succión; entierro secundario con ofrendas para el espíritu.

[17] Remitimos al interesante trabajo de Alejandra Siffredi, "El Ciclo de Elal, héroe mítico de los Aoniken" en donde se problematiza la superposición entre la figura del tesmóforo y la del ser supremo, en *Runa*, vol. xi, Buenos Aires, págs. 149-160.

[18] Para algunos autores, la Pampa en momentos anteriores a la Conquista sufrió alteraciones de orden ecológico, debido a que las condiciones edáficas y climáticas habrían permitido el gran desarrollo de una vegetación arbórea, cosa que no sucedió. Schmieder piensa que "si no fueron las condiciones naturales las que impidieron la vegetación arbórea, es de suponerse que las praderas de la Pampa sean un fenómeno cultural". Haciendo estadística acerca de la población original querandí, este autor continúa: "el loess de la Pampa muestra en muchos lugares un material semejante al ladrillo, las llamadas 'tierras cocidas', cuyo origen ha sido muy discutido. Pero todavía hoy se forma un material parecido en los lugares donde se quema la alta hierba de la Pampa y las raíces siguen ardiendo varios días dentro de la tierra. Por consiguiente, no parece imposible que estas tierras cocidas sean las huellas más antiguas de la costumbre de la población indígena de quemar la vegetación natural, por determinadas razones, mucho antes de la llegada de los españoles", Oscar Schmieder, *Geografía de América Latina*, México, Fondo de Cultura 1965, págs. 348/9.

Sea como fuere es una explicación más para intentar comprender el paisaje pampeano y la participación del hombre en él. En cuanto a la tesis de la utilización del fuego por los cazadores de la llanura, ella es cierta. Las crónicas así lo explican. No sólo el empleo de flechas incendiarias, sino la defensa de los incendios, provocando contraincendios. Pero tal vez la utilización mayor haya sido en la caza. Fue común el encierro de los animales con fuego e inclusive la señalada mediante fogatas que realizaban los integrantes de una partida para indicar el camino a sus compañeros.

En todo caso el fuego fue utilizado con intensidad por las comunidades tehuelches y este aserto lo lleva a Schmieder a concluir que "como todo el mundo sabe que el fuego destruye, en primer lugar, árboles y arbustos, dejando el campo libre a la vegetación herbácea, motivo por el cual se puede decir que por lo menos existe la posibilidad de que la Pampa, tal como la encontraron los españoles, fuera un fenómeno cultural. En este caso el hecho de que en el interior de las tierras llanas de la Argentina el monte opusiera una resistencia mucho más enérgica al avance de las praderas, puede interpretarse como consecuencia de la distribución de la población en tiempos prehispánicos. Los habitantes se concentraron a orillas de los grandes ríos, donde no solamente no carecían de agua, sino que podían dedicarse, al lado de la caza, también a la pesca" (*op. cit.*, pág. 349). Razonamiento lógico, que se vincula con la forma de ocupación del territorio de los tehuelches, salvo la observación acerca de la pesca que sabemos no se practicaba. Lo cierto es que los españoles prosiguieron con los incendios de vastas extensiones de la Pampa aunque para otros fines: para conseguir mejores pastizales para el ganado. Respecto al cambio ecológico, sus razones y la posible causa cultural, la discusión permanece abierta.

[19] Martín Gusinde, *Los indios de Tierra del Fuego*, Buenos Aires, Centro Argentino de Etnología Americana, CONICET, 1983.

[20] Rodolfo Casamiquela, "Un nuevo panorama etnológico del área pampeana y patagónica adyacente", Museo Nacional de Historia Natural, Santiago, Chile, 1969, pág. 125.

[21] El "chamanismo" es el complejo mágico-religioso centrado en el despliegue de las técnicas del éxtasis. Su difusión es universal en las culturas indígenas y sus ejecutores, los "chamanes", eran magos, hombres-médicos, sacerdotes, místicos y poetas. Casi todo al mismo tiempo, diferenciándose así del vulgar curandero o del sacerdote *strictu sensu*. Eran hombres de enorme prestigio en la comunidad y aún en nuestros días se los ve actuando con sus pacientes repitiendo un ritual de siglos. El origen del chamanismo parece radicarse en la Siberia. Precisamente el vocablo chamán es de origen tungús, pueblo originario de ese lugar.

[22] Mircea Eliade, en su libro *La Búsqueda* (Buenos Aires, Ed. La Aurora) señala como elementos sustantivos de la "Tierra sin Mal" los siguientes: a) El papel del mesías en la migración colectiva; b) La "Tierra sin Mal" como destino de felicidad y como el último refugio para el hombre antes del apocalipsis; c) El apocalipsis producto de la "fatiga cósmica", esto es, una tierra que como la humanidad está cansada de vivir y anhela descansar. El mundo degenera por el solo hecho de existir y debe ser periódicamente regenerado, vuelto a crear. d) Las migraciones tenían el objetivo de alcanzar la "Tierra sin Mal" antes de la destrucción del mundo; e) La "Tierra sin Mal" es un mundo real pero ambiguo adonde la vida continúa como siempre pero fuera del tiempo, sin miseria, enfermedades e injusticias; f) El vocablo guaraní *aguydjé* (felicidad suprema, gloria, perfección) es para estas comunidades el centro de la existencia humana. Es el conocimiento y vivencia del paraíso al cual se puede acceder antes de la muerte. Es el objetivo último de la búsqueda de la "Tierra sin Mal"; g) Según sean los grupos, la imagen que se tiene de este lugar mítico puede variar; h) Tres aspectos clave de la búsqueda son la danza, la revelación y el camino: bailar durante días y noches enteras acelera la destrucción del mundo; al mismo tiempo que produce la revelación que indica el camino a seguir en pos de la plenitud total.

[23] Otro indicador de la dimensión de esta creencia es la persistencia a través del tiempo. Creo tener constancia de la existencia actual de grupos guaraníes-chiriguanos que llegaron a la Argentina en este siglo empujados por una idea actualizada de la "Tierra sin Mal". La tradición sigue viva.

[24] Para mayor información de este importante grupo cultural de Sudamérica recomendamos la lectura del trabajo de Marcelo Bórmida "Los Ge. Panorama Etnológico".

²⁵ Luis A. Orquera y Ernesto L. Piana, "Canoeros del extremo austral", en *Ciencia Hoy*, Buenos Aires, N° 6, febrero/marzo 1990, pág. 26.

²⁶ Al respecto es interesante agregar que ambos autores sostienen la hipótesis de que las matanzas indiscriminadas de lobos marinos llevadas a cabo por los blancos entre 1790 y 1822 llevaron a la especie a su casi total extinción, y ello repercutió mucho más de lo imaginado en el modo de vida indígena, coadyuvando seguramente a su desaparición final (*op. cit.*, pág. 27). (Véase nuestro punto de vista en el capítulo v, pág. 315.)

CAPÍTULO III. EL DRAMA DE LA CONQUISTA

¹ Por lo menos fueron seis las líneas de penetración más importantes: la antillana, la mexicana, la panameña, la peruana, la asunceña y la chilena.

² El esfuerzo poblacional español en este período hizo ascender a 1.200 los hombres integrantes de las distintas expediciones durante el siglo XVI en las tres corrientes de penetración. La cifra mínima es realmente llamativa, sin contar que había un intercambio permanente de hombres en las diferentes campañas fundacionales.

³ Se han manejado diversas hipótesis para explicar el rápido desmoronamiento de las sociedades andinas, como por ejemplo las campañas de aniquilamiento, las epidemias, el estado de desamparo frente al impacto de la Conquista, el reacomodamiento económico y otras. Probablemente todas ellas tengan algo de verdad. Pero es indudable también que la propia cosmovisión indígena sustentada en la doctrina cíclica de las edades contribuyó a ese primer momento de pasividad. En el momento de la llegada de los españoles, cada una de estas culturas (especialmente la azteca y la inca) transitaba por su Quinta Edad, la final, en donde el hombre se asume a sí mismo como la síntesis de todo el proceso anterior.
Y estaban esperando desde hacía muchos años que algo sucediera, tal vez la hecatombe final, vinculada con el regreso a la Tierra de sus Dioses.
En pleno desarrollo de este complejo mundo escatológico arribaron los conquistadores, provocando un desconcierto inicial que a la postre resultaría fatal.

⁴ Aníbal Montes, "El gran alzamiento diaguita, 1630-1643", en *Revista del Instituto de Antroplogía de la Facultad de Filosofía y Letras*, Universidad del Litoral, Rosario, tomo I, 1959.

⁵ También llamado Túpaj Amaru.

⁶ Las comunidades en resistencia en muchos casos tuvieron que vérselas no sólo con los conquistadores sino con otros hermanos indígenas que los acompañaban como guías y/o apoyatura en los combates. Se trataba de "colaboracionistas coyunturales" que, enfrentados con las culturas atacadas por el español, aprovechaban la oportunidad para aliarse con el conquistador. Éste, en esas ocasiones, utilizó hábilmente en su provecho las contradicciones internas en el seno de las sociedades indígenas. Casi todas nuestras culturas originarias sufrieron este nuevo flagelo que en realidad había comenzado mucho más lejos, en el centro del mundo azteca enfrentado no sólo a Hernán Cortés sino a sus aliados circunstanciales, los tlascaltecas y los cempoaltecas.

[7] "La abundante documentación relacionada con la primera fundación de Buenos Aires, en 1536, consigna, a cada instante, que los españoles tuvieron encuentros con los 'guaranís de las islas'. Estos guaranís fueron los que mataron y comieron al descubridor del Plata, Juan Díaz de Solís —según todos los testimonios de los sobrevivientes del desastre— sin que baste a probar lo contrario el hecho de que, conforme a sus costumbres, hayan respetado al joven grumete Francisco del Puerto", véase Enrique de Gandía, *Problemas indígenos americanos*, Buenos Aires, Emecé Editores, Colección Buen Aire, 1943, pág. 12.

[8] La marcada despoblación sufrida por las culturas indígenas en el primer momento de la Conquista ha llevado a la elaboración de diversas hipótesis de sus causas. Hoy aparece como la más aceptada la propagación de las epidemias. Las enfermedades europeas, desconocidas en América, provocaron estragos en las comunidades autóctonas, cuyos integrantes morían en cantidades alarmantes. El tifus y la viruela fueron las pestes más devastadoras no sólo como factores de despoblación sino que producían una bajísima expectativa de vida por el debilitamiento de las nuevas generaciones.

[9] Juan Agustín García, *La ciudad indiana*, Buenos Aires, Ed. Antonio Zamora, 1955, pág. 70.

[10] Sucesivas ordenanzas y leyes protectoras de la Corona procuraron suavizar los extremos rigores impuestos por los conquistadores en las actividades productivas, llegándose a derogar las mismas instituciones.
La tarea de muchos hombres de la Iglesia o de aquellos surgidos de las propias entrañas de la Conquista como el visitador Alfaro (célebre por sus Ordenanzas de 1611) contribuyó a cuestionar el sistema de trabajo que los indígenas estaban obligados a realizar.
Pero esos esfuerzos se llevaron a cabo en medio de un proceso histórico en que las necesidades de los conquistadores pudieron más, superando en su provecho aquellos intentos seguramente sinceros de mayor respeto por la vida humana.

[11] "Al tiempo de la fundación de la ciudad de Todos los Santos de la Nueva Rioja, o sea en 1591, la expedición del Teniente del Gobernador de Córdoba, Tristán de Tejeda, sometió numerosas parcialidades Olongastas que habían ofrecido resistencia. Como consecuencia de ello, Ramírez de Velazco repartió estos pueblos entre las ciudades de Córdoba y La Rioja. Con tal motivo, varios de ellos fueron extrapatriados y sus indios encomendados en vecinos de aquellas ciudades."
"Como es natural, la mayor parte fue encomendada en la ciudad de La Rioja, a cuyo distrito pertenece el núcleo central de la región de los Llanos. Las distintas parcialidades tuvieron empero, un destino distinto. Pues mientras que unos se quedaron en su antiguo hábitat, otros fueron llevados a lugares más cercanos a la ciudad por sus propios encomenderos. Así por citar sólo unos pocos ejemplos, los indios del pueblo de Ascala, que menciona Tristán de Tejeda en su Probanza, fueron llevados a los Llanos de Catamarca; los del viejo pueblo de Olta, a la carpintería de Najche en Tucumán; y los de un poblado llamado Laha, que algún documento cordobés ha llamado Lahahenes, con su cacique Yungulo, fueron a parar a la zona de Villa Brochero, en el oeste cordobés", véase Salvador Canals Frau, *Poblaciones Indígenas de la Argentina*, Buenos Aires, Sudamericana, 1953, pág. 405.
"Y como una vez vencidos tampoco quisieron someterse, no quedó más remedio que desnaturalizar aquellos valles. Los indios de la parte riojana fueron llevados al Valle de Famatina y asentados alrededor del fuerte de San Lucas de Nonogasta, mientras que los sanjuaninos fueron poblados en las cercanías de la ciudad de San Juan."

"A raíz de estas desnaturalizaciones los valles quedaron yermos y vacíos de población indígena", véase Salvador Canals Frau, *op. cit.*, pág. 503.

"Sobre todo la desnaturalización última, la que se efectuara a raíz del levantamiento a Bohorquez en la segunda mitad del siglo XVII, fue verdaderamente grande. Al decir de Lozano había abarcado un total de 'once mil almas, que se sacaron' de los Valles Calchaquíes, y se distribuyeron en las distintas ciudades del país. Y nadie ignora que la hoy floreciente ciudad de Quilmes, en la provincia de Buenos Aires, tuvo su origen en el pueblo de indios que allí se fundó con integrantes de la parcialidad desnaturalizada del mismo nombre", véase Salvador Canals Frau, *op. cit.*, pág. 489.

[12] Emilio Ravignani, "Las poblaciones indígenas de las regiones del Río de la Plata y Tucumán", en Actas y Trabajos Científicos del XXV Congreso Internacional de Americanistas, Buenos Aires, tomo II, 1934, págs. 288-9 (citado por Jorge Comadrán Ruiz, *Evolución Demográfica Argentina durante el período hispano 1535-1810*, Buenos Aires, Eudeba, 1969, pág. 35, y por José Torre Revello, "Sociedad colonial. Las clases sociales. La ciudad y la campaña", en *Historia de la Nación Argentina*, Buenos Aires, El Ateneo, 1939, pág. 519), publicado por la Academia Nacional de la Historia, vol. IV, Primera sección (citado por Ángel Rosemblat, *La población indígena y el mestizaje en América*, Buenos Aires, Nova, 1954, vol. I, pág. 232).

[13] La reivindicación por la tierra perdida es un reclamo universal de las comunidades indígenas:

"Cuando los indios hablaban del continente que cedieron, no se refieron sólo a la pérdida de algunos millones de hectáreas en propiedad real. Piensan que la tierra sostenía un universo de cosas que ellos conocieron, valoraron y amaron" (*Declaración de los Objetivos Indios*, Chicago, 1961).

[14] Es ya famoso el trabajo de fray Bartolomé de las Casas, *Brevísima relación de la destrucción de las Indias*, publicado en Buenos Aires, Eudeba, 1966.

Esta obra de De las Casas tuvo una incidencia importantísima en la Conquista, por las denuncias del trato dado a los indígenas, formuladas sin tapujos de ninguna clase. También influyó de alguna manera en la formación de la ideología independentista de las naciones americanas.

[15] Desde el punto de vista organizativo, las misiones fueron de dos tipos: las "doctrinas", aquellas que constituían parroquias de indios, y las "reducciones", pueblos de indios aún no convertidos pero sí incorporados a la nueva vida colonial.

[16] AGI, Archivo de Charcas, 283 (citado por Benito H. Pistoia, *Los franciscanos en el Tucumán, 1566-1810*, Salta, Cuadernos Franciscanos, 1973.

[17] Darcy Ribeiro, *Las Américas y la Civilización*, Buenos Aires, Centro Editor de América Latina, tomo III, 1970, pág. 94.

[18] "Toda la estructura misionera —basada en la organización colectiva de la fuerza de trabajo en un sistema distributivo que premiaba o sancionaba la devoción y la productividad, pero con ausencia de la propiedad privada de la tierra y de la esclavización personal del trabajador— se aproxima mucho más a la formación teocrática de los incas y a otras tantas civilizaciones basadas en la agricultura de regadío, que a las formaciones capitalistas-colonialistas basadas en la empresa privada, en el monopolio de la tierra y en la esclavización de la mano de obra. La coexistencia

de las dos formaciones en la misma área era impracticable, motivando codicias y generando conflictos, al fin de los cuales prevalecería la formación históricamente más avanzada, aunque más deshumanizada" (Darcy Ribeiro, *op. cit.*, págs. 995/96).

[19] La vertiginosidad con que se organizan estos pueblos y el vasto espectro de actividades que desarrollan, los llevan a iniciar un camino hacia un autosostenimiento cada vez más notable. A los productos ya mencionados cabría agregar el tabaco, el azúcar, el cuero y la miel que, en todos los casos eran negociados para adquirir lo poco que la misión todavía no podía obtener por sí misma.

[20] No es casual que el mismo Felipe V en su Real Cédula de 1743 admitiera que "estos indios de las Misiones de la Compañía, siendo el antimural de aquella provincia, hacían a mi real Corona un servicio como ningunos otros..."

[21] La despoblación continuó a pesar de los esfuerzos de los misioneros. Las epidemias de viruela y las enfermedades intestinales como la disentería provocaron en algunos momentos serias desestabilizaciones demográficas.

[22] La expedición de Pedro de Mendoza al Río de la Plata en 1536, transporta 1.800 hombres y ocho mujeres. Transcurridas una o dos generaciones desde la fundación de la ciudad, el número de mestizos y criollos ya es suficiente para reemplazar incluso a la mujer indígena.

[23] Federico Fernández de Castillejo, *El amor en la Conquista. Malintzin*, Buenos Aires, Emecé Editores, 1943. Véase también el reciente libro de Lucía Gálvez, *Mujeres de la Conquista*, Buenos Aires, Planeta, 1990.

[24] Boleslao Lewin, *La insurrección de Túpaj Amaru*, Buenos Aires, Eudeba, 1963, pág. 79.

[25] Boleslao Lewin, *op. cit.*, pág. 85.

[26] Martin Dobrizhoffer, *Historia de los Abipones*, Resistencia, Universidad Nacional de Nordeste, Facultad de Humanidades, 1967, vol. I, págs. 111/2.

[27] Martin Dobrizhoffer, *op. cit.*, págs. 126/7.

[28] Martin Dobrizhoffer, *op. cit.*

[29] Un desarrollo paralelo y de singular importancia, es el que se desplegó a mediados del siglo XVII en que las llanuras argentinas se ven colmadas por millones de cabezas vacunas que promueven la expansión económica de la región a través de las "vaquerías" primero, y las estancias después (mediados del siglo XVIII). Acompañando este proceso surge el gaucho, mestizo que en la generalidad de los casos, más que un tipo racial es un tipo cultural.
En cuanto a la erróneamente denominada "economía depredadora", hace referencia a la forma cultural del malón, que como tal no es indígena sino que deriva de la ancestral costumbre española de la "maloca", basada en la destrucción de los poblados. Entre los tehuelches y los araucanos, el "malón" se superpuso a la antigua práctica de vengar la transgresión de las leyes comunitarias de convivencia.

[30] "La conquista del desierto", en *Revista Militar*, Nº 400, pág. 925 (citado por J. C. Walther, *La conquista del desierto*, Buenos Aires, Eudeba, 1974).

³¹ Entre los araucanos la presencia de las mujeres como chamanes (*machis*) parece ser evidente a partir del siglo XVIII. Anteriormente según las crónicas, los *machis* eran hombres, en su mayoría homosexuales. Esto no era motivo de desprecio, por el contrario una apariencia femenina en un hombre era la señal de su vocación chamánica. Aún en nuestros días, los pocos hombres *machis* son homosexuales, y en algunos casos son más apreciados que las mujeres en el arte de curar.

Esta peculiaridad del chamanismo femenino es bastante exclusiva de los araucanos ya que en términos generales es un rol tradicionalmente masculino. En cuanto a los homosexuales, un caso semejante se da entre los chukchis del Asia septentrional.

³² Comando General del Ejército (CGE), *Política seguida con el aborigen 1750-1819*, en Dirección de Estudios Históricos, Círculo Militar, Buenos Aires, 1973, tomo I, pág. 145.

³³ Juan Beverina, "El Virreinato de las Provincias del Río de la Plata", Buenos Aires, 1935 (citado por CGE, *op. cit.*, pág. 174).

³⁴ *Íd. ant.*, pág. 176.

³⁵ *Íd. ant.*, págs. 178/80.

³⁶ AGN, División Colonia, Sección Gobierno-Teniente del Rey 1782-1792, Legajo 9-5 IV-c. XXXII-a 8-N° 3 (citado en J. C. Walther, *La conquista del desierto*, Buenos Aires, Eudeba, 1973, pág. 252).

³⁷ José Torre Revello, "Aportación para la biografía del Maestre de Campo de Milicias y Comandante de Armas y Frontera don José F. De Amigorena", en *Revista de Historia Americana y Argentina*, Año II, Nᵒˢ 3 y 4, 1958, pág. 27: "Memorial de doña María Prudencia Escalante, viuda del Comandante de Armas y Fronteras J. F. Amigorena, solicitando una pensión" (en CGE, *op. cit.*, tomo II, pág. 56).

³⁸ Junta de Estudios Históricos de Mendoza, *Anales del Primer Congreso de Cuyo*, vol. II, pág. 56 (en CGE, *op. cit.*, tomo II, págs. 56 y 59).

³⁹ "Diario de la expedición hecha en 1774 a los países del Gran Chaco desde el Fuerte del Valle por Gerónimo Matorras, Gobernador de Tucumán", en Pedro de Ángelis, *Colección de Obras y Documentos relativos a la Historia del Río de la Plata*, vol. V, pág. 147.

CAPÍTULO IV: INMERSOS EN UNA REVOLUCIÓN

¹ La cita pertenece al trabajo de Ciro R. Lafón, *Antropología argentina: una propuesta para estudiar el origen y la integración de la nacionalidad*, Buenos Aires, Bonum, 1977. Para este autor, la esencia de ese nuevo tipo cultural es lo que puede llamarse "criollismo", entendido como "el conjunto de tradiciones sociales, culturales y religiosas de los criollos y sus instituciones, en suma, los valores que regulan su vida".

[2] La esclavitud fue un fenómeno creciente en el Virreinato. La población de origen africano, en consecuencia, fue progresivamente en aumento, llegando a incidir a fines del siglo XVIII en forma notable en el total de la población y participando también del proceso de mestizaje.

Pero cien años más tarde, este componente prácticamente desaparecerá del panorama étnico argentino siendo su significación actual, desde el punto de vista cuantitativo, realmente ínfima. Sin embargo, en los momentos en que tuvo la oportunidad de tener influencia en la composición de la población, lo hizo de manera más que efectiva y a pesar de su dilución en el seno de la nueva sociedad, la tradición cultural negra sigue estando presente.

[3] Héctor Adolfo Cordero, "En torno a los indios en las Invasiones Inglesas", Buenos Aires, *La Prensa*, suplemento cultural, 1971.

[4] Héctor Adolfo Cordero, *op. cit.*

[5] Héctor Adolfo Cordero, *op. cit.*

[6] Cabe consignar que independientemente de los ofrecimientos realizados por las comunidades indígenas libres de la provincia de Buenos Aires, los "cuerpos voluntarios" que se constituyeron para resistir al invasor contaron al menos con dos agrupaciones principales: Indios, Morenos y Pardos (que contaba con 426 hombres en 1806) y cuerpo de Indios, Morenos y Pardos de Infantería (con un total de 352 hombres). Véase *Iconografía de los uniformes militares*, Invasiones Inglesas-1807, Notas documentales por Enrique Williams Álzaga, Buenos Aires, Emecé Editores, 1967.

[7] Mariano Moreno habría abrevado en la Universidad de Chuquisaca los vientos emancipadores que corrían por toda la región, conmovida todavía por la insurrección de Túpac Amaru y la situación global de sometimiento de la masa indígena.

Moreno estuvo influenciado en gran medida por el pensamiento y la acción del fiscal de la Audiencia de Charcas, Victorián de Villava, ferviente defensor de los derechos indígenas y a quien citaba permanentemente en sus escritos.

El trabajo a que hacemos referencia es la *Disertación jurídica sobre el servicio personal de los indios en general y sobre el particular de Yanaconas y Mitayos*, encendida denuncia de los maltratos de que son objeto los indios con párrafos que no ofrecen duda acerca de su ideario: "Yo bien sé que el trabajo de las minas es interesante a la república y que con él se aumentan sus riquezas, pero también sé que el mejor tesoro que el rey ha, y el que más tarde se pierde es el pueblo", citado en Ricardo Levene, *Las ideas políticas y sociales de Mariano Moreno*, Buenos Aires, Emecé Editores, Colección Buen Aire, 1948, pág. 14.

[8] *Gaceta de Buenos Aires*, vol. I, pág. 15 (citado por Ángel Rosemblat, *La población y el mestizaje en América*, vol. I, pág. 45).

[9] Mariano Moreno, *Plan Revolucionario de Operaciones*, Buenos Aires, Plus Ultra, 1965, pág. 41. La prematura muerte de este patriota (32 años) privó a la Revolución de uno de sus más lúcidos ideólogos en la cuestión social.

[10] Ángel Rosemblat, *op. cit.*, págs. 41/2.

[11] Ángel Rosemblat, *op. cit.*, pág. 42.

[12] Ángel Rosemblat, *op. cit.*, págs. 42/43.

[13] Ministerio de Guerra, *Crónicas militares*, ⁱⁱ (citado por Liborio Justo [Quebracho], *Pampas y Lanzas*, Buenos Aires, Palestra, 1962, pág. 97).

[14] Ángel Rosemblat, *op. cit.*, pág. 44

[15] Pedro de Ángelis, "Discurso preliminar al viaje a Salinas", nov. 1836, en Pedro A. García, *Viaje a Salinas Grandes*, Buenos Aires, Sudestada, 1969.

[16] Pedro A. García, *op. cit.*, págs. 67 y 69.

[17] Pedro A. García, *op. cit.*, págs. 70, 89/90, 95 y 99.

[18] Carta de José de San Martín a Nicolás Rodríguez Peña, del 22 de abril de 1814, en Federico Gentiluomo, *San Martín y la provincia de Cuyo, precursores de la Nación en armas*, Tucumán, La Raza, 1950, págs. 112/113.

[19] Federico Gentiluomo, *op. cit.*

[20] Según Gentiluomo, es más que interesante la contribución en hombres de cada una de las provincias, teniendo en cuenta la realidad demográfica de entonces: "...tanto San Luis como San Juan y Mendoza, han aportado al Ejército de los Andes efectivos que equivalen al 10% o algo más, de su población total, que es lo que se considera hoy en día, mundialmente, como el porcentaje normal movilizable para el ejército en campaña, a fin de que quede en la zona del interior, el número suficiente para asegurar la continuidad del esfuerzo de guerra" (*op. cit.*, pág. 216).

[21] Carta de San Martín al Gobierno de Buenos Aires en Gerónimo Espejo, *El paso de los Andes*, Buenos Aires, Kraft, 1953, págs. 301/2.

[22] Barros Arana, *Historia General de Chile*, vol. III, págs. 283/5, en Gerónimo Espejo, *op. cit.*, pág. 303.

[23] M. A. Vignati, "Datos de etnografía pehuenche del Libertador General San Martín", en *Notas del Museo de la Plata*, XVI, 57, La Plata, 1953, en Rodolfo Casamiquela, "Rectificaciones y Ratificaciones hacia una interpretación definitiva del panorama etnológico de la Patagonia y área septentrional adyacente", Bahía Blanca, *Cuadernos del Sur*, 1965.

[24] Rodolfo Casamiquela, *op. cit.*, págs. 82/83.

[25] Rodolfo Casamiquela, *op. cit.*, pág. 83.

[26] Ricardo Rojas, *El santo de la espada*, Buenos Aires, Losada, 1940, pág. 162. La bastardilla es nuestra.

[27] "Compañeros del ejército de los Andes: la guerra se la tenemos que hacer del modo que podamos: si no tenemos dinero, carne y un pedazo de tabaco no nos tiene que faltar: cuando se acaben los vestuarios nos vestiremos con la bayetilla que nos trabajen nuestras mujeres y sino andaremos en pelota como nuestros paisanos los indios: seamos libres, y lo demás no importa nada. Compañeros; juremos no dejar las armas de la mano, hasta ver el país enteramente libre, o morir con ellas como hombres de coraje". San Martín, 27 de julio de 1819.

[28] Ángel Rosemblat, *La población indígena y el mestizaje en América*, Buenos Aires, Nova, vol. I, 1954, pág. 45.

[29] Tomás Diego Bernardo, *El aborigen rioplatense en la historia y ante la Ley*, Buenos Aires, Omega, 1963, pág. 53.

[30] El Congreso Constituyente del Perú a los indios de las provincias interiores: Nobles hijos del Sol, amados hermanos, a vosotros virtuosos indios, os dirijimos la palabra, y no os asombre que os llamemos hermanos: lo somos en verdad, descendemos de unos mismos padres; formamos una sola familia, y con el suelo que nos pertenece, hemos recuperado también nuestra dignidad, y nuestros derechos. Hemos pasado más de trescientos años de esclavitud en la humillación más degradante, y nuestro sufrimiento movió al fin a nuestro Dios a que nos mirase con ojos de misericordia. Él nos inspiró el sentimiento de libertad, y él mismo nos ha dado fuerza para arrollar a los injustos usurpadores, que sobre quitarnos nuestra plata y nuestro oro, se posesionaron de nuestros pueblos, os impusieron tributos, nos recargaron de pensiones, y nos vendían nuestro pan y nuestra agua. Ya rompimos los grillos, y este prodigio es el resultado de vuestras lágrimas y de nuestros esfuerzos. El ejército Libertador que os entregará esta carta, lo enviamos con el designio de destrozar la última argolla de la cadena que os oprime. Marcha a salvaros y protegeros. Él os dirá, y hará entender que están constituidos: que hemos formado todos los hijos de Lima, Cuzco, Arequipa, Trujillo, Puno, Guamanga y Guancavelica, un Congreso de los más honrados y sabios vecinos de las mismas provincias. Este Congreso tiene la misma y aún mayor soberanía que la de nuestros amados Incas. Él a nombre de todos los pueblos, y de vosotros mismos, va a dictar leyes que han de gobernarnos, muy distantes de las que nos dictaron los injustos reyes de España. Vosotros indios, sois el primer objeto de nuestros cuidados. Nos acordamos de lo que habéis padecido, y trabajamos para haceros felices en el día. Vais a ser nobles, instruidos, propietarios, y representaréis entre los hombres todo lo que es debido a vuestras virtudes.

Esperad muy breve el cumplimiento exacto de estas promesas, que no son seguramente como los falsos ofrecimientos del gobierno español. Aguardad también nuestras frecuentes cartas, nuestras determinaciones, y nuestra constitución. Todo os dirá en vuestra idioma quichua, que nos enseñaron nuestros padres, y que mamasteis a los pechos de vuestras tierras madres.

¡Hermanos! El día que recibáis esta carta veréis a vuestro padre el Sol amanecer más alegre sobre la cumbre de vuestros volcanes de Arequipa, Chachamí, Pichupichu, Corupuna, Sulimana, Sarasara, Vilcanota, Ilimani. Abrasad entonces a vuestros hijos, halagad a vuestras esposas, derramad flores sobre las hueseras de vuestros padres, y entonad al son de vuestro tambor y vuestra flauta dulces yaravíes, y vaylad alegres cachuas diciendo a gritos: ya somos nuestros: ya somos libres: ya somos felices.

En la ciudad de Lima a 10 de octubre de 1822 años. Javier de Luna Pizarro, Presidente, José Sánchez Carrión, Diputado Secretario, Francisco Javier Mariátegui, Diputado Secretario", en Ricardo Levene, *Las revoluciones indígenas y las versiones a idiomas de los naturales de los documentos de la Independencia*, Buenos Aires, 1948.

[31] Ricardo Levene, *op. cit.*, pág. 11.

[32] "Fórmula de Juramento que han de prestar todos los habitantes de las Provincias Unidas de Sud-América: ¿Juráis por Dios Nuestro Señor y esta señal de †
promover y defender la libertad de las Provincias Unidas en Sud América, y su independencia del Rey de España, Fernando Séptimo, sus sucesores y metrópoli y

toda otra dominación extrangera? ¿Juráis a Dios Nuestro Señor y prometéis a la patria el sostén de estos derechos hasta con la vida, haberes y fama? Sí juro. Si así lo hiciereis Dios os ayude y sino Él y la patria os hagan cargo", Ricardo Levene, *op. cit.*, pág. 12.

[33] Ricardo Levene, *op. cit.*, pág. 12.

[34] Más allá de la naturaleza biológica de Andresito —está en discusión si era indígena o mezcla de blanco con indio— lo cierto es que desde el punto de vista cultural era lo que podríamos definir como *mestizo*, habiendo incorporado a lo largo de su vida pautas de todo tipo (sociales, educativas, religiosas) provenientes de la cultura de los centros urbanos blancos. Este hecho sin embargo no impide destacar su innegable ascendencia guaraní así como también las consecuencias directas de su accionar dirigido a la recuperación de las masas populares de la región, utilizando para ello como eje a las comunidades indígenas.

[35] La lucha de Andresito, siempre encuadrada dentro de la gesta de Artigas, es un correlato de ella, también en cuanto a bajas. Algunos autores estiman en este sentido que de los 60.000 habitantes de la Banda Oriental, más de 10.000 murieron en la guerra contra los ejércitos portugueses, es decir, un 25% del total de la población (Cabral, 1980).

[36] Street, John, Barreira y Ramos, "Artigas y la emancipación del Uruguay", Montevideo, 1967, pág. 235, en Salvador Cabral, *Andresito Artigas*, Buenos Aires, Castaneda, pág. 172.

[37] Marcos Zaner, "Historia de la yerba mate", págs. 8/9, en Salvador Cabral, *op. cit.*, pág. 174.

[38] DEHE, Campaña contra los indios, Caja 5, 1834, Copia de *El Monitor* de Santa Fe, N° III, 29-4-1834. Informe de Estanislao López a la Sala de Representantes de Santa Fe. *La Gaceta Mercantil*, N° 3.275, Buenos Aires, 30-4-1834, en CGE, *op. cit.*, tomo IV, pág. 499.

[39] *La Gaceta Mercantil*, N° 3.296, Buenos Aires, 27-5-1834. Oficio de Estanislao López a Domingo Cullen, pedido en el Rincón de Santo Domingo el 4 de mayo de 1834, en CGE, *op. cit.*, tomo IV, pág. 499.

[40] Pablo Soria, Informe del Comisionado de la Sociedad del Río Bermejo a los señores accionistas, Buenos Aires, 1831, pág. 32, en CGE, *op. cit.*, tomo IV, págs. 532/3.

[41] Pablo Soria, *op. cit.*, págs. 21-22, en *Íd. ant.*, pág. 534.

[42] José Gaspar Rodríguez Francia, también llamado el Doctor Francia, nació en Asunción del Paraguay, en 1766; fue proclamado como dictador perpetuo, conservando el poder hasta su muerte, en 1840. Para unos no hizo más que aprovechar todas las circunstancias propicias al engrandecimiento de su patria; otros aseguran que obró impulsado por la ambición personal.

[43] Pablo Soria, *op. cit.*, pág. 43, en CGE, *op. cit.*, pág. 537.

[44] J. Arenales, *Noticias históricas y descriptivas sobre el gran país del Chaco y*

*Río Bermejo; con observaciones relativas a un plan de Navegación y Coloniza-
ción que se propone*, en CGE, pág. 298.

[45] J. Arenales, *op. cit.*, en CGE, *op. cit.*, tomo IV, pág. 549.

[46] Sin embargo, basándose en los proyectos de Arenales, el gobierno salteño pro-
movió a partir de 1836 el reparto de tierras en la zona del Bermejo, favoreciendo a
los colonizadores con la exención de impuestos; éstos sólo tenían que garantizar familia y/o peones y criados, la edificación de viviendas y ganado vacuno o caballar.

[47] Después de la derrota de Famaillá a manos de las tropas de Rosas en 1841, una
columna en fuga del ejército de Lavalle se internó en el Chaco, atravesando un sinnúmero de peripecias y consiguiendo ponerse a salvo en Corrientes luego de haber
bordeado todo el Bermejo. En la travesía, se valieron de alianzas con algunos caciques para burlar las intenciones hostiles de las bandas guaikurúes. Pero los fugitivos eran un puñado de espectros. No había nada que tomar de ellos. Cuando guiados por sus nueve baqueanos indios arribaron a Corrientes estaban semidesnudos
y famélicos. Habían recorrido casi mil kilómetros durante más de un mes.

[48] Juan José Biedma, "Crónicas Militares. (Contribución a la preparación de los
anales militares argentinos)", Buenos Aires, Talleres Gráficos del Instituto Geográfico Militar, 1924/31, en CGE, *op. cit.*, tomo III, págs. 293/94.

[49] Álvaro Barros, "Fronteras y Territorios federales de las pampas del Sud", Buenos Aires, 1872, págs. 25/26, en CGE, *op. cit.*, tomo III, pág. 151.

[50] Pedro de Ángelis, *Colección de obras y documentos relativos a la historia antigua y moderna de las provincias del Río de la Plata*, Buenos Aires, Lajouanne,
1910, vol. IV, págs. 93/94, en CGE, *op. cit.*, tomo III, págs. 384/5.

[51] Los caciques tehuelches, ranqueles y huilliches se reunieron en marzo a debatir
la concurrencia o no a la negociación con Buenos Aires. Los tehuelches fueron los
que inclinaron la balanza por el "sí" ante las dudas manifestadas por los ranqueles, más propensos al enfrentamiento, incentivados problablemente por su relación
con los caudillos del Litoral.

[52] Pedro de Ángelis, *op. cit.*, pág. 150, en CGE, *op. cit.*, tomo III, págs. 418/419.

[53] Pedro de Ángelis, *op. cit.*, en CGE, *op. cit.*, tomo III, pág. 91.

[54] AGN, VII, 10-4-13, citado por CGE, *op. cit.*, tomo III, págs. 352/3.

[55] AGN, VII, 10-4-13, citado por CGE, *op. cit.*, tomo III, pág. 361.
Efectivamente, Francisco Hermógenes Ramos Mejía tenía una estrecha amistad
con los naturales al punto de instalar su principal estancia, la famosa "Miraflores"
en pleno territorio indio.
Ya en 1814 había elaborado su plan para "poblar la pampa y procurar su civilización" en donde manifestaba ser contrario a todo proyecto "cuya perspectiva y aparato ataque directamente los usos y costumbres del hombre". Ramos Mejía propone allí además del paulatino establecimiento de gauchos la fundación de una gran
población de indios a cargo de los caciques de la región.
Constante intermediario entre los indios y los poderes de turno de Buenos Aires
se granjeó rápidamente el respeto de muchos grupos indígenas que vieron en él
una nueva posibilidad de vida en paz.

Fue un sostenedor de la no violencia y un defensor de los derechos de los indígenas, a quienes consideraba los legítimos propietarios de las tierras: "O las hostilidades cesan igualmente por parte de los Indios quanto por los Christianos; o cesan por parte de los unos solamente, quedando los otros dispuestos como siempre a robar y matar. ¿Qué importa la buena disposición y ocasión de los unos, si la disposición y ocasión de los otros es tan sanguinaria y tan abrasadora como lo estamos viendo? ¿Qué importa trabajar con los unos hasta predisponerlos a favor de la Patria común, si a los otros se les acalora y se enciende con la languidez hacia esa misma Patria hasta precipitarlos en horrores contra sí mismos? Si los Indios aspiran de hecho y de derecho a la Paz, los Christianos fomentan de hecho y de derecho la guerra; y vice versa, si los Christianos trabajamos como debemos y podemos, los propagadores y conservadores de la Santa Fe violentan con todo el rigor de la palabra o declaraciones de guerra o de defensa ridícula contra los Indios. Luego, no hay Patria a favor de los Christianos sin los Indios, ni de los Indios tampoco sin el concurso de los Christianos " (…)" ¿Con qual título de justicia quantos Hacendados se han introducido en los campos de las tolderías contra la voluntad de los Indios? O se consiente por todos el orden, consentida la sociedad; o la disolución es completa para la ruina de todos. ¿Quiere Buenos Ayres remediar con políticas aturdidas las imprudencias y los excesos de los christianos, y porqué no proteje lo más que es la propiedad y la vida de todos? ¿Quiere contener los excesos de los indios imprudentes, y porqué no contiene y enfrenta a sus christianos y a quantos provocan las desesperaciones de los indios?

¿No nos desengañaremos jamás de que ni el sable ni el cañón en nuestras circunstancias ni las buenas palabras con tan malditas obras es posible que constituyan ahora la paz entre los hermanos? ¿Será posible darle la salud a la Patria por medio de los prisioneros de la muerte? Ni tampoco lo hemos de conseguir mezclando lo dulce con la hiel, el espíritu y los fundamentos de la paz con los mismos principios de la guerra. El espíritu endemoniado de la guerra es el que nos devora y es quanto debemos aborrecer…" (de una carta al gobernador interino de la provincia de Buenos Aires Marcos Balcarce el 20 de noviembre de 1820, cit. en *Los Ramos Mejía*, de Enrique Ramos Mejía, Buenos Aires, Emecé, 1988, págs. 80/83).

Acusado de connivencia con los indios en contra de los blancos y de "promover prácticas contrarias a la de la religión en el país", Ramos Mejía fue obligado a desalojar "Miraflores" (allanada en 1821) junto al resto de su familia luego de las órdenes impartidas por el gobierno de Martín Rodríguez. Fue confinado a otro de sus establecimientos, "Tapiales", totalmente alejado de sus indios amigos. Murió poco después, en 1828. Tenía 65 años.

[56] E. F. Sánchez Zinny, *La Guardia de San Miguel del Monte*, págs. 266/7, citado por J. C. Walther, *La Conquista del Desierto*, Buenos Aires, Eudeba, 1974, pág. 161.

[57] Martín Rodríguez, *Diario de la expedición al desierto*, Buenos Aires, Sudestada, 1969, en CGE, *op. cit.*, tomo III, pág. 479.

[58] "Todos los pueblos de las estepas, cimerios, escitas, sármatas, hunos e incluso mongoles, usaron la táctica de las cargas y retiradas fingidas. Los simulacros de ataque, el ir y venir constante, pretendían cansar al enemigo y exasperarlo, a la vez que lo alejaban de sus líneas de aprovisionamiento y lo arrastraban a terreno desconocido. Así, el derrotismo cundía entre los hombres del ejército adversario y aceleraba su derrota", en CGE, *op. cit.*, tomo III, pág. 515.

59 Manual A. Pueyrredón, "Fragmentos póstumos", en *La Revista de Buenos Aires. Historia americana, literatura y derecho*, Buenos Aires, 1867, vol. XII, págs. 511/3, citado por CGE, *op. cit.*, tomo III, pág. 523/4.

60 J. C. Walther, *op. cit.*, pág. 154.

61 Citado por CGE, *op. cit.*, tomo III, págs. 211/2.

62 William Yates, *José Miguel Carrera (1820-1)*, Buenos Aires, Solar, 1941, citado por CGE, *op. cit.*, tomo III, págs. 219/20.

63 *La Gaceta de Buenos Aires*, 20-1-1821 AGN VII, 10-4, 13, citado por CGE, *op. cit.*, tomo III, pág. 227.

64 William Yates, oficial de Carrera, *op. cit.*, y Benjamín Vicuña Mackenna, historiador chileno entre otros.

65 CGE, *op. cit.*, tomo III, pág. 251.

66 CGE, *op. cit.*, tomo III, pág. 281.

67 Según *El Mensajero Argentino*, N° 14, 3 de enero de 1826, los caciques que aceptaron la propuesta del gobierno para la paz fueron: Yapilio, Tetrue, Pabo, Conoypan, Peti, Quidulef, Viñol, Caullán, Anteman, Epunguer, Maicá, Pichiloncoy, Llanalien, Llanquiguen, Quiño, Forno, Epuan, Navelef, Altaveni, Mencuantuf, Queñimiella, Alvis Chaniel, Gualmelief, Antelifi, Maripan, Grenamon, Lanquelen, Aucanahuel, Guayauñecul, Catrepan, Rapiun, Puelpi, Cañuanque, Quintuen, Trane, Aucallanez, Anquepan, Callupulqui y Tenin.

68 *El Mensajero Argentino*, N° 16, 10 de enero de 1826, en CGE, *op. cit.*, tomo IV, pág. 40.

69 Registro Nacional, vol. II, pág. 171, en CGE, *op. cit.*, tomo IV, pág. 59.

70 En oficio del 1° de febrero de 1827 enviado al ministro de Guerra general Francisco de la Cruz, Rauch informa las alianzas establecidas "con 12 Caciques Teguelches y 6 Pampas" destacando "en particular el buen manejo, disposición y valor del Cacique Negro, Chamil su hijo, y el cacique Catriel, lo que pongo en conocimiento de V.E. a los fines consiguientes".

71 En general, el robo de mujeres indias tenía por objetivo reservarlas para eventuales canjes de cautivos. Las más de las veces sin embargo, pasaban a engrosar la servidumbre de las casas de la alta sociedad de Buenos Aires.

72 AGN SX, 27-7-76, en CGE, *op. cit.*, tomo IV, pág. 98.

73 Este cacique aparece en las distintas fuentes mencionado alternativamente como Venancio o Benancio Coyhuepan o Cayupán, sin precisión sobre su origen, araucano o vorogano. Con respecto a la fecha de su entrada al país, tampoco hay seguridad. Algunos autores (Terrera, 1974) la fijan en 1815.

74 Es interesante consignar que la alianza con Cachul se estableció a base de un acuerdo que resolvió un canje previo de prisioneros, especialmente familiares del cacique, que estaban en Buenos Aires.

[75] Respecto de la política de fronteras de Rosas, el historiador inglés John Lynch encuentra en ella algunos puntos oscuros, especialmente en lo relativo a su intento de vincularse pacíficamente con los indios. Dice Lynch que "existía una contradicción fundamental en la propia política de frontera de Rosas, que él mismo no advertía o a lo cual no prestaba atención. Era imposible expandir las tierras desplazando la frontera y mantenerse en paz con los indios. ¿Cómo se podía ocupar sus territorios y esperar que ellos quedaran satisfechos parlamentando?" (John Lynch, *Juan Manuel de Rosas*, Buenos Aires, Emecé Editores, 1984, págs. 36/37).

[76] *La Gaceta Mercantil*, N° 1599, Buenos Aires, abril de 1829, en CGE, *op. cit.*, tomo IV, pág. 168.

[77] *Córdoba Libre*, N° 8, Córdoba, 19 de junio de 1829, págs. 2/3, en CGE, *op. cit.*, tomo IV, págs. 265/66.

[78] El caos político de la época influye también en el seno de las comunidades indígenas, alimentado por las diferencias étnicas y culturales muchas de ellas provocadoras de conflictos ancestrales.
Así como hemos visto el alineamiento de los grupos aborígenes detrás de los caudillos y comprometiéndose en mutuos enfrentamientos, lo mismo ocurre en la disputa de unitarios y federales. En términos generales, los vorogas estaban en constante conflicto con los pehuenches a pesar de su común inclinación a las tropas federales. Los ranqueles, por su parte, participaban de la política unitaria lo que no les impedía ser aliados de los voroganos. Estas alianzas, por encima de las contradicciones existentes era lo que más temían los estrategas del poder político de la naciente República.

[79] Diego Barros Arana, *Historia General de Chile*, Santiago de Chile, 1902, vol. XVI, citado por J. C. Walther, *op. cit.*, pág. 184.

[80] Reynaldo A. Pastor, *La guerra con el indio en la jurisdicción de San Luis*, Buenos Aires, 1942, pág. 364, en CGE, *op. cit.*, tomo IV, pág. 257.

[81] Distintos autores (Terrera, Walther) consignan también la muerte del cacique Pichún, homónimo de un hijo de Yanquetruz, muerto poco antes en Las Acollaradas. No hemos podido reunir la suficiente información que nos permita saber más acerca de quién era efectivamente el que murió el 7 de abril de 1833.

[82] De una carta de Rosas a Quiroga, en "Rosas y Quiroga en la campaña al desierto" (1833-1834) por Dardo Corvalán Mendilaharzu, *Revista Militar*, N° 531, pág. 685, en J. C. Walther, *op. cit.*, pág. 221.

[83] Papeles originales sobre la expedición al desierto en 1833, propiedad del señor Oscar A. Carbone, en J. C. Walther, *op. cit.*, pág. 229.

[84] *Íd. ant.*, en J. C. Walther, *op. cit.*, pág. 230.

[85] *La Gaceta Mercantil*, 24 de diciembre de 1833, en J. C. Walther, *op. cit.*, pág. 235. Se calcula que el número de soldados muertos durante la campaña alcanzó los mil.
Durante la campaña de 1833, la división izquierda de Juan Manuel de Rosas rescató 634 cautivos, 245 hombres y 389 mujeres. Si a esa cifra se agregan "setenta y tres hijos que traen a su lado sus respectivas madres resultará un total de setecientos y siete individuos..." Del total de hombres, 60 (casi un 25%) y de las mujeres,

163 (casi un 42%) habían sido capturados de diez años o menos de edad. Algunos de ellos habían sido tomados con sus madres, otros solos. Seguramente la práctica de apropiación de niños tuvo que ver entre otras causas con el hecho de agregar gente a las comunidades, para el trabajo cotidiano y para la guerra en el caso de los varones. Con el correr de los años, los niños se convertían virtualmente en indios. Como para reafirmar esta posibilidad, digamos que 110 de ellos, cuando se los rescató, ya no hablaban el castellano.

[86] General Julio A. Roca, de un discurso de octubre de 1875, en J. C. Walther, *op. cit.*, pág. 238.

[87] J. C. Walther, *op. cit.*, pág. 275. La cita se refiere a la provincia de Buenos Aires.

[88] El problema de la propiedad de la tierra presenta durante el período tres momentos diferenciales desde el punto de vista de la "expansión de la campaña": el primero, hasta 1838, durante el cual el gobierno de Buenos Aires vende las tierras enfitéuticas para obtener de ellas mayor rentabilidad a través de los cánones; el segundo, durante 1830 y luego de producido un alzamiento de los hacendados, cuando muchas tierras pasan a propiedad de los miembros del ejército que habían combatido contra los conjurados y contra la escuadra anglofrancesa durante el bloqueo al puerto de Buenos Aires; el tercero, caracterizado por las tierras otorgadas en carácter de premio por acciones militares, generalmente contra los indígenas.
Los fortines acompañaban la consolidación de las tierras ganadas a las comunidades libres de la llanura, destacándose la fundación de Mulitas (Buenos Aires, 1836); Bragado (Bs. As., 1845); Sampacho y Achiras (Córdoba, 1837); San José del Momo (San Luis, 1841) y Malargüe (Mendoza, 1846). De todas maneras, la línea total de la frontera mantiene, en términos generales, la situación existente en 1810.

[89] Rodolfo Casamiquela, "Algunas reflexiones sobre la etnología del ámbito pampeano-patagónico", Buenos Aires, Centro de Investigaciones Antropológicas, *Cuaderno* I, 1979, págs. 21-23.

[90] De una carta de José Félix Aldao (gobernador de Mendoza) a Manuel López (gobernador de Córdoba) en Reinaldo A. Pastor, "La guerra con el indio en la jurisdicción de San Luis", Buenos Aires, Biblioteca de la Sociedad de Historia Argentina, vol. XIII, 1942, pág. 415, en CGE, *op. cit.*, tomo IV, pág. 348.

[91] De una nota del gobernador Manuel López al coronel Pantaleón Algarañaz, Dirección de Estudios Históricos del Ejército (DEHE), Cuaderno 1, N° 348, original en AHSF, vol. VI, N° 31, en CGE, *op. cit.*, tomo IV, pág. 251. Las más de las veces el ataque por sorpresa a los indígenas, generalmente utilizado por las fuerzas nacionales, era desbaratado por los nativos, que contaban con un aceitado sistema de "postas informativas", a cargo de indios "bomberos", diseminados estratégicamente por toda la llanura, a considerables distancias de las tolderías. Ellos recorrían permanentemente las "rastrilladas" (senderos elegidos o "caminos de indios") y toda la línea de frontera, de tal manera que ante el menor signo de movimiento enemigo daban aviso de inmediato, logrando llegar a los asentamientos con mucha anticipación y permitiendo que se tomaran las medidas necesarias, que muchas veces incluían la evacuación.

[92] M. Mabragaña, *Los Mensajes*, 1810-1839, s/f, vol. 1, pág. 234, en CGE, *op. cit.*, tomo IV, pág. 363.

[93] DEHE, Cuaderno 1, N° 340, Original en el Archivo del Gobierno de Entre Ríos, División G, t. 42, f. 182. De una carta de Rosas al gobernador de Entre Ríos, Pascual Echagüe, fechada en San José de Flores el 24 de mayo de 1836, en CGE, *op. cit.*, tomo IV, pág. 375.

[94] Eran tiempos en que se mataba fácilmente, ni siquiera se respetaba a los propios amigos. A fines de septiembre de 1837, cerca de Pozo del Pampa, una partida del Regimiento 2 de Caballería confundió a un grupo de indígenas con enemigos, persiguiéndolos y dándoles muerte. Según las fuentes, "estos jinetes pertenecían a las tribus que vivían bajo amparo de Fuerte Mayo. En oficio de Manuel Corvalán al coronel Ramírez, fechado en Buenos Aires el 20 de octubre de 1837, le informa que los indios muertos eran de confianza, uno de ellos, hermano del cacique Canvillán. Ambos habían sido enviados por Rosas a sus toldos, pero le asegura que no le preocupa el desenlace pues este pudo ser evitado", en CGE, *op. cit.*, tomo IV, pág. 384.

[95] El concepto "bárbaro" significa etimológicamente "lo extraño, aquello que no entendemos". Los griegos lo aplicaron a los pueblos que los circundaban y fue mucho más tarde tomado por la civilización occidental y la antropología. Entre nosotros, Marcelo Bórmida tiene un estudio más que completo sobre el término expresando asimismo la concepción ideológica que subyace en él (Marcelo Bórmida, "El estudio de los bárbaros desde la antigüedad hasta mediados del siglo XIX. Bosquejo para una historia del pensamiento etnológico", Buenos Aires, Mecanografiado UBA, 1972).
En cuanto a la visión de las demás culturas por parte de la civilización occidental y/o sus admiradores, no vamos a profundizar, por entender que ella ha sido lo suficientemente desarrollada en otros estudios. Baste decir que los llamados "eurocentrismo" o "etnocentrismo" no son otra cosa que la conceptualización de una situación de dominación por la cual una cultura se cree superior a otras.

[96] La cita está tomada del trabajo de Reynaldo Pastor, ya citado, y vinculada con lo que sucedió en San Luis (págs. 367/8) pero puede ser perfectamente extendida a toda la situación fronteriza (en CGE, *op. cit.*, tomo IV, págs. 263-4).

[97] Manuel A. Pueyrredón, Fragmentos Póstumos, en *La Revista de Buenos Aires. Historia Americana, Literatura y Derecho*, Buenos Aires, 1867, vol. XII, pág. 205, en CGE, *op. cit.*, tomo III, pág. 514.

[98] Gran cantidad de los cautivos que normalmente se tomaban en los malones eran mujeres, y de ellas, en una gran proporción niñas o adolescentes. Como ejemplo, podemos ver el registro de los cautivos tomados en ocasión del malón a Salto en diciembre de 1820, rescatados años después (cuadro 12, pág. 228).

[99] El fenómeno de los exiliados blancos a territorio indígena fue llamativo. Muchas eran las causas, pero la consecuencia una sola: cientos de hombres, que aceptando al principio a regañadientes, terminaron incorporándose a la vida indígena en toda su dimensión, tomando mujer (no necesariamente cautivas), teniendo hijos, participando de las excursiones de caza, los malones y la lucha cotidiana contra los poderes políticos de Buenos Aires y las provincias.
Estos exiliados también contribuyeron al mestizaje y el exilio a territorio indio era todo un suceso. Nuestro legendario Martín Fierro no quedó afuera de esa alternativa en un momento de su vida: "Y yo empujao por las mías/quiero salir de este infierno—/ya no soy pichón muy tierno/y sé manejar la lanza—/y hasta los indios no alcanza/la facultá del Gobierno... Yo sé que allá los caciques/amparan a los cristianos/y que los tratan de "Hermanos"/cuando se van por su gusto/a que andar

pasando sustos…/alcemos el poncho y vamos… Allá habrá seguridá/ya que aquí no la tenemos/menos males pasaremos/y ha de haber grande alegría,/el día que nos descolguemos/en alguna toldería" (José Hernández, *Martín Fierro*). Y no sólo los blancos se exiliaban allí. Muchos ex esclavos negros fugaron hacia las tolderías especialmente después de la caída de Rosas en 1852. Mansilla, en su expedición a los ranqueles se encontró con uno de ellos, quien le trasmitió la mítica espera de los negros: "Mi amo, me dijo, yo soy federal. Cuando cayó nuestro padre Rosas, que nos dio la libertad a los negros, estaba de baja. Me hicieron veterano otra vez. Estuve en el Azul con el general Rivas. De allí me deserté y me vine para acá. Y no he de salir de aquí hasta que no venga el Restaurador, que ha de ser pronto, porque don Juan Saa nos ha escrito que él lo va a mandar buscar. Yo he sido de los negros de Ravelo", Lucio V. Mansilla, *Una excursión a los indios ranqueles*, Buenos Aires, Emecé Editores, 1989, pág. 242.

[100] Bernardo González Arrili, *Los indios pampas*, Buenos Aires, Stilcograf, 1960, pág. 23.

[101] El cautiverio también tuvo sus protagonistas "ilustres": el brigadier general Rosas debía en gran parte su vinculación y profundo conocimiento de los índígenas a una historia familiar muy especial: su abuelo materno, Clemente López de Osornio fue muerto por los indígenas en 1783, y su padre, León Ortiz de Rosas, estuvo cautivo durante años en las tolderías tehuelches.

[102] Joaquín Pérez, *San Martín y Miguel Carrera*, La Plata, Universidad Nacional de, 1954, págs. 251/261, en CGE, *op. cit.*, tomo III, pág. 213.

[103] Bando sobre Policía de la Campaña dado el 30 de agosto de 1815 por el Gobernador Intendente de la Provincia de Buenos Aires, artículo 1°, en J. C. Walther, *op. cit.*, pág. 136.

[104] Oficio de Ramón Estomba a Juan Ramón Balcarce. Copia en DEHE, AGN, SV 16-10-5, en CGE, *op. cit.*, tomo IV, pág. 155.

[105] Casamiquela (1965) afirma que la "cuña araucana (…) se encaja cada vez más profundamente y comienza a difundirse, mezclarse y crecer; en una palabra, a dominar. Aunque por cierto los Araucanos no eran todavía dominantes por aquellos tiempos (fin del siglo XVIII); al contrario, numéricamente y sobre todo culturalmente, los tehuelches dominaban todavía por todas partes (…) Quizá recién hacia 1834, fecha en que se produce el advenimiento del mayor cacique araucano del área pampeana, Callfucurá (…) el predominio araucano se hizo masivo, total. Así y todo, los últimos grupos tehuelches han de haberse ido diluyendo en la masa araucana con mucha lentitud", en R. Casamiquela, "Rectificaciones y…", pág. 102.

[106] George Musters, *Vida entre los Patagones*, Buenos Aires, Solar-Hachette, 1979. Esta famosa obra describe con lujo de detalles la forma de vida de los grupos tehuelches meridionales. No se conocen bien los motivos del viaje de este explorador inglés —hasta se menciona la posibilidad de que haya sido un espía en misión de reconocimiento—; lo cierto es que recorrió un vasto territorio en compañía de una partida de tehuelches amigos, obteniendo una descripción detallada de la cultura de la región.

[107] George Musters, *op. cit.*, pág. 131.

[108] B. González Arrili, *op. cit.*, pág. 51.

[109] George Musters, *op. cit.*, pág. 131.

[110] George Musters, *op. cit.*, pág. 249.

[111] George Musters, *op. cit.*, pág. 249.

[112] George Musters, *op. cit.*, pág. 250.

[113] Los trabajos de Marcelo Bórmida y Alejandra Siffredi (1968), y el de esta última (1968) sobre la mitología tehuelche meridional y específicamente Elal que seguimos en esta breve descripción nos parecen un importante aporte para el rescate de la cosmovisión original tehuelche (véase *Runa* XIII, Buenos Aires, 1968).

[114] Alejandra Siffredi, *op. cit.*, pág. 253.

[115] Estanislao Zeballos, *Calfucurá, Painé, Relmú*, Buenos Aires, Solar-Hachette, 1961, pág. 108. Casamiquela (1965) sostiene la sugestiva hipótesis que Calviau, también conocido como Calfian o Callvuain, sería de ascendencia tehuelche, lo que explicaría el sacrificio de las mujeres. El mismo Rosas lo conocía como "chegüelche".

[116] George Musters, *op. cit.*, pág. 254.

[117] Lucio V. Mansilla, *op. cit.*, pág. 221.

[118] Lucio V. Mansilla, *op. cit.*, pág. 286.

[119] Lucio V. Mansilla, *op. cit.*, pág. 285/286.

[120] Lucio V. Mansilla, *op. cit.*, pág. 285.

[121] Lucio V. Mansilla, *op. cit.*, pág. 464.

[122] Testimonio de Wenchu Kudel, citado por Clemente H. Balmori, "Toki Keraunos, piedra de virtud", en Primer Congreso del Área Araucana Argentina, Buenos Aires, tomo II, pág. 134.

[123] Guevara, "Civilización Araucana", Santiago de Chile, 1898, pág. 100, en *ídem ant.*, pág. 135.

[124] Chescuí Lautramán era el nombre indígena que se le daba a Baigorria.

[125] En Manuel Baigorria, *Memorias*, Buenos Aires, Solar-Hachette, 1975, pág. 95. Hay discrepancias y confusiones con respecto a estos hijos de Yanquetruz: Pichún y Pichuin. Las fuentes no coinciden. Creemos que el primero es el que murió prematuramente en Las Acorralladas y el segundo, Pichuin-Gualá, murió hacia 1845.

[126] Eternos enemigos de Baigorria.

[127] Estanislao Zeballos, *op. cit.*, pág. 330.

[128] Lucio V. Mansilla, *op. cit.*, pág. 234. El brigadier Rosas lamentó la huida de su Mariano y no tardó en escribirle: "Mi querido ahijado: No crea usted que estoy enojado por su partida, aunque debió habérmelo prevenido para evitarme el disgusto de no saber qué se había hecho. Nada más natural que usted quisiera ver a sus padres, sin embargo que nunca me lo manifestó. Yo le habría ayudado en el viaje haciéndolo acompañar. Dígale a Painé que tengo mucho cariño por él, que le deseo todo bien, lo mismo que a sus Capitanejos e indiadas. Reciba ese pequeño obsequio que es cuanto por ahora le puedo mandar. Ocurra a mí siempre que esté pobre. No olvide mis consejos porque son los de un padrino cariñoso, y que Dios le dé mucha salud y larga vida. Su afectísimo.–*Juan de Rozas*" (Mansilla, *op. cit.*, pág. 235). Según este mismo autor, el regalo del brigadier consistió en "doscientas yeguas, cincuenta vacas y diez toros de un pelo, dos tropillas de overos negros con madrinas obscuras, un apero completo con muchas prendas de plata, algunas arrobas de yerba y azúcar, tabaco y papel, ropa fina, un uniforme de Coronel y muchas divisas coloradas", pág. 235.

[129] Lucio V. Mansilla, *op. cit.*, pág. 255.

[130] Luis Franco, *Los grandes caciques de La Pampa*, Buenos Aires, Del Candil, 1967, pág. 54.

[131] Citado en varias fuentes.

[132] "Yo no soy de este campo, pues yo bajé cuando el gobernador Rosas me mandó llamar" escribe Calfucurá al presidente Mitre el 25 de agosto de 1863, en Luis Franco, *op, cit.*, pág. 49.

[133] Luis Franco, *op. cit.*, pág. 125.

[134] En la batalla de San Carlos, los "catrieleros" pelearon contra Calfucurá, a las órdenes del coronel Rivas. Cipriano Catriel en persona ordenó fusilar (por pelotones militares) a varios indígenas que se negaron a enfrentar a sus hermanos.

[135] Nota de la Sociedad Económica del Azul a la Sociedad Rural Argentina (noviembre de 1870 en Luis Franco, *op. cit.*, págs. 71/72). Es claro que los ganaderos lucraban exitosamente con la compra barata de cuero de vaca estos indios.

[136] *Julio Costa, Roca y Tejedor*, en Luis Franco, *op. cit.*, pág. 76.

[137] Luis Franco, *op. cit.*, págs. 107/108.

[138] Guillermo A. Terrera, *Caciques y Capitanejos en la Historia Argentina*, Buenos Aires, Plus Ultra, pág. 249.

[139] Guillermo A. Terrera, *op. cit.*, pág. 245.

[140] Con éste la amistad llegó a ser importante. Cuando Paghitruz Guor cayó prisionero de Rosas, éste sugirió efectuar un canje con Baigorria. Painé se negó sistemáticamente a esa posibilidad para no traicionar a su amigo.

[141] Baigorria, *op. cit.*, págs. 79/80.

[142] Baigorria, *op. cit.*, pág. 83.

[143] Baigorria, *op. cit.*, pág. 127.

[144] La apropiación y posterior comercialización del ganado constituye un elemento de vital importancia en el sistema de vida de las comunidades de la llanura. Gran parte de la cultura giraba en torno a esas prácticas. En un brillante trabajo Raúl José Mandrini sostiene que si bien es "casi imposible proporcionar datos del volumen de ganado robado así como de los animales pasados a Chile" existen algunos documentos que permiten estimar las cifras. Por ejemplo en 1876, "en su carta al redactor de *La República* Roca habla de unas 40.000 cabezas promedio pasadas a Chile, lo que sugiere que el total robado en la frontera era mucho mayor (…) Aunque alta, la cifra no parece excesiva frente a los datos parciales disponibles y teniendo en cuenta que en los años de grandes malones el número debió ser muy superior al promedio", en R. J. Mandrini, *La sociedad indígena de las Pampas en el siglo XIX*, en *Antropología*, Buenos Aires, Eudeba, 1985, pág. 212.

[145] Muchos de ellos prefirieron permanecer en las tolderías por propia voluntad. Jorge Luis Borges narra el interesante caso de la "muchacha india", "que era de Yorkshire, que sus padres emigraron a Buenos Aires, que los había perdido en un malón, que la habían llevado los indios y que ahora era mujer de un capitanejo, a quien ya había dado dos hijos y que era muy valiente". Borges explica que su abuela inglesa la conoció en la comandancia de Junín y "la exhortó a no volver. Juró ampararla y rescatar a sus hijos. La otra le contestó que era feliz y volvió, esa noche, al desierto". Según el escritor, "Todos los años la india rubia solía llegar a las pulperías de Junín o del Fuerte Lavalle en procura de baratijas y vicios", pero a partir de entonces no apareció nuevamente. Y continúa diciendo Borges: "Sin embargo, se vieron otra vez. Mi abuela había salido a cazar; en un rancho, cerca de los bañados, un hombre degollaba una oveja. Como en un sueño, pasó la india a caballo. Se tiró al suelo y bebió la sangre caliente". (Jorge Luis Borges, "Historia del guerrero y la cautiva", en *El Aleph*, Buenos Aires, Emecé Editores, págs. 47 a 52.

Capítulo V. La quimera de ser libres

[1] Véase al respecto el trabajo de Eugenio Carutti, "La historia desde la perspectiva de la universalización", una original visión acerca del fenómeno de la planetarización de la cultura, en *Cultura Casa del Hombre*, Buenos Aires, N° 5, julio 1983, págs. 40/44.

[2] Archivo del General Mitre, t. XVII, pág. 123, en J. C. Walther, *op. cit.*, pág. 287.

[3] J. C. Walther, *op. cit.*, pág. 299.

[4] Es también el tiempo de las experiencias insólitas. A partir de esa época y durante 14 años (1860-1874) un misterioso francés, Aurelio Antonio de Tounens, se hizo coronar rey de la Patagonia, autodenominándose Orélie-Antoine I. Perseguido por las autoridades, terminó preso y deportado, luego de haber intentado refugiarse en las tolderías de la Pampa Central.

[5] Carta del teniente coronel Murga, jefe de la guarnición de Patagones al presidente Mitre, de fecha 30 de julio de 1863, en Archivo del General Mitre, t. XXIV, pág. 50, en J. C. Walther, *op. cit.*, pág. 318.

[6] Memoria del Ministerio de Guerra y Marina, 1863, en *Íd. ant.*, págs. 319/320. La necesidad de vencer el terror por parte de los soldados encargados de custodiar la frontera agudizaba la imaginación de los oficiales. El fuerte extremo de la jurisdicción de Nueve de Julio se llamaba "Hombres sin miedo".

[7] Volveré más adelante sobre este episodio de nuestra historia y la participación indígena en él.

[8] Álvaro Barros, *Indios, fronteras y seguridad interior*, Buenos Aires, Solar-Hachette, 1975, en J. C. Walther, *op. cit.*, págs. 351/352.

[9] J. C. Walther, *op. cit.*, pág. 352.

[10] E. S. Zeballos, *op. cit.*, pág. 143.

[11] Las fuentes coinciden en afirmar que Calfucurá tenía cien años en ocasión de la batalla de San Carlos, debiendo ser ayudado a montar a su caballo para poder dirigir a sus hombres.

[12] J. C. Walther, *op. cit.*, pág. 377.

[13] J. C. Walther, *op. cit.*, pág. 379.

[14] J. C. Walther, *op. cit.*, pág. 391.

[15] J. C. Walther, *op. cit.*, pág. 419.

[16] Manuel Baigorria, *Memorias*, Buenos Aires, Solar-Hachette, 1975, pág. 139.

[17] F. L. Melchert, "Sobre la guerra con los indios y la defensa de la frontera de la Pampa", 1875, en David Viñas, *Indios, ejército y frontera*, Buenos Aires, Siglo XXI, 1983, pág. 188.

[18] Nuestro país, vertiginosamente dependiente de los intereses del Imperio Británico, se convierte en una pieza más del engranaje en la división internacional del trabajo que impone el centro imperialista, e intensifica su producción agrícola-ganadera, eje de la economía nacional. La apropiación de tierras feraces pasa a ser un objetivo imprescindible para las minorías detentoras del poder, celosas custodias del interés extranjero.

[19] Del general Julio Roca a Dardo Rocha, el 23 de abril de 1880, en David Viñas, *op. cit.*, pág. 98.

[20] Estanislao Zeballos, *La conquista de quince mil leguas*, Buenos Aires, Coni, 1978.

[21] Mensaje y proyecto del señor Ministro de Guerra y Marina, General Julio A. Roca sobre la traslación de la frontera sur a los ríos Negro y Neuquén, Buenos Aires, agosto 14 de 1878, en J. C. Walther, *op. cit.*, págs. 599 y 603.

[22] *Íd. ant.*, en J. C. Walther, *op. cit.*, pág. 602.

[23] *Íd. ant.*, en J. C. Walther, *op. cit.*, pág. 572.

[24] "Orden del Día; Campamento General en Carhué, abril 26 de 1879.

Soldados del Ejército Expedicionario al Río Negro:

Al despedirme del señor presidente de la República para venir a ponerme al frente de vosotros me recomendó saludaros en su nombre y deciros que está satisfecho de vuestra conducta.

Con asombro de todos nuestros conciudadanos en poco tiempo habéis hecho desaparecer las numerosas tribus de la Pampa que se creían invencibles con el pavor que infundía el desierto y que era como un legado fatal que aún tenían que transmitirse las generaciones argentinas por espacio de siglos.

Cuando la ola humana invada estos desolados campos que ayer eran el escenario de correrías destructoras y sanguinarias para convertirlos en emporios de riqueza y en pueblos florecientes en que millones de hombres puedan vivir ricos y felices, recién entonces se estimará en su verdadero valor el mérito de vuestros esfuerzos. *Extinguiendo estos nidos de piratas* terrestres y tomando posesión real de la vasta región que los abriga, habéis abierto y dilatado los horizontes de la patria hacia las comarcas del sur, trazando por decirlo así, con vuestras bayonetas un radio inmenso para su desenvolvimiento y grandeza futura.

Los Estados Unidos del Norte una de las más poderosas naciones de la tierra no han podido hasta ahora, dar solución a la cuestión de indios, ensayando todos los sistemas, gastando anualmente millones de dólares y empleando numerosos ejércitos: —vosotros vais a resolverla en el otro extremo de la América con un pequeño esfuerzo de vuestro valor.

Alejados de los centros de población, careciendo muchas veces de lo indispensable para la vida, soportando con paciente abnegación el rigor de las estaciones y expediciones sin consultar otra cosa que el rumbo del enemigo, nada ha podido quebrantar vuestro espíritu ni alterar la disciplina.

No tengo necesidad de enumerar la serie de hechos brillantes que habéis llevado a cabo conducidos por vuestros jefes cuyos nombres han recorrido ya, de boca en boca la República entera y que figurarán en la posterioridad al lado de Lavalle, Brandsen, Olavarría, Lamadrid, Pringles, Necochea y otros valientes de la epopeya de la Independencia.

En esta campaña no se arma vuestro brazo para herir compatriotas y hermanos extraviados por las pasiones políticas o para esclavizar y arruinar pueblos o conquistar territorios de las naciones vecinas. Se arma para algo más grande y noble; *para combatir por la seguridad y engrandecimiento de la Patria, por la vida y fortuna de millares de argentinos y aun por la redención de esos mismos salvajes que, por tantos años librados a sus propios instintos, han pesado como un flagelo en la riqueza y bienestar de la República.* Aún quedan restos de las tribus de Namuncurá, Baigorrita, Pincén y otros caciques que pronto caerán en poder de las divisiones encargadas de hacer la batida general en el circuito de la Pampa, mientras otras toman posesión del Río Negro.

Dentro de tres meses quedará todo concluido. *Pero la República no termina en el río Negro: más allá acampan numerosos enjambres de salvajes que son una amenaza para el porvenir y que es necesario someter a las leyes y usos de la nación,* refundiéndolos en las poblaciones cristianas que se han de levantar al amparo de vuestra salvaguardia.

Sé que entre ellos hay caudillos valientes y animosos que aprestan sus lanzas prefiriendo sucumbir antes que renunciar a la vida del pillaje. Allí iremos a buscarlos aunque se oculten en los valles más profundos de los Andes o se refugien en los confines de la Patagonia abriendo así una segunda campaña donde nuevos trabajos y glorias nos esperan.

Formado en el ejército y salido de sus filas, conozco sus virtudes, su fuerza en fatigas y su valor en los campos de batalla. Me veo con placer entre vosotros y consideraré siempre como el timbre más glorioso de mi vida haber sido vuestro general en jefe en esta gran cruzada inspirada por el más puro patriotismo, contra la barbarie.

Veamos [sic] pues, confiados y resueltos al cumplimiento del deber en el rol que a cada uno le está marcado en este vastísimo campo estratégico, que la República siempre generosa sabrá premiar vuestros sacrificios.

Soldados del Ejército Expedicionario. Antes de dar el primer paso sobre la ruta del río Negro, os invito a dar un ¡viva! a la República Argentina al presidente de la República, doctor Avellaneda. ¡Honor eterno a la memoria del doctor Alsina, mi ilustre Antecesor!

Abril 26 de 1879.

Julio A. Roca"

En J. C. Walther, *op. cit.*, págs. 450/452.

[25] J. C. Walther, *op. cit.*, pág. 453.

[26] J. C. Walther, *op. cit.*, pág. 476.

[27] Memoria del Departamento de Guerra y Marina, 1872, t. I, pág. 197, en J. C. Walther, *op. cit.*, pág. 517.

[28] J. C. Walther, *op. cit.*, pág. 546.

[29] J. C. Walther, *op. cit.*, pág. 547.

[30] Memoria del Departamento de Guerra y Marina, 1884, t. I, pág. 75, en J. C. Walther, *op. cit.*, pág. 552.

[31] Memoria del Departamento de Guerra y Marina, 1884, t. I, pág. 78, en J. C. Walther, *op. cit.*, pág. 554.

[32] Nota del general Vintter al jefe de Estado Mayor del Ejército, 20 de febrero de 1885. Memoria del Departamento de Guerra y Marina, 1898/9, en J. C. Walther, *op. cit.*, págs. 560/561.

[33] La ley 1.532 de octubre de 1884 establece las gobernaciones de La Pampa, Neuquén, Río Negro, Chubut, Santa Cruz y Tierra del Fuego.

[34] Ricardo Santillán Güemes, *Cultura, creación del pueblo*, Buenos Aires, Guadalupe, 1985, pág. 53.

[35] Jorge Páez, *La conquista del desierto*, Buenos Aires, Centro Editor de América Latina, 1971, pág. 111.

[36] Domingo Faustino Sarmiento, "Conflicto y armonías de las razas en América", 1883, en David Viñas, *op. cit.*, pág. 267.

[37] Roberto J. Payró, "La Australia Argentina", 1899, en David Viñas, *op. cit.*, pág. 289.

[38] Curruhuinca-Roux, *Las matanzas del Neuquén*, Buenos Aires, Plus Ultra, 1985, págs. 184/185.

[39] Bernardo González Arrili, *Los indios Pampas*, Buenos Aires, Stilcograf, 1960, pág. 94.

[40] Cte. Prado, "La guerra al malón", en David Viñas, *op. cit.*, pág. 293.

[41] *La Verdad*, Buenos Aires, 25 de febrero de 1871; relato de un corresponsal de Nueve de Julio, entregado el 20 de febrero de 1871, en P. Meinrado Hux, *Coliqueo, el indio amigo de Los Toldos*, Buenos Aires, Eudeba, 1980, pág. 132.

[42] Relato del misionero Pablo E. Savino sobre su misión en Los Toldos para el Superior General en París, publicado en francés, en *Anales de la Congregación Lazarista*, 1878, vol. 43, pág. 497 y ss., en P. Meinrado Hux, *op. cit.*, pág. 211.

[43] *El Nacional*, Buenos Aires, 20 de marzo de 1885, pág. 1, columnas 4 y 5, en Curruhuinca Roux, *op. cit.*, pág. 188.

[44] *Id. ant.*, pág. 188.

[45] Producida la conquista, la población indígena en América comenzó a declinar en forma alarmante. Por lo que es el estado actual de nuestros conocimientos el límite de la declinación se sitúa siglo y medio después de los primeros choques entre España y las comunidades indígenas, a mediados del siglo XVII. En ese preciso momento la población original se redujo a un mínimo.

Rosemblat (1954) estima que desde 1492 a 1650 la despoblación asciende a una cuarta parte del total original; Dobyns estima una caída abismal, una reducción a una vigésima o vigésimaquinta parte; Cook y Borah, en estudios referidos al México Central, afirman que en los albores de la Conquista pereció un tercio de la población y en cada cuarto de siglo subsiguiente más de la mitad de los restantes, hasta quedar un 4% de la población originaria a comienzos del siglo XVII.

Las epidemias aparecen como una de las causas decisivas en la despoblación, coincidiendo en ello la mayoría de los autores. Estos flagelos alcanzaron máxima intensidad en las zonas tropicales, islas y márgenes del mar Caribe y las costas del Pacífico, pero en general llegaron a todos los rincones del continente.

[46] Relato del misionero Pablo E. Savino sobre su misión en Los Toldos, *op. cit.*, pág. 508, en P. Meinrado Hux, *op. cit.*, págs. 216/217.

[47] Bernardo González Arrili, *op. cit.*, pág. 94.

[48] José E. Rodriguez, *Campaña del desierto*, Buenos Aires, Imprenta López, 1927, pág. 26, en Alberto D. H. Scunio, *La Conquista del Chaco*, Buenos Aires, Círculo Militar, 1972, pág. 165.

[49] "El coronel Pereyra en sus Memorias indica que las depredaciones de los indios, si bien nunca justas, fueron muchas veces provocadas por los blancos los cuales solían cometer abusos en los toldos de los nómadas cuando los indios se encontraban trabajando en los obrajes", Alberto D. H. Scunio, *op. cit.*, pág. 182.

[50] En el combate Fontana perdió su brazo izquierdo y en el intercambio posterior de telegramas con el presidente Roca queda de manifiesto un singular modo de encarar la desgracia y el ejercicio de la violencia: "He perdido el brazo izquierdo en un combate con los indios, pero me queda otro para firmar el plano del Chaco que he completado en esta excursión. José Luis Fontana". La respuesta fue: "Su brazo mutilado y un reguero de sangre marcarán en el Chaco los derroteros de la civilización y del progreso. Hoy he firmado su despacho de Teniente Coronel. Julio Argentino Roca", en Alberto D. H. Scunio, *op. cit.*, pág. 206.

[51] Informe de Bosch al Inspector y Comandante General de Armas de la Nación, General Joaquín Viejobueno, en Alberto D. H. Scunio, *op. cit.*, pág. 241.

[52] *Id. ant.*, pág. 246.

[53] *Id. ant.*, pág. 246.

[54] Parte de Obligado, en Alberto D. H. Scunio, *op. cit.*, pág. 253.

[55] Los caciques presentados fueron: Borbon; Alejo; Bazán; Dosvales; Pancho; Mulato; José Petiso; Chingolito; Palomo; Bomba; Nicasio; Bonifacio; Tomás; Juan Pablo; Tomasito; Viejo Toro; Benito; Ratón; Ojo Pelado; Sanjuanino; Carapintada; Esteban; Belisario; Samayén; Francisco; Mariano; Cabezón; Lobo; Carasucia; Juan Largo; Alazán; Tolosito y Pedro, en Alberto D. H. Scunio, *op. cit.*, págs. 269/272.

[56] Ignacio H. Fotheringham, *La vida de un soldado*, Buenos Aires, Kraft, pág. 499, en Alberto D. H. Scunio, *op. cit.*, pág. 275.

[57] *Id. ant.*, pág. 461, en Alberto D. H. Scunio, *op. cit.*, pág. 277.

[58] *Id. ant.*, pág. 450, en Alberto D. H. Scunio, *op. cit.*, pág. 278.

[59] *Id. ant.*, pág. 450, en Alberto D. H. Scunio, *op. cit.*, pág. 282.

[60] Informe de Obligado al Ministro del Interior. Memoria de Guerra 1885/86, pág. 541, en Alberto D. H. Scunio, *op. cit.*, pág. 292.

[61] Memoria de Guerra, 1885, pág. 567 y ss., en Alberto D. H. Scunio, *op. cit.*, pág. 296.

[62] Memoria de Guerra, 1889-1900, págs. 152 y ss., en Alberto D. H. Scunio, *op. cit.*, pág. 311.

[63] En Chaco se repite –aunque en menores proporciones– la misma estrategia de extinción de los grandes cacicazgos como en Pampa y Patagonia. En el lapso de 33 años (1862-1895) los principales caciques son aniquilados a través de tres vías: la muerte en combate (12); la ejecución (2) y la rendición y/o presentación (33).

[64] El Primer Censo Nacional llevado a cabo durante la presidencia de Sarmiento en septiembre de 1869 estimaba a la población indígena de Chaco, Pampa y Patagonia en 93.133 habitantes distribuidos de la siguiente manera: Chaco: 45.291; Pampa: 21.000 y Patagonia 23.847.
Cabe consignar que la población censada ascendía a 1.737.076; la población omitida censar: 75.759; población de las islas Malvinas: 780 y otros agregados (Ejército del Paraguay): 6.276, por lo que el total general de la población era de 1.913.029 habitantes. En F. De Aparicio y H. Difrieri, *La Argentina. Suma de Geografía*, Buenos Aires, Peuser, 1961, tomo VII, pág. 200 y ss.

[65] Un capítulo aparte en la conquista lo constituye la búsqueda mítica por los españoles de lugares repletos de riquezas. En muchas circunstancias las aventuras increíbles de los propios conquistadores dieron lugar a esas creencias. Así ocurrió con la armada organizada por el Obispo de Plasencia que en enero de 1540 se internó en el estrecho de Magallanes. La nave capitana naufragó y su jefe, fray Fran-

527

cisco de la Rivera con 150 hombres buscó refugio en tierra firme. Nunca más se supo de ellos, resultando infructuosas las distintas búsquedas realizadas.

Aquellos náufragos jamás encontrados, dieron origen a la leyenda de Trapalanda, o la Ciudad de los Césares, o la Ciudad Encantada, un paraíso en la Tierra fundado por los propios sobrevivientes, transformados a partir de entonces por la creencia popular en seres inmortales.

Pero no fueron ellos los únicos protagonistas de estas historias alucinantes. En 1584, un nutrido contingente de la expedición de Sarmiento de Gamboa al mismo lugar (en un intento anterior de 1582 el mismo conquistador había perdido a más de seiscientos hombres entre pestes, hambrunas, naufragios y ajusticiamientos) quedó también para siempre en las costas del estrecho y tampoco se supo más de ellos solo que presumiblemente pasaron a engrosar la población de la Ciudad Encantada.

A lo largo de América muchas historias como estas se fueron sucediendo. Cientos de hombres tragados para siempre por la nueva tierra, quizás muertos por los indios, por los rigores de una naturaleza desconocida o quizás efectivamente viviendo como pioneros de una nueva realidad de la cual de todos modos no tenemos más que vagas informaciones o sugestivas crónicas de aquel entonces.

[66] Para mencionar sólo algunos de los trabajos, verdaderas fuentes documentales de enorme valor, baste mencionar la *Historia de los Abipones*, de Martín Dobrizhoffer; *Hacia allá y para acá*, de Florian Paucke (también sobre los abipones) y las obras de Alberto Sepp, referidas a los guaraníes del Litoral.

[67] Carta al presidente Avellaneda, en Santiago L. Copello, *Gestiones del Arzobispo Aneiros*, Buenos Aires, Difusión, 1944, pág. 19.

[68] Santiago L. Copello, *op. cit.*, págs. 47/48.

[69] Santiago L. Copello, *op. cit.*, págs. 89/90.

[70] Santiago L. Copello, *op. cit.*, pág. 95.

[71] Carta del cacique Queupumil a monseñor Aneiros, en Santiago L. Copello, *op. cit.*, pág. 157.

[72] Santiago L. Copello, *op. cit.*, pág. 154.

[73] Alejandro Mac Lennan (a) "el chancho colorado" era un siniestro personaje. Inglés, colaborador estrecho de José Menéndez Behety y fundador de sus estancias, tenía a su cargo la misión de comandar el exterminio de indígenas. Ocupa seguramente el lugar más destacado en la galería de "cazadores"; se dice que murió loco y borracho en Punta Arenas, atrapado por los sangrientos recuerdos de sus matanzas al grito desesperado de "¡ahí están! ¡ahí vienen! ¡los indios, los indios!"
También "cazador" renombrado fue otro inglés, llamado "Mister Bond, quien finalizado el estorbo indígena en el sur continuó con su trayectoria en las masacres de obreros en la Patagonia (1921) adonde en un solo día mandó fusilar a 17 trabajadores acusados de "bandoleros".

[74] "… que estas tribus no tienen donde estar, no tienen donde vivir; porque son perseguidos por los pobladores que han llegado a veces hasta ofrecer una libra esterlina por cada indio que se matara…" (Sesiones de la Cámara de Diputados, tomo 1899/2; Nº 69; 13ª sesión de la prórroga del 21.11.99.) En discusión: para subvención de los establecimientos de los padres salesianos en los territorios naciona-

les, $ 1500, en Juan E. Belza, "En la Isla del Fuego", II, *Colonización*, Instituto de Investigaciones Históricas Tierra del Fuego, Buenos Aires, 1975, pág. 349.

[75] Ésta fue una historia espeluznante: originalmente fueron secuestrados 11 indígenas, dos de los cuales murieron en el viaje. De los 9 expuestos en la jaula 2 fallecieron a causa de los tormentos sufridos; de los seis rescatados por Beauvoir 2 murieron en el trayecto de regreso mientras que los otros cuatro pudieron llegar sanos y salvos a la Misión Salesiana de Punta Arenas. El restante ona se había fugado de París durante el cautiverio. "Calafate" caminó por distintos países europeos durante dos años hasta que consiguió regresar a América. Le tocó otra vez a Beauvoir encontrarlo, esta vez en Montevideo, desde donde lo acompañó hasta el remanso de Punta Arenas, su hogar. Tres años de pesadilla, símbolo de una cultura vejada, habían terminado.
No era la primera vez que ocurrían estos aberrantes traslados. El mismo Charles Darwin en su obra *Viaje de un naturalista alrededor del globo* menciona a los fueguinos "bautizados" como Jemmy Button, York Minster y Fueguia Basket quienes fueron devueltos por el capitán Fitz Roy en ocasión del viaje desarrollado entre 1831 y 1836. Los tres, junto con un cuarto, muerto de viruela en Inglaterra habían sido secuestrados en un viaje anterior llevado a cabo entre 1826 y 1830 por el mismo marino.

[76] "El complejo Chiriguano Chané", en *Censo Indígena Nacional*, Buenos Aires, 1968, tomo II, pág. 37.

[77] Son famosos los trabajos de Bernardino de Nino, "Etnografía Chiriguana", y el Diccionario *Chiriguano-Español y Español-Chiriguano* de los padres Romano y Cattunar.

Capítulo VI. De señores de la tierra a minorías étnicas

[1] En la relación sociedad civil-fuerzas armadas radica otra de las claves de nuestra cultura, que no deberíamos reducir a una polarización entre un extremo enteramente "bueno" y otro exclusivamente "malo", porque correríamos el riesgo de simplificar la cuestión. Y aunque los problemas generados por esta relación exceden el marco de este trabajo podemos decir que probablemente el componente de violencia –presente en muchos sectores de la vida argentina– ha incidido con consecuencias nefastas para su normal desarrollo que se ha visto continuamente deformado.

[2] Éste fue un proceso semejante en muchos países sudamericanos, en donde la historia de las sociedades especialmente durante este siglo "produjo el desplazamiento paulatino y permanente de gran cantidad de comunidades indígenas hacia áreas de frontera"; es más, la situación actual ratifica con plenitud este hecho, a poco que observemos el tipo de población (mayoritariamente aborigen) que hoy ocupa las fronteras de cada país sudamericano (Martínez Sarasola, 1977).
En su omnipotencia expansiva, las clases dominantes de Argentina creyeron que empujando a los indígenas hacia las fronteras terminaban con el "problema" o al menos lo alejaban para siempre.
En nuestros días la situación se ha revertido totalmente, porque esas mismas poblaciones constituyen ámbitos de encuentro con las comunidades hermanas que

están ubicadas en los países limítrofes, generándose así inesperados vehículos de integración continental. Ya volveremos sobre este punto.

[3] A. D. Scunio, *La Conquista del Chaco*, Buenos Aires, Círculo Militar, 1971, pág. 314.

[4] "Memoria de Guerra" 1907–1908, pág. 20, en A. D. Scunio, *op. cit.*, págs. 315/6.

[5] "Memoria de Guerra" 1914–1915, pág. 23, en A. D. Scunio, *op. cit.*, págs. 324/5.

[6] La masacre de Yunka presenta muchos aspectos oscuros. Los diarios de Buenos Aires, especialmente *La Prensa* y *La Nación* aprovecharon el desastre para reclamar la adopción de severas medidas contra los indígenas responsables.

El principal acusado fue el cacique pilagá Garcete, aunque no está del todo aclarada la participación de grupos máká del Paraguay, en cuyo poder se encontraron posteriormente algunas de las carabinas robadas en la ocasión del asalto al fortín.

La represión, encomendada al capitán Enrique. G. Boy (un controvertido oficial acusado por sus propios subordinados de abuso de autoridad en hechos posteriores) fue particularmente violenta: la toldería vacía de Garcete fue arrasada e incendiada y en la confusión murió calcinado un "chireté" (Indiecito) que había permanecido oculto en una hamaca. Entre los muertos indios se registran días después a un hermano de Garcete, fusilado.

A todo esto, las causas del ataque a Yunka son difíciles de descubrir. Pero hay una que podría desanudar la madeja: pocos días antes de la masacre un indio de Garcete fue descubierto mientras robaba algunos alimentos de una chacra de Fontana y fue asesinado por su poblador. Detenido el criminal, fue puesto en libertad por la autoridad militar, hecho que predispuso muy mal a los pilagás y probablemente se pusieron en marcha los mecanismos de la "venganza de la sangre" consumada en Yunka, que pasó a la historia como "el último malón" y que fue utilizado de mil maneras; una de ellas, por grupos de presión que se valieron del hecho para atacar al gobierno del presidente Yrigoyen.

[7] Memoria Anual del Regimiento de Gendarmería de Línea, 1926, folio 4, en A. D. Scunio, *op. cit.*, pág. 336.

[8] Del informe de inspección del doctor Lorenzo Galíndez para la Comisión Honoraria de Reducciones de Indios, Buenos Aires, 1936, en *Consejo Agrario Nacional*, (CAN), 1945, pág. 171.

[9] J. Bialet Massé, *El estado de las clases obreras argentinas a comienzos del siglo*, Universidad Nacional de Córdoba, 1968, pág. 56.

[10] Informe de inspección del Dr. Ramón Pardal para la Comisión Honoraria de Reducciones de Indios, Buenos Aires, 1936, en CAN, págs. 165–166.

[11] Esta vergonzosa realidad de los vales, consecuencia por otra parte de la intromisión de intereses extranjeros en la región, necesitó de una norma específica, la ley 11.278 de 1925, que determinó la obligación de pagar el salario en moneda nacional exclusivamente.

[12] J. Bialet Massé, *op. cit.*, pág. 81.

[13] Del informe de Ramón Pardal, *op. cit.*, págs. 161–162.

[14] María Isaura Pereira de Queiroz, *Historia y etnología de los movimientos mesiánicos*, México, Siglo XXI, 1969, pág. 20.

[15] María Isaura Pereira de Queiroz, *op. cit.*, pág. 28. Nótese que el mito guaraní de "la tierra sin mal", descripto en la pág. 81 se inscribe cómodamente en la concepción mesiánica.

[16] En la descripción de estos movimientos de rebelión seguimos muy especialmente el trabajo de Edgardo J. Cordeu y Alejandra Siffredi, "De la Algarroba al Algodón", (Buenos Aires, Juarez, 1971), verdadero modelo de reconstrucción etnohistórica a pesar de algunos críticos excesivos (Miller, 1979).

[17] "No se debe olvidar la habitual severidad de la represión que por esos años el poder estatal infligía a sus grupos o clases oponentes; valgan sino como ejemplo los antecedentes de la Semana Trágica y los incidentes, casi contemporáneos con Napalpí, cuando la sofocación de la huelga revolucionaria de los obreros ganaderos de la Provincia de Santa Cruz", en Cordeu–Siffredi, *op. cit.*, pág. 77.

[18] *Heraldo del Norte*, 1925; Diario de Sesiones de la Cámara de Diputados, 1924: 422, en Cordeu–Siffredi, *op. cit.*, pág. 89.

[19] Luego de la matanza se constituyó una comisión investigadora en el Congreso Nacional, que estimó que "entre muertos y heridos deben haber sido más de doscientos", Cámara de Diputados, 1924: 422, en Elmer S. Miller, *Los tobas argentinos. Armonía y disonancia de una sociedad*, México, Siglo XXI, 1969.

[20] Cordeu-Siffredi, *op. cit.*, pág. 115. Los mismos autores recuerdan también que la venida celestial de bienes es un relato mítico de viejísima data en el Chaco, referido a la presencia de héroes culturales enviados a la Tierra por una deidad y portadores de todo tipo de bienes para los hombres.

[21] Cordeu-Siffredi sugieren una relación entre la entrega de bastones por parte de Natochi y el mito incaico del dios Viracocha, quien también transfería su poder de la misma manera, *op. cit.*, pág. 111.

[22] Estamos haciendo referencia aquí a jesuitas y franciscanos de la Iglesia Católica y a anglicanos, menonitas y pentecostales de la Iglesia Protestante. Entre los pentecostales se registran una gran cantidad de grupos como la Iglesia de Dios pentecostal; evangélica unida; de rayos de luz; bautista; de gracia y gloria; del cuádruple evangelio; de la asamblea de Dios. Estas iglesias son extremadamente conservadoras, de características fundamentalistas y tienen su centro de origen en los Estados Unidos.

[23] Otros misioneros dignos de mención en ese período son: Domingo Muriel; José Brigniel; Joaquín Camaño; José Jolís; Pedro Juan Andreu; José Cardiel; Vicente Olcina.

[24] "Mi mal comenzó por no poder dormir a causa de los mosquitos. Me levantaba de noche, al no poder dormir por razón de ellos y para libertarme de los mismos, me ponía a caminar de un extremo a otro del patio. Así no dormía, y tampoco podía comer. Me puse tan delgado y pálido que parecía un esqueleto, revestido de piel. Se opinaba que parecía no viviría yo sino dos o tres meses más, pero el Provincial me salvó la vida, enviándome a las Reducciones Guaraníticas", *op. cit.*, t. 1, pág. 29.

[25] Guillermo Furlong, *Entre los abipones del Chaco*, Buenos Aires, 1938, en Martín Dobrizhoffer, *op. cit.*, pág. 41, prólogo de Guillermo Furlong, S. J.

[26] Carta del padre Klein escrita al visitador padre Nicolás Contucci, 10 de octubre de 1763, en Archivo Nacional de Santiago de Chile, Jesuitas 340, en Dobrizhoffer, pág. 43.

[27] EPIA, *El problema indígena en la Argentina*, Buenos Aires, CAN, 1945, págs. 271/2.

[28] EPIA, Buenos Aires, CAN, 1945, págs. 289.

[29] En gran parte de este análisis seguimos a Elmer S. Miller (1979) que se especializó en el caso toba y a Cordeu-Siffredi (1971).

[30] Según relata Miller, en conexión con el almacén que había sido creado para introducir a los tobas en los "hechos económicos de la vida", se abrieron algunas cuentas bancarias por familia para promover la idea del ahorro. Esta práctica terminó fracasando porque además de chocar contra la estructura económica indígena, los propios interesados se sentían engañados por los misioneros en el manejo de su dinero.

[31] Elmer S. Miller, *op. cit.*, pág. 131.

[32] Cordeu-Siffredi, *op. cit.*, pág. 134.

[33] Relato del indígena toba P. Yorqui, en Cordeu, 1969, en Cordeu-Siffredi, 1971, pág. 137. La noción del viento o dioses vinculados a él son muy comunes en los grupos indios y en determinadas circunstancias como la curación chamánica. Nosotros participamos en una sesión a cargo de un payé chiriguano que previamente a la extracción de la enfermedad en su paciente, invocó al "dios del viento" en su ayuda (véase nota 38, pág. 542).

[34] Testimonio directo del toba F. Ramos, en Cordeu-Siffredi, *op. cit.*, pág. 148.

[35] Cordeu-Siffredi, *op. cit.*

[36] E. Carutti, M. Garreta, C. Martínez Sarasola y otros, "Cultura nacional y cultura del pueblo: su expresión aborigen en el ramal salteño", Universidad Nacional de Salta, Servicio de Acción Cultural, 1975, págs. 24/25.

[37] Guillermo Magrassi, *Los aborígenes de la Argentina*, Buenos Aires, Búsqueda-Yuchán, 1987, pág. 92.

[38] Guillermo Magrassi, *Los aborígenes...*, 1987, págs. 124/5.

[39] Guillermo Magrassi, *La población aborigen...* 1982, pág. 30.

[40] Eulogio Frites, *Los Collas*, 1970, mim., págs. 1/2.

[41] Isabel Hernández, "Los indios y la Antropología en la Argentina", en *Los indios y la Antropología en América Latina*, Buenos Aires, Búsqueda-Yuchán, 1984, págs. 17/18.

[42] *La Nación*, miércoles 1° de agosto de 1883, en Milcíades A. Vignati, *La tribu del cacique O'lkelkkénk*, 1945.

[43] *Id. ant.* Sin embargo, la práctica continuó. Al año siguiente, los niños y adolescentes de las comunidades prisioneras de Foyel e Inacayal, fueron separados de sus padres y repartidos entre familias de Buenos Aires, Curruhuinca-Roux, *op. cit.*, pág. 226.

[44] Milcíades A. Vignati, *op. cit.*

[45] *La Prensa*, jueves 13 de septiembre de 1883, en Milciades A. Vignati, *op. cit.*, 1946.

[46] *El Diario*, jueves 6 de septiembre de 1883, en Milciades A. Vignati, *op. cit.*, 1946.

[47] Federico Escalada, *El complejo tehuelche. Estudios de etnografía patagónica*, Buenos Aires, Coni, 1949, pág. 274.

[48] Federico Escalada, *op. cit.*, pág. 294.

[49] Tomás Harrington, Contribución al estudio del indio gununa-kune (Separata de la *Revista del Museo de La Plata*, Nueva Serie, t. 2, Sección Antropología, N° 14, La Plata, 1946), pág. 272.

[50] Guillermo Cox, *Viaje... 1863*, en Federico Escalada, *op. cit.*, pág. 267.

[51] Por aplicación de esta ley se beneficiaron 391 personas con 8.548.817 hectáreas en La Pampa, Río Negro y Neuquén. (Véase J. Páez, *La conquista del desierto*, Buenos Aires, Centro Editor de América Latina, 1970, pág. 111).

[52] Por aplicación de esta ley se beneficiaron 541 personas con 4.679.510 hectáreas en La Pampa, Río Negro, Neuquén, Chubut y Tierra del Fuego. (Véase J. Páez, *op. cit.*, pág. 111).

[53] Curruhuinca-Roux, *op. cit.*, pág. 243.

[54] Rodolfo Casamiquela, "El contacto araucano-gununa-kena: influencias recíprocas en sus producciones espirituales", en Primera Mesa Redonda Internacional de Arqueología y Etnografía, "Vinculaciones de los aborígenes argentinos con los de los países limítrofes", 11-15, Buenos Aires, noviembre de 1957. (1962).

[55] Raúl Entraigas, *El mancebo de la tierra*, Buenos Aires, Instituto Salesiano de Artes Gráficas, 1974, pág. 43.

[56] Manuel Gálvez, *El santito de la toldería*, Buenos Aires, Poblet, 1947, pág. 114.

[57] El ex presidente Luis Sáenz Peña se consideraba amigo del cacique. Había sido uno de los principales promotores de la restitución de las tierras.

[58] Testimonios, serie primera, pág. 127, en Raúl Entraigas, *op. cit.*, pág. 169.

[59] Información del padre Zanettin, en Testimonios, serie primera, pág. 52, en Raúl Entraigas, *op. cit.*, pág. 144.

[60] Testimonios, serie primera, pág. 108, en Raúl Entraigas, *op. cit.*, pág. 99.

[61] Testimonios, serie primera, pág. 128, en Raúl Entraigas, *op. cit.*, pág. 173.

[62] Testimonio del padre De Salvo, en Testimonios, serie primera, pág. 128, en Raúl Entraigas, *op. cit.*, pág. 173.

[63] Originales, Carta N° 14, en Raúl Entraigas, *op. cit.*, págs. 243/4. (La bastardilla es nuestra).

[64] Originales, Carta N° 38, en Raúl Entraigas, *op. cit.*, pág. 313.

[65] M.A. Bartolomé, La situación de los indígenas en la Argentina: Área chaqueña y provincia de Misiones, en *La situación del indígena en la América del Sur*, págs. 322/3.

[66] La Argentina pasó innumerables dificultades para conformar el ejército que marcharía a la guerra de la Triple Alianza. Al respecto dice Haydée Gorostegui de Torres que "los medios con que contaba el país en la emergencia se reducían al ejército integrado por las unidades de línea y la Guardia Nacional en servicio activo, los que sumaban alrededor de seis mil hombres distribuidos en distintas partes del territorio para prevenir movimientos internos y a lo largo de la frontera con el indígena; hubo por lo tanto que recurrir a medidas especiales, ya que estas fuerzas apenas bastaban para cumplir su cometido específico; se ordenó la movilización de la Guardia Nacional en todo el país y el reclutamiento en Entre Ríos y Corrientes de diez mil soldados que se pondrían al mando de los generales Urquiza y Cáceres. Se dispuso además la creación de un ejército de operaciones mediante la contribución de las provincias, lo que permitiría organizar 19 batallones de quinientos hombres con los contingentes de Guardias Nacionales de cada una de ellas; este número se amplió después a veinticinco mil soldados en total. Las disposiciones tomadas tropezaron con dificultades para ser cumplidas en algunas provincias donde el entusiasmo popular ante la guerra fue muy escaso; ya nos hemos referido a los episodios de Mendoza, vinculados con el envío de contingentes y cabe añadir un episodio similar en Entre Ríos, que culminó con el desbande de ocho mil soldados de caballería reunidos por Urquiza", en *Argentina. La Organización Nacional*, Buenos Aires, Paidós, 1987, pág. 80.

[67] M. A. Bartolomé, "La situación de los guaraníes (Mbyá) de Misiones (Argentina)", en *Suplemento Antropológico de la Revista del Ateneo Paraguayo*, Asunción, vol. 4, N° 2, págs. 161-164, 1969, citado por Informes del Instituto Nacional de Antropología, INA: Relevamiento cultural de la Provincia de Misiones, 1974, pág. 95.

[68] Informes del INA, pág. 96.

[69] M.A. Bartolomé, *op. cit.*, pág. 323.

[70] Juan Bautista Ambrosetti, *Los indios Kaingagues de San Pedro, Misiones*, Buenos Aires, Compañía Sudamericana de Billetes de Banco, 1895, en Viajes y Antropología, spi, v. 3, fol. N° 1.

[71] Juan Bautista Ambrosetti, *op. cit.*

[72] Darcy Ribeiro, entrevista de Eduardo Blaustein en *Página 12*, jueves 31 de marzo de 1988.

[73] Hugo Ratier, "Braceros, Peones, Villeros", en *Clarín*, 8 de enero de 1976.

[74] Hugo Ratier, *op. cit.*

[75] Citado por J. J. Hernández Arregui, "La formación de la conciencia nacional", Buenos Aires, Hachea, 1971, págs. 387/388.

[76] Darcy Ribeiro, *Ibídem.*

CAPÍTULO VII. EL ESTADO Y LAS POLÍTICAS HACIA EL INDÍGENA

[1] En la actualidad está contemplada la posibilidad de reformulación y/o eliminación de este texto de acuerdo con los trascendidos periodísticos respecto a una eventual reforma constitucional (*Clarín*, 11 de enero de 1987). Es importante hacer notar asimismo que la Convención Nacional Constituyente de 1949 había eliminado toda mención a los indígenas "por cuanto no se pueden establecer distinciones raciales de ninguna clase, entre todos los habitantes del país".

[2] Tal vez éste sea el aspecto positivo del inc. 15: la regulación del principio de igualdad ante la ley, al menos como intención. Véase al respecto el cap. VIII, "El indígena como compatriota".

[3] *Tratamiento de la cuestión indígena*, (TCI), pág. 40.

[4] TCI, pág. 139.

[5] TCI, pág. 139.

[6] TCI, pág. 141.

[7] TCI, pág. 45.

[8] TCI, pág. 46.

[9] TCI, pág. 47.

[10] TCI, pág. 53.

[11] TCI, pág. 143.

[12] Juan Bialet-Massé, *El estado de las clases obreras argentinas a comienzos del siglo*, (Universidad Nacional de Córdoba, 1969), es un brillante compendio de la situación de los sectores del trabajo en el país a principios de este siglo. Como descripción –exceptuando aquellos párrafos en que los juicios de valor hacen del trabajo una pintura etnocentrista y paternalista– su aporte es invalorable para los estudiosos e investigadores de nuestra historia socioeconómica. La estructura del Informe así lo corrobora: El obrero criollo. El Territorio Nacional del Chaco: el indio; Inmigración extranjera. Impuestos internos; latifundios; reglamentación. El trabajo agrícola; cereales. La destrucción del bosque; el obraje en el Chaco. El azúcar; Tucumán, Salta, Jujuy. La Rioja; la minería. La alta agricultura. Córdoba; el riego; la fuerza hidroeléctrica. La cantera. Santa Fe. Carga y descarga de buques

y ferrocarriles; estibadores. El trabajo en las industrias del transporte; ferrocarriles; el acarreo; las agencias de transportes. El contrato de servicio. Necesidad de una forma escrita. El salario y su pago. El derecho a la vida; la ración mínima; el jornal mínimo. La jornada racional o la jornada tipo de ocho horas. El descanso semanal. Los accidentes de trabajo. De las multas patronales. La mujer y el niño. Las sociedades obreras. Agencias de conchabo. Resultados finales. El obrero criollo, estudio de las fuerzas musculares. Tucumán; la zafra. Córdoba. San Luis. Mendoza; el mar de la viña. San Juan. Industria de Transportes. Ferrocarriles. Conclusiones.

[13] Juan Bialet-Massé, *op. cit.*, pág. 87.

[14] El decreto del 3 de mayo de 1899 establecía que a partir de ese momento los defensores de menores de los territorios nacionales serían los "defensores y protectores" de los indígenas en todo cuanto benefician a éstos, "debiendo proveer por cuenta del Estado a su alimentación, vestido y colocación y ejercer respeto de ellos en todo lo demás su acción tutelar, mientras sea necesario", en TCI, págs. 73/74.

[15] Juan Bialet-Massé, *op. cit.*, págs. 88/91.

[16] TCI, pág. 82.

[17] TCI, pág. 81.

[18] EPIA, *El problema indígena en la Argentina*, Secretaría de Trabajo y Previsión, en CAN, Consejo Agrario Nacional.

[19] En otro lugar nos hemos referido a este hecho. No estamos haciendo la defensa del alcohol en sí, sino que denunciamos la manipulación que hicieron de él los sectores dominantes de la sociedad desde la época de la colonia en adelante, con respecto a las comunidades indias. Cuando fue necesario lo hicieron conocer introduciéndolo a raudales y envenenando la existencia de los aborígenes, con lo cual contribuyeron a su destrucción; cuando ya no se lo precisó los indios lo ingerían con exceso, por lo que se estableció su prohibición lisa y llana, no fuera que la ingestión exagerada impidiera la utilización de trabajadores semiesclavos.

[20] EPIA, págs. 250/253.

[21] TCI, págs. 126/7. Mensaje de Yrigoyen al Congreso, 16 de mayo de 1918.

[22] TCI, pág. 127. Mensaje de Yrigoyen al Congreso, 20 de mayo de 1918.

[23] EPIA, págs. 233/235.

[24] EPIA, págs. 247/248.

[25] EPIA, págs. 217/219.

[26] EPIA, págs. 219/221.

[27] EPIA, págs. 256/263.

[28] TCI, pág. 55.

[29] TCI, pág. 55.

[30] TCI, pág. 26.

[31] Proyectos de los diputados C. Olivera (1903); C. Conforti (1913); C. F. Melo (1917); L. Bard (1924) y de los senadores J. B. Justo y M. Bravo (1925), TCI, págs. 27 y 28.

[32] TCI, págs. 56/58.

[33] TCI, pág. 59.

[34] TCI, págs. 59/60.

[35] TCI, pág. 60.

[36] Primer Plan Quinquenal, pág. 28.

[37] Primer Plan Quinquenal, pág. 28.

[38] Las tres etapas eran reserva, reducción y colonia. En la medida en que el indígena evidenciaba "condiciones de asimilación" se procuraba enviarlo a la reducción más cercana que se convertía en un centro de capacitación durante unos 5 años. Finalmente obtenía un lote en una colonia cuya compra se efectivizaba en cuotas según los volúmenes de las cosechas.

[39] TCI, pág. 58.

[40] Mensaje y proyecto de ley 3.092 del Poder Ejecutivo, 24 de agosto de 1894, entrega de tierras al cacique Manuel Namuncurá, TCI, pág. 50.

[41] Ley 3.154: entrega de tierras a los caciques Mariano Pichihuincá y Manuel Tripailaf, 8 de octubre de 1894, TCI, págs. 50/51.

[42] TCI, pág. 84.

[43] Decreto 4.821/55 del 16 de abril de 1955, TCI, pág. 87.

[44] Diputado A. M. Candiotti, "Pedido de informes al P.E. sobre la caravana de aborígenes llegada a Buenos Aires". Diario de Sesiones de Diputados, 4 de septiembre de 1946, tomo III, pág. 820, en TCI, págs. 199/200.

[45] Diputado C. J. Guillot, "Integración de una comisión para recibir una caravana de aborígenes". Diario de Sesiones de Diputados, 2 y 3 de agosto de 1946, tomo II, pág. 272, en TCI, pág. 199.

[46] Tomás Diego Bernard (h), *El aborigen rioplatense en la historia y ante la ley*, Buenos Aires, Omega, 1963, págs. 68/69.

[47] Tomás Diego Bernard, *op. cit.*, pág. 71.

[48] Convención Nacional Constituyente, año 1957, tomo II, pág. 912, en TCI, pág. 29.

[49] TCI, pág. 103.

[50] TCI, pág. 103.

[51] TCI, pág. 101.

[52] TCI, pág. 101.

[53] TCI, pág. 101.

[54] TCI, pág. 64.

[55] TCI, pág. 64.

[56] TCI, pág. 65.

[57] Los militares que derrocaron a Frondizi no pudieron impedir que José María Guido, presidente del Senado, ocupara la presidencia de la Nación, pero se ocuparon de proscribir expresamente al peronismo en las elecciones de 1963. Illia asumió con el 25% de los votos.

[58] Arturo U. Illia, mensaje legislativo del 1° de mayo de 1964.

[59] Doctor Juan S. Palmero, Bases, págs. 16/17.

[60] *Id. ant.*, pág. 18.

[61] *Id. ant.*, pág. 18.

[62] PEN, Ministerio del Interior, *Bases para una política indigenista*, págs. 27/33.

[63] *Censo Indígena Nacional*, tomo I, pág. 15.

[64] CIN, tomo IV, pág. 16.

[65] CIN, tomo I, págs. 30/31.

[66] CIN, tomo I, págs. 30/31.

[67] CIN, tomo I, págs. 30/31.

[68] CIN, tomo I, pág. 219.

[69] CIN, tomo I, pág. 219/20.

[70] Hoy en día resulta prácticamente imposible encontrar en alguna biblioteca (de diario, organismo público u otra) los ejemplares del Censo. A pesar de las críticas que muchos especialistas han formulado al trabajo desde el punto de vista de su concepción y/o metodología, es indudable que como aporte documental al cuadro de situación indígena en la Argentina resulta invalorable. Por eso es lamentable que sea tan dificultoso acceder a él. No sería aventurado en este sentido pensar seriamente en una reedición, aunque más no sea limitada.

[71] CIN, tomo IV, págs. 15/34.

[72] CIN, tomo IV, pág. 10.

[73] "El problema aborigen argentino en el momento actual. Sinopsis histórica", en *América Indígena*, vol. XXXIII, Nº 3, México, julio-septiembre de 1973, págs. 655/666.

[74] Cuando me refiero a las políticas implementadas, lo hago en relación con los gobiernos que las diseñaron, y con los altos funcionarios encargados de llevarlas a la práctica. El segundo nivel, empleados y/o técnicos de la administración pública, queda –a mi entender– exento de eventuales responsabilidades en el caso, por ejemplo, de los regímenes de facto. Esto es así en virtud de entender que más allá de los gobiernos de turno, existe una estructura permanente que es precisamente la Administración.
No puede pensarse al sector público como un fenómeno coyuntural, circunscripto a una época determinada y con las características propias de ella sino más bien como una "estructura permanente del país, influenciada por los cambios de todo tipo pero al mismo tiempo sostenedora del entramado social gestado por el Estado y en última instancia un fenómeno constante, más allá de hombres, políticas y ciclos". (Susana B. González y Carlos Martínez Sarasola, "La Administración Pública Argentina: un desafío ético-cultural", Buenos Aires, mec., 1984).
En este sentido han existido y existen grupos de técnicos que silenciosamente realizan su labor, en su carácter de auténticos "servidores públicos", a través de esfuerzos personales, superando así los pobres límites de las políticas oficiales o en muchos casos creándolas ellos mismos.

[75] Este encuentro se llevó a cabo entre el 9 y el 15 de julio de 1973 en Buenos Aires. Se analizaron temas como Comercio, Asuntos Laborales y Jurídicos, Vivienda y Obras Generales, Sanidad, Reforma Agraria. En abril de 1972 se había realizado el Primer Gran Parlamento Indígena Argentino (Futa Traun) en Neuquén, que contó con 51 delegados de 5 grupos étnicos. Las comisiones trabajaron sobre Organización de Comunidades y Obras Públicas, Tierras, Educación, Asuntos Laborales y Previsionales, Sanidad.

[76] Información recogida de acuerdo al testimonio de Basilio Soria, entonces presidente de San José de Yacuy, mayo de 1987.

CAPÍTULO VIII. VIVEN LOS INDIOS

[1] Héctor Osvaldo Cloux es el funcionario responsable del Sector de Asuntos Indígenas de la Dirección Nacional de Promoción y Asistencia Social del Ministerio de Salud y Acción Social. Cloux, *op. cit.*, pág. 24.

[2] Ministerio de Acción Social, "Propuesta para la definición de una política nacional en materia aborigen", mec., Buenos Aires, 25 de marzo de 1983.

[3] AIRA, mec., 1986.

[4] AIRA, mec., 1986.

[5] Edelmi Griva, "Las actuales poblaciones indígenas de Buenos Aires, La Pampa y Patagonia. Estudio de su relación porcentual respecto con la población no indí-

gena", en CIN, tomo IV, Buenos Aires, pág. 34. Estimaciones actuales (Cloux, 1989) señalan los siguientes porcentajes de la población indígena en el total de habitantes: Jujuy, 16,55%; Formosa, 12,82%; Neuquén, 7,77%; Salta, 6,28%; Chaco, 6,18%; Río Negro, 5,34% y Chubut, 5,29%.

[6] Guillermo Magrassi, *La población aborigen*, Buenos Aires, CEAL, 1982.

[7] La brillante película *La deuda interna* de Miguel Pereira (1988) constituye además de un alegato político y social sobre nuestro pasado reciente en un pueblito de la Puna jujeña, una precisa pintura de su forma de vida.

[8] Estudio socioeconómico y cultural de Salta, 1981, págs. 62/63.

[9] Estudio socioeconómico y cultural de Salta, 1981, pág. 20.

[10] Estudio socioeconómico y cultural de Salta, 1981, pág. 77.

[11] Las ruinas prehispánicas de Santa Rosa de Tastil fueron exhumadas por un equipo de la Universidad Nacional de La Plata bajo la dirección de Eduardo M. Cigliano en 1973.

[12] Pastor y cultivador, propietario de una pequeña chacra en el extremo del caserío. Los testimonios transcriptos corresponden a los trabajos de campo que realizamos entre 1975 y 1976, cuando fuimos enviados por la Universidad Nacional de Salta.

[13] La mayoría de los autores los definen como diaguitas calchaquí. No hay precisión en cuanto a su número, salvo la referencia a la existencia de 26 comunidades en el Departamento Tafí del Valle y 2 en Chicligasta, todas en Tucumán (Cloux, 1989). Una ancestral lucha por la propiedad de la tierra, como el resto de sus hermanos, los nuclea en la actualidad en la Federación Indígena de los Valles Calchaquíes.

[14] Ministerio de Acción Social, "Propuesta para la definición de una política nacional en materia aborigen", Buenos Aires, mec., 25 de marzo de 1983.

[15] Otras cifras son: 9.889 (Censo de 1968); 21.889 (Serbín, 1973); 20.600 (Yuchán, 1982).

[16] Testimonio de Raúl Santiago, comunidad de La Puntana, Salta, octubre de 1975.

[17] La población total de la provincia era a esa fecha de 662.870 habitantes con lo cual el peso relativo de los indígenas era 2,68%.

[18] Testimonio de Raúl Santiago, comunidad de La Puntana, Salta, octubre de 1975. Precisamente en esa comunidad, donde recogimos estos testimonios, se desató la epidemia de cólera en febrero de 1992 (junto a otros poblados como Santa Victoria, Hito 1 y Misión La Paz, todos a orillas de Río Pilcomayo), en momentos en que este libro estaba en el proceso de corrección final. La noticia, desgraciada y avergonzante, no nos extrañó. La enfermedad de la pobreza amenaza hacer estragos entre algunos asentamientos aborígenes, carentes de prevenciones sanitarias de todo tipo y cada vez más marginados del resto de la sociedad.

[19] Testimonio de Raúl Santiago, comunidad de La Puntana, Salta, octubre de 1975.

[20] Testimonio de Clementino Carrizo, de Ingeniero Juárez, Formosa, tomado de "Argentina Indígena", Canal 13, 13 de noviembre de 1985.

[21] Testimonio de Roberto Díaz, comunidad de San Luis, Salta, octubre de 1975.

[22] Testimonio de Indalecio Orellana, comunidad de San Luis, Salta, octubre de 1975.

[23] Serbín (1974) cita a 23.680 chiriguanos y 1.000 chanés; Yuchán (1982) consigna 21.000 chiriguanos y 1.400 chanés.

[24] La prestación de servicios es a través *de trabajo individual* como cosecheros, peones de campo, empleados de aserradero, o *grupal*, actuando el líder como subcontratista.

[25] "Misiones, su tierra y su gente", ATC, 22 de noviembre de 1985.

[26] Testimonio de Eduardo Vassiliades, médico, tomado de "Misiones, su tierra y su gente", ATC, 22 de noviembre de 1985.

[27] Palabras de Antonio Martínez, en "El canto resplandeciente. Ayvu Rendy Vera. Plegarias de los mbyá-guaraní de Misiones", pág. 118.
La expansión de la sociedad nacional, que tuvo como consecuencia directa la pérdida de las tierras para las comunidades indígenas, presenta varias facetas. Una de ellas es el establecimiento de los Parques Nacionales, con una normativa específica respecto a restricciones de caza y pesca que muchas veces contribuyó al deterioro de las comunidades asentadas en esos territorios. La legislación en estos casos debería contemplar un equilibrio entre el respeto por la forma de vida aborigen y la protección a la flora y la fauna.

[28] Serbín (1973) aporta otras cifras: 21.637 mapuches; Yuchán (1982): 41.800.

[29] "Argentina Indígena", Canal 13, Buenos Aires, 12 de noviembre de 1985. La particular historia de los Coliqueo, les posibilitó contar hoy con títulos de propiedad de la tierra y un conjunto de elementos que los diferencian de otros hermanos: "Siete colegios, un asilo de ancianos, un teléfono público, dos puestos sanitarios, un índice de analfabetismo que es mínimo con respecto al resto de la población de Los Toldos"...

[30] "La supervivencia de la cultura toba", Buenos Aires, mec., diciembre de 1988, págs. 66/68. Trabajo de investigación para la cátedra "Culturas Indígenas Argentinas" a mi cargo, en el Centro de Estudios Históricos, Antropológicos y Sociales de Sudamérica (CEHASS) de Buenos Aires, realizado por los siguientes alumnos: María Cristina Albariños; Rosa B. Barros; Susana Borches; María Rosa de Garín (Coordinación); Enrique Fosco; María Lavia; Susana Pleban; Mónica Porto; Elba Ramos; Graciela Risso; Valeria Procupez.

[31] Testimonio de Virginia Colque Román, 26 años, nacida en Oruro, Bolivia, se trasladó a Buenos Aires a los 3 años de edad. Viven en Villa Dominico y es profesora de preescolar en la isla Maciel, en "Indios en Buenos Aires. Historias de Vida", fotografía de E.A. Gussoni; textos etnobiográficos de D.F. Bargman. Secretaría de Cultura de la Nación, 1988.

[32] Testimonio de Benedicto Cotaro, 36 años, nacido en Bariloche, Río Negro. Vive en Villa Dominico, provincia de Buenos Aires, desde los 16 años. Es artesano en telar y poeta, en "Indios en Buenos Aires. Historias de Vida", *op. cit.*

[33] Testimonio de Pastor Vallejos, 47 años, nacido en Uncía, Bolivia. Vive en Buenos Aires, Bajo Flores, desde los 23 años. Es artista plástico y yesero, en "Indios en Buenos Aires. Historias de Vida", *op. cit.*

[34] Testimonio de Eliseo Rojas, 37 años, nacido en Colonia Aborigen, Chaco; se trasladó a Buenos Aires a los 17 años. Vive en Villa IAPI, Bernal Oeste, provincia de Buenos Aires. Es zanjero, en "Indios en Buenos Aires. Historias de Vida", *op. cit.*

[35] Testimonio de Eliseo Rojas, *op. cit.*

[36] Hoy existe la localidad de Epumer (CP 6443)

[37] Testimonios de Juan Carlos Epumer y Dora Alicia Carballo, Buenos Aires, julio de 1986/diciembre de 1989.

[38] En 1975 presenciamos la primera cura chamánica en una comunidad chiriguana de la provincia de Salta. Los indígenas distinguen al "médico de campo" del "médico de ciudad" y saben qué enfermedades pueden ser tratadas por uno y por otro. El paciente era una mujer blanca que desde hacía dos años sufría de accesos de tos probablemente de origen alérgica. Distintos médicos de Buenos Aires no habían acertado en la cura. El chamán siguió durante el proceso de curación las distintas etapas que con ligeras variantes se practica en todo el mundo entre las sociedades aborígenes: 1) el chamán estudia detenidamente a la paciente mirándola fijamente a los ojos: la "ve" por dentro, detectando adonde está la obstrucción que ocasiona la tos; 2) acuesta a la paciente y él sentado a su lado, junto a un brasero traído especialmente, comienza a arrojar humo del cigarrillo que ha comenzado a fumar sobre el tórax de la mujer; 3) mientras arroja el humo el chamán silba suavemente, conectándose con el dios del viento que lo ayudará en el intento de curar; 4) el lanzamiento del humo y los silbidos duran de 15 a 20 minutos; 5) el chamán procede a succionar el tórax de la paciente por dos veces consecutivas, extrayendo un objeto negro azabache del tamaño de una media nuez y luego de que lo observemos, lo arroja al fuego para que se destruya porque es el mal; 6) la curación ha concluido. El chamán, agotado por el estado de trance en que entra cuando extrae el objeto que produce la enfermedad, recomienda a la paciente que lo visite una vez más para ver si quedó algún fragmento del mal al mismo tiempo que le indica tomar té durante unos días.
La segunda visita no fue necesaria, porque a los pocos días la paciente se curó en forma total y definitiva.

[39] Testimonios de Margarita Puelman, Matías Emilio Paredes Puelman y Claudia Paredes Puelman, octubre de 1989.

[40] Estos resultados provisorios se extraen de un total de 85 fuentes consultadas (congresos, documentos, testimonios) entre 1961 y 1981, pertenecientes a 13 países (Argentina, Bolivia, Canadá, Colombia, Ecuador, Estados Unidos, Guatemala, México, Panamá, Paraguay, Perú, Venezuela y Francia –XLII Congreso Internacional de Americanistas). La nómina completa de temas es la siguiente: educación; integración; recursos naturales; infraestructura; cacicazgo; participación; tradición/folklorización; castellanización; mestizos, criollos, blancos; ex-

plotación; autogestión; antropólogos/científicos sociales; medios de comunicación; religión; marginación; paternalismo; la liberación; indigenismo; planes; programas; proyectos; supervivencia india; etnocidio/ecocidio; estado; capacitación; autonomía; alianzas; unidad india; tierra; prevención ante el "progreso"; infancia; juventud; medicinas (tradicional y occidental); la conquista; lengua; trabajo; maestros; la dependencia; religiosidad popular; el futuro; organización; indios, obreros, campesinos; relaciones y fricciones interétnicas; la violencia; historia; partidos políticos; economía comunitaria; la mujer; poder indio; transferencia tecnológica/tecnología india; ecocidio; etnicidad e identidad; etnia y clase; cultura y desarrollo cultural; reforma agraria; imperialismo; la vida indígena; tratados; la independencia de América; fuerzas armadas y policía; lo extranjero; misioneros; España, Europa; la izquierda; indianidad; civilización y barbarie; salud; cosmovisión; revolución; América latina; los abuelos; Occidente; derechos indios.

No puedo dejar de agradecer a mi colega Adolfo Colombres quien no sólo me sugirió la idea de este trabajo sino que me suministró gran parte del material bibliográfico y de la nómina de temas a relevar.

[41] Testimonio de Rogelio Guanuco, diciembre de 1989.

[42] Véase nuestro trabajo "El hijo de los sueños. Historia de vida entre los guaraní aborigen", en *Cultura Casa del Hombre*, N° 2, Ediciones del Jaguar y la Máquina, Buenos Aires, julio/septiembre de 1981, págs. 5/11.

[43] Testimonio de Basilio Soria, septiembre de 1989.

[44] Henri Favre, "L'Indigenisme Mexicain: naissance, développement, crise et renouveau", *N. D. La Documentation Française*, N° 4333–39–40, 2/12/1976, págs. 67–82.

[45] Alejandro Marroquin, *Balance del indigenismo*, México, Instituto Indigenista Interamericano, 1972.

[46] Marie Chantal Barre, *Ideologías indigenistas y movimientos indios*, México, Siglo XXI, 1983, pág. 33.

[47] Marie Chantal Barre, *op. cit.*, pág. 41.

[48] Como asevera Marie Chantal Barre, la corriente indigenista nace hacia la segunda mitad del siglo XIX, con una posición romántica y humanitaria que pronto se transformó en francamente reivindicativa del indio y su cultura, expresada en la literatura, las ciencias sociales y la formación de organizaciones pro-indígenas.

[49] Adolfo Colombres, *La democratización del pensamiento liberador*, ENDEPA, Formosa, 1987, pág. 13.

[50] Marie Chantal Barre, *op. cit.*, pág. 42.

[51] Marie Chantal Barre, *op. cit.*, pág. 43.

[52] Adolfo Colombres, *Por la liberación del indígena*, Buenos Aires, Ediciones del Sol, 1975, pág. 18.

[53] *La Declaración de Barbados*, en Adolfo Colombres, *Por la liberación del indígena*, Buenos Aires, Ediciones del Sol, 1975, págs. 20/31.

[54] Las conductas racistas y discriminatorias están plenamente vigentes en la Argentina, en los actos más cotidianos de la vida social. Podríamos hacer un inventario que demostraría el carácter racista de nuestra sociedad. Basten algunos ejemplos: No hace mucho tiempo un supermercado publicó un aviso en los principales diarios de Buenos Aires pidiendo personal "preferentemente rubio"; son constantes las denuncias de jovencitos de tez morena a quienes se les impide ingresar en las discotecas; el rechazo que ciertos sectores sociales profesan por los "negros".

[55] En otro trabajo investigamos la presencia de las comunidades indígenas asentadas en áreas de frontera en Sudamérica. Allí decíamos que "en el bloque fronterizo de las diferentes naciones latinoamericanas, tenemos dos realidades que a su vez operan como lazos de unión: primero, las poblaciones fronterizas de los países latinoamericanos se caracterizan por ser en su gran mayoría comunidades indígenas. Segundo, por lo menos en siete países (Brasil, Venezuela, Colombia, Perú, Bolivia, Paraguay y Argentina), las fronteras tienden a homogeneizarse desde el punto de vista cultural, por la presencia de comunidades con una misma unidad de origen". (Carlos Martinez Sarasola, *Cultura, área de frontera e integración*, Buenos Aires, F. García Cambeiro, 1977, pág. 18).

[56] "*La Campaña del Desierto*: Julio Argentino Roca, ministro de Guerra de Avellaneda, llevó a cabo en 1879 una gran ofensiva contra el indio que se conoce como campaña al desierto. Con esta empresa militar se logró la incorporación de nuevos territorios para la nación y de extensas tierras para el desarrollo de la agricultura y la ganadería" (*Manual Kapelusz*, 6, Bs. As. Kapelusz, 1985, pág. 187).
"*El dominio del territorio*: En las dos últimas décadas del siglo XIX dos vastas regiones del territorio patrio permanecían aún despobladas o constantemente amenazadas por las correrías de los indígenas. Eran la chaqueña y la patagónica, en las que el gobierno nacional no ejercía efectivamente su autoridad.
Desde los tiempos hispánicos se había avanzado lentamente en esos lugares, aunque en más de una ocasión se perdió parte de lo ocupado. El gran triunfo para el sur se obtendría poco antes de concluir Avellaneda su presidencia.
Expedición al Río Negro. Mientras se exploraba y conquistaba la región chaqueña, el ministro de Guerra, el tucumano Julio Argentino Roca, organizó y dirigió en 1879 una expedición militar destinada a llevar la frontera interior hasta el Río Negro y someter a los indios araucanos. El éxito de la empresa –realizada por el Ejército en colaboración con la Armada– fue total y culminó con la ocupación de la Patagonia en los años siguientes.
Paralelamente se hizo una intensa obra de evangelización de los indios sureños, tarea apostólica realizada fundamentalmente por los salesianos. Éstos formaban parte de la congregación fundada en Italia por San Juan Bosco, quien los envió a la Argentina" (*Manual Estrada*, 5° grado, Bs. As. Angel Estrada, 1981, pág. 226).

[57] Véase Anexo IV, pág. 607.

[58] En la mañana del 3 de mayo de 1991 gran parte del microcentro de la ciudad de Buenos Aires apareció cubierta por un afiche que mostraba la cara entre sonriente y patética de un paisano indígena del Chaco. En la parte superior un breve texto decía: "Una reparación histórica". En la parte inferior, en letras visibles se

544

leía: "Restitución de 150.000 Has. a las comunidades aborígenes. 3 de mayo de 1991. Programa Arraigo. Presidencia de la Nación – Gobierno de la Provincia del Chaco". A este tipo de acciones publicitarias me refiero precisamente. Nunca antes se había difundido, según creo, con tanta contundencia, claridad y brevedad algún tema referido a los compatriotas indios en el corazón de nuestra ciudad capital.

[59] Véase Anexo v, pág. 613.

ANEXO I

MAPAS

5. SISTEMATIZACIÓN DE OUTES-BRUCH, 1910

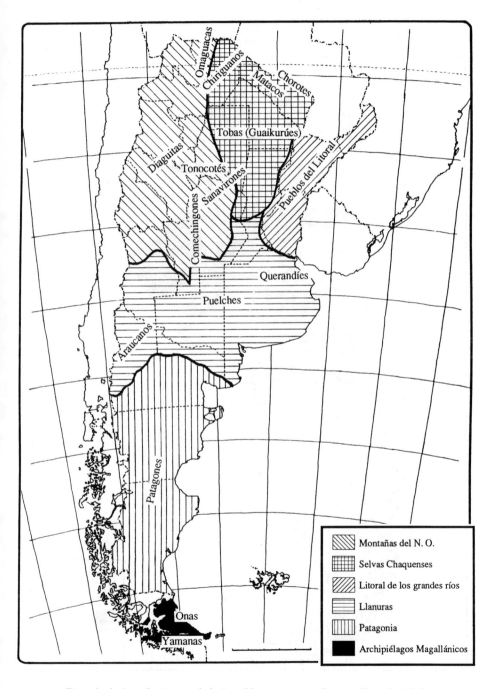

Tomado de *Los aborígenes de la República Argentina*, Bs. As., Estrada, 1910.

6. SISTEMATIZACIÓN DE *HISTORIA DE LA NACIÓN ARGENTINA*, 1939.
Imbelloni, Casanova, Aparicio, Serrano, Palavecino, Miranda y otros.

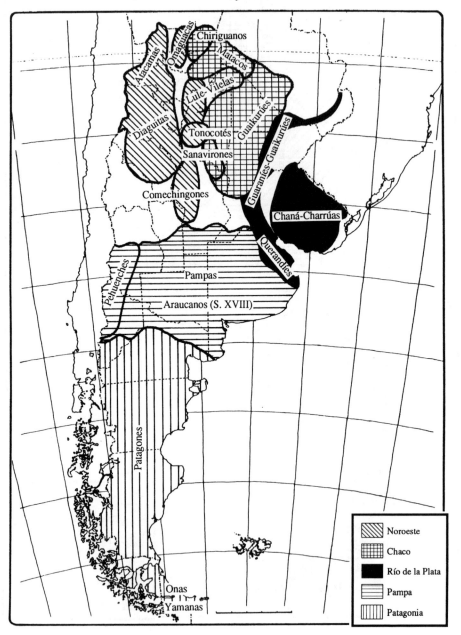

Tomado de *Historia de la Nación Argentina*, Bs. As., El Ateneo, Vol. I, 1939.

7. SISTEMATIZACIÓN DE CANALS FRAU, 1953

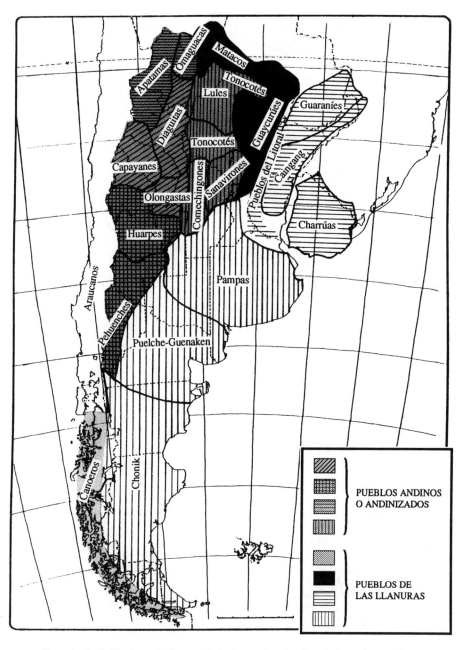

Tomado de *Poblaciones indígenas de la Argentina*, Bs. As., Sudamericana, 1973.

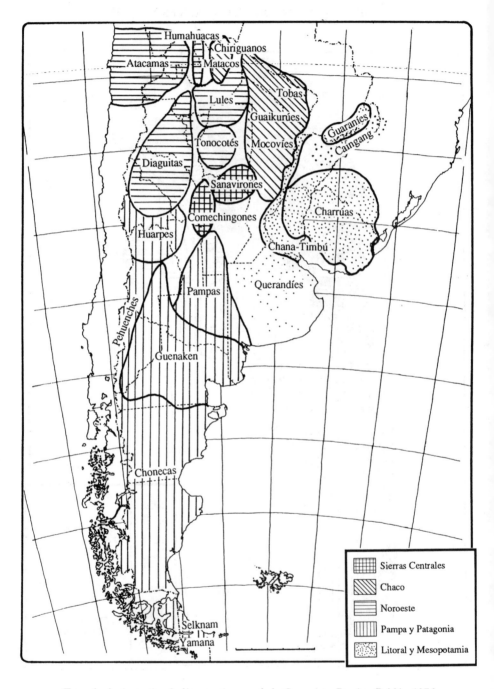

Tomado de *Argentina Indígena, vísperas de la Conquista*, Bs. As., Paidós, 1976.

Anexo II

CUADROS

15. EXTERMINIO DE LAS COMUNIDADES INDÍGENAS LIBRES DE LA LLANURA DE ACUERDO CON LA NÓMINA DE ENFRENTAMIENTOS CONSIGNADOS (1821-1848)

Fecha	Lugar	Comunidad	Oficial/es al mando	Cacique/s	Indígenas muertos	
16.1.21	Salto (inmediaciones)	Tehuelche	Brig. Gral. Martín Rodríguez		150	
17.5.22		Ranquel	Gob. Bustos	Lienán	100	
24	Corrientes	Abipón	Coalición Abipón-Mocoví	Patricio Ríos*	150	E
01.9.26	Lag. La Brava (Salto)	SIP	Cnel. Federico Rauch		200	
10.26	Sierra de la Ventana	Ranquel/Tehuel-che/Araucano	Cnel. Federico Rauch	Mulato*/Colu-macún Can-Huiuir	200	
07.01.27	Sierra de la Ventana	id.	Cnel. Federico Rauch		200	
27	San Luis	Ranquel			50	E
20.10.28	Las Aucas (Mendoza)	Voroga	Cnel. Aldao		100	E
	(Mendoza)	Voroga	Cte. Manuel Virto		100	E
28	Malargüe (Mendoza)	Pehuenche	Coalición Ranquel Arau-cana y los hnos. Pincheira		300	
12.01.32	Mendoza	Pehuenche	Brig. Gral. Manuel Bulnes	Naculmán* Cole-to* Troncomán*	150	
10.32	Santa Fe	Mocoví	Gob. Estanislao Lopez	Inocencio* Ma-riano Maidana*	150	E
16.3.33	Las Acollaradas (San Luis)	Ranquel	Gral. José Luis Huidobro	Yanquetruz/ Pichun*	160	
07.4.33	Limay Mahuida (La Pampa)	Ranquel	Gral. Aldao	Barbao/Pichun Levián* Quellef*	31	

Fecha	Lugar	Comunidad	Oficial/es al mando	Cacique/s	Indígenas muertos
26.5.33	Río Negro (Río Negro)	SIP	Gral. Angel Pacheco	Payllarén	
27.6.33	Huinca Renancó (Santa Fe)	Ranquel	Tte. Cnel. Torres	Coronado	
7.33	Río Negro (Río Negro)	Araucano	Cte. Lagos	Pitriloncoy	
13.7.33	Choele Choel (inmediac.)	Araucano/ Voroga	Cnel. M. Rodriguez Tte. M. Miranda	Chocorí	10
7.33	Mte. de los Monigotes (Sta. Fe)	Mocoví	Gob.Estanislao Lopez	Lechuza	40
9.33	San Javier (Santa Fe)	Mocoví	Gob. Estanislao Lopez	Martín	100
16.08.33	Río Colorado (La Pampa)	Araucano	Ctes. Francisco Sosa y Juan J. Hernandez	Unguñan-Millao* Picholoncoy*	
22.8.33	Salinas Grandes	Araucano	Tte. Cnel. Miranda	Yanquimán	10
8.33	Rio Colorado	Araucano/ Voroga	Tte. Cnel. Sosa	Chocorí	
9.9.33	Médano Redondo (Bs. As.)	Araucano	Cnel. Pedro Ramos	Maulín	
6.10.33	Rio Balchitas (Río Negro)	Voroga	Sgto. My Ibañez	Cayupán	36
2.34	Cayastá (Santa Fe)	Mocoví	Gob. Estanislao Lopez		20
4.34	Mte. de los Porongos (Sta. Fe)	Mocoví	Gob. Estanislao Lopez		28
07.3.35	Nahuel Mapu (La Pampa)	Ranquel	Cnel. Eugenio Bustos		133
8.5.36	Médano Amargo (Córdoba)	Ranquel	Mayor Ramón Maza		100

3.200 muertos. Informe Oficial de Juan Manuel de Rosas

E

Fecha	Lugar	Comunidad	Oficial/es al mando	Cacique/s	Indígenas muertos	
6.5.36	Médano Las Horquetas (Córdoba)	Ranquel	Cp. Eugenio Bustos	Bandas de Carriague	25	
7.5.36	Mulantué (Córdoba)	Ranquel	Cp. Eugenio Bustos Cnel. Algañaraz	id	105	
26.6.36	Fte. Federación (Bs. As.)	Ranquel	Cp. Eugenio Bustos	Bandas de Yanquetruz	20	
4.5.36	Caralanque (inmed. Huinca Renancó)	Ranquel	Cnel. Algañaraz	Bandas de Carriague	15	
22.3.36	Arroyo del Venado (inmed. Guaminí)	Voroga/ Araucano	Cnel. F. Sosa Cnel. Juan Zelarrayán	Ignacio Cañuquir	400	
22.4.36	Languillú (inmed. Nueve de Julio)	Voroga/ Araucano	Cnel. F. Sosa/Cnel. Martiniano Ramirez	Ignacio Cañuquir	250	
1.10.36	Tapalqué	Voroga/ Araucano	Cnel. Pedro Ramos	Guele*/Mayquín* (y 6 capitanejos)	200	
23.10.36	Pozo del Pampa (inmed. Baradero)	Voroga/ Araucano	Cnel. Antonio Ramirez		12	
37	Río Colastine (Santa Fe)	Abipón	Mtro. Dgo. Cullen a/c PE y "Chula" Pajón		30	
2.37	Paso de las Piedras (Santa Fe)	Abipón		Juan Porteño*	20	
8.37	Fuerte Argentino (inmed.)	Voroga	Colición Araucano Ranquel (Cafulcurá y Painé)	Alon*/Melguer	100	E
14.08.37	Fuerte Argentino	Araucano/ Ranquel	Cnel. Juan Zelarrayan		10	
02.10.37	Pozo del Pampa	Voroga/ Araucano	Cnel. Antonio Ramirez		200	
16.12.37	Tapalqué	Araucano	Cnel. Narciso del Valle	Reuqué* Martín* Millaguelén* Guaiquina*	97	
20.8.39	Tapalqué	Voroga/ Ranquel	Cnel. Nicolás Granada	Baigorria/Antevil Canupil (hijos de Chocorí y Painé	300	
39	Mte. de los Palos Nuevos (Santa Fe)	Mocoví	Cnel. Andrada		41	
21.1.48	Laguna Brava (Santa Fe)	Toba	Gob. Pascual Echague	Anatolec*	100	E

más de 1.200. Informe Gral. J. M. de Rosas

*: Muerto en acción   SIP: sin identificación precisa   E: estimación

16. LA VIOLENCIA INDÍGENA (1820-1882)
Principales acciones contra poblados y/o fuerzas militares, con número considerable de bajas

Fecha	Lugar	Carácter de la acción	Comunidad y cacique	Muertos
3.12.20	Salto	malón		
30.4.21	Dolores Kakelhuincul	malón		
4.22	Pergamino	malón		
10.22	Santa Fe/ Buenos Aires	malón		
11.9.26	Toldos Viejos (cerca Dolores)	acción venganza		2 escuadrones coraceros aniquilados
27	Leuvucó (San Luis)	acción venganza	Ranquel	600 soldados/ pobladores
28	Mendoza			masacre de refugiados federales
2.29				50 coraceros
3.29	Las Vizcacheras	acción venganza		decapitación del Cnel. Rauch
14.10.31	Mendoza			40 soldados (y Cnel. Videla)
13.11.32	Santa Fe		Mocoví	
14.5.33	Paso Balsa (Río Salado) (La Pampa)	combate		30 soldados (división der. Cnel. Aldao)
8.33	Tapalqué		Voroga	26
8.36	Tapalqué		Voroga	60 (Fuerte Argentino)
20.8.39	Tapalqué		Voroga/ Ranquel	
13.2.55	Azul	malón	Araucano (Calfucurá)	300

Fecha	Lugar	Carácter de la acción	Comunidad y cacique	Muertos
9.55	S. Antonio de Iraola (estancia)			128 soldados
29.10.55	San Jacinto		Araucano (Calfucurá)	300
26.3.57	25 de Mayo	malón	Araucano (Calfucurá)	30
28.2.64	Fortín Bally Manca	malón	Tehuelche	31
22.11.66	Corral de Barrancas (Río IV)		Ranquel	25
14.6.70	Tres Arroyos	malón	Araucano (Calfucurá)	16
23.10.70	Bahía Blanca	malón	Araucano (Namuncurá)	
5.3.72	Alvear, 25 de Mayo y 9 de julio	malón (acción de venganza)	Araucano (Calfucurá)	300
6.72	Fortín San Carlos	combate	Araucano/ Tehuelche (Pincén)	21 soldados
1.12.73	Bahía Blanca	malón	Araucano (Namuncurá)	
11.75	25 de Mayo			
19.1.81	Fortín Guanacos		Araucano	30
8.81				16
20.8.82	Cochicó (La Pampa)		Ranquel	28 soldados

Total estimado de bajas
en 62 años   2.213
Se agregan:
año 1833   1.000 soldados muertos (Campaña Rosas)
año 1879   1.000 soldados muertos (Campaña Roca)

17. GRÁFICO POR AÑO DEL EXTERMINIO INDÍGENA (1821-1848)

1821-1833 (12 años) 5.241

1834-1852 (18 años) 2.346

19. EXTERMINIO DE LAS COMUNIDADES INDÍGENAS LIBRES DE LA LLANURA (PAMPA Y PATAGONIA) DE ACUERDO CON LA NÓMINA DE ENFRENTAMIENTOS CONSIGNADOS (1849-1877)

Fecha	Lugar	Comunidad	Oficial/es al mando	Cacique/s	Indígenas muertos	
01.11.57	Cristiano Muerto (Bs. As.)	Araucano	Cnel. Emilio Conesa	Juan Cañumil	80	
23.10.59	Cepeda	Araucano/ Ranquel			300	E
17.09.61	Pavón	Ranquel				
01.63	Leuvucó	Ranquel	Cnel. Julio De Vedia		50	
28.02.64	Bally Manca	Tehuelche	Cap.Eliseo Marques Tte. Fco. Morales		30	
02.67	Laguna Parahuil	Araucano	Cnel. Álvaro Barros		30	
23.10.70	Bahía Blanca	Araucano		Namuncurá		
05.71	Leuvucó	Ranquel	Cnel. Antonio Baigorria	Paghitruz Guor	50	
08.03.72	San Carlos	Araucano	Gral. Ignacio Rivas	Calfucurá	200	
22.12.73	Coihueco (Mendoza)	Araucano	Cap. Saturnino Jones	Usalmán	50	
08.01.74	Salinas Grandes	Araucano	Gral. Ignacio Rivas	Namuncurá	6	
01.01.76	Laguna del Tigre	Araucano	Tte. Cnel. Lorenzo Vintter			
02.01.76	San Carlos	Araucano	Cnel. Conrado Villegas			
10.03.76	Horquetas del Sauce	Araucano	Tte. Cnel. Salvador Maldonado	Alvarito Rumay	300	
12.03.76	Horquetas del Sauce	Araucano	Tte. Cnel. Antonio Donovan			
18.03.76	Laguna Parahuil	Araucano	Cnel. Nicolás Levalle			

561

Fecha	Lugar	Comunidad	Oficial/es al mando	Cacique/s	Indígenas muertos
29.03.76	Arroyo Guaminí	Tehuelche	Tte. Cnel. Enrique Godoy	Juan José Catriel	6
15.08.76	Arroyo Guaminí	Araucano	Cap. Ezequiel Delmozo	Namuncurá/ Pincén	37
08.76	Azul	Araucano/ Tehuelche	Tte. Cnel. Antonio Donovan	Namuncurá/ Catriel	100
10.10.76	Quemú-Quemú	Araucano	Cnel. Garmendia	Namuncurá/ Rumay	20
11.10.76	Laguna Cardón	Araucano	Cnel. Garmendia	Justo Coliqueo	10
08.12.76	Chiquiló	Araucano/ Tehuelche	Cnel. Manuel Sanabria	Pincén	30
06.77	Río Barrancas (Mendoza)	Araucano	Tte. Cnel. Luis Tejedor y sold. Isaac Torres	Juan Chico	6
06.77	Río Grande (Mendoza)	Araucano	Id.	Juan Chico	5
07.77	Fuerte Sarmiento (Córdoba)	Araucano	Alf. Santos Morales		5
11.11.77	Treyco	Tehuelche	Tte. Cnel. Teodoro García	Juan José Catriel	157
16.11.77	Montes de Malal	Araucano	Cnel. Conrado Villegas	Pincén	80

E: estimación

20. EXTERMINIO DE LAS COMUNIDADES LIBRES DE LA LLANURA (PAMPA Y PATAGONIA) DE ACUERDO CON LA NÓMINA DE ENFRENTAMIENTOS CONSIGNADOS (1878-1884)

Fecha	Lugar	Comunidad	Oficial/es al mando	Cacique/s	Indígenas muertos	
01.78	Chiloé	Araucano	Cnel. Nicolás Levalle	Namuncurá	200	Plan desgaste preliminar 400 muertos (cifra oficial)
06.10.78		Araucano	Tte. Cnel. Bernardino Paris	Namuncurá	26	
07.10.78	Guatraché	Araucano		Cañupil	3	
05.11.78		Araucano	Cnel. Conrado Villegas	Pincén	6	
10.11.78	Leuvucó	Ranquel		Epumer/Pa-ghitruz Guor	3	
27.11.78	Puente Picu Lauquen	Voroga		Nahuel Payun	7	
06.12.78	Lihué Calel		Cnel. Nicolás Levalle		50	
25.01.79	Laguna Maracó (Salinas)	Araucano	Tte. Cnel. Benito Herrero	Pincén	9	
25.01.79	Laguna Renaucó (SE Maracó)	Ranquel	Tte. Cnel. Benito Herrero	Lemor	27	
26.01.79	Laguna Maracó	Ranquel		Lemor	8	
11.06.79	Salado Urre Lauquen		Tte. Cnel. Bedoya		3	1a. Etapa y Pampa y Patagonia arrasadas ("Conquista del Desierto") 1.313 muertos (cifra oficial)
11.06.79	Río Salado	Araucano	Sto. Mayor Monteagudo	Namuncurá Agneer y Querenal	3	
05.05.79	Chosmalal	Ranquel	Mayor Torres	Peyeumán	15	
19.05.79	Río Agrio (Neuquén)	Ranquel	Mayor Illescas	Baigorrita	6	
25.06.79	Río Agrio (Neuquén)	Ranquel	Mayor Illescas		9	
16.07.79		Ranquel	Sgto. Mayor Torres	Baigorrita	6	

Fecha	Lugar	Comunidad	Oficial/es al mando	Cacique/s	Indígenas muertos
28.06.79	Valle del Río Neuquén	Ranquel	Tte. Torres	Marillán	14
estimación de bajas por otros combates y/o enfrentamientos según las fuentes oficiales					944
13.05.79	Valle Malal Huaca				4
22.05.79	Curo-Pichi Cajuel	Ranquel		Lemumier	2
30.03.81	Río Collón Curá	Tehuelche	Tte. Cnel. Rufino Ortega	Tacumán	10
	otros	(1a. brigada)			13
		(2a. brigada)	Cnel. L. Vintter		17
		(3a. brigada)	Cnel. L. Bernal		45
16.01.82	Fte. Gral. Roca				
28.11.82	Río Aluminé	Araucana	Tte. Cnel. Ruibal	Queupo	14
28.11.82	Paso Llaima	Araucana	Mayor José Daza	Alvarito Rumay	9
	otros (1a. brigada)				97
12.82	Lago Huechu Lafquen	Tehuelche	Tte. Cnel. Enrique Godoy	Ñancucheo	4
	otros (2a. brigada)				96
11.82	Chubut	Tehuelche	Tte. Cnel. Ramiro Suárez	Sayhueque/ Incayal	
22.02.82	Sur del Río Limay	Tehuelche	Tte. Cnel. Paredes	Sayhueque	143
	otros (3a. brigada)				

Etiquetas laterales izquierdas: *1a. Campaña de Villegas* ; *2a. Campaña de Villegas 364 muertos (cifra oficial)*

Etiquetas laterales derechas: *1a. Etapa Pampa y Patagonia arrasadas ("Conquista del Desierto") 1.313 muertos (cifra oficial)* ; *2a. Etapa caída de los últimos baluartes 85 muertos (cifra oficial)*

Fecha	Lugar	Comunidad	Oficial/es al mando	Cacique/s	Indígenas muertos
01.01.84		Tehuelche	Tte. Gral. Lino Oris de Roa	Inacayal	4
18.01.84		Tehuelche	Tte. Insay	Inacayal/ Foyel	30
	otros (muerte de los últimos caciques)				200

* Muerto en acción

22. EXTERMINIO DE LAS COMUNIDADES INDÍGENAS LIBRES DE LA LLANURA (CHACO) DE ACUERDO CON LA NÓMINA DE ENFRENTAMIENTOS CONSIGNADOS (1862-1899)

Fecha	Lugar	Comunidad	Oficial/es al mando	Cacique/s	Indígenas muertos	
Campaña 1862	Norte de Sta. Fe	Abipón/Toba	Tte. Cnel. Martiniano Charras	Javier*/ Mariano el Grande*	40	E
Mayo 1870	Río Bermejo	Toba	Cnel. Napoleón Uriburu	Iasqui		
Jun/Dic. 1872	San Gerónimo (Sta. Fe)	Toba				
1874	Río Bermejo	Toba	Cnel. Napoleón Uriburu		32	
09.09.79	Pozos Tapados	Mocoví	Cnel. Manuel Obligado	Juan José Rojas	33	
02.10.79	Chaco	SIP			6	
30.10.79		SIP	Tte. Cnel. Racedo	Francisco	11	
Nov. 79	"El Mollar"	SIP	Tte. Cnel. Racedo		18	
02.80	La Cangayé	Toba	Luis Jorge Fontana	*	37	
17.10.80	Chaco	SIP	Tte. Cnel. Martín Irigoyen			
19.04.83	Pasaje Malá-Nahué	SIP	Cnel. Fco. Bosch	Tenererí		
04.05.83	Napalpí	Toba	Cnel. Fco. Bosch	Juanelrai		
09.05.83		Toba	Cnel. Fco. Bosch	Navalorik		
10.04 al 16.06	varios	SIP	Cnel. Manuel Obligado		90	
10.05.83	Isleta Monzón	Toba		Domingo	13	
08.06.83	Estero del Arbolito	Toba	Tte. Cnel. Martín Irigoyen	Noirí	5	

566

Fecha	Lugar	Comunidad	Oficial/es al mando	Cacique/s	Indígenas muertos
17.8.83	Lag. Rastrillada	SIP	Alférez Córdoba		6
31.8.83	Fuerte Chilcas	SIP			1
6.9.83	Islote del Mono	SIP	Tte. C. Aguirre		4
6.10.83	Monte de la Viruela	SIP	Sgto. Vicente Sosa	Naguagnery	5
25.10.83	Fortín Las Playas	SIP	Portaestandarte Pedro Burgos		1
05.11.83	Fuerte Cacique	SIP	Tte. Torres		4
09.11.83		SIP	Alférez Luis Aguirre		30
09.11.83	Fortín Las Playas	SIP	Portaestandarte Pedro Burgos		6
10.11.83	Islote de las Viruelas	SIP	Sgto. Mayor Eduardo Vera		7
29.11.83	Fuerte Tres Pozos	SIP	Sgto. Mayor Celestino Perez		1
16.01.84		SIP	Tte. Julio Olmos		1
06.02.84		SIP	Tte. Aguilar		6
10.03.84		Toba	Tte. Cnel. Benito Herrero	Domingo	13
10.84		Toba	Cnel. Ignacio Fotheringham	Yaloshi*	1
09.10.84	Campo del Cielo	Abipón	Cap. Juan M. Arias	Daniel	5
10.84	Río Bermejo	Abipón	Tte. 1° Lorenzo Carrizo	Mesochi-Danchi/Tenaki-Irasoik/Petaiki	15
10.84		Toba	Cap. José Montero	Juanelrai*	

Fecha	Lugar	Comunidad	Oficial/es al mando	Cacique/s	Indígenas muertos	
21.10.84		Abipón	Cnel. José M. Uriburu	Tesogni		
29.10.84		SIP	Cnel. José M. Uriburu		7	
03.11.84	Río Bermejo y Teuco	SIP	Tte. 1° Adolfo Boedo		2	
11.84	Río Bermejo y Teuco	SIP	Tte. 1° Adolfo Boedo		15	
07.12.84		Toba		Cambá	10	E
85	varios	Mocoví	Tte. Cnel. Reynoso	Josecito* Saignon*	27	
07.85	Río Pilcomayo	SIP	Tte. Cnel. José Gomensoro		13	
01.08.85	Río Pilcomayo	Toba	Tte. Cnel. José Gomensoro	Emak*	59	
85	varios	SIP	Tte. Cnel. José Gomensoro		158	
04.02.99	Napalpí	SIP	Cap. Vicente Posadas		10	
15.02.99		SIP	Cap. Manuel Podestá			
15.09.99	Chajá	SIP	Tte. 1° E. Ochoa Tte. 2° L. Perez		11	
10.99	Pres. Roca	SIP	Tte. 2° Agustín Bertonasco			
02.11.99	Fortín Charlone	SIP	Tte. 1° Martín Bortagaray		20	
09.11.99	Laguna Naliú-Liq-Laing	SIP	Tte. 1° E. Ochoa	Chacayagay*		
10.11.99		SIP	Tte. 1° L. Pérez		3	

*: muerto en acción   SIP: sin identificación precisa   E: estimación

568

23. GRÁFICO POR AÑO DEL EXTERMINIO INDÍGENA (1849-1899)

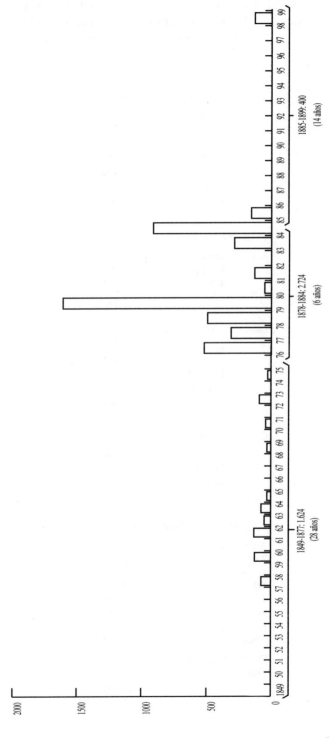

24. PANORAMA GENERAL DEL GENOCIDIO (1821-1899)
Exterminio de las comunidades indígenas libres de la Llanura (Chaco, Pampa y Patagonia) de acuerdo con la nómina de enfrentamientos consignados.

Cuadro 15 (1821-1848)

Araucanos	2.987
Vorogas	2.031
Ranqueles	1.129
Tehuelches	311
Pehuenches	450
Mocovíes	379
Abipones	200
Tobas	100
	7.587

Cuadro 19 (1849-1877)

Araucanos	1.044
Ranqueles	250
Tehuelches	258
	1.552

Cuadro 20 (1878-1884)

Araucanos	848
Ranqueles	673
Tehuelches	668
Vorogas	7
	2.196

Cuadro 22 (1862-1899)

Tobas	680
Mocovíes	170
Abipones	150
	1.000

Total estimado en *78 años* de campañas: *12.335* muertos

Araucanos	4.879
Ranqueles	2.052
Vorogas	2.038
Tehuelches	1.237
Tobas	780
Mocovíes	549
Pehuenches	450
Abipones	350
Pampa y Patagonia	10.656
Chaco	1.679
	12.335

ANEXO III

BITÁCORA DE LA TRANSICIÓN

Presidencia de Raúl Alfonsín

1984

Febrero

Muertes por desnutrición en Salta. Se estima en 10.000 niños con daños cerebrales definitivos por el hambre: dos niños muertos, 18 internados, algunos con serias lesiones cerebrales irrecuperables y 12 adultos bajo tratamiento. El suceso ocurrió en la comunidad de La Puntana, por la crecida del Pilcomayo, que provocó el mal estado de los caminos y en consecuencia el aislamiento total. "En el caso de La Puntana" –detalló el doctor Enrique Tanoli, secretario de Salud Pública de la provincia– el hecho de que no hubiera pesca por estar el río crecido, hizo entrar a la población en una situación de hambruna general en niños y adultos. Se trata de un cuadro de hambre aguda dentro del contexto global de toda la provincia, buena parte de cuya población infantil se halla desnutrida. La tasa de desnutrición en La Puntana no es mayor que la del resto de Salta, pero esta situación se desencadenó por un estado colectivo de hambre. El niño hambreado no protesta ni se queja, se acostumbra a no comer y dejar de llorar. Pero ahora, el hambre no sólo ataca a los niños, sino también a los adultos". (*Clarín*, 12).

Al hambre se suma el mal de Chagas, la tuberculosis. (*La Nación*, 12) y la diarrea (*Clarín*, 16).

Marzo

El cacique Livio Álvarez de la comunidad mocoví de El Pastoril, Chaco, denuncia que su pueblo de aproximadamente 800 personas, está siendo diezmado por la tuberculosis y la desnutrición (*Clarín*, 2).

La Subsecretaría de Salud de la provincia del Chaco informa sobre la elevadísima mortalidad infantil comparable a la de los países de más bajo nivel de desarrollo. El 50% de esas muertes se produjeron después del primer mes de vida. Las causas de esta "mortalidad infantil tardía" residen en enfermedades infecciosas, parasitarias y desnutrición, todas controlables en esta época (*Tiempo Argentino*, 13).

"Zona de desastre" han sido declarados cuatro departamentos en la provincia de Formosa por los desbordes de los ríos Pilcomayo y Bermejo (*Tiempo Argentino*, 27).

Abril

Sigue la alarmante crecida del río Bermejo en el Chaco, con el consiguiente aislamiento de las comunidades indígenas de la zona (*Tiempo Argentino*, 16).

"Primeras Jornadas de la Indianidad" en Buenos Aires, convocadas por la Asamblea Permanente de los Derechos Humanos y con la participación de AIRA, Centro Colla, Movimiento Indio Universitario, Movimiento Indio Peronista, Parlamento Nacional Indígena, Movimiento Indio Nacional Justicialista y el Taller de Comunidades Agroindustriales del CPP.

Se registraron muchas denuncias, se condenó el genocidio y el racismo, se reclamó por las tierras, por salir de las encerronas físicas que los aíslan. Al respecto se denunció el sentido de las reservas aborígenes, "adonde nos tienen acorralados como en un campo de concentración y cuyos responsables son las sectas religiosas que nos cultivan para que en el paraíso vivamos bien y no les importa que en la vida real tengamos tuberculosis, desnutrición y mal de Chagas" (Movimiento Indio Peronista, *Clarín*, 15).

Se puso el acento en la urgencia "de una profunda revisión del enfoque cultural y de la educación en relación con el aborigen" solicitando "la revisión de los textos escolares primarios y de los libros de historia secundarios y universitarios en lo concerniente a las matanzas de naciones aborígenes".

Asimismo se propugna una "exhaustiva reconsideración de los planes educativos para dichas comunidades, reclamando la enseñanza bilingüe y la institucionalización de las lenguas aborígenes" (*Clarín*, 29).

Mayo

Se crea en el Chaco el Consejo Provincial del Aborigen, con participación en la gestión de tobas, mocovíes y matacos. Es un organismo consejero de la acción de gobierno (*Tiempo Argentino*, 10).

Veinticinco caciques tobas se entrevistan con el presidente de la Nación (*Clarín*, 29).

Junio

Temporal de nieve en el sur mantiene aislados a 3.500 mapuches de las reservas de Atrenco, Aucapan, Chiquilwin, Hilquimenuco y Malleo. Dos mapuches cabalgaron 40 kilómetros durante dos días para llegar a Junín de los Andes y pedir ayuda urgente para las poblaciones que están sin alimento y sin leña (*Clarín*, 28).

Julio

Primer Encuentro Aborigen en Corrientes con la presencia de 70 delegados de Misiones, Chaco, Formosa y Corrientes convocados por el cacique general José Patricio y el delegado nacional de la Comunidad Argentina de Aborígenes Toba, Amado Pujol (*Tiempo Argentino*, 13).

Continúa en Neuquén el aislamiento de las comunidades por la nieve (*La Nación*, 11).

Movilización indígena en la ciudad de Formosa: 2.000 tobas, pilagás y matacos marcharon para pedir a la legislatura provincial la sanción de la Ley Integral del Aborigen remitida recientemente por el P.E. Dicha ley contiene reivindicaciones culturales, sociales y económicas, incluyendo el tema de la propiedad de la tierra. (*La Nación*, 30).

Agosto

Aprobación de la nueva ley integral del aborigen (426) en Formosa: representantes de las 76 comunidades de la provincia manifestaron pacíficamente por la ciudad: "algunos con atuendos típicos, con plumas y bastones, los caciques; otros con la sorpresa dibujada en los rostros por haber llegado por primera vez a la ciudad, los aborígenes pasaron por aquí en una actitud sin antecedentes que los llevó a movilizarse masivamente" (*La Nación*, 2).

El bloque justicialista de la Cámara de Diputados del Neuquén presentó un proyecto en favor de las comunidades mapuches, destacándose en los fundamentos la necesidad de lograr una "profunda reconciliación con los aborígenes" además de solicitar medidas que "reivindiquen históricamente el valor del pueblo mapuche, antes y después de la conquista; que permita a esas poblaciones beneficiarse en pie de igualdad de los derechos y oportunidades que la legislación vigente otorga a los demás miembros de la población; que estimulen el desarrollo social, económico y cultural y el mejoramiento del nivel de vida" (*Clarín*, 22).

Mapuches en estado de indigencia, como consecuencia de los temporales en Río Negro: 3.000 familias perdieron todo su ganado (unas 700.000 cabezas) como secuela de los temporales de frío y nieve (*Clarín*, 12).

La misma situación se da en Chubut. Según el gobernador Atilio Viglione, "muchos de sus pobladores han quedado sin nada" (*La Nación*, 8).

El Senado aprueba el proyecto de ley que prevé el reconocimiento de la personería jurídica y la entrega de tierras a las comunidades aborígenes (*Clarín*, 10).

Noviembre

La Comisión Coordinadora de Apoyo a las Comunidades Indígenas lanza una campaña solidaria hacia los aborígenes, "Juntemos todas las manos", que cuenta con la participación de instituciones del Estado, organizaciones de derechos humanos, religiosas e indígenas (Centro Cultural General San Martín, Bs. As., *Clarín*, 1).

Diciembre

La Conferencia Episcopal Argentina (CEA) incluye por primera vez una pastoral del aborigen, impulsada por la tarea de tres obispos: Dante Sandrelli (Formosa); Jorge Kemerer (Misiones) y Gerardo Sueldo (Orán) e INCUPO (Instituto de Cultura Popular), organización al servicio de los indígenas del norte argentino.

El documento denuncia el estado de "fuerte indefensión cultural" de los grupos indígenas, acosados por la sociedad nacional envolvente.

Los obispos dedican especial atención a la tierra: "para ellos la tierra no es una simple mercancía o un bien de lucro. Es como un espacio cultural, el lugar de sus mitos y su historia. Es el hábitat de vida penetrada de tradiciones y valores. Es el lugar donde reposan sus antepasados. Es la madre tierra con quien conviven y mantienen una relación mítica y religiosa".

El documento critica el "desajuste grave" que presenta el sistema educativo formal cuando se pretende "aplicarlo en zonas indígenas; los métodos y programas oficiales imparten una educación uniforme que desconoce las pautas culturales propias de las etnias. La ignorancia del idioma castellano acarrea como consecuencia la repetición en los primeros grados, el desgranamiento escolar y un alto índice de deserción. Además, la incorporación de mano de obra infantil al mercado del trabajo y la desnutrición infantil agravan el problema educativo".

En cuanto a la salud, se sostiene que la "precariedad de la vivienda, la falta de agua potable, la insuficiente alimentación, provocan enfermedades como la tuberculosis, venéreas, parasitosis, desnutrición y enfermedades endémicas". A ello debe agregarse la falta de control médico periódico y de campañas de vacunación, dificultades para adquirir medicamentos, etcétera.

Finalmente, se denuncia el problema de la indocumentación: "la lejanía de las comunidades aborígenes con respecto a los centros poblados dificulta el registro de nacimientos, casamientos y defunciones. El aborigen sin documento no puede acceder a un empleo, gozar de los beneficios sociales ni contar con pensión o jubilación" (*La Razón*, 24 y *Clarín*, 4).

1985

Enero

Los vocablos indígenas serán de enseñanza obligatoria en las escuelas de Córdoba, como forma de integrarlos en "una síntesis respetuosa de la historia" de acuerdo con una ley de reciente promulgación (*La Nación*, 14).

Un informe diagnóstico del Ministerio de Salud y Acción Social calcula en 150.000 los indígenas del país que viven en comunidades: coyas (34.340 individuos en 80 comunidades); tobas (32.639 en 76); chiriguanos (23.680 en 69); mapuches (21.637 en 282); matacos (21.395 en 123); tehuelches (40 individuos) y tehuelches araucanizados (254 individuos).

Los proyectos oficiales se refieren a la creación de fuentes de trabajo así como a acciones programadas a nivel provincial dirigidas especialmente al mejoramiento de las técnicas de producción agropecuaria (*Clarín*, 27).

Febrero

Las inundaciones en el norte provocan el agravamiento de la situación de las comunidades indígenas.

Como casi todos los años para esta época, la intensidad de las lluvias estacionales ha provocado la crecida incontrolable en los ríos Pilcomayo y Bermejo, afectando a miles de pobladores ribereños de Salta y Formosa. "En el Departamento Rivadavia, afectado por el río Bermejo, comunidades indígenas se autoevacuaron hacia zonas más altas dando así positiva respuesta a la campaña educativa sobre medidas de autoprotección, dictadas a los naturales por el gobierno salteño" (*La Razón*, 15).

Abril

Un proyecto de ley presentado en la Cámara de diputados por el legislador Néstor Perl (PJ, Chubut) impulsa que los establecimientos de enseñanza media dependientes del Ministerio de Educación y Justicia incluyan la materia "Culturas Indígenas Argentinas" para el conocimiento de los diferentes grupos que habitaron y habitan el territorio nacional.

En los fundamentos la ley Perl sostiene que "el Estado, a través de la enseñanza secundaria asuma la obligación de hacer conocer la cultura de nuestros compatriotas indígenas como un camino más para lograr la comprensión de su historia, forma de vida, necesidades y problemas y facilitar la instrumentación práctica de las políticas que se dicten en favor de aquellos". Asimismo, "desde el punto de vista de la integración y afirmación nacional es necesario que la historia y la cultura de una parte de los argentinos sean conocidas a través de una enseñanza científica y sistemática" (*La Razón*, 17).

Se procedió en Formosa a entregar los títulos de propiedad de tierras fiscales a comunidades indígenas (*La Razón*, 21).

En Salta se anunció que se pondrá en marcha un centro de producción de legumbres y hortalizas para dar trabajo a comunidades aborígenes del departamento de Anta, estimándose la radicación definitiva de 80 familias (*La Razón*, 21).

Mayo

El gobierno chaqueño pondrá en funcionamiento un servicio aéreo de fomento que servirá para romper el aislamiento de la región denominada "el impenetrable" y de las comunidades indígenas allí asentadas.

El proyecto intenta paliar especialmente el aislamiento a que son sometidos anualmente los grupos matacos, tobas y mocovíes cuando se produce el corte de caminos por la crecida del río Bermejo (*La Nación*, 6).

Junio

Se inauguró en Misiones en la comunidad guaraní próxima al arroyo Tamanduá la escuela provincial N° 683 con enseñanza bilingüe castellano-guaraní y programas adaptados que respetan las pautas culturales y étnicas de dicho grupo (*La Nación*, 24).

Julio

Permanece aislada la comunidad indígena de Acambuco en Salta, situación provocada por el corte de caminos después de las lluvias torrenciales de febrero (*La Nación*, 23).

Segundas Jornadas de la Indianidad bajo el auspicio del Programa de Lucha contra el racismo y a través de la convocatoria de la Asamblea Permanente por los Derechos Humanos.

Durante su transcurso, los representantes de todos los grupos indígenas argentinos reclamaron la devolución de tierras que consideran usurpadas así como la paralización de los proyectos de colonización extranjeros "hasta tanto esté sancionada una ley que permita efectivizar la reintegración de estos territorios a los legítimos propietarios".

Se solicita además la aplicación de una reforma constitucional que incluye la explicitación de los derechos indígenas, así como la supresión del art. 67 inciso 15 de la Constitución Nacional (*La Nación*, 27).

Septiembre

Se estudian en el Parlamento reformas a la ley de política indígena y apoyo a las comunidades aborígenes. El debate fue seguido desde las galerías por gran cantidad de representantes de las comunidades indias. (*La Nación*, 27).

Se puso en marcha en el paraje Carboncito, a 50 kilómetros de Embarcación (Salta), el plan piloto del proyecto de regionalización educativa para aborígenes. El proyecto contempla pautas culturales tales como lengua y pensamiento, tradiciones, mitos y leyendas, música, danzas y artesanías; la vinculación con la cultura occidental; el aporte al desarrollo de la cultura regional; la capacitación y actualización del docente y el fortalecimiento de la interacción escuela- comunidad (*El Tribuno*, 26).

Octubre

Se ofrece por ATC "Misiones, su tierra y su gente" realización provincial en cuatro entregas, con libro y dirección de Eduardo Mignona. La segunda, llamada "Aborígenes", se trasmite el día 22 de noviembre (*Clarín*, 24).

Se informa que durante el 103° período ordinario de sesiones del Congreso de la Nación se sancionaron un total de 130 leyes, entre las cuales figura la 23.302 "Política indígena y apoyo a las comunidades aborígenes" (*Clarín*, 3).

El gobierno de la provincia de Santa Cruz anuncia la próxima fundación del pueblo de Chaltén, nombre "que rescata de la toponimia tehuelche un valor esencial de la mitología Aonikenk que denominaba Chaltén al Cerro Fitz Roy y en cuya cumbre había sido depositado Elal, Dios de los Tehuelches" (*La Razón*, 7).

"Encuentro de dos culturas". En el estadio Luna Park de la ciudad de Buenos Aires se lleva a cabo un concierto en el que intervienen importantes figuras de la música popular –León Gieco, Victor Heredia, Marilina Ross, Antonio Tarragó Ross, entre otros– además del coro toba los Chalapí.

El evento, organizado por la Comisión Nahuel, se realizó con el objetivo de recaudar fondos para un comedor de niños tobas. La consigna fue "por la recuperación de la tierra, la palabra, el canto y la danza" y el estadio estuvo repleto (*La Razón*, 22).

El gobierno argentino presenta su plan nacional de política indigenista en el Noveno Congreso Indigenista Interamericano que se realiza en la ciudad de Santa Fe, Nueva México, Estados Unidos.

"El objetivo general del plan es promover el desarrollo integral de las comunidades indígenas, la preservación, defensa y revalorización de su patrimonio cultural, su efectiva participación en el quehacer nacional y su derecho a la propiedad de la tierra, asignándoles los recursos necesarios para reactivar sus economías a través de procesos de autogestión" (*La Razón*, 28).

El secretario general de la Confederación General del Trabajo (CGT), Saúl Ubaldini, anunció en Formosa que se elevó un informe al gobierno nacional pidiendo por los aborígenes argentinos (*Clarín*, 28).

Noviembre
En el marco de la III Asamblea Mundial de Educación de Adultos llevada a cabo en Buenos Aires, se desarrolla un encuentro abierto con panel y debate sobre "la educación en comunidades aborígenes". (Folleto).

Muere a la edad de 66 años en la ciudad de Ushuaia la última ona, Rafaela Ishton Tial. Fue homenajeada en la despedida por las autoridades del Territorio (*Clarín*, 3).

Se transmite en dos días consecutivos por Canal 13 el programa "Aborígenes Argentinos", una coproducción con canales del interior del país que muestra la realidad de las comunidades aborígenes. Se recorrieron 9 provincias y se recopilaron más de 60 testimonios (*Clarín*, 12).

Se anuncia el estreno del cortometraje *Ni tan blancos ni tan indios* de Tristán Bauer y Silvia Chanvillard, que relata aspectos de la historia de los grupos chiriguanos de Salta (*La Razón*, 25).

Dirigentes del Partido Socialista Auténtico proponen al Ministerio de Salud y Acción Social la aplicación de un impuesto del 10% sobre el precio de venta de los cigarrillos para financiar comedores permanentes y la construcción de instalaciones sanitarias para proteger la salud de los niños indígenas (15).

Diciembre
En un confuso episodio es asesinado el joven mapuche Savino Guajardo de la comunidad de los Miches, en el norte de Neuquén. Otros indígenas recibieron una feroz golpiza: José Antiñir, Rogelio Matamala y Basilio Antiñir.

El jefe de la agrupación declaró que "además de exigir una completa investigación del caso, presentarán una serie de protestas a organismos oficiales y a la Comisión de Derechos Humanos, ya que ésta no es la primera vez en que son agredidos de esa misma forma integrantes de la reserva" (*Clarín*, 13).

Una escuela de niñas mapuches ubicada a unos 40 kilómetros de Junín de los Andes (Neuquén) se incendió totalmente quedando sin alojamiento cerca de 150 niñas de entre 5 y 16 años.

"Las religiosas de María Auxiliadora se quejaron de la precariedad de medios con que cuentan los bomberos de esa localidad, ya que al no poder llegar ninguna de sus autobombas sólo les quedó mirar desde un cerro cómo se derrumbaba la obra de muchos años" (*Clarín*, 21).

V Jornadas Culturales Argentinas: "Salta en Buenos Aires" con la presencia de artesanos indígenas (*Clarín*, 21).

1986

Enero

El gobierno de la provincia de Neuquén inicia la entrega de viviendas a mapuches de Lonco Luán en Neuquén, fruto del convenio celebrado en 1984 entre el Ministerio de Salud y Acción Social de la Nación y el de la provincia (*La Nación*, 6).

El P.E. de la Pampa promulga la ley 876, ya aprobada por la legislatura, por la que se declaran lugares históricos los parajes de Leuvucó y Salinas Grandes, asentamientos de ranqueles, vorogas y mapuches respectivamente (*La Nación*, 8).

El Consejo Superior de Educación Católica (CONSUDEC) inicia una campaña para socorrer el hogar María Margarita destruido por el fuego a fines de 1985. (*La Nación*, 13).

Fueron evacuados 2.000 indios matacos en Formosa, por los desbordes del río Pilcomayo (*La Nación*, 22).

Febrero

En total son 3.000 los matacos aislados en Formosa. El Instituto de Comunidades Aborígenes concretó el envío de 2.000 chapas y 4 toneladas de alimentos (*La Nación*, 1).

La Asociación de Expedicionarios al Desierto renovó su comisión directiva, actuando en la clausura del período anterior el ballet folklórico de la Universidad de Buenos Aires (*La Nación*, 2).

Se introducen reformas a la ley 23.302; el gobierno en consulta con miembros de las comunidades indias propone la creación del Consejo Federal de Asuntos Indígenas, integrado por un representante de las poblaciones indígenas de cada provincia, de la Nación y funcionarios de las provincias que cuenten con población de ese origen.
Asimismo se introducen mejoras de técnica legislativa en lo vinculado a la adquisición de tierras, que no podrán ser adjudicadas a individuos no nucleados en comunidades, elevándose el plazo de 20 a 40 años para enajenar las tierras adjudicadas con el fin de "prevenir abusos, pero esta vez de especuladores no indígenas" y "revitalizar el sentimiento de arraigo a la tierra" (*Clarín*, 6).

Marzo

El primer Parlamento aborigen del Chaco delibera por tres días en la localidad de Juan José Castelli. Se denunció la dramática situación de las comunidades y se propusieron un conjunto de medidas reparatorias y de integración de los aborígenes a la sociedad nacional en un pie de igualdad (*Clarín*, 21).

Se instalan teléfonos públicos en zonas montañosas indígenas (Ruca Choroy y Carri Lil en Neuquén) específicamente en las escuelas de esos parajes, medida que contribuye a romper el aislamiento de las comunidades (*Clarín*, 26).

La Asociación Cristiana de Jóvenes lanza un proyecto de acción comunitaria en el Chaco, con la participación inicial de 75 familias tobas (*La Razón*, 27).

Abril

Se inaugura una escuela para tobas en Ingeniero Juárez, a 460 kilómetros de Formosa. En la oportunidad, el vicepresidente de la Nación anunció que "la preocupación del gobierno será, de ahora en más, transformar en realidad la ley del aborigen, al hacer entrega y tenencia de la tierra a sus legítimos dueños" (*La Nación*, 20).

Mayo

El Registro Civil no admite un nombre aborigen. La decisión fue apelada por el padre del niño ante la Cámara Civil, recordando que constantemente se inscribe a recién nacidos con nombres extranjeros como Solange, Alain, Vanessa, Jeanette, Jonathan, Christian y que existen antecedentes de personas inscriptas con nombres indios como Nahuel, Maitén, Ñaró y Atahualpa.

El padre del niño (llamado Qori Wamancha, pequeña águila de oro, en quechua), Federico Ontiveros, recordó que la Cámara de Diputados de la Nación dio sanción al artículo 3° bis de la ley 18.248 por el cual se establece que "los hijos de indígenas podrán llevar nombres de pila que tengan su origen en la tradición y en los usos y costumbres de las comunidades a las cuales pertenecieran los padres, aunque estos nombres no estuvieran castellanizados o no tuvieran traducción al idioma castellano" (*Clarín* y *La Nación*, 20).

La población aborigen en el Chaco creció el 54% en los últimos 20 años, según información de la Dirección del Aborigen: Según el Censo de 1968 la población era de 15.878, mientras que hoy asciende a 24.528 (19.220 tobas, 3.143 matacos y 2.165 mocovíes). Los indios crecen, a pesar de su "crónica postergación" (*La Nación*, 31).

Junio

Aborígenes mapuches denuncian a Parques Nacionales por aumentar desmesuradamente los permisos de pastaje a los integrantes de la agrupación Cañicul en Neuquén (*Clarín*, 5).

El Centro Multinacional de la Mujer, dependiente de la Comisión Interamericana de Mujeres de la OEA, con sede en Córdoba anunció la realización de un programa de apoyo a la mujer aborigen. El ámbito de aplicación del proyecto comprende a Paraguay, Bolivia y Argentina (*La Nación*, 3).

Agosto

El cacique Manuel Epulef de la reserva asentada en el departamento Languiñeo reclamó el definitivo reconocimiento oficial a la cesión de tierras que el Poder Ejecutivo Nacional concedió hace 60 años a dicha comunidad (*El Patagónico*, 12).

El gobierno de la provincia de Neuquén, el Ejército y el Estado nacional –a través del Ministerio de Defensa– formará una corporación económica que explotará un área de frontera de 110.000 hectáreas, participando del proyecto cuatro reservas de aborígenes mapuches: Puel, Aigo, Catalán y Currumil (*Clarín*, 31).

Septiembre

Se estrena en General Roca el film *Gerónima* que relata la dramática historia verídica de una madre mapuche y sus hijos, interpretada por la actriz india Luisa Calcumil y dirigida por Raúl Tosso. La música estuvo a cargo de Aimé Painé (*Tiempo*, 20).

Noviembre

Se estrena *Gerónima* en Buenos Aires, coincidiendo con su presentación en el festival de cine de Río de Janeiro. Las críticas son excelentes (*La Nación* y *Clarín*, 23).

1987

Enero

Una iniciativa oficial propone la reforma constitucional. Entre otros artículos se postula reemplazar al 67 en su inciso 15 que expresa que corresponde al Congreso "proveer a la seguridad de las fronteras, conservar el trato pacífico con los indios y promover la conversión de ellos al catolicismo" (*Clarín*, 11).

Los desbordes de los ríos Pilcomayo y Bermejo y las copiosas lluvias que superaron los registros medios anuales, han anegado 400.000 Ha. del territorio provincial de Formosa elevándose a 8.174 el número oficial de personas afectadas.

Se halla comprometido el 50% del sector agrícola; se registra gran mortandad de terneros, disminución de peso y parasitosis en el ganado.

Comunidades indígenas enteras han sido arrasadas por el meteoro, entre ellas El Potrillo de reciente fundación.

El secretario de la Comisión de Pastoral Aborigen, Francisco Nazar explicó que se los ve "en silencio, pero no están sufriendo, solamente extrañan el pueblo que habían levantado con sus propias manos y donde tenían sus chacras, ladrillerías y carpinterías (…) No bien se retiren las aguas nos pondremos a refundar El Potrillo" (*La Nación*, 22).

La reserva indígena mapuche de Chiquilihuim en Neuquén acaba de ser provista de una microcentral hidroeléctrica mediante la cual se proveerá de energía eléctrica a las viviendas y al aserradero del lugar (*La Gaceta, Crónica*, 27; *Clarín*, 28; *La Nación*, 29; *La Voz del Interior*, 31).

El Concejo Deliberante de la Ciudad de Tostado (Santa Fe) resolvió devolver a la comunidad de mocovíes allí asentada desde largo tiempo (21 familias con algo más de un centenar de componentes) un terreno perteneciente a la Municipalidad para que puedan construir sus viviendas definitivas (*El Litoral*, 3).

Un proyecto del senador Celestino Marini (PJ) apunta a reinstalar al barrio toba de Rosario (Santa Fe) en tierras aptas para una vida más digna. En la actualidad ocupa terrenos bajos e inundables (*La Capital*, 7).

"Juventud India" repudia el "no tratamiento de la ley de política indígena por parte del Congreso de la Nación" (*Norte*, 16).

Los caciques del Barrio Toba de Resistencia, Chaco, José Patricio y Julio Oliva, reclaman el cumplimiento de las promesas oficiales con respecto a la pronta adjudicación legal de las tierras que ocupan desde hace más de 30 años. En el Barrio Toba hay aproximadamente 3.000 habitantes de los cuales sólo el 3% trabaja en forma estable mientras que el resto sobrevive con las artesanías y changas diversas (*Norte*, 12).

Unos 10.000 aborígenes residentes en Salta y Formosa participarán de la homilía que pronunciará el 8 de abril próximo en la ciudad de Salta el papa Juan Pablo II. Los indígenas comenzarán a ser trasladados a esa capital provincial en distintos medios de transporte a partir del 1º de abril, teniendo en cuenta el estado de los caminos por los intensos temporales que se registran en diferentes regiones de los ríos Pilcomayo y Bermejo. La ceremonia estará destinada a los aborígenes por expresa decisión papal, según lo informado por el Vaticano (*La Gaceta*, 19).

Respondiendo a un pedido de la comunidad Cañiful con asiento en Junín de los Andes (Neuquén) el gobernador Felipe Sapag reclamó al presidente de Parques Nacionales la actualización de los permisos de residencia a los pobladores mapuches que habitan en jurisdicción del Parque Nacional Lanín (*Río Negro*, 23).

Febrero
Basilio Soria, chiriguano –guaraní aborigen tal su autodenominación– ha sido designado presidente del Instituto Provincial del Aborigen creado por ley del Ejecutivo de la provincia de Salta.
El IPA previsto en la ley provincial 6.373 de promoción y desarrollo aborigen es una entidad autárquica y descentralizada vinculada directamente al P.E. para su funcionamiento.
Los objetivos de dicha norma son promover el desarrollo pleno del aborigen y de sus comunidades, fomentando su integración en la vida provincial y nacional, a partir de sus potencialidades y formas organizativas básicas, respetando sus valores culturales propios (*La Mañana*, 23; *Clarín*, 24).

La comunidad de El Potrillo arrasada por las aguas del Pilcomayo fue reubicada contando con el apoyo de los gobiernos provincial y nacional que construyen ya viviendas de madera, que serán levantadas por los industriales de Formosa y que serán armadas con la cooperación de los propios aborígenes en el término de 120 días. Con la construcción de esas casas se intenta además la reactivación del alicaído sector forestal. Para garantizar el inicio de las clases el gobierno local licitó la compra de 42 carpas para ser destinadas como aulas en 16 comunidades afectadas por las inundaciones (*La Nación*, 27).

Aparece el primer boletín del Centro de Información Pueblo Indio, embrionaria agencia de noticias cuyo objetivo es "establecer una red de información que dé a conocer la realidad india" (*El Periodista*, N° 127, 13/19).

El Consejo Asesor Indígena de Río Negro denuncia la apropiación ilegal de tierras indígenas en Chubut y apoya los reclamos de los pobladores de Pilquiniyen del Limay ante la situación del próximo anegamiento de sus campos para la construcción de la represa Piedra del Águila (*La Razón*, 23).

Inician en marzo la distribución de cajas ICA a las comunidades indígenas de Formosa, consistentes en una provisión en envases sellados con 16 artículos de primera necesidad para un destinatario fijo. Se prevé una entrega mensual de 10.000 unidades (*La Mañana*, 25).

Marzo
Es asesinado el indígena Caincoñe'n, conocido también como Atilio Caballero, como resultado de las disputas por la tenencia de la tierra con grupos de blancos de las cercanías de la comunidad de Pozo de Molina en Formosa.
Su cuerpo fue hallado once días después, tirado en un pozo de dos metros y brutalmente asesinado con tres balazos y varias heridas penetrantes de cuchillo. A partir de entonces Caincoñe'n es considerado "mártir de la nación pilagá" (*La Mañana* y *Última Hora*, 9).

Finalmente, un niño será registrado con el nombre quechua Qori Wamanchaca, por resolución de la Cámara Civil de la Capital que revocó un dictamen adverso del Registro Civil.
Recordó el tribunal que la ley 23.162 de 1984 dispuso especialmente la autorización para que se inscribieran nombres indígenas "o derivados de voces aborígenes autóctonas latinoamericanas", por lo que el legislador ha pretendido rescatar y conservar "como integrantes del acervo cultural, la vigencia en las lenguas que constituyeron el habla de los pueblos de América latina" (*La Nación*, 5).

Encuentro Contemporáneo sobre Culturas Aborígenes, auspiciado por la Secretaría de Cultura de la Municipalidad de la Ciudad de Buenos Aires. Se realizarán en el Centro Cultural General San Martín del 8 al 22 de marzo mesas de trabajo, mesas redondas, cine y video, talleres de encuentros de poesía aborigen (*La Nación*, 8).

Se desata una polémica entre el gobierno y el Consejo Asesor Indígena en Río Negro acerca del proyecto de ley indígena.
El tema cuestionado es el artículo 6 del proyecto que se refiere al órgano de aplicación de la ley. En el anteproyecto originalmente preparado el CAI interviene en

la aplicación de la ley y no sólo como asesor de la Dirección del Aborigen tal como figura en el proyecto presentado por el gobernador.

El CAI es el organismo "representante de las comunidades mapuches y campesinas de la provincia de Río Negro" y fue creado en 1985 a instancias del gobierno provincial. Se calcula que representa a más de 70 comunidades y cuenta con el apoyo de la iglesia local, con cabecera en el obispado de Viedma a cargo de monseñor Miguel E. Hesayne (*Río Negro*, 13, 14, 18; *La Nueva Provincia*, 11, 18; *Ecos Diarios*, 17; *El Liberal*, 17).

La Dirección de Tierras de la Provincia de Río Negro devuelve tierras a mapuches de El Bolsón, respondiendo a un reclamo del Centro Mapuche local (*Río Negro*, 18).

El investigador neuquino Willy A. Hassler informa las dificultades por las que atraviesan las comunidades mapuches asentadas en jurisdicción de los parques nacionales, que deben atenerse a un número limitado de haciendas (pasado éste deberán pagar pastaje por cabeza entre otras medidas perjudiciales para los indígenas).

El indio "está más en el pueblo haciendo trámites que cuidando sus bienes. Ejemplo: si un puma entra en la hacienda y mata ocho ovejas, él deberá ir al pueblo y solicitar permiso para eliminar al animal y cuando la autorización está otorgada ya no le quedan más animales" (*La Voz del Interior*, 29).

Abril
Una experiencia teatral con niños de escuelas rurales se lleva a cabo en Neuquén. A través de ella el director Gerardo Penuini hizo la adaptación teatral de leyendas mapuches interpretadas por niños de sexto y séptimo grado, trasladándose luego la muestra a las zonas indígenas, "para que los pequeños vieran sus elementos culturales revalorizados a través de sus pares del pueblo". El proyecto, implementado entre 1985 y 1987 fue definido como una "labor de integración cultural a través de la expresión" (*Río Negro*, 1).

El gobierno de Salta cerró la escuela N° 751 de frontera en Orán. La medida afecta a 130 aborígenes collas y se tomó a raíz del convenio suscripto por el ingenio San Martín del Tabacal que determina que las autoridades provinciales se harán cargo de la desocupación de tierras de la firma que habitan collas en las localidades de los Naranjos, San Andrés, Paraná y Santa Cruz.

La medida provocó resistencia entre los indígenas y los maestros y la denuncia fue realizada por Elsa Podestá de Vessuri, rectora del Colegio Río de la Plata, que a través de Misiones Rurales apadrinó a la escuela clausurada (*La Nación*, 10).

La escuela 751 de Orán fue reabierta por el gobierno salteño, luego de que una manifestación de indígenas collas llegaran hasta la sede del gobierno provincial y se entrevistara con el titular del P.E. (*La Opinión*, 4; *Clarín*, 9 y 11; *La Razón*, 8; *El Tribuno*, 11; *La Tarde*, 11; *La Gaceta*, 12; *La Nación*, 12).

Encuentro internacional de teatro antropológico, llevado a cabo en Bahía Blanca; contó con la participación de Luisa Calcumil, actriz protagónica de *Gerónima*, que interpretó una pieza escrita y dirigida por ella misma: "Monólogo de raíz mapuche". Fue el único espectáculo que debió repetirse dos veces a pedido del público (*Clarín*, 13).

En el "Mensaje de los pueblos indígenas de Argentina a Juan Pablo II" en ocasión de su visita a Salta se reclamó al Papa la devolución de las tierras, afirmando que "ojalá que tanta sangre derramada por el etnocidio y genocidio que las naciones aborígenes hemos sufrido, sirva para la conciencia de la humanidad y para nuevas relaciones basadas en la justicia y la hermandad de los pueblos. Hoy no te ofrecemos oro ni plata, sino nuestras manos vacías que simbolizan el despojo total al cual hemos sido sometidos. Te ofrecemos nuestro silencio que por muchos siglos los poderosos nos han impuesto con sus ideologías, sus políticas y ambiciones sin freno, cerrando de esta manera la boca de todos nosotros para que no participemos en los destinos de la patria. Sabemos que esta ofrenda es signo de nuestra dignidad ante Dios" (*Salta*, 8).

Monseñor Esteban Hesayne entregó al Papa la carta de las comunidades mapuches que viajaron en el tren con motivo de su visita a Viedma, reclamando también por las tierras despojadas y denunciando la situación de extrema marginalidad (7).

Con motivo de celebrarse entre el 19 y el 25 de abril la Semana del Aborigen, el Equipo Nacional de Pastoral Aborigen (ENDEPA) lanza una serie de reclamos, entre ellos que "la Argentina sea reconocida oficialmente como multiétnica y se haga una revisión histórica del ser nacional…". Denuncia el organismo que "en forma simultánea con la conquista militar, el choque cultural entre el blanco y el indio dio lugar a masivos etnocidios…". Asimismo reclama "la devolución de las tierras que les hayan sido usurpadas a todos los pueblos aborígenes de nuestro país 'solicitando' el reconocimiento al derecho a la autodeterminación como pueblos, sin segregaciones ni autosuficiencias sino en el camino del diálogo intercultural". Indica que "nuestra Iglesia Católica reconozca su culpa y repare su error con auténtico servicio a 'los más pobres de entre los pobres' como lo expresa el magisterio de la iglesia latinoamericana". Finalmente ENDEPA se propone "acompañar a los pueblos indígenas en su lucha histórica por la recuperación de la tierra y asumir como propio su proyecto de autodeterminación sin tutelas ni paternalismos y denunciar sistemáticamente toda nueva forma de etnocidio y genocidio así como los atropellos a sus tierras y culturas y toda lesión a los derechos humanos"… "Pero también y quizás aún más grave es la tremenda posibilidad que en pocos años más, la sociedad argentina se encuentre con la muerte cultural de las pocas etnías que subsisten…" (*El Litoral*, 31; *El Tribuno*, 21; *El Territorio*, 1; *Formosa*, 3; Documento de ENDEPA: "Recuperar nuestra tierra es volver a la vida").

El Instituto de Comunidades Aborígenes de Formosa a través de la Dirección de Topografía ha realizado un programa de trabajo y presupuesto estimativo, para la ejecución de la mensura, relevamiento y encuadramiento de los asentamientos de las etnias toba, wichí y pilagá (*La Mañana*, 13; *Nuevo Diario*, 4).

El gobierno de Río Negro dispuso la creación de la Dirección General del Indígena con la participación de las comunidades indígenas de la provincia. El anuncio oficial procura resolver la polémica situación planteada por las críticas del Consejo Asesor Indígena al proyecto de ley del indígena recientemente elevado a la legislatura (*La Razón*, 6).

Llega el Papa Juan Pablo II a la Argentina y se reúne con comunidades indígenas. En su llegada a Viedma (Río Negro) el Papa se encuentra con una multitud estimada en 20.000 personas, de las cuales unas 1.500 son mapuches provenientes de distintos puntos de la provincia. El Papa se dirigió especialmente a ellos en la lengua aborigen y se definió a sí mismo como "un mapuche más".

En un documento entregado al pontífice, la comunidad mapuche recordó "la complicidad de la Iglesia argentina en la matanza de indígenas que incluyó un episodio históricamente denominado 'la conquista del desierto'". (*Diario Popular*, 7; *La Razón, El Cronista Comercial, La Nación, La Capital*, Rosario, *La Capital*, Mar del Plata, *El Eco* de Tandil, *La Voz del Interior, El Tribuno*, 8).

Cerca de 70.000 personas escucharon en Salta la palabra del Papa, entre los cuales se encontraban centenares de indígenas para los que Juan Pablo II tuvo especiales palabras (*La Capital*, Mar del Plata, *El Tribuno, Clarín, La Razón*, 9).

En su escala en Corrientes el Papa se dirigió a los fieles en algunas palabras en guaraní, luego de afirmar que quería "en primer término saludar a los primeros habitantes de esta tierra" (*La Capital*, Mar del Plata, 10).

En declaraciones al diario *La Nación*, el presidente del Banco Hipotecario Nacional, Aníbal Reinaldo, anunció que entre las iniciativas de la institución "se cuenta la resolución del problema habitacional de comunidades indígenas, respetando sus costumbres. El culto al humo que exige la instalación de un brasero en la vivienda, o el rechazo de sanitarios en los baños, por parte de tobas y matacos son algunos de los problemas que enfrentan los técnicos de la entidad financiera oficial" (*La Nación*, 21).

Se crean en Río Negro la Dirección General de Comunidades Indígenas y el Consejo General de Comunidades Indígenas (decreto 542). Ambos organismos funcionarán en la órbita del Ministerio del Trabajo y Acción Social. Como titular del primer organismo fue designado Eulogio Frites, de origen colla, mientras que el Consejo de Comunidades quedará integrado por representantes de las comunidades indígenas, asociaciones civiles dedicadas a la promoción de la comunidad aborigen y representantes de organismos públicos (*Clarín*, 22).

Quedó constituido el Consejo Nacional de Pueblos Indios luego del Encuentro Nacional de Comunidades Indígenas realizado entre el 16 y el 20 de abril en la localidad de Quilmes, Tucumán (*La Gaceta*, 23).

La designación del colla Eulogio Frites como titular de la dirección de Asuntos Indígenas de Río Negro, es objetada por el Consejo Asesor Indígena: "Reconocemos como único organismo representativo del pueblo mapuche al CAI, creado en 1985 a instancias del gobierno provincial y formado por representantes de más de setenta parajes –entre ellos– de las cooperativas de pequeños productores laneros, de artesanos, de trabajadores rurales y de los centros mapuches de Jacobacci y Bariloche" (*Río Negro*, 22, 26 y 6/5).

El asesor médico de la Asociación Indígena de la República Argentina, Horacio Arena, aseguró que "el estado sanitario de los aborígenes en general de la provincia de Salta es bueno, no el óptimo. Las enfermedades más comunes son la desnutrición, la tuberculosis, el mal de Chagas y las venéreas". Se informó que semanalmente agentes sanitarios recorren la zona para su control (*La Razón*, 21).

Mayo

Dirigentes de las parcialidades tobas, mocovíes y matacos del Chaco afirmaron que los 30.000 indígenas de la provincia no se presentarán a votar en las próximas elecciones de septiembre si la legislatura no sanciona la llamada ley del aborigen que entre otras cosas restituye las tierras. El proyecto de ley fue elaborado por dos congresos de representantes de las 63 comunidades organizadas en todo el territorio del Chaco y enviado luego por el P.E. a la legislatura en noviembre de 1986 (*Clarín*, 12).

Se aprobó en el Chaco la Ley del Aborigen. Después de una larga sesión y tras una insistente presión por parte de una nutrida movilización de miembros de las comunidades, que se instalaron por más de tres días frente a la Cámara de Diputados, la legislatura aprobó la ley del aborigen, restituyéndoles, entre otras cosas y en carácter de "reparación histórica", las tierras de las que fueron desposeídos.

La ley prevé la creación del Instituto del Aborigen Chaqueño (IDACH), expresando además que "se reconocen a las culturas e idiomas toba, mataco y mocoví como valores constitutivos del acervo cultural de la provincia" afirmando que "los aborígenes tobas, matacos y mocovíes tienen derecho a estudiar su propio idioma en las instituciones de enseñanza primaria y secundaria de las áreas aborígenes para lo cual se instrumentará la asignatura y/o cátedra correspondiente. La educación impartida por los establecimientos escolares que atienden el universo indígena se realizará en forma bicultural y bilingüe" (*Crónica*, 9; *Norte*, 9, 13, 14, 15, 18; *La Nación* y *Clarín*; 15; *El Territorio*, 14 y 18).

Dirigentes indios debaten en Posadas distintos proyectos de ley para las comunidades de la región (*La Mañana*, 15).

Un grupo de representantes de comunidades indígenas del NOA realizó una manifestación frente a la Casa de Gobierno en Plaza de Mayo, para pedir la urgente reglamentación y aplicación de la ley 23.302 (*Crónica*, 9).

Reunión Nacional de Pueblos Indios desde el 16 al 20 en Quilmes, Tafí del Valle (Tucumán) convocada por el Centro Kolla y con el auspicio del Consejo Indio de Sud América (CISA). Se tratarán temas de interés para las comunidades de las distintas provincias (*La Gaceta*, 12, 21; *La Nación*, 11; *La Tarde*, 16, *La Nación*, 28).

586

Se aprobó en Posadas, Misiones, la ley del aborigen (N° 2.435) que otorga importantes beneficios a las comunidades guaraníes de la zona. Dicha norma fue objeto de intensos debates previos entre legisladores, el P.E. y la iglesia local (*Ecos Diarios*, 16; *El Territorio* 10, 16, 17, 20, 21, 29; *El Heraldo*, 15; *La Mañana*, 14/6 y *Época*, 14/6).

Con motivo de conmemorarse el 206° aniversario de la muerte de José Gabriel Condorcanqui, Túpac Amaru, el Centro Kolla de Buenos Aires convocó a los legisladores nacionales y provinciales a hacer un minuto de silencio en memoria de los mártires de la libertad (*Clarín*, 17).

La Fundación Cruzada Patagónica anuncia la puesta en marcha de la campaña pro hogar para menores mapuches del Neuquén (*La Nación*, 27).

Junio
Experiencia bilingüe con los aborígenes del Chaco. En los próximos días comenzará a funcionar un Centro Educativo Rural en la comunidad aborigen El Colchón, destinado a indios mayores de 14 años, el que desarrollará su programa en forma bilingüe y bicultural sobre la base permanente de dos lenguas: castellano y toba. La experiencia, que abarcará dos ciclos de tres años cada uno, se llevará a cabo mediante un convenio firmado entre el Consejo General de Educación, la Dirección Provincial del Aborigen, la Junta Unida de Misiones y la Asociación Comunitaria El Colchón (*La Prensa*, 1; *Clarín*, 6; *Norte*, 22).

Festival de la Solidaridad con los indios mapuches de El Bolsón, Río Negro, organizado por el Centro Kolla para ayudar a los 2.585 indígenas que viven en El Bolsón (*Clarín*, 26).

El obispo de Posadas Carmelo Giaquinta, calificó a la recientemente sancionada ley del aborigen como "mal concebida y mal parida" y desafió a un debate sobre el tema al diputado radical Carlos Santa Cruz, encargado de fundamentar el dictamen mayoritario de la Cámara de Representantes cuando ésta la aprobó. (*La Nación*, 14, 28, 30; *La Mañana*, 29; *El Territorio*, 14; *La Gaceta*, 30; *La Razón*, 30).

En el marco de la recientemente aprobada ley del aborigen 3.258, el P.E. de la provincia del Chaco entrega 18 títulos de propiedad y subsidios además de ser efectivizadas como personas jurídicas once nuevas asociaciones aborígenes (*El Territorio*, 25).

Continúa en Río Negro la polémica entre el gobierno provincial y el Consejo Asesor Indígena por considerarse éste excluido de los mecanismos de decisión (*La Nueva Provincia*, 23; *Río Negro*, 20, 24).

Julio
Realizan obras de defensa para aborígenes en el noroeste bonaerense ante la actual onda de crecida de las zonas inundadas (*La Nación*, 11).

Candidatos indígenas en las listas peronistas del Chaco: el cacique toba Nieves Ramírez se presentará como candidato a diputado provincial y Rogelio Herrera se postulará como primer concejal (intendente) en El Sauzalito, población a 500 kilómetros de Resistencia (*La Nación; La Razón; Diario Popular*, 14).

Comienza un curso de capacitación de auxiliares docentes aborígenes en el Chaco. "El mismo forma parte de una prueba piloto a través de la cual se obtendrán auxiliares docentes que pasarán a desempeñarse dentro de la modalidad aborigen del Consejo General de Educación de la Provincia". A este primer curso –que durará 20 meses– asistirán 25 alumnos representantes de las comunidades aborígenes de Pampa del Indio, La Tigra, El Pastoril, Colonia Aborigen, Resistencia, Juan José Castelli y Presidencia Roque Sáenz Peña (*El Territorio*, 15, 16; *Norte*, 15, 16, 18).

Fue proclamado el segundo jefe de la agrupación Atreuco (mapuche) Antonio Cañicul, como candidato a diputado provincial por el Frente Justicialista (octavo lugar) en representación del pueblo mapuche y a propuesta de 16 comunidades indígenas (*Río Negro*, 14).

En Rosario, Santa Fe, ceden terrenos ferroviarios para reubicar a indios tobas del barrio Empalme Graneros (*El Heraldo*, 16; *El Litoral*, 17).

Agosto

La Unión Cívica Radical propone como candidato a intendente de Pampa del Indio al cacique Maciel Medina mientras que la Alianza Chaqueña integrada por fuerzas centristas lleva como candidato a diputado provincial al toba Pablo Lorenzo (*La Nación*, 7; *El Territorio*, 31/7).

Luisa Calcumil presenta en Buenos Aires su espectáculo unipersonal "Es bueno mirarse en su propia sombra". (*La Nación*, 7; *La Razón*, 13).

El agua amenaza a los mapuches: unas 60 familias del partido de General Viamonte están amenazadas por las aguas que en forma constante avanzan hacia el este buscando su desagüe natural e incrementando en tres veces el área inundada en la provincia de Buenos Aires. Son los descendientes del cacique Ignacio Coliqueo (*Clarín*, 10).

La Fundación Arise and Shine World Ministries con sede en Santa Mónica, California, EE.UU., anunció un programa de ayuda y asistencia a las comunidades indígenas y otros sectores carenciados del Norte argentino (*Clarín*, 19).

Reclamos y denuncias de las comunidades mapuches de Río Negro. Se ha previsto una movilización de indígenas por las calles de Viedma hasta la legislatura y la casa de gobierno para rechazar la ley del aborigen remitida oportunamente por el P.E. al Parlamento ya que "niega la participación de las comunidades indígenas en defensa de sus derechos. El Consejo Asesor Indígena, integrado por delegados de 72 comunidades indias y vinculado al obispado de Viedma, denunció asimismo que de los 20 millones de hectáreas de Río Negro, 14 están en pocas manos y las otras 6 son de propiedad de medianos productores y comerciantes". De estas tierras, se consigna, "nuestros hermanos mapuches y los campesinos pobres sólo poseen entre 100 y 200 ha. por familia, de tierras en su mayoría sin agua, ni pastos para los animales".

Respecto a la discriminación de que son objeto sostiene que "los mapuches muchas veces son rechazados en distintos trabajos por tener apellidos indígenas" enfatizando que "para realizar sus rogativas necesitan permiso policial" (*Clarín*, 25; *Crónica*, 25; *Río Negro*, 25, 26, 28, 29).

Con el objeto de alcanzar el crecimiento socioeconómico del área de frontera sur de la provincia del Neuquén y de las comunidades indígenas, el gobierno dispuso la creación de la corporación interestadual Pulmarí para administrar y supervisar la explotación de 112.000 Ha. Se anunció que está previsto el desarrollo de actividades ganaderas, mineras, industriales, comerciales y turísticas, mediante la aplicación de un programa de desarrollo a 30 años (*La Nación*, 27).

Son candidatos a diputados provinciales por el PJ en Formosa el toba Juan Caballero y el wichí Jorge Bonilla (*Nuevo Diario*, 6, 7).

El candidato a diputado provincial del Justicialismo chaqueño y cacique toba Nieves Ramírez, reclamó que se suprima de los libros escolares la palabra "salvaje" cuando mencionan al indio, porque entre otras, "si analizamos lo que hicieron blancos e indios en su lucha, quizás resulte que no somos los indios los salvajes" (*Crónica*, 4; *La Razón*, 5).

Las comunidades aborígenes del Chaco solicitaron al gobierno provincial una reserva de 150.000 Ha. dentro del denominado "Plan Bermejito" de colonización que se encuentra en estudio y abarca un área de 50.000 Ha. (*Norte*, 5).

Fue creado en Tucumán el Consejo Provincial del Aborigen, para "el afianzamiento de la organización de cada una de las comunidades indígenas" que habitan el territorio tucumano (*La Gaceta*, 18).

Septiembre
El cacique toba Nieves Ramírez ganó una banca de diputado provincial en el Chaco por el PJ. Desde ese puesto –adelantó– "defenderé los derechos de mis hermanos y no descansaré hasta que a cada uno le sea devuelto un pedazo de la tierra que siempre le perteneció" (*Clarín*, 8; *El Tribuno*, 2).

Muere en Asunción, Paraguay, a consecuencia de un aneurisma cerebral la cantante mapuche Aimé Painé (*La Nación*, 13, 14; *Crónica*, 13, 18; *Clarín*, 12, 18; *La Razón*, 13, 14).

Expropian 60.000 Ha. en Río Negro para reubicar una reserva indígena, al producirse la inundación del embalse de la presa de Piedra del Águila que la empresa Hidronor construye sobre el río Limay (*La Nación*, 26; *La Nueva Provincia*, 26; *Clarín*, 30).

"La cuestión indígena en la historia argentina" es el tema de las III Jornadas de Perfeccionamiento Docente que se llevan a cabo en el Instituto de Investigaciones Históricas del Museo Roca dependiente de la Secretaría de Cultura del Ministerio de Educación y Justicia (*La Nación*, 22; *Página 12*, 22).

Octubre
Muere en Córdoba atropellado por un conductor que fugó un adolescente de 14 años, habitante de una villa de emergencia y sin familiares. Su nombre: José Raúl Sahiueque (*Clarín*, 27).

Protesta indígena por los festejos oficiales del "Día de la Raza". La AIRA ha convocado a una concentración en Plaza de Mayo (*Clarín*, 12; *La Nación*, 12; *Nuevo Diario*, 12).

Por su parte, la entidad "Organizaciones Indias", frente al Congreso, repudió la celebración del 12 de Octubre y recordó el genocidio de sus antepasados (*Clarín*, 13; *Página 12*, 13).

Muestras de artesanías indígenas en Buenos Aires: araucanas y guaraníes (*El Territorio*, 30).

El encuentro regional de antropólogos que deliberó en Trelew propugnó entre otras medidas, "institucionalizar la participación de los aborígenes en todas las instancias de los asuntos que les atañen" (*Crónica*, Comodoro Rivadavia, 1).

Encuentro Ecuménico sobre Pastoral Indígena llevado a cabo en Reconquista, Santa Fe. Contó con la presencia de 42 participantes indígenas y agentes pastorales cristianos de Brasil, Chile, Paraguay y Argentina, quienes hicieron un relevamiento de la realidad social y de la actitud de las Iglesias frente a la misma.
El encuentro fue organizado en Argentina por ENDEPA y su secretario ejecutivo Francisco Nazar informó que los participantes coincidieron en señalar la existencia de "políticas antiindigenistas" en todos los países de la región." La realidad indígena –dijo Nazar– se agrava por el empobrecimiento general de los sectores populares, como consecuencia de problemas como la carga que impone el pago de la deuda externa y de políticas que no tienen en cuenta las necesidades de los sectores más postergados".
Los participantes comprobaron la existencia de una contradicción "entre el discurso evangélico y la práctica de la Iglesia" advirtiendo que se asiste a "una constante tensión entre el asistencialismo que surge en filas de las Iglesias y la necesidad y el derecho a la autodeterminación que tienen las comunidades indígenas" (*Nuestra Presencia*, 23).

Noviembre
Muestra de labores mapuches en Buenos Aires, a beneficio de las comunidades que habitan el departamento de huiliches, Neuquén. (*La Nación*, 4).

Se realiza un festival denominado "Encuentro Ayelen" con el objeto de que los aborígenes de la comunidad mataca El Potrillo en Formosa "recuperen su identidad y vuelvan a la vida" (*Clarín*, 11).

El director de Áreas de Fronteras, José Lucas Echegaray, informó que la Administración Nacional de Parques Nacionales está elaborando un proyecto de ley para la concesión de 12.000 Ha. a la reducción indígena Curruhuinca en inmediaciones de San Martín de los Andes, Neuquén. (*La Razón*, 18; *Clarín*, *La Nación*, 20).

Basilio Soria, presidente del Instituto Provincial del Aborigen de Salta, anunció en Buenos Aires un plan de asistencia técnica en capacitación para dirigentes de las comunidades de su provincia.
Soria, quien asistió en la Capital a una reunión sobre capacitación organizada por el Ministerio de Salud y Acción Social de la Nación, mencionó, entre otros proyectos, el de desarrollo agrícola en huertas familiares en los barrios La Loma y Los Tapietes en Tartagal; el de administración y creación de talleres múltiples (*El Tribuno*, 5).

Las comunidades indígenas de Wichi Lawet, Notsahitaj, Tich'a de Pozo del Montero y Tekles de Sumayen en la provincia de Formosa, recibieron del gobierno provincial los títulos de propiedad de las tierras que ocupan desde hace años (Acción de INCUPO).

Diciembre
Pastoral de Navidad a los indígenas guaraníes en Misiones a cargo del obispo diocesano de Iguazú, el jesuita Joaquín Peña Betlevel:
"Perdón, en nombre de los blancos, porque no les hemos sabido anunciar a Jesús (…) También porque Jesús nació el Día de Navidad, como un niño muy, pero muy pobre, y nosotros no sabemos festejarlo si no es tirando plata y comiendo mucho" (…) "En Belén había mucha oscuridad y pobreza, pero nosotros lo hemos llenado todo de luces y regalos. Alrededor de su cuna de paja había mucho cariño pero nosotros estamos todos peleados y en nuestros corazones ya no reina el amor (…) Queridos hermanos guaraníes: nosotros queríamos enseñarles a ser cristianos, pero con nuestro ejemplo, muchas veces les hemos mostrado todo lo contrario; por eso les pedimos perdón; estamos arrepentidos y queremos ser nosotros los que aprendamos de ustedes" (*El Patagónico*, 22).

1988

Enero
Están en pleno desarrollo proyectos de educación bilingüe-bicultural en Formosa y Chaco, según informó el antropólogo Jean Charpentier quien desde 1970 se encuentra trabajando en la zona con proyectos solicitados por entidades privadas y oficiales. Dicho profesional, que centra su tarea en la formación de "maestros auxiliares" indígenas encuentra tres obstáculos a la acción educativa: primero, los partidos políticos, con su sistema de promesas para captar votos; segundo, el asis-

tencialismo, que regala cosas y desmoviliza a la gente; tercero, la idea de lo bilingüe o bicultural como un atentado a la unidad nacional, cuando nosotros decimos lo contrario. "No se trata de dividir la patria sino de ser argentinos pero con raíces. Es crear una cultura de diálogo y no de nivelación".

Charpentier informó finalmente que está asesorando a un indígena pilagá en la redacción de un libro sobre la historia de esa cultura, primer proyecto en el país en su tipo (*Edición*, 4,13).

Febrero

El diario *La Nación* de Buenos Aires a través de un enviado especial a Salta y Formosa denuncia la situación de extrema marginalidad de las comunidades matacas y tobas, a pesar de lo cual continúan luchando por su supervivencia (*La Nación*, 21, 22 y 23).

Aborígenes formoseños en estado de alerta frente a la crecida del Pilcomayo, según lo informó el Instituto de Comunidades Aborígenes, que dispuso preparativos para acudir en auxilio de eventuales damnificados por las aguas (*La Razón*, 3).

Primer Encuentro de Artesanos aborígenes de la provincia del Chubut se llevan a cabo en la ciudad de Esquel (*Crónica*, Comodoro Rivadavia, 23 y *Jornada*, 15 y 20).

Marzo

Los mapuches de Río Negro efectuaron un llamado al gobernador de la provincia Horacio Massaccesi para que se respete el anteproyecto de ley indígena elaborado en forma conjunta por el Consejo Asesor Indígena y los funcionarios de la anterior administración, pero que nunca fue puesto en funcionamiento. "No se puede hacer política para los paisanos sin los paisanos" expresaron los dirigentes indígenas (*Página 12*, 11).

La comunidad indígena "Cacique Pincén" entregó al ministro de Acción Social de la provincia de Buenos Aires un petitorio solicitando parcelas de tierras fiscales ubicadas en el partido de Ensenada.

La comunidad está integrada por 100 familias asentadas actualmente en zonas de Trenque Lauquen anegadas por las aguas. El presidente de la comunidad y portador del petitorio es Lorenzo Salvador Cejas Pincén, bisnieto del cacique Pincén.

Es intención de los reclamantes poner en marcha en su nuevo asentamiento "un polo de desarrollo que comprenda laboreo de tierras, cría de ganado vacuno y porcino, producción de pollos y cría de conejos para carne y lana, mediante una administración cooperativista" (*La Razón*, 12).

El intendente de Resistencia, Chaco, Deolindo Bittel, entregó a familias indígenas los títulos de propiedad de las viviendas que ocupan desde hace unos 20 años en el llamado Barrio Toba (*Clarín*, 19).

II Encuentro Contemporáneo con nuestras culturas aborígenes, organizado por el Departamento de Extensión Cultural del Centro Cultural General San Martín de Buenos Aires (*Página 12*, 15).

592

Abril

Animales baleados y la prohibición de acercarse a la única laguna de la zona, en la comunidad mapuche de la ciudad rionegrina de Zapala, hechos denunciados por Héctor Leuno, coordinador de la comunidad Zapata de indígenas mapuches. El sector corresponde a Parques Nacionales y han recaído las sospechas de las matanzas de los animales en el propio guardaparque (*Crónica*, Comodoro Rivadavia, 20).

Representantes del Centro Aborigen "Peñi Mapu" de Puerto Madryn solicitaron a la Legislatura provincial la sanción de la ley provincial del aborigen como asimismo participar del Consejo Económico-Social recientemente creado en el Chubut (*Crónica*, Comodoro Rivadavia, 22).

Mayo

Por primera vez en su historia, la agrupación mapuche Zapata en Neuquén, eligió mediante voto secreto, en forma democrática, su nueva conducción. Resultaron electos Luis Quilaqueo (jefe) y Lidia Pichum (segundo jefe) con 38 votos sobre un total de 59 sufragantes (*Página 12*, 18).

Junio

Con el voto unánime de todos los bloques legislativos se aprobó en la Cámara única de la provincia de Formosa la primera ley antidiscriminatoria de la historia jurídica del país.

El texto expresa en su artículo primero que "queda prohibido en el ámbito territorial de la provincia toda acción que utilizando cualquier medio de comunicación social promoviere, provocase, instigare o incitare a promover acciones de discriminación" entendiendo por tales a los "actos discriminatorios determinados por motivos como raza, religión, nacionalidad, ideología, opinión política o gremial, sexo, posición económica, condición social o caracteres físicos".

En el debate previo a la sanción de la ley, se fundamentó con el ejemplo de los actos discriminatorios sufridos históricamente por las comunidades indígenas de Formosa (*Página 12*, 7).

Se encuentra en Ushuaia Luisa Calcumil, interpretando en la "III Fiesta Nacional de la noche más larga" su espectáculo unipersonal "Es bueno mirarse en su propia sombra" (*La Nación*, 23).

Una mujer mapuche y sus tres hijos lograron sobrevivir una semana en medio de una sucesión de tormentas de nieve y temperaturas de hasta 15° bajo cero en Neuquén (*Clarín*, 26).

Miembros de comunidades tobas radicados en el departamento Bermejo de la provincia del Chaco gestionaron la transferencia de la propiedad de las tierras que habitan ante el ministro de Salud y Acción Social, Ricardo Barrios Arrechea (*Clarín*, 21).

Será creado el Instituto Chaqueño del Aborigen, conformado por representantes de las tres etnias de la provincia: mocovíes, tobas y matacos, con posterioridad a las elecciones del 17 de julio en que las distintas comunidades designarán a sus delegados. (*El Territorio*, 16).

Reclamo del legislador Nieves Ramírez y del Presidente de AIRA, Rogelio Guanuco, por el caso del aborigen toba Horacio Gómez muerto por un policía (*Norte*, 19).

El maestro especial de Técnicas Agropecuarias de la Misión Nueva Pompeya del Chaco, Oscar Pablo Putzolo, denuncia que el 18 de junio una niña mataca de 13 años fue violada por dos policías del pueblo, en el local de la propia comisaría, adonde fue llevada "a empujones y amenazada con pistola reglamentaria" (*Norte*, 30).

Julio
El ministro de Salud y Acción Social recibió a 13 delegados de las 7 comunidades tobas de Ingenio Las Palmas y La Leonesa (Chaco) que reclaman para sus 300 familias la posesión de 15.000 Ha. de tierras ubicadas en esas fincas y que son propiedad del Estado (*Norte*, 20; *Página 12*, 20 y *La Prensa*, 22).

La Asociación Indígena de la República Argentina reclama la reglamentación de la ley 23.302 de política indígena y de apoyo a las comunidades aborígenes (*Página 12*, 30).

El Poder Ejecutivo de la provincia de Misiones elevó a consideración de la Legislatura misionera un proyecto de ley del aborigen en el que se propicia una revisión de la ley 2.435 aprobada por mayoría el 12 de junio pasado, fundamentándose que "nuestros compatriotas guaraníes no deben ser considerados como objetos de estudio social conservable en una probeta de laboratorio" (*El Territorio*, Posadas, 26; *El Cronista Comercial*, 27).

Se inicia en Viedma la discusión entre el gobierno y el Consejo Asesor Indígena para la elaboración de la ley del aborigen (*Río Negro*, 26).

Alrededor de 13.000 indígenas tobas, mocovíes y matacos irán a las urnas el 7 de agosto para elegir sus representantes por el Instituto del Aborigen Chaqueño (*La Mañana*, 9; *La Nación*, 16; *El Territorio*, 30).

El Ministerio de Bienestar Social y el Instituto Provincial del Aborigen firmaron un convenio de colaboración recíproca a través del cual ejecutarán programas de desarrollo económico social destinados a las comunidades aborígenes asentadas en los departamentos San Martín, Orán, Rivadavia, Anta y Metán.
Mediante el acuerdo, la Dirección General de Cooperativas y Mutualidades del Ministerio de Bienestar Social se compromete a asesorar, orientar, educar y brindar todo tipo de acción que permita la formación de cooperativas o mutuales (*El Tribuno*, 9, 11).

El sacerdote Francisco Nazar advirtió sobre el "escandaloso contrasentido" que significa para la provincia de Formosa contar con un recurso natural trascendente

594

como el petróleo, cuyos beneficios "favorecen sólo a Yacimientos Petrolíferos Fiscales" mientras el oeste formoseño y más precisamente el departamento Ramón Lista se debate en una "progresiva miseria, donde tenemos escuelas que son ranchos sólo con un número y que no tienen paredes, donde tenemos un solo médico que es mujer, donde no tenemos agua potable y donde no hay combustible para una ambulancia, a pesar de que allí se extrae el petróleo".

Nazar denunció además la existencia de actos de injusticia hacia las comunidades indígenas responsabilizando de algunos de ellos al titular de la Corporación para el Desarrollo del Oeste (CODEO), Walter Godo. (*La Mañana*, 1).

Se desata un debate en Formosa entre distintos sectores de la provincia a partir de las denuncias del sacerdote Nazar. Como resultado de ello, el vicegobernador a cargo del P.E., provincial, Gildo Insfrán, dispuso la realización de una auditoría a través de la Contaduría General de la Provincia y del Tribunal de Cuentas en el ámbito de la CODEO.

Mientras tanto, algunos legisladores proponen modificar la ley Nº 560 de Regalías Petroleras a fin de destinar fondos para el desarrollo del Oeste y sus problemas. (*Nuevo Diario*, 3, 4, 6, 7; *La Mañana*, 3, 4, 5, 6, 7, 9).

El Club de Leones de Villa Ángela, Chaco, inaugurará próximamente la provisión de agua potable a unas 70 familias de aborígenes del barrio Lote 20 (*Norte*, 23).

Agosto

Preocupa la actual sequía en vastas zonas de la provincia de Formosa, temiéndose que la situación se agrave a medida que se avance hacia la temporada estival (*Nuevo Diario*, 4; *La Mañana*, 6).

Con el auspicio de la Secretaría de Cultura de la Nación se realizará el 30 en el Instituto Nacional de Antropología una jornada de "Estudios Indígenas en la Argentina" a cargo de distintos especialistas (*La Prensa*, 26; *Página 12*, 30).

Más de 13.000 indígenas votaron en todo el Chaco para elegir sus representantes en el Instituto del Aborigen del Chaco (IDACH). (*Norte*, 8, 13, 19).

Septiembre

Quedaron habilitadas 1.100 viviendas en el paraje Nuevo Potrillo, Formosa, donde se ejecuta un operativo de relocalización de matacos cuyos anteriores asentamientos resultaron arrasados por las inundaciones del río Pilcomayo (*La Nación*, 17).

Un convenio para la reubicación de la reserva indígena Pilquiniyeu del Limay fue firmado por el gobernador de Río Negro y el presidente de la empresa Hidronor.

El gobierno provincial dispuso la expropiación de la estancia María Sofía para destinarla al nuevo asentamiento de la comunidad mapuche (*La Nación*, 20).

Representantes de 20 etnias y comunidades indígenas se reunieron con el senador nacional Fernando de la Rúa (UCR) para solicitarle que interceda ante el presidente Alfonsín en favor de la pronta reglamentación de la ley 23.302 de la que es autor el legislador, sancionada hace ya tres años. Rogelio Guanuco, titular de la AIRA, informó posteriormente al periodismo acerca de lo tratado en la reunión, haciendo referencia a la situación actual de las comunidades indígenas diseminadas en distintas zonas de nuestro territorio, precisando que actualmente viven en la Argentina alrededor de un millón de descendientes de los habitantes originarios de este continente (*La Nación*, 27).

Integrantes de la comunidad wichí de General Mosconi, Salta, denuncian hostigamientos de los funcionarios de la Municipalidad y del Consejo General de Educación así como también la falta de valoración y respeto por sus costumbres en la escuela (*Clarín*, 27; *El Tribuno*, 27).

El presidente del IPA de Salta, Basilio Soria, reclamó la entrega de tierras a las comunidades de su provincia, en conformidad con la ley 6.373 de 1986. El mismo reclamo formularon legisladores (16).

Aborígenes de los asentamientos de San Andrés, Santa Cruz, y El Angosto en Orán, Salta, iniciarán una marcha a pie hacia Buenos Aires si no obtienen una respuesta favorable a su pedido de expropiación de las tierras que ocupan, que son de empresas radicadas en el norte de la provincia, para que pasen a ser de su propiedad (*Clarín*, 21; *La Razón*, 21).

Octubre

Dirigentes de la AIRA fueron recibidos por el Consejo Directivo de la Confederación General del Trabajo, para que "la CGT y el hermano Ubaldini se hagan cargo orgánicamente de denunciar la explotación de brazo barato de los indígenas".

Los visitantes hablaron en nombre de sus hermanos describiendo la actual situación de marginalidad en que continúan las comunidades e invitaron al secretario general Saúl Ubaldini al "Malón de la Paz" que todos los domingos a las 11 parte desde Plaza Flores hacia la feria de Mataderos (*Página 12*, 1; *La Prensa*, 1; *Diario Popular*, 2; *Crónica*, 30/9).

Muestra de arte aborigen toba, pilagá y mataco en el CFI organizado por el Instituto de Comunidades Aborígenes de Formosa (*La Nación*).

"El último fin de semana finalizó en Córdoba el II Encuentro Nacional de Pastoral Aborigen que tuvo por finalidad analizar la situación de las comunidades indígenas frente al hecho, para algunos celebración de los 500 años de la colonización española (*Página 12*, 11).

En el transcurso de las deliberaciones se plantearon como temas principales la propiedad de la tierra, las deficiencias educativas y la falta de una adecuada atención sanitaria (*La Voz del Interior*, 16).

Noviembre

Se estrena en Buenos Aires el film *Hombres de Barro*, que narra la vida de una comunidad indígena en Jujuy.

Su director Miguel Mirra dijo que es "el primer largometraje argentino donde el indígena tiene una participación activa y protagónica, no sólo en las imágenes y en la anécdota, sino también en la elaboración del guión y en la realización" (*Página 12*, 15, 18; *El Cronista Comercial*, 18; *El Heraldo de Buenos Aires*, 16; *Buenos Aires Herald*, 19).

Del 25 al 27 de noviembre se realizará en Junín de los Andes, Neuquén, el undécimo parlamento mapuche neuquino (*La Nueva Provincia*, 7).

La diócesis de San Ramón de la Nueva Orán, Salta, admitió que el principal problema del aborigen es el de la promoción humana, y dentro de su cultura, es el de la tierra: "En el proceso de ventas de tierras –afirmó Monseñor Gerardo Sueldo– y de enajenación y a medida que el aborigen va quedando marginado, se va afectando su propia dignidad. A causa de ello, algunas comunidades de aborígenes se encuentran dentro de tierras privadas, que plantean una seria dificultad, ya que puede provocar conflictos de violencia" (*El Tribuno*, 13).

El cacique toba Roque Chancay reivindicó las luchas de su pueblo y sus reclamos de tierras para las 64 naciones indígenas que viven en el Chaco ante la necesidad de "poder mantener a nuestras familias, no trabajando como esclavos en beneficio de los terratenientes del lugar" (*La Razón*, 27; *La Mañana*, 27).

Fue designada María Aurelia Rojas de Bonetti como directora general de Asuntos Guaraníes, organismo que depende directamente de la Vicegobernación de Misiones (*El Territorio*, 30).

Diciembre

Se sancionó la ley integral del indígena, que crea el Consejo para el Desarrollo de las Comunidades Mapuches de Río Negro.

El obispo de Viedma, Miguel Hesayne y representantes del Consejo Asesor Indígena (CAI) expresaron su satisfacción por dicha sanción: "La iglesia Católica –dijo el obispo– aspira a que con la participación protagónica de los paisanos y su organización se revierta la situación de marginación y opresión que viven hoy nuestros hermanos indígenas logrando la recuperación de sus tierras, el respeto a su cultura y una vida digna" (*Río Negro*, 1; *Página 12*, 3; *Crónica*, 9; *La Voz del Interior*, 20; *Jornada*, 27).

"De manos indias". Mercado de artesanías organizado en Buenos Aires por el Ministerio de Salud y Acción Social de la Nación (*Página 12*, 20; *La Nación*, 29; *El Periodista de Bs. As.*, 29; *La Prensa*, 3/1).

Tierras para los indígenas en Chubut: se ha creado una comisión que tendrá por finalidad identificar y adjudicar tierras dentro del territorio provincial que serán entregadas a las comunidades indígenas en una zona que comprende un total de 1.200.000 Ha. (*La Nación*, 26).

Se desarrolló la vigésima edición de la Feria de la Artesanía en Quitilipi, Chaco, con la presencia de más de 400 artesanos correspondientes a 61 comunidades. (*Norte*, 5).

Se representa en el CFI de Buenos Aires, una feria que expone productos del Instituto de Comunidades Aborígenes de Formosa, provenientes de la población toba, pilagá y mataco de la provincia (*El Cronista Comercial*, 14).

Las autoridades de la provincia del Chaco reconocieron hoy que a causa de la contaminación de las aguas en tres municipios ubicados a 600 kilómetros de Resistencia murieron dos niños. Asimismo señalaron que en las zonas afectadas hay numerosos casos de hepatitis, diarrea y gastroenteritis entre los habitantes, la mayoría pertenecientes a las comunidades de matacos y mocovíes (*Norte*, 29; *Los Andes*, 30).

Se realiza en Salta la "Jornada por la Tierra" que tiene por objeto exponer y debatir sobre el marco jurídico y doctrinario del acceso a la propiedad de la tierra a las comunidades aborígenes (*El Tribuno*, 7, 10).

Las Jornadas preparatorias del Primer Parlamento Nacional Aborigen que tendrá lugar durante el próximo mes de abril, se están realizando en Resistencia, Chaco (*El Territorio*, 18; *Norte*, 19; *Clarín*, 21).

El Ministerio de Asuntos Sociales de la provincia de Salta entregó un cargamento de 6 toneladas de víveres y ropas a comunidades aborígenes del río Pilcomayo, que están en "crítica situación" (*El Tribuno*, 6).

La Comisión Promotora del Movimiento Indígena Justicialista Chaqueño decide realizar el Primer Congreso Provincial del MIJCH que analizará la posición de esa corriente política en el seno del peronismo local (*El Territorio*, 26).

1989

Enero

Muere en Trelew el cacique mapuche Manuel Epulef; por primera vez en su comunidad se procederá a elegir democráticamente el cargo de cacique. (*Clarín*, 16; *La Nación*, 19).

Legisladores chaqueños solicitaron al presidente Alfonsín la reglamentación de la ley indígena. "No se pueden seguir ignorando los derechos de esa masa de compatriotas que sufren discriminación desde las épocas de la colonia" sostuvo el diputado Ramón Dussol (*Página 12*, 19).

Experiencia educativa en Chorriarca, Neuquén, con indígenas mapuches basada en las necesidades propias de las comunidades y en metodologías pedagógicas y contenidos propios de su cultura (*Río Negro*, 15).

Se encuentra en ejecución un plan de construcción de 800 viviendas para mapuches de Neuquén, de las cuales 286 ya han sido terminadas e inauguradas (*La Prensa*, 9, 10; *Ámbito Financiero*, 20).

El presidente del Instituto de Comunidades Aborígenes de Formosa, Antonio Taboada, anunció para este año la entrega de 12.000 Ha. de tierra a las distintas comunidades, a la vez que señaló que el Instituto Provincial de la Vivienda entregó hasta la fecha 400 unidades habitacionales. (*La Mañana*, 30).

Se promulgó en Chubut la ley de adjudicación de tierras a comunidades aborígenes, a través de la cual se crea una comisión que tendrá como funciones la identificación de las tierras fiscales ocupadas por indígenas y regularizar las distintas situaciones existentes en este aspecto (*El Chubut*, 6).

Febrero
Casi 8.000 aborígenes wichí, toba y pilagá de la provincia de Formosa eligieron por sufragio universal y secreto a quienes durante un período de dos años serán vocales del Directorio del Instituto de Comunidades Aborígenes (*Nuevo Diario*, 11).

El Poder Ejecutivo reglamentó hoy la ley 23.302 por la cual el Instituto Nacional de Asuntos Indígenas (INAI) actuará como entidad descentralizada, con participación indígena, dependiente del Ministerio de Salud y Acción Social. El decreto correspondiente establece también que el Instituto deberá crear delegaciones en las regiones del noroeste, litoral, centro y sur del país a los efectos de promover el desarrollo integral de las comunidades indígenas (*Clarín*, 18).

Marzo
El Secretario de Estado de Salud y Acción Social de la Nación, Mario Aníbal Losada, anunció en Posadas que entró en vigencia la reglamentación de la ley 23.302 de Asuntos Indígenas (*La Nación*, 12).

Un grupo de indígenas guaraníes provenientes de distintos puntos del interior de Misiones manifestó frente a la Casa de Gobierno, en favor de la aplicación de la ley provincial del indio, sancionada por la legislatura en 1987. Los aborígenes manifestaron durante 6 días hasta que después de una reunión entre representantes del gobierno y de aquellos se llegó a un acuerdo: el gobierno cede las tierras y subsidia la Asamblea Grande (Aty Guasú) que se realizará entre el 3 y 8 de abril y en donde se deberá decidir el punto en suspenso: la representación indígena es el organismo de aplicación de la ley (*La Nación*, 12; *Página 12*, 16).

Los primeros maestros aborígenes de Formosa egresarán del Centro Educativo N° 1 a principios de abril. Será así la primera promoción de aborígenes con el título de maestro especial para el primer ciclo de modalidad aborigen, así como de perito contable en administración cooperativa. Son 34 jóvenes que cursaron sus estudios en el Centro de Nivel Medio, en el barrio Namqon de la Capital, establecimiento creado en 1985 (*La Nación*, 21).

Tierras para los Coliqueo. Descendientes del cacique Coliqueo residentes en Los Toldos recibieron por parte del gobierno provincial las escrituras que los acreditan como propietarios de alrededor de 400 parcelas correspondientes a la subdivisión de las tierras que habitan desde hace más de 120 años (*La Nación*, 25). ·

Llega al país Philippe Boirie, sobrino nieto del autotitulado "rey de la Patagonia" Orelie-Antoine de Tounens y fue recibido por algunos miembros de comunidades indígenas mapuches (*La Nación, Clarín, Página 12*).

Abril
La Comisión India 12 de Octubre repudia la visita de Philippe Boirie y se opone al tratamiento dado al visitante por algunos representantes de AIRA y del Centro Kolla (*Página 12*, 5).

Entregan tierras a indígenas en Chubut. El gobierno provincial entregó títulos de propiedad de tierras por 150.000 Ha. a 106 indígenas. La decisión se adoptó en aplicación de la ley provincial 3.247 sancionada en 1988 que prevé dar a los indígenas medio millón de Ha., medida cuestionada por "entidades agropecuarias de la zona". La norma –explican los legisladores intervinientes– "no pretende quitarle nada a nadie, sino simplemente frenar el avance sobre los derechos de los aborígenes" (*La Nación*, 21).

Mayo
El sacerdote Cristóbal Donaire solicita ayuda ante la crítica situación por la que atraviesa la comunidad indígena que él atiende en Salta (*Clarín*, 29).

Junio
La Comisión de apoyo a los Encuentros con las culturas aborígenes organizó una conferencia y debate sobre la denominada "conquista del desierto" en el Centro Cultural General San Martín. La reunión, a cargo de distintas agrupaciones como Cenko, AIRA, Inti Raymi y Cedyaci entre otras, incluirá la proyección de un audiovisual sobre las consecuencias del exterminio indígena (*Página 12*, 7).

Presidencia de Carlos Menem

Julio
La Comisión Permanente de Apoyo a las Culturas Aborígenes realiza en el Centro Cultural General San Martín un ciclo de conferencias, muestras fotográficas, alfarería, instrumentos autóctonos y tapices, exposición de trajes pre y poshispánicos y mesas de trabajo (*Página 12*, 14).

Agosto
El cacique mapuche Amaranto Aigo de Ruca Choroy, Neuquén, viajó a Buenos Aires esperando reunirse con el presidente Carlos Menem para aclararle que Philippe Boirie no es rey de la Patagonia y reclamarle al mismo tiempo por las tierras del valle de Pulmari (*Página 12*, 27).

Septiembre
Representantes de distintas comunidades indígenas de todo el país se reunieron ayer en La Rioja en el Primer Tantanakuy Nacional de la Juventud Indiana, a los efectos de tratar diversas cuestiones, entre ellas, la organización del futuro Instituto Nacional Indígena (*Página 12*, 14).

Las comunidades tobas del Chaco reclamaron al gobierno nacional y al de la provincia el cumplimiento de un decreto del año 1924 por el que se declara reserva a una superficie de 150.000 hectáreas ubicada en la colonia Teuco a más de 500 kilómetros de la ciudad capital. Los dirigentes indios, entre los cuales estaban el diputado y vicepresidente de la AIRA Nieves Ramírez y el coordinador del Consejo Indio Sudamericano, Asunción Ontiveros Yulquila, denunciaron la invasión de cazadores, madereros y de un intento de explotación petrolífera en tierras que consideran propias. "La firma Texaco –afirman– va a invertir más de nueve millones de dólares en la colonia para explotaciones petroleras sin la menor consulta a nuestras comunidades".
En el Chaco existen aproximadamente tres millones de hectáreas de tierras fiscales de las cuales sólo 25.000 fueron devueltas a los aborígenes.
En un documento, los indígenas sostuvieron que "si no se respeta esta decisión, estamos dispuestos a cambiar nuestro plan de lucha e impedir por todos los medios que estén a nuestro alcance toda nueva usurpación y toda iniciativa que se oponga a nuestras reivindicaciones" (*Página 12*, 15).

Noviembre
Unos 150 guaraníes se encuentran desde hace dos semanas acampados en la plaza 9 de Julio frente a la Casa de Gobierno en Posadas, Misiones, como forma de protesta por la demora del Poder Ejecutivo en promulgar la ley 2.435 conocida también como ley del aborigen. El gobernador sostiene que dicha ley promueve la constitución de un "ghetto" guaranítico. Por su parte el líder del grupo indígena, Lorenzo Ramos, replicó que "los paisanos permaneceremos aquí porque esperamos que se nos entreguen tierras y se reconozca la existencia del pueblo guaraní, como dice la ley. No tenemos ningún apuro y estamos acostumbrados a vivir así" en referencia a las precarias condiciones en que manifiestan bajo un calor agobiante durante el día, lluvia o el frío de la noche (*La Nación*, 13).

El obispo de Posadas, monseñor Carlos Juan Giaquinta, intercedió en favor de los indígenas de la provincia, llamando a "respetar su idiosincracia, dejándolos en plenísima libertad de decidir por ellos mismos, apoyándolos en todas formas, sin imponerles normas ni liderazgos ajenos a su voluntad" (*La Nación*, 20).

Diciembre
Después de treinta y cinco días de espera los indígenas acampados en la plaza principal de Posadas fueron recibidos por el gobernador Julio César Humada, a través del cacique Bonifacio Duarte, presidente de la asociación que nuclea a los indios de la provincia (*Página 12*, 5).

1990

Agosto

Se presenta en Buenos Aires el espectáculo "Norte Indígena" bajo la dirección de la cantante y antropóloga salteña Silvia Barrios. Por primera vez en esta ciudad matacos, pilagás, chanés y collas se encuentran en un escenario con música y danzas tradicionales (*Página 12*, 10).

El obispo de Viedma, monseñor Miguel Esteban Hesayne, se hizo eco del reclamo de los mapuches que residen en la zona que inundará la represa de Piedra del Águila, en relación con el proceso de relocalización de las familias indias afectadas. Ellas son las de Pilquiniyeu del Limay y las de Paso Flores, que serán arrasadas por las aguas, bajo las cuales quedarán inclusive las pinturas rupestres de los antepasados y el cementerio de la comunidad de Pilquiniyeu (*Página 12*, 31, *La Nación*, 31).

Octubre

Jorge Ñancucheo, delegado del Consejo Asesor Indígena, y Antonio Gerónimo, del grupo indigenista Amerindia, denuncian en Buenos Aires que ni el gobierno de la provincia de Río Negro ni la empresa Hidronor se han ocupado de relocalizar a tiempo las comunidades de Pilquiniyeu y Paso Flores, afectadas por la inundación de la represa Piedra del Águila. Ambos dirigentes dejaron constancia que tanto las comunidades mapuches como el obispo de Viedma habían solicitado la suspensión por treinta días del llenado de la represa, lo que no fue atendido. "Hay desprecio por las vidas y por los muertos" dijeron haciendo alusión al anegamiento del cementerio de Pilquiniyeu del Limay (*Clarín*, 22).

1991

Marzo

Se modifica el nombre de una calle en Comodoro Rivadavia, colocándose el de Gerónimo Maliqueo, dirigente local indígena durante la primera presidencia de Perón (*Crónica*, Comodoro Rivadavia, 12).

El presidente de la Nación Carlos Menem visitará el Chaco en abril en coincidencia con el Día del Indio Americano para inaugurar los trabajos de mensura y lotes de 150.000 hectáreas otorgadas recientemente a los aborígenes en las zonas de los ríos Teuco y Bermejito que eran reclamadas desde hace años (*La Nación*, 23).

Abril

Diserta en la XVII Feria Internacional del Libro en Buenos Aires el maestro rural Julián Ripa, llegado hace 55 años a la colonia Cushamen, a 700 kilómetros de Rawson, Chubut. Allí pasó su vida en una escuela fundada por el cacique mapuche Miguel Ñancucheo Nahuelquir, en 1903. Dio testimonio del esfuerzo de esos niños mapuches, cuya casa más cercana estaba a 3 kilómetros, por aprender. Relató que caminando sobre la nieve llegaban a esa escuela que hoy lleva el nombre del cacique (nombre que significa "bramido del tigre") y que fueron esos mismos niños los que aprendieron español para comunicarse con su único maestro. "En 55 años, dijo Ripa, la situación no mejoró" (*La Nación*, 25).

Los casi treinta mil aborígenes del Chaco eligieron como presidente del Instituto Provincial del Aborigen Chaqueño al dirigente toba Orlando Charlone, quien reconoció lo dificultoso de su tarea porque "padecemos un bajísimo nivel de vida, especialmente entre nuestros niños, con un alto índice de tuberculosis, chagas y mortalidad infantil" (*La Nación*, 25).

Mayo

Asume como diputado en Salta el dirigente chiriguano Basilio Soria, en una ceremonia que contó con la presencia de una nutrida delegación de indígenas que festejaron al ritmo del pim-pim, su música tradicional.

Soria había sido incluido en tercer lugar en la lista del Frente Justicialista de Unidad Popular y accedió a un escaño debido al desafuero y exclusión del cuerpo de quien lo precedía, Héctor Navarro (*La Nación*, 12).

"Incierta reivindicación de aborígenes". Con este título el diario *La Nación* editorializa acerca de la última entrega de tierras por el gobierno nacional en la zona de Teuco y Bermejito, Chaco. El artículo critica la entrega, en el sentido que si no va acompañada de otras medidas, es inútil: "Un programa de colonización requiere no sólo la entrega de la tierra sino también contar con viviendas, caminos, maquinarias y transportes adecuados, así como la necesaria capacitación y asesoramiento técnico de los colonos, además de los fondos necesarios para su instalación y para compra de semillas y animales. Los propios aborígenes, al renovar las autoridades del Instituto del Aborigen Chaqueño (IDACH) acaban de pedir a las autoridades colaboración para su formación educativa y técnico-agronómica.

Lo que correspondería, si se piensa en un plan de colonización en serio, es buscar el modo de proveer todo lo requerido para radicar los aborígenes en el lugar. Sólo así se podrá hablar de reivindicación. Pero, por el momento, el único aporte oficial, con motivo del cual se ha hecho un disperso despliegue publicitario que en nada ayuda al indígena, el necesario para la mensura de tierras" (*La Nación*, 18).

El flamante diputado Basilio Soria sostiene en una entrevista que piensa retirarse de sus tareas como dirigente a los 45 o 50 años y dedicarse de lleno "a combatir las enfermedades, complementando nuestros conocimientos ancestrales con los de la medicina moderna" (*Clarín*, 26).

Junio

Se anuncia el estreno del último film de Miguel Pereira *La última siembra*, cuyo argumento gira en torno de las vicisitudes de un minero colla llegado a un remoto paraje de Jujuy y su lucha cotidiana por la preservación de sus valores (*La Nación*, 1).

Agosto

Dirigentes de la Asociación Indígena de la República Argentina (AIRA) en recorrida por el Chubut ofrecieron una conferencia de prensa en la legislatura provincial. Sostuvieron allí la necesidad de la devolución de las tierras, el rescate de la cultura ancestral y la implementación de leyes que terminen con el despojo de los aborígenes. El presidente de la AIRA, Rogelio Guanuco afirmó que la "celebración del 12 de octubre es el comienzo del marginamiento, de la explotación, del total desprecio y hasta podría decir de un cierto racismo solapado de que han dado muestras ciertos sectores de la sociedad argentina" (*El Patagónico*, 9).

Enjuician en Junín de los Andes al juez penal Ignacio Torrealday que investigaba la adopción ilegal de un niño mapuche. Luego de que el citado magistrado solicitara el desafuero de los funcionarios judiciales que intervinieron en la adopción, el Tribunal Supremo de Justicia de Neuquén encontró elementos como para enviar a un jury a Torrealday por su actuación en otras causas (*Página 12*, 6).

Auspiciado por el Concejo Argentino de Música, la Subsecretaría de Cultura de la Nación, la Dirección de Cultura de Salta y la Fundación Encuentros Internacionales de Música Contemporánea, la antropóloga y musicóloga Silvia Barrios y el indígena wichí Nohien presentan en el Salón Dorado del Teatro Colón el espectáculo "Canto de Origen", consistente en recopilaciones de canciones de los grupos mataco, chiriguano, chané, chorote y chulupí (*Página 12*, *La Nación*, 22).

El Tribunal Supremo de Justicia de Neuquén decidió la admisibilidad de la denuncia presentada por el magistrado que impulsó la causa por la adopción irregular del niño mapuche y acordó la suspensión y la iniciación de otro jury contra Germán Pollitzer, defensor oficial involucrado en la falsificación de la firma de Florencio Ñanco, padre del niño (*Página 12*, 24).

Septiembre

Se presenta en Buenos Aires el espectáculo coreográfico "Kuarahy" con Julio Bocca y Eleonora Cassano, basado en aspectos de las culturas indígenas (*La Nación*, 3).

La comunidad toba de Rosario tendrá en poco tiempo su propio barrio en la zona sudoeste de la ciudad, que se completará con la construcción de una escuela bilingüe, un dispensario y un taller de fabricación de artesanías (*Página 12*, 18).

Atentan contra el juez José Ignacio Torrealday que investigó la adopción ilegal de un niño mapuche en Junín de los Andes, conocido como el caso Ñanco (*Clarín*, 23).

El nuevo juez subrogante que entiende en el caso Ñanco, Héctor Trova, ordenó una nueva pericia caligráfica sobre distintas firmas que realizó el denunciante mapuche José Florencio Ñanco (*Página 12*, 28).

El jurado de enjuiciamiento al juez Torrealday decidió la remoción y destitución del magistrado quien apelará la sentencia (*Página 12*, 28).

Octubre

La delegación Bariloche de la Asamblea Permanente por los Derechos Humanos reclamó ante la empresa Hidronor y el gobierno de Río Negro una rápida solución para los pobladores indígenas de Pilquiniyeu del Limay, desalojados a raíz de la construcción de la represa Piedra del Águila, y que todavía no han sido reubicados, como se les prometió (*Página 12*, 1).

El Instituto Nacional de Antropología realiza una muestra nacional de cine y video antropológico en la sede de las Salas Nacionales de Exposiciones (*La Nación*, 3).

Del 6 al 12 en el Centro Cultural General San Martín se desarrolla el V Encuentro Contemporáneo con nuestras culturas aborígenes organizado por la Comisión de Apoyo a las Culturas Aborígenes (*Clarín*, 7).

Se inaugura en Quezaltenango, Guatemala, el II Encuentro Continental "500 Años de Resistencia Indígena y Popular" con representantes étnicos de veinte países americanos entre los que se cuentan mapuches, guaraníes y collas. Participan también del evento delegados de países europeos y expertos de las Naciones Unidas encargados del estudio y atención de las poblaciones indígenas (*La Nación*, 8).

Los informes del II Encuentro Continental que se lleva a cabo en Quezaltenango señalan que sería un grave error si la conmemoración del Descubrimiento de América en 1992 no tome en cuenta la voz de los indígenas, a "quienes nos ha tocado llevar una carga grande, llena de dolor, sangre y muerte durante esos 500 años". Según los indígenas, tras la conquista no hubo un encuentro, sino una imposición y una invasión militar, política, cultural y religiosa" (*La Nación*, 10).

"La intención de las conmemoraciones del V Centenario del Descubrimiento es limpiar el nombre de Europa de su responsabilidad histórica como invasora, genocida y destructora de las culturas del continente americano" consideraron los organizadores del II Encuentro Continental (Quezaltenango) en uno de sus comunicados.
Pronunciamientos del mismo tenor se reproducen en encuentros que tienen lugar en Chile, Costa Rica o Bolivia. Hoy a la tarde, en Buenos Aires, distintos nucleamientos se manifestarán en Plaza Congreso "contra los festejos de los 500 años del llamado descubrimiento de América y el Día de la Raza" (*Página 12*, 12).

Renuncia el fiscal de Junín de los Andes, Carlos Olita, a quien el ex juez Torrealday había pedido el desafuero responsabilizándolo de falsificación de documento público en el caso Ñanco (*Página 12*, 12)

Agrupaciones indígenas de todo el mundo cuestionaron el carácter festivo del Día de la Raza, incluyendo las de nuestro país, como el centro Kolla de Buenos Aires (*Página 12*, 15).

Se presenta en Buenos Aires la novela "Fuegia" de Eduardo Belgrano Rawson, basada en el hecho real de la captura de un grupo indígena yámana a manos del vicealmirante inglés Fitz Roy (*Clarín*, 31).

Noviembre
Noventa y seis indígenas del paraje La Esperanza (Salta) serán los árbitros de la próxima elección del domingo 15 para cubrir una banca de senador departamental, dado que el vencedor lo hizo por sólo un voto sobre su oponente, lo que obliga a una nueva elección en dicha comunidad en la cual el 28 de octubre no se había constituido la mesa respectiva (*La Nación*, 8).

ANEXO IV

TESTIMONIOS Y DOCUMENTOS SOBRE
LOS CONTENIDOS DEL SISTEMA EDUCATIVO

Deberían continuarse algunos intentos que ya están en marcha en el sistema educativo. En los lineamientos curriculares para los grados 1º a 7º de educación primaria correspondientes a diciembre de 1986, emanados de la Dirección General de Escuelas y Cultura de la provincia de Buenos Aires, dependiente del Consejo General de Educación y Cultura, se puede leer lo siguiente:

"Argentina: Comunidades aborígenes

Reconocer la cultura como modo de vida de un pueblo.

Identificar los asentamientos de los más antiguos habitantes del país, su ubicación geográfica y forma de vida.

Distinguir las formas de vida propias de cazadores y recolectores, horticultores y agricultores, a partir de su forma de subsistencia y su organización en bandas, tribus y señoríos.

Localizar geográficamente la distribución de estas formas de vida. Reseñar los modos de vida de algunos de los pueblos aborígenes que habitaron en: el Noroeste, las Sierras Centrales, Pampa, Patagonia y Tierra del Fuego, el Chaco y el Litoral que entraron en contacto con los españoles.

Identificar las modificaciones de la vida indígena como consecuencia de la conquista española y el conflicto resultante.

Distinguir formas de trabajo y organización social a las que fueron sometidas las poblaciones indígenas (mita, yanaconazgo, encomienda, reducciones).

Interpretar las modificaciones del modo de vida en Pampa y Patagonia producidas por la adquisición del caballo y por la influencia araucana o mapuche.

Identificar las consecuencias de las campañas al Desierto y al Chaco para los grupos indígenas: arrinconamiento, pérdida de tierras, disminución demográfica, marginación, otros.

Interpretar las consecuencias de las campañas al Desierto y al Chaco para la sociedad nacional: incorporación de nuevas tierras a la explotación económica.

Identificar a los grupos indígenas contemporáneos: localización geográfica y caracterización cultural.

Identificar las distintas lenguas que se hablan en el país: español, quichua, guaraní, mapuche, toba, otras.

Explicar la permanencia de las lenguas indígenas a través de su uso en regiones del país y su presencia en los topónimos (Intihuasi, Inti: sol; huasi: casa. Casa del Sol).

Explicar los problemas que afectan a los grupos indígenas argentinos: socioeconómicos, lingüísticos, educativos, prejuicios, discriminación, otros.

Apreciar ideas, costumbres y valores de los grupos indígenas que puedan significar aportes a la sociedad nacional (trabajo comunitario, conocimientos medicinales, otros).

Explicar por qué la Argentina es un país pluricultural y plurilingüe."

No pueden desconocerse por cierto innumerables intentos individuales que en el campo educativo se vienen llevando a cabo desde hace mucho tiempo, desde las nuevas orientaciones docentes que buscan renovar la visión tradicional de nuestra historia y/o lo acaecido con nuestras comunidades indígenas, hasta trabajos de equipo centrados en la difusión de la cultura aborigen entre alumnos de las escuelas primarias o directamente con docentes.

Son muy importantes aportes en este campo los trabajos del antropólogo Miguel Ángel Palermo, editados por la Secretaría de Cultura de la Nación y el CEAL, referidos a Cuentos que cuentan los mapuches (1986), los tobas (1986), los tehuelches (1989) y los guaraníes (1990).

El mismo autor ha incursionado en la descripción de los pueblos aborígenes, para niños, en la colección "la otra historia" de Libros del Quirquincho, los selknam (1990), los indios de la pampa (1991), los yámanas (1991) y los guaraníes (1990), este último en colaboración con Roxana Edith Boixados.

En los últimos años se han producido avances en los contenidos de algunos manuales para la escuela primaria. A modo de ejemplo puede citarse el de *Ciencias Sociales 5* (Bs. As., Hyspamérica, 1987), cuyos autores son Daniel Mazzi, María de la Peña, Delia Moraza y Graciela Arrari. En este trabajo hay una gran parte dedicada a las comunidades indígenas, tanto en el pasado como en nuestros días, mencionándose las situaciones de injusticia en la actualidad: ("El hombre blanco les ha ido quitando las tierras de que antes disponían sabiamente...", y actividades de síntesis para los niños, centradas en la necesidad de reparación para con los hermanos aborígenes: ("Se los ha despreciado y considerado inferiores. ¿Cómo podemos reparar lo que se ha hecho?").

Con respecto a los intentos individuales, existen innumerables docentes que trabajan en distintos lugares del país por una educación más objetiva, más verdadera:

"Cuarto grado tiene la característica que se enseña la historia de la provincia, en este caso de la provincia de Chubut. El Consejo Provincial de Educación provee a cada escuela provincial material de estudio en las áreas de estudios sociales y geografía. En ese material, yo podría identificar una tendencia proindígena hasta antes de la Conquista del Desierto. Todo lo que se refiere a costumbres, desarrollo cultural, es objetivo, es bastante extensa esa parte, uno puede darle al chico un pantallazo físico, humano y cultural del indio. Pero cuando llega la Conquista del Desierto, el tema abarca diez centímetros de la mitad de una hoja. No es objetivo, creo yo. Pero igualmente yo les adelanté a los chicos lo que íbamos a ver, que yo iba a tratar de ampliarles el material, pero lo que había pasado con los indios era muy triste, porque en realidad a los españoles mucho no les importaba la suerte de los indígenas, entonces ya los chicos, que a esa edad tienen un sentido muy fuerte de la justicia, ellos enseguida preguntan y por qué pasó esto, ¿por qué no los dejaban tranquilos?, por qué no les daban tierras y por qué no los dejaban en su lugar, entonces enseguida toman partido por el indígena (…) Ellos preguntan mucho, ¿por qué no los dejaron tranquilos?… ¿Por qué no los dejaban tranquilos?

Claro, y muchas veces las preguntas de los chicos descolocan un poco, porque uno tiene que hacer un poco el equilibrio en lo que uno les puede decir. Yo trato de dejarles la inquietud abierta y que ellos puedan investigar después por sí mismos. Yo siempre les digo que sobre esto hay gente que piensa en favor de los indios y gente que piensa en favor de los otros. Gente que les importó los indios y gente que no les importa, como ahora. Como pasa ahora también pasaba antes. Pero es una pena que no se los haya ayudado porque es una cultura que se va perdiendo, yo les cuento, ¿por qué queda tan poco de los indios?

Hubo un comentario de uno de mis alumnos, que es uno de los más inquietos, Ernesto, de diez años recién cumplidos. Él es un chico que de todo tiene formada su opinión, desde lo de Chernobyl hasta… él sabe todo, está superinformado… y cuando yo les contaba que el gobierno argentino mandó al general Roca hacia el sur, él tirando así un libro sobre el cuaderno dijo: ¡Ya tenían que arruinar todo!" (Testimonio de Haydée Cristina Martínez de Dutto, 43 años, maestra de 4° grado en Comodoro Rivadavia, Chubut. Escuela Abraham Lincoln, 2 de agosto de 1986).

En cuanto a los trabajos de equipos centrados en la difusión de la cultura aborigen, podemos mencionar a modo de ejemplo otro proyecto realizado también para la cátedra "Culturas Indígenas Argentinas" a mi cargo en el CEHASS de Buenos Aires y elaborado por las alumnas Irene Albuerne; Vilma B. Díaz y Zárate; Marta E. Gullo y María José Vazques, en "Hacia una identidad de la cultura", Buenos Aires, mec. 1988.

"El proyecto consta de una charla con alumnos (no más de 60) de 3°, 4°, 5°, 6° y 7° grados de escuelas estatales de Capital Federal y provincia de Buenos Aires.

Iniciamos la charla, que dura 45 minutos, con una introducción oral en la que se habla de la llegada de los españoles y su encuentro con las culturas americanas. Mediante un audiovisual mostramos la grandeza de nuestro continente.

A continuación abordamos el tema específico, 'Culturas Indígenas Argentinas', señalando los grupos étnicos que la habitaban a la llegada de los españoles.

Posteriormente nos referimos a algunas de las culturas aborígenes ubicadas en diferentes áreas ecológicas, apoyándonos con mapas, con la proyección de diapositivas y con grabaciones de música.

Una vez finalizado el audiovisual dialogamos con los alumnos, tratando de encontrar, juntos, rasgos de esas culturas que aún perduran en nosotros. Para ello les mostramos elementos provenientes de esas comunidades.

Concluimos la clase entregando al alumno una hoja con dos preguntas:

1) ¿Qué crees que tenemos en común nosotros y los aborígenes?

2) ¿Qué descubriste hoy que no conocías?

Las respuestas, más un dibujo que el alumno tiene la opción de realizar, nos permiten una reelaboración del material (pág. 2).

Al analizar nuestra experiencia observamos que los alumnos:

1. Se maravillan ante la grandeza del mundo americano que ven en las diapositivas.

2. Desconocen el desarrollo alcanzado por las culturas precolombinas.

3. Se sorprenden al conocer la destreza de los aborígenes en los deportes y en la caza, su diferente manera de organizarse para la guerra, para la vida cotidiana, para los eventos culturales extraordinarios y su armoniosa relación familiar.

4. Ignoran la cantidad de palabras, que teniendo origen en lenguas autóctonas, están incorporadas a nuestro lenguaje cotidiano. Por ejemplo: Tucumán, nombre de una de las provincias argentinas, le adjudican un origen etimológico del idioma inglés (tuc-man-super-man, he-man).

5. Se asombran al identificar en su vida diaria costumbres que provienen de las comunidades aborígenes.

6. Perciben, por medio del audiovisual, que los aborígenes logran alcanzar el equilibrio y la armonía con la naturaleza que los rodea.

7. Revalorizan al aborigen como ser humano y como primigenio habitante de nuestro suelo (pág. 5).

8. Descubren que aún existen aborígenes en nuestro país.

9. Se expresan en los dibujos con prefijados modelos impuestos por los medios de comunicación (dibujan a nuestros aborígenes rubios y de ojos celestes) y les adjudican características que pertenecen a los indios del Norte de América.

También hemos percibido diferentes actitudes en las maestras:

1. En algunas, sorpresa ante la desinformación que poseen del tema.

2. En otras, interés en profundizar sus conocimientos, solicitando bibliografía sobre el tema.

3. Y aun en otras, indiferencia y/o rechazo, a la propuesta que se les ofrece" (pág. 6).

El proyecto fue completado con la clasificación de 250 respuestas recibidas sobre un total de 540 alumnos en 7 escuelas de la provincia de Buenos Aires.

Finalmente, en cuanto a las experiencias directas con docentes, es interesante consignar que en el transcurso del Taller de Perfeccionamiento Docente "Argentina Indígena", auspiciado por la Subsecretaría de Cultura y realizado entre abril y julio de 1991 en el Instituto Nacional de Antropología, dirigido a maestros de las escuelas municipales de Buenos Aires, coordiné un trabajo en el que se preguntó lo siguiente:

a) ¿Cómo considera usted que se trata hoy el tema indígena en la escuela?

b) ¿Qué cree usted que habría que hacer para insertar el tema indígena en la escuela?

La diversidad de respuestas fue realmente muy auspiciosa, expresión de la inquietud de los docentes y de la necesidad de cambios en esta cuestión.

A continuación se transcriben las respectivas respuestas, seguidas por un número entre paréntesis que indica la cantidad de veces que ellas aparecen en los distintos trabajos, que fueron individuales:

610

Consigna a)

–El tema indígena se trata de manera superficial o anecdótica (pintoresquismo indiferente) o ni siquiera aparece (14).

–El tema indígena se trata de acontecimientos como el 12 de octubre o la "conquista del desierto" pero más del lado de Colón o Roca que desde la perspectiva de los aborígenes (5).

–Hay falta de conocimientos del docente (3).

–El tema indígena ocupa un lugar muy reducido y rígido (sin perspectiva histórica) en la asignatura histórica (3).

–Los mensajes en los textos no son coherentes (todavía se utiliza el término "salvaje") (2).

–Los contenidos de los textos son insuficientes (2).

–El tema indígena está tratado como "algo que pasó" (2).

–En el diseño curricular vigente se contempla el tratamiento de las comunidades indígenas (2).

–Se trata a los indios como una cultura "inferior" (1).

–Los alumnos conocen más a los indios de Norteamérica que a los de acá (1).

–Existe gran cantidad de estereotipos (el indio y la pluma, la imagen del aborigen norteamericano) (1).

–No se tiene conciencia del padecimiento indígena y su lucha por la tierra (1).

–La gran mayoría de los docentes no se preocupa por el tema, formados en una sociedad que lo oculta (1).

Consigna b)

–Que el docente esté convencido que el tema es importante (6).

–Suministro de bibliografía adecuada para el maestro y el alumno (textos, información general, vídeos) (4).

–Ampliación de los programas de estudio, que el tema sea tratado en todos los grados de 1° a 7° (4).

–Rescate del tema de los prejuicios o formas de marginación que surgen de lo cotidiano (3).

–Cursos de capacitación para los docentes e inclusión del tema en los profesorados (3).

–Que se conozca la actualidad de las culturas indígenas, su marginación y sometimiento (3).

–Vinculación del tema con otras áreas de estudio (Geografía, Lengua, Plástica, Música) (3).

–Inserción del tema en Ciencias Sociales apuntando a la no marginación y vivenciándolo como una parte importante de nuestra historia, con continuidad y articulación, evitando la transmisión de los hechos en forma aislada (3).

–Que el docente tenga un fuerte conocimiento del tema (3).

–Trabajo en clase con elementos o producciones de los indios (2).

–Fomento en los niños de la actividad de investigación sobre el tema (2).

–Realización de debates y conferencias (2).

–Que el objetivo de la inserción correcta del tema sea la revalorización de la cultura indígena coexistente con la cultura de la sociedad nacional hegemónica (2).

–Realización de dramatizaciones con los alumnos y reflexiones posteriores sobre las distintas actitudes expuestas (por ejemplo la conquista) (2).

–Que las comunidades se acerquen a las escuelas y hablen de su historia, sus creencias, sus costumbres (2).

–Hacer hincapié en el diálogo (1).

–Trabajo con los niños indígenas como expresión de la vigencia de la cultura (1).

–Revisión de ciertos conceptos tradicionales (1).

–Que la escuela contribuya en la elaboración de soluciones para las carencias de las comunidades (1).

–Es necesario un cambio de actitud en el docente que enfrente las dificultades emergentes de la escasez de información y cómo trasmitirle a los alumnos que por su edad están desarrollando el espíritu crítico (1).

–Inserción del tema en los periódicos escolares (1).

–Inserción del tema en los programas desde el eje de los derechos humanos (1).

–Que el tema se trabaje con una visión totalizadora que no excluya el conflicto (1).

–Que los alumnos reciban el comentario por parte del docente de las noticias periodísticas sobre el tema (1).

–Realización de trabajos de equipo en todos los grados y con todos los docentes tendientes a la revalorización de los indígenas (1).

Se presentaron un total de 25 trabajos.

Recientemente hemos tomado conocimiento del Curso de Perfeccionamiento a distancia para docentes de escuelas mapuches llevado a cabo por la Dirección General de Promoción y Desarrollo de los Distritos Educativos, dependientes del Ministerio de Educación y Cultura de la Provincia de Neuquén (1991). Dicho curso surgió a partir de inquietudes de un grupo de docentes de Costa del Malleo y está integrado por diferentes módulos correspondientes a cinco disciplinas: Antropología Cultural, Lingüística Aplicada, Psicología, Regionalización de la Enseñanza, Sociedad y Cultura Mapuche. El proyecto apunta a dar elementos teóricos y prácticos a los maestros, haciendo hincapié en una perspectiva pluricultural que contribuya a un mejor proceso de enseñanza aprendizaje. Más allá del análisis pormenorizado que deberíamos efectuar de algunos contenidos y del hecho de no contar con la información vinculada a la aplicación y resultados de este Curso, creemos que es un intento que merece ser tenido en cuenta.

LA COMISIÓN DE AUTONOMÍA
DE NICARAGUA
Y LA NUEVA CONSTITUCIÓN BRASILEÑA

En América latina no conocemos demasiados casos que expresen la participación de las comunidades indígenas en la vida nacional. Tal vez lo más significativo sea lo resuelto en 1987 en Nicaragua con las poblaciones indígenas de la Costa Atlántica, donde "es la primera vez que un gobierno nacional establece constitucionalmente el derecho al etnodesarrollo y se propone llevarlo a cabo" (Slavsky, 1987) enfatizando en la autonomía de las poblaciones autóctonas sin menoscabo de los derechos y obligaciones que les corresponde como ciudadanos nicaragüenses.

La Comisión de Autonomía que sentó las bases de los textos relativos a la situación de las comunidades indígenas de la Costa Atlántica, señaló como aspectos salientes los siguientes (Slavsky, 1987):

"•se reconoce el carácter multiétnico del Estado; •se reconoce que los pueblos indígenas y comunidades de la Costa Atlántica tienen el pleno derecho a preservar y desarrollar su patrimonio histórico, sus propias manifestaciones culturales, su religión, el derecho al libre uso y desarrollo de sus lenguas; el derecho a recibir educación en lengua materna y en español; el derecho a organizar su actividad social, productiva, conforme a sus valores y tradiciones. La cultura y las tradiciones de estos pueblos forman parte de la cultura nacional y la enriquecen; •los derechos de autonomía se ejercen en el área geográfica que tradicionalmente han ocupado; •se reconoce que a fin de preservar la identidad étnica de los pueblos indígenas se requiere una base material propia. Se reconoce así el derecho de propiedad colectiva o individual sobre las tierras que han utilizado tradicionalmente. Deberán respetarse los procedimientos de trasmisión de propiedad y uso de las tierras, los bosques, las aguas superficiales, subterráneas y costeras del área donde habitan; •la estrategia de aprovechamiento de los recursos naturales de la región, deberá beneficiar el desarrollo económico y social de los pobladores de la Costa Atlántica, buscando el equilibrio económico nacional; •los pueblos de la Costa Atlántica determinarán el aprovechamiento racional de los recursos naturales de la región, según lo determinen los costeños a través de sus propias autoridades; •todos los pueblos y comunidades de la Costa Atlántica tienen derechos iguales, independientemente de su número o nivel de desarrollo; •los derechos de autonomía no menoscaban ni reducen los derechos u obligaciones que les corresponde como ciudadanos nicaragüenses; •el gobierno central se reserva los poderes de defensa de la soberanía e integridad territorial; seguridad interna y reglamentación de la ciudadanía; relaciones internacionales y política exterior; comercio exterior y operaciones aduaneras; estrategia económica nacional; establecimiento de normas para la administración de justicia" (Nicaragua: 1987; 19-20).

Estos principios fueron posteriormente incluidos en la Constitución Política del 9 de enero de 1987 y más tarde en el Estatuto de la Autonomía de las Regiones de la Costa Atlántica de Nicaragua, sancionado por la Asamblea Nacional de la República (Ley N° 28, Managua, 7 de septiembre de 1987; publicado por *La Gaceta*, diario oficial, Managua, viernes 30 de octubre de 1987).

Huelga explayarse sobre las diferencias de procesos históricos, variaciones culturales y actual situación entre Nicaragua y nuestro país (huelga también detenerse en las similitudes). Creemos sí que el ejemplo vale como alternativa a considerar en algunos de sus aspectos y como mecanismo novedoso de armonización entre todos los sectores integrantes de una sociedad nacional.

Recientemente se aprobó la nueva Constitución Brasileña (4 de octubre de 1989). En ella todo un capítulo se dedica a regular las relaciones de los indios con la sociedad nacional. Es indudable que más allá de las críticas que esta nueva legislación ha recibido y puede recibir (las dudas en cuanto a su aplicación, por ejemplo), ella significa un avance evidente en los intentos por la participación igualitaria de las comunidades indígenas. Transcribimos a continuación los artículos correspondientes al Capítulo VIII de la Constitución y otros que también están vinculados:

Artículo 231: Se reconoce a los indios su organización social, costumbres, idiomas, creencias y tradiciones y los derechos originarios sobre las tierras que tradicionalmente ocupan, encargándose la Unión de demarcárselas, proteger y hacer respetar todos sus bienes.

a) Son tierras tradicionalmente ocupadas por los indios las habitadas por ellos con carácter permanente, las utilizadas para sus actividades productivas, las imprescindibles para la preservación de los recursos ambientales necesarios a su bienestar y las necesarias a su reproducción física y cultural, según sus usos, costumbres y tradiciones.

b) Las tierras tradicionalmente ocupadas por los indios se destinan a su posesión permanente, tocando a ellos el usufructo exclusivo de las riquezas del suelo, de los ríos y los lagos en ellas existentes.

c) El aprovechamiento de los recursos acuíferos, incluidos los potencialmente energéticos, la prospección y explotación de las riquezas minerales en las tierras indígenas sólo pueden hacerse efectivos con autorización del Congreso Nacional, oídas las comunidades afectadas, quedándoles asegurada la participación en los resultados de la explotación de conformidad con la ley.

d) Las tierras de que trata este artículo son inalienables y no disponibles, y los derechos sobre ellas, imprescriptibles.

e) Está vedada la remoción de los grupos indígenas de sus tierras, excepto "ad referendum" del Congreso Nacional, en casos de catástrofe o epidemia que pongan en riesgo a su población; o en el interés de la soberanía del país, después de la deliberación del Congreso Nacional, asegurando a cualquier efecto el retorno inmediato tan pronto cese el riesgo.

f) Son nulos y no producirán ningún efecto jurídico los actos que tengan por objeto la ocupación, el dominio y la posesión de las tierras a que se refiere este artículo, o la explotación de las riquezas naturales del suelo, de los ríos y de los lagos en ellas existentes, poniendo a salvo el interés político del Estado, según lo que disponga la ley complementaria, no produciendo la nulidad y la extinción del derecho a la indemnización o a las acciones contra el Estado, excepto de conformidad con la ley en cuanto a las mejoras derivadas de la ocupación de buena fe.

g) No se aplica a las tierras indígenas lo dispuesto en el artículo 174, párrafos 3º y 4º.

Artículo 232. Los indios, sus comunidades y organizaciones son partes legítimas para promover juicios en defensa de sus derechos e intereses, interviniendo el Ministerio Fiscal en todos los actos del proceso.

Artículo 174. Como agente normativo y regulador de la actividad económica, el Estado ejercerá, de conformidad con la ley, las funciones de fiscalización, incentivo y planificación siendo determinante éste para el sector público e indicativo para el sector privado. (…)

e) El Estado favorecerá la organización de la actividad "garimpera" (minería en cooperativas); teniendo en cuenta la protección del medio ambiente y la promoción socioeconómica de los "garimpeiros".

Artículo 20. Son bienes de la Unión: (…)

XI. Las tierras tradicionalmente ocupadas por los indios.

Artículo 49. Es de incumbencia exclusiva del Congreso Nacional: (…)

XVI. Autorizar, en tierras indígenas, la explotación y el aprovechamiento de recursos acuíferos y la explotación de riquezas minerales.

Artículo 109. Es de incumbencia de los jueces Federales procesar y juzgar: (…)

XI. La disputa sobre derechos indígenas.

Fuente: *Minorías Étnicas*, Barcelona, ed. Integral, 1990.

BIBLIOGRAFÍA

Libros, artículos,* crónicas,** documentos, y trabajos colectivos

Introducción

KUSH, RODOLFO, *Geocultura del hombre americano*, Buenos Aires, Fernando García Cambeiro, 1976.

RIBEIRO, DARCY, *Las Américas y la civilización*, Buenos Aires, Centro Editor de América Latina, 1970.

Capítulo I

ARDILA CALDERÓN, GERARDO I. Y POLITIS, GUSTAVO G., "Nuevos datos para un viejo problema. Investigación y discusiones en torno del poblamiento de América del Sur", Bogotá, Museo del Oro, *Boletín N° 23*, 1989.

BORDES, FRANÇOIS, *El mundo del hombre cuaternario*, Madrid, Guadarrama, 1968.

CASAMIQUELA, RODOLFO, *El arte rupestre de la Patagonia*, Buenos Aires, Siringa, 1981.

COMAS, JUAN, *Antropología de los pueblos iberoamericanos*, Barcelona, Biblioteca Universitaria Labor, 1971.

CHAPMAN, ANNE, *La isla de los Estados en la Prehistoria*, Bs. As., Eudeba, 1987.

EKHOLM, GORDON, MEGGERS, BETTY Y EVANS, CLIFFORD, *Problemas culturales de la América Precolombina*, Buenos Aires, Nueva Visión, 1977.

FAGAN, BRIAN M., *El gran viaje. El poblamiento de la antigua América*, Madrid, Edaf, 1988.

GONZÁLEZ, ALBERTO REX, *Arte precolombino de la Argentina*, Buenos Aires, Filmediciones Valero, 1977.

GONZÁLEZ, ALBERTO REX: "Dinámica cultural del Noroeste argentino", en: *Antiquitas*, 28, 29; Buenos Aires, 1979.

GONZÁLEZ, ALBERTO REX Y PÉREZ, JOSÉ A., *Argentina Indígena, vísperas de la conquista*, Buenos Aires, Paidós, 1976.

GRADIN, CARLOS J., *El arte rupestre de la cuenca del Río Pinturas, Provincia de Santa Cruz, República Argentina*, Madrid, Ars Praehistorica, t. II, 1983.

JOHANSON, DONALD Y EDEY, MAITLAND, *El primer antepasado del hombre*, Barcelona, Planeta, 1982.

KRAPOVICKAS, PEDRO: "El Noroeste" en: *El país de los argentinos*, N° 20, Centro Editor de América Latina, Buenos Aires, 1974.

LORANDI, ANA MARÍA Y OTTONELLO, MARÍA MARTA, *Introducción a la Arqueología y Etnología. Diez mil años de historia y arqueología*, Buenos Aires, Eudeba, 1987.

NÚÑEZ REGUEIRO, VÍCTOR: "Conceptos instrumentales y marco teórico en relación al análisis del desarrollo cultural del noroeste argentino", en *Revista de la Universidad de Córdoba*, tomo V, Córdoba, 1974.

NÚÑEZ REGUEIRO, VÍCTOR: "El área pedemontana y su significado para el desarrollo argentino en el contexto sudamericano", C.I.A., 46, Amsterdam; *Cuadernos del Instituto Nacional de Antropología*, N° 12, Buenos Aires, 1991.

ORQUERA, LUIS ABEL, *La hominización*, Buenos Aires, Colegio de Graduados en Antropología, serie didáctica, N° 1, 1980.

ORQUERA, LUIS ABEL Y PIANA, ERNESTO LUIS, "Canoeros del extremo austral", en *Ciencia Hoy*, Buenos Aires, Vol. 1, N° 6, febrero–marzo 1990, págs. 18/27.

POLITIS, GUSTAVO G., "¿Quién mató al megaterio?", en *Ciencia Hoy*, Buenos Aires, Vol. 1, N° 2, febrero–marzo 1989, págs. 26/35.

RAFFINO, RODOLFO A., *Poblaciones indígenas en la Argentina. Urbanismo y proceso social precolombino*, Buenos Aires, Tipográfica Editora Argentina, 1988.

RIVERA, MARIO A., "Early Man in Patagonia: a Critical Evaluation", en *The Pleistocene Perspective, Volume 1. The World. An Archaeological Congress*, Southampton and London, Allen and Unwin, 1–7 september 1986.

RIVET, PAUL, *Los orígenes del hombre americano*, México, Fondo de Cultura Económica, 1966.

SANGUINETTI DE BÓRMIDA, AMALIA, "Dispersión y características de las principales industrias precerámicas del territorio argentino", en *Etnia*, Olavarría, enero de 1965.

SCHOBINGER, JUAN, *Prehistoria de Sudamérica*, Barcelona, Labor, 1973.

SCHOBINGER, JUAN Y GRADIN CARLOS J., *Cazadores de la Patagonia y agricultores andinos. Arte rupestre de la Argentina*, Madrid, Encuentro Ediciones, 1985.

TURNER, CHRISTY G. (II), "Teeth and prehistory in Asia", en *Scientific American*, Volume 260, Number 2, New York, february 1989, págs. 70/77.

Capítulo II

BLANCO VILLALTA, JORGE G., *Mitos Tupiguaraníes*, Buenos Aires, Ediciones Culturales Argentinas, 1975.

BÓRMIDA, MARCELO, "Los Ge. Panorama Etnológico", Bs. As., mec., s.f.

BÓRMIDA, MARCELO Y SIFFREDI, ALEJANDRA, "Mitología de los tehuelches meridionales", en *Runa*, Buenos Aires, Vol. XII, 1969–70, págs. 199 a 245.

BORRERO, LUIS ALBERTO: *Los Selk'nam (Onas). Su evolución cultural*, Buenos Aires, Búsqueda-Yuchán, 1991.

*CABRERA, P., *Los aborígenes del País de Cuyo*, Universidad Nacional de Córdoba, 1929.

CADOGAN, LEÓN Y LÓPEZ, AGUSTÍN A., *La literatura de los guaraníes*, México, Editorial Joaquín Mórtiz, 1970.

CANALS FRAU, SALVADOR, *Poblaciones indígenas de la Argentina*, Buenos Aires, Sudamericana, 1973.

CARUTTI E., GARRETA M. Y MARTÍNEZ SARASOLA C., "Introducción al estudio de las comunidades del noroeste argentino durante el siglo XVI", en *Participación*, Buenos Aires, Año 1, N° 1, 1974.

CASAMIQUELA, RODOLFO, *Un nuevo panorama etnológico del área pampeana y patagónica adyacente. Pruebas etnohistóricas de la filiación tehuelche septentrional de los guaraníes*, Santiago de Chile, Edic. del Museo Nacional de Historia Natural, 1969.

CASAMIQUELA, RODOLFO, "Rectificaciones y ratificaciones hacia una interpretación definitiva del panorama etnológico de la Patagonia y área septentrional adyacente", en *Cuadernos del Sur*, Instituto de Humanidades, Universidad Nacional del Sur, 1965.

CASANOVA, EDUARDO, "La Quebrada de Humahuaca", en *Historia de la Nación Argentina*, Buenos Aires, El Ateneo, t. I, 1939.

CLASTRES, HELENE, *La tierra sin mal. El profetismo tupí guaraní*, Buenos Aires, Ediciones del Sol–Ediciones de Aquí a la vuelta, 1990.

CONLAZO, DANIEL, *Los indios de Buenos Aires (siglos XVI–XVII)*, Buenos Aires, Búsqueda–Yuchán, 1990.

CHAPMAN, ANNE, *Los selk'nam. La vida de los onas*, Buenos Aires, Emecé Editores, 1985.

CHRISTENSEN, EMILIO, *El quichua santiagueño*, Buenos Aires, Ediciones Culturales Argentinas, 1971.

DAUS, FEDERICO, *Geografía y Unidad Argentina*, Buenos Aires, El Ateneo, 1978.

DE APARICIO, FRANCISCO, "La antigua provincia de los comechingones", en *Historia de la Nación Argentina*, Buenos Aires, El Ateneo, t. I, 1939.

DEMBO A., E IMBELLONI, JOSÉ, *Deformaciones intencionales del cuerpo humano de carácter étnico*, Buenos Aires, Humanior.

DE VOS, ANNEMIE, "La Tierra Sin Mal", en *Cultura Casa del Hombre*, Buenos Aires, Ediciones del Jaguar y la Máquina, N° 5, julio 1983.

ELIADE, MIRCEA, *La búsqueda*, Buenos Aires, Ediciones La Aurora.

ESCALADA, FEDERICO, *El complejo tehuelche. Estudios de etnografía patagónica*, Buenos Aires, Coni, 1949.

GALLARDO, CARLOS R., *Los onas*, Buenos Aires, Cabaut, 1910.

GONZÁLEZ, ALBERTO REX, *Arte, estructura y arqueología*, Buenos Aires, Ediciones Nueva Visión, 1974.

GONZÁLEZ, ALBERTO REX Y PÉREZ JOSÉ A., *Argentina Indígena, vísperas de la conquista*, Buenos Aires, Paidós, 1976.

GUSINDE, MARTÍN, *Los indios de Tierra del Fuego*, Buenos Aires, Centro Argentino de Etnología Americana, CONICET, 2 tomos, 1983.

IBARRA GRASSO, DICK EDGAR, *Argentina Indígena*, Buenos Aires, Tipográfica Editora Argentina, 1967.

IMBELLONI, JOSÉ, "Lenguas indígenas del territorio argentino", en *Historia de la Nación Argentina*, Buenos Aires, El Ateneo, t. I, 1939.

IMBELLONI, JOSÉ, "Culturas indígenas de Tierra del Fuego", en *Historia de la Nación Argentina*, Buenos Aires, El Ateneo, t. I, 1939.

IMBELLONI, JOSÉ, *Religiosidad indígena americana*, Buenos Aires, Castañeda, 1979.

LAFONE QUEVEDO, S. "Los indios Mataco y su lenguaje", en *Boletín de la Academia de Geografía Argentina*, Buenos Aires, XVII, 1896.

LAFONE QUEVEDO, S. "Lenguas argentinas: idioma abipón", en *Boletín de la Academia Nacional de Ciencias de Córdoba*, XV, 1894.

MANDRINI, RAÚL, *Argentina Indígena*, Centro Editor de América Latina, 1983.

MÁRQUEZ MIRANDA, F., "La antigua provincia de los Diaguitas", en *Historia de la Nación Argentina*, Buenos Aires, El Ateneo, t. I, 1939.

MARTÍN, EUSEBIA HERMINIA, "Posibilidad de delimitación de las áreas del Cacán", en *Runa*, Buenos Aires, vol. II, 1969/70.

MELIA, BARTOMEU, "La tierra sin mal de los guaraní. Economía y profecía", en *Suplemento Antropológico*, Asunción, Paraguay, vol. XXII, Nº 2, diciembre 1987, págs. 81/97.

METRAUX, ALFRED, "Contribución a la etnografía de la Provincia de Mendoza", en *Revista de la Junta de Estudios Históricos de Mendoza*, tomo VI.

MOLINA-TELLEZ, *El cielo en la mitología americana*, Buenos Aires, Emecé Editores, 1944.

MONTES, ANÍBAL, *Las sierras de San Luis: sus indígenas, sus conquistadores y la leyenda de los Césares*, Universidad Nacional de Córdoba, 1955.

MONTES, ANÍBAL, *El problema etnográfico de los Sanabirón y Comechingón*, Universidad Nacional de Córdoba, 1958.

MONTES, ANÍBAL, *Historia de Ongamira*, Universidad Nacional de Córdoba, 1956.

NAJLIS, ELENA, *Lengua Selknam*, Buenos Aires, Universidad del Salvador, Facultad de Historia y Letras, Instituto de Filosofía y Lingüística, 1973.

NARDI, RICARDO L. J., "El Quichua de Catamarca y La Rioja", en *Cuadernos del Instituto Nacional de Investigaciones Folklóricas*, Buenos Aires, Nº3, 1962.

ORQUERA, LUIS ABEL Y OTROS, *Lancha Packewaia. Arqueología de los canales fueguinos*, Buenos Aires, Huemul, 1977.

ORQUERA, LUIS A. Y PIANA, ERNESTO L., "Canoeros del extremo austral", en *Ciencia Hoy*, Buenos Aires, N° 6, febrero/marzo 1990.

OUTES, F. Y BRUCH, C., *Los aborígenes de la República Argentina*, Buenos Aires, Estrada, 1910.

PALAVECINO, E., "Las culturas aborígenes del Chaco", en *Historia de la Nación Argentina*, Buenos Aires, El Ateneo, t. I, 1939.

PALAVECINO, E., CANALS FRAU, S. Y OTROS, *Los aborígenes de Santiago del Estero*, en Sociedad Argentina de Antropología, Buenos Aires, 1940.

RADIN, PAUL, *Los indios de América del Sur*, Buenos Aires, Pleamar, 1948.

RAVIGNANI, EMILIO, "Las poblaciones indígenas de las regiones del Río de la Plata y Tucumán en la segunda mitad del siglo XVII", en *Actas y Trabajos Científicos del xxv Congreso Internacional de Americanistas*, Buenos Aires, tomo II, 1934.

ROSEMBLAT, ÁNGEL, *La población de América en 1492*, México, Colegio Nacional de México, 1967.

SCHMIEDER, OSCAR, *Geografía de América Latina*, México, Fondo de Cultura Económica, 1965.

SEGGIARO, LUIS A., *Medicina indígena de América*, Buenos Aires, Eudeba, 1977.

SERRANO, ANTONIO, "Los tributarios del río Uruguay", en *Historia de la Nación Argentina*, Buenos Aires, El Ateneo, t. I, 1939.

SERRANO, ANTONIO, *Los primitivos habitantes de Entre Ríos*, Paraná, Biblioteca Entrerriana Gral. Perón, 1950.

SERRANO, ANTONIO, *Los comechingones*, Universidad Nacional de Córdoba, 1945.

SERRANO, ANTONIO, *Los aborígenes argentinos*, Buenos Aires, Nova, 1947.

SIFFREDI, ALEJANDRA, "El Ciclo del Elal, héroe mítico de los Aoniken", en Buenos Aires, vol. XI, págs. 149–160.

SIFFREDI, ALEJANDRA, *Clases manuscritas tomadas de la cátedra Etnografía Americana*, Facultad de Filosofía y Letras, Universidad de Buenos Aires, 1972.

SIFFREDI, ALEJANDRA Y CORDEU, EDGARDO, *De la algarroba al algodón*, Buenos Aires, Juarez Editor, 1971.

TURBAY, ALFREDO, *La fortaleza-templo del valle calchaquí*, Buenos Aires, Editora Distribuidora Catlap, 1983.

Universidad Nacional de Buenos Aires, *Patagonia, 12.000 años de historia*, Facultad de Filosofía y Letras, Centro de Recuperación de la Cultura Popular José Imbelloni, Museo Etnográfico Juan B. Ambrosetti, Buenos Aires, 1973.

VIGNATI, M., "Las culturas indígenas de la Pampa", en *Historia de la Nación Argentina*, Buenos Aires, El Ateneo, t. I., 1939.

ZAPATA GOLLÁN, AGUSTÍN, *Caminos de América*, Buenos Aires, Emecé Editores, 1945.

Capítulo III

ANGELIS, PEDRO DE, *Colección de Obras y Documentos relativos a la Historia del Río de la Plata*, Buenos Aires, vol. V.

CANALS–FEIJOO, BERNARDO, *Teoría de la ciudad argentina*, Buenos Aires, Sudamericana, 1951.

CANALS FRAU, SALVADOR, *Poblaciones indígenas de la Argentina*, Buenos Aires, Sudamericana, 1973.

*CASAS, FRAY BARTOLOMÉ DE LAS, *Brevísima relación de la destrucción de las Indias*, Buenos Aires, Eudeba, 1966.

COMADRÁN RUIZ, JORGE, *Evolución demográfica argentina durante el período hispano*, 1535–1810. Buenos Aires, Eudeba, 1969.

Comando General del Ejército (CGE), *Política seguida con el aborígen,* 1750–1819, Buenos Aires, Dirección de Estudios Históricos, Círculo Militar, tomos I y II, 1973.

CRIVELLI MONTERO, EDUARDO A., "Malones: ¿saqueo o estrategia? El objetivo de las invasiones de 1780 y 1783 a la frontera de Buenos Aires", en *Todo es Historia*, Buenos Aires, Nº 283, enero 1991, págs. 6/32.

CRUZ, JOSEFINA, *Cronistas de Indias*, Buenos Aires, Ediciones Culturales Argentinas, 1970.

DE GANDIA, ENRIQUE, *Problemas indígenas americanos*, Buenos Aires, Emecé Editores, 1943,

*DOBRIZHOFFER, MARTÍN, *Historia de los Abipones*, Resistencia, Universidad Nacional del Nordeste, Facultad de Humanidades, 2 tomos, 1967.

*FALKNER, TOMÁS, *Descripción de la Patagonia y de las partes contiguas de la América del Sur*, Buenos Aires, Hachette, 1974.

FERNÁNDEZ DE CASTILLEJO, FEDERICO, *El amor en la conquista. Malintzin*, Buenos Aires, Emecé Editores, 1943.

FURLONG, GUILLERMO, *Nicolás Mascardi y su carta relación*, 1670, Buenos Aires, Theoría, 1963.

FURLONG, GUILLERMO, *Antonio Ruiz de Montoya y su carta a Comental*, 1645, Buenos Aires, Theoría, 1964.

FURLONG, GUILLERMO, *Entre los Pampas de Buenos Aires*, Buenos Aires, San Pablo, 1943.

GALEANO, EDUARDO, *Las venas abiertas de América Latina*, Buenos Aires, Siglo XXI, 1983.

GALVEZ, LUCÍA, *Mujeres de la Conquista*, Buenos Aires, Planeta, 1990.

GARAVAGLIA, JUAN CARLOS, "Un modo de producción subsidiario: la organización económica de las comunidades guaranizadas durante los siglos XVII–XVIII en la formación regional altoperuana rioplatense", en *Cuadernos del Pasado y Presente*, Córdoba, págs. 167–191.

GARCÍA, JUAN AGUSTÍN, *La ciudad indiana*, Buenos Aires, Ediciones Antonio Zamora, 1955.

HARING, CLARENCE H., *El Imperio hispánico en América*, Buenos Aires, Solar-Hachette, 1966.

KERSTEN, LUDWIG, *Las tribus indígenas del Gran Chaco hasta fines del siglo XVIII*, Resistencia, Universidad Nacional del Nordeste, Facultad de Humanidades, 1968.

LAFÓN, CIRO RENÉ, *Antropología Argentina. Una propuesta para estudiar el origen y la integración de la nacionalidad*, Buenos Aires, Bonum, 1977.

LEVILLIER, ROBERTO, *El Paititi, el Dorado y el Amazonas*, Buenos Aires, Emecé Editores, 1976.

LEWIN, BOLESLAO, *La insurrección de Tupac Amaru*, Buenos Aires, Eudeba, 1963.

*LOZANO, P., *Descripción corográfica del Gran Chaco Gualamba*, Universidad Nacional de Tucumán, 1941.

*LOZANO, P., *Historia de la conquista del Paraguay, Río de la Plata y Tucumán*, Buenos Aires, 1874, 5 tomos.

MAGRASSI, GUILLERMO Y OTROS, *Los juegos indígenas*, Cuadernos de Historia Popular Argentina, Buenos Aires, Centro Editor de América Latina, 1985.

MAGUIDOVICH, I. P., *Historia del descubrimiento y exploración de Latinoamérica*, Moscú, Editorial Progreso, 1965.

MARTINEZ SARASOLA, CARLOS R., "Roberto Levillier: El Paititi, el Dorado y las Amazonas", reseña bibliográfica, en *Megafón*, Año II, N° 4, diciembre de 1976, Buenos Aires, Castañeda, págs. 194–197.

MOLINARI, JOSÉ LUIS, "Los indios y los negros durante las invasiones al Río de la Plata", en *Boletín*, Academia Nacional de la Historia, Buenos Aires, vol. 34. 2ª sección, 1963, págs. 639-672.

MONTES ANÍBAL, "El gran alzamiento diaguita, 1630-1643", en *Revista del Instituto de Antropología*, Facultad de Filosofía y Letras, Universidad Nacional del Litoral, Rosario, tomo I, 1959.

MORALES, ERNESTO, *La ciudad encantada de la Patagonia*, Buenos Aires, Emecé Editores, 1944.

OTS CAPDEQUI, J. M., *El estado español en las Indias*, México, Fondo de Cultura Económica, 1946.

PEREYRA, CARLOS, *Breve Historia de América*, Madrid, Aguilar, 1930.

PÉREZ ARES, MIGUEL, *Análisis, estudio y consideraciones sobre la guerra de los aborígenes serranos de Córdoba*, Córdoba, 1973.

*PIGAFETTA, ANTONIO, *Primer viaje en torno del globo*, Buenos Aires, Centro Editor de América Latina, 1971.

PISTOIA, BENITO H., *Los franciscanos en el Tucumán, 1566-1810*, Salta, Cuadernos Franciscanos, 1973.

PUIGROSS, RODOLFO, *De la colonia a la Revolución*, Buenos Aires, Partenón, 1948.

QUIROGA, ADÁN, *Calchaquí*, Buenos Aires, La Cultura Argentina, 1923.

RIBEIRO, DARCY, *Las Américas y la civilización*, Buenos Aires, Centro Editor de América Latina, tomo III, 1970.

ROSA, JOSÉ MARÍA, *Historia Argentina*, Buenos Aires, Oriente, 1973, tomo I: "Los tiempos españoles, 1492–1805".

ROSEMBLAT, ÁNGEL, *La población indígena y el mestizaje en América*, Buenos Aires, Nova, 2 tomos, 1954.

SÁNCHEZ ALBORNOZ, N. Y MORENO, J., *La población de América Latina*, Buenos Aires, Paidós, 1968,

*SCHMIDL, ULRICO, *Derrotero y viaje a España y las Indias*, Rosario, Universidad Nacional del Litoral, 1938.

SCHMIEDER, OSCAR, *Geografía de América Latina*, México, Fondo de Cultura Económica, 1965.

*SEPP, A., *Relación de viaje a las misiones jesuíticas*, Buenos Aires, Eudeba, 1971.

*SEPP, A., *Continuación de las labores apostólicas*, Buenos Aires, Eudeba, 1973.

*SEPP, A., *Jardín de flores paracuario*, Buenos Aires, Eudeba, 1974.

TORRE REVELLO, JOSÉ, "Sociedad colonial". "Las clases sociales. La ciudad y la campaña", en *Historia de la Nación Argentina*, Buenos Aires, El Ateneo, 1939, publicado por la Academia Nacional de la Historia, vol. IV, Primera sección, pág. 519.

TORRE REVELLO, JOSÉ, "Aportación para la biografía del Maestre de Campo de Milicias y Comandante de Armas y Frontera don José F. Amigorena", en *Revista de Historia Americana y Argentina*, Buenos Aires, Año II, Nᵒˢ 3 y 4, pág. 27.

WALTHER, J. C., *La conquista del desierto*, Buenos Aires, Eudeba, 1974.

Capítulo IV

** Academia Nacional de la Historia (ANH), *Juan Manuel de Rosas y la redención de cautivos en su campaña al desierto (1833–1834)*, Buenos Aires, 1979.

ARMAIGNAC, H., *Viaje por las pampas de la República Argentina*, Buenos Aires, Eudeba, 1975.

BAIGORRIA, MANUEL, *Memorias*, Buenos Aires, Solar-Hachette, 1975.

BALMORI, CLEMENTE H., "Toki Keraunos, piedra de virtud", en *Primer Congreso del Área Araucana Argentina*, Buenos Aires, tomo II.

BERNARDO, TOMÁS DIEGO, *El aborigen rioplatense en la historia y ante la ley*, Buenos Aires, Omega, 1963.

BORGES, JORGE LUIS, *El Aleph*, Buenos Aires, Emecé Editores, 1957.

BÓRMIDA, MARCELO, "El estudio de los bárbaros desde la antigüedad hasta mediados del siglo XIX", Universidad Nacional de Buenos Aires, mecanografiado, 1972.

CABRAL, SALVADOR, *Andresito Artigas*, Buenos Aires, Castañeda, 1980.

CAILLET–BOIS, TEODORO, *Patagonia* (selección y prólogo), Buenos Aires, Emecé Editores, 1944.

CANALS FRAU, SALVADOR, *Poblaciones indígenas de la Argentina*, Buenos Aires, Sudamericana, 1973.

CÁRDENAS, GONZALO H., *Las luchas nacionales contra la dependencia*, Buenos Aires, Galerna, vol. I, 1969.

CASAMIQUELA, RODOLFO, "Algunos datos nuevos al panorama etnológico de la Patagonia", en *Etnia*, N° 5, enero–julio 1967, Olavarría, Pcia. de Buenos Aires, Museo Etnográfico Municipal Dámaso Arce.

CASAMIQUELA, RODOLFO, "Algunas reflexiones sobre la etnología del ámbito pampeano–patagónico", *Cuadernos I*, Buenos Aires, Centro de Investigaciones Antropológicas, 1979.

CASAMIQUELA, RODOLFO, "El contacto araucano-gununa-kena: influencias recíprocas en sus producciones espirituales", en *Argentina. Comisión Nacional Ejecutiva del Sesquicentenario*, Buenos Aires, tomo I, 1962, págs. 83–97.

CASAMIQUELA, RODOLFO, *En pos del gualicho*, Eudeba, Buenos Aires-Fondo Editorial Rionegrino, Viedma, 1988.

CASAMIQUELA, RODOLFO, "Rectificaciones y ratificaciones hacia una interpretación definitiva del panorama etnológico de la Patagonia y área septentrional adyacente", en *Cuadernos del Sur*, Instituto de Humanidades, Universidad Nacional del Sur, 1965.

Comando General del Ejército (CGE), *Política seguida con el aborigen 1750-1819*, Buenos Aires, Dirección de Estudios Históricos, Círculo Militar, tomos II y III, 1974, y tomo IV, 1975.

CORDERO, HÉCTOR A., "En torno a los indios en las invasiones inglesas", en *La Prensa*, Buenos Aires, Suplemento Cultural, 1971.

COSTA, JULIO, "Roca y Tejedor", en Franco, Luis, *Los grandes caciques de La Pampa*, Buenos Aires, Del Candil, 1967.

DARWIN, CHARLES, *Viaje de un naturalista alrededor del mundo*, Buenos Aires, El Ateneo, 1945.

DE APARICIO, FRANCISCO Y DIFRIERI, HORACIO, *La Argentina. Suma de Geografía*, Buenos Aires, Peuser, 1961, tomo VII.

ESCALADA, FEDERICO, *El complejo tehuelche. Estudios de etnografía patagónica*, Buenos Aires, Coni, 1949.

ESPEJO, GERÓNIMO, *El Paso de los Andes*, Buenos Aires, Kraft, 1953.

FRANCO, LUIS, *Los grandes caciques de La Pampa*, Buenos Aires, Del Candil, 1967.

FRANCO, LUIS, *La Pampa habla*, Buenos Aires, Del Candil, 1968.

GARCIA, PEDRO, *Viaje a Salinas Grandes*, Buenos Aires, Sudestada, 1969.

GARRETA, MARIANO J., "Alcances y algunas características del complejo del caballo en la llanura pampeana", Buenos Aires, mec., 1971.

GENTILUOMO, F., *San Martín y la Provincia de Cuyo, precursores de la Nación en armas*, Tucumán, La Raza, 1950.

GONZÁLEZ ARRILI, B., *Los indios Pampas*, Buenos Aires, Stilcograf, 1960.

GUEVARA, "Civilización Araucana", Santiago de Chile, 1898, en *Primer Congreso del Área Araucana Argentina*, Buenos Aires, tomo II.

HERNÁNDEZ, JOSÉ, *Martín Fierro*, Buenos Aires, La Facultad, 1943.

HUX, MEINRADO, *Caciques Pampa-Ranqueles*, Buenos Aires, Marymar, 1991.

HUX, MEINRADO, *Caciques Huilliches y Salineros*, Buenos Aires, Marymar, 1991.

HUX, MEINRADO, *Caciques Pehuenches*, Buenos Aires, Marymar, 1991.

JUSTO, LIBORIO, (Quebracho), *Pampas y Lanzas*, Buenos Aires, Palestra, 1962.

LEVENE, GUSTAVO GABRIEL, *Para una antología del odio argentino*, Buenos Aires, Plus Ultra, 1975.

LEVENE, RICARDO, *Las ideas políticas y sociales de Mariano Moreno*, Buenos Aires, Emecé Editores, 1948.

LEVENE, RICARDO, *Las revoluciones indígenas y las versiones a idiomas de los naturales de los documentos de la Independencia*, Buenos Aires, 1948.

LÓPEZ PIACENTINI, C., "El espíritu indigenista de la Revolución de Mayo", Resistencia, 1960.

LYNCH, JOHN, *Juan Manuel de Rosas*, Buenos Aires, Emecé Editores, 1984.

MAEDER, E. J., *Evolución demográfica argentina desde 1810 a 1869*, Buenos Aires, Eudeba, 1969.

MANDRINI, RAUL JOSÉ, "La sociedad indígena de las pampas en el siglo XIX", en *Antropología*, Buenos Aires, Eudeba, págs. 205/230, 1985.

MANSILLA, LUCIO V., *Una excursión a los indios ranqueles*, Buenos Aires, Emecé Editores, 1989.

MITRE, BARTOLOMÉ, *Historia de San Martín y la emancipación sudamericana*, Buenos Aires, Anaconda, 1950.

MORENO, MARIANO, *Plan revolucionario de operaciones*, Buenos Aires, Plus Ultra, 1965, pág. 41.

MUÑIZ, R., *Los indios Pampas*, Buenos Aires, La Facultad, 1929.

MUSTERS, C., *Vida entre los Patagones*, Ed. Universidad Nacional de la Plata, t. I, 1911.

NARDI, RICARDO L. J., "Los mapuches en la Argentina: esquema etnohistórico", en *Cultura mapuche en la Argentina*, Instituto Nacional de Antropología, Buenos Aires, Ministerio de Cultura y Educación, 1981, págs. 11/24.

OUTES, F. Y BRUCH, C., *Los aborígenes de la República Argentina*, Buenos Aires, Estrada, 1910.

PALAVECINO, E., "Los indios Pilagá del Río Pilcomayo", en *Anales del Museo de Historia Natural*, 37, 1933.

PARIS DE ODDONE, BLANCA, *Artigas*, Buenos Aires, Centro Editor de América Latina, 1970, colección "Los hombres de la historia", N° 91.

PROCTOR, ROBERTO, *Narración del viaje por la cordillera de los Andes*, Buenos Aires, Biblioteca La Nación, 1919.

RAMOS MEJÍA, ENRIQUE, *Los Ramos Mejía*, Buenos Aires, Emecé Editores, 1988.

RODRÍGUEZ, MARTÍN, *Diario de la expedición al desierto*, Buenos Aires, Sudestada, 1969,

ROJAS, RICARDO, *El Santo de la espada*, Buenos Aires, Losada, 1940.

ROSEMBLAT, ÁNGEL, *La población y el mestizaje en América*, Buenos Aires, Nova, 1954, 2 tomos.

SÁNCHEZ RATTI, JULIO CÉSAR, "Andrés Guacurarí, el indio gobernador", en *Todo es Historia,* N° 22, s/f.

SIFFREDI, ALEJANDRA, "Hierofanías y concepciones mítico-religiosas de los tehuelches meridionales", en *Runa*, Buenos Aires, vol. XII, 1969/70.

TERRERA, GUILLERMO A., *Caciques y Capitanejos en la Historia Argentina*, Buenos Aires, Plus Ultra, 1974.

VIGNATI, M., "Datos de etnografía Pehuenche del Libertador José de San Martín", en *Notas del Museo de La Plata*, XVI, 57, La Plata, 1953.

VIGNATI, M., "La araucanización de los indios pehuenches", en *Notas del Museo de La Plata*, XVI, Antropología 63, La Plata, 1953.

VIGNATI, M., "Antigüedad y forma de la ocupación araucana en la Argentina", en *Boletín de la Academia Nacional de la Historia*, XXXVIII, Buenos Aires, 1965.

WILLIAMS ÁLZAGA, ENRIQUE, *Iconografía de los uniformes militares. Invasiones inglesas 1807*, Buenos Aires, Emecé, 1967.

WALTHER, J. C., *La conquista del desierto*, Buenos Aires, Eudeba, 1974,

ZEBALLOS, ESTANISLAO, *Calfucurá, Painé, Relmú*, Buenos Aires, Solar–Hachette, 1961.

ZERDA, WELLINGTON F., *Los indios y las invasiones inglesas*, Buenos Aires, Claridad, 1934.

Capítulo V

ALSINA, ADOLFO, *La nueva línea de fronteras. Memoria especial del Ministerio de Guerra y Marina. Año 1877.* Buenos Aires, Eudeba, 1977.

ALLENDE, ANDRÉS, "Los indios en la campaña de Cepeda", en *Trabajos y Comunicaciones de la Facultad de Humanidades y Ciencias de la Educación*, La Plata, N° 6, 1957, págs. 7/45.

AMAYA, LUIS ESTEBAN, "Aculturación en torno a los indios ranqueles", en *Cuadernos del Instituto Nacional de Antropología*, Buenos Aires, 9, 1979–1982, págs. 269–279.

AMBROSETTI, JUAN BAUTISTA, *Los indios Kaingagues de San Pedro, Misiones*, Buenos Aires, Cía. Sudamericana de Billetes de Banco, 1895, en Viajes y Arqueología, vol. 3, foll. N° 1.

AMBROSETTI, JUAN BAUTISTA, *Los argentinos y su folklore. Viaje de un maturrango y otros relatos folklóricos*, Buenos Aires, Centurión, 1963.

BAIGORRIA, MANUEL, *Memorias*, Buenos Aires, Solar-Hachette, 1975.

BARROS, ÁLVARO, *Indios, fronteras y seguridad interior*, Buenos Aires, Solar-Hachette, 1975.

BELZA, JUAN E., *En la Isla del Fuego*, Buenos Aires, Instituto de Investigaciones Históricas Tierra del Fuego, Colonización, vol. II, 1975.

BENGOA, JOSÉ, *Historia del pueblo mapuche*, Santiago, Chile, Ediciones Sur, 1985.

BERNAL, IRMA, *Rebeliones indígenas en la Puna*, Buenos Aires, Búsqueda-Yuchán, 1984.

BERNAL, IRMA Y SANCHEZ PROAÑO, MARIO, *Los Tehuelches*, Buenos Aires, Búsqueda-Yuchán, 1988.

BIDONDO, EMILIO ÁNGEL Y OTROS, *Epopeya del desierto en el sur argentino*, Buenos Aires, Círculo Militar, 1979.

BIEDMA, JUAN MARTÍN, *Crónica histórica del Lago Nahuel Huapi*, Buenos Aires, Emecé Editores, 1986.

BRIDGES, E. LUCAS, *El último confín de la tierra*, Buenos Aires, Emecé Editores, 1952.

CARUTTI, EUGENIO, "La historia desde la perspectiva de la universalización", en *Cultura Casa del Hombre*, Buenos Aires, N° 5, julio 1983, págs. 40/44.

Círculo Militar; *Atlas Histórico-Militar Argentino*, Buenos Aires, 1974.

CLIFTON GOLDNEY, ADALBERTO A., *El cacique Namuncurá, el último soberano de la Pampa*, Buenos Aires, Huemul, 1964.

COPELLO, SANTIAGO L., *Gestiones del arzobispo Aneiros en favor de los indios hasta la conquista del desierto*, Buenos Aires, Difusión, 1944.

CUADRADO HERNÁNDEZ, G., "San Cipriano Catriel, cacique y mártir", en *Todo es Historia*, Año IX, N° 106, marzo 1976.

CHAPMAN, ANNE, *El fin de un mundo. Los selk'nam de Tierra del Fuego*, Buenos Aires, Vasquez Massini Editores, 1990.

CHAUNU, PIERRE, *Historia de América Latina*, Buenos Aires, Eudeba, 1971.

DE APARICIO, FRANCISCO Y DIFRIERI, HORACIO, *La Argentina. Suma de Geografía*, Buenos Aires, Peuser, 1961.

DE IMAZ, JOSÉ LUIS, *Los hombres del confín del mundo. Tierra del Fuego*, Buenos Aires, Eudeba, 1972.

*DOBRIZHOFFER, MARTÍN, *Historia de los Abipones*, Resistencia, Universidad Nacional del Nordeste, Facultad de Humanidades, 1967, 2 tomos.

EBELOT, ALFREDO, *Recuerdos y relatos de la guerra de fronteras*, Buenos Aires, Plus Ultra, 1968.

EMPERAIRE, J. Y LAMING, A., "La desaparición de los últimos fueguinos", en *Diógenes*, Buenos Aires, Año 2, N° 8, 1954, págs. 45/79.

Enciclopedia Ilustrada Atlántida, *La Conquista del Desierto*, Buenos Aires, Atlántida, 1960.

ESPINOSA, ANTONIO, *La conquista del desierto. Diario del capellán de la expedición de 1879, monseñor Antonio Espinosa, más tarde arzobispo de Buenos Aires*, Comisión Nacional Monumento al Tte. Gral. Julio A. Roca, Buenos Aires, 1939.

ESTEVES, JUAN JOSÉ, *Pincén. Vida y Leyenda*, Buenos Aires, Dirección de Impresiones del Estado y Boletín Oficial de la Pcia. de Bs. As., s.f.

FOTHERINGHAM, IGNACIO H., *La vida de un soldado o reminiscencias de las fronteras*, Buenos Aires, Círculo Militar, 2 tomos, 1971.

FRANCO, LUIS, *De Rosas a Mitre, Medio siglo de historia argentina 1830–1880*, Buenos Aires, Astral, 1967.

GÁLVEZ, MANUEL, *Vida de D. Juan Manuel de Rosas*, Buenos Aires, Tor, 1949.

Gobierno de Mendoza, *Las campañas del desierto y del Chaco*, Ministerio de Cultura y Educación, Mendoza, 1979.

GONZALEZ ARRILI, BERNARDO, *Los indios Pampas*, Buenos Aires, Stilcograf, 1960.

GORI, GASTON, *El indio y la colonia Esperanza*, Santa Fe, Colmegna, 1972.

GUERRINO, ANTONIO ALBERTO, *La medicina en la conquista del desierto*, Buenos Aires, Círculo Militar, 1984.

HEREDIA, EDMUNDO, "El problema del indio en la política nacional de la conquista del desierto", en *Historia*, Año IV, N° 15, septiembre-noviembre 1984, págs, 32/53.

Hux, Meinrado, *Coliqueo, el indio amigo de Los Toldos*, Buenos Aires, Eudeba, 1980.

Luna, Félix, *Soy Roca*, Buenos Aires, Sudamericana, 1988.

Mackinnon, Adolfo, *La escuadra anglo-francesa en el Paraná 1846*, Buenos Aires, Hachette, 1957.

Ministerio del Interior, *Censo Indígena Nacional* (CIN), Buenos Aires, tomo II, 1968.

Magrassi, Guillermo, "La población aborigen del siglo XVI a la actualidad", Buenos Aires, Centro Editor de América Latina, *Atlas Total de la República Argentina*, N° 52, 1982.

Marfany, Roberto, "Fronteras con los indios en el sud y fundación de pueblos", en *Historia de la Nación Argentina* (HNA), Buenos Aires, Academia Nacional de la Historia, 1938, t. IV.

Nino, Bernardino de, *Etnografía Chiriguana*, La Paz, Tipografía Comercial de Ismael Argote, 1912.

Páez, J., *La conquista del desierto*, Buenos Aires, Centro Editor de América Latina, 1971.

*Paucke, Florian, *Hacia allá y para acá (una estada entre los indios mocovíes 1749-1767)*..., Tucumán-Buenos Aires, cuatro volúmenes, 1942-1944.

Pomer, L., *El soldado criollo*, Buenos Aires, Centro Editor de América Latina, 1971.

Portas, J., *Malón contra malón*, Buenos Aires, De la Flor, 1967.

Prado, Comandante, *La guerra al malón*, Buenos Aires, Eudeba, 1960.

Ramallon, E., *Las caballadas en la guerra contra el indio*, Buenos Aires, Eudeba, 1975.

Rodríguez, José E., *Campaña del desierto*, Buenos Aires, Imprenta López, 1927.

Rodríguez Molas, R., *Historia social de gaucho*, Buenos Aires, Marú, 1968.

Rojas Lagarde, Jorge Luis, *El malón de 1870 a Bahía Blanca y la colonia de Sauce Grande*, Buenos Aires, Ediciones Culturales Argentinas, 1984.

Rosas, Juan Manuel de, *Gramática y dicción de la lengua pampa*, Buenos Aires, Albatros, 1947.

Rosas, Juan Manuel de, "Instrucciones de Juan Manuel de Rosas en un trato de paz con el cacique Painé", Azul, *Documentos*, Año 1, feb. 1930, N° 1, págs. 141/5.

Roux, Curruhuinca, *Las matanzas del Neuquén. Crónicas mapuches*, Buenos Aires, Plus Ultra, 1985.

Roux, Curruhuinca, *Sayhueque. El último cacique*, Buenos Aires, Plus Ultra, 1986.

Saldías, Adolfo, *Por qué se produjo el bloqueo anglofrancés*, Buenos Aires, Plus Ultra, 1974.

Santillán Güemes, Ricardo, *Cultura, creación del pueblo*, Buenos Aires, Guadalupe, 1985.

Sarmiento, D. F., *Conflicto y armonías de las razas en América*, 1833.

Schoo Lastra, Dionisio, *El indio del desierto*, Buenos Aires, Peuser, 1928.

Scunio, A. D., *La Conquista del Chaco*, Buenos Aires, Círculo Militar, 1972.

Stambuk, M. Patricia, *Rosa Yagán. El último eslabón*, Santiago de Chile, Editorial Andrés Bello, 1986.

Terrera, Guillermo A., *Caciques y capitanejos en la historia argentina*, Buenos Aires, Plus Ultra, 1974,

Vignati, Milcíades Alejo, "Iconografía aborigen: Namuncurá y Pincén", en *Congreso del área araucana argentina*, San Martín de los Andes, Neuquén, 1961, t. 2, págs. 49/68, Buenos Aires, 1963.

Vignati, Milcíades Alejo, "Iconografía aborigen (II): Casimiro y su hijo Sam Slick", extracto de la *Revista del Museo de La Plata*, Nueva Serie, Sección Antropología, t. II, págs. 225/236, La Plata, 1946.

Vignati, Milcíades Alejo, "Iconografía aborigen (III): La tribu del cacique O'Ikelkkénk", extracto de la *Revista del Museo de La Plata*, Nueva Serie, Sección Antropología, t. II, págs. 277/299, La Plata, 1946.

Villegas, Conrado, *Expedición al Gran Lago Nahuel Huapi en el año 1881*, Buenos Aires, Eudeba, 1977.

Viñas, David, *Indios, ejército y frontera*, Buenos Aires, Siglo XXI, 1983.

Walther, Juan Carlos, *La conquista del desierto*, Buenos Aires, Eudeba, 1970.

ZEBALLOS, ESTANISLAO, *La conquista de quince mil leguas*, Buenos Aires, Coni, 1978.

ZEBALLOS, ESTANISLAO, *Viaje al país de los Araucanos*, Buenos Aires, Hachette, 1960.

ZEBALLOS, ESTANISLAO, *Calfucurá, Painé, Relmú*, Buenos Aires, Hachette, 1971.

ZAPATER, H., "El caballo y la vida nómade. Pampas, araucanos y chaqueños", Separata *Anales Arqueología y Etnología*, t. II, 1950.

ZAPATER, H., "Notas de viajes por el país araucano", Separata *Anales Arqueología y Etnología*, t. II, 1950.

Capítulo VI

AGUIRRE BELTRÁN, GONZALO, *El proceso de aculturación*, México, 1957.

AMBROSETTI, JUAN BAUTISTA, *Los indios Kaingagues de San Pedro*, Misiones, Buenos Aires, Compañía Sudamericana de Billetes de Banco, en Viajes y Arqueología, spi, v. 3, foll. Nº1.

ARANCIBIA, H., *Vida y mitos del mundo mataco*, Buenos Aires, Depalma, 1973.

BARTOLOMÉ, M.A., "La situación de los indígenas en la Argentina: Área chaqueña y provincia de Misiones", en *La situación del indígena en la América del Sur*, Tierra Nueva, Montevideo, 1972, págs. 322/3.

BARTOLOMÉ, M.A., "La situación de los guaraníes (Mbyá) de Misiones (Argentina)", en Suplemento Antropológico de la Revista del Ateneo Paraguayo, Asunción, vol. 4, Nº 2, págs. 161-164, 1969.

BÓRMIDA, MARCELO, Y CASAMIQUELA, RODOLFO, "Etnografía Gununa Kena. Testimonio del último de los tehuelches septentrionales", en *Runa*, Buenos Aires, IX, 1958/59.

BORRERO, J., *La Patagonia trágica*, Buenos Aires, Americana, 1967.

CARUTTI, E., GARRETA, M., LÓPEZ, D.A., MARTÍNEZ SARASOLA, C., SANTILLÁN GÜEMES, R., Y PALMEIRO, G., "La cultura nacional y su expresión aborigen en el ramal salteño", Universidad Nacional de Salta, Servicio de Acción Cultural, Salta, 1975.

CASAMIQUELA, RODOLFO, "El último ona", en *Patagonia documental*, Bahía Blanca, Nº 5/6, 1980.

CASAMIQUELA, RODOLFO, "El contacto araucano gununa kena: influencias recíprocas en sus producciones espirituales", en *Primera Mesa Redonda Internacional de Arqueología y Etnografía, Vinculaciones de los aborígenes argentinos con los de los países limítrofes*, 11-15, Buenos Aires, noviembre de 1957 (*op. cit.*, 1962).

CASAMIQUELA, RODOLFO M.; MONDELO, OSVALDO; MARTINIC BEROS, MATEO Y PEREA, ENRIQUE; *Del Mito a la realidad. Evolución iconográfica del pueblo tehuelche meridional*, Viedma, Fundación Ameghino, 1991.

COLUCCIO, FÉLIX, *Cultos y canonizaciones populares de Argentina*, Buenos Aires, Ediciones del Sol, 1986.

CONTI, VIVIANA E. Y OTROS, *Mano de obra indígena en los ingenios de Jujuy a principios de siglo*, Buenos Aires, Centro Editor de América Latina, Serie Conflictos y Procesos de la Historia Argentina Contemporánea, N° 17, 1988.

CORDEU, EDGARDO Y SIFFREDI, ALEJANDRA, *De la algarroba al algodón*, Buenos Aires, Juárez, 1971.

*DOBRIZHOFFER, MARTÍN, *Historia de los Abipones*, Resistencia, Universidad Nacional del Nordeste, Facultad de Humanidades, 1967, 2 tomos.

DOWLING DESMADRYL, JORGE, *Religión, chamanismo y mitologías mapuches*, Santiago de Chile, Editorial Universitaria, 1973.

ENTRAIGAS, RAÚL, *El mancebo de la tierra. Ceferino Namuncurá*, Buenos Aires, Instituto Salesiano de Artes Gráficas, 1974.

ESCALADA, FEDERICO, *El complejo tehuelche. Estudios de etnografía patagónica*, Buenos Aires, Coni, 1949.

FORT, MARIO, *Milenarismo y conflicto social: los tobas*, Buenos Aires, Centro Editor de América Latina, Serie Conflictos y Procesos de la Historia Argentina Contemporánea, N° 27, 1989.

FRITES, EULOGIO, *Los Collas*, mim., 1970.

FUSCALDO, LILIANA, E., "El proceso de constitución del proletariado rural de origen indígena en el Chaco", en *Antropología*, Buenos Aires, Eudeba, 1985, págs. 231/251.

GÁLVEZ, MANUEL, *El santito de la toldería*, Buenos Aires, Poblet, 1947.

GOROSTEGUI, HAYDÉE, *Argentina. La Organización Nacional*, Buenos Aires, Paidós, 1987.

HARRINGTON, TOMÁS, "Contribución al estudio del indio gununa-kune", Separata de la *Revista del Museo de La Plata*, Nueva Serie, Tomo 2, Sección Antropología, N° 14, La Plata, 1946.

HERNÁNDEZ, ISABEL, "Los indios y la Antropología en la Argentina", en *Los Indios y la Antropología en América Latina*, Buenos Aires, Búsqueda-Yuchán, 1984, págs. 17/18.

HERNÁNDEZ ARREGUI, JUAN JOSÉ, *La formación de la conciencia nacional*, Buenos Aires, Hachea, 1971.

Instituto Nacional de Antropología (INA), Informes del "Relevamiento cultural de la Provincia de Misiones", 1974.

MAGRASSI, GUILLERMO, *Los aborígenes de la Argentina*, Buenos Aires, Búsqueda-Yuchán, 1987.

METRAUX, ALFRED, "Estudio de Etnografía Toba-Pilagá (Gran Chaco)", en *Revue International d' Etnologie et Linguistique*, Anthropos, T. 32, 1937.

METRAUX, ALFRED, *Religión y magias indígenas de América del Sur*, Madrid, Aguilar, 1973.

MILLER, ELMER S., *Los tobas argentinos. Armonía y disonancia de una sociedad*, México, Siglo XXI, 1969.

PÁEZ, J., *La conquista del desierto*, Buenos Aires, Centro Editor de América Latina, 1971.

PALAVECINO, E., "Algo sobre el pensamiento cosmológico de los indígenas chaquenses", en *Cuadernos del Instituto Nacional de Investigaciones Folklóricas*, Buenos Aires, N° 2, 1961.

PALAVECINO, E., "Algunas notas sobre la trasculturación del indio chaqueño", en *Runa*, Buenos Aires, N° 9, 1964.

PEREA, ENRIQUE J., *...Y Félix Manquel dijo...*, Viedma, Fundación Ameghino, 1989.

PEREIRA DE QUEIROZ, MARÍA ISAURA, *Historia y Etnología de los movimientos mesiánicos*, México, Siglo XXI, 1969.

RATIER, HUGO, "Braceros, Peones, Villeros", en *Clarín*, 8 de enero de 1976.

RIBEIRO, DARCY, entrevista de Eduardo Blaustein en *Página 12*, jueves 31 de marzo de 1988.

ROSTAGNO, ENRIQUE, *Informe fuerzas de operaciones en el Chaco-1911*, Buenos Aires, Círculo Militar, 1969.

SCALABRINI ORTIZ, RAÚL, *El hombre que está solo y espera*, Buenos Aires, Plus Ultra, 1971.

SCUNIO, A.D., *La Conquista del Chaco*, Buenos Aires, Círculo Militar, 1971.

UBERTALLI, JORGE LUIS, *Guaycurú tierra rebelde*, Buenos Aires, Antarcea, 1987.

VIGNATI, MILCÍADES ALEJO, *La tribu del cacique O'lkelkkénk*, 1945.

Capítulo VII

BERNARD, TOMÁS DIEGO, *El aborigen rioplatense ante la historia y ante la ley*, Buenos Aires, Omega, 1963.

BIALET-MASSÉ, J., *El estado de las clases obreras argentinas a comienzos del siglo*, Universidad Nacional de Córdoba, 1968.

COMAS, JUAN, "Panorama continental del indigenismo", en *Ensayos sobre indigenismo*, México, Ediciones del Instituto Indigenista Interamericano, 1953.

COMAS, JUAN, "Razón de ser del Movimiento Indigenista", en *Ensayos sobre indigenismo*, México, Ediciones del Instituto Indigenista Interamericano, 1953.

**Congreso de la Nación, *Tratamiento de la Cuestión Indígena* (TCI), Dirección de Información Parlamentaria, Serie Estudios e Investigaciones N° 2, Buenos Aires, abril de 1985.

GONZALEZ, SUSANA B. Y MARTINEZ SARASOLA, CARLOS R., "La administración pública argentina: Un desafío ético cultural", Buenos Aires, mec., 1984.

Ministerio del Interior: Censo Indígena Nacional (CIN), Buenos Aires, MI, 1967/68, varios tomos.

** Ministerio del Interior, Poder Ejecutivo Nacional, *Bases para una política indigenista*, Buenos Aires, 1965.

Oficina Internacional del Trabajo (OIT), *Poblaciones Indígenas*, Ginebra, Kundig, 1953.

Plan Quinquenal de Gobierno del Presidente Perón (1947-1951), Buenos Aires, Editorial Primicias, s.f.

Secretaría de Trabajo y Previsión, *El Problema Indígena en la Argentina* (EPIA), Buenos Aires, Consejo Agrario Nacional (CAN), 1945.

TESLER, MARIO, *Los aborígenes durante el peronismo y los gobiernos militares*, Buenos Aires, Centro Editor de América Latin, serie "Conflictos y Procesos de la Historia Argentina Contemporánea", N° 21, 1989.

Capítulo VIII

ADELSON, ERNESTO, "Mapuches, la salud entre dos culturas", en *Crisis*, Buenos Aires, N° 60, mayo 1988, págs. 68/71.

AGUIRRE BELTRÁN, GONZALO, *Teoría y práctica de la educación indígena*, México, SepSetentas, 1973.

ANTOLÍNEZ, GILBERTO (XUHUE), *Hacia el indio y su mundo. Pensamientos vivos del hombre americano*, Caracas, Librería y Editorial del Maestro, 1946.

BARRE, MARIE-CHANTAL, *Ideologías indigenistas y movimientos indios*, Buenos Aires, Siglo XXI, 1983.

BARROS, ROSA, Y DE GARÍN, MARÍA ROSA, "El desarraigo. El caso de los toba del barrio La Loma, Quilmes", Buenos Aires, mec., 1987.

BARTOLOMÉ, MIGUEL ALBERTO, *Chamanismo y religión en los Ava-Katu-Ete*, México, Instituto Indigenista Interamericano, 1969.

BARTOLOMÉ, MIGUEL ALBERTO, "Afirmación estatal y negación nacional. El caso de las minorías nacionales en América Latina", en *Suplemento Antropológico*, Asunción, Paraguay, vol. XXII, N° 2, diciembre 1987, págs. 7/43.

BONFIL BATALLA, GUILLERMO, *Utopía y Revolución. El pensamiento político-contemporáneo de los indios en América Latina*, México, Editorial Nueva Imagen, 1981.

BÓRMIDA, MARCELO Y OTROS, "Los grupos aborígenes en la custodia provincial de misioneros franciscanos en Salta", en *Cuadernos Franciscanos*, Salta, N° 25, 1974.

BÓRMIDA, MARCELO Y OTROS, "Los grupos aborígenes del límite occidental del gran Chaco", en *Cuadernos Franciscanos*, Salta, N° 49, 1978.

BRUZZONI, ALICIA DELIA, "Nuestros hermanos olvidados. Una propuesta distinta para el tratamiento del indígena en educación", en *Revista de Antropología*, Buenos Aires, Año 1, N° 0, septiembre de 1986.

CANAMASAS, BENITO, HERNÁNDEZ, ISABEL Y DE JONG, INGRID, *La tierra: el caso de los mapuches toldenses* (primera parte), en *Revista de Antropología*, Buenos Aires, Año VI, N° 10, primer cuatrimestre 1991.

CARUTTI, E., GARRETA, M., LÓPEZ, D.A., MARTÍNEZ SARASOLA, C., SANTILLÁN GÜEMES, R., Y PALMEIRO, G., "La cultura nacional y su expresión aborigen en el ramal salteño", Universidad Nacional de Salta, Servicio de Acción Cultural, Salta, 1975.

CASO, ALFONSO, "Definición del indio y de lo indio", Comisión de Prensa de Antropología, Facultad de Filosofía y Letras de la Universidad Nacional de Buenos Aires, mec., 1974, tomado de *América Indígena*, vol. 8.

CEINOS, PEDRO, (coordinador), *Minorías étnicas*, Barcelona, Integral, 1990.

CLOUX, HÉCTOR OSVALDO, "Aspectos Demográficos (anexo al informe argentino ante el X Congreso Indigenista Interamericano", San Martín de los Andes, Neuquén, mec., 1989.

COLIQUEO, HAROLDO A., *Los Toldos... Raíces Mapuches*, Colegio de Escribanos de la Provincia de Buenos Aires, 1984.

COLOMBRES, ADOLFO, "La democratización del pensamiento liberador (bases teóricas y metodologías para una nueva acción en el medio indígena)", en *Cuadernos* de ENDEPA, Buenos Aires, N° 1, 1987.

COLOMBRES, ADOLFO, (coordinación y prólogo), *A los 500 años del choque de dos mundos. Balance y perspectiva*, Buenos Aires, Ediciones del Sol-Cehass, 1989.

COLOMBRES, ADOLFO, *Hacia la autogestión indígena*, Quito, Ediciones del Sol, 1977.

COLOMBRES, ADOLFO, *La colonización cultural de la América Indígena*, Quito-Buenos Aires, Ediciones del Sol, 1977.

COLOMBRES, ADOLFO, *Por la liberación del indígena*, Buenos Aires, Ediciones del Sol, 1975.

COMAS, JUAN, "Panorama continental del indigenismo", en *Ensayos sobre indigenismo*, México, Ediciones del Instituto Indigenista Interamericano, 1953.

COMAS, JUAN, "Razón de ser del Movimiento Indigenista", en *Ensayos sobre indigenismo*, México, Ediciones del Instituto Indigenista Interamericano, 1953.

** Conferencia Internacional del Trabajo: *Convenio sobre pueblos indígenas y tribales en países independientes, Convenio 169*. Organización Internacional del Trabajo, mec., s.f.

** "Declaración de Barbados", en Colombres, Adolfo, *Por la liberación del indígena*, Buenos Aires, Ediciones del Sol, 1975.

Di Tella, Torcuato S., *Diccionario de ciencias sociales y políticas*, Buenos Aires, Puntosur, 1989.

Echeverría Baleta, Mario, Toponimia indígena de Santa Cruz, Fundación Almafuerte, 1983.

Erize, Esteban, *Mapuche*, Buenos Aires, Yepuán, tomos 1, 2 y 3, 1987 y tomo 4, 1988.

Faron, Louis C., *Los mapuche: su estructura social*, México, Instituto Indigenista Interamericano, 1969.

Favre, Henri, "L'Indigenisme Mexicain: naissance, developpement, crise et renouveau", *N.D. La Documentation Française*, N° 4338-39-40, 2/12/1976.

Fernández Latour de Botas, Olga, *Atlas de la cultura tradicional argentina para la escuela*, Buenos Aires, Ministerio de Educación y Justicia, 1986.

Garouño Cervantes, Julio, *El final del silencio*, Tlahuapan, Puebla, Ediciones del Centro Cultural Mazahua, premia Editora, 1983.

Garreta, Mariano J., "Marco histórico a propósito del 'malón de la paz'", Buenos Aires, mim. 1972.

Garreta, M., López, D.A., y Martínez Sarasola, C., "Las comunidades indígenas de la provincia de Salta: panorama general de su historia y situación actual", Dirección Nacional de Educación del Adulto, delegación Salta, *Boletín Cultural*, serie histórico-cultural, N° 1, Salta, 1976.

Griva, Edelmi, "Las actuales poblaciones indígenas de Buenos Aires, La Pampa y Patagonia. Estudio de su relación porcentual respecto con la población no indígena", en CIN, tomo IV, Buenos Aires.

Griva, E., y Stroppa, M.C., *Yo Montiel Romero de Raza Toba*, México, Ed. Mar de Cortés, 1983.

Grumberg, G., y otros, *La situación del indígena en América del Sur*, Montevideo, Tierra Nueva, 1972.

Gunder Frank, André, "El 'problema indígena' en América Latina", Comisión de Prensa de Antropología, Facultad de Filosofía y Letras de la Universidad Nacional de Buenos Aires, mec., s.f.

Gutiérrez, Guillermo, "Algo se mueve en el campo", en *Crisis*, Buenos Aires, N° 55, noviembre 1987, págs. 25/29.

HERNÁNDEZ, ISABEL, "Los indios y la Antropología en la Argentina", en *Los indios y la Antropología en América Latina*, Buenos Aires, Búsqueda-Yuchán, 1984, 11/46.

HERNÁNDEZ, ISABEL, *Derechos humanos y aborígenes. El pueblo mapuche*, Buenos Aires, Búsqueda-Yuchán, 1985.

HERNÁNDEZ, ISABEL, *Pasado y presente de los indígenas argentinos*, Madrid, Mapfre, 1992.

HERNÁNDEZ, ISABEL, Y CIPOLLINI, OSVALDO, *El educador popular y la vida cotidiana (dos experiencias entre comuneros mapuche)*, Buenos Aires, Consejo de Educación de Adultos de América Latina, 1985.

HIDALGO, CECILIA Y TAMAGNO, LILIANA (compilación), *Etnicidad e Identidad*, Buenos Aires, Centro Editor de América Latina, 1992.

IBARRA, ALICIA, *Los indígenas y el estado en el Ecuador. La práctica neoindigenista*, Quito, Ediciones Abya Yala, 1987, cap. 1, págs. 11/47.

INDEC, Presidencia de la Nación, *La pobreza en la Argentina (Indicadores de necesidades básicas insatisfechas a partir de los datos del Censo Nacional de Población y Vivienda 1980)*, Buenos Aires, Dpto. de Publicaciones del INDEC, 1984.

** Instituto Nacional de Antropología (INA), *Relevamiento cultural de la Provincia de Misiones*, Informes, Buenos Aires, 1974.

Instituto Indigenista Interamericano, *Anuario Indigenista*, México, 1972, Vol. 32.

JAULIN, ROBERT, *La des-civilización (política y práctica del etnocidio)*, México, Nueva Imagen, 1979.

KUSCH, RODOLFO G., *Indios, porteños y dioses*, Buenos Aires, Stilcograf, 1966.

KUSCH, RODOLFO G., *De la mala vida porteña*, Buenos Aires, A. Peña Lillo, 1966.

KUSCH, RODOLFO G., *El pensamiento indígena y popular en América*, Buenos Aires, ICA, 1973.

KUSCH, RODOLFO G., *América profunda*, Buenos Aires, Bonum, 1975.

KUSCH, RODOLFO G., *Geocultura del hombre americano*, Buenos Aires, Fernando García Cambeiro, 1976.

KUSCH, RODOLFO G., *La seducción de la barbarie*, Buenos Aires, Fundación Ross, 1983.

MAGRASSI, GUILLERMO, *Artesanía indígena argentina. I, Chiriguano-Chané,* Buenos Aires, Búsqueda-Yuchán, 1981.

MAGRASSI, GUILLERMO, *La población aborigen,* Buenos Aires, Centro Editor de América Latina, 1982.

MAGRASSI, GUILLERMO, *Los aborígenes de la Argentina,* Buenos Aires, Búsqueda-Yuchán, 1987.

MAGRASSI, GUILLERMO Y OTROS, *Cultura y civilización desde Sudamérica,* Buenos Aires, Búsqueda-Yuchán, 1982.

MARROQUIN, ALEJANDRO, *Balance del indigenismo,* México, Instituto Indigenista Interamericano, 1972.

MARTÍNEZ SARASOLA, CARLOS R., "Cultura, área de frontera y unidad latinoamericana", en *América Latina, integración por la cultura,* Buenos Aires, Ed. García Cambeiro, 1977, págs. 11/27.

MARTÍNEZ SARASOLA, CARLOS R., "El hijo de los sueños (historia de vida entre los guaraní aborigen)", en *Cultura Casa del Hombre,* Buenos Aires, Ediciones del Jaguar y la Máquina, N° 1, julio/sept. 1981, págs. 5/11.

MARTÍNEZ SARASOLA, CARLOS R., "La pluralidad étnica argentina", en *Suplemento Antropológico,* vol. XXV, N° 1, junio 1990, págs. 225/235.

MILLER, ELMER S., *Los tobas argentinos. Armonía y disonancia de una sociedad,* México, Siglo XXI, 1979.

** Ministerio de Acción Social, "Propuesta para la definición de una política nacional en materia aborigen", Buenos Aires, mec., 25 de marzo de 1983.

** Ministerio de Salud y Acción Social: *Informe argentino ante el X Congreso Indigenista Interamericano,* San Martín de los Andes, Neuquén, mec., 1989.

** Organización de Estados Americanos: *Acta Final del X Congreso Indigenista Interamericano,* San Martín de los Andes, Neuquén, mec., 1989.

PALERMO, MIGUEL ÁNGEL, *Cuentos que cuentan los mapuches,* Buenos Aires, Ediciones Culturales Argentinas, Secretaría de Cultura de la Nación, 1986.

PALERMO, MIGUEL ÁNGEL, *Cuentos que cuentan los tobas,* Buenos Aires, Ediciones Culturales Argentinas, Secretaría de Cultura de la Nación, 1986.

PASSAFARI, CLARA, *Pueblos indios, Argentina 1986,* Buenos Aires, 1986.

PELLEGRINI, JORGE, *Gerónima,* Buenos Aires, Ediciones Cinco, 1986.

RADOVICH, JUAN CARLOS Y BALAZOTE, ALEJANDRO O. (introducción y selección de textos), *La problemática indígena*, Buenos Aires, Centro Editor de América Latina, 1992.

RAMOS, LORENZO Y OTROS, *El canto resplandeciente. Ayvu Rendy Vera. Plegarias de los mbyá guaraní*, Buenos Aires, Ediciones del Sol, 1984.

RATIER, HUGO, *El cabecita negra*, Buenos Aires, Centro Editor de América Latina, 1972.

RIBEIRO, DARCY, *Fronteras indígenas de la civilización*, México, Siglo XXI, 1971.

RODRÍGUEZ, NEMESIO J., Y SOUBIÉ, EDITH A., "La población indígena actual en América Latina", en *Nueva Antropología*, México, Año III, N° 9, 1978, págs. 49/66.

RODRÍGUEZ, NEMESIO J., Y VARESE, STEFANO, *El pensamiento indígena contemporáneo en América Latina*, México, Dirección General Indígena, SEP, 1981.

RODRÍGUEZ, NEMESIO J., Y VARESE, STEFANO, *Experiencias organizativas indígenas en América Latina*, México, Dirección General de Educación Indígena, SEP, 1981.

SÁNCHEZ, ORLANDO, *Los tobas*, Buenos Aires, Búsqueda-Yuchán, 1986.

SANTILLÁN GÜEMES, RICARDO, "La lucha entre el bien y el mal en la cotidianeidad chiriguana", en *Megafón*, Buenos Aires, Ediciones Castañeda, N° 4, 1976.

SANTILLÁN GÜEMES, RICARDO, "Encuentro con el Señor de los Pájaros. Las comunidades del Noroeste argentino y sus relaciones con la naturaleza", en *Cultura Casa del Hombre*, Buenos Aires, Ediciones del Jaguar y la Máquina, N° 1, marzo 1981, págs. 5/11.

SANTILLÁN GÜEMES, RICARDO, *Cultura, creación del pueblo*, Buenos Aires, Guadalupe, 1985.

SCHVARTZMAN, MAURICIO, "Ser indio. Notas para una filosofía del hombre", en *Suplemento Antropológico*, Asunción, Paraguay, vol. XXII, N° 2, diciembre de 1987, págs. 55/80.

SIFFREDI, ALEJANDRA, Y BARÚA, GUADALUPE, "Contrastación de un modelo sistémico basado en los procesos morfogenéticos y morfoestáticos en los sistemas socioculturales Chorote y Mataco", en *Suplemento Antropológico*, Asunción, Paraguay, vol. XXII, N° 2, diciembre de 1987, págs. 181/218.

SLAVSKY, LEONOR, "Indigenismo, etnodesarrollo y autonomía", en *Revista de Antropología*, Buenos Aires, Año 2, N° 2, abril de 1987, págs. 19/26.

Universidad Nacional de Salta, *Estudio socioeconómico y cultural de Salta*, Salta, Consejo de Investigación, 1981, t. 1.

Varios autores, "Indios te llevamos dentro", Buenos Aires, Edición especial de la revista *Uno mismo*, s.f.

Varios autores, "Etnia y Nación", en Revista *"Nueva Antropología"*, México, Nº 20, 1980.

Varios autores, "La supervivencia de la cultura toba", Buenos Aires, Centro de Estudios Históricos, Antropológicos y Sociales de Sudamérica (CEHASS), mec., diciembre de 1988.

Varios autores, "A 500 años de la conquista de América" (mesa redonda en la XVI Feria del Libro, Buenos Aires, abril de 1990), en *Revista de Antropología*, Año 5, Nº 9, 1er. semestre de 1990, págs. 21/34.

VÁZQUEZ, HÉCTOR Y OTROS, *Identidad e identidad étnica*, Buenos Aires, Eudeba y Universidad Nacional de Luján, 1988.

VÁZQUEZ ZULETA, SIXTO (Toqo), *Indio manual. Manual para el uso del indio argentino*, Humahuaca, Jujuy, Instituto de Cultura Indígena, 1985.

INFORMACIÓN PERIODÍSTICA
(DIARIOS) Y PUBLICACIONES

Se ha consultado y recopilado gran parte de la información periodística aparecida entre 1969 y 1991 en los diarios *La Nación, Clarín, Crónica, La Prensa, Diario Popular, El Cronista Comercial, Página 12, Ámbito Financiero, El Heraldo de Buenos Aires y Buenos Aires Herald*, y en los ex diarios *Noticias, El Mundo y Mayoría* en el período 1973-1974, y *Tiempo Argentino* (1983 a 1986), todos ellos de la ciudad de Buenos Aires.

A esta nómina se agrega los diarios *El Patagónico* de Comodoro Rivadavia, *El Tribuno* y *El Intransigente* de Salta y *Río Negro* de Viedma.

Entre 1987 y 1989 fue relevada la información vertida en los siguientes diarios de todo el país, a través de mi sistematización y de la publicación mensual *Noticias del Aborigen* de ENDEPA, Formosa, *La Voz del Interior* (Córdoba), *La Tarde* y *La Gaceta* (Tucumán), *El Litoral* (Corrientes), *La Capital* (Rosario), *El Litoral* (Santa Fe), *Norte* y *El Territorio* (Resistencia), *La Arena* (Santa Rosa), *La Mañana, Última Hora, Nuevo Diario, Formosa* (Formosa), *La Nueva Provincia* (Bahía Blanca), *Ecos Diarios* (Necochea), *El Liberal* (Santiago del Estero), *La Opinión* (Trenque Lauquen), *La Capital* (Mar del Plata), *El Eco de Tandil* (Tandil), *El Heraldo* (Entre Ríos), *Crónica* (Comodoro Rivadavia), *Jornada* y *Diario Provincia* (Trelew), *El Territorio* (Posadas), *Los Andes, Hoy* y *Mendoza* (Mendoza), *El Chubut* (Chubut), *Diario de Cuyo* (San Juan), *El Independiente* (La Rioja), *El Argentino* (Gualeguaychú), *La Reforma* (General Roca).

Entre las principales publicaciones periódicas especializadas se ha consultado y recopilado a partir de 1969 *Cultura Casa del Hombre, Revista de Antropología, Ciencia Hoy, Boletín de las Comunidades Aborígenes, Pueblo Indio, Huayco* y *Nuke-Mapu* de Buenos Aires; asimismo por su interés general se ha tenido en cuenta la información vertida en *Siete Días, Gente, Clarín Revista, Revista de La Nación, El Porteño, Crisis, El Periodista de Buenos Aires,* y *Esquiú.*

Del exterior fueron consultadas *Aini* de Lima, *Amerindia* de Brasilia-Iquitos, *Wiñay Marka* de Barcelona, España, *Revista de Atualidade Indígenas* de Brasilia y *Scientific American* de New York.

FUENTES INÉDITAS

Documentos escritos

Se relevaron un total estimado de 7.000 documentos pertenecientes a la Sala Colonia del Archivo General de la Nación, en un período que va de 1672 a 1810.

Documentos gráficos

Fueron consultadas las secciones de fotografía del Archivo General de la Nación, del Instituto Nacional de Antropología de la Subsecretaría de Cultura, y del Museo Etnográfico de la Universidad Nacional de Buenos Aires, además de los archivos personales de Anne Chapman, Cristina Argota y del autor.

Documentos grabados

Se utilizaron más de 150 horas de grabación y/o entrevistas correspondientes a trabajos de campo realizados por el autor y algunos programas de radio y televisión dedicados al tema indígena, en el período 1973-1989.

AGRADECIMIENTOS

Deseo expresar mi gratitud a todas las personas que me apoyaron y colaboraron en la realización de este libro:

A mi padre, a quien tanto le hubiera gustado tener un ejemplar en sus manos, y a mi madre, que me ayudó en la constante organización de mis archivos de crónicas periodísticas. A ambos por el apoyo que me dieron siempre.

A Susana por todo, especialmente por transmitirme la importancia de no cejar.

Al maestro Alberto Rex González, que en los comienzos leyó el borrador del índice y entre otras ideas me sugirió agregar el capítulo I; nuevamente gracias por honrarme al escribir el Prólogo.

A Eugenio Carutti, Mariano Garreta, Daniel López y Ricardo Santillán Güemes, amigos entrañables y colegas, por las innumerables veces que intercambiamos ideas sobre el tema, por el material que me aportaron y por todo lo que compartimos en los años difíciles; especialmente a Mariano Garreta, que además realizó la valiosísima tarea de revisar el original.

A mi gran amigo y también colega, Norberto R. Méndez, que una noche, cafés por medio, me habló de la disciplina.

A mis queridas hermanas, Haydée y Susana; y a Rodolfo y Mario, mis otros "hermanos", por sus aportes, apoyo y ayuda de todo tipo.

A Ana María Llamazares, amiga y colega, por haberme proporcionado importantes documentos y sugerencias.

A Osvaldo Cloux, que siempre estuvo dispuesto a ayudarme y facilitarme importantísima información y documentación del Estado. A Lidia Flom, Carlos Santos Sáenz, Irene Posternak y Walter Salazar, mis "libreros favoritos", y amigos, que permanentemente actualizaron el material bibliográfico y siguieron de cerca el proyecto. A Alfredo Moffat y Alejandro I. Pelisch, por escucharme con infinita paciencia. A Alberto Morán, que también aportó material para mis archivos de crónicas periodísticas. A Emilio y Marina Marrón, por los valiosos libros que me facilitaron, posibilitando una importante contribución a mi información bibliográfica. A mi amiga y colega Graciela Labarthe, por su aporte y la documentación suministrada. A María Alicia Domínguez, la primera persona que revisó los originales. A Adriana B. Álvarez, que mecanografió muchos borradores. A mi colega y amigo Adolfo Colombres. A Francisco Nazar, de EN-DEPA, por su permanente gentileza. A Anne Chapman que me cedió amablemente gran parte de su archivo fotográfico. A Cristina Argota, por lo mismo. A Susana Galíndez por sus fotos y su trabajo intenso.

A Laura Targhetta y Fernando Pittaluga por preparar y realizar los mapas que integran este libro, y a Clara Giménez por la corrección de pruebas.

A las autoridades y personal del Archivo General de la Nación, del Museo Etnográfico de la Universidad Nacional de Buenos Aires, y del Instituto Nacional de Antropología que me facilitaron el permanente libre acceso a sus archivos y bibliotecas. Una mención especial para Laura R. Piaggio y María Elena Ramognini del Museo Etnográfico.

Al maestro Mario Lamas, al maestro Arce, a Wilberto Palavecino, Pedro Arroyo y Pedro Palacios de Río Pilcomayo, Salta, y a don Julio Ferreyra de Tartagal: a todos por su desinteresada ayuda. A mi "hermano" guaraní aborigen Basilio Soria, y a los otros paisanos de San José de Yacuy: Faustino Chávez (consejero), Marcelino Gutiérrez (médico) y Dudú (músico). A los paisanos matacos del Río Pilcomayo: Raúl Santiago (La Puntana), Roberto Díaz e Indalecio Orellana (San Luis); a los paisanos tobas: Cornelio Segundo y "El Grandote" (La Curvita); a los paisanos chorotes: Juan Gómez Yapuras y Federico Segundo (La Merced). A los paisanos de Santa Rosa de Tastil: José Pedro Salazar, Nicanor Copa, Marcelo Arjona y Leopoldo Barboza. A Bonita Flor, de San Antonio de los Cobres. A Margarita Puelman, mapuche de Comodoro Rivadavia; a Matías Emilio Paredes Puelman y Claudia Paredes Puelman. A Rogelio Guanuco, diaguita calchaquí de la AIRA. A Eulogio Frites, colla. A Juan Carlos y María Gabriela Epumer, descendientes directos del heroico cacique ranquel, y a Dora Carballo.

A todos los hermanos indios, cuyos nombres no conocí, pero que con sus palabras y corazones abiertos fueron fuente permanente de inspiración y apoyo imprescindible para este trabajo.

Y finalmente a mis editores, muy especialmente a Bonifacio P. del Carril, que desde el primer momento en que entregué el manuscrito, lo valoró ampliamente, y a Sara Luisa del Carril, que realizó un extraordinario trabajo editorial, que quiero expresamente destacar, dándole forma definitiva a este libro, y posibilitándome ingresar a una experiencia laboral riquísima, complemento indispensable de la tarea de plasmar esta idea que fue *Nuestros paisanos los indios*.

Índice de cuadros

Índice de mapas

En el Anexo I

ÍNDICE

Segunda Parte

LAS CULTURAS ORIGINARIAS
EN LA CONFORMACIÓN NACIONAL

Tercera Parte

LA CUESTIÓN INDÍGENA